圖解 史記
Illustrated Records of The Historian
Copyright ⓒ 2008 By Beijing Zito Books Co., Ltd

All rights reserved. No part of this book may be used or reproduced
in any manner whatever without written permission except in the case of
brief quotations embodied in critical articles or reviews.

Original Chinese edition published by 南海出版公司
Korean Translation Copyright ⓒ 2009 by ILBIT PUBLISHING Co.

이 책의 한국어판 저작권은 漢聲文化硏究所를 통한 저작권자와의 독점 계약에 따라
도서출판 일빛에 있습니다. 신저작권법에 의해 한국 내에서
보호를 받는 저작물이므로 무단 전재와 무단 복제를 금합니다.

사마천 지음 | 스진(史進) 풀어씀 | 노만수 옮김

그림으로 쉽게 풀어쓴 인간학 교과서

사마천 史記

일빛

사마천 사기

2009년 12월 10일 초판 1쇄 발행
2017년 11월 15일 초판 8쇄 발행

지은이 | 사마천
풀어쓴이 | 스진
옮긴이 | 노만수

펴낸이 | 이성우

펴낸곳 | 도서출판 일빛
등록번호 | 제10-1424호(1990년 4월 6일)
주소 | 03993 서울시 마포구 동교로27길 12 동교씨티빌 201호
전화 | 02) 3142-1703~4
팩스 | 02) 3142-1706
전자우편 | ilbit@naver.com

값 25,000원
ISBN 978-89-5645-143-5 (03910)

※ 잘못된 책은 바꾸어 드립니다.

■ 일러두기

1. 번역의 원칙은 원문에 충실한 직역을 위주로 하였다. 하지만 원서의 내용상 흐름이 끊기거나 사건의 개연성이 불분명하거나 우리말로 번역했을 때 정확한 이해가 어려운 경우에 한해 의역을 곁들였다.
2. 내용의 정확성을 기하기 위해 표점과 교감에 충실한 북경(北京) 중화서국(中華書局)에서 출간된 『사기(史記)』를 판본으로 삼아 일부 내용을 첨가하여 독자의 이해를 도왔다.
3. 내용의 올바른 이해와 보충 설명을 위해 간주와 별주를 추가했다.
4. 인명이나 지명이 처음 나오는 곳에 한자를 병기해 이해를 도왔으며, 인명의 경우에는 그 사람의 출신 지역을 고려하여 표기했다.
5. 이 책을 번역하고 해제할 때 국내외의 관련 자료를 참조하여 번역의 정확성과 객관성을 확보하고자 했다. 참고한 자료는 다음과 같다.

   사마천 저, (전10권) 『사기』(북경 : 중화서국, 1982)
   사마천 저, 한조기(韓兆琦) 주역(主譯), (전 4권) 『사기』(북경 : 중화서국, 2008)
   사마천 저, 한조기 평주본(評注本), (전 2권) 『사기』(북경 : 악록서사岳麓書社, 2004)
   사마천 저, 한조기 역저, (전 2권) 『신백화사기(新白話史記)』(북경 : 중화서국, 2009)

유물로 보는 『사기』 속의 역사

앞선 시대의 문물은 역사의 물증이다. 우리는 문물을 통해서 한 시대의 역사를 들여다보는 동시에 현재와 미래 사회의 발전을 촉진시킬 수 있다.

하나라

도정(陶鼎) : 취사도구이다. 1973년 하남성 언사현(偃師縣) 이리두(二里頭)에서 출토되었으며, 하나라 시대 문화의 전형적인 기물이다. 도정은 갈색 협사도(夾砂陶 : 구울 때 쉽게 파열되지 않도록 도토陶土 안에 일정 수량의 모래알과 여러 가지 가루를 섞는 고대 도기의 일종)로 만들어졌다.

동작(銅爵) : 음주용 기물. 1984년 하남성 언사현 이리두에서 출토되었으며, 철범(鐵範 : 철의 주형. 철범의 온도가 낮기 때문에 쇳물이 철범에 유입되는 순간 빠르게 냉각되어 굳음)으로 주조한 중국 최초의 청동 용기이다.

상나라

사모무정(司母戊鼎) : 취사용 식기. 1939년 하남성 안양시(安陽市) 무관촌(武官村)에서 출토되었다. 배 부분에 쓰여진 '사모무(司母戊)'라는 세 글자는 상나라 조경(祖庚) 혹은 조갑(祖甲)이 어머니의 제사를 위해 주조했다는 의미다. 생김새가 소박하고 중후하여 상나라 시대 청동주조업의 규모와 기술 수준을 잘 보여준다.

대형도주우골각사(大型塗朱牛骨刻辭) : 하남성 안양시에서 출토되었다. 소뼈 안에 긴 복사(卜辭)가 새겨져 있는데, 북방 부족의 침입, 제왕과 제후의 회합, 사냥과 천상(天象) 등에 관한 내용이다.

서주(西周)

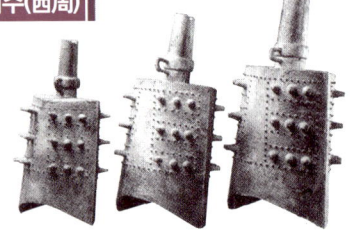

장신편종(長囟編鐘) : 악기의 일종. 섬서성 장안현(長安縣) 보도촌(普渡村)에서 출토되었다. 주나라 목왕(穆王) 때 장신(長囟)이 제작했다. 주나라 귀족들이 제사를 지낼 때나 연회를 열 때 사용하던 주요 예악기다.

우정(禹鼎) : 취사도구이다. 섬서성 기현(岐縣)에서 출토되었다. 배 부분에 주나라와 남회이(南淮夷), 동이(東夷) 간의 관계 및 서주의 군사 제도에 관한 270자의 기록이 새겨져 있다.

춘추 전국 시대

 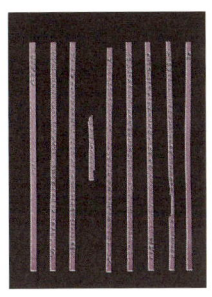 

동검(銅劍) : 병기. 1965년 호북성 강릉현(江陵縣) 망산(望山) 1호 묘에서 출토되었다. 월나라 왕 구천의 검과 같이 출토되었는데, 명문(銘文)이 없어 알 수 없지만 월나라에서 주조된 것으로 보인다.

「손자병법」 죽간 : 1972년 산동성 임기현(臨沂縣) 은작산(銀雀山) 1호 한묘(漢墓)에서 출토되었다. 한나라 문제, 경제, 무제 초기에 작성된 것으로 보이며, 손자병법에 관한 죽간은 모두 300여 매(枚)이다.

삼과동극(三戈銅戟) : 병기. 1978년 호북성 수현(隨縣) 뇌고돈(擂鼓墩) 1호 묘에서 출토되었다. 전차 위에서 사용한 장병기이며, 중국에서 처음으로 만들어진 병기이다.

진나라

도마(陶馬)와 도용(陶俑) : 명기(明器 : 부장副葬 기물). 1974년 섬서성 임동시(臨潼市) 진시황릉 병마용갱에서 출토되었다. 총 8,000여 점의 병마용이 출토되었는데, 당시 진나라 군대의 위용을 볼 수 있다.

낭야각석(琅邪刻石) : 현존하는 잔석은 직육면체로, 진시황이 동순을 할 때 새겼다. 진나라 전서(篆書)로 이사가 각석한 것으로 전해진다. 당시 진나라의 통일 과정을 알 수 있는 중요한 문헌이다.

서한(西漢)

'한병천하(漢幷天下)' 와당(瓦當) : 건축 재료. 섬서성 서안시 장안성(長安城) 유적지에서 출토되었다. 유방이 항우를 물리친 후 천하를 통일하고 나서 한나라 건국을 기념하기 위해 만들어졌다.

한무제오주전(漢武帝五銖錢) : 한나라 무제가 화폐전주(貨幣專鑄 : 국가가 화폐를 전문적으로 주조) 정책을 실행한 후 전국적으로 유통된 화폐. 한나라 시대부터 쓰여지기 시작해 수나라 왕조 때까지 700여 년간 사용되었다.

마답흉노석각(馬踏匈奴石刻) : 섬서성 흥평현(興平縣) 도상촌(道常村) 서북쪽 곽거병(霍去病) 묘 앞에 세워졌다. 한나라 무제가 곽거병이 흉노를 정벌한 전공을 기념하기 위해 세운 기념비이다.

글머리에

중국 역사의 서사시

중국은 휘황찬란한 오천년 역사를 자랑하고 있다. 또한 광대한 역사서들이 이러한 역사를 서술했다. 『사기』는 그 가운데 가장 도드라지는 역사서로 시대의 획을 긋는 의의를 지니고 있다. 『사기』는 24사의 첫 번째 역사서로 반고(班固)의 『한서(漢書)』, 범엽(范曄)의 『후한서(後漢書)』, 진수(陳壽)의 『삼국지(三國志)』와 더불어 '전4서(前四書)'로 불린다. 『사기』를 일컬어 남송(南宋)의 사학자 정초(鄭樵)는 '육경(六經) 이후 가장 독보적인 책'이라 했고, 근대 중국의 사상가이자 문학가인 노신(魯迅)은 '사가의 절창, 가락 없는 이소(離騷)'라고 찬미했다. 가장 정련된 평가들이다.

『사기』는 태사공(太史公) 사마천이 궁형(宮刑)을 당하고 난 후 치욕을 딛고 일어나 저술한 역사서로, 그는 후세 역사서의 모범이 되는 「본기(本紀)」, 「세가(世家)」, 「열전(列傳)」, 「서(書)」, 「표(表)」의 다섯 가지 체제를 창조했다. 또한 역사가의 막중한 책임감으로 하늘과 인간의 관계를 구명하고, 고금의 변화에 통달하여 일가지언(一家之言)을 이루어냈다. 『사기』는 역사학의 거작일 뿐만 아니라 한 권의 문학 명저다. 책 전체의 문장이 우수하고 아름다우며, 사리에 밝게 서술하고 인물 묘사가 생생하여 한대(漢代) 문학의 대표작 중에 하나다. 게다가 후세의 전기, 산문, 소설 등 다양한 장르에 깊은 영향을 미쳤다.

『상서(尙書)』, 『춘추(春秋)』, 『국어(國語)』 등 『사기』 이전의 역사서들은 단지 한 시기의 역사를 기록했고, 내용도 상대적으로 간단하고 단조롭다. 하지만 『사기』는 전설의 황제(黃帝)로부터 한나라 무제(武帝)에 이르기까지 3천 년의 통사를 서술했다. 게다가 기록의 지리적 범위는 '『사기』 이전' 역사서의 범위를 뛰어넘어

서로는 중앙아시아, 동으로는 조선, 북으로는 고비 사막, 남으로는 베트남까지 확장되었다. 시간적으로나 공간적으로나 전대미문의 고도에 올라섰던 것이다. 내용적으로 『사기』는 중요한 정치적, 군사적 사건과 제왕·장수·재상의 사적을 서술했을 뿐만 아니라 계층이 다르고 등급이 다른 인물과 다방면의 사회생활을 역사서에 녹여냄으로써 후세인들이 3천 년의 중국 통사를 비롯해 주변 국가의 역사를 전면적으로 이해하도록 했다.

당나라 태종 이세민은 "동(銅)을 거울로 삼으면 의관을 바로잡을 수 있고, 옛날을 거울로 삼으면 성쇠를 알 수 있고, 사람을 거울로 삼으면 득실을 알 수 있다(以銅爲鑒, 可正衣冠, 以古爲鑒, 可知興替, 以人爲鑒, 可明得失.)"라고 말했다. 역사를 거울로 삼으면 세상사는 사필귀정하기 마련이다. 역사의 과정은 단순한 사건의 연속이 아니라 깊은 의미를 내포하고 있는 것이다. 역사를 읽는다는 것은 바로 종이 뒷면의 심원한 뜻을 깊이 헤아려본다는 의미다. 『사기』가 바로 역투지배(力透紙背 : 붓의 힘이 종이 뒷면에까지 배어들다)의 책이다.

옛사람들의 이야기를 통해 사람들에게 어떻게 하면 사람답게 살 것인가, 어떻게 하면 일을 잘 치를 것인가, 어떻게 하면 시대에 올바르게 적응할 것인가, 어떻게 하면 공을 세우고 업적을 쌓을 것인가, 어떻게 하면 위대한 업적을 이룰 것인가 하는 것들을 알게 해준다. 때문에 역사를 읽고자 하는 이는 『사기』를 읽는 것에서 시작해야 마땅하다. 이 책은 독자들이 『사기』의 심원한 깨달음을 더욱더 잘 이해하고 역사의 진의를 파악하는 동시에, 과거를 거울로 삼아 자신의 인생에 길이 되어주는 지혜를 얻을 수 있도록 하기 위함이라는 것을 알아주기 바란다.

이 책은 '사마천과 『사기』', '본기', '세가', '열전', '서'의 다섯 부분으로 구성되었다. '사마천과 『사기』'는 사마천이라는 인물과 『사기』의 저술 과정, 사마천의 사상, 『사기』의 역사적 가치 등을 해석했다. '본기'에서는 제왕들의 역사와 왕조의 흥망사를 해석했다. '세가'에서는 고귀한 제후들의 역사, 춘추전국 시대 제후들의 쟁패, 한나라 초기의 외척과 공신들의 실록 등을 서술하고 해석했다. '열전'에서는 역사적 인물과 소수민족 등이 어떻게 시대에 적응하며 역사에 이름을 남겼는지를 해석했다. '시(書)'에서는 고대의 치국 대사, 고대 문명의 성취를 종합적으로 해석했다. 마지막으로 『사기』의 '표(表)' 부분은 별도로 정리하여 '부록'으로 수록했다.

이 책의 가장 큰 특색이자 가장 뛰어난 점은 한 장 한 장마다 생동적인 그림과 사진, 표를 삽입하여 독자들이 쉽고 편안하게 『사기』의 내용과 핵심을 이해할 수 있도록 했다는 점이다. 나아가 이러한 편집 방식은 독자들이 『사기』에 대해 무미건조한 느낌을 갖지 않도록 해 줄 것이다. 그리고 무엇보다 중요한 것은 이와 같은 새로운 체험이 독자들에게 역사에 대한 큰 관심을 불러일으키고, 역사 속에서 지혜를 얻게 되는 지적 포만감을 느끼게 해준다는 점이다. 독자들이 독서의 즐거움을 더욱더 만끽할 수 있도록 하기 위해 필자는 아래와 같은 문제를 설정해 놓고 심도 깊은 토론을 여러 차례 진행했다.

어떻게 하면 『사기』 130권 중에서 가장 대표적인 편을 고를 것인가?
그림과 도표를 통해 역사적 인물을 어떻게 해석할 것인가?
역사적 사건을 더욱더 풍부하게 설명하려면 어떻게 해야 하는가?
역사서를 읽는 재미와 관심을 북돋우려면 어떻게 해야 하는가?

필자는 사마천의 『사기』를 풀어쓴 사람으로서 구성과 집필을 위해 최대한 광범위하게 자료를 수집했다. 그리고 다양한 관점에서 이 책의 내용이 더욱더 풍부하고 다채롭도록 구성했다. 하지만 『사기』의 내용은 방대하고 필자의 능력과 수준은 한계가 있었다. 게다가 어떤 자료는 확인할 수 있는 방법이 전혀 없기도 했다. 때문에 필자는 이 책을 집필하고 구성할 때 일정 정도 누락을 감수하기도 했고, 어떤 관점들은 특별히 토론을 해야 할 필요도 있었다. 필자는 이러한 노력들이 독자들의 지적 수준을 높이는 데 소중한 역할을 해 줄 것이라 기대한다.

스진(史進)

차례

❈ 『사기』 속의 역사(황제 ~ 한나라 무제)
❈ 유물로 보는 『사기』 속의 역사 • 6
❈ 글머리에 • 8
❈ 이 책의 구성과 그림 해설 • 16

1장 사마천의 『사기』
사가의 절창 | 18

01 사마천 : 천고의 태사공 • 20
02 『사기』의 사상과 역사관 : 일가지언을 이루다 • 27
03 성세의 한나라 왕조 : 시대가 낳은 위대한 역사서 • 31
04 기전체 : 역사서 체제의 획을 긋다 • 35
05 오제에서 한나라 무제까지 : 중국의 첫 번째 기전체 통사 • 42
06 화려하고 아름다운 역사서 : 가락이 없는 이소 • 45
07 역사의 직필서 : 사마천은 역사가의 본보기 • 51
08 독특한 비극의식 : 『사기』에 등장하는 비극적 영웅들 • 54
09 역사적 인물의 다양성 : 중국 민족 불후의 정신 • 57
10 문학에 끼친 영향 : 다양한 소재의 모범이 되다 • 60
11 천고의 명구 : 중국적 언어를 창조하다 • 63
12 상세하고 정확한 사료 : 고대사 연구의 토대가 되다 • 67
13 후세의 연구 : 말로 형언할 수 없는 역사서 • 70

2장 본기本紀
가사·국사·천하사 | 76

01 「본기」 개설 : 제왕들의 역사 • 78
02 오제 시대 : 중국사의 서막을 열다 • 81
03 하나라 : 처음으로 세습제를 시작한 왕조 • 84
04 상나라 : 탕왕에서 성하고 주왕에서 망하다 • 90
05 주나라 : 중국사에서 가장 역사가 긴 왕조 • 96
06 진나라 : 서북쪽 변방에서 떨쳐 일어나다 • 104
07 진시황 : 중국의 첫 번째 황제 • 110
08 항우 : 기세를 타고 일어난 서초패왕 • 120
09 유방 : 한나라를 건국한 황제 • 126
10 여태후 : 여인천하의 첫 번째 주인공 • 132
11 문경지치 : 중국 역사의 1차 성세 • 135
12 한나라 무제 : 한 시대의 뛰어난 군주 • 141

3장 세가世家
세상만사 모두 변하고 인물도 바뀌네 | 146

01 「세가」란 무엇인가 : 제후들의 역사 • 148
02 오나라 : 성공과 실패를 거듭한 부차 • 151
03 제나라 : 강태공의 후예들 • 157
04 노나라 : 주공 단의 자손들 • 163
05 연나라 : 북방의 제후국 • 166
06 진나라 : 순임금의 후예들 • 169
07 위나라 : 난세의 약소국 • 172
08 송나라 : 상나라의 후예 • 175
09 진나라 : 춘추 시대의 강대국 • 178
10 초나라 : 남방의 맹주 • 184

11 월나라: 동남의 패권을 다투다 • 190
12 정나라: 춘추 시대 초기의 맹주 • 196
13 조나라: 전국 시대의 강대국 • 199
14 위나라: 전국 칠웅의 하나 • 206
15 한나라: 틈새에서의 생존 • 209
16 전씨의 제나라: 점을 쳐서 제후가 되다 • 212
17 공자: 중국에서 가장 위대한 사상가로 칭송받다 • 218
18 진섭: 처음으로 농민 반란을 일으킨 인물 • 227
19 외척: 황제의 여자들 • 230
20 제나라 도혜왕: 유방의 장자 • 236
21 소하: 한나라 개국의 일등 공신 • 239
22 조참: 소하를 따르다 • 243
23 장량: 한나라 제일의 책사 • 247
24 진평: 한나라의 재상이자 뛰어난 지략가 • 251
25 주발: 한나라 종실을 다시 빚은 충신 • 255
26 오종: 한나라 경제의 아들들 • 259

4장 열전列傳
살아서는 이기고 죽어서는 이름을 남기다 | 262

01 「열전」 70편: 풍류를 즐긴 수많은 인물들 • 264
02 백이와 숙제: 주나라의 곡식을 먹지 않다 • 267
03 관중과 안영: 지혜롭고 현명한 명재상의 표본 • 270
04 노자와 장자: 도가의 양대 성인 • 273
05 한비: 법가의 집대성자 • 276
06 손무: 병법을 완성한 병가의 시조 • 279
07 손빈: 동문수학한 방연과 지모를 겨루다 • 282
08 오기: 밖에서는 장군, 안에서는 재상 • 286
09 오자서: 복수의 인생을 살다 • 289
10 상앙: 변법의 달인 • 292

11 소진과 장의 : 세 치 혀로 천하를 쥐락펴락하다 • 296
12 백기 : 장수 한 사람의 공에 병졸 만 명의 뼈가 마르네 • 299
13 왕전 : 6국을 통일한 진나라의 명장 • 303
14 맹자와 순자 : 공자 이후의 공자, 유학의 큰 스승 • 306
15 전국 사공자 : 선비를 기른 전국 시대의 귀족들 • 309
16 범저 : 변소에서 도망친 진나라 재상 • 315
17 악의 : 연나라를 도와 제나라를 정벌하다 • 319
18 염파와 인상여 : 조나라의 두 영웅 • 322
19 노중련 : 난세를 살아간 고결한 선비 • 325
20 굴원과 가의 : 재능을 가슴에 품고 살다 간 천애의 유랑인들 • 328
21 여불위 : 나라를 경영했던 거상 • 331
22 자객 : 장부는 자기를 알아주는 이를 위해 죽는다 • 334
23 이사 : 다시는 상채에서 사냥을 못하다 • 340
24 몽염 : 흉노에게 위세를 떨친 진나라의 명장 • 343
25 장이와 진여 : 이익 앞에 무너진 우정 • 346
26 한신 : 한나라 최고의 명장 • 349
27 육고 : 말 위에서는 천하를 다스릴 수 없다 • 352
28 원앙과 조조 : 원수지간 • 355
29 석분 : 황제가 만석군이라 부른 인물 • 359
30 편작 : 중의학의 창시자 • 362
31 두영과 전분 : 외척 간의 권력다툼 • 365
32 이광 : 끝내 작위를 얻지 못한 비운의 장수 • 369
33 흉노 : 북방의 위협적인 존재 • 373
34 위청과 곽거병 : 흉노와 맞서 싸운 한나라의 명장들 • 380
35 주보언 : 제후들에게 트집을 잡다 • 384
36 사이 : 한나라 무제의 강경한 민족정책 • 388
37 사마상여 : 한나라 제일의 재주꾼 • 395
38 회남왕 : 부전자전의 반란 • 399
39 순리 : 벼슬아치의 모범 • 402
40 급암 : 한나라 제일의 청백리이자 대쪽 관리 • 406
41 유림 : 한나라 초기의 유생들 • 409

42 혹리: 황제의 사냥개와 사냥매 • 413

43 대원: 서역을 뚫다 • 417

44 유협: 민간에서 활약한 협객 • 421

45 영행: 미색과 아첨으로 황제의 총애를 받은 남총 • 424

46 화식: 즐거움이 왕후에 버금가는 부자 • 427

5장 서書
중국 고대 문명 총람 | 434

01 「팔서(八書)」: 고대의 국가 대사 • 436

02 「예서」: 중국식 행위 규범 • 439

03 「악서」: 사회 교화를 위한 도구 • 445

04 「율서」: 천지를 따른 법도 • 451

05 「역서」: 천문으로 1년을 나누다 • 454

06 「천관서」: 천일합일의 천문학 • 457

07 「봉선서」: 제왕들이 하늘과 땅에 제사를 지내다 • 460

08 「하거서」: 고대인의 치수 사업 • 463

09 「평준서」: 한나라 초기의 경제정책 • 467

| 부록 |

01 사마천 연보 • 472

02 제왕 세계표(世系表: 오제 ~ 서한) • 474

03 역대 제왕 주요 사건(오제 ~ 한나라 무제) • 478

옮긴이의 글 • 484

찾아보기 • 491

이 책의 구성과 그림 해설

제목의 부제 :
해당 제목의 본문에서 이야기하고자 하는 주제

23 | 이사
다시는 상채에서 사냥을 못하다

>>> 이사는 일개 평민에서 진나라 승상에 까지 오른 입지전적인 인물이다. 그는 진시황을 도와 천추의 위업을 이루었지만, 진시황이 죽은 후 잘못을 되풀이하다 결국 함양에서 허리가 잘려 죽었다.

제목 번호 :
이 책에서는 각 장마다 소제목의 번호를 붙여 책의 전후 내용을 쉽게 찾아볼 수 있도록 했다.

진시황의 축객령으로 관직을 되찾다

이사는 초나라의 상채(上蔡) 사람이다. 젊었을 때 지방에서 하급 관리를 지낸 적이 있으며, 훗날 순자 문하에서 제왕의 도에 대해 배웠다. 공부를 끝마친 그는 진나라가 가장 강성하다고 생각하여 진나라로 들어갔다. 이사가 진나라에 이르렀을 때 진나라 장양왕은 이미 죽고, 여불위가 모든 권력을 차지하고 있었다. 그리하여 이사는 여불위에게 의탁해 사인(舍人 : 빈객)이 되었다. 여불위는 이사의 재능을 알아보고 그를 입궐시켜 낭관으로 임명했다. 이렇게 해서 이사는 진시황에게 유세할 수 있는 기회를 얻게 되었다. 이사의 재능을 알아본 진시황은 그를 장사(長史 : 궁궐의 일을 총괄하는 관리)로 삼았다.

이때 한나라 사람 정국(鄭國)이 진나라에서 운하를 수리하며 첩자 노릇을 하다가 발각되었다. 이 일로 진나라 왕족과 대신들은 진시황에게 다른 나라에서 온 객경들을 모두 내쫓으라고 간언했다. 이사도 추방 대상자들 가운데 한 사람이었다. 이때 이사는 진시황에게 상서(上書)를 올렸다. 그러자 진시황이 축객령(逐客令 : 빈객을 쫓아내는 령)을 거두었고, 이사는 관직을 되찾았다.

본문 :
전문가가 아닌 일반 독자들의 수준에서 쉽게 이해할 수 있도록 평이한 문장으로 설명하여 가독성을 높였다.

진나라의 승상이 되다

이사는 진시황이 통일의 위업을 이루도록 계책을 만들어냈고, 결국 진나라

340 | 사마천 사기

> **도해 제목**:
> 본문에서 설명한 주된 내용을 그림과 도표로 분석함으로써 독자들의 이해를 돕는다.

쥐의 철학

이사가 진나라 승상에 오를 수 있었던 까닭은 그가 '쥐의 철학'을 지닌 덕분이었다. 그는 인간이 더 나아질 수 있는가, 없는가의 문제는 자신이 처한 환경에 따라 달라질 수 있다고 생각했다.

이사(李斯)

변소에 사는 쥐
오물을 먹다가 사람이나 개나 가까이 가면 곧바로 놀라서 무서워한다.

창고의 쥐
창고에 쌓인 곡식을 먹이로 삼는 쥐는 사람이나 개가 가까이와도 근심하지 않는다.

진나라에 오다
이사는 이러한 쥐의 철학에 따라 학업을 마친 후 초나라 왕을 섬기지 않고 서쪽의 진나라로 와 진시황을 섬겼는데, 그에게 진나라는 곡식 창고였던 셈이다.

> **그림과 사진**:
> 이해하기 어려운 추상적인 개념을 구체적인 그림으로 풀어서 설명하기 때문에, 독자들이 직관적으로 쉽게 원문의 뜻을 이해할 수 있도록 했다.

복과 화는 서로에게 기댄다

초기에 이사는 진시황의 천하통일을 보좌해 승상에 올랐지만, 진시황이 죽은 후에는 조고의 모함으로 인해 시장터에서 허리가 잘려 죽었다.

순자와 한비
- 순자 : 이사의 스승, 제도(帝道)와 왕도의 이치를 전수했다.
- 한비 : 이사의 동창생, 법가의 이론을 집대성하고 이사에 의해 죽었다.

진시황과 여불위
- 여불위 : 이사를 진시황에게 추천했다.
- 진시황 : 이사를 중용해 진나라 승상에 앉혔다.

이세황제 호해와 조고
- 호해 : 이사와 조고가 결탁해 호해를 진나라 이세황제로 옹립했다.
- 조고 : 이사를 모함해 호해와 짜고 이사를 죽였다.

이사의 아들 이유
- 이유 : 이사의 맏아들이며, 이사로 후광으로 관직을 얻었지만 훗날 반란군 진압에 실패했고, 그것이 아버지와 연루되어 이사가 호해의 신임을 잃는 데 빌미가 되었다.

이사

> **도표**:
> 의미가 명확하지 않은 문장을 도표 방식으로 풀어서 설명했다. 이러한 방식은 복잡한 내용을 쉽게 이해할 수 있도록 해주는 장치이자 이 책의 가장 큰 장점이다.

「간축객령(諫逐客令)」: 이사가 진시황에게 올린 상서이며, 진나라 출신 이외의 인재를 내쫓는 것에 반대하는 글. 중국의 사상가 노신(魯迅)은 『한문학사강요(漢文學史綱要)』에서 '진나라의 뛰어난 문장으로, 이사 만이 지을 수 있다(秦之文章, 李斯一人而已진지문장 이사일인이이)'라고 했다.

소전(小篆): 이사는 진나라의 문자를 통일할 때 소전(小篆: 통일 이전에 진나라에서 사용하던 문자를 표준으로 삼자고 주장했다. 소전은 「태산봉산석각(泰山封山石刻)」, 「낭야각석(琅琊刻石)」, 「역산각석(嶧山刻石)」, 「회계각석(會稽刻石)」 등에 기록되어 있는데, 소전의 대표작들이다.

> **관련된 내용 들여다보기**:
> 본문에서 설명한 내용에 더하여 독자들이 궁금해하거나 알아두면 좋은 내용을 추가적으로 보충 설명한다.

1장 사마천의 『사기』

사가의 절창

　한漢나라 무제武帝 재위 기간에 수많은 인재들이 배출되었다. 그 가운데 사마천이야말로 출중한 학자였다. 그는 남자의 가장 큰 치욕인 궁형을 당했지만, 부친의 유지를 받들어 불굴의 의지로 중국의 사상가 겸 문학가 노신이 '사가史家의 절창絶唱'이라 극찬한 『사기史記』를 저술했다. 『사기』에는 중국 상고 시대의 오제에서부터 한나라 무제까지 3천 년의 역사가 기록되어 있다. 또한 사마천은 「본기」, 「서」, 「표」, 「세가」, 「열전」이라는 다섯 가지 체제를 창조함으로써 후세 역사서의 본보기가 되었다. 사마천은 『사기』 저술에 전념하여 열정적인 정감을 쏟아 부었지만, 역사서로서의 직필 정신을 결코 잃지 않았다. 그 결과 사마천은 하늘과 인간의 관계를 구명하고 고금의 변화에 통달하여 일가지언의 뜻을 이룰 수 있었다.

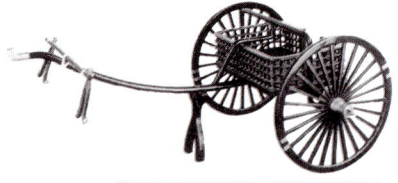

1장 그림 목록

『사기』의 저자 사마천 21 | 사마천과 이릉 25 | 사마천의 역사 저술 사상 29 | 『사기』가 나올 수 있었던 조건 33 | 역사서의 체제 37 | 『사기』와 『춘추』 39 | 『사기』는 역사를 그린 화첩 43 | 사마천의 문학관 47 | 서정성의 극치 49 | 직필과 곡필 53 | 『사기』의 비극적인 영웅들 55 | 『사기』의 민족 정신 59 | 『사기』가 문학에 끼친 영향 61 | 『사기』의 10대 명구 65 | 역사상 또 다른 종류의 인물들 69 | 사마천의 외손자 양운 71 | 『사기』 판본의 변천 73

01 천고의 태사공 사마천

>>> 『사기史記』에 관해 언급할 때 사마천을 빼놓고 말할 수 없다. 왜냐하면 사마천이『사기』의 저자일 뿐만 아니라, 그 자신의 불우한 일생과 역사에 대한 깊은 책임감, 불굴의 의지가『사기』의 위대함을 빚어냈기 때문이다.

집안 대대로 사관의 직책을 계승한 사마씨

사마천의 자서전인『태사공자서(太史公自序)』에 의하면, 그의 족보는 오제(五帝)* 가운데 한 사람인 전욱(황제의 손자) 시대까지 거슬러 올라간다. 사마천의 조상은 전욱 시대에서부터 하상(夏商 : 하나라와 상나라) 시대까지의 중여씨(重黎氏)인데, 선조들의 주요 직책은 천문과 지리를 주관하는 것이었다. 주(周)나라 시대에 이르러 정백국(程伯國 : 지금의 섬서성陝西省 함양시咸陽市 동북쪽)에 봉해졌던 중여씨의 후손인 휴보(休甫)가 군사와 군수를 관장하는 '사마(司馬)'라는 관직을 맡았기 때문에, 그 이후부터 사마씨를 성(姓)으로 삼았다.

주나라 선왕(宣王) 때 사마씨는 역사 기록 업무를 관장하였고, 집안 대대로 사관의 직책을 계승했다. 주나라 혜왕(惠王)과 양왕(襄王) 사이에 왕실의 내란이 일어난 후 사마씨는 여러 제후국으로 뿔뿔이 흩어졌다.

사마천의 9대조인 사마조(司馬錯)** 때에 문(文)을 버리고 무(武)를 따르면서부터 사마씨 집안은 쇠락하기 시작했다. 사마천의 아버지인 사마담(司馬談) 때에 방

---

* 사마천은 고대 중국의 다섯 성군(聖君), 즉 황제(黃帝)·전욱(顓頊)·제곡(帝嚳)·요(堯)·순(舜)을 '오제(五帝)'라고 했다. 황제 대신 소호(少昊)를 넣기도 한다.
** 진(秦)나라 혜왕(惠王)의 명령으로 촉(蜀)을 정벌해 군수가 됨.

『사기』의 저자 사마천

사마천의 일생은 불우했다. 그는 굴욕스런 형벌을 당하면서도 자신의 의지를 꺾지 않았으며, 역사를 기록으로 남기겠다는 책임의식으로 후세에 영원히 전해질 역사서 『사기』를 완성했다.

- **이름** : 사마천
- **재(字)** : 자장(子長)
- **생몰년** : 기원전 145년 ~ 기원전 90년
- **본적** : 좌풍익 하양(左馮翊夏陽 : 지금의 섬서성 한성현韓城縣)
- **관직** : 낭관(郞官 : 황제의 시위侍衛), 태사령(太史令 : 사관), 중서령(中書令 : 비서실장)
- **힘들었던 일** : '이릉의 화(李陵之禍)'에 연루되어 궁형에 처해짐
- **행복했던 일** : 『사기』 저술
- **남긴 명언** : "사람이란 본디 한 번 죽을 뿐이지만 어떤 죽음은 태산보다 무겁고, 어떤 죽음은 기러기의 터럭만큼이나 가볍다."〈출처 : 「보임안서(報任安書)」: 사마천이 자신의 친구 임안(任安)에게 보낸 편지〉

사마천의 여행 경로

사마천은 『사기』를 저술하기 전에 세 차례에 걸쳐 답사 여행을 했다. 전국의 주요 지방을 주유했던 답사 여행은 그가 『사기』 편찬에 사용된 자료의 기반이 되었다.

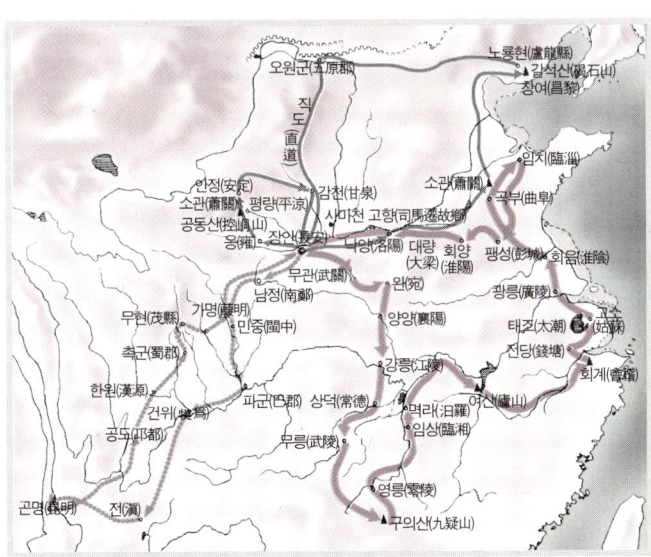

① **20세 때의 답사 경로** : 기원전 126년, 사마천은 장안을 기점으로 답사 유학의 여정을 시작했으며, 자신의 지식과 체험을 풍부하게 했다. 예로부터 전해져 오는 많은 문서와 이야기들을 채집함으로써 자신의 시야를 한층 더 넓혔다.

② **황명에 따른 서정(西征) 경로** : 기원전 111년, 35세의 사마천은 낭중(郞中)으로서 황명에 따라 군사를 이끌고 가 서쪽의 파촉(巴蜀)을 정벌하고, 서남이(西南夷)의 공(邛)·작(筰)·곤명(昆明) 등의 소수민족을 공략한 후 5군(郡)을 설치했다.

③ **한나라 무제를 수행한 경로** : 기원전 110년, 36세의 사마천은 낭중의 신분으로 한나라 무제를 수행하여 태산의 봉선 의식에 참가했다. 기원전 107년, 사마천은 태사령의 신분으로 무제를 따라 서북 지역을 순행했다.

향을 틀어 무를 버리고 문을 따르기 시작했고, 선조의 옛 직업에 다시 종사하며 학문을 숭상했던 가문의 전통을 점차 높여 갔다. 사마담은 한(漢)나라 무제(武帝) 때 태사령(太史令 : 왕실의 문서 관리와 천문 관측)에 임명되어 한나라 왕조의 중요 직책을 맡게 되었다. 이로써 그는 집안 대대로 전해 내려오던 사가(史家)로서의 꿈을 다시 일으켜 세웠다.

스무 살에 큰 뜻을 품고 천하를 여행하다

사마담은 『시경(詩經)』의 구절 '출자유곡 천우교목(出自幽谷, 遷于喬木)'*에서 아들의 이름 '천(遷)'자를 따왔다. 이처럼 사마천의 이름에는 아들이 입신양명하여 천하에 이름을 떨치는 위치에 오르기를 간절히 원했던 사마담의 희망이 담겨 있었다.

이런 연유로 사마천은 어려서부터 부친에게 엄격한 교육을 받았으며, 10세에 이르러 『좌전(左傳)』·『국어(國語)』 등의 고전을 암송하기 시작했다. 그 후 사마담은 사마천을 위해 명망 높은 유학자인 공안국(孔安國)과 동중서(董仲舒)를 아들의 스승으로 청했다. 가문에 전해져 내려온 학풍의 영향, 그리고 두 스승의 마음을 다한 가르침, 더더구나 사마천 개인의 학문을 좋아하는 천성으로 인해 사마천은 20세에 이르러 재능이 철철 넘치는 젊은 학자가 되었다. 당시 학문하는 지식인들의 관례에 따라 스무 살의 사마천은 장안(長安)을 떠나 유학(遊學) 길에 오른다. 이때는 사마천의 일생에서 가장 중요한 학술 답사 여행의 시기이기도 했다.

사마천은 굴원(屈原)의 유적지와 순 임금이 매장된 구의산(九疑山), 한신(韓信)의 고향, 공자(孔子)의 고택, 한나라 고조 유방(劉邦)의 발흥지 등을 탐방하고 장안으로 돌아왔다. 젊은 시절의 학술 답사 여행은 사마천의 지식과 경험을 더욱더 풍부하게 해주었을 뿐만 아니라, 수많은 고사(古事)와 유문(遺聞 : 전해져 내려오는 이야기)을 찾아내 자신의 시야를 넓힐 수 있었다. 이러한 환경은 훗날 사마천이 『사

---

* 새가 심산유곡에서 높은 나무로 날아간다는 뜻으로, '더 좋은 곳으로 이사를 가는 것, 승진하는 것'을 비유적으로 표현했다. 출처는 『시경(詩經)』「소아(小雅)」·「벌목(伐木)」

기』를 저술할 수 있는 견실한 토대가 되었다.

부친의 유언을 받들다

한나라 무제 원봉(元封) 원년(기원전 110년), 무제는 태산(泰山)에서 봉선 의식을 거행하기 위해 장안을 출발했다. 원래 이런 일은 당연히 태사령이 주관해야 했지만, 사마담은 주남(周南 : 하남성河南省 낙양洛陽)에 체류하고 있었던 탓에 참여할 수 없었다. 이로 말미암아 화병이 난 사마담은 죽을 지경에 이르러 낙양에서 요양을 하는 도리밖에 없었다. 훗날 임종을 앞둔 사마담은 사마천을 불러 놓고, 자신이 봉선 의식에 참여하지 못했던 비통함을 토로했다. 뿐만 아니라 사마천에게 태사령으로서의 사명을 다했던 선조의 명예를 더럽히지 말고, 천추에 길이 빛날 통사(通史)를 집필하도록 당부했다. 이 일로부터 사마천은 아버지의 유언을 받들기 위해 통사 집필에 진력하게 된다.

태초력을 제정하다

한나라 무제 재위 시절, 사마천은 황제를 호위하는 낭관을 지내면서 무제의 눈에 들었다. 후일 무제는 그를 특사 신분으로 서남이에 파견했다. 무제 원봉 3년(기원전 108년), 사마천은 부친의 삼년상을 치른 후 아버지가 수행했던 태사령 직책을 이어받았다. 당시의 태사령은 왕실의 각종 문서를 담당했을 뿐만 아니라 천문, 역법, 점성(占星) 등에 관련된 업무를 수행했다.

사마천은 태사령 직책을 맡은 직후 당시에 사용하던 전욱력(顓頊曆)[*]이 오차가 크다는 사실을 알아냈고, 몇몇 대신들과 함께 의견을 모아 구력(舊曆 : 태음력)을 고치기로 했다. 그리하여 사마천은 무제의 동의를 얻어 신력(新曆 : 정월을 한 해의 시작으로 삼는 태양력太陽曆) 창제를 주관했다. 사마천은 당시의 점성술가와 역산(曆算) 전문가 등 20여 명으로 월력 개정 작업을 시작했으며, 1년 후 태초력을 만들어 널

---

[*] 10월을 정월로 삼는 하력(夏曆). 태초력(太初曆) 이전에 사용되었다는 고육력(古六曆) 가운데 하나. 기원전 222년에 진(秦)나라의 공식 역법으로 지정되었고, 기원전 104년에 한나라에서 태초력을 제정할 때까지 사용되었다.

보급했다. 이후 청나라 시대까지 사용된 태초력은 인류 과학사에 중대한 영향을 끼쳤다.

'이릉의 화'에 연루되다

사마천은 역법 개정을 마친 후 『사기』 집필에 몰두하기 시작했다. 그런데 『사기』 집필을 본격적으로 진행한 지 4년 만에 뜻하지 않은 어려움에 처하고 말았다. 기원전 99년, 사마천은 '이릉의 화(李陵之禍)'에 연루되어 투옥되고 말았던 것이다. 이때 사마천의 나이는 47세였고, 한나라 무제는 58세였다.

당시 무제는 서쪽의 흉노 정벌을 위해 이사장군(貳師將軍) 이광리(李廣利 : 무제가 총애했던 이부인의 오빠)를 파견했다. 그런데 도위(都尉 : 장군 바로 아래의 무관) 비장군(飛將軍) 이광(李廣)의 손자 이릉이 보병 5천여 명을 이끌고 흉노 진영 깊숙이 진격해 들어갔다가 흉노 군에게 포위되고 말았다. 이릉과 그의 용맹한 군사들이 한 치의 물러섬도 없이 강력한 활과 쇠뇌로 무장한 흉노에 맞서 용감하게 싸웠지만, 8만여 명에 달하는 흉노 군에게는 중과부적이었다. 결국 이릉과 군사들은 투항하고 말았다.

조정에 이 소식이 전해지자 무제는 진노했고, 일부 대신들이 이릉을 역적으로 몰아세웠다. 사마천은 평상시에 이릉과 교류하지는 않았지만, 그가 국사(國士)*의 풍모를 갖추었다고 생각했기 때문에 이릉을 옹호했다. 하지만 이로 인해 무제의 노여움을 산 사마천은 황제를 기만했다는 이유로 '무망죄(誣罔罪)'를 선고받고 하옥되고 말았다.

치욕을 딛고 일어나 온몸을 바치다

사마천을 하옥한 후 조정에서는 그 어떤 판결도 내리지 않은 채 가두어 놓기만 했다. 이후 한나라 무제는 공손오(公孫敖)를 보내 흉노 군을 공격하게 했으나 별다

---

* '국사무쌍(國士無雙)'이라는 고사 성어에서 유래한 말. 그 나라에서 가장 뛰어난 인물은 둘도 없다는 뜻으로, 매우 뛰어난 인재를 이르는 말.

사마천과 이릉

사마천과 이릉은 서로 깊은 교류를 하지 않았지만, 도리어 운명은 그 두 사람을 꽁꽁 동여맸다. 바로 '이릉의 화'로 인해 사마천은 역사에 대한 깨달음을 얻었고, 『사기』 저술에 더욱더 몰두하게 되었다.

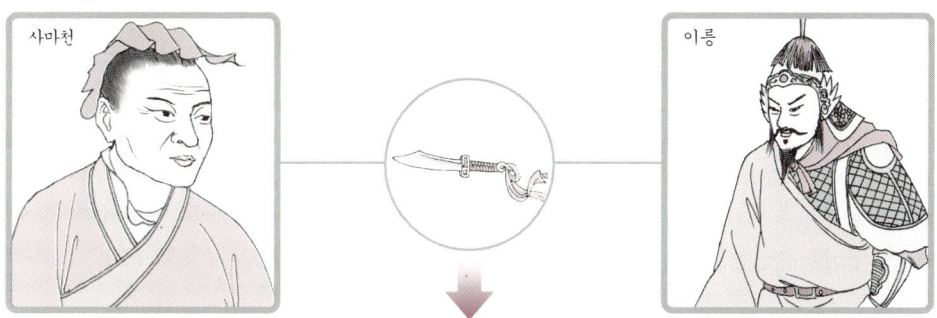

이릉의 화 : 사마천이 『사기』 저술을 시작했던 초기인 기원전 99년, 한나라 장군 이릉이 흉노 군에 패배한 후 투항하였다. 조정의 대신들은 모두 이릉의 유죄를 주장했지만, 태사령 사마천은 오히려 이릉을 옹호했다. 패배의 책임은 작전에 실패한 이광리에게 있다는 사마천의 변론에 당황한 한나라 무제는 사마천이 황제를 기만한 무망죄를 범했다며 옥에 가두었다. 얼마 후 공손오가 이릉이 흉노에게 병기 제조술을 알려 주었다고 무고함으로써 이릉의 가족은 몰살되었고, 사마천은 요참형에 처해지는 신세가 되었다. 청렴했던 사마천은 속죄금을 내지 못해 궁형의 치욕을 자청했고, 이때의 비통함을 딛고 일어나 『사기』를 완성할 수 있었다.

사마천과 임안

임안은 비록 역사의 작은 배역에 불과하지만, 사마천이 쓴 「보임안서」라는 한 통의 편지로 인해 역사의 한자리를 차지할 수 있었다. 이 편지는 사마천이 자신의 마음속 분노를 솔직하게 털어놓은 서한문(書翰文)으로 후세에 까지 전해지고 있다.

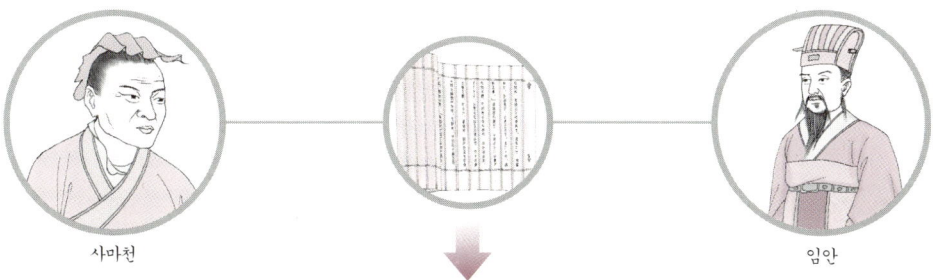

「보임안서」 : 기원전 93년, 당시에 임안은 태자와 관련한 무고 사건에 연루되어 사형 선고를 받고 옥에 갇혀 있었다. 사마천은 친구의 처량한 신세에 의기소침해졌지만, 그가 사형을 당하기 전에 답장을 해야겠다는 생각으로 「보임안서」를 썼다. 사마천은 편지 글에서 자신의 억울함과 인생에 대한 비분, 그리고 『사기』 저술이라는 엄숙한 과업을 이루기 위해 구차한 삶을 견디는 비장한 감정을 진솔하게 표현했다. 또한 전제군주의 변덕과 어리석은 판단력, 포악함을 있는 그대로 표현했다.

른 전과를 올리지 못했다. 결국 공손오는 작전의 실리를 따져 자신의 책임을 회피하기 위해 이릉이 흉노 군에게 무기 제조법을 가르치고 있다고 거짓 보고를 올렸다. 그러자 무제는 더 이상 조사하지 않고 곧바로 이릉의 집안을 몰살시켰다. 게다가 사마천에게는 요참형(腰斬刑: 허리를 작두로 자르는 형벌)에 처하라는 명을 내렸다.

당시 한나라 법령에 의하면 사형에 처해질 죄수가 죽음을 면하기 위해서는 두 가지 방법, 즉 속죄금 50만 전을 내거나 궁형(宮刑)*을 받는 것이었다. 청렴했던 사마천에게 속죄금이 있을 리 만무했다. 친구들조차도 무제에게 노여움을 살까 두려워하여 감히 속죄금을 대신 내주지 못했다. 따라서 살아남기 위한 방법은 궁형을 받는 것뿐이었다.

사마천은 그럭저럭 되는대로 비루하게 사는 것을 참아야 할지, 아무런 두려움 없이 죽음을 받아들일 것인지를 놓고 격심한 번뇌에 쌓였다. 결국 사마천은 선조의 가업을 욕되게 하지 않고 부친의 유언을 따르기 위해, 그리고 자신의 이상을 실현하기 위해 남자에게는 최대의 치욕인 궁형을 선택하기로 했다.

기원전 96년, 사마천은 50세의 나이로 감옥에서 나오게 되었다. 이보다 앞선 같은 해 봄, 무제는 공손오의 거짓 보고로 사마천을 궁형에 처한 자신의 과오를 인정하고 천하에 사면령을 내리는 한편, 공손오를 처형했다. 또한 사마천을 중서령에 임명해 자신의 공평함을 드러내보였다. 하지만 사마천은 직위는 높아졌으나 내시나 다름없는 천한 자리가 조금도 즐겁지 않았으며, 극도로 고통스런 나날을 보냈다.

결국 사마천은 개인적인 비통함에서 벗어나기 위해 『사기』 저술에 온몸을 바치기로 결심했고, 마침내 '사가(史家)의 절창(絶唱)'**을 토했다. 이는 궁형의 치욕을 씻어낸 자기 승화의 발로였고, 아버지 사마담의 유언을 따른 효의 극치였다.

---

* 중국에서 행하던 5형(五刑) 가운데 하나. 죄인의 생식기를 없애는 형벌이다. 사형(死刑)·궁형(宮刑)·월형(刖刑: 발뒤꿈치를 자르는 형벌)·의형(劓刑: 코를 베는 형벌)·경형(黥刑: 얼굴 등에 죄명을 새겨 넣는 형벌)을 5형이라고 한다.
** 중국 현대문학의 아버지이자 위대한 사상가인 노신(魯迅, 1881~1936)은 사마천의 『사기』를 전국 시대의 정치가이자 시인이었던 굴원(屈原)의 장편 서사시 「이소(離騷)」에 비유하며 '사가의 절창이자 가락이 없는 이소'라는 말로 『사기』의 우수성을 극찬했다.

02 일가지언을 이루다
『사기』의 사상과 역사관

>>> 사마천은 『사기』를 편찬하면서 하늘과 인간의 관계를 구명하고, 과거와 현재의 변화를 통찰하려는 진보 사상과 역사관으로 일가지언一家之言*을 이루고자 했다.

하늘과 인간의 관계를 탐구하다

하늘과 인간의 관계는 사마천이 살던 서한(西漢) 초기의 당대에는 가장 근본적인 철학의 문제였다. 당시의 대유학자인 동중서는 천인감응(天人感應)**의 신학(神學)을 널리 알렸고, 사마천은 이미 동중서를 스승으로 받들었다. 따라서 사마천은 자연스럽게 천명론(天命論)과 천인감응의 학설을 받아들였다. 하늘과 인간의 관계에 대해 사마천은 추상적으로는 긍정했지만 구체적으로는 부정했다. 이원론의 색채가 짙지만 기본적으로는 소박한 유물주의 성향을 띠었다. 그는 천명은 단지 표면적인 문장에만 드러냈고, 인간이야말로 역사의 주체라는 것을 강조하며 『사기』에 반영했다. 그가 표현한 천인감응은 군주를 경계하면서 과거를 일신하고, 자기 자신을 새롭게 하여 덕을 쌓고, 정치를 혁신하는 데 그 목적이 있었다.

---

* '일가를 이룬 사람의 말'이라는 뜻으로, 권위 있는 말이나 글 또는 논리를 비유하는 고사 성어이다. 『사기』에서 유래되었다.
** 천문과 인문의 합일이라는 측면에서 하늘에서 일어나는 일은 곧 인간 세상에서 일어나는 일이라는 세계관. 선진(先秦) 시대 이래로 중국에서 주류적인 위치를 차지했다.

과거와 현재의 변화를 통찰하다

사마천이 살던 시대는 중국 사회의 봉건주의 중앙집권제가 확립되고 공고화된 시기였다. 중앙집권 제도는 당시의 가장 선진적인 제도였는데, 그 이론적 기초가 '대일통(大一統) 역사관'*이다. 전국 시대의 사상가인 추연(鄒衍 : 음양오행가의 시조)과 동중서는 모두 이 문제에 대하여 명백하고 논리적으로 규명했다. 사마천은 그들의 대일통 이론을 계승하는 동시에 계통적으로 발전시켜 독특한 대일통 역사관을 형성함으로써 후세에 깊은 영향을 끼쳤다.

사마천은 동중서의 '삼통순환론(三統循環論)'**을 버리면서 한편으로는 개조를 시도했다. 인간사와 역사적 사고를 통해 순환론의 구조를 뛰어넘어, 역사 발전의 본질은 '변함(變)'에 있고 계속해서 진화한다고 생각한 것이다. 그 결과 사마천은 역사 변혁과 발전은 영웅들뿐만 아니라 매우 평범한 인물들도 그것을 추동하며, 국가의 흥망은 민심의 향배가 결정적으로 작용한다고 보았다.

구체적으로 치국(治國)에 대해서 사마천은 덕치를 숭상하고 폭정을 반대하며, 민심을 자연스럽게 따르는 무위의 정치를 찬양했다. 또한 전쟁을 치국평천하에 근거한 고도의 정치 행위로 보았고, 역사상의 전쟁 경험과 병법 이론을 계통적으로 고찰했다. 사마천은 도덕을 중시하면서도 또한 그것을 유일한 표준으로 삼지 않았다. 공적과 과실에 대한 시비를 중시하면서도 그것의 성패와 명성, 지위로 영웅을 논하지 않았다. 인재에 관해서 사마천은 인재야말로 절차탁마(切磋琢磨) 속에서 태어나고, 객관적인 조건을 중시하면서도 스스로 분발해 입신하려는 주관적인 노력을 더욱 중시했다.

이밖에 가장 높은 평가를 받는 것은 사마천의 경제관과 민족사상이다. 그는

---

* 일통(一統)을 중히 여긴다는 의미로 『춘추(春秋)』에서 나온 말이다. 대(大)는 중시 또는 존중의 뜻으로, 일(一)은 가장 존귀한 사람 즉 주나라의 천자를 의미한다. 일통(一統)은 천하의 모든 제후들이 천자에게로 통일됨을 의미하는데, 이는 모든 왕조가 천하를 통일해 제국의 권력을 중앙에 통일시켜야 한다는 사상이다.
** 동중서는 『춘추번로(春秋繁露)』에서 삼통이란 백통(白統 : 하나라), 적통(赤統 : 상나라), 흑통(黑統 : 주나라)으로 이들은 주어진 순서에 따라 순환하는데, 성씨가 바뀌어 새로운 왕조가 열리면 일통을 새로 얻은 것이므로, 반드시 천명에 따라 제도를 바꾸어야 한다고 주장했다.

사마천의 역사 저술 사상

사마천은 『사기』 저술을 통해 자신의 사상을 그대로 표현함으로써 '하늘과 인간의 관계를 구명하고, 고금의 변화에 통달하여 일가지언을 이룬다'는 소망을 실현했다. 『사기』는 일가의 언어로서 천년만년 후대에 빛나고 있다.

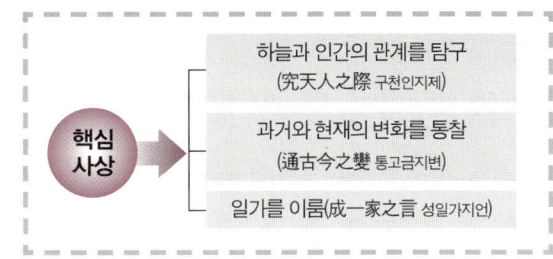

핵심 사상
- 하늘과 인간의 관계를 탐구 (究天人之際 구천인지제)
- 과거와 현재의 변화를 통찰 (通古今之變 통고금지변)
- 일가를 이룸 (成一家之言 성일가지언)

천인관(天人觀)
1. 동중서의 천인감응설을 계승
2. 자연현상과 음양오행의 구분
3. 역사적 실증으로 천도(天道): 하늘의 도에 물음

정치관
1. 덕치를 숭상하고 폭정을 반대
2. 백성들이 자연스럽게 따르는 무위(無爲)의 정치를 추구
3. 대일통(大一統)을 강조

경제관
1. 『사기』는 농업·상업·공업을 중시한 경제사(經濟史) 편찬의 효시
2. 부자가 되고픈 인간의 욕망은 자연스러운 것
3. 상인의 입지를 높여 주고 생계유지의 방법을 총괄

역사관
1. 대일통 중앙집권제
2. 역사는 발전하고 진화하고 혁신하는 것
3. 민심의 방향이 국가의 흥망을 결정

전쟁관
1. 전쟁은 폭군들을 주벌하고 백성을 구하는 자강의 수단
2. 하늘을 따르고 정의를 행하는 수단
3. 신중하게 장군과 재상을 택하고 용병술을 적용

민족관
1. 동양 역사서의 효시
2. 민족의 통일을 강조

도덕관
1. 예(禮)는 부(富)에서 생겨나고 없는 데서는 사라진다(禮生於有而廢於無).*
2. 소봉론(素封論)**을 주장한다.
3. 도덕을 역사적 인물 평가의 중요한 표준으로 삼다.

인재관
1. 덕을 세우고, 정론을 세우고, 공을 세우는 사람은 모두 인재다.
2. 개인이 입신양명하는 근본 조건은 발분하여 자강하는 것이다.
3. 어질고 재능 있는 사람을 등용한다.

---

* 「화식열전(貨殖列傳)」에 나오는 말로, '창고가 가득 차야 예절을 알고, 먹고 입는 것이 넉넉해야 영욕을 안다(倉廩實而知禮節, 衣食足而知榮辱)'는 제(齊)나라 재상 관중(管仲)의 말을 인용하면서 한 말이다.

** '소봉'은 큰 부자는 왕과 같다는 뜻으로, '자수성가한 부자'라는 해석도 있다. 「화식열전」에 나옴.

이익을 추구하는 인간의 행위는 자연스러운 본능이라고 보며, 생산 영역에서는 사회적인 분업을 고찰하고 '치생(治生)의 술(術)'을 포괄적으로 다루었다. 사람들이 부를 쌓는 것을 격려하고, 모든 사람들이 부를 쌓을 수 있다고 단언했다. 사마천은 동양 역사서의 효시를 편찬했을 뿐만 아니라 국내외의 민족을 구별하는 한편, 각 민족의 역사 발전은 종국적으로 대일통을 향한다고 논증했다.

03 시대가 낳은 위대한 역사서
성세의 한나라 왕조

>>> 한나라 초기부터 무제에 이르기까지의 정치적 안정과 경제적 발전, 그리고 문화적 통일은 사마천이 『사기』를 저술하는 데 있어서 중요한 의의를 갖는다. 바로 이러한 시대가 사마천과 『사기』를 낳았던 것이다.

정치 상황

역사는 분쟁이 끊이지 않던 춘추전국 시대를 지나 대일통의 진한(秦漢) 시기로 진입하였다. 진(秦)나라 말기의 천하대란은 수많은 영웅을 낳고, 결국 한나라 고조(高祖) 유방(劉邦)이 초한지쟁에서 항우(項羽)에게 승리해 황제의 옥좌에 앉아 한나라 왕조를 세웠다. 한나라 왕조가 세워진 후 일곱 명의 이성 제후왕들이 반란을 일으켰다. 유방이 죽은 후에는 여태후(呂太后)의 섭정과 오초칠국(吳楚七國)의 난*이 터졌다. 하지만 결국에는 반란을 평정하고 출현한 게 바로 '문경지치(文景之治 : 한나라 문제文帝와 경제景帝의 치세기)'의 번영기였다.

한나라 무제 유철(劉徹 : 기원전 156년 ~ 기원전 87년)은 친정을 시작한 후부터 추은령(推恩令)**을 채택해 지방 제후국의 세력을 크게 약화시켰다. 이로 인해 중국은 진정한 중앙집권의 시기로 진입하게 되었다. 고도의 중앙집권은 정치 질서를 안정화하는 데 더 없이 좋은 조건을 제공했다. 이것은 사마천에게 일종의 평화로운 상태에서 역대의 정치 구조와 제도를 객관적이고 정확하게 분석할 수 있는 기

---

* 기원전 154년 한나라 경제(景帝) 때 오왕(吳王) 유비(劉濞)와 초왕(楚王) 유무(劉戊)가 주동이 되어, 조왕(趙王) 유수(劉遂), 제남왕(濟南王) 유벽광(劉辟光), 치천왕(菑川王) 유현(劉賢), 교서왕(膠西王) 유앙(劉卬), 교동왕(膠東王) 유웅거(劉雄渠) 등과 함께 일으킨 반란.
** 제후왕이 죽으면 자제들을 열후로 격하해 봉토를 분할해 주는 법령.

회를 제공해 주었다.

경제 상황

전국 시대에 이르러 중국은 봉건 사회로 진입해 생산력이 크게 향상되었다. 진한 교체기에는 전쟁이 멈추지 않아 경제는 크게 피폐해졌다. 그래서 한나라 왕조가 세워진 후 고조 유방은 가장 먼저 통치 계층에게 일을 만들지 않고 백성들을 쉬게 하면서 생산력을 높이는 '청정무위 여민휴식(淸淨無爲, 與民休息)'의 정책을 펼침으로써 경제 발전을 최대한 촉진하는 데 주력했다. 그 후 한나라 문제와 경제도 몸소 검소함을 실천하여 사치와 영화를 멀리하자 민간 경제가 크게 발전했다. 한나라 무제 때도 경제 발전에 역량을 집중하는 정책을 펼쳤고, 종국에는 백성들을 풍요롭게 함으로써 한나라를 강성한 제국으로 키웠다. 이것은 사마천에게 열린 마음으로 역사의 발전 과정을 탐구하도록 했고, 『사기』는 이러한 바탕 위에서 이 세상에 나올 수 있었다.

문화와 사상

춘추전국 시대의 백가쟁명(百家爭鳴)은 진시황의 분서갱유(焚書坑儒) 정책으로 종말을 맞았고, 또한 진나라의 멸망을 재촉했다. 한나라 건국 초기의 황제들은 법가(法家)들을 등용해 폭정을 일삼은 진나라 왕조로부터 교훈을 얻어 '황로학(黃老學)'*을 채용해 천하를 다스렸다. 하지만 제반 형세가 변화를 거듭했고, 사회가 발전하면서 도가사상(道家思想)의 결함이 점점 노골화되었다. 그에 따라 유가(儒家) 학설이 점점 더 우세한 위치를 차지하게 되었다.

한나라 무제는 동중서가 건의한 '파출백가 독존유술(罷黜百家, 獨尊儒術)'**의 정책을 받아들여 통치 사상의 핵심으로 유교를 채택했다. 즉 유교를 국교화한 것

---

* 노자(老子)를 시조로 하는 학문을 말하며, 오제 가운데 한 사람인 '황제(黃帝)'의 이름을 덧붙인 명칭으로 한나라 초기에 주창되었다. 무위(無爲)로써 다스린다는 정치사상이 담겨 있으며, '황로'라는 말은 『사기』와 『한서(漢書)』에서 유래한다.
** 백가의 사상을 배척하고 유학만을 존숭해야 한다는 정책을 말함.

『사기』가 나올 수 있었던 조건

한나라 왕조의 성세는 천고에 전하는 불후의 명저인 『사기』가 저술될 수 있었던 객관적 조건이었다. 『사기』의 탄생은 결코 우연이 아니라 한나라 왕조의 대일통 시대와 사마천이 이릉의 화로 겪은 치욕을 이겨낸 노력의 산물이었다. 그 결과로써 위대한 역사서가 산고의 진통을 겪고 태어날 수 있었다.

외적인 조건

한나라 초기부터 무제까지의 성세는 『사기』가 나올 수 있었던 객관적인 조건이었다.

정치적 안정 : 한나라 왕조의 탄생은 중국 천하를 다시 대일통으로 나아가게 했다. 무제 시기에는 대내적으로 지배층을 개혁하고, 대외적으로는 사방의 외적을 정벌하여 영토를 확장함으로써 한나라의 국력이 강성해졌다.

경제적 번영 : 진나라 말기의 경제적 피폐를 거울로 삼은 한나라 초기의 '황로정치'는 경제를 발전시켰고, 한나라 무제 시기에는 경제가 번영하여 활기에 찬 모습이었다.

문화의 통일 : 한나라 초기의 정치적 안정과 경제적 번영에 발맞추어 문화 방면에서도 큰 발전이 있었다. 한나라 무제는 동중서의 건의로 '백가의 사상을 배척하고 유학만을 존숭하는' 정책을 취함으로써, 유학은 중국의 역대 통치 사상의 핵심이 되었다.

죽간 『사기』

사마천의 주관적인 조건

사마천이 받은 학문적 교육과 수양, 그리고 경험이 『사기』를 저술하게 된 주관적인 조건이었다.

부친의 유언과 소원 : 사마천의 부친인 사마담은 일생 동안 역사서를 쓰기 위해 진력했다. 비록 그 뜻을 이루지는 못했지만, 임종할 즈음 자신의 소임을 아들인 사마천에게 유언으로 남겼다.

사마천의 학식 : 사마천은 관직으로 나아가기 전에 각종 지식을 광범위하게 습득하고, 천하를 두루 여행하며 견문을 넓혔다. 태사령의 직분을 맡고도 수많은 서적을 탐독하여 『사기』 저술의 자양분으로 삼았다.

이릉의 화로 인한 치욕의 극복 : 사마천은 이릉의 화를 입은 후 역사에 대한 인식을 더욱더 확고히 하게 되었다. 그 결과 마음속의 비분을 『사기』에 투영하는 한편, 더 많은 평민성(平民性)을 불어넣음으로써 『사기』는 휘황찬란한 역사서로서의 지위를 얻게 되었다.

이다. 이러한 문화적 통일과 발전은 한나라 왕조의 통치에 훨씬 더 유리하게 작용했다. 이러한 학문적 배경은 사마천이 『사기』를 저술하는 데 매우 중대한 영향을 미쳤다. 하나는 사마천이 역사를 객관적으로 저술할 수 있는 조건을 제공했다는 점이다. 또 다른 하나는 대일통 이론이 사마천으로 하여금 역사를 총괄할 수 있도록 했으며, 이러한 규율은 문화적 근거를 제공해 주었다는 점이다.

04 | 역사서 체제의 획을 긋다
기전체

>>>> 『사기』가 창조한 기전체紀傳體는 역사서 체제의 한 획을 그었다는 데 의의가 있다. 그 후 기전체는 역사서 저술의 규범이 되었고, 후세의 역사가들에 의해 계승 발전되었다.

『사기』 이전의 역사서

『사기』가 나오기 전, 중국 역사서 저술의 역사는 이미 1천 년을 거슬러 올라간다. 『사기』가 나오기 전의 가장 유명한 역사서로는 『상서(尚書)』, 『춘추(春秋)』, 『좌전(左傳)』, 『국어(國語)』, 『전국책(戰國策)』 등이었다. 이 역사서들은 기록도 상세하고 다루는 내용도 무거웠지만, 총체적으로 체제와 서술이 부족했다.

『상서』(『서경書經』이라고도 부름)는 문체가 6종 혹은 10종으로 나누어질 수 있다. 대부분은 기언문(記言文 : 구어체 기록으로서 기사문記事文보다 먼저 나옴) 형식으로 되어 있으며, 일부 역사적 사실을 생략하고 서술하지 않았다. 『춘추』는 편년체(編年體) 역사서로 기사(記事 : 사실을 보고들은 그대로 적음)에 중점을 두었지만, 매우 간략하게 서술되어 있다. 『좌전(左傳)』은 『춘추』를 확대해서 저술된 것으로 비교적 분량이 많은 편이며, 중국 고대 역사학에서 기사문의 시초가 되었다. 『국어(國語)』(『춘추외전春秋外傳』이라고도 함)는 기언문을 주로 하고 『상서』보다는 진일보했지만 일부의 역사일 뿐이었다. 『전국책』은 문장이 화려하고 미려하지만, 표현이 지나치게 과장되어 역사서 편찬의 거울로 삼을 만한 곳이 없었다. 이 외에도 전국 시대 중엽의 『탁씨미(鐸氏微)』, 전국 시대 말엽의 『우씨춘추(虞氏春秋)』, 『기년(紀年)』, 『세본(世本)』 및 진한 교체기의 『초한춘추(楚漢春秋)』 등이 있다. 이러한 저작물들은 모두 『사기』 저술에 영향을 미쳤다.

「본기」와 「세가」

사마천은 앞 세대에서 이룩한 성과를 계승하고, 그것을 기초로 하여 「본기(本紀)」, 「세가(世家)」, 「열전(列傳)」, 「서(書)」, 「표(表)」라는 다섯 가지 역사서의 체제를 세웠다. 역사서 한 권에 통일된 형식을 갖춘 기전체는 후세에 역사서의 표준이 되었다.

「본기」(근본이 되는 기록이라는 뜻)는 천하의 대국을 좌지우지했던 대표적인 인물을 주체로 정한 후 그들의 언행과 정책의 반포 및 개정, 관리의 임명과 파면, 전쟁이나 자연재해, 외교 등의 국가 대사를 서술했다. 삼황오제(三皇五帝) 시대의 황제(黃帝)에서부터 한나라 무제에 이르기까지 12명의 제왕을 기준으로 역사적인 내용을 연대순으로 서술하면서 국가의 흥망성쇠를 연속적이고도 집중적으로 보여주었다. 「본기」는 '오제본기(五帝本紀)', '하본기(夏本紀)', '상본기(商本紀)', '주본기(周本紀)', '진본기(秦本紀)', '진시황본기(秦始皇本紀)', '항우본기(項羽本紀)', '고조본기(高祖本紀)', '여태후본기(呂太后本紀)', '효문본기(孝文本紀)', '효경본기(孝景本紀)', '효무본기(孝武本紀)'의 총 12편이며, 『사기』에서 맨 처음에 나오는 전체 책의 대강(大綱: 큰 줄기)이다. 「본기」는 군주를 중심에 놓고 시간에 따라 서술하는 『춘추』를 모방했다. 사마천은 「본기」에 황제뿐만 아니라 실제로 천하의 권세를 장악한 인물들도 포함시켰다. 황제나 왕, 제후, 그리고 여자와 남자에 상관하지 않았던 것이다. 항우와 여태후가 포함된 것을 보면 그렇다. 하지만 『사기』 이후의 역사서는 황제만을 「본기」에 수록했다.

'대대로 이어지는 가문'이라는 뜻의 「세가」는 총 30편으로, 편년체와 기전체 형식을 병행했다. 「세가」에는 '28개의 별자리가 북극성을 맴돌 듯, 30개의 바퀴살이 바퀴 축으로 몰리듯' 황제의 주위에서 황제를 보필한 제후들과 공신, 그리고 사회에 큰 영향을 미친 인물들의 대사를 기록했다. 형식으로 보아 「세가」와 「본기」는 모두 편년체를 따랐지만, 황제의 기록인 「본기」와 구별하기 위해 「세가」라는 명칭을 붙였다. 「세가」는 『춘추』의 체제가 직접적인 기원이므로, 고대 역사서의 「세가」 체제를 계승한 것이다.

하지만 『춘추』를 계승한 사마천의 『사기』는 「본기」와 「세가」에서 몇 가지 대

역사서의 체제

5천 년을 이어져 온 중국 역사에는 체제가 서로 다른 각각의 역사서들이 있는데, 바로 이러한 역사서들을 통해 우리는 역사의 흥망성쇠를 더욱더 깊이 이해할 수 있다.

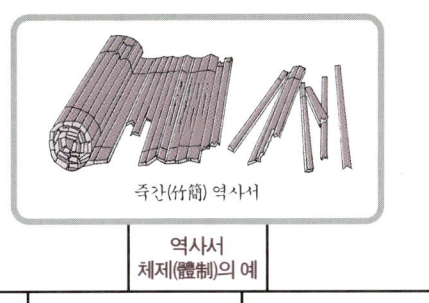

죽간(竹簡) 역사서

역사서 체제(體制)의 예

편년체(編年體)
연대의 순서에 따라 역사적 사건을 배열함으로써 동시대의 역사적 사건 간의 연계성을 반영한다. 공자의 『춘추』에서 비롯되었다. 『좌전』, 『자치통감(資治通鑑)』.

기전체(紀傳體)
인물 활동의 서술을 통해 역사적 사건을 반영한다. 기언과 기사의 진일보한 결합이다. 기전체는 『본기(本紀)』의 기(紀)와 『열전(列傳)』의 전(傳)을 합해서 생긴 말이다. 『사기』, 『한서(漢書)』.

국별체(國別體)
국가를 단위로 역사적 사건을 구분한 후 여러 국가의 역사를 결합하여 서술한다. 『국어』, 『전국책』.

기사본말체(紀事本末體)
사건별로 제목을 앞세우고, 관계된 특정 테마의 자료를 하나로 모아 서술한다. 창시자는 남송(南宋)의 원추(袁樞)다. 기전체와 편년체의 인물, 분야별, 연대별 서술로 인한 특정 사건에 대한 기록의 산만함과 중복을 피하고, 특정 사건의 원인과 전개 과정이나 영향 등을 체계적으로 서술한다. 『통감기사본말(通鑑紀事本末)』.

『사기』의 다섯 가지 구성

처음으로 기전체 서술 방식을 택한 『사기』는 훗날 24사(二十四史) 편찬의 표준이 될 만큼 영향력이 깊고도 크다. 이하의 구성표처럼 원래 『사기』의 순서 구분은 이 책의 본문 순서와는 다르다.

『사기』
(다섯 가지 체제, 130권)

구성

본기(1~12권): 천하의 대권 주자를 주체로 정한 다음, 제왕의 언행과 정책을 서술. 예) 「고조본기(高祖本紀)」

표(13~22권): 연대, 국가, 사건, 인물 등을 가로와 세로로 각각 한 묶음으로 해 서술한다. 인물을 주로 하거나 국가, 지역, 부족 등을 주로 다룬다. 예) 「6국연표(六國年表)」, 「한흥이래제후왕연표(漢興以來諸侯王年表)」

서(23~30권): 제도를 종류별로 엮은 다음 각각의 법령, 제도, 문물, 치수 등을 주로 서술한다. 경제서, 봉선서, 치수서 등 전문 역사서 성격을 갖는다. 예) 「예서(禮書)」

세가(31~60권): 제후의 존귀함과 사회에 큰 영향을 미친 인물에 관한 일을 기전체와 편년체 형식을 결합해 서술한다. 예) 「진세가(晋世家)」

열전(61~130권): 역사상 뛰어난 명성을 얻은 인물에 대한 전기로서 전전(專傳: 「오자서열전伍子胥列傳」 등), 합전(合傳: 「손자오기열전孫子吳起列傳」 등), 유전(類傳: 「자객열전刺客列傳」 등), 부전(附傳: 「이사열전李斯列傳」 등), 자전(自傳: 「태사공자서」 등) 등의 형식이 있다.

담한 시도를 했다. 첫째는 하·상·주 3대의 제왕과 공신들을 「세가」에 넣지 않고 「본기」에 넣었다는 점이다. 둘째는 한나라 혜제(惠帝 : 유영劉盈, 유방과 여태후의 아들로 한나라 2대 황제)를 「본기」에 넣지 않고, 황제를 대신해 섭정했던 여태후를 「본기」에 넣었다는 점이다. 셋째는 항우를 「본기」에 넣는 동시에 한나라의 기년(紀年 : 연대)으로 기록했다는 점이다. 넷째는 '소상국세가(蕭相國世家 : 소하蕭何)'와 '유후세가(留侯世家 : 장량張良)'는 있지만, 개국공신인 한신·경포(黥布)·팽월(彭越) 등은 반란을 일으켰기 때문에 「열전」으로 강등했다는 점이다. 다섯째는 공자와 진섭(陳涉)은 평민이었지만, 사회와 역사에 미친 영향을 고려해 제후들과 같은 반열로 다루어 「세가」에 넣었다는 점이다. 여섯째는 황제의 부인인 황후는 내조의 공덕을 고려해 황후와 그 집안사람들을 '외척세가(外戚世家)'로 독립시켰다는 점이다. 마지막으로 「본기」에서 패배자인 항우를 한나라 고조 유방보다 먼저 두었다는 점이다.

「열전」

「열전」은 주로 인물 전기로서 총 70편이다. 전전, 합전, 유전, 부전(잡전雜傳이라고도 함), 자전 등 총 다섯 가지 형식이다. 그 중 '흉노열전(匈奴列傳)'이나 '조선열전(朝鮮列傳)'처럼 소수 민족과 주변 국가에 관한 역사를 서술한 편도 있다. 「열전」의 취지는 황제나 제후에 대한 기록이 아니라 역사상 뛰어난 명성을 얻은 인물들에 관한 전기이다. 당나라의 사마정(司馬貞)은 "열전은 대신들의 사적을 기록하기 위한 편목이었기에 후세에 길이 전해질 수 있었다"라고 말했다. 물론 『사기』는 「본기」가 핵심이고 「열전」은 그 다음이다. 「열전」은 「본기」를 보충하고 뭇별이 달을 에워싼 것처럼 황제와 신하의 관계를 적절하게 암시해 주고 있다.

「열전」 형식의 인물 전기는 『사기』 이전에도 있었지만, 그것은 인물의 개성에 대한 묘사가 결여되어 있었다. 그러나 사마천은 인물들의 언행과 필요한 예술적 가공을 통해 각각의 인물들에게 피가 돌고 살이 돋도록 하여 살아있는 형상을 창조했다. 이 점이 바로 이전의 역사서를 뛰어넘는 우월함이었다. 그 중 가장 유명한 것으로는 '굴원가생열전(屈原賈生列傳)'과 '염파인상여열전(廉頗藺相如列傳)'

『사기』와 『춘추』

중국의 수많은 책들 중에서 『춘추』와 『사기』는 두 권 모두 대표성을 갖는다. 게다가 두 책은 서로 계승 관계에 있는데, 같은 점도 있는 반면에 차별성도 있다.

책명	출간 연대	저자	체제	서술 연대	서술 방법	역사적 지위
『춘추』	춘추 시대	공자	편년체	노은공(魯隱公 : 기원전 722년)에서 노애공(魯哀公) 기원전 481년	춘추필법	중국 최초의 편년체 사서
『사기』	서한	사마천	기전체	황제(黃帝)부터 한나라 무제까지의 역사		중국 최초의 기전체 통사

춘추필법(春秋筆法) : 공자는 『춘추』를 편찬할 당시 하나의 문장 작법을 창제하였다. 그 특징은 인물과 사건을 바라보는 관점을 직접적으로 찬술하지 않고 세절한 묘사와 수사법, 그리고 사료의 엄선을 통해 완곡하고도 미묘하게 작자의 주관적 관점을 표현했다.

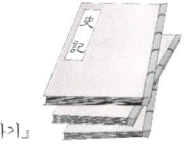

태사공 필법 : 사마천은 『사기』를 편찬할 때 하나의 문장 작법을 만들었다. 그 특징은 '언유서, 언유물(言有序, 言有物)*의 원칙에 따라 '내용적 충실(言有物)'과 '언어적 아름다움(言有序)'을 동시에 추구했다는 데 있다. 인간의 보편성에서 출발하여 특정 인물의 입장에서 생각하는 역지사지의 태도로, 특정의 언어적 환경에서 필연적으로 오는 생동감 어린 반응을 통해 역사적 인물 고유의 면모를 복원하는 데 전력했다.

『사기』와 『한서』

『사기』는 24사의 첫 번째 역사서인데, 동한(東漢) 시기에 반고(班固)는 『사기』의 기전체 체제를 채용하여 중국의 첫 번째 단대사(斷代史)인 『한서(漢書)』를 편찬했다. 이로써 기전체는 각각의 왕조사 체제의 표준으로 자리를 잡았다.

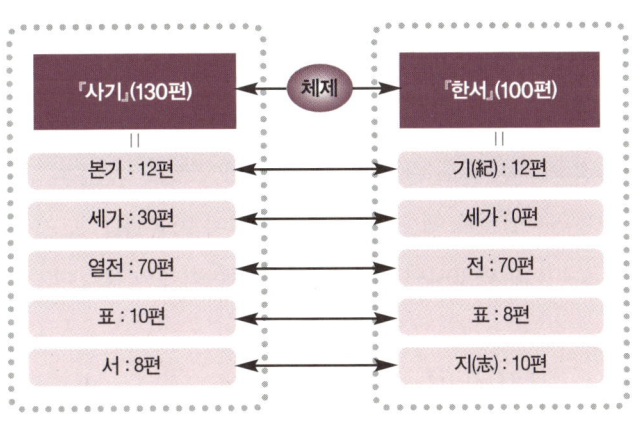

---

*『주역』에 나오는 구절로 '언유서'는 '말에도 순서가 있다'는 것인데, 말도 때와 장소를 가려야 한다는 뜻이다. '언유물'은 '말에도 사물이 있다'는 것인데, 말을 해도 내용성이 있어야 한다는 뜻이다. 청나라 때의 산문가 방포장(方苞將)은 자신의 산문이론 핵심을 '의법(義法)'이라고 했는데, '의'는 언유서이고 '법'은 언유물을 가리킨다.

등이 있다.

「표」와 「서」

『사기』는 인물 묘사를 주로 하는 「본기」와 「세가」, 그리고 「열전」 외에 사건과 연대, 제도를 기록한 체제인 「표」와 「서」가 있다. 「표」는 족보 형식을 차용하여 역사적 인물과 사건을 서술했는데, 총 10편으로 구성되어 있다. 그리고 내용에 따라 두 가지로 구분할 수 있는데, 첫째는 인물을 주로 하고 세계(世系)를 기입하는 형식이다. 예를 들면 '고조공신제후연표(高祖功臣侯者年表)'가 그렇다. 가로에는 연대를, 세로에는 제후국을 나열하여 제후국의 개국과 멸망을 비교 조감할 수 있다. 둘째는 국가와 지역, 부족을 주로 하여 연대에 따라 중요 사건을 기재하는 방식이다. 예를 들면 '6국연표(六國年表)'가 그렇다. 세로에는 연대순을, 가로에는 제후국을 나열하여 제후국들의 흥망성쇠와 변화의 추이를 잘 엿볼 수 있다.

「표」는 두서가 복잡한 대량의 사료를 독자의 눈앞에서 계통학적이고도 간략하게 보여주기 때문에, 일목요연하게 역사를 이해하도록 하면서 기타 부족한 부분을 보완하는 작용을 한다. 「본기」와 「표」는 모두 연대순으로 기재하여 그물 벼리를 잡고 옷깃을 거머쥐듯이 『사기』 전체의 요점을 간명하게 보여준다.

「서」는 일을 유형화하였는데, 제도와 문물을 주로 기록하여 전문적인 역사서로서의 특징을 지닌다. 총 8편으로 되어 있다. 예를 들면, '천관서(天官書)'는 천문 분야의 내용을 상세하게 기술하였고, '평준서(平準書)'는 한나라 초기 무제 시기의 경제제도 변천을 기술하였다. 「서」는 일종의 종합 논술 형식이다. 문화와 문물, 법령과 제도 등을 총망라하여 논술했는데, 기사본말의 형식을 취하고 있다. 또한 역사서의 표준 체제를 갖춘 최초의 형식이기도 하다.

「태사공 왈」

『사기』에 나오는 「태사공왈(太史公曰)」은 사람의 습관상 말하는 서(序), 찬(贊), 론(論)을 뜻하는데, 사마천이 처음으로 역사서에 도입한 형식이다. 간략하게 말하자면 '사기논찬(史記論贊)'이다. 「태사공왈」은 형식상 『좌전』의 「군자 왈(君子曰)」

을 모방했는데, 계통적으로 편 앞의 '서론(序論)'과 편 뒤의 '찬론(贊論)', 서술과 논의가 혼재하는 '논전(論傳)'의 세 가지 형식으로 가지런하고 원활하게 구분되어 있다. 「태사공 왈」은 내용상 매우 해박한데, 종종 편 중에서 준비하지 못한 것을 보충하거나 의론을 넓게 하고, 글의 기세를 종횡으로 힘차게 하며 언사가 정밀하여 그 주장을 심오하고도 섬세하게 표현한다. 역사학 이론에서 하나의 계통을 형성했다.

05 중국의 첫 번째 기전체 통사
오제에서 한나라 무제까지

>>> 『사기』에는 황제 시기부터 한나라 무제까지 3천 년의 역사가 기전체 형식으로 농축되어 있다. 내용이 방대하고 해박할 뿐만 아니라 고금의 역사 변천을 상세하면서도 간명하게 기술함으로써 과거와 현재의 변화를 통찰하겠다는 목적을 이루었다.

통사

동서고금의 역사서는 서술 방식에 따라 여러 종류로 나눌 수 있는데, 통사는 그 중의 한 방식이다. 이른바 '통사'라고 하는 것은 고금의 역사서를 관통해서 역대의 역사적 사실을 기재하는 것으로, 단지 한 시대만을 기록하는 단대사와는 다르다. 통사는 역대의 사실과 일화를 연속적으로 서술하기 때문에, 독자들이 역사의 전체를 이해할 수 있다.

체제의 상이함에 근거하여 통사는 기전체 통사, 편년체 통사, 기사본말체 통사, 전지체(典志體) 통사로 나눌 수 있다. '통사'라는 이름 그대로 서술 내용이 매우 광범위하며, 중요한 사건과 연구 과제를 모두 언급한다. 또한 역사 발전의 맥락과 그 실마리를 관통하는 서술 덕분에 독자들은 역사에 대한 총체적 인식을 얻을 수 있다. 때문에 첫 번째 점이 부족하면 통사라는 이름에 걸맞지 않고, 더더구나 두 번째 측면을 이루기는 더 어렵다. 저자의 재능과 장기간에 걸쳐 축적된 지식과 이론적 소양이 필요하다.

기전체 통사

『사기』는 기전체 서술 방법을 창조했을 뿐만 아니라 황제 시대부터 한나라 무제 시기까지를 관통하는 3천 년의 통사이자 중국 최초의 기전체 통사이다. 또

『사기』는 역사를 그린 화첩

『사기』는 황제로부터 한나라 무제에 이르기까지 3천 년의 역사를 서술한 통사이다. 사마천은 오제五帝, 하·상·주 3대, 춘추전국, 진나라와 서한 시기를 거치는 웅장한 역사를 한 폭의 그림으로 표현했다.

 →  →

황제
오제시대(기원전 30세기 초~기원전 21세기 초)
황제, 전욱, 제곡, 요, 순 등의 제왕 시대로 중국 문명의 여명기였다.

주나라 무왕(武王)
삼대(三代: 기원전 2070년~기원전 771년)
하나라, 상나라, 서주 시대로 중국의 노예제 시기였다.

제나라 환공(桓公)
춘추전국(기원전 770년~기원전 221년)
이 시기에 각국의 제후들은 천하의 패권을 차지하기 위해 다툼을 벌였고, 중국은 노예제에서 봉건제로 옮겨 가는 전환기이자 역사의 황금기였다.

한나라 무제
진한 시기(기원전 221년~기원전 87년)
진시황이 6국을 통일한 것을 시작으로 유방이 한나라를 건국하고 나서 무제까지의 시기로 중국 대일통 봉건 시대의 서막이었다.

통사와 단대사

통사와 단대사는 역사서 기재의 시간 연한(年限)으로 구분한다. 24사 중 『사기』 외의 모든 사서는 단대사이며, 24사를 하나로 묶으면 그 자체가 중국사 전체의 통사이다.

통사	고금의 역사서를 관통해 사실(史實)을 서술한다. 기전체 통사, 편년체 통사, 기사본말체 통사, 전지체 통사로 구분한다.	『사기』, 사마광(司馬光)의 『자치통감』
단대사	하나의 왕조사만 서술하는 역사서로 통사와 대비된다. 동한(東漢)의 반고(班固)가 지은 『한서』가 시초이다.	『한서』, 『명사(明史)』
24사	**개요** : 전설의 황제(기원전 3000년)로부터 명나라 숭정(崇禎) 70년(1644년)까지를 기술한 책들이다. 모두 3,213권에 약 4천만 자에 해당한다.	**역사서 목록** : 『사기(史記)』, 『한서(漢書)』, 『후한서(後漢書)』, 『삼국지(三國志)』, 『진서(晋書)』, 『송서(宋書)』, 『남제서(南齊書)』, 『양서(梁書)』, 『진서(晋書)』, 『위서(魏書)』, 『북제서(北齊書)』, 『주서(周書)』, 『수서(隋書)』, 『남사(南史)』, 『북사(北史)』, 『구당서(舊唐書)』, 『신당서(新唐書)』, 『구오대사(舊五代史)』, 『신오대사(新五代史)』, 『송사(宋史)』, 『요사(遼史)』, 『금사(金史)』, 『원사(元史)』, 『명사(明史)』

한 정치, 경제, 문화, 민족, 사회, 자연계의 천문, 역법, 지리, 수리(水利) 등을 총망라할 정도로 오늘날의 백과사전에 버금가는 거작이다. 한나라 왕조의 주변 민족을 기록한 것은 저 멀리 서아시아를 넘어 세계사적 의의까지 담고 있다.

기전체로서의 『사기』는 제왕과 장군, 재상, 왕손의 공자(公子)들만 다룬 게 아니라 수많은 밑바닥 서민들도 다루었기 때문에, 그 시야는 사회의 각계각층 모두에게 향하고 있다. 따라서 『사기』는 역사가 복잡하다는 것을 객관적으로 보여준다. 사마천은 '고금의 변화를 통찰한다(通古今之變)'는 자신의 사상을 실현하기 위해 과거와 현재의 관계를 상세하고 간명하며, 뜻이 깊게 쓴다는 원칙으로 변혁기의 역사를 다시 썼던 것이다.

사마천은 2천 년에 걸친 삼황오제의 고대사를 총 34편으로 썼다. 글자 수는 무려 10여 만 자에 이른다. 100년의 한나라 역사는 75편으로 썼는데, 『사기』의 절반이 넘는다.

『사기』는 주로 네 가지 역사를 상세하게 서술했다. 첫째는 서주(西周) 건국사, 둘째는 춘추전국 시대의 변천 역사, 셋째는 진한 교체기의 변혁 역사, 넷째는 한나라 무제 건원(建元), 원봉(元封) 연간의 변혁 역사 등이다. 이러한 변혁의 역사를 모두 합해도 3백 년이 넘지 않는데, 서술 분량은 4분의 3이 넘는다. 이렇게 파란과 기복이 심한 역사를 중점적으로 돌출시키며 서술은 간결하나 뜻은 깊게 하였다. 사마천이 역사적 경험과 교훈을 선명하게 표현한 것은 당대의 요구에 부응하기 위해서였다.

06 가락이 없는 이소
화려하고 아름다운 역사서

>>> 역사서도 아름답고 화려할 수 있다는 것을 보여준 『사기』는 한 권의 역사서이자 한 권의 문학작품이기도 하다. 중국의 사상가이자 문학가인 노신은 한나라 시대의 가장 대표적인 저작 중의 하나로 『사기』를 지목한 후 '사가의 절창이자 가락이 없는 이소'라고 극찬했다.

인물의 전형화로 역사와 문학을 결합시키다

『사기』는 기전체 역사서로서 주요 내용은 인물 전기이다. 사마천은 문장으로 서술할 때 사관의 필법과 문인의 문체를 번갈아가며 사용했다. 역사적 엄숙성과 인물의 전형성(典型性)을 일치시켜서 역사와 문학을 절묘하게 통일했던 것이다.

우선 인물 선택에서 본다면 사마천은 혈통의 존비와 작위의 높고 낮음을 기준으로 삼지 않았다. 사회에 미친 영향에 따라 대표성을 띤 인물을 선택하여 그들을 인물 전기의 주인공으로 삼았다. 그래서 당대를 대표하는 전형적인 인물을 창조할 수 있었다.

그 다음으로 역사적 규범에서 본다면 이미 있는 사적으로 전형화를 꾀했다. 주요 수단은 먼저 역사의 대사(大事)를 선택하고 나서 인물의 개성을 돌출적으로 강조했고, 그런 다음 인물의 특징을 구상하여 그의 사상을 표현했던 것이다.

호견법으로 인물들을 상호 비교하다

『사기』에 등장하는 많은 인물들은 서로 관련되어 있기 때문에, 사마천은 같은 인물이나 같은 사건을 여러 곳에 분산시켜 기록하는 호견법(互見法)으로 연관 인물들을 써 내려갔다. 그는 대표적으로 다음과 같은 몇 가지 방법을 사용했다.

첫 번째는 등장인물의 본전(本傳)에서 그 인물의 형상을 묘사하는 데 심혈을 기울이고 집중적으로 서술했다. 이와 더불어 인물과 관련이 있는 가장 첨예하고 격렬한 사건의 모순 투쟁을 묘사함으로써, 인물의 주요한 정신적 면모를 두드러지게 표현했다. 하지만 다른 전기에서는 그 인물의 또 다른 측면을 보여준다. 두 번째는 광범위하게 역사적으로 관계있는 인물들을 강렬하게 대조함으로써, 인물의 두드러진 개성을 서로 대비시켰다. 세 번째는 전기와 찬(贊:「태사공왈」)이 서로 보충하도록 했는데, 이를 통해서 강렬한 애증의 감정을 표현하는 식으로 인물 형상을 묘사했다. 네 번째는 중복해서 쓰는 것인데, 이렇게 함으로써 인물의 위대함을 두드러지게 했다.

줄거리를 이야기로 풀어내다

사마천은 인물의 전형화를 극대화하기 위해 인물의 언행을 생동감이 있고, 구체적인 이야기로 서술하면서 인물의 사상적 면모를 드러냈다. 이로써 짧은 문장으로 묘사했음에도 불구하고 인물 특유의 개성을 분명하게 표현해낼 수 있었다.

예를 들어, 「회음후열전(淮陰侯列傳)」에서 한신의 '과하지욕(胯下之辱)'에 관한 이야기는 그의 인내심이 얼마나 강한지를 그대로 드러내 준다. 한신은 한나라 고조 유방에게 배덕(背德:도의에 어긋남)하지 않으며, 설사 군사를 빼앗기고 봉지(封地)가 옮겨지고, 거짓으로 잡히고, 작위를 강등당하더라도 항상 외부로부터의 압력을 참고 견뎌냈다. 『사기』의 인물 전기에서 가장 멋들어진 편으로는 전기적인 성격이 가장 강한 「자객열전」과 「유협열전(遊俠列傳)」을 들 수 있다.

이 외에도 사마천은 인물을 묘사할 때 특별히 세부 묘사와 대장면의 표현을 중시했다. 하나의 세부 묘사에서 긴 것은 이야기가 되고, 작은 것은 단지 하나의 동작, 하나의 시각, 하나의 영감이었다. 바로 이러한 세부 묘사는 생활의 구체적인 모습을 글 속에서 생생하게 만들어 주었다. 대장면의 묘사는 모두 그림, 조각, 조소가 되거나 무대와 스크린으로 옮겨질 수 있을 정도이다.

사마천의 문학관

만약 『사기』의 문학성을 연구한다면 반드시 사마천의 문학관을 이해해야 하는데, 이는 사마천이 자신의 문학적 견해를 창작의 기점으로 삼았기 때문이다.

① 문학가의 중시
사마천은 문학가인 굴원과 사마상여(司馬相如)를 특별히 추앙했고, 그들을 위해 전기를 썼다.

② 현실 반영 문학
사마천은 문학이 권선징악의 교화 작용을 가져야 한다고 생각하여 풍자적이고 우화적인 정치성을 가미했다.

③ 발분저서설(發憤著書說)
사마천은 이릉의 화로 인해 가난과 굴욕감이 가져오는 불우함과 고생을 직접 겪었기 때문에, 작가로서 위대한 작품을 쓸 수 있었다.

④ 낭만주의 예찬
사마천은 굴원의 작품 「이소」에 담겨 있는 낭만주의 정신을 계승하여 영웅의 기이하고도 뛰어난 행동을 묘사했다.

호견법의 운용

『사기』에서 인물 전기를 쓸 때 사마천은 호견법을 비교적 많이 사용했는데, 이를 통해 문학과 역사를 절묘하게 결합해냈다.

「항우본기」 VS 「회음후열전」

1. 다른 전기로 본전(本傳)을 보충: 「항우본기」에서는 항우의 영웅적 형상을 완벽하게 묘사했지만, 「회음후열전」에서는 그가 실패할 수밖에 없었던 일면을 보충적으로 서술했다.

「항우본기」 VS 「고조본기」

2. 두 개의 전기를 대비: 「항우본기」의 홍문연(鴻門宴)에서 유방의 교활함과 항우의 성실함 내지 솔직함을, 「고조본기」의 성고전투(成皐戰鬪)에서는 항우의 대책 없는 경솔함과 유방의 뛰어난 지모를 돋보이게 했다.

「상군열전」 VS 「태사공왈」

3. 전기와 '사마천의 찬'이 서로 보충: 「상군열전(商君列傳)」에서 상앙(商鞅)의 변법으로 진나라가 강성하게 되었다는 사실을 기록하면서도 「태사공왈」에서는 법가(法家)의 냉혹함과 잔혹함, 그리고 사마천 자신이 상앙을 증오하는 감정을 드러냈다.

「공자세가」 VS 「태사공왈」

4. 중복 서술: 「공자세가(孔子世家)」는 공자의 '지기불가위이위지(知其不可爲而爲之)'[*]의 일생을 묘사함으로써 공자가 천하에 한 사람밖에 없는 역사적 인물임을 강조했다. 「태사공왈」에서도 마음속에 경건함이 가득한 어조로 공자를 성인으로 추존하고, 그의 높은 도덕성과 학문을 찬양했다.

---

[*] 『논어(論語)』 「헌문(憲問)」 편에 나오는 말로, '안 되는 줄 알면서도 해본다'는 뜻임.

서사적 산문화

『사기』를 구성하는 인물 전기의 본질은 일종의 산문 서사다. 그 중 비인물(非人物) 전기 편목은 대다수가 정론(政論)의 색채를 띠고 한층 더 산문 서사적이다. 사마천의 산문 예술의 성과는 한대(漢代) 문학의 최고봉이다. 사마천은 『좌전』에 담겨 있는 역사 산문의 전통을 계승했을 뿐만 아니라 『국어』, 『전국책』, 제자백가들의 산문에서 자양분을 공급받아 독특하면서도 특색이 있는 태사공만의 풍격을 창조했다. 가장 큰 특색은 기사 실록 안에서도 '일의 사리를 밝히는 데 능숙하고(善序事理 : 반고가 『한서』 「사마천전」에서 한 말)', 서사와 논리를 융합하는 데 꾸밈이 없어 완벽에 가까울 정도로 자연스럽다.

그밖에 사마천은 역사 속의 인물을 서술할 때 선명한 애증의 감정을 빚어냄으로써 『사기』의 문장이 굴원의 작품 「이소」에서 느낄 수 있는 정감을 얻도록 했다. 이로 인해 사람들의 감동을 불러일으키고, 인물 형상의 생동감을 증폭시켰다. 역사서를 쓰는 것은 감정의 개입이 필요하지 않는 반면에, 문학 작품을 쓰는 데는 농후하고 열정적인 감정이 필요하다. 사마천은 이러한 두 가지를 절묘하게 결합시킴으로써 평범함의 경지를 뛰어넘을 수 있었다.

풍자 예술

풍자적 표현 형식은 첨예하고도 해학적인 언어로써 거짓과 추악한 것을 있는 그대로 보여주고 비웃고 꾸짖을 수 있다. 그 목적은 거짓과 추악함의 부정적인 면을 통해 진선미의 긍정성에 다다르고자함이었다. 또한 사람들에게 풍자 예술에서 얻을 수 있는 심미적 희열을 감상하게 하려는 것이었다. 사마천은 『사기』에서 대단히 많은 풍자 예술을 사용했는데, 그 주요 유형을 몇 가지로 정리하면 다음과 같다.

첫 번째, 자만하는 말소리와 얼굴빛의 심리 상태를 모방하고 형상화하여 풍자했다. 두 번째, 다른 사람의 말을 인용해 풍유했다. 세 번째, 진나라를 빗대어 한나라를 풍자했다. 네 번째, 좋은 것을 나쁘다고 하는 반서법(反書法 : 뒤집어 씀)으로 풍자했다. 다섯 번째, 역사의 경과를 기술해 옛 일로 결점을 풍유했다. 여섯 번

서정성의 극치

본래 역사서를 저술하는 사람은 개인적인 색채를 드러내서는 안 된다. 하지만 사마천의 『사기』는 오히려 저자의 감정적인 호불호가 선명하게 드러나 있는데, 이것이 바로 문학성의 체현이다. 사마천은 역사 속의 인물에 대해 평가하는 동시에 그 인물을 설명했다.

역사 인물	서정성 평가
공자	높은 산은 우러러 보고, 크고 밝은 길은 따라간다.
굴원	그 뜻이 고결하니, 비유로 든 사물보다 더 향기롭다.
진승(陳勝)	참새가 어찌 홍곡의 뜻을 알랴?
계포(季布)	황금 100근을 얻는 것보다 계포의 허락 한 마디를 받는 게 더 낫다.
원앙(袁盎)	감히 군주의 안색에 아랑곳하지 않고 도의에 맞게 관철시키다.
조조(晁錯)	자기 몸을 돌보지 않고 나라를 위해 영구한 계획을 세우다.
이광(李廣)	복숭아와 오얏은 말을 않지만 그 밑에는 저절로 길이 난다.
급암(汲黯)	의협심과 기개, 절개가 있으며 집안에서도 품행이 깨끗했고 직간을 좋아했다.

절묘한 풍자 예술

사마천은 문학이 현실생활을 반영하고, 시사와 정치를 꼬집어야 한다고 주장했다. 그는 『시경』을 본받고 모방하였기에 『사기』에서 많은 풍자 예술을 보여주었다.

편목	풍자 예술
「고조본기」	유방은 아버지 태공(太公)의 가복(家僕)이 '태공은 황제인 아들에게 신하의 예를 갖추시라'고 권하자 매우 기뻐하며 태공을 태상황(太上皇)으로 높이고, 태공의 가복에게는 금 500근을 내렸다. 이처럼 사마천은 유방의 가식적인 효의 내면 세계를 풍자했다.
「급정열전(汲鄭列傳)」	급암은 한나라 무제가 내심 욕심이 많으면서 밖으로는 인의를 행하는 척 한다고 질책했다. 사마천은 급암의 입으로 무제를 풍자한 것이다.
「평준서(平準書)」	사마천은 진시황이 밖으로는 외적을 물리치고 안으로는 공업을 일으키려 천하의 백성들을 곤궁하게 만들었다면서, 진시황을 분명하게 꾸짖고 한나라 무제를 몰래 빗대었다.
「만석장숙열전(萬石張叔列傳)」	석분(石奮)과 그의 네 아들은 모두 관직이 2천 석에 달해 '만석군'이라는 미명을 얻었지만, 그들은 모두 능력이 없었다. 절대 군주 아래서 관료들의 부패한 정치를 풍자한 것이다.
「강후주발세가(絳侯周勃世家)」	주아부(周亞夫)가 황제의 조서를 받지 않는 것을 빌어 한나라 경제와 그의 동생 양효왕(梁孝王:유무劉武) 간의 알력을 풍자했다.
「봉선서(封禪書)」	한나라 무제는 도를 닦아 신선이 되려고 방사들이 자주 그를 기만했지만 여전히 방사들과의 내왕에 열중했다. 신선이 되려는 무제의 우매한 면모를 풍자했다.
「혹리열전(酷吏列傳)」	한나라의 혹리(모든 일을 법령에 의거하여 혹독하고 무자비하게 시행한 관료) 등용 수단을 낱낱이 언급함으로써 한나라 조정의 엄하고도 잔혹한 현실을 풍자했다.

째, 기사(記事)에 맞장구를 치고 한 바퀴 돌아 다시 시작하고, 대비되는 것끼리 서로 어울리게 하여 풍자했다. 일곱 번째, 소리 없는 침묵으로 풍자했다. 한 마디로 말해서 사마천의 풍자 예술은 문장에 따라 변하기 때문에 하나하나 열거할 수 없을 정도다.

언어적 특색

사마천은 선진(先秦 : 춘추전국 시대를 달리 이르는 말) 산문 예술의 집대성자다. 그는 문인이 갈고 닦은 문자 언어뿐만 아니라, 백성들의 생활 언어까지 받아들인 창조성으로 독특한 예술적 매력을 풍기는 『사기』만의 언어를 탄생시켰다. 그 중에서 두드러진 두 가지 특색은 통속화와 개성화이다. 통속화 된 서면 언어의 표현은 다음과 같은 몇 가지 방식으로 이루어졌다.

첫 번째는 선진 시대의 문헌 자료를 인용하면서 고체(古體)이고 심오하여 알기 어려운 고문을 한나라 시기의 언어로 번역해냈다. 두 번째는 엄청나게 많은 민가와 구전 문학을 채용하고, 방언과 속어를 사용하여 언어의 내용을 풍부하게 하여 언어적 표현력을 높였다. 세 번째는 문장을 산문화하여 짧은 문구와 긴 문구가 서로 뒤섞이도록 했다.

이렇게 함으로써 사마천의 붓끝에서 역사 속 인물의 언사는 그 만의 개성 있는 색채를 갖게 되었고, 사마천의 언어를 거쳐서 그 인물의 정태가 눈앞에 펼쳐진다.

07 사마천은 역사가의 본보기
역사의 직필서

>>> 반고는 『사기』를 두고 "문장은 공명정대하고 사실에 근거해 진실을 추구했으며, 감언이설을 하거나 나쁜 일을 숨기지 않았다"라고 찬양했다. 사마천의 직필정신을 정확하게 표현한 말이다. 후대의 많은 역사가들도 『사기』를 모범으로 삼아 역사서를 저술했다.

문직사핵의 정신을 구현하다

『사기』의 가장 큰 특징 가운데 하나는 '실록 정신', 즉 '직필정신(直筆精神)'이다. 문직사핵(文直事核 : 문장은 공명정대하고 사실에 근거해 진실을 추구함)은 실록의 가장 기본적인 정신이자 역사서 저술의 기본이라 할 수 있다. 이는 역사가가 역사적 사실에 근거해 역사서를 써야 하고, 사료를 전면적으로 참고해 객관적 사실의 존재를 인정하면서 체계적으로 역사적 사실을 직필해야 한다는 것이다. 또한 그 어떤 곡필(曲筆)과 누락도 범하지 않아야 한다는 의미다. 사마천의 『사기』는 사회생활을 전방위적으로 보여줄 뿐만 아니라 다양한 인물들의 전기로 엮어 역사적 본질을 반영했다. 이것은 실록정신의 투영이라 할 수 있다. 이밖에도 사마천은 높고도 심원한 안목을 지니고 있었는데, 예를 들어 항우와 여태후를 「본기」에 넣고, 공자와 진섭, 후비(외척)들을 「세가」에 포함시킨 점이 그렇다.

진실을 추구하다

문직사핵의 토대 위에서 실록정신은 역사가들이 진실을 추구하는 고상한 역사가로서의 미덕을 요구한다. 즉 역사가는 양점론(兩點論)* 으로 선과 악을 반드시

---

* 사물의 두 가지 측면을 모두 보아야 한다는 변증법적 사유 방법.

함께 쓰면서 시비를 분명히 가리고, 선을 취하고 악을 낮추어 역사적 인물에 대한 포폄과 애증에 대해 스스로 자각해야 한다. 게다가 반드시 정도에 따라야 하며, 제멋대로 치켜올리거나 헐뜯거나 해서도 안 된다.

사마천이 그린 역사 속의 인물들은 일반적으로 완전히 부정적이거나 긍정적이지 않다. 처음부터 끝까지 있는 사실 그대로 인물의 행위와 객관적 사물의 변화와 발전을 명확하게 하고, 사실에 근거해서 정도에 맞는 평가를 내렸다. 결코 나쁜 점을 감싸 주거나 없는 장점을 치켜세우지 않았다. 예를 들면, 진나라 왕조의 폭정에는 반대했지만 진나라가 각종 제도를 체계적으로 통일한 점은 높이 평가했다. 한나라의 대일통을 찬미하면서도 오히려 한나라 종실 제왕들의 은밀한 사생활과 정치를 세세하게 폭로하고 풍자했다. 사마천은 『사기』를 쓰면서 궁극적으로 객관적 역사의 실체를 추구했는데, 이는 실록의 역사만이 진정으로 유익한 교훈을 줄 수 있었기 때문이다.

비판 정신

역사가의 직필은 현실생활의 불합리를 비판하는 게 중요하다. 역사가에게 현실을 비판할 용기와 애증을 분명히 하는 입장, 거리낌 없이 직언하는 정신이 없다면 그것은 역사가의 미덕을 잃어버린 것과 마찬가지다. 또한 역사의 지위와 가치를 망각한 것이다. 사마천의 '술한비(述漢非 : 한나라를 기록하며 감추지 않고 직서함)'는 바로 엄격한 비판정신으로 한나라의 백년 역사를 자유분방하게 종횡무진 누빈 것이다.

사마천은 백년의 한나라 역사에서 무제 때의 정치, 경제, 문화 등 각 방면을 집중적으로 쓰면서 무제 시대의 사회적 모순을 있는 그대로 드러내며 당시의 정치 상황을 비판했다. 예를 들면, 「평준서」에서는 터무니없이 무거운 세금을 징수하는 가렴주구의 경제정책을 집중적으로 비판했고, 「혹리열전」에서는 어두운 관료 정치를 집중적으로 비판했으며, 「유림열전(儒林列傳)」에서는 한나라 유생들의 추태를 폭로하며 문화정책을 비판했다.

직필과 곡필

직필과 곡필은 중국 고대 역사가들의 찬술 태도를 평가하는 두 가지의 기본적인 표준으로, 중국 고대 역사학의 '진실 추구' 관념을 반영한 중요한 기준이다.

역사서의 평가 기준

곡필: 곡필(曲筆)은 주관적 기대나 권력의 각도에서 출발해 고의로 역사적 사실을 숨기거나 왜곡하고 속임수로 고치는 것이다. 역사 방법론상 그 어떤 가치도 없는 너무나 부정적인 태도다.

직필: 직필은 객관적 사실을 존중하며 악을 숨기거나 없는 사실을 만들어 꾸미지 않으며, 사실에 따라 역사를 기록하는 것이다. 도덕관념으로 보면 직필은 역사가의 직업의식이자 훌륭한 역사서의 표준이다.

동호직필(董狐直筆): 동호(董狐)는 춘추 시대 진(晉)나라의 사관이다. 『좌전』의 기록에 의하면 조천(趙穿)이 진나라 영공(靈公)을 시해했다. 정경(正卿: 정승이나 판서의 직위)의 신분이던 조순(趙盾)은 전혀 관여하지 않았다. 동호는 조순에게 당연히 책임이 있다고 생각하여 사책에 '조순이 군주를 시해하다'라고 기록했다. 훗날 공자는 "동호야말로 훌륭한 사관이다. 그는 법을 따라 직필했다. 조순은 우리가 본받아야 할 훌륭한 대부이다. 법에 따라 악명을 뒤집어썼다. 애석하도다. 국경을 넘었더라면 그 책임을 면했을 텐데"라고 하여 동호를 칭찬했다.

사마천의 직필 사례

사마천의 『사기』는 직필 역사서의 본보기다. 때문에 반고는 『사기』를 두고 "문장은 공명정대하고, 사실에 근거해 진실을 추구했으며, 감언이설을 하거나 나쁜 일을 숨기지 않은 실록이다"라고 극찬했다.

진실 추구	항우와 여태후를 「본기」에 넣었는데, 당시의 천하를 그들이 실질적으로 좌지우지했기 때문이다.
시비를 가림	소진(蘇秦)에 대한 당시 사람들의 과찬이나 지나친 폄하는 사실에 부합하지 않았다. 때문에 사실에 기초한 실록은 공정한 판단을 내리게 한다.
일반인들의 의론을 반박	진나라 승상 이사(李斯)를 사실적으로 기록하며 그가 진나라를 위해 노력한 사실을 조목조목 열거했다. 하지만 그가 마지막에 작위와 봉록을 탐내며 조고(趙高)와 모의해 부소와 몽염(蒙恬) 장군을 죽이며 호해(胡亥)를 이세황제로 앉히고, 나중에는 조고에게 비참하게 죽었지만 애석해 할 필요가 없다고 했다. 이사는 너무 충성스러워 죽었다는 세간의 의론을 반박했던 것이다.
여인을 중시	사마천의 「외척세가」는 후비들이 정사를 보좌하는 영향력에 대해 언급했다. 여인들의 정치적 영향력이 국가의 흥망과 관련이 있다는 관점을 제기한 것이다.
정치 비평	「평준서」, 「혹리열전」 등을 통해 사마천은 한나라 무제가 통치하던 당시의 사회적 모순을 폭로했다.

08 『사기』에 등장하는 비극적 영웅들
독특한 비극의식

>>> 사마천은 문학의 붓으로 『사기』 속에 수많은 비극적 영웅을 그려 넣었다. 인생의 비탄과 괴로움, 운명의 처량함을 넘어 사람들을 힘껏 뒤흔들며 희망을 주었다.

비극의 유형

『사기』는 역사 속의 비극적인 영웅들을 모아놓은 인물 화랑이다. 『사기』에 기술된 비극적 인물들은 대략 120여 명이다. 비극적 분위기는 어디에나 있는 것이지만, 이러한 현상은 『사기』만의 독특함이다. 『사기』에 나오는 비극적 인물들의 유형은 크게 여섯 갈래다.

첫째는 시운이 나쁜 인물이다. 예를 들어, 중원축록(中原逐鹿)* 의 실패자인 진나라와 한나라 사이의 항우, 한나라 초기의 한신, 팽월, 경포 등 이성(異姓) 제후왕들이다. 둘째는 공신이기에 의심을 받은 오기(吳起), 상앙(商鞅), 한신 등이다. 셋째는 현명한 인재라서 질투를 받은 한비(韓非), 신릉군(信陵君), 오자서(伍子胥) 등이다. 넷째는 자기 몸을 헌신해 의를 실현한 굴원, 진섭 등이다. 다섯째는 인성(人性)을 잃은 이사, 여태후, 장탕(張湯) 등이다. 여섯째는 감정이나 개성에 의해 이성을 잃어버린 진시황, 한나라 무제 등이다.

---

* 중원의 사슴을 쫓는다는 뜻으로, 제위를 두고 다툼을 비유하는 말.

『사기』의 비극적인 영웅들

비극은 원래 연극의 한 종류였는데 나중에 철학 개념이 되었다. 수많은 사상가들이 저마다 다른 각도에서 비극에 대해 정의하고 해설했다. 중국에 가장 큰 영향을 끼친 것은 프리드리히 엥겔스와 노신의 비극론이다.

 정의

프리드리히 엥겔스(Friedrich Engels, 19세기 독일 철학자): 비극은 역사의 필연적인 요구와 실제적으로 불가능한 현실 간의 충돌이다. 비극적 인물은 반드시 역사적으로 필연적인 요구를 구현하면서 어떤 역사 발전의 가능성을 드러내지만, 이 요구는 당대의 역사적 조건 아래에서는 실현될 수 없다. 이 지점에서 비극이 탄생한다.

노신(근대 중국의 사상가 겸 문학가): 비극은 바로 아름답고 훌륭한 것을 훼멸하여 사람들에게 보여주는 것이다. 다시 말해, 아름답고 훌륭하게 훼멸한 작품이 바로 비극성이다.

『사기』의 비극적 인물

『사기』는 사마천이 치욕을 딛고 일어나 쓴 책이기 때문에, 수많은 비극적 인물들이 묘사되어 있다. 사마천은 그들을 찬양하고, 명확하게 승패로 영웅을 논하지 않는다는 관점을 제기했다.

굴원
시대 : 춘추전국
국가 : 초나라
비극의 결말 : 멱라강에 투신
비극의 유형 : 자신을 헌신해 의를 추구
비극의 근원 : 사람과 사회 간의 비극

형가
시대 : 전국시대
국가 : 연나라
비극의 결말 : 진나라 조당에서 살해당함
비극의 유형 : 자신을 헌신해 의를 추구
비극의 근원 : 사람과 역사 간의 비극

항우
시대 : 진말한초
국가 : 초나라
비극의 종말 : 오강에서 자결
비극의 유형 : 나쁜 운명
비극의 근원 : 한 사람과 그 자신 간의 비극

비극의 근원

『사기』에 등장하는 비극적 인물의 근원은 크게 세 가지로 나뉜다.

첫째는 사람과 사회 간의 비극이다. 예를 들어, 애국 시인 굴원은 고상한 도덕으로 절개를 지키려고 하였으나, 당시 초나라 사람들은 모두 자신만을 위해 살았고 단지 굴원만이 나라를 위해 살았다. 이것이 바로 필연적인 비극이었다. 굴원은 정견도 없이 시대의 조류에 휩쓸리며 남의 장단에 부화뇌동하거나 수수방관하지 않고 초나라의 모순에 저항했다.

둘째는 사람과 역사 간의 비극이다. 예를 들어, 진시황을 암살하려던 형가(荊軻)가 그렇다. 당시의 시대적 상황은 이미 통일이라고 하는 역사 발전의 방향으로 흘러갔고, 그러한 역사적 조류를 막을 수는 없었다. 또한 온 힘을 다해 최후의 승부를 건 형가와 진시황은 근본적으로 상대가 되지 않았다. 때문에 형가는 역사의 대세와 싸워 헛된 수고만 했을 뿐 실패는 필연적이었다.

셋째는 한 사람과 그 자신 간의 비극이다. 서초패왕(西楚霸王) 항우를 예로 들 수 있다. 그는 비록 천재적인 군사 전략가였지만 정치적으로는 매우 무능했다. 그는 초나라의 귀족이라는 우월감에 휩싸여 백성들을 경시했다. 또한 그의 성격은 경솔하고 의심이 많아서 호탕하면서도 인색했다. 바로 그 자신의 성격적 결함으로 인해 초한지쟁에서 패한 후 오강(烏江)에서 자결하고 말았다.

비극의 의의

사마천의 비극 찬미는 적극적인 표현이 없는 애절함이 아니라 장대하고 아름다운, 그래서 용감하게 분투하는 호쾌한 노래이다. 한 번 좌절하고는 다시 분발하지 못하는 의기소침이 아니라, 아무런 두려움도 없는 백절불굴의 진취상이다. 또한 실패자의 감상이 아니라, 일종의 승리와 성공에 대한 안도감이자 도덕적으로 얻은 만족의 기쁨이다. 비극은 비극적 영웅 인물에 대한 동정을 일으킬 뿐만 아니라, 더욱 중요한 것은 사람들에게 비극적 영웅으로부터 교훈을 얻게 하여 원대한 이상과 목표를 향해 분투하도록 한다.

09 중국 민족 불후의 정신
역사적 인물의 다양성

≫≫≫ 『사기』는 천년의 세월에 이름을 남긴 수많은 역사적 인물들을 기술했다. 그들은 누구나 알고 있을 정도로 사람들의 일상생활 속에 스며들어가 중국 민족 불후의 정신적 상징이 되었다.

적극적으로 공적을 세우고 업적을 쌓다

『사기』는 치열하게 살아온 중국 민족 3천 년의 역사를 보여준다. 또한 그 과정에서 우여곡절과 어려움이 있었지만, 중국 민족은 어떤 어려움에도 굴하지 않는 진취적인 정신을 구현했다. 그리고 이러한 정신은 제왕들이 왕조의 흥망 속에서 민족의 분투 역정으로 체현했으며, 사회 각 계층의 인물들이 가장 잘 체현했다.

그 중에서 장수와 재상, 명신들의 충심은 제왕을 충직하게 보좌해 대업을 이루었다. 어떤 사람은 백성을 위해 떨쳐 일어나 폭정을 없애고 백성들을 안정시켰다. 어떤 이는 천지사방으로 사명을 안고 나가 그 임무를 욕되게 하지 않았다. 수많은 군사 전략가들 중에 어떤 이는 장막에서 꾀를 내고, 어떤 이는 싸움터로 달려 나가 드높은 기세를 떨치며 웅장한 무영(武英)의 편장(篇章)을 써 내려갔다. 더불어 사상가들은 적극적으로 자신의 이론 체계를 개척하면서 강렬한 역사적 책임감과 혁신정신을 표현했다.

또한 엄청난 수의 하층 인물도 웅지를 품고 더욱 큰 어려움을 극복하면서 공을 세우고 업적을 쌓으며 자신의 이상을 실현하기 위해 분투했고, 설사 실패하더라도 위축되지 않았다.

끈기로써 실패에 맞서 싸우다

공적을 쌓기는 어려워도 실패하기는 쉽다. 또한 때를 얻기는 어려워도 잃어버리기는 쉽다. 공적을 세우고 업적을 쌓는 것은 무척 어렵고도 힘들며 우여곡절이 많다. 바로 그러한 장벽이 있기에 노력하는 자에게서 나오는 불굴의 정신은 더욱 뚜렷해지고, 더욱더 생명의 가치가 빛난다. 예를 들면, 공자는 열심히 세상을 구원하고자 한 인물이다. 그는 웅장하고 위대한 포부를 안고 천하의 열국을 주유했으며, 수신제가치국평천하의 정치사상을 설파했다. 하지만 그는 자신의 이상이 실현되기 어렵다는 것을 알면서도 인의(仁義)에 합당한 길을 걷는 자신을 믿었다. 비록 생전에 실현되지는 못했지만, 후세인들의 모범으로 남아 인의지사들을 크게 고무시켰다. 이 외에도 맹자(孟子), 오자서, 구천(勾踐), 굴원 등은 비장한 색채와 역동적인 생명감을 『사기』에 불어넣고 천년의 세월이 흘러도 사람들을 감동시키고 있다.

용감하게 신세계를 혁신하다

과거 또는 기존의 생존환경이 약화되면 뜻있는 지사들이 전력을 다해 그것에 새로운 활력을 불어넣으며 혁신과 혁명을 일으키기 마련이다. 조나라 무령왕(武靈王)의 호복기사(胡服騎射)[*], 진나라 상앙의 변법 등이 좋은 예다. 비록 어떤 이는 개혁에 실패했지만, 혁신자의 정신은 가치가 있고 긍정적이다. 상나라 탕왕(湯王)이 하나라의 걸(桀)을 토벌하고, 주나라 무왕(武王)이 상나라 주왕(紂王)을 멸한 것처럼 혁신이 격렬해지면 혁명이 된다. 비록 잠시 곡절과 간난신고에 빠지더라도 이러한 정신은 사회를 발전적으로 추동한다. 이 외에도 『사기』에는 우국우민의 우환의식, 덕의 숭상, 독립적인 인격 추구 등 수많은 민족정신이 녹아 있다.

---

[*] 호복(胡服 : 유목 기마족의 복장)을 입고 기마병과 궁병을 양성한다는 뜻에서 나온 말. 이는 어떤 일을 시작하기 전에 완벽하게 준비한다는 것을 가리킨다. 『사기』 「조세가(趙世家)」에 나옴.

『사기』의 민족 정신

『사기』에 등장하는 역사적 인물을 총망라하면 3천 년의 역사가 화첩에 펼쳐진다. 중국 민족의 발전사를 한눈에 보여줄 뿐만 아니라 중국 민족의 정신을 엿보게 해준다.

① **적극적으로 나아가다** : 황제(黃帝)에서 한나라 무제에 이르는 3천 년에 걸쳐 제왕, 장수, 재상, 문무 대신, 자객, 유협 등은 저마다 공적을 세우고 업적을 쌓음으로써 중국 민족의 발전을 촉진시켰다.

② **견인불발** : 공을 세우고 업적을 쌓는 길은 가파르고도 험했다. 하지만 수많은 인의지사들은 그 어떤 어려움에도 기가 꺾여 멈추지 않았고, 견인불발(堅忍不拔 : 굳게 참고 견뎌 마음이 흔들리지 않다)의 굳센 기백으로 좌절을 딛고 용감하게 자신의 이상을 실현했다.

③ **용감하게 개혁하다** : 구 체제의 노화와 부패에 직면한 수많은 개혁가들은 기꺼이 생명의 위협을 무릅쓴 채 개혁 군주들을 도와 새로운 체제를 세웠다.

진시황

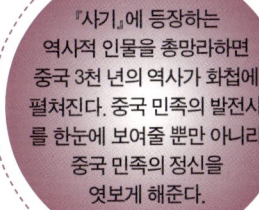
공자

상앙

『사기』에 등장하는 역사적 인물을 총망라하면 중국 3천 년의 역사가 화첩에 펼쳐진다. 중국 민족의 발전사를 한눈에 보여줄 뿐만 아니라 중국 민족의 정신을 엿보게 해준다.

맹자

굴원

진승

④ **대담하게 혁명하다** : 개인과 집단의 생명을 잔인하게 옥죄는 현실의 중압감에도 불구하고, 시대의 부름을 받은 영웅들은 격렬한 혁명으로 신세계를 창조했다.

⑤ **우환의식** : 사회에 잠재한 위험에 직면할 때 뜻있는 많은 지사들이 나와 시대에 앞서는 경고를 보내면서 생을 초월하는 우환의식을 발휘했다.

⑥ **미덕 숭상** : 3천 년의 역사에서 군주가 후덕하고 인자하면 나라는 오랫동안 평안하다. 덕은 군자가 덕행을 행해야만 튼튼한 기초 위에 선다.

10 다양한 소재의 모범이 되다
문학에 끼친 영향

≫≫ 『사기』는 동양 역사서의 편찬에만 영향을 끼친 게 아니라 동양의 전기문학, 산문, 소설, 희극 등 모든 분야에 영향을 미쳤으며, 이러한 장르의 모범이 되었다.

전기문학

기전체로 서술된 『사기』는 역사적 인물들을 묘사한 중국 최초의 전기문학(傳記文學)이자 전범(典範)이기도 하다. 『사기』 이후의 역사서들은 『사기』의 기전체를 계승하여 수많은 역사적 인물들의 전기가 되었다. 비록 후대 역사서의 문학성은 『사기』에 비할 바가 못 되지만 그 수는 헤아릴 수 없을 정도로 많고, 그 중에서 우수한 전기들도 많다. 그밖에도 사전(史傳) 외의 별전(別傳 : 정사正史의 열전 이외에 쓰여진 개인 전기), 가전(家傳), 묘지명, 내전(內傳 : 신선에 대한 기록), 외전(外傳 : 정사에 이미 있지만 다른 자료로 써놓은 전기) 등 각종 형식의 전기도 『사기』가 개척한 전기문학의 전통과 깊은 관계가 있다.

산문

『사기』의 각 편은 산문체로 쓴 고대 산문의 대표 저작으로서 높은 예술적 가치를 갖는다. 당송팔대가(唐宋八大家)*가 열어젖힌 고문운동(古文運動)**은 사마천

---

* 당나라의 한유(韓愈)·유종원(柳宗元), 송나라의 구양수(歐陽修)·소순(蘇洵)·소식(蘇軾)·소철(蘇轍)·증공(曾鞏)·왕안석(王安石)을 지칭하는 여덟 명의 산문 작가.

** 6조(六朝 : 후한後漢 멸망 이후 수隋나라의 통일까지 건업建業, 즉 지금의 남경南京에 도읍한 오吳, 동진東晉, 송宋, 제齊, 양梁, 진陳의 여섯 나라) 이후 탐미적이고 화려한 사륙변려체(四六駢驪體) 문장이 아니라 명징하고 간결한 진한

『사기』가 문학에 끼친 영향

『사기』의 문학성은 후대의 문학 장르에 수많은 영향을 미쳤는데, 그 가운데서도 전기문학이나 산문, 소설 등 중국 문학에서 볼 수 있는 웅건하고 힘이 있는 풍격이다.

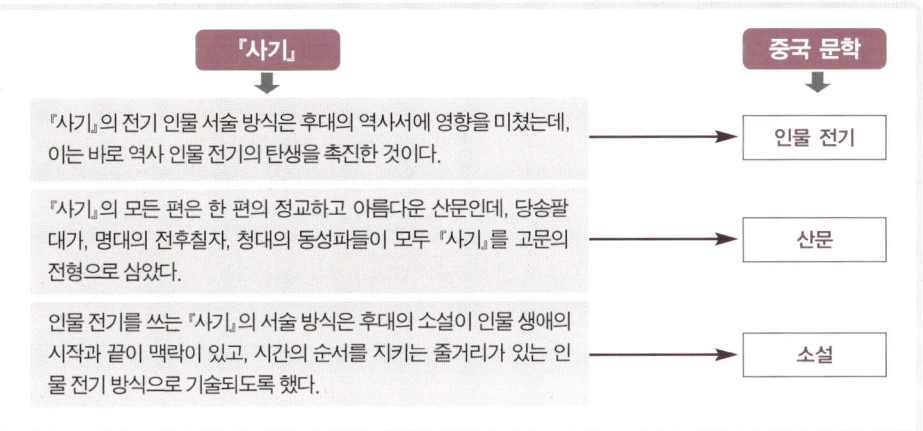

「조씨고아」와 「패왕별희」

『사기』에 담겨 있는 고전적 이야기는 중국 희극 소재의 보고다. 그 중에서 가장 유명한 것은 바로 「조씨고아」와 「패왕별희」이다. 지금도 상연이 끊이지 않는 고전 희극의 대표작이다.

「조씨고아(趙氏孤兒)」: 『사기』의 「조세가」에서 소재를 얻어 원대 희극가 기군상(紀君祥)이 지은 작품으로, 선진(先秦) 시대의 이야기를 역사적인 의의가 담긴 절창으로 만든 중국 10대 비극의 최고 걸작이다. 1755년에 프랑스 작가 볼테르가 「중국고아(中國孤兒)」라는 이름의 연극으로 만들어 파리에서 상연했는데, 공전의 히트를 기록했다.

「패왕별희」: 『사기』의 「항우본기」를 소재로 하여 영웅 서초패왕의 비극적인 생애와 우희(虞姬)의 자살을 담은 애정극이다. 여기서 다룬 비극적 정서의 극치는 이미 중국 문학의 구절구절과 중국 희곡의 무대 위에서 고정불변의 격식이 되었다. 또한 중국 고전 애정극 중에서 가장 고전적이고 심금을 울리는 전기 중의 하나가 되었다.

을 기치로 삼고, 『사기』를 추모 학습의 모델로 삼았다. 한유는 『사기』의 웅건함을, 유종원은 『사기』의 준결(峻潔 : 엄숙하고 정결함)을 논했는데, 이러한 『사기』의 문장은 한나라 시대 산문의 모범이 되었을 뿐만 아니라 고대 산문의 전형이기도 했다. 그 후 북송(北宋)의 구양수 등은 알기 쉽고 유창한 산문을 만드는 혁신운동에 앞장섰고, 명대의 전후칠자(前後七子)*는 문학 복고운동(시는 당대, 산문은 진한 시대를 본받자는 의고문擬古文 운동)을 펼쳤다. 그들 모두는 『사기』를 사륙변려문과 상대할 수 있는 고문의 숭고한 모델로 삼았다. 청대(淸代)의 동성파(桐城派)는 『사기』의 산문 예술을 발굴하여 『사기』의 문학성 연구에 큰 발전을 이루었다.

소설과 희극

전기문학과 산문 외에 소설 방면에서도 『사기』의 체재와 서사 방식은 큰 영향을 미쳤다. 중국의 전통 소설은 전(傳)을 제목으로 삼는데, 인물 생애의 시작과 끝이 맥락을 지니는 것, 인물 생애의 줄거리를 엄격하게 시간 순서에 따라 전개하는 것, 저자의 직접적인 논평인 논찬(論贊) 등의 주요한 특징은 모두 『사기』에 기원을 두고 있다. 『사기』의 자료를 소재로 하는 역사소설은 더더욱 말할 필요가 없다.

희곡 방면에서 『사기』의 고사는 강렬한 희극성을 지니고 있어 인물의 성격이 선명하고, 모순 충돌이 첨예하기 때문에 자연스럽게 후대 희극 소재의 보고가 되었다. 통계에 의하면 현존하는 원대(元代)의 잡극은 「조씨고아(趙氏孤兒)」를 포함해 60종이 『사기』에서 소재를 얻었고, 이 작품들은 전 세계에 영향을 미친 명작이다. 훗날 경극에서도 많은 사람들이 알고 있는 「패왕별희(霸王別姬)」를 비롯해 『사기』에서 소재를 얻은 작품은 수없이 많다.

(秦漢) 이전의 고문으로 돌아가자는 운동을 말함.

* 이몽양(李夢陽), 하경명(何景明), 서정경(徐禎卿) 등의 전칠자와 이반룡(李攀龍), 왕세정(王世貞), 사진(謝榛) 등의 후칠자를 이르는 말.

11 중국적 언어를 창조하다
천고의 명구

>>> 『사기』는 후세에 길이 남을 수많은 명구를 남겼다. 각각의 명구는 역사 속에서 가려 뽑아진 것으로, 천년의 세월 동안 전해져 오면서 우리의 언어생활과 도저히 뗄 수 없는 일부문이 되었다.

「본기」의 명구

『사기』의 문학성을 드러내는 또 하나는 경전의 역사적 전고(典故 : 전례와 고사)와 명구(名句)를 남긴 것이다. 이러한 전고와 명구들은 천년에 걸쳐 전해져 오는 동안, 사람들의 일상생활 속에 깊이 녹아들어 있다. 「본기」에서 볼 수 있는 대부분의 명구는 주로 제왕과 관련이 있다. 예를 들면, 유방의 '대풍기혜운비양(大風起兮雲飛揚 : 큰바람 일어나니 구름이 휘날리네)'이라는 명구가 그렇다. 이 명구는 유방이 금의환향을 할 때 읊은 시구에서 유래한다. 천하를 통일한 유방의 득의만만한 심정이 드러나 있다.

항우가 남긴 '역발산혜기개세(力拔山兮氣蓋世 : 힘은 산을 뽑고 기개는 세상을 덮네)'는 그가 영웅의 말로를 걸을 때 우희에게 불러주었다는 문구다. 항우의 영웅적 기개를 드러냈지만 다소 처량하고 슬픈 어조다. 홍문의 연(鴻門之宴)에서 남긴 '항장무검 의재패공(項莊舞劍, 意在沛公 : 항장이 칼을 뽑아 춤을 추는데, 그 뜻은 오로지 패공 유방에게 있다)'이라는 문구는 '홍문의 연'이 실제로 유방과 항우의 싸움에서 승패의 전환점이었다는 것을 엿보게 해준다.

「세가」의 명구

「세가」에도 명구가 많다. 예를 들면, 초나라 장왕(莊王)의 '불명즉이 일명경인(不鳴則已, 一鳴驚人 : 울지 않는 새가 한 번 울면 사람들을 놀라게 한다)'이라는 문구다. 장왕은 즉위하고 나서 3년 동안 아무 일도 하지 않고 밤낮으로 향락에만 젖어 살았다. 하지만 소극적이거나 성과가 없었던 게 아니었다. 오히려 적극적으로 때가 무르익기를 조용히 기다렸던 것이다. 그리고 때가 무르익자 결국 춘추 시대의 패주가 되었다.

「월왕구천세가(越王句踐世家)」에서 범려(范蠡)가 관직에서 물러날 때 문종(文種)에게 말한 '교토사 주구팽 고조진 양궁장(狡兎死, 走狗烹, 高鳥盡, 良弓藏 : 교활한 토끼가 잡히면 사냥개는 삶아지고, 높이 나는 새가 잡히면 활은 창고에 처박히는 법이다)'이라는 문구는 훗날의 역사에서도 끊임없이 재연되었다. 가령 한나라 고조 유방은 성씨가 다른 제후왕들을 죽여 없앴고, 명(明)나라 태조 주원장(朱元璋)은 자신을 도운 공신들을 감옥에 가두어 죽였다. 그리고 '자이모귀 모이자귀(子以母貴 母以子貴 : 자식은 어머니로 인해 귀해지며, 어머니는 자식 덕에 귀해진다)'라는 문구는 후궁들의 권력 투쟁이 얼마나 잔혹했었는지를 엿보게 해준다.

「열전」의 명구

「열전」에 전해져 오는 명구가 가장 많다. '계명구도(鷄鳴狗盜)'는 맹상군(孟嘗君)의 집에 머물던 볼품없는 두 사람의 식객에서 유래한다. 닭처럼 울고, 개짖는 소리를 잘 내는 식객 두 사람이 맹상군을 진나라에서 탈출시켜 주었다는 고사다. 난세에 공을 세우는 것은 세속의 규범에만 구애받을 수 없으며, 단지 인재를 받아들이면 반드시 쓸모가 있다는 것을 가르쳐 준다.

'사위지기자사 여위열기자용(士爲知己者死, 女爲悅己者容 : 대장부는 자기를 알아주는 사람을 위해 목숨을 바치고, 여자는 자기를 예뻐해 주는 사람을 위해 화장을 한다)'라는 문구는 자객 예양(豫讓)의 이야기에서 유래하는데, 신의와 명예를 중시하는 그 시대의 가치관을 보여준다. 비록 지금은 '사위지기자사'의 모습을 찾아보기 힘들지만, '여위열기자용'의 세태는 예나 지금이나 변함이 없다.

『사기』의 10대 명구

『사기』의 수많은 명구들은 오늘날까지 후세 길이 빛나고 있다. 역사의 지혜와 인생의 참뜻을 뽑아내기 때문에, 사람들은 명구의 맛을 보면 볼수록 감탄을 자아냈고 깊은 생각에 잠겼다.

명구	출처	인물	의미
不飛則已, 一飛衝天, 不鳴則已, 一鳴驚人 (불비즉이, 일비충천, 불명즉이, 일명경인) (3년 동안) 날지 않았으니 한 번 날면 하늘에 치솟고, (3년 동안) 지저귀지 않았으니 한 번 울면 사람을 놀라게 할 것이다.	「초세가(楚世家)」	초나라 장왕	힘을 기르며 한 걸음 물러나 있다가 일시에 상대방을 제압하다.
王侯將相寧有種乎! (왕후장상녕유종호) 왕후장상의 씨가 어데 따로 나더냐!	「진섭세가(陳涉世家)」	진섭	진섭이 역사를 바라본 시각이다.
大風起兮雲飛揚, 威加海內兮歸故鄕 (대풍기혜운비양, 위가해내혜귀고향) 큰바람 일어나니 구름이 휘날리고, 천하에 위엄을 떨치고 고향에 돌아왔네!	「고조본기」	유방	유방이 득의만만한 채 금의환향하다.
力拔山兮氣蓋世, 時不利兮騅不逝 (역발산혜기개세, 시불리혜추불서) 힘은 산을 뽑고 기개는 세상을 덮을 것 같은데, 때가 도와주지 않으니 추마조차도 달리지 않네!	「항우본기」	항우	시운을 타고나지 못한 영웅 항우의 운명
風蕭蕭兮易水寒, 壯士一去兮不復還 (풍소소혜역수한, 장사일거혜불복환) 바람은 소슬하고 역수는 차갑다. 장사 한 번 가면 다시는 돌아오지 않으리!	「자객열전」	형가	역수는 차갑지만 용사는 두렵지 않다.
匈奴未滅, 無以家爲 (흉노미멸, 무이가위) 흉노가 아직 망하지 않기에 집은 소용없다.	「위장군표기열전(衛將軍驃騎列傳)」	곽거병(霍去病)	곽거병 장군의 호기로운 말은 후세에까지 울려 퍼졌다.
桃李不言, 下自成蹊 (도리불언, 하자성혜) 복숭아나무와 오얏은 말을 하지 않지만, 저절로 밑에 지름길이 난다.	「이장군열전(李將軍列傳)」	이광(李廣)	이광은 제후가 되지 못했지만 역시 영웅이다.
高鳥盡, 良弓藏, 狡兎死, 走狗烹 (고조진, 양궁장, 교토사, 주구팽) 높이 나는 새가 잡히면 좋은 활은 창고에 박히고, 교활한 토끼가 잡히면 사냥개는 삶아지는 법이다.	「월왕구천세가」	범려	범려는 역대의 공신이었지만 명운이 하마터면 이와 같을 뻔했다.
擧世混濁而我獨淸, 衆人皆醉而我獨醒 (거세혼탁이아독청, 중인개취이아독성) 세상은 흐린데 나만 홀로 맑고, 사람들은 다 취했는데 나만 홀로 깨어 있다.	「굴원가생열전(屈原賈生列傳)」	굴원	굴원은 쓸쓸하게 노래를 하다 멱라(汨羅)강에 투신했다.
士爲知己者死, 女爲悅己者容 (사위지기자사, 여위열기자용) 대장부는 자기를 알아주는 사람을 위해 죽고, 여인은 자기를 예뻐해 주는 사람을 위해 화장을 한다.	「자객열전」	예양	지기(知己)는 점점 적어지고, 미인은 더욱 많아진다.

'풍소소혜역수한(風簫簫兮易水寒 : 바람은 소슬하고 역수는 차갑구나)'이라는 문구는 형가가 진시황을 시해하려다 실패한 고사에서 유래한다. 이 문구는 비장감의 대명사가 되었으며, 용사가 정의를 위해 뒤를 돌아보지 않고 용감하게 나아가는 결단력을 보여준다.

'마상득천하 불가마상치지(馬上得天下, 不可馬上治之)'라는 문구는 육고(陸賈)가 유방에게 치국의 방도를 간언한 것에서 유래한다. 치국의 근본이 무엇인지를 잘 보여준다.

'울울부득지(鬱鬱不得志 : 뜻을 이루지 못해 울울하다)'라는 문구는 한나라 경제 때 두영(竇嬰 : 효문제孝文帝의 황후인 두태후竇太后의 사촌오빠)이 두태후가 죽은 후 세력을 잃고 '부득지(不得志 : 뜻을 얻지 못하다)'하여 답답해하였고, 권맹(灌孟)은 늙었지만 영음후 관하의 추천으로 교위가 된 게 '부득이(不得意)하게 울울(鬱鬱 : 마음이 울적)'하다고 한 고사(「위기무안후열전魏其武安侯列傳」에 나옴)에서 유래한다. 두 개의 문구가 합쳐져서 오늘날의 '울울부득지'가 되었다.

12 고대사 연구의 토대가 되다
상세하고 정확한 사료

>>> 『사기』는 한 권의 백과전서 식 역사서다. 전설의 황제 시대부터 한나라 무제 시대까지의 역사를 연구하는 사람들에게 매우 가치가 있는 사료를 제공한다.

역사적 인물의 이해

『사기』는 중국 기전체 통사로서 그 역사적 가치는 굳이 말로 표현할 수 없을 정도다. 황제에서부터 한나라 무제에 이르기까지 가장 상세한 역사적 사료(史料)를 제공해 준다. 중국 3천 년의 역사를 이해하는 데 그 어느 것 하나도 소홀히 할 수 없는 사료다. 기전체로 서술된 『사기』는 수많은 역사 속 인물들의 전기를 기술하며 그들의 진면목을 복원해 주었다. 만약 그 시기의 어떤 인물에 대해 알고 싶다면 『사기』에서 곧바로 찾아낼 수 있다. 게다가 사마천은 직필 정신을 발휘한 사관이기 때문에, 그가 서술한 것은 기본적으로 사실에 근거한다. 예를 들어 굴원에 관한 기록을 보면, 그의 언행이나 사상, 인품 등에 관한 최초의 문헌으로서 역사적 가치가 매우 높은 사료다. 후세에 굴원을 연구한 저작들은 모두 『사기』를 출발점으로 삼고 있다.

당시의 사회현상을 밝혀 주는 사료

한 번 흘러간 물은 다시 흐르지 않는다. 때문에 오제, 하, 상, 주, 춘추전국, 진, 한 시대의 사회현상을 알고 싶으면 반드시 일정한 문자로 기록된 사료에 의지해야만 역사적 진실을 최대한 복원할 수 있다. 더구나 『사기』는 당시의 사회현상을 전면적으로 이해할 수 있는 근거를 제공해 준다.

이러한 필요성은 『사기』 중의 「서」와 「열전」을 통해서 해결할 수 있다. 예를 들어, 「예서(禮書)」와 「악서(樂書)」는 고대 사회가 예악으로 정치를 행했다는 것을 보여준다. 또한 「율서(律書)」와 「천관서(天官書)」는 고대의 천문 기술에 관한 지식을 제공해 준다. 「평준서」와 「화식열전」은 고대의 경제 상황을 알게 해주는데, 우리들은 고대 경제가 어떻게 발전했고 어떠한 경제정책을 실시했는지 알 수 있다. 「흉노열전」, 「조선열전」 등은 민족사를 연구하는 데 중요한 사료가 된다. 「대원열전(大苑列傳)」은 실크로드 연구에 필요한 사료다. 게다가 『사기』는 한 권의 통사로서 인류 사회가 어떻게 한 걸음 한 걸음씩 발전해 왔는지를 알게 해준다.

고고학의 동반자

『사기』는 시간적인 개념일 뿐만이 아니라 공간적인 개념이기도 하다. 때문에 현재의 고고학적 발굴에서 유물의 가치를 어떻게 매길 것인가, 어떻게 하면 고대 유적지를 효과적으로 발굴할 것인가에 관한 문제는 『사기』에서 실마리를 찾을 수 있다.

예를 들어 주나라 무왕이 상나라의 주왕을 토벌한 시기에 관한 문제에서, 1976년 섬서성(陝西省) 임동현(臨潼縣)에서 출토된 '이궤(利簋 : 제사 때 서직黍稷을 담던 귀 달린 나무그릇)의 명문은 『사기』의 기록이 정확하다는 것을 증명했다. 또한 진시황릉에 대한 『사기』의 기록은 아직 진시황릉을 발굴하지는 않았지만, 진시황릉이 실제로 존재한다는 인식의 단서를 제공해 주었다.

역사상 또 다른 종류의 인물들

『사기』에는 제왕과 장군, 재상 등 영웅들만 등장하는 게 아니다. 사마천은 역사를 빛낸 또 다른 종류의 수많은 인물들을 기록하는 동시에 그들에게 영혼을 부여하고, 역사의 거울을 더욱 다채롭게 빛나도록 했다.

편 목	기록된 인물
「자객열전」	조말(曺沫), 전제(專諸), 예양(預讓), 섭정(聶政), 형가 등 5명의 자객을 기술한 전기다. 비록 그들이 성공하기도 하고 실패하기도 했지만 그들의 행동 목적은 매우 명확했고, 그들 모두 자신의 뜻을 굽히지 않았다.
「유협열전」	한나라 시대의 유명한 유협인 주가(朱家), 극맹(劇孟), 곽해(郭解)를 기술한 전기다. 서민의 유협, 시골의 유협, 민간의 유협이었던 그들은 '언필신 행필과(言必信, 行必果)'*를 행한 고귀한 품격의 소유자들이었다.
「영행열전(佞幸列傳)」	이 전기는 굉유(閎孺), 등통(鄧通), 한언(韓嫣), 이연년(李延年) 등 한나라 제왕들의 총애를 받은 미소년들에 관한 이야기다. 그들은 모두 황제에게 아첨하고 아부하면서 총애를 얻은 남총들이었는데, 제왕들의 또 다른 면모를 엿보게 해준다.
「골계열전(滑稽列傳)」	순우곤(淳于髡), 우맹(優孟), 곽사인(郭舍人), 동방삭(東方朔), 서문표(西門豹) 등 유머러스하고 골계적인(익살스런) 언행을 한 당대의 재담꾼들을 그린 전기다. 그들은 골계라는 수단으로 목적을 달성한 매우 기이한 인물들이었다.
「일자열전(日者列傳)」	복서가(卜筮家 : 점술가)인 사마계주(司馬季主)에 관한 전기다. 그는 비록 신분은 미천하였지만 군자의 풍모를 지녔었다.

독특한 「사이열전(四夷列傳)」

중국은 많은 민족들이 융합해 형성되었고, 『사기』에도 수많은 소수민족들의 이야기가 기록되어 있다. 『사기』는 고대 중국 소수민족의 발전사뿐만 아니라 그들이 중국 민족의 융합에 큰 영향을 미쳤음을 알게 해준다.

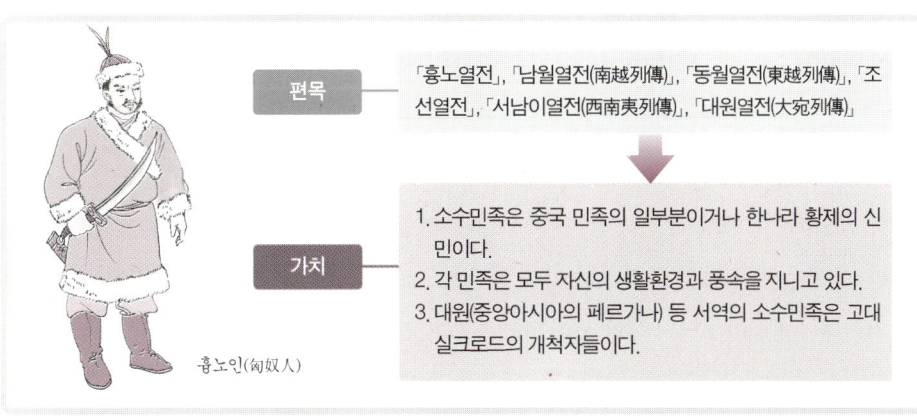

흉노인(匈奴人)

편목: 「흉노열전」, 「남월열전(南越列傳)」, 「동월열전(東越列傳)」, 「조선열전」, 「서남이열전(西南夷列傳)」, 「대원열전(大宛列傳)」

가치:
1. 소수민족은 중국 민족의 일부분이거나 한나라 황제의 신민이다.
2. 각 민족은 모두 자신의 생활환경과 풍속을 지니고 있다.
3. 대원(중앙아시아의 페르가나) 등 서역의 소수민족은 고대 실크로드의 개척자들이다.

---

* 『논어』에 나오는 말로 약속한 것은 반드시 지키고, 착수한 일은 반드시 해낸다는 뜻.

13 말로 형언할 수 없는 역사서
후세의 연구

>>> 『사기』는 중국 고전문화의 보고에 담겨 있는 진주처럼 빛나는 가치를 지니고 있다. 시대가 흐르는 동안 『사기』를 연구한 학자들이 대를 이어 쏟아져 나왔고, 그들의 연구 성과는 그 수를 헤아릴 수 없을 정도로 많다.

『사기』의 원본과 필사본

『사기』의 「태사공자서」 기록에 의하면 사마천이 『사기』를 저술한 후 두 권의 필사본을 쓴 다음 정본(正本)은 명산(名山)에 감추고, 부본(副本)은 경사(京師: 수도)에 두었다고 했다. '명산'과 '경사'가 구체적으로 어디인가를 놓고 후세의 연구자들이 수많은 쟁론을 벌였다. 후세의 고증에 따르면 명산은 사마천의 집이고, 경사는 황실의 서고라고 한다. 사마천이 죽은 후 『사기』는 곧바로 세상에 공개되지 않았다. 한나라 선제(宣帝) 때 사마천의 외손자 양운(楊惲)이 조정에 책을 올리고 외조부의 저작임을 밝혔다. 이때서야 『사기』의 존재가 조정과 일반에 알려졌고, 시간이 흐르면서 점점 더 많은 사람들이 알게 되었다.

『사기』와 삼가주

『사기』가 세상에 전해진 이후 수많은 사람들이 '주소(注疏)'*를 달았다. 하지만 전해져 오는 것은 삼가(三家)이다. 즉 남조(南朝) 송나라의 배인(裵駰)이 지은 『사기집해(史記集解)』, 당나라의 사마정(司馬貞)이 지은 『사기색은(史記索隱)』, 당나라의 장수절(張守節)이 지은 『사기정의(史記正義)』이다. 세칭 '삼가주(三家注)'라고 한다.

---

* 경서와 고전의 원문에 단 후세인들의 해석과 설명을 말함.

사마천의 외손자 양운

사마천의 『사기』가 세상에 널리 전해진 것은 그의 외손자인 양운과 매우 깊은 관련이 있다. 양운이 한나라 선제 때 『사기』를 세상 밖으로 전해 조정에서 알게 되었고, 그로부터 세상에 알려지기 시작했다.

양운(? ~ 기원전 54년) : 사마천의 외손자, 승상 양창(楊敞)의 아들. 그는 중랑장(中郞將)을 맡다가 후에 평통후(平通侯)에 봉해졌다. 태복(太仆) 장락(長樂)과의 갈등으로 무고를 당하여 서민으로 강등되었다. 훗날 안정군(安定郡) 태수 손회종(孫會宗)의 「보손회종서(報孫會宗書)」에 양운의 황제에 대한 원한, 양운에 대한 손회종의 비방이 담겨 있었다. 손회종이 그 서신을 한나라 선제에게 올린 후 양운은 죽임을 당했다.

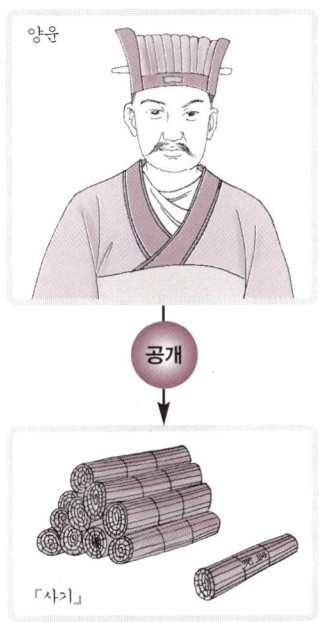
양운

↓ 공개

『사기』

양운과 『사기』 : 사마천의 외손자였던 양운에게는 『사기』의 정본이 있었다. 한나라 선제 때 그는 『사기』를 조정에 올리고 세상에 전해지기를 청했으며, 이를 계기로 조정과 민간에 전해지기 시작했다.

『사기』의 삼가주

『사기』가 세상에 널리 퍼지면서 수많은 주소자들이 쏟아져 나왔다. 가장 유명한 인물은 '삼가(三家)'이며, 그들은 『사기』 연구에 큰 영향을 미쳤다.

삼가주

배인의 『사기집해』	사마정의 『사기색은』	장수절의 『사기정의』
배인은 『삼국지주(三國志注)』의 작가인 배송지(裴松之)의 아들이다. 남조의 송나라 사람으로 그가 지은 『사기집해』는 원문의 의심나는 곳에 주를 붙였는데, 흔히 객관적인 증명이라는 평가를 받는다. 문자가 일치하지 않은 곳에 바로 안(案)이라는 표식을 달았다. 그의 가장 큰 업적은 현재의 『사기』를 쓰는데 기초를 다진 점이다.	사마정은 당나라 현종(玄宗) 때의 홍문관 학사이며, 그의 『사기색은』은 『사기』 원문에 주석을 달았을 뿐만 아니라, 배인의 『사기집해』에도 그의 박학다재함을 뽐냈다.	장수절은 사마정보다 조금 늦은 시기의 사람이다. 13년여 동안 『사기색은』을 모방한 체제로 『사기정의』를 저술했다. 『사기』 원문에 주석을 달았을 뿐만 아니라, 『사기집해』와 『사기색은』에도 '소(疏 : 주에 가한 주)'를 달았고, 특히 역사와 지리에 관해 상세한 주를 덧붙였다.

삼가주는 중요한 학술적 가치를 지니고 있으며, 『사기』 연구에 없어서는 안 될 정도로 중요한 책이다. 배인의 『사기집해』는 동진(東晉) 서광(徐廣)이 지은 『사기음의(史記音義)』의 기초가 되었다. 『사기집해』의 최대 공헌은 『사기』의 문자를 교정하여 정본(定本)을 완성하고, 금본(今本) 『사기』 문장의 기초를 닦았다는 점이다. 사마정의 『사기색은』은 사기 원문에 주를 달고, 또한 배인의 『사기집해』에 주를 달며 수많은 오류를 제기했다. 장수절의 『사기정의』는 『사기색은』을 모방하여 『사기』 원문에 주를 달면서 『사기집해』와 『사기색은』을 소정(疏正 : 주에 다시 주를 달며 교정하는 것)했다. 삼가주를 종합해 보면 내용이 매우 광범위하고, 다양한 각도에서 『사기』를 분석하고 해석하여 독자들에게 큰 도움을 주었다.

『사기』의 판본

역대의 『사기』 판본은 매우 큰 과제를 안고 있다. 위진(魏晉) 때 『사기』가 광범위하게 전해졌지만, 원본이 서로 달랐던 관계로 전해지는 과정에서 서로 독립적인 판본 계통이 형성되었다. 이로 인해서 후세인들은 교정의 통일성을 깨닫게 되었고, 그 결과 삼가주본(三家注本)이 나오게 되었다.

송나라 때 비약적으로 인쇄술이 발전하면서 『사기』는 사본(寫本)과 작별하고 각본(刻本 : 판목으로 인쇄한 책)이 나오게 되는데, 이는 『사기』 판본의 정형화를 뜻한다. 명대에는 주로 『사기』 송원본(宋元本) 문체 형태에 중점을 두어 판본 계승 관계에 영향을 미치지 못했다. 하지만 청대에는 학자들이 『사기』에 대해 대량의 고증을 진행하여 매우 큰 성과를 거두었다. 근현대에는 오히려 진전이 없었다고 해도 과언이 아니다. 정리하면 『사기』의 판본은 현존하는 게 비교적 적기 때문에 연구하기가 어렵고 매우 힘든 작업이다.

학문으로 자리 잡다

『사기』가 세상에 나온 지 이미 2천 년이 흘렀고, 지금도 『사기』를 열독하고 연구하는 이는 헤아릴 수 없을 정도로 많다. 교감, 주석, 고증, 평론 등을 비롯해서 전문 서적도 수없이 많다. 하나의 전문적인 학문, 즉 '사기학(史記學)'이 형성된

『사기』 판본의 변천

『사기』는 시대의 변천에 따라 세 가지 다른 재질의 판본이 있다. 하지만 재질이 어떻든 간에 『사기』는 시대를 막론하고 사람들의 연구 대상이 되는 작품이었다. 이것이 바로 경전의 매력이다.

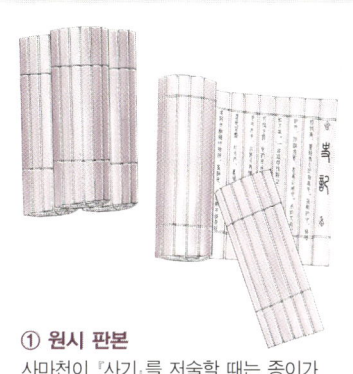

① 원시 판본
사마천이 『사기』를 저술할 때는 종이가 발명되지 않았기 때문에, 당시의 판본은 죽간에 새겨서 썼다. 죽간으로 편찬된 『사기』가 가장 오래된 판본으로 본래 작품에 가장 가깝다.

② 초사 판본
북송 이전에는 인쇄술이 광범위하게 응용되지 않았기 때문에, 당시의 『사기』 판본은 초사(抄寫 : 일부분 또는 필요한 부분만 뽑아서 적음) 판본이 많다. 초사로 편찬된 판본은 수준이 제각각이어서 어떤 초사본은 오류를 피할 수 없었다.

③ 인쇄 판본
북송 이후에는 인쇄술이 광범위하게 쓰였기 때문에, 이때를 시작으로 『사기』는 급속하게 퍼지기 시작했다. 그로 인해서 수많은 사람들이 『사기』를 읽어볼 수 있었다.

일반에 유통된 『사기』 독본

지금까지 전하는 『사기』의 판본은 여러 종류가 있다. 1958년 상무인서관(商務印書館)은 『사기』의 주요 판본에는 60여 종이 있다고 상세히 기재한 하차군(賀次君)의 『사기서록(史記書錄)』을 출판했다.

『사기평림 (史記評林)』	이 판본은 모두 130권이다. 명나라 때 오흥(吳興 : 절강성 후저우(湖州)의 옛 명칭) 땅의 능치륭(凌稚隆)이 편집하였다. 이 책은 삼가주 합각본(合刻本)을 취하는 동시에 『사기』에 대한 여러 평론을 모아서 기록했다. 현존하는 것은 청나라 광서(光緖) 연간의 번각본(翻刻本)이다.
『사기집해색은정의 (史記集解索隱正義)』 송간본(宋刊本)	이 판본은 모두 130권이다. 남송 건안(建安 : 지금의 복건성 건양시(建陽市)) 황선부(黃善夫)의 간행본이다. 현존하는 삼가주합각본(三家注合刻本)으로 가장 오래되었고, 가장 완전한 내용을 갖추고 있는 것은 『함분루(涵芬樓 : 상무인서관 서고) 영인본(影印本)』이다.
『사기집해색은정의 (史記集解索隱正義)』 청전본(淸殿本)	이 판본은 모두 130권이다. 청나라 관간(官刊 : 정부 간행 서적)인 24사(二十四史) 전판(殿版 : 청나라 자금성 내 무영전(武英殿)에서 조판) 중의 하나이다. 이 판본은 명나라 북감(北監 : 북경 국자감) 유응추(劉應秋) 본을 원본으로 삼아 송본(宋本)을 참고하고 교감해 완성한 청대의 우수한 교정, 교감본으로 가장 널리 유포되었다.
『사기』	이 책은 1959년 중화서국(中華書局)이 교점(校點 : 교열·정정하고 구두점을 찍음)한 초판으로, 모두 10책(冊)이다. 이 교점본은 청나라 동치(同治) 9년에 장문호(張文虎)가 금릉서국(金陵書局)에서 간행한 금릉서국본을 원본으로 삼았다. 수많은 독자들에게 올바른 독본을 제공해주었을 뿐만 아니라 전문 연구자들에게는 나무랄 데 없는 인증본(引証本)이다.

것이나 진배없다. 위진남북조(魏晉南北朝) 시대는 사기학이 기초를 잡는 시기였다. 이때는 한나라 왕조가 붕괴되고 나서 『한서』의 독보적인 지위에 균열이 오기 시작했다. 그리고 이때부터 『사기』를 방서(謗書 : 남을 비방하는 서적)로 바라보는 잘못된 비난이 줄어들었고, 『사기』는 점점 더 중요한 위치를 차지하게 된다. 위진(魏晉) 시대부터 수당(隋唐) 시대까지 가장 큰 성과는 삼가주의 출현이다. 사기학의 발전이 한층 더 높아진 것이다. 당나라 때의 유지기(劉知幾)가 쓴 『사통(史通)』은 사학비평사의 각도로 『사기』를 대하면서 『사기』의 역사학적 가치를 다지고 이론적 토대를 쌓는 역할을 했다.

당대의 산문대가 한유(韓愈), 유종원(柳宗元)이 이끈 고문운동은 『사기』의 가치를 드높이는 동시에 문학적 지위를 공고히 했다. 당나라 시기는 『사기』의 연구 성과에 시대적으로 한 획을 그었다는 데 의의가 있으며, 이후부터 『사기』를 공부하고 연구하는 이들은 날이 갈수록 늘어났다.

송원명청(宋元明淸) 그리고 근대에는 사기학이 끊임없이 발전한 중요한 시기다. 세간에 나온 『사기』의 연구 성과는 대체로 이 시기에 나온 것들이다. 우선 『사기』가 광범위하게 유포되었고, 소수의 탁상용 물건에서 일반인들도 누구나 읽을 수 있는 상용서로 변했다. 이것은 서로 다른 사람들이 서로 다른 관점으로 『사기』를 연구하게 만들었다. 그로부터 연구 범위가 해박해지고 방법도 세밀해졌다. 예를 들면 사마천의 시대, 생애 평가, 사상, 『사기』의 체제, 성과의 원인, 주요 성과, 가치, 영향 등이다.

마지막으로 저술 형식이 다양해지고 내용도 풍부해졌다. 송명(宋明) 시대는 점평(點評 : 비평하고 방점을 찍음)이 주였고, 청대(淸代)에는 고증이 주였으며, 근대는 사상 연구가 주였다. 형식은 미비(尾批 : 책의 윗부분에 써넣는 주석), 평점(評點 : 중요한 곳에 점을 찍음) 찰기(劄記 : 독서 후에 느낀 점이나 생각을 기록한 글), 고이(考異 : 기록된 사실의 진위 여부를 고증하여 교정함), 발미(發微 : 세세히 설명), 정보(訂補), 집평(輯評 : 문집에 대한 비평), 평주(評注 : 비평과 주석) 등이다.

해외에서의 『사기』 연구

『사기』는 비교적 이른 시기에 조선과 일본으로 전해졌다. 때문에 두 나라에는 『사기』에 대한 연구서가 매우 많다. 일본은 초기에 『사기』를 번역해서 보급했으며, 원문의 훈고(訓詁)와 교감(校勘)을 중시했다. 특히 돌출적인 인물 전기는 문학과 역사를 모두 중시했다. 주요 저작으로는 『보표사기평림(補標史記評林)』과 『사기연구서목집해(史記研究書目集解)』 등이 있다.

미국, 영국, 독일, 프랑스 등의 서구 한학자(漢學者)들도 『사기』에 많은 관심을 갖기 시작했고, 프랑스 파리에는 '사기연구센터'가 설립되었는데, 이는 『사기』에 관한 최초의 국제 연구기관이다.

2장 본기 本紀

가사 · 국사 · 천하사

『사기』의 「본기」는 총 12편으로 제왕들의 역사이다. 고대 왕조들의 흥망성쇠를 기술한 『사기』의 대강大綱에 해당한다. 상고 시대 오제의 창세기, 하·상·주 3대의 성쇠, 서북 변방에서 일어선 진나라, 진시황의 천하통일, 유방과 항우의 초한지쟁 고사, 여태후의 섭정, 문경지치의 성세, 한나라 무제의 영토 확장과 봉선구선封禪求仙의 황당함 등이 실려 있다.

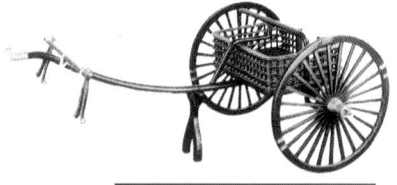

2장 그림 목록

제왕의 본보기 79 | 중국 역사의 문을 연 황제 83 | 대우는 치수의 영웅 85 | 공갑제가 용을 먹다 89 | 명조전투 91 | 무에 능했던 무정황후 부호 93 | 주문왕과 강자아 97 | 목야전투 101 | 주나라 주요 연표 103 | 진나라 목공의 쟁패 과정 105 | 진나라의 4대 명군 107 | 진시황 6국 통일 공략도 111 | 진시황의 공적과 과실 113 | 불로장생을 추구한 진시황 115 | 진나라의 거대한 토목 공사 118 | 진나라 말기의 농민전쟁 121 | 흑막의 싸움 '홍문의 연' 123 | 초한지쟁의 승자 유방 127 | 유방의 논공행상 129 | '철혈 여인' 여태후 133 | 문제가 유씨의 강산을 다시 빛다 137 | 오초칠국의 난 139 | 한나라 무제의 인물 분석 143 | 신선을 찾아다닌 한나라 무제와 방사들 145

01 제왕들의 역사
「본기」 개설

>>> 『사기』의 첫머리인 12본기本紀는 황제부터 한나라 무제까지의 제왕들을 기술하고 있다. 중국 고대의 왕조 흥망사와 그 궤적을 보여주는데, '과거와 현재의 변화를 통찰한다'는 『사기』 저술의 원칙을 보여준다.

12본기

「본기」는 사마천이 저술한 기전체 역사서의 기둥이기에 『사기』의 첫머리에 놓였다. 『사기』의 「본기」는 총 12편으로 시간 순서에 따라 서술되었다. 그 중 선진 시기의 「본기」는 모두 6편으로, '오제본기', '하본기', '은본기', '주본기', '진본기', '진시황본기'이다. 진나라와 한나라 사이에는 '항우본기' 한 편이다. 한나라 시기는 5편으로 되어 있는데, '고조본기', '여태후본기', '효문본기', '효경본기', '효무본기'이다.

사마천은 12본기에서 서술 대상이 된 시기를 '과거와 현재의 변화를 통찰한다(通古今之變)'는 정신으로 일관했다. 즉 하나의 성씨, 한 명의 제왕을 기술할 때 그들의 득실과 역사적 명성을 중시하기보다는 각 왕조의 흥망성쇠와 그 궤적을 역사적 사실과 변천에 따라 기술했던 것이다.

「본기」의 개요

「오제본기」에서는 '황제, 전욱, 제곡, 요, 순'이라는 상고 시대의 다섯 제왕을 기록했다. 그들은 앞사람이 넘어지면 뒷사람이 계속 그 뒤를 이어 앞으로 나아가며 중국 역사 발전의 새로운 서막을 열었다.

「하본기」에서는 하나라의 황제 계보와 큰 사건을 기술했는데, 대우(大禹)는

제왕의 본보기

황제로부터 한나라 무제에 이르기까지의 역사에서 수많은 제왕들이 후세 제왕들의 모범이 되었다. 그들이 이룩한 업적은 후세에 길이 빛났다.

황제
화하족의 시조, 중국 문명의 창시자로서 그의 공적은 다른 누구와도 비교할 수 없다.

요임금
덕정을 세상에 전하고, 순임금에게 제위를 선양하여 제왕의 모범을 보였다.

대우
치수 사업에 성공해 하나라를 세웠다. 그의 은덕은 후세에 길이 전해졌다.

주나라 문왕(文王)
기산(岐山)에서 주나라를 일으켰고, 팔괘를 추론해 성인이자 명군의 반열에 올라섰다.

정(鼎: 천하天下)

주나라 무왕(武王)
상나라를 멸하고 주나라를 세워 제후들을 봉합으로써 정의의 화신으로 우뚝 섰다.

진시황
중국의 첫 번째 황제(皇帝)로 춘추전국 시대의 제후국을 통일했다.

한나라 문제
한나라 대일통 시기에 성세를 이루었다.

한나라 무제
뛰어난 재능과 웅대한 지략으로 영토를 넓혀 한나라의 당당한 풍모를 대내외에 과시했다.

상세하게 쓰고 우임금 이후는 간단하게 기술했다. 하지만 역사상의 중요한 왕위 계승은 자세하게 기록했다. 「은본기」에서는 상나라의 역사를 계통적으로 기술했는데, 마치 한 폭의 그림처럼 상나라 부족의 흥기를 묘사했다. 상나라의 건국부터 멸망까지를 그린 웅장한 한 폭의 그림이라 할 수 있다. 「주본기」에서는 각 시기의 황제를 큰 줄거리로 삼고, 영토가 넓은 왕조의 면모를 간단하게 묘사했다. 한 폭의 자유분방하고 생동감이 넘치는 역사화(歷史畵)를 방불케 한다.

「진본기」에서는 춘추전국 시대 진나라의 흥기와 천하를 겸병하며 패자를 칭한 제후들을 기술했다. 「진시황본기」에서는 진나라의 흥망사를 기술했는데, 중국의 첫 번째 봉건전제주의 정권의 수립부터 멸망까지의 과정을 보여준다.

「항우본기」에서는 진나라 말기의 농민 봉기와 초한지쟁의 광활한 역사적 상황을 묘사하여 항우의 영웅적 일생을 생생하게 기술하는 한편, 항우가 최후에 패할 수밖에 없었던 원인을 분석했다. 「고조본기」에서는 초나라와 한나라 사이에 벌어진 파란만장한 전쟁을 기술했다. 또한 전기적 색채가 농후한 정치가 유방의 진실한 형상을 풍부하게 재현했다. 「여태후본기」에서는 한나라를 16년 동안 통치했던 여황제에 관해 기술하면서 한 사람의 잔악무도하고 권력에 눈이 먼 후비의 형상을 창조했다. 「효문본기」와 「효경본기」에서는 한나라 초기의 두 제왕이 무위의 정치를 통해서 '문경치지'를 이룩했던 과정을 기술했다. 「효무본기」에서는 황홀한 신비감에 쌓여 허황된 이상을 추구했던 한나라 무제의 허무맹랑한 정신을 묘사했다.

02 중국사의 서막을 열다
오제 시대

>>> 상고 시대 전설 속의 '황제, 전욱, 제곡, 요, 순' 다섯 제왕은 중국의 역사를 연 사람들이다. 황제는 치우蚩尤*와 전쟁을 치렀고, 요임금이 순임금에게 선양했다는 고사는 사람들이 가장 널리 칭송하는 이야기다.

중국의 시조 황제 헌원

황제는 소전(少典) 부족의 자손으로 성은 공손(公孫), 이름은 헌원(軒轅)이다. 태어나면서부터 신기하고 기이했으며, 자라면서는 부지런하였고, 성인이 되어서는 총명하고 이치에 밝았다. 당시 신농씨(神農氏 : 농사법을 가르치고 약을 발명한 전설 속의 제왕) 후대들이 기울기 시작해 제후들이 서로 침략하고 공격했다. 그리하여 헌원이 무예를 익히고 군사들을 조련해 조공을 바치지 않는 제후들을 토벌했다. 우선 염제(炎帝 : 불의 신으로 남방 지역을 다스림)와 판천(阪泉) 들판에서 세 번 싸운 끝에 승리를 얻었다. 가장 복종시키기 어려운 제후가 치우였다. 황제와 그는 탁록(涿鹿) 들판에서 크게 싸웠는데, 마침내 황제가 그를 사로잡아 죽였다.

그 후 뭇 제후들이 헌원을 천자로 섬기고 신농씨를 대신하게 되었다. 토덕(土德)의 상서로운 징조가 있었고, 토(土)가 황색이므로 황제(黃帝)라고 불렀다. 황제는 천자가 된 후 동으로는 발해, 서로는 공동(崆峒), 남으로는 장강, 북으로는 부산(釜山)에 다다라 탁록산 아래에 도읍을 정했다. 관직의 명칭은 모두 운(雲) 자를 써서 지었다. 군대도 운사(雲師)라고 불렀다. 또 좌우 대감을 두어 모든 제후국을 감찰하게 하였다. 풍후(風后), 역목(力牧), 상선(常先), 대홍(大鴻) 등의 대신들로 하여금

---

* 구리로 된 머리에 쇠로 된 이마를 하고 뿔이 난 전쟁의 신

나라를 다스리도록 했다. 훗날 황제가 천지의 규율에 순응하여 보배로운 정(鼎)을 얻고, 태양의 운행을 관찰하며 역법을 추산하고, 절기를 미리 알고 사계절에 맞추어 온갖 곡식과 초목의 씨를 뿌리게 하자 덕스러운 교화가 금수와 곤충에게까지 미쳐 순화되었다.

요순의 선양

황제가 죽자 교산(橋山)에서 장례를 치렀다. 그의 손자 고양(高陽)이 제위를 이으니 바로 전욱 제왕이다. 전욱이 죽은 후 그의 족자(簇子 : 사촌의 아들) 고신(高辛)이 왕위에 오르니 그가 바로 제곡이다. 제곡이 죽은 후 그의 아들 지(摯)가 즉위하고, 지가 죽은 후 방훈(放勛)이 제위에 올랐으니 그가 바로 요임금이다.

요의 인덕은 마치 하늘처럼 무궁무진했고, 지혜는 신과 같아서 미묘하기 그지없었다. 그에게 가까이 다가가면 태양처럼 따사롭고, 그를 멀리서 바라보면 마치 구름처럼 눈부시게 아름다웠다. 요는 덕을 따르고 밝혀 구족(九族 : 고조, 증조, 조, 부, 자, 손, 증손, 현손 등 9대)을 화목하게 했다. 친족들이 이미 화목하니 또 백관의 직책이 명확하게 나누어졌다. 그리하여 백관의 치적이 탁월해지자 온 천하의 제후들이 단결하여 화목해졌다.

요가 제위에 오른 지 70년이 되었다. 요는 사방의 제후들에게 그를 대신해 제위에 오를만한 사람을 추천해 달라고 물었다. 모든 이들이 마침내 순을 추천했다. 한 번의 시험을 거친 후 요는 순이 매우 현명하고 재능이 있다는 것을 알았다. 곧바로 순에게 천자의 자리를 잇도록 하고, 이를 하늘에 알렸다. 요는 천자의 자리에서 물러난 후 28년 만에 세상을 떠났다. 순은 천자에 오른 후 모든 제후들을 친견하고, 사계절의 절기를 바로 세우고, 음률·길이·용량·중량 등을 통일했으며, 명길(明吉)·흉(凶)·빈(賓)·군(軍)·가(嘉)의 다섯 가지 예의를 바로 고쳤다. 동시에 형벌을 낮추었다. 또한 천하를 12주로 나누고 물길을 터 사방이 안정되고 화목하게 했다. 순임금 이후 제위는 치수에 공이 있고 사리사욕이 없는 우(禹)에게 승계되었다.

중국 역사의 문을 연 황제

황제黃帝는 중국을 처음으로 통일한 군주이다. 중국의 역사를 이해하기 위해서는 반드시 황제를 먼저 이해해야만 한다. 황제를 이해하면 중국민족의 뿌리가 어디에 있는지 알 수 있다.

이름 : 공손헌원　　부친 : 소전씨
모친 : 부보(附寶)　　탄생 : 음력 2월 2일
출생지 : 헌원구(軒轅丘 : 지금의 하남성 신정新鄭)
칭호 : 중화민족의 시조
전쟁 : 판천대전에서 염제를 이기고, 탁록대전에서 치우를 무찌름
발명 : 역법, 문자, 의복, 악기, 의약 등
전설 : 광성자(廣成子)에게 도를 묻고 현녀(玄女)와 소녀(素女)에게 양생법을 배워 마침내 용을 타고 날았다.
비 : 누조(嫘祖 : 양잠술 발명), 방뇌씨(方雷氏), 동어씨(彤魚氏), 모모(嫫母) 등
아들 : 모두 25명으로 성을 얻은 아들은 14명
능침 : 황제릉(지금의 섬서성 황릉현黃陵縣 교산橋山)

오제 계보 : 황제 → 전욱 → 제곡 → 요 → 순

요임금과 순임금

요임금과 순임금은 황제의 뒤를 이은 가장 유명한 제왕들이다. 요임금은 순임금에게 제위를 선양해 몇 천 년 동안 후세인들로부터 칭송을 받았다. 훗날 유가들이 그들을 미화해 성군의 전형으로 추앙했다.

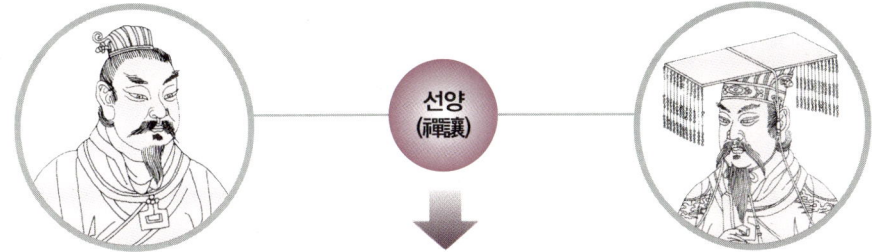

선양의 진실 : 제곡의 못난 아들인 지를 대신하여 제위에 오른 요임금이 자신의 사악한 아들인 단주를 대신하여 순임금에게 제왕 자리를 양위했다는 『사기』의 기록에 의해 이 이야기는 후세에 미담이 되었다. 하지만 현대인들의 추측에 따르면, 폭력과 피비린내가 난무했을 가능성이 더 크다. 요순 시대가 평화로웠기에 후세의 유가들이 그것을 미화했을 것이다. 세상에는 근본적으로 권력의 선양이 있을 수 없다. 유학자들은 스스로를 속이지 않았을까?

선양제 : 중국 상고 시대에 부족의 수장을 추천하는 방식 중의 하나로, 모든 부족민들이 표결을 통해 다수결로 수장을 정했다. 순임금이 요임금의 뒤를 잇고, 순임금이 우임금을 이은 예가 있다.
세습제 : 선양제와 다르게 혈연관계의 후손에게 제왕 자리를 물려주는 제도로, 일반적으로는 적장자 계승이었다. 하나라를 세운 우임금의 아들 계(啓)가 자신의 아들 태강(太康)에게 제왕 자리를 물려주고, 태강이 죽자 그의 아들 중강(仲康)이 즉위했다.

03 처음으로 세습제를 시작한 왕조
하나라

>>> 대우大禹는 치수의 공적으로 순임금의 뒤를 이어 천자에 오르고 하나라를 세웠다. 이로부터 중국에 한 집안이 천하를 독차지하는 '가천하家天下' 세습제가 시작되고 노예제 사회로 진입했다.

대우의 탄생

대우는 요순 때 치수 사업을 벌인 곤(鯀 : 전욱의 아들)의 아들이다. 그의 어머니는 이름이 수기(修己)였다. 그녀는 어느 날 밤 유성 하나가 홀연히 묘성(昴星)을 지나가는 것을 보았다. 게다가 꿈속에서도 이러한 광경을 보아 예사롭지 않은 경험을 하게 되었다. 다음날 그녀는 율무를 먹었는데 갑자기 가슴이 아파오더니 곧바로 터졌다. 가슴 안에는 어린 아이가 있었는데, 그가 바로 우(禹)였다.

또 다른 이야기도 있다. 우의 아버지 곤이 죽은 지 3년이 되어도 시체가 썩지를 않았다. 게다가 배가 날로 커지더니 배 속에는 마치 물체가 꿈틀거리는 듯했다. 어떤 사람이 끝이 뾰족하고 예리한 칼로 그의 배를 가르자 우가 태어났다.

대우의 치수

요임금 말기에 홍수가 범람하자 요임금은 대신들의 추천을 받아 곤에게 홍수를 다스리게 했다. 그로부터 9년이 지났지만, 홍수는 끊이지 않고 도리어 날이 갈수록 심해졌다. 순임금이 즉위하고 나서 곤이 순임금의 지시를 어기며 자기 고집대로 하자 순임금은 그를 파면하고 우산(羽山)으로 추방해 죽을 때까지 그곳에서 살게 했다.

대우는 치수의 영웅

대우에 대해 언급하자면 치수를 말하지 않을 수 없다. 대우는 13년 동안 중국의 아홉 개 강을 소통시켜 백성들이 편안하게 살면서 즐겁게 일하도록 만들었다.

치수 방법

도절
대우의 아버지 곤은 도절(堵截 : 물을 차단)을 치수의 방법으로 선택했으나 9년 동안이나 치수에 성공하지 못했고, 마침내 순임금에 의해 우산으로 추방되어 죽었다.

소통
대우는 아버지의 실패에서 교훈을 얻어 실지를 측량 탐사해 물을 소통시키는 치수 방법을 선택했고, 13년 만에 드디어 홍수에서 벗어나도록 했다.

삼과가문이불입(三過家門而不入)
: 우는 13년에 걸쳐 치수 사업을 벌이는 동안, 오로지 물을 다스리는 데만 전념했다. 심지어 세 차례나 자신의 집 앞을 지나가면서도 감히 들어가지 않았다. 처가 아들 계(啓)를 낳을 때도 집에 가지 않았다. 지금도 대공무사(大公無私)한 사람을 비유할 때는 그를 꼽는다.

우보 : 대우는 13년 동안 치수를 하면서 몸을 혹사해 쇠약해졌다. 허리와 등이 굽어 걷는 것조차 힘들어하여 특이한 걸음걸이가 되었는데, 이를 '우보(禹步)'라고 한다. 훗날 도교에서는 신을 강림케 하고 귀신을 부를 때 우보를 하며 경건함을 표했다.

잉어가 용문을 뛰어넘다 : 대우가 황하를 소통시켜 양산(梁山)으로 이르게 할 때 용문산(龍門山) 앞에서 가로막혔다. 인부들에게 용문산을 뚫어서 물을 통하게 할 수밖에 없었다. 용문산은 매우 높았기 때문에 수많은 대어들이 물을 거슬러 오를 때 곧바로 막을 수가 있었다. 훗날 사람들은 잉어가 용문을 뛰어올라 용이 되었다는 전설을 퍼트렸다.

대우의 공적

대우의 성은 사(姒)이고, 이름은 문명(文命)이다. 전욱의 증손이며 그의 아버지는 곤이고, 어머니는 신씨(莘氏)의 딸 수기(修己)이다.

대우는 치수 사업에 공이 있을 뿐만 아니라 9주, 9산(九山), 9천(九川)을 다스렸고, 순임금을 이어 천자의 자리에 올라 하나라를 세웠다. 중국 역사에 큰 공헌을 한 제왕이다.

9주를 순행 : 대우는 익주, 연주, 청주, 서주, 양주(楊洲), 형주, 예주, 양주(梁州), 옹주를 순행하였다. 도산(塗山)에서 각 방면의 제후와 부족 수령들이 보내온 청동으로 아홉 개의 정(鼎)을 주조했는데, 이는 9주의 천하를 통일한 것을 상징한다.

도로를 뚫음 : 9주를 다스린 후 대우는 다시 아홉 개의 산과 아홉 개의 하천을 다스렸다. 아홉 개 산맥에 도로를 뚫어 전국 각지의 공물이 올라오는 길에 막힘이 없도록 했다.

곤의 아들 우는 강직하여 아첨하지 않았고, 조그마한 것도 소홀히 하지 않았으며 항상 언행이 일치했다. 순임금은 우의 사람됨을 알고 그에게 치수 사업을 맡겼다. 순임금은 치수의 임무가 대단히 어렵고 힘들다는 것을 알고 특별히 백익(伯益)과 후직(后稷)을 우의 신하로 보냈다. 게다가 각 씨족 부락을 모두 치수 사업에 참여시켰다.

우는 치수 사업을 맡은 이후 인부들을 데리고 각지를 돌아다니며 실질적인 조사와 탐사 측량을 했다. 그는 부친이 물길을 막게 하는 방법으로 인해 실패했다는 것을 교훈으로 삼아 막힌 물을 터서 통하게 했다. 우는 자신의 집 앞을 세 번이나 지나갔지만, 결코 집에 들어가지 않았다. 그로부터 13년 후 우는 중국의 아홉 개 강에 모두 수로를 뚫었으며, 강물이 아무런 방해를 받지 않고 동해로 유입되도록 했다. 이로부터 백성들은 편안하게 생업에 종사하게 되었고, 이후로는 홍수의 위험에서 벗어나게 되었다. 우는 치수의 공적으로 인해 사람들에게 '대우' 혹은 '신우(神禹)'로 불렸다.

하나라를 세우다

우는 치수 사업에 성공한 후 9주(九州 : 기주冀州, 연주沇州, 청주青州, 서주徐州, 양주揚州, 형주荊州, 예주豫州, 양주梁州, 옹주雍州)를 순시하며 나라를 다스렸다. 우의 통치 덕분에 9주가 서로 화목하고 안정되어 사방의 제후국들이 서로 균형을 이루며 발전했다. 아홉 개의 큰 산에 길을 뚫어 소통하게 했으며, 아홉 개의 큰 강이 모두 원활하게 흐르도록 하고, 아홉 개의 호수에도 제방을 쌓는 데 성공해 사해(四海 : 천지 사방)로부터 들어오는 조공 길에 막힘이 없었다. 각종 물산품이 완비되고, 모든 토지는 조건에 따라 등급을 바로잡아 공평하게 조세를 징수했다.

훗날 순임금이 우를 추천하여 천자의 지위를 잇게 하니 순임금이 죽은 후 우가 천자에 올랐고, 나라 이름을 하(夏)로 정했다. 10년 후 우가 동부에 이르러 순시하던 중 회계(會稽)에서 세상을 떠났다.

계임금이 유호를 멸하다

우는 제위를 익(益)에게 양위하였으나 제후들이 모두 계(啓)를 알현하니 익은 우의 아들 계에게 양위했다. 그리하여 계가 천자에 오르니 한 집안이 천하를 독차지하는 세습제가 시작되었다. 계임금이 즉위한 후 각 부족을 소집했는데, 유호씨(有扈氏)라 불리운 동쪽 부족이 복종하지 않았다. 계임금이 그들을 토벌하고자 즉시 군사를 내어 감(甘)에서 크게 싸워 마침내 유호씨를 멸하였다. 그러자 천하가 모두 하나라 조정에 조공을 바치며 알현했다.

하나라를 되찾은 소강

계임금이 죽은 후 그의 아들 태강(太康)이 제위를 이었다. 태강은 편안한 구중궁궐에서 성장하여 하나라 제왕에 오른 탓에 사냥과 향락에만 빠져 국사를 돌보지 않았다. 그러던 어느 날 빈궁한 나라의 군주인 예(羿)가 태강이 수렵을 마치고 돌아오는 귀로를 틀어막았다. 그 이후 밖에서 떠돌던 태강은 죽을 때까지 궁으로 돌아오지 못했다.

훗날 예의 부하인 한국(寒國)의 착(浞)이 예를 죽이고 정권을 탈취한 후 태강의 손자인 하후(夏后) 상(相)을 죽이고자 했지만, 하후 상의 아내는 곤경에서 탈출하며 소강(少康)을 낳았다. 소강은 장성한 후 우(虞)나라의 도움을 받아 마침내 착을 죽이고 하나라의 통치권을 되찾았다. 소강은 어려움 속에서 자라며 오랫동안 사회 하층민으로 생활하였기에 백성들의 고통을 잘 알았다. 그는 하나라를 되찾은 후에도 여전히 부지런하고 소박하게 생활했으며, 재위 20여 년 동안 하나라를 안정시켰다. 역사에서는 이를 일컬어 '소강중흥(少康中興)'이라고 한다.

하나라의 망국 군주 걸왕

하나라의 마지막 제왕인 걸(桀)이 즉위한 후 하나라 조정의 정치는 이미 너무나 부패하여 수많은 제후들이 하나라를 배반했다. 그런데도 걸왕은 덕행에 힘쓰지 않고 걸핏하면 무력으로 제후들을 공격했다. 한 번은 걸왕이 시국(施國)을 공격했는데, 시국은 당해낼 도리가 없어 투항을 청하며 말희(末喜)라는 이름의 미녀를 걸왕에게 바쳤다. 걸왕은 본래 황음무도하고 사치스러워 말희를 얻은 후 더더욱 흥청거리며 대규모로 토목공사를 벌였고, 백성들에게는 착취와 압박을 일삼았다.

걸왕은 말희의 소원대로 거대한 경궁(傾宮)을 짓고, 연못에 술을 채우고, 나무에는 고기를 매달아 주지육림의 연회를 베풀었다. 또 말희가 비단 찢어지는 소리를 좋아하였기에 비싼 비단을 사주었다. 이 무렵 황하 하류에 상(商)나라가 있었는데, 군주는 탕(湯)이었다. 영명하고 재능이 넘친 군주여서 상나라는 날로 국력이 강성해졌다. 위협을 느낀 걸왕은 탕왕을 불러들여 옥에 가두었다. 그 결과 상나라의 대신 이윤(伊尹)이 금은보화를 걸왕 주위의 측근들에게 뇌물로 바쳐 걸왕이 탕을 풀어주도록 했다.

탕은 상나라로 돌아온 후 철두철미하게 준비를 마치고 걸왕을 토벌하고자 출병했다. 하나라 군과 상나라 군이 명조(鳴條)에서 만나 전투를 벌인 결과 하나라 걸왕은 대패했고, 그의 병마는 뿔뿔이 흩어졌다. 말희를 데리고 남소(南巢)로 도망친 걸왕은 탕에게 잡혀 그곳에 갇히고 말았다. 걸왕은 여전히 자신의 행실을 반성하지 않으면서 탕을 풀어 준 일을 후회했다. 3년 후 걸왕이 남소에서 병사함으로써 하나라는 멸망하고 말았다. 하나라는 우임금에서부터 걸왕까지 17명의 제왕을 배출했으며, 대략 기원전 21세기부터 기원전 17세기까지 400여 년간 지속되었다.

공갑제가 용을 먹다

하나라의 공갑제孔甲帝는 귀신에게 제사지내는 것을 즐기며 국사를 돌보지 않았다. 공갑제는 많은 제후들이 하나라 조정에 입조하지 않아도 개의치 않았지만, 용에게만은 특별히 큰 관심을 보였다.

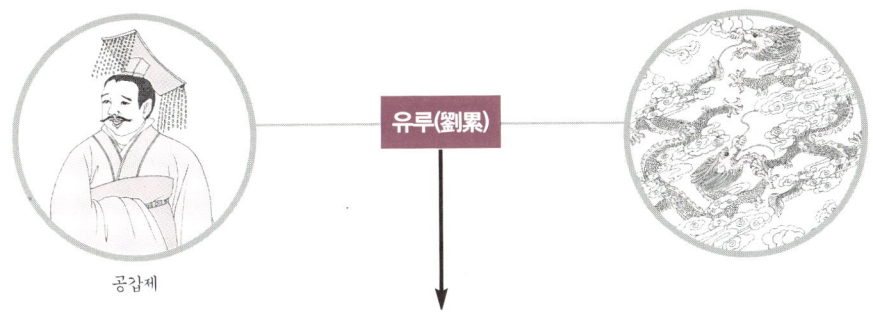

공갑제 — 유루(劉累)

공갑이 용을 먹다 : 공갑제는 사냥을 하다가 용 두 마리를 잡았는데, 암컷 한 마리와 수컷 한 마리였다. 신하인 유루가 말하기를 환룡씨(豢龍氏 : 용을 기르는 부족)에게 용을 기르는 법을 배웠다고 하자, 공갑제는 그에게 용을 기르도록 했다. 뜻밖에도 암컷 용이 죽어버리자 유루는 변명할 여지가 없어 용고기로 고깃국을 끓여 공갑제가 먹도록 했다. 공갑제는 마침내 용고기의 맛을 알고 유루에게 다시 두 마리의 용을 잡아오도록 명령했다. 하지만 유루는 자신이 할 수 없음을 알고, 용을 잡으러 간다는 핑계를 대고 가족과 함께 멀리 도망가고 말았다.

하나라의 폭정

하나라의 마지막 군주인 걸왕은 황음무도하고 사치스러워 백성들을 더욱 착취하고 압박했다. 결국 그는 상나라 탕왕과의 전투에서 대패한 후 유폐되었다가 병사하고 말았다. 이로써 하나라는 멸망했다.

백성들의 원망
하나라 걸왕의 폭정을 도저히 견딜 수 없었던 백성들은 하늘의 태양을 가리키며 말했다. "너 태양아, 왜 이렇게 빨리 타버리지 않는가? 우리들도 너와 함께 죽고 싶건만."

탕왕이 군사를 일으키다
상나라 탕왕은 인정을 베풀어 민심을 얻었고, 때가 무르익자 군사를 일으켰다. 탕왕은 하나라 걸왕과 맞선 명조전투에서 승리하여 하나라를 멸망시키고 상나라를 세웠다.

강직한 신하
하나라 걸왕 때의 대신인 관용봉(關龍逢)은 걸왕에게 황도(黃圖 : 지도)를 바치며 백성들과 국사를 돌보도록 간언했다. 하지만 걸왕은 간언을 듣지 않았고, 오히려 관용봉을 죽이려 했다. 후세에 관용봉과 주(周)나라의 장홍(萇泓)을 함께 언급하며 강직한 신하의 모범으로 삼았다.

미인이 화근
하나라 걸왕이 시(施)나라를 공격했을 때 미인 말희를 얻었는데, 이때부터 흥청거리며 하루 종일 향락에 빠져 살았다. 말희 역시 역사에서 '미인이 화근'이라는 말의 주인공이 되었다.

하나라

04 상나라

탕왕에서 성하고 주왕에서 망하다

>>> 600년의 흥망사를 지닌 상나라는 탕왕 때 흥성하여 왕조를 세웠고, 반경盤庚 때 은허로 천도했으며, 무정武丁 때 중흥하다 주왕紂王 때 멸망했다. 탕왕의 위업으로 나라가 강성해졌으나 주왕에 이르러 흥청망청으로 망국의 길을 걷게 되었다. 후세인들은 이를 두고 역사의 교훈으로 삼았다.

탕왕이 상나라를 세우다

상나라의 선조는 성이 자(子)이고 이름은 설(契)이다. 설의 어머니 간적(簡狄)은 제곡의 두 번째 부인이었다. 어느 날 그녀가 두 명의 여자와 함께 강변에서 목욕을 하게 되었다. 그때 갑자기 검은 제비가 알을 떨어뜨리는 것을 보고 간적이 주워 삼켰는데, 그 일로 임신하여 설을 낳았다. 설은 자라서 우의 치수 사업을 도와 공을 세웠고, 순임금으로부터 상(商) 땅에 제후로 봉해져 '자'라는 성씨를 하사받았다. 그는 상을 국호로 삼고, 공적을 세워 백성들을 평안하게 살도록 했다.

설의 후예들은 여덟 차례나 천도를 했는데, 성탕(成湯)에 이르러 박(毫)에 도읍을 정했다. 성탕은 어질고 덕이 있어 훌륭한 말을 귀담아들을 줄 알아 나라를 다스리는 데 매우 능숙했다. 훗날 그는 이윤(伊尹)의 보좌로 상나라를 더욱 강성하게 만들었다. 당시 하나라의 군주인 걸왕은 매우 포악하고 황음무도했다. 성탕이 걸왕의 폭정에 맞서 제후들을 이끌고 거병하자 제후들은 그를 무왕(武王)이라고 불렀다. 걸왕이 유융씨(有娀氏)의 옛 터에서 대패하여 황급히 명조로 달아나자 하나라 군은 전군이 붕괴되고 말았다. 성탕은 추격을 멈추지 않고 마침내 걸왕을 포로로 잡아 유배시켰다. 이로부터 제후들이 모두 성탕에게 복종하니, 성탕은 천자의 지위에 오르고 상나라를 세웠다.

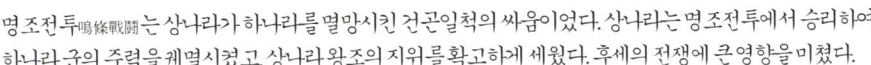

명조전투

명조전투鳴條戰鬪는 상나라가 하나라를 멸망시킨 건곤일척의 싸움이었다. 상나라는 명조전투에서 승리하여 하나라 군의 주력을 궤멸시켰고, 상나라 왕조의 지위를 확고하게 세웠다. 후세의 전쟁에 큰 영향을 미쳤다.

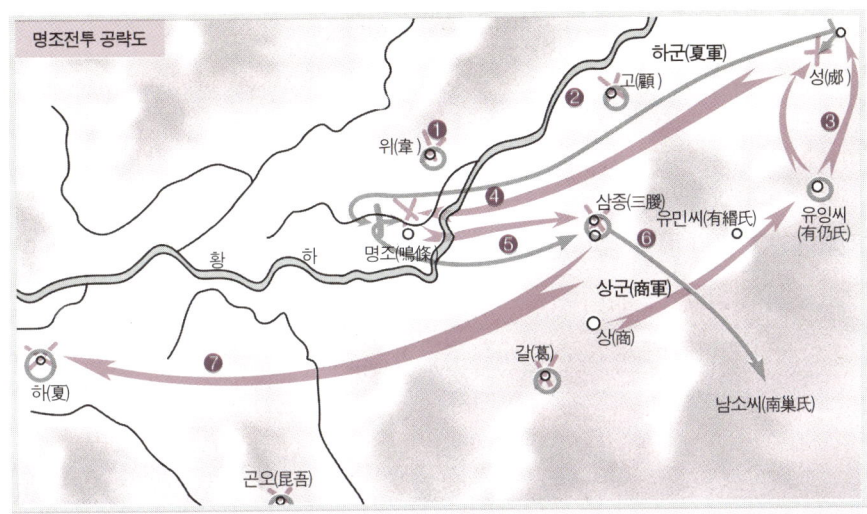

전투 과정 : ① 탕왕은 현명한 재상 이윤의 도움 아래, 우선 동쪽의 갈(葛), 위(韋), 고(顧) 등 하나라의 속국을 무너뜨려 하나라를 멸하기 위한 서쪽 지역의 장애물을 없앴다.
② 상나라가 하나라에 조공을 바치지 않자 하나라 걸왕은 군대를 이끌고 유잉씨(有仍氏 : 산동성 제녕濟寧 동남쪽) 땅에 이르러 제후국들을 소집한 후 연합하여 상나라를 공격했다. 하지만 유민씨(有緡氏)를 필두로 한 제후국들이 하나라에 모반을 일으키자 걸왕은 고립되고 말았다.
③ 상나라 탕왕은 기회가 무르익자 군사들을 모아 놓고 전투 의지를 고취시킨 후 전차 70대와 죽음을 두려워하지 않는 6천 명의 전사들을 이끌고 걸왕을 공격했다. 탕왕은 성(郕 : 지금의 산동성 영양寧陽 동북쪽)에서 첫 승리를 거두었다.
④ 하나라 걸왕이 명조(鳴條 : 하남성 봉구封丘 동쪽)로 퇴각하자 탕왕은 군사를 이끌고 와 결전을 치러 승리를 거두었다. 이로써 하나라 군의 주력은 궤멸되고 말았다.
⑤ 하나라 걸왕이 남은 병졸들을 데리고 황급히 삼종(三㚇 : 지금의 산동성 정도定陶 동북쪽)으로 도주하자 상나라 군은 걸왕을 추격하여 삼종을 공략했다.
⑥ 하나라 걸왕이 5백 명을 이끌고 남소씨(南巢氏 : 안휘성 소호시巢湖市 일대)에게로 도망쳤으나 탕왕에게 사로잡혔다. 탕왕은 그를 남소에 유폐시켰고, 걸왕은 남소에서 3년 만에 병사했다.
⑦ 상나라 탕왕이 군사를 이끌고 서쪽으로 진군하여 하나라의 내지를 공략하자 하나라는 멸망하고 말았다. 그 후 상나라 탕왕은 박(亳)에서 상나라를 세웠다.

상나라 도읍의 변천

상나라가 세워진 후 중정(仲丁) 때부터 반경 때에 이르기까지 왕조 내부의 투쟁이 매우 격렬해져 네 차례나 천도했다. 반경제가 도읍을 은허로 옮기니, 그제야 나라가 안정되기 시작했다.

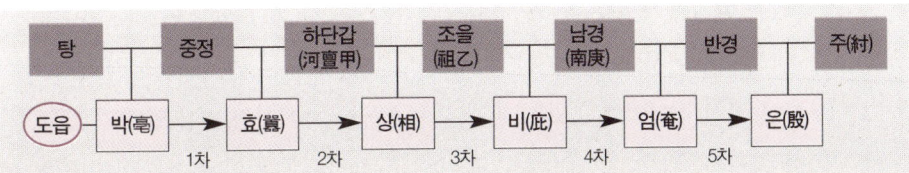

반경제가 은허로 천도하다

상나라는 탕이 죽은 후 몇 대에 걸쳐 흥망을 거듭했다. 양갑제(陽甲帝)가 죽은 후 그의 동생 반경이 군신들의 추천으로 제왕에 올랐다.

당시 상나라의 수도는 황하의 북쪽이었다. 반경제(盤庚帝)는 즉위한 후 여러 가지를 고려한 끝에 수도를 황하 남쪽으로 옮기기로 결정했다. 반경제가 천도 계획을 군신들에게 말하자 많은 신하들이 반대했다. 상나라가 세워진 후 벌써 네 차례나 천도했기 때문에, 백성들에게 일정한 거처가 없고 의식이 부족해 모두들 천도를 원하지 않았던 것이다.

하지만 황하 이북의 환경이 매우 열악하여 통치에 불리했다. 반경제가 끈기 있게 대신들을 설득하자 마침내 반대하는 자가 없었다. 그리하여 반경제가 군신들과 백성들을 이끌고 황하 이북에서 황하 이남의 은허(殷墟 : 하남성 안양현安陽縣 소둔촌小屯村)로 천도를 단행했다. 이후 상나라는 더 이상 천도를 하지 않았기 때문에 상나라를 은상(殷商) 혹은 '은나라'로 불렀다.

반경제는 천도를 단행한 후 훈시를 내려 백관들을 훈계하며 이렇게 말했다. "이전의 선왕들은 늘 이전 사람들의 공적을 넘어서고자 백성들을 데리고 산상으로 이주하여 홍수가 백성들에게 가하는 위해를 덜면서 나라가 안정되는 데 큰 공헌을 하였다. 지금은 백성들이 홍수의 범람으로 인해 의지할 곳을 잃고 떠돌아다니며 일정한 거처가 없기에, 선왕들을 본받고 천명에 따라 영원히 안주할 수 있는 새 정주지로 이사를 하였다."

반경제가 다스리기 시작하고 나서 얼마 지나지 않아 상나라의 국력은 다시 흥성하였고, 서로 분열되어 있던 제후들은 조정에서 주관하는 조회에 모두 참석했다.

무정제의 중흥

상나라는 반경제가 죽은 후 다시 쇠락하다가 무정제(武丁帝)에 이르러서야 부흥하기 시작했다. 무정제는 즉위한 후 상나라의 성세를 회복하고자 노력했으나 그를 보좌할 현신이 없었다. 그래서 무정은 3년 동안 자신의 정견을 말하지 않고, 한 사람의 대신이 나랏일을 처리하도록 명한 후 자신은 도처의 풍속을 살피며 인재를 찾았다.

어느 날 밤, 무정제가 꿈에서 한 성인을 만났는데, 이름이 열(說)이라고 했다. 다음날 무정은 조정에서 자신이 꿈에서 본 현인을 찾아보았으나 모두 마땅한 사람이 아니었다. 그리하여 모든 관리들에게 명하여 찾도록 했는데, 마침내 부험(傅險)에서 열을 찾아냈다. 무정은 그를 보자마자 꿈속에서 보았던 그 사람임을 알아보고 매우 기뻐하며 그와 이야기를 나누었고, 나중에 그가 성인임을 알게 되었다. 무정은 곧바로 그를 재상에 임명하고 부(傅)씨 성을 하사했다. 이때부터 그를 부열(傅說)이라고 불렀다. 부열이 보좌한 덕분에 무정제는 정사를 바로잡고 백성들에게 덕을 행하자 상나라는 마침내 다시 중흥을 맞이했다.

주왕의 폭정

주왕(紂王)은 상나라 말기의 군주로 하나라의 걸왕과 마찬가지로 포악스럽고 잔인하며, 음탕하고 사치스러운 군주였다. 주왕은 원래 천성이 총명하고 기민한 데다 말재간이 좋았고, 힘은 보통사람을 능가해 맨손으로도 맹수와 능히 싸웠다. 그는 이렇게 출중한 재능에 의지해 항상 대신들의 면전에서 자신을 뽐내며 천하의 모든 사람들이 자신보다 아래에 있다고 여겼다.

주왕은 술을 좋아하고 방탕한 음악에 흠뻑 빠진 채 여자를 탐했는데, 특히 달기(妲己)를 총애하여 그녀의 말이라면 무엇이든 들어주었다. 주왕은 악사인 사연(師涓)에게 퇴폐적인 노래를 계속 짓게 하고 탐닉했다. 또한 세금을 무겁게 매겨 녹대(鹿臺 : 주왕이 재물을 모아두던 곳)를 돈으로 가득 채웠다. 사구(沙丘)의 원림(園林 : 오늘날의 정원 또는 공원)을 확장하여 들짐승과 날짐승을 잡아다 두고, 수많은 남녀들을 불러들였다. 또한 술로 연못을 채우고, 고기를 나무에 매달아 남녀들을 벌거벗게 하여 그 안에서 서로 쫓아다니게 하는 놀이를 즐기며 향락에 빠져들었다. 이러한 주왕의 황음무도함에 제후들은 그의 곁을 떠났다.

그러자 주왕은 형률을 더욱 엄하게 하여 포락지형(炮烙之刑)*을 만들었다. 삼

---

* 구리 기둥에 기름을 바르고 아래에 숯불을 피워 위를 걷게 한 후 탄불 속으로 떨어뜨리는 형벌.

공(三公 : 최고의 관직에 있으면서 천자를 보좌하던 세 벼슬) 중에서 구후(九侯)와 악후(鄂侯)를 잡아들여 포를 떠서 죽이고, 서백창(西伯昌 : 주나라 문왕)은 감옥에 가두었다. 마침내 서백창의 신하가 미녀와 진귀한 기물과 명마를 주왕에게 바치자 그때서야 서백창을 풀어 주었다.

상나라를 멸망시킨 주왕

서백창은 자신의 나라로 돌아온 후 남몰래 덕을 베풀고 선정을 행하자 제후들 대다수가 주왕을 배반하고 서백창을 따르기 시작했다. 그리하여 서백창의 세력은 점점 더 강성해졌다. 주왕의 이복형인 미자(微子)는 여러 차례 주왕에게 간언했지만, 받아들여지지 않자 상나라를 떠났다. 비간(比干 : 주왕의 숙부)도 간언했지만, 도리어 주왕은 성인의 심장에는 일곱 개의 구멍이 있다면서 그의 가슴을 절개하여 심장을 꺼내 보았다.

서백창이 죽은 후 그의 아들 무왕이 아버지의 유업을 이어받았고, 때가 되었다고 판단한 무왕은 제후들을 이끌고 주왕을 토벌했다. 목야(牧野 : 하남성 치현淇縣 남쪽 땅)에서 큰 싸움을 벌였는데, 전투에서 대패한 주왕은 황망히 도성을 도망쳐 나온 후 녹대에 올라 보옥으로 장식한 옷을 입고 불더미에 뛰어들어 죽었다. 이렇게 하여 600년에 걸친 장구한 역사의 상나라 왕조는 멸망하고 말았다.

무에 능했던 무정황후 부호

상나라의 중흥기를 이끈 무정제의 황후 부호婦好는 중국 역사상 첫 번째 여성 영웅이자 최초의 여성 정치가 겸 군사 전략가였다.

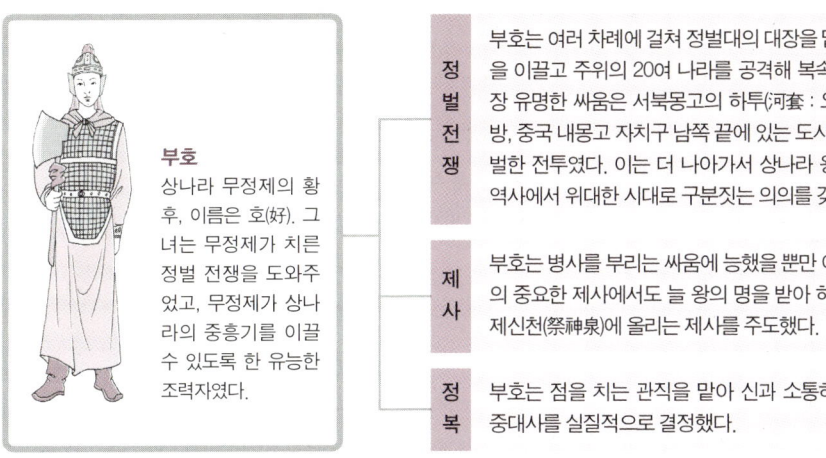

부호
상나라 무정제의 황후, 이름은 호(好). 그녀는 무정제가 치른 정벌 전쟁을 도와주었고, 무정제가 상나라의 중흥기를 이끌 수 있도록 한 유능한 조력자였다.

정벌전쟁: 부호는 여러 차례에 걸쳐 정벌대의 대장을 맡아 병사들을 이끌고 주위의 20여 나라를 공격해 복속시켰다. 가장 유명한 싸움은 서북몽고의 하투(河套: 오르도스 지방, 중국 내몽고 자치구 남쪽 끝에 있는 도시) 일대를 정벌한 전투였다. 이는 더 나아가서 상나라 왕조를 중국 역사에서 위대한 시대로 구분짓는 의의를 갖는다.

제사: 부호는 병사를 부리는 싸움에 능했을 뿐만 아니라 국가의 중요한 제사에서도 늘 왕의 명을 받아 하늘과 조상, 제신천(祭神泉)에 올리는 제사를 주도했다.

정복: 부호는 점을 치는 관직을 맡아 신과 소통하며 국가의 중대사를 실질적으로 결정했다.

부호의 묘: 1976년에 발굴된 부호의 묘는 지금의 하남성 안양(安陽) 소둔촌(小屯村) 서북쪽에 있다. 비록 묘실은 크지 않지만 보존이 완벽해 다량의 부장품이 발굴되었다. 모두 다른 재료로 만들어진 수장품이 1,928건이나 출토되었다. 상나라 시대의 조형 예술, 사람, 복식제도, 계급관계, 생활 풍속 등을 알 수 있는 유물로 평가받고 있다.

주왕은 폭군의 전형

역사적으로 요임금과 순임금은 명군의 전형이고, 상나라의 주왕은 폭군의 전형으로 불린다. 주왕의 포악함은 마침내 상나라를 멸망으로 이끌었고, 이로 인해 그는 후세의 역사 속에 폭군으로 남게 되었다.

달기: 망국의 군주 뒤에는 흔히 홍안(紅顏: 미인)의 화근이 있기 마련이다. 달기가 바로 전형적인 예이다. 그녀는 자신의 요염함으로 주왕의 총애를 받았지만 포락지형을 만들었고, 주왕과 더불어 사치스러운 향락에 빠져 살았다.

비간: 상나라 주왕의 숙부였던 비간은 죽음을 각오하고 간언을 올렸지만, 도리어 주왕은 그의 가슴을 가르고 마음을 들여다보고자 했다. 후세의 충신들은 그를 모범으로 삼았고, 민간에서는 그를 문재신(文財神)으로 숭상했다.

주왕: 천성적으로 총명하고 문무를 겸비했지만, 자신의 장점을 지나치게 믿어 황음무도하고 사치스럽기 그지없었다. 또한 자신 외에는 그 누구도 안중에 두지 않았다.

← 미색을 즐김
← 충신을 죽임
신하의 반란 →

주나라 문왕: 상나라 주왕의 포악함에 엎드려 스스로 신하임을 밝힌 주나라 문왕 희창(姬昌)은 남몰래 자신의 세력을 키웠다. 마침내 그의 아들 무왕이 주왕을 토벌하여 상나라를 멸망시키고 주나라를 세웠다.

05 주나라

중국사에서 가장 역사가 긴 왕조

>>> 약 800년 동안 지속되어 온 주나라의 장구한 역사는 중국사에서 가장 긴 왕조가 되었다. 주나라의 역사는 서주西周 시대와 동주東周 시대로 나누어지며, 중국사에 거대한 발자취를 남겼다.

농사로써 공적을 쌓은 후직

주나라의 시조 후직(后稷)의 이름은 기(棄)다. 그의 어머니는 제곡의 정비(正妃)로 이름은 강원(姜原)이다. 전설에 따르면 강원이 들에 나갔다가 거인의 발자국을 보고 흔연히 즐거워지면서 거인의 족적을 밟자마자 몸이 꿈틀거렸는데, 마치 아기를 가진 것만 같았다. 그로부터 10개월 후 강원은 아들을 낳았다. 그녀는 불길하게 여겨 곧바로 골목에 버려두었으나 지나는 말과 소가 모두 지나가면서 피하고 아기를 밟지 않았다. 그리하여 다시 아기를 냇가의 얼음 위에 버렸으나 날짐승들이 날아와 날개로 아이의 몸을 감싸주었다. 이를 몹시 신기하게 여긴 강원은 마침내 아기를 안고 데려와 키웠다.

애초에 아기를 버리려고 작정하였으므로 이름을 '기'라고 했다. 기는 어려서부터 뜻이 원대하였는데, 자라서는 농사를 지으며 파종하기를 좋아하여 땅에 대해 연구했다. 백성들이 모두 그를 본받아 배웠다. 요임금이 그 소문을 듣고 기를 불러 농사(農師 : 농업을 주관하는 관리)로 임명하자 큰 성과를 내어 백성들이 큰 혜택을 누렸다. 순임금은 기를 태(邰)에 봉하고, 그의 벼슬을 호칭으로 삼아 후직으로 불렀다. 또한 희(姬)씨 성도 내려주었다. 그로부터 몇 대가 흐른 후 공유(公劉)가 즉위하여 후직이 추진했던 사업을 다시 일으키자 주나라가 흥성하기 시작했다.

주문왕과 강자아

주나라 문왕과 강자아의 고사는 전기적 색채가 강하지만 제왕과 현명한 신하에 관한 모범적인 이야기이다. 강태공의 보좌가 있었기에 주나라 무왕은 상나라를 멸망시킬 수 있었다.

강태공의 낚시 : 강자아는 젊은 시절에 뜻을 이루지 못하여 위수(渭水) 강변에서 낚시질을 하며 보냈다. 그런데 낚싯줄에 낚시 바늘이 없는 채였다. 바로 어부의 마음에 물고기가 있었던 게 아니라, 주나라 문왕이라고 하는 대어를 낚고자 함이었다. 이리하여 그는 단번에 청운의 꿈을 이룰 수 있었다. 후세에 그는 '병가의 비조(鼻祖)'로 일컬어졌다.

주나라 문왕의 꿈 : 주나라 문왕은 자신의 세력을 확장하기 위해 도처에서 현명하고 유능한 인재를 찾았다. 어느 날 밤 꿈에서 현인을 만났는데, 다음날 위수(渭水) 강변에서 바로 꿈속에서 찾던 강자아와 마주쳐 그를 군사(軍師)로 맞아들였다.

문왕의 팔괘

주나라 문왕은 은나라 주왕에 의해 옥에 갇혔을 때, 복희(伏羲) 황제의 팔괘를 연역한 후 그의 팔괘를 곱해 64괘를 만들었다.

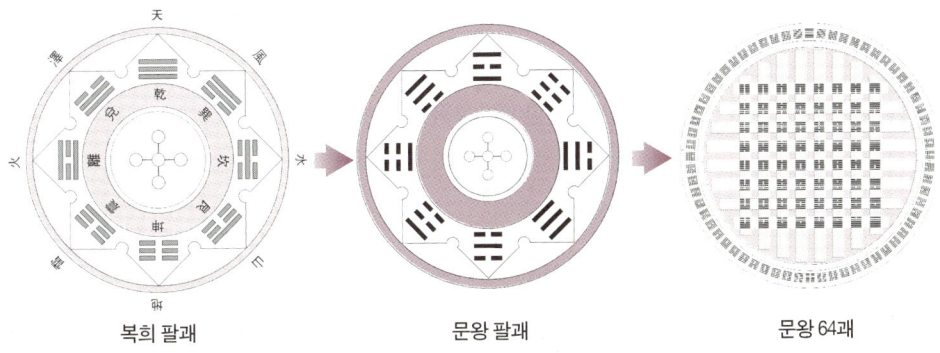

복희 팔괘   문왕 팔괘   문왕 64괘

문왕이 주나라의 기초를 다지다

상나라 말기, 희창(姬昌)이 주나라를 이어받았으니 그가 바로 서백(西伯)이다. 서백은 곧 주나라 문왕(文王)으로, 후직과 공유의 유업을 이어받아 전심전력으로 인정(仁政)을 베풀고 웃어른을 공경했으며, 아랫사람은 인자함과 사랑으로 대했다. 재능이 있는 사람에게는 겸손하게 예의로 대하니 수많은 사람들이 분분히 그를 향해 몰려들었다. 숭후호(崇侯虎: 숭나라의 제후)가 은나라 주왕에게 서백을 모함하자 주왕은 위협을 느껴 문왕을 옥에 가두었다.

이 일로 문왕은 감옥에서 '역(易)의 팔괘'를 64괘로 늘려서 연역하고, 상나라의 율법제를 뜯어고쳐 새로운 역법을 제정했다. 나중에 문왕의 신하 굉요(閎夭)가 진귀한 보물과 미녀들을 상나라 주왕에서 바치자 주왕은 몹시 기뻐하며 문왕을 풀어주었다.

문왕은 주나라로 돌아온 후 상나라의 내부 사정을 잘 아는 현사 여망(呂望: 강자아姜子牙, 여상呂尙, 강태공姜太公이라고도 함)을 책사로 삼고 상나라를 무너뜨리기 위해 그의 지혜를 적극적으로 받아들였다. 문왕은 자신의 세력을 확장하기 위해 정치 공세를 펼치며 상나라의 속국들을 와해시켜 나가자 수많은 소국들이 스스로 속국이 되었다. 문왕은 서북쪽과 서남쪽으로 군사를 보내 주나라에 적대적인 나라들을 멸하였다. 그리고 나서는 동쪽에서 황하를 건너 상나라의 조가(朝歌: 하남성 북부 기현淇縣, 상나라 주왕이 이곳에 도읍을 정함)를 향해 진격하여 상나라의 심복인 숭나라를 일거에 정벌하고, 상나라의 조가로 가는 길을 뚫었다. 이러한 문왕의 노력으로 주나라는 날이 갈수록 강성해졌다.

주나라 무왕이 상나라 무왕을 정벌하다

주나라 문왕이 죽은 후 태자 희발(姬發)이 즉위하니 그가 바로 주나라 무왕이다. 무왕은 즉위한 후 강태공 여망을 태사(太師), 주공(周公) 단(旦)을 재상, 소공(召公)과 필공(畢公) 등을 보정대신으로 각각 삼고 문왕이 세운 업적을 더욱더 크고 넓게 발전시켜 나갔다. 기원전 1047년, 무왕과 여망은 군대를 이끌고 동쪽으로 가 역사적으로 유명한 '맹진(孟津)의 서약'을 맺었는데, 800여 명의 제후들이 회맹에 참가했다. 이때의 1차 외교적 회맹은 1차 군사훈련이기도 했다. 무왕이 수많은 동맹군을 얻은 것은 주나라가 정치적, 군사적으로 상나라보다 우세했다는 것을 의미한다.

기원전 1046년, 상나라의 통치 세력들 간에 격렬한 충돌과 분열이 일어났는데, 이는 상나라의 붕괴가 임박했음을 알려주는 모습이기도 했다. 이때 주나라의 국경에서는 기근이 들어 백성들이 서로 싸움을 일삼았다. 주나라 무왕은 상나라를 멸할 시기가 무르익었다는 판단 아래 군사를 이끌고 동쪽으로 진격했다. 두 나라 군대는 목야(牧野 : 하남성 기현淇縣 남쪽 위하衛河와 북쪽 지대)에서 대규모 전투를 벌였다. 이 전투에서 대패한 상나라 주왕은 도성에서 도망쳐 나와 녹대에 오른 후 보석이 박힌 옷을 뒤집어 쓴 채 스스로 불속에 뛰어들어 자살함으로써 상나라는 멸망했다. 이로써 주나라 왕조를 세운 무왕은 공신들을 봉하는 한편, 전투마들은 화산(華山) 남쪽에 방목하고, 무기를 거두어 들여 군대를 해산시키니 천하는 두 번 다시 전쟁에 휩싸이지 않았다.

주공의 섭정

주나라 왕조를 세운지 얼마 지나지 않아 무왕이 죽었다. 태자 송(誦)이 즉위하니 그가 바로 성왕(成王)이다. 성왕이 나이가 어린 탓에 국사를 처리할 수 없어 무왕의 동생인 주공 단이 섭정을 하였다. 주공 단은 예악 제도를 제정해 백성들을 다스리며 성왕을 대신해 천자의 권한을 행사했다. 관숙(管叔)과 채숙(蔡叔) 등 동생들은 주공의 역심을 의심하여 상나라 주왕의 후예인 무경(武庚) 등과 합세해 반란을 일으켰다.

주공 단은 성왕의 명을 받들어 그들을 토벌하여 무경과 관숙을 주살하고, 채숙은 귀양을 보냈다. 주공 단이 섭정을 시작하고 7년이 지나자 주공 단은 성인이 된 성왕에게 황권을 넘겨주었다. 성왕과 그의 아들 강왕(康王)은 모두 현명하고 재능이 있어 동남쪽으로 영토를 더욱더 확장시켰다. 당시 주나라의 국력은 강성했고, 여러 차례에 걸쳐 제후들과 회맹하며 '성강성세(成康盛世)'의 번영을 누렸다.

공화정

주나라 여왕(厲王)은 즉위한 후 포악무도하고 방종하고 교만스러웠으며, 백성들의 재물을 착취하는 대신 영이공(榮夷公)을 총애했다. 이들 두 사람은 서로 한통속이 되어 백성들을 수탈하기에 여념이 없었다. 백성들이 공개적으로 여왕을 비방하자 여왕은 발끈하여 위(衛)나라의 무사(巫師)를 불러 그로 하여금 비방하는 자들을 감시토록 하고, 찾아내는 즉시 죽이도록 명했다. 이리하여 여왕을 비판하는 이들이 줄어들고, 제후들은 조정의 조회에도 참석하지 않았다. 훗날 모든 백성들이 폭동을 일으키자 여왕은 체(彘)로 도망치고, 결국 주공(周公)과 소공(召公) 두 상(相)이 잠시 나라를 맡기로 하니, 이러한 정치 체제를 '공화(共和)'라고 불렀다. 여왕의 폭정에서 시작된 백성들의 폭동은 주나라의 통치 체계에 큰 영향을 미치게 되었고, 이로부터 주나라는 쇠락의 길로 접어들었다.

봉화로 제후들을 농락하다

주나라 유왕(幽王)은 즉위한 후 포(褒)나라에서 바친 미녀 포사(褒姒)를 총애했다. 포사는 아들을 낳자 백복(伯服)이라고 불렀다. 유왕은 신후(申后)와 태자 의구(宜臼)를 폐하고 포사를 왕후로, 백복을 태자로 삼았다. 이러함에도 포사가 웃지 않자 유왕은 온갖 꾀를 내어보았지만 그녀의 웃음을 볼 수 없었.

결국 유왕은 포사가 웃도록 하기 위해 여산(驪山)의 봉화대에 봉화를 올리도록 명했다. 그러자 제후들이 도성의 위급함을 구하기 위해 분분히 군대를 이끌고 달려와 왕을 배알했다. 하지만 그들은 도성에 온 후에야 적의 침입이 없었다는 것을 알게 되었고, 유왕은 명을 내려 모든 제후들에게 조용히 물러나도록 했다. 포사는 이러한 연극 같은 모습을 보고 자신도 모르게 입을 막고 실소를 터트렸다. 유왕은 기쁘기 그지없었다. 그 후 유왕이 여러 차례 거짓 봉화를 올리자 제후들도 여러 번을 속다가 마침내는 군사를 보내지 않았다.

서주의 멸망

폐위된 태자 의구는 어머니의 나라인 신(申)나라로 도망갔고, 신후(申侯)는 태

목야전투

주나라 무왕이 상나라 주왕을 토벌한 목야전투(牧野戰鬪)는 중국 역사에서 적은 수로 대군을 물리친 대표적인 전투이다. 이 전투에서 패배한 상나라는 결국 멸망하게 되었고, 이어서 주나라 왕조가 세워지니 중국은 서주 시대로 접어들었다.

전쟁 과정
① 주나라 문왕 때, 상나라의 동맹국인 여(黎), 간(邘), 숭(崇) 등을 멸하고 주나라의 동진을 막는 장애물을 제거했다. ② 주나라 무왕 4년, 무왕은 맹진에서 800명의 제후들과 회맹하였는데, 상나라는 이미 국운이 쇠락해 멸망의 길로 들어서고 있었다. ③ 기원전 1046년, 주나라 무왕이 제후들을 이끌고 목야에서 상나라 주왕과 건곤일척의 싸움을 치렀다. 주왕은 대패하여 조가로 도망쳤다. ④ 상나라 주왕은 조가의 녹대에서 자신의 몸을 불길 속으로 내던져 자살하고, 주나라 무왕이 조가로 진격하니 상나라는 멸망하고 주나라 왕조가 세워졌다.

고대의 성인으로 추앙받는 주공 단

주공은 주나라가 발전하고 기틀을 잡는 데 핵심적인 역할을 한 인물로서, 중국 역사 발전에 깊은 영향을 남겼다. 그는 유가의 기초를 다진 인물로 존경을 받았는데, 공자가 가장 존경하던 고대의 성인이었다.

무왕을 보좌해 상나라를 멸하다	주공 단은 주나라가 상나라를 멸망시키는 과정에서 중요한 역할을 했는데, 목야전투 때의 「목서(牧誓)」는 바로 그가 지은 것이다.
어린 군주를 보좌해 반란을 평정하다	주나라 성왕은 어린 나이에 즉위했기 때문에 주공 단이 그를 보좌했다. 동쪽의 무경, 관숙, 채숙이 반란을 일으키자 그는 친히 출정하여 반란을 평정하고 주나라를 안정시켰다.
봉건제를 실시해 주나라 왕실을 세우다	주나라를 영원히 보존하기 위해 주공은 무왕의 봉건제를 이어받아 수많은 동성국과 이성국을 분봉했다.
동도를 세우고 예악 제도를 마련하다	주공 단은 무왕의 유업을 이어받아 동도(東都)인 낙읍(洛邑)을 정비했으며, 이를 기회로 제후들과 회맹하여 전장 제도를 제정하는 등 주나라의 통치 체제를 확립했다.
성왕에게 왕권을 이양하다	주공 단은 섭정을 시작하고 나서 7년이 지나자 장성한 성왕에게 왕권을 이양하고 신하의 지위로 자신을 낮추었다.

자와 모후가 폐위된 것을 알고 분노가 극에 달해 복수를 다짐했다. 하지만 신나라의 국력은 허약했다. 때문에 신후는 증(繒)나라, 견융(犬戎), 서이(西夷)와 연합하여 호경(鎬京)으로 군사를 몰아 유왕을 공격했다. 위기에 직면한 유왕은 군사를 모아 응전하는 한편, 여산의 봉화를 올리도록 명했다. 하지만 제후들은 유왕이 이번에도 포사를 위해 거짓 봉화를 피우는 줄 알고 군사를 보내지 않으면서 모두들 쓴웃음만 지었다. 구원병이 오지 않자 호경에 주둔하던 유왕의 군사들은 여러 해 동안 전쟁을 치러본 경험이 없었기 때문에 호경을 지킬 의지가 없었다. 신후와 견융의 군대가 공격을 시작하자 성을 지키던 유왕의 군사들은 지레 겁을 먹고 도망가기에 바빴다. 유왕은 급히 포사와 백복을 데리고 여산으로 피신했다. 견융은 호경성을 점령한 후 유왕이 여산으로 도망간 사실을 알고 추격하여 유왕과 백복을 죽이고 포사를 사로잡으니 이로써 서주는 멸망했다.

평왕이 동쪽으로 천도하다

주나라 유왕이 죽은 후 신후와 함께 노후(魯侯), 허문공(許文公) 등의 제후들이 폐위된 태자 의구를 옹립하니 그가 바로 주나라 평왕(平王)이다. 호경은 전쟁으로 인해 불타버리고 단기간에 복구가 힘들었을 뿐만 아니라 견융의 위협 아래에 있었기 때문에, 평왕은 도성을 동쪽의 낙읍(洛邑)으로 옮겼다. 이로써 동주(東周)의 역사가 시작된 것이다.

이로부터 주나라 왕조는 사방의 제후들을 통제할 힘을 잃었고, 역사는 춘추전국 시대로 접어들어 춘추오패(春秋五覇)와 전국칠웅(戰國七雄)이 생겨났다. 마지막에는 진나라의 국력이 점점 강대해져 천하 통일의 전쟁을 벌였다. 기원전 256년, 진나라가 동주의 영토를 완전히 점령함으로써 동주는 역사 속으로 사라지고 말았다.

주나라는 무왕이 왕조를 세운 후부터 난왕(赧王)에 이르러 멸망하기까지 약 800년 동안 유지된 중국 역사상 가장 장구한 역사를 지닌 왕조였다. 중국 역사에 끼친 영향도 그만큼 엄청났다. 주나라의 문왕과 무왕, 주공 단 등은 모두 후세인들의 칭송을 받았는데, 그들이 창제한 예악 제도는 후세인들에게 모범이 되었다.

주나라 주요 연표

주나라의 800년 역사는 서주와 동주의 두 시기로 구분된다. 다시 동주 시기는 춘추 시대와 전국 시대로 나뉘는데, 이 시기는 노예제가 끝나고 봉건제가 시작된 때였다.

기원전 1046년 ~ 기원전 771년 | 서주

- **무왕(武王)** 주(紂)왕을 토벌해 상나라를 멸한 후 주나라를 세우다.
- **성왕(成王)**
- **강왕(康王)** '성강(成康)의 치(治)'로 성세의 시대를 열다.
- **목왕(穆王)** 주나라에서 가장 신화적 색채가 강한 제왕으로 두 차례에 걸쳐 견융을 정벌하고 형률을 제정했다.
- **여왕(厲王)** 폭정으로 인해 백성들이 폭동을 일으켜 쫓겨났다.
- **공화정(共和政)** 주공과 소공이 함께 다스린 14년의 공화 집정기.
- **유왕(幽王)** 봉화로 제후들을 농락하다 견융의 침입으로 호경을 함락당해 서주가 멸망했다.

기원전 770년 ~ 기원전 221년 | 동주

기원전 770년 ~ 기원전 476년 | 춘추시대

- **평왕(平王)** 동쪽 낙읍으로 천도하여 동주가 시작되고, 역사는 춘추 시대로 접어들었다.
- **춘추오패** 제(齊)나라 환공(桓公), 송(宋)나라 양공(襄公), 진(晉)나라 문공(文公), 초(楚)나라 장왕(庄王), 진(秦)나라 목왕(穆王) 등이 차례로 패자에 오르고, 주나라 천자는 제후들에 대한 통제권을 상실했다.

기원전 475년 ~ 기원전 221년 | 전국

- **원왕(元王)** 역사는 전국 시대로 접어들었다.
- **전국칠웅** 진(秦), 제(齊), 초(楚), 연(燕), 한(韓), 조(趙), 위(魏) 등 전국칠웅이 출현하자 주나라 천자는 그 지위를 잃었고, 중국은 약육강식의 혼전 상태에 빠져들었다.
- **난왕(赧王)** 진나라가 동주를 멸망시킴으로써 주나라 왕조는 막을 내렸다.
- **진시황** 진시황이 동방의 6국을 멸함으로써 춘추전국 시대가 막을 내리고 진나라가 세워졌다.

분봉제와 종법제

주나라 왕조에서 가장 중요한 제도는 분봉제(分封制)와 종법제(宗法制)이다. 이러한 제도는 주나라 왕조뿐만 아니라 모든 중국사의 발전에도 영향을 미쳤다.

주나라 주요 분봉 국가표

	국가	건국자	국가	건국자
동성(同姓)	노(魯)	주공 단	오(吳)	오태백(吳太伯)
	연(燕)	소공(召公)	관(管)	관숙선(管叔鮮)
	채(蔡)	채숙도(蔡叔度)	진(晉)	당숙우(唐叔虞)
	위(衛)	위강숙(衛康叔)	정(鄭)	정공우(鄭公友)
이성(異姓)	제(齊)	강상(姜尙)	초(楚)	전욱의 후손
	계(薊)	요임금의 후손	진(陳)	순임금의 후손
	기(杞)	우임금의 후손	송(宋)	상나라의 후손

종법제: 종법제는 혈통의 멀고 가까움으로 친소 관계를 구별하는 제도이다. 이 제도의 주요 내용은 적서(嫡庶)를 엄격하게 구별하고, 적장자에게 계승권을 주는 것이다. 귀족 계급 내부의 질서를 견고하게 하기 위한 목적이었다.

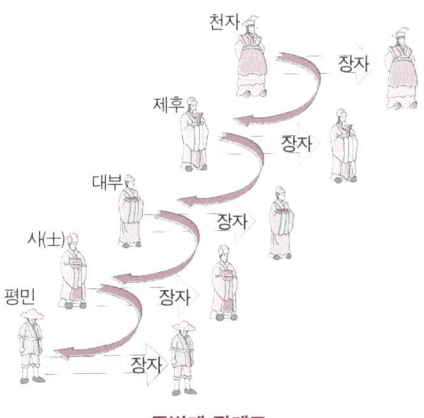

종법제 관계도

06 서북쪽 변방에서 떨쳐 일어나다
진나라

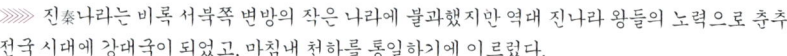

>>> 진秦나라는 비록 서북쪽 변방의 작은 나라에 불과했지만 역대 진나라 왕들의 노력으로 춘추 전국 시대에 강대국이 되었고, 마침내 천하를 통일하기에 이르렀다.

진나라의 선조

진나라의 선조는 전욱제의 후예인 여수(女脩)이다. 그녀는 베를 짜다가 까만 현조(玄鳥:제비)가 알을 떨어뜨리자 그것을 삼키고 대업(大業)을 낳았다. 대업은 소전(少典)의 딸 여화(女華)를 아내로 얻어 대비(大費)를 낳았고, 대비는 순임금이 금수를 길들일 때 큰 공적을 세워 순임금으로부터 영씨(嬴氏) 성을 하사받았다. 하나라 말 상나라 초기에 대비의 후손인 비창(費昌)은 하나라를 떠나 상나라에 귀순한 후 상나라 탕왕이 하나라 걸왕을 상대로 벌인 정벌 전쟁에 참가했다. 비창은 명조대전에서 탕왕을 위해 수레를 몰며 탕왕의 전투를 도왔다. 상나라가 세워진 후에도 비창은 탕왕의 수레를 몰았다. 그 후 비창의 후손들은 상나라에서 공을 세워 사회적 지위가 점점 더 올라갔다.

서주 초년에 진나라 선조는 반란에 참여했다가 황하 중하류에서 서쪽의 황량한 황토고원으로 내쫓긴 후 주나라의 서쪽 변경을 지켰다. 주나라 목왕 때 진나라 선조 조보(造父)는 주나라 왕을 대신해 말을 기르고 수레를 몰았다. 주나라 효왕(孝王) 때는 진나라 사람이 말을 잘 기르자 효왕은 시중으로서 말을 관리하던 진나라 사람 비자(非子)를 불러 진(秦)에 봉하고, 영씨(嬴氏)의 혈통을 잇게 하여 진영씨(秦嬴氏)씨라고 불렀다. 주나라 선왕 때 왕실에서는 진나라 사람들이 견융의 침입을 막아냈기 때문에 진나라 사람들의 수장인 진중(秦仲)을 대부로 삼았다. 진중이 죽은

진나라 목공의 쟁패 과정

진秦나라 목공은 진晉나라와의 전쟁에서 크게 승리함으로써 일개 소국에 불과하던 진나라를 다른 제후들도 얕보지 못하는 강국으로 성장시켰다. 이로써 진나라는 패주의 길로 나아갔다.

효산대전 : 춘추시대의 패주인 진(晉)나라 문공(文公)이 죽은 후, 진나라 목공은 건숙과 백리해의 간언을 듣지 않고 머나먼 정나라를 정벌하러 갔다가 효산(崤山)의 협곡에서 진(晉)나라의 매복군을 만나 전군이 궤멸했다.

팽아대전 : 효산대전에서 대패한 후 진나라 목공은 재차 진(晉)나라를 토벌하려다 팽아(彭衙 : 지금의 섬서성 등성현)에서 급습을 받아 다시 패배함으로써 진(晉)나라 사람들로부터 비웃음을 샀다.

도사(道謝)대전 : 효산대전 이후 3년째 되는 해, 진나라 목공은 친히 군대를 이끌고 진(晉)나라 정벌에 나섰다. 황하를 건넌 후 그들은 타고 온 배를 모두 불태우고, 이기지 못하면 돌아가지 않는다는 결사 항전의 결심으로 싸웠다. 그러자 진(晉)나라 군사들은 두려워 감히 응전하지 못했고, 목공은 큰 승리를 거두었다.

진나라 재상 백리해

진나라 목공이 패주가 될 수 있었던 원동력은 그가 현명하고 유능한 인재를 등용한 것과 큰 관계가 있다. 그 중에서 가장 유명한 인물은 진나라의 재상인 백리해였다.

진나라 목공 / 다섯 장의 양 가죽 / 백리해

백리해는 우(虞)나라 사람으로 진(晉)나라 헌공(獻公)이 우나라를 멸망시켰을 때 포로가 되었다. 훗날 헌공이 자신의 딸을 목공에게 시집보낼 때, 그를 시종으로 보냈다. 하지만 백리해는 초나라로 도망쳤는데, 간자로 오해를 받아 남해(南海)로 유배되어 말을 키우며 살았다. 이때 목공은 백리해가 어질고 유능하다는 소문을 듣게 되었고, 검은 숫양 가죽 다섯 장으로 몸값을 치른 후 백리해를 진나라로 데려왔다. 목공은 백리해를 직접 알현한 후 과연 그가 큰 인물임을 알고 그를 대부로 삼아 국정을 맡겼다.

후 그의 맏아들 장공(莊公)이 다섯 형제와 더불어 서융(西戎)을 무찌르자 서수(西垂) 지역의 대부로 임명했다. 이로부터 진나라는 점차 강성해지기 시작했다.

진나라 목공의 세력 확장

서주가 멸망한 후 진나라 양공(襄公)은 주나라 평왕이 수도를 동쪽으로 옮길 때 그를 호송하는 큰 공을 세웠다. 이때 평왕은 양공을 대부에서 제후로 발탁해 기산(岐山)의 서쪽 땅을 하사했다. 이로부터 진나라는 처음으로 제후국이 되어 다른 제후들과 사절을 교환하게 되었다. 진나라는 몇 대에 걸친 노력으로 마침내 관중(關中 : 중국 북부의 섬서성 위수渭水 강 일대의 분지를 이르는 말)의 중심에 우뚝 서는 것은 물론, 서로는 지금의 감숙성 일대를, 동으로는 지금의 섬서성 화현(華縣) 부근을 차지하여 강대한 제후국이 되었다. 이 시기에 진나라 목공(穆公)이 즉위했는데, 춘추 시대 제후들이 천하의 패자가 되기 위해 격렬한 싸움을 벌이던 시절이었다.

목공은 패주(霸主)의 자리에 오르기 위해 사방에서 현명하고 유능한 인재를 불러들였다. 그는 서쪽 변방에서 융인(戎人)인 유여(由余)를 얻었고, 동쪽 변방의 완(宛)에서 백리해(百里奚)를 얻었으며, 송나라에서 건숙(蹇叔)을 맞아들이고, 진(晉)나라의 비표(邳豹)와 공손지(公孫枝)를 초빙했다. 이어서 목공은 동쪽의 진(晉)나라를 공격했는데, 그만 효산(崤山)에서 대패하여 전군이 궤멸되고 말았다. 2년 후 진나라 군은 황하를 건너 진(晉)나라를 정벌하고자 강을 건너고 나서 타고 온 배를 모두 불사른 채 결사 항전을 벌여 크게 이겼다. 이로부터 진강진약(秦强晉弱)의 국면에 접어들었다. 수많은 제후국들이 분분히 진나라에 조공을 바치고, 진나라를 패주로 받드니 주나라 천자도 특별히 진나라로 사람을 보내 축하했다.

진나라 효공의 변법

춘추시대 말기에서 전국 시대 초기에 여러 제후국들은 역사의 흐름에 순응하여 변법을 시행함으로써 부국강병을 이루고자 했다. 진나라는 관중에 자리 잡고 있었기 때문에, 중원의 각 제후국들과는 비교적 교류가 적었다. 따라서 각 제

진나라의 4대 명군

진나라가 천하를 통일할 수 있었던 원인은 몇 명의 군주들이 큰 공적을 세운 덕이었다. 바로 그들이 시대의 조류에 순응해 변혁 정치를 실행함으로써 진나라가 6국을 통일할 수 있는 기반을 닦았던 것이다.

군주	재위 기간	관련 인물	주요 공적
효공	기원전 361년 ~ 기원전 338년	상앙	위(衛)나라 사람인 상앙을 등용해 전국 시대에 전면적이고 체계적인 변법을 시행하여 진나라를 부강하게 만드는 기초를 닦았다.
혜문왕	기원전 337년 ~ 기원전 311년	장의(張儀) 사마조(司馬錯)	장의를 등용하여 '연횡책'으로 소진(蘇秦)의 '합종책'을 무력화하는 외교정책을 시행했다. 이로 인해 여러 차례 적대적인 연합군을 물리쳤다. 또한 사마조의 책략을 받아들여 촉을 공격해 무너뜨렸다.
소양왕	기원전 306년 ~ 기원전 251년	위염(魏冉) 범저(范雎) 백기(白起)	진나라 서북쪽의 우환거리를 제거하며 원교근공 책략을 써 동방 6국의 국력을 약화시켰다. 기원전 256년에는 동주를 멸하고 구정(九鼎)을 얻어 서제(西帝)라 칭했다.
진시황	기원전 246년 ~ 기원전 210년	여불위(呂不韋) 이사(李斯) 왕전(王翦)	6대조의 공적을 이어받아 앞뒤로 6국을 멸하고, 중국 역사상 첫 번째로 대일통, 다민족, 중앙집권 천하통일 국가를 세웠다.

진나라 수도의 변천

진나라는 쉬지 않고 동진했기 때문에 그에 발맞춰 도성도 동쪽으로 아홉 차례나 천도했다. 마지막 수도가 바로 함양(咸陽)인데, 이후 진나라가 멸망할 때까지 이르렀다.

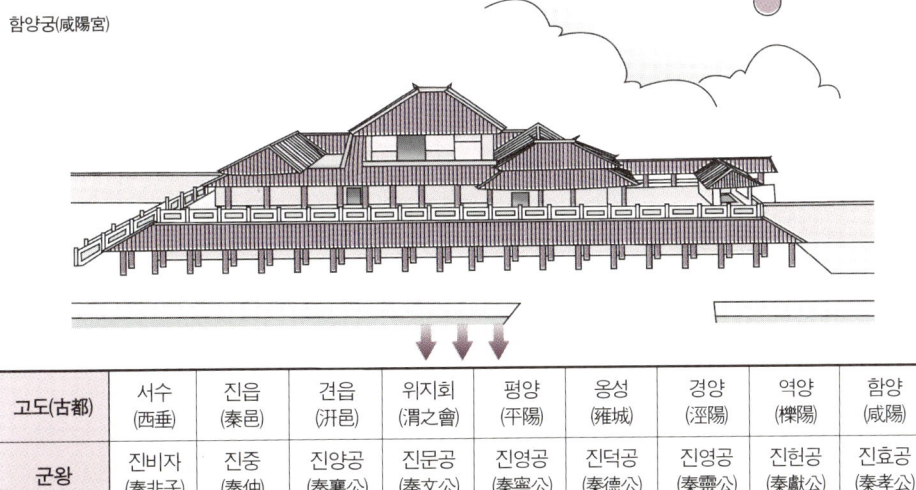

함양궁(咸陽宮)

고도(古都)	서수(西垂)	진읍(秦邑)	견읍(汧邑)	위지회(渭之會)	평양(平陽)	옹성(雍城)	경양(涇陽)	역양(櫟陽)	함양(咸陽)
군왕	진비자(秦非子)	진중(秦仲)	진양공(秦襄公)	진문공(秦文公)	진영공(秦寧公)	진덕공(秦德公)	진영공(秦靈公)	진헌공(秦獻公)	진효공(秦孝公)
현재 지명	감숙예현(禮縣)과 서화현(西和縣)	감숙 천수시(天水市)	섬서 농현(隴縣) 남쪽	섬서 보계현(寶鷄縣)	섬서 기산현(岐山縣)	섬서 봉상현(鳳翔縣)	섬서 경양현(涇陽縣)	섬서 임동현(臨潼縣) 북쪽	섬서 함양시(咸陽市)

후국들이 변법을 통해 강대국으로 성장해 갈 때 진나라는 낙후된 처지에 놓여 있었다. 21세에 왕위를 이은 진나라 효공(孝公)은 여러 제후들이 진나라를 융족과 같은 오랑캐로 바라보고 있을 정도로 진나라의 지위가 높지 않다는 것을 알게 되었다. 이러한 문제의 심각성을 깨달은 효공은 진나라의 낙후한 면모를 바꾸겠다고 결심했다.

이 무렵 효공이 어진 이를 찾는다는 포고령을 내려 목공의 대업을 이어 잃었던 동쪽 땅을 되찾으려 한다는 소식을 듣고, 상앙이 위(衛)나라에서 진나라로 들어왔다. 상앙은 효공을 알현하여 부국강병술에 대해 이야기하며 변혁 정치의 필요성을 주장했다. 상앙의 이야기를 흥미진진하게 듣고 나서, 결국 효공은 상앙을 등용해 변법을 시행하도록 했다. 상앙은 효공의 지시에 따라 변법령을 입안했다. 우선 상앙은 군공을 장려하는 법령을 제정해 다른 나라를 겸병하며 영토를 넓힐 수 있도록 했다. 그 다음으로 백성들이 농사와 방직 등의 생산 활동에 힘쓰도록 하며, 법과 형벌을 엄격하게 적용해 백성들을 다스렸다. 상앙의 변법에 의해 진나라는 단숨에 제후국들 중에서 가장 선진적이고 부강한 나라가 될 수 있었고, 이로써 진시황이 천하를 통일할 수 있는 기반을 쌓았다.

천하통일 이전의 진나라

강성해진 진나라는 천하통일을 위한 정벌 전쟁을 시작했다. 진나라 혜문왕(惠文王) 때 위(魏)나라는 하서 지대의 땅을 모조리 진나라에 헌납할 수밖에 없었다. 이때부터 진나라는 동쪽으로 황하와 천혜의 요새인 함곡관(函谷關 : 하남성 영보현靈寶縣, 황하 유역의 험준한 골짜기)에 접하고, 다른 제후국들은 관 외에서 저항했다. 서쪽과 북쪽의 견융, 적(狄)은 점차 쇠약해져 진나라에 감히 대적할 수 없었다. 남쪽으로는 높고도 험준한 진령(秦岭)이 파촉과 초나라에 접해 있었다. 그들과는 서로 멀리 떨어진 덕에 진나라는 진격하여 공격할 수도, 후퇴하여 방어할 수도 있는 유리한 환경이었다. 관동의 제후국들은 진나라의 국력이 갈수록 커진다는 것을 느끼고 수많은 정치가들이 연합하여 진나라에 대항할 것을 주장했다.

기원전 317년, 위(魏)나라 재상 공손연(公孫衍)이 동쪽의 위나라, 조나라, 한나라, 연나라, 초나라가 5국 연합을 맺게 하여 진나라에 대항했지만 결과는 패배로 끝났다. 기원전 278년에 한나라, 조나라, 위나라, 제나라, 연나라 5국이 연합하여 진나라를 공격하겠다고 공언했다. 하지만 연합에 참가한 각 나라들이 모두 각자의 목적에만 몰두하였고, 실제로는 진나라를 공격할 의도가 없었다. 함곡관 밖에서 북을 치고 함성을 질러 기세를 올리던 5국 연합군은 진을 친 후 아무런 군사 행동도 보여주지 못한 채 뿔뿔이 흩어지고 말았다.

기원전 286년부터 진나라는 쉬지 않고 동쪽의 한나라, 조나라, 위나라 그리고 남쪽의 초나라를 공격해 대승을 거두었다. 특히 조나라와 벌인 장평전투(長平戰鬪)에서 조나라 군사 40만 명을 생매장했는데, 이로 인해 조나라는 회복 불능의 상태로 빠져들고 말았다. 요컨대 전국칠웅의 자웅 겨루기가 반복되면서 진나라는 싸우면 싸울수록 강해졌다. 반면에 동방의 6국은 하나씩 쇠락해져 갔고, 진나라가 여섯 나라를 통일하기 위한 조건은 점차 무르익어 갔다. 진시황이 왕위를 이어받은 후 6대조(효공孝公, 혜문왕惠文王, 무왕武王, 소양왕昭襄王, 효문왕孝文王, 장양왕莊襄王)가 남긴 공적을 이어받아 마침내 기원전 221년에 동방의 6국을 멸하고 5백년에 걸친 분쟁의 종지부를 찍음으로써 대일통(大一統)의 대진제국을 세웠다.

07 중국의 첫 번째 황제
진시황

>>> 중국의 첫 번째 황제인 진시황은 중국 역사의 신기원을 열었다. 이로부터 중국은 통일적인 중앙집권 통치가 2천 년 동안 이어졌지만, 진시황의 꿈이었던 진나라의 천추만대(千秋萬代)는 결코 실현되지 못했다.

내란을 평정하고 실권을 장악하다

진시황은 진나라 장양왕(莊襄王)의 아들로 이름은 영정(嬴政)이다. 장양왕은 조나라에 인질로 억류된 적이 있었는데, 그곳에서 부자 상인 여불위(呂不韋)의 첩 조희(趙姬)를 보고 매우 좋아해 그녀를 처로 얻고 아들 시황을 낳았다. 훗날 장양왕은 여불위의 도움으로 진나라 왕에 올랐고, 아들 영정을 태자로 삼았다. 3년 후 장양왕이 죽고 나서 13세의 영정이 진나라 왕에 올랐다. 영정의 나이가 아직 어렸기 때문에 모든 대권은 태후 조희와 여불위의 손 안에 있었다. 조희는 여불위와 옛날처럼 좋은 관계를 맺고 싶었으나, 여불위는 죽음의 재앙을 야기할까 두려워 그녀를 음경이 유난히 큰 '노애(嫪毐)'라는 이름의 사내에게 보내 서로 향락에 빠지도록 했다. 조태후는 매우 기뻐했으며, 영정에게 명하여 노애를 장신후(長信侯)에 봉하도록 했다.

영정이 친정을 시작한 후 노애와 조태후의 일이 발각되었고, 일이 심상치 않음을 알게 된 노애는 진나라 왕의 옥새와 태후의 인장을 도용해 반란을 일으켰다. 영정은 곧바로 군대를 보내 반란을 진압한 후 노애의 사지를 수레로 찢어 사람들에게 내보이고 그 일족을 멸하였다. 조태후와 여불위도 노애의 사건에 연루되었는데, 영정은 태후를 옹(雍)에 유배시키는 한편 여불위는 재상 자리에서 물러나게 했다. 여불위는 재상에서 물러난 후 얼마 지나지 않아 자살했다. 이때부터

진시황 6국 통일 공략도

진시황은 선대의 위업을 계승하여 기원전 221년, 마침내 여섯 나라를 멸하고 중국을 통일함으로써 500여 년에 걸친 국가 간의 분쟁을 종식시키고 중국 역사의 신기원을 열었다.

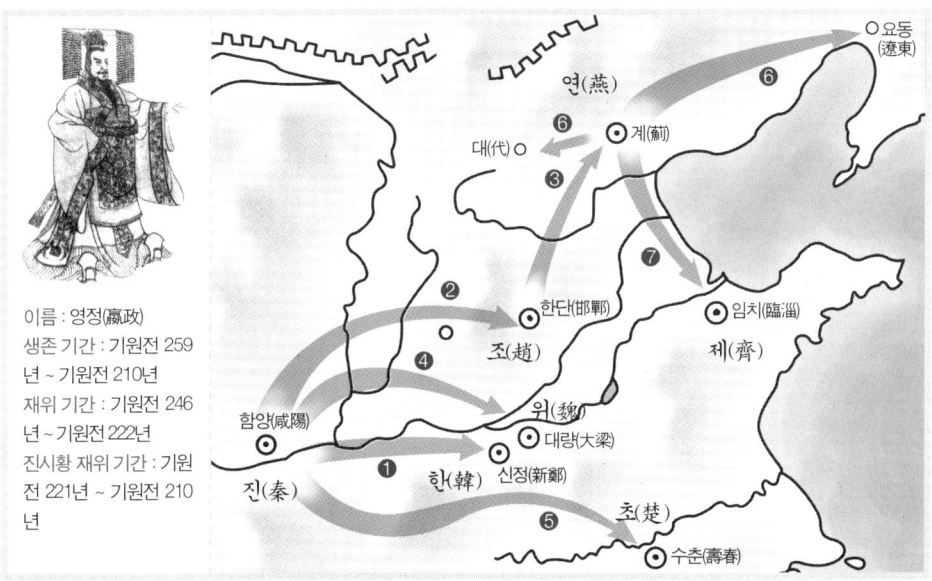

이름 : 영정(嬴政)
생존 기간 : 기원전 259년 ~ 기원전 210년
재위 기간 : 기원전 246년 ~ 기원전 222년
진시황 재위 기간 : 기원전 221년 ~ 기원전 210년

① 기원전 230년, 진시황이 내사등(內史騰)을 보내 한나라를 공격하여 한나라 왕 안(安)을 사로잡고 영천군(潁川郡)을 설치하자 한나라는 멸망했다.

② 기원전 229년, 진시황은 왕전(王翦) 등을 보내 대규모로 조나라를 공략했다. 기원전 228년, 왕전이 조나라 군을 대파한 후 조나라 수도 한단을 점령하여 조나라 왕 천(遷)을 사로잡자 조나라는 멸망했다. 조나라 공자 가(嘉)가 대(代)로 도망가 스스로 대왕에 올랐다.

③ 기원전 226년, 진시황은 왕전을 보내 연나라를 공격하여 연나라 수도 계(薊)를 얻었다. 연나라 왕 희(喜)는 수도를 요동으로 옮겼다.

④ 기원전 225년, 진시황이 왕분(王賁)을 보내 위나라를 공격하여 대량성(大梁城)을 수장시키자 위나라 왕 가(假)가 투항해 위나라가 멸망했다.

⑤ 기원전 225년, 진시황은 왕전에게 60만 대군을 이끌고 초나라를 공격하게 했다. 기원전 223년, 초나라 왕 부추(負芻)를 사로잡아 초나라를 멸망시켰다.

⑥ 기원전 222년, 진시황이 왕분을 대로 보내 대왕 가를 사로잡자 대나라가 멸망했다. 요동을 공략해 연나라 왕 희를 사로잡아 연나라를 멸망시켰다.

⑦ 기원전 221년, 왕분이 연나라에서 제나라를 공격했다. 진나라 군이 제나라 수도 임치(臨淄)로 진격하니 백성들이 감히 저항하지 못했다. 제나라 왕 건(建)이 투항함으로써 제나라는 멸망했다. 이로 인해 여섯 나라가 모두 멸망하고 진시황이 중국을 통일했다.

영정이 진나라의 모든 권력을 장악했다.

천하통일이 진시황을 부르다

영정은 내란을 평정한 후 6국 통일이라는 원대한 위업을 실현하기 시작했다. 우선 그는 이사의 진언을 받아들여 '축객령(逐客令 : 외국의 빈객 추방령)'을 철회하고 여러 나라의 모사꾼과 인재들을 폭넓게 받아들였다. 이는 진나라의 역량을 더욱 강화시켰다. 그 다음으로는 외교전에 돈을 사용하자는 위료(尉繚)의 건의를 받아들여 6국의 연합을 깨뜨렸다. 마지막으로 6국의 틈이 벌어진 때를 이용해 원교근공 책략을 사용함으로써 6국을 각개격파하기 시작했다. 이러한 전략에 따라 진나라는 한나라, 조나라, 위나라, 초나라, 연나라, 제나라를 차례대로 정복하고 천하를 통일했다.

영정이 천하를 통일한 후 대신들과 더불어 천자의 호칭에 대해서 논의하였다. 이사 등은 유사 이래 영정만한 공적이 없고, 심지어 오제(五帝 : 황제, 전욱, 제곡, 요, 순)도 이에 미치지 못한다고 생각했다. 고대에는 천황(天皇), 지황(地皇), 태황(泰皇)이 있었는데, 태황이 가장 존귀했다. 때문에 모든 신하들이 영정의 존칭을 태황으로 올렸다. 하지만 영정은 태황에서 '태(泰)' 자를 빼고 '황(皇)' 자를 남기고, 다시 상고 시대의 '제(帝)'라는 호칭을 받아들여 '황제(皇帝)'로 불리어지기를 원했다. 천자의 명(命)을 '제(制)'라 하고, 영(令)을 '조(詔)'라 하며, 천자는 스스로를 부를 때 '짐(朕)'이라고 했다. 동시에 시호를 없애고 스스로 시황제(始皇帝)라 칭했으며, 후세의 제왕들은 수를 세어 이세(二世), 삼세(三世)에서 만세(萬世)에 이르기까지 길이 전해져 진나라가 영원하기를 갈망했다.

최초로 중앙집권제를 확립하다

진시황은 오덕(五德)의 상생상극 원리에 근거해 '화덕(火德)'인 주나라를 대신한 진나라는 '수덕(水德)'으로 생각했다. 때문에 한 해의 시작을 모두 10월 초로 하고, 의복과 깃발은 모두 검은색을 숭상했다. 숫자는 6을 기준으로 하였으니 법관을 모두 6촌(寸)으로 하고, 수레의 너비도 6척(尺)으로 하고, 수레 한 대를 여섯

진시황의 공적과 과실

진시황은 중국을 통일한 후 중앙집권제를 강화하기 위해 군현제(郡縣制)를 실시하고, 전국을 모든 방면에서 통일하기 위해 박차를 가했다.

진시황의 공적

1. 군현제

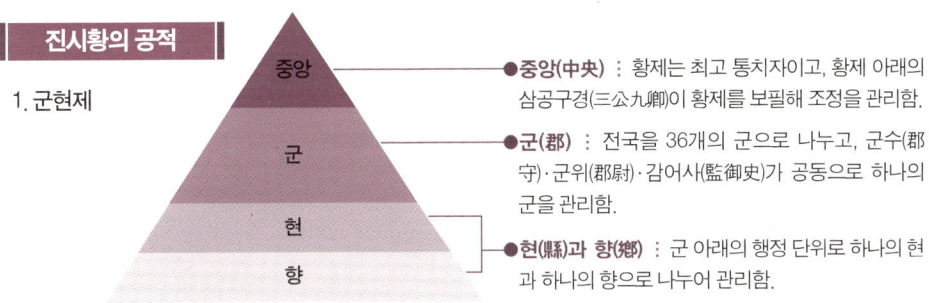

- **중앙(中央)**: 황제는 최고 통치자이고, 황제 아래의 삼공구경(三公九卿)이 황제를 보필해 조정을 관리함.
- **군(郡)**: 전국을 36개의 군으로 나누고, 군수(郡守)·군위(郡尉)·감어사(監御史)가 공동으로 하나의 군을 관리함.
- **현(縣)과 향(鄕)**: 군 아래의 행정 단위로 하나의 현과 하나의 향으로 나누어 관리함.

2. 문자·화폐·도량형의 통일

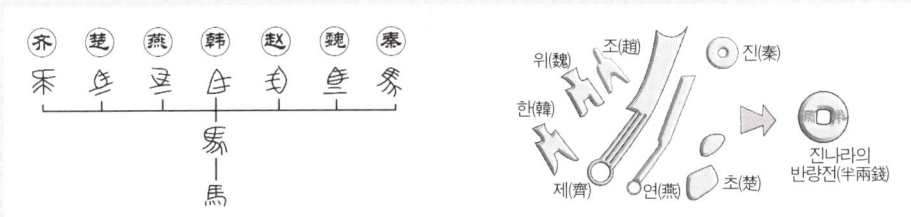

문자: 소전(小篆)으로 통일시킴으로써 훗날 예서(隷書)가 만들어졌다.

화폐: 진나라의 원형방공(圓形方孔: 동그라미에 네모 구멍) 화폐로 통일시켰다.

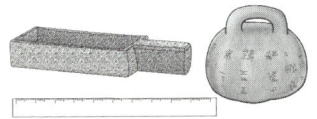

도량형(度量衡): 길이, 용량, 무게의 단위를 통일함. 길이는 촌(寸), 척(尺), 장(丈)을 단위로 하고 '10'을 자릿수로 함. 용량은 약(龠: 반 홉), 합(合), 승(升: 한 되), 두(斗), 곡(斛)을 단위로 하고 '10'을 자릿수로 함. 무게는 수(銖), 량(兩), 근(斤: 약 500그램), 균(鈞), 석(石)을 단위로 하고, 자릿수는 24수를 한 량(兩), 16량을 1근, 36근을 1균, 4균을 1석으로 함.

진시황의 역사적 과실

분서갱유(焚書坑儒): 진시황은 사상을 통일하기 위해 전국 시대의 수많은 서적을 불사르고, 수많은 유학자들을 생매장했다.

분서갱(焚書坑) – 당나라 장갈(章碣)의 시: 죽간과 백서를 불태우자 진시황의 위업도 한 줌 재가 되었고, 중국의 용(진시황)을 지키던 황하와 함곡관도 텅 비어 버렸네. 분서갱유의 연기가 채 가시기도 전에 산동에서는 농민반란이 일어나고, 진나라를 무너뜨린 유방과 항우도 글 읽는 선비가 아니었다네.
竹帛煙銷帝業虛, 關河空鎖祖龍居. 죽백연소제업허 관하공쇄조룡거
坑灰未冷山東亂, 劉項原來不讀書. 갱회미랭산동란 류항원래불독서

분서(焚書) / 갱유(坑儒)

마리의 말이 끝도록 했다. 이밖에 가혹하고 모진 수단으로 나라를 다스리는 한편 인의와 은혜, 도덕 등을 없애야 오덕의 수(水)에 부합하는 운행 원칙에 어울린다고 주장했다.

　　진시황은 이사의 건의를 받아들여 전국을 36개의 군(郡)으로 나누고, 군 아래에 현(縣)을 두었다. 또한 백성을 일컫는 말을 바꾸어 '검수(黔首)'라고 했다. 백성들의 반란을 방지한다는 명목으로 영을 내려 천하의 병기를 모두 함양으로 거두어들인 후 그것을 녹여 종거(鐘鐻 : 종 모양의 악기)와 12개의 동인상(銅人像)을 만들어 궁궐 안에 두었다. 얼마 지나지 않아 전국의 문자와 도량형, 화폐를 통일했다. 전국의 부호를 감시하기 위해 함양으로 이주시켰는데, 무려 12만 호에 달했다. 이때 진나라의 영토는 동으로는 동해와 조선, 서로는 임조(臨洮)와 강중(羌中), 남으로는 일남군(日南郡)의 북향호(北嚮戶)에 이르렀고, 북으로는 황하를 근거지로 요새를 만들어 음산(陰山)을 아우르고 요동에까지 이르렀다.

분서갱유로 유생을 억압하다

　　진시황은 함양궁에서 주연을 베푸니 박사 70명이 그의 장수를 축원했다. 그때 제나라 박사 순우월(淳于越)이 앞으로 나와 진시황이 주나라의 분봉제를 실시하려면 군현제의 단점을 고쳐야 한다고 지적했다. 승상 이사는 천하의 대란이 일어나는 까닭은 유학자들의 학설과 제자백가에 기원하고, 사사로이 인심을 어지럽게 만드는 사상의 혼란에 있다고 생각했다. 그래서 이사는 제자백가의 학설을 소멸시켜야 하며, 진나라의 기록 외에 모든 사서를 불태우고, 진나라 박사관들이 소유한 시(詩), 서(書), 제자백가의 서적들 외에는 모두 불태우게 하고, 의약·점복·종수(種樹)에 관한 서적 외에 감히 짝을 이루어 시, 서를 말하는 자가 있으면 저잣거리에서 사형에 처하라고 건의했다.

　　진시황은 이사의 건의를 받아들였고, 그로 인해서 수많은 서적과 문헌이 불타버렸다. 분서를 시행하고 나서 2년 여가 지나자 적지 않은 유생들과 방사들이 여론을 형성해 진시황을 조소하고 비판했다. 진시황은 그들을 강경책으로 진압했는데, 그 당시 460명의 유생들을 함양으로 잡아들여 모두 산 채로 매장해버렸다.

불로장생을 추구한 진시황

진시황은 중국을 통일한 후 방사들의 부추김으로 끝없이 신선을 찾았으나 아무런 소득도 얻지 못했다. 결국 동쪽으로 순행을 나갔다가 돌아오는 도중에 사구에서 병으로 죽고 말았다.

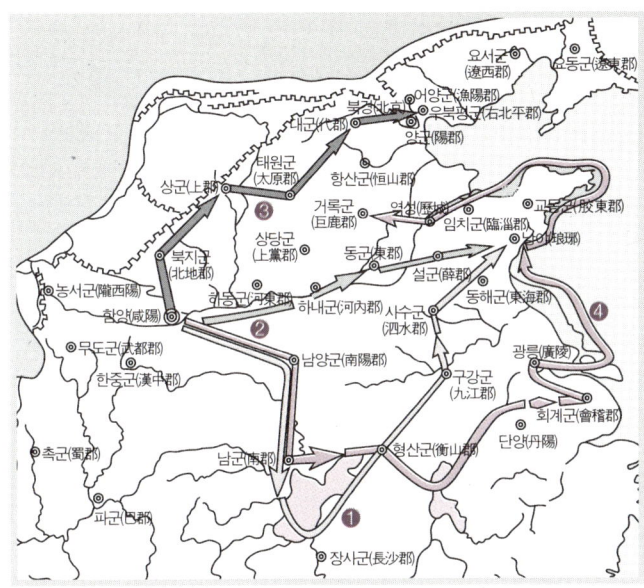

① 기원전 219년, 진시황은 태산으로 동순(東巡)해 봉선 의식을 거행하고, 서복(徐福)에게 수천의 사람을 딸려 보내 해상에서 신선을 찾게 했다.
② 기원전 218년, 진시황은 동순하여 신선을 찾다 자객을 만났다. 하지만 여전히 동해의 낭야(琅琊)에서 제사를 올렸다.
③ 기원전 215년, 진시황은 동순하여 갈석(碣石)에 이르러 연나라 사람 노생과 한중(韓衆) 등을 보내 해상에서 신선과 불로장생약을 찾도록 했다.
④ 기원전 210년, 진시황은 동순하여 신선을 찾았으나 아무런 소득도 얻지 못하고 돌아오다 하북성 사구에서 병으로 죽었다. 조고와 이사는 사구정변을 일으켜 호해를 황제에 앉혔다.

이세황제가 진나라를 멸망시킨 원인

진시황의 꿈은 자손들에게 만세의 제위를 물려주는 것이었다. 하지만 이세황제에 이르러 멸망하고 말았다. 수많은 후세인들은 후세의 왕조들도 진나라를 거울로 삼아야 한다고 평했다.

법으로 다스림 — 진시황이 채택한 법가의 통치술은 6국을 멸하게 했지만, 그것으로 통일된 천하를 다스릴 수는 없었다.

민심을 잃음 — 민심을 얻는 자가 천하를 얻건만, 진시황은 만리장성과 황릉을 쌓으며 천하가 막 통일된 시점에 민심을 돌보지 않고 백성들을 도탄에 빠뜨렸다.

혼군난신 — 태감 조고는 진시황이 병으로 죽자 진나라의 황권을 조종해 이세황제를 꼭두각시로 내세우고 전횡을 일삼았으며, 진나라 왕조가 짧은 시기에 붕괴되도록 만들었다.

농민 반란 — 진승이 처음으로 농민 반란을 일으켰지만, 이미 진나라 통치 하에서 갖은 핍박을 받은 백성들은 노도처럼 들고 일어났다. 항우와 유방이 이끄는 군사들에 의해 마침내 진나라는 멸망하고 말았다.

만리장성과 황릉을 쌓다

진시황이 천하를 통일한 후에도 북방의 흉노 세력은 큰 골칫거리였다. 그래서 진시황은 몽염 장군에게 30만의 군사를 이끌고 가 북쪽 변경을 지키도록 했다. 몇 차례의 전투 끝에 하남과 음산 등지를 얻고 34개의 현을 설치했다. 연이어 진시황은 전국 시대에 진나라와 조나라, 연나라에서 쌓았던 장성을 기초로 하여 서쪽으로는 임조(臨洮 : 감숙성 정서定西에 있는 현), 동쪽으로는 요동에 이르는 만리장성을 쌓아 흉노의 침입을 막으려고 했다. 이 외에도 진시황은 왕위에 오른 후 사람들을 여산(驪山)에 보내 자신의 능묘를 쌓게 했는데, 천하를 통일한 후에는 79만 여 명을 동원한 끝에 30여 년이 지나서 능묘를 완성했다.

사구 정변

진시황은 6국을 멸한 후 여러 차례 동쪽으로 순행을 나갔다. 통치력을 강화하는 것 외에 신선을 찾아 불로장생약을 구하는 게 주된 목적이었다. 진시황은 방사(方士) 노생(盧生) 등의 유세에 따라 자신을 '짐'이라고 부르지 않고 '진인(眞人)'이라 불렀다. 또 함양성에 궁궐을 드넓게 짓고 자신의 행방을 모르게 하였는데, 이는 '선진인(仙眞人 : 신선)'이 되어 불로장생약을 구하고자 함이었다.

기원전 210년 7월, 진시황이 다시 동쪽으로 순행에 나서니 승상 이사가 따르고 막내아들 호해(胡亥)도 동행했다. 진시황은 평원진(平原津 : 산동성 덕주德州 남쪽)에 도착해 중병에 걸렸다. 날이 갈수록 병이 깊어지자 진시황은 공자 부소(扶蘇)에게 함양에 돌아와 자신의 죽음에 대비하라는 편지를 썼다. 하지만 편지를 환관 조고(趙高)의 관부에 놓아두고 사자에게는 건네주지 못한 채 사구(沙丘 : 하북성 거록현巨鹿縣 동남쪽)에서 죽고 말았다. 환관 조고와 승상 이사는 황제가 외지에서 죽었기에 황자들이 정변을 일으킬까 염려하여 진시황의 죽음을 비밀에 부쳤다. 관을 온량거(轀涼車 : 밀폐되었지만 바람이 잘 통하는 수레)에 안치하고 모든 벼슬아치들에게 평상시처럼 정사를 보고하도록 명했다. 단지 호해, 조고, 그리고 대여섯 명의 환관들만이 진시황의 죽음을 알았다. 조고는 호해에게 글과 형법, 법령을 가르친 적이 있어 그들의 관계는 돈독했다. 그리하여 두 사람은 이사와 더불어 비밀리에 진시황이 부소에게 보내려고 했던 편지를 없애고 승상 이사가 사구에서 유조를 받았다고 거짓으로 꾸며 황자 호해를 태자로 삼았다. 나중에 그들은 또 부소와 몽염에게 편지를 보내 그들의 죄상을 열거하고 자살하라는 명을 내렸다. 훗날 호해가 함양에 도착해 황위를 이으니 그가 바로 이세(二世)황제다. 그해 9월, 진시황은 여산(驪山) 능묘에 안장되었다.

이세황제의 죽음

진나라 이세황제 호해는 황위에 등극한 후 조고를 낭중령(郎中令 : 궁궐 경비와 백관의 출입을 담당)으로 삼아 조정의 대권을 관장하도록 하고, 자신은 향락에 빠져 음탕한 생활을 즐겼다. 우승상 풍거질(馮去疾)과 좌승상 이사가 간언하였으나 듣지 않았을 뿐만 아니라 그들을 감옥에 가두어버렸다. 결국 풍거질은 스스로 목숨을 끊었고, 이사는 거열형에 처해졌으며 그 일족은 몰살당했다. 그 후 조고가 승상에 올라 지록위마(指鹿爲馬)*의 방식으로 자신의 반대 세력을 제거해 나갔다. 또 호해를 허수아비 황제로 만들고 모든 내외의 정사를 자신이 전횡하였다. 진나라 이세황제는 꼭두각시 황제에 지나지 않았던 것이다.

이 무렵 천하는 벌써 대란에 휩싸이기 시작했다. 진승(陳勝)과 오광(吳廣)이 농민 반란을 일으켰고, 항우와 유방을 우두머리로 하는 항진(抗秦) 의군들이 파죽지세로 함양을 포위해 왔다. 이때 조고는 유방과 내통하여 사람을 보내 이세황제를 자살하게 하고, 이세황제의 아들인 공자 자영(子嬰)을 진나라 황제로 삼았다. 자영은 조고가 자신을 해칠까 두려운 나머지 제궁(齊宮)에서 조고를 척살했다.

자영이 황위에 오른지 46일 만에 유방은 무관(武關 : 섬서성 단봉현丹鳳縣 동남쪽 단강丹江 위)으로 진격하더니, 이윽고 파상(灞上 : 섬서성 서안시西安市 동남쪽)에 이르러 자영에게 투항할 것을 요구했다. 자영은 대세가 이미 기운 것을 알고 유방에게 항복했다. 항우가 진나라 왕조를 무너뜨린 후 원래의 진나라 영토를 셋으로 나누고 '삼진(三秦)'이라 불렀다. 또 자영과 여러 공자들을 죽임으로써 진나라는 멸망하고 말았다.

---

*사슴을 가리켜 말이라 한다는 뜻으로, 윗사람을 농락하고 권세를 함부로 부리는 것을 비유한 말.

진나라의 거대한 토목 공사

비록 진나라 왕조의 통치 기간은 몇 십 년에 불과했지만, 수많은 토목 공사를 벌였다. 그 중에서 만리장성은 이미 중국의 상징이 되었고, 진시황릉은 지금까지도 가장 신비한 왕릉으로 알려지고 있다.

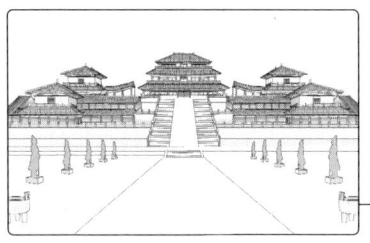

만리장성 : 진시황은 북방의 흉노 세력을 견제하기 위해 몽염 장군으로 하여금 동쪽의 요동에서부터 서쪽의 임조에 이르기까지 만리장성을 쌓도록 했다.

아방궁 : 진시황은 천하를 통일한 후 수도 함양에서 대대적인 토목 공사를 벌여 궁궐을 건축했다. 그 중에서 가장 규모가 큰 게 아방궁이다. 아방궁(阿房宮)은 공전불후의 규모로 기세가 웅대하며, 크고 작은 궁실이 7백 여 곳에 이른다. 하루에도 각 궁실의 기후가 서로 달랐다고 전해진다. 진시황은 한 곳에서 하루만 머물렀는데, 죽을 때까지도 모든 궁실에서 거처해 보지 못했다고 한다.

도로 공사 : 진시황은 각 지방과의 소통을 강화하기 위해 수도인 함양을 중심으로 각 지방과 통하는 치도(馳道)를 만들었다. 각 치도는 지면보다 높게 닦았으며, 너비는 15보, 중앙은 황제 전용 도로이고 양 갓길은 행인이 이용했다. 치도에는 소나무를 심어 노선을 표시하고, 전국 각지와의 관계를 더욱 긴밀하게 했다.

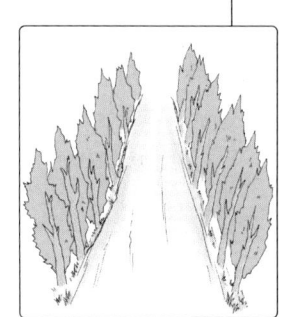

영거(靈渠) :
건축 시기 : 기원전 214년
지리적 위치 : 광서성 장족(壯族) 자치구 계림시(桂林市) 흥안현(興安縣)
공사 조성 : 회취(鏵嘴), 크고 작은 천평(天平), 남거(南渠), 북거(北渠), 설수천평(泄水天平), 두문(陡門)
주된 기능 : 장강과 주강(珠江)의 수로를 통하게 함.
역사적 가치 : 현존하는 세계 최고(最古)의 제방 및 수로 건축물 중의 한 곳

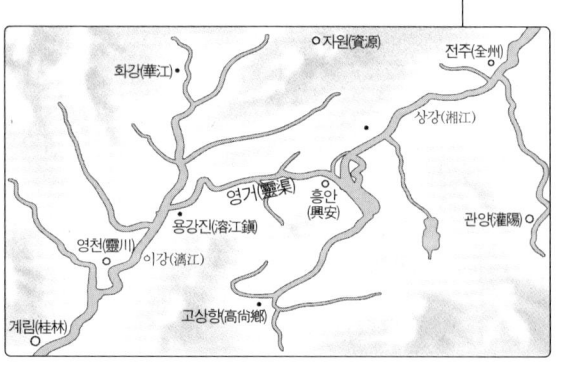

진시황릉 병마용 : 1974년에 진시황릉 동부에서 '품(品)' 자 형태인 병마용갱(兵馬俑坑) 세 곳이 발견되었다. 면적은 2만 평방미터, 8천 점의 도용(陶俑), 전차 100 승, 수만 점의 보물과 병기 등의 문물이 출토되었다. '세계 8대 기적'으로 불리어진다.

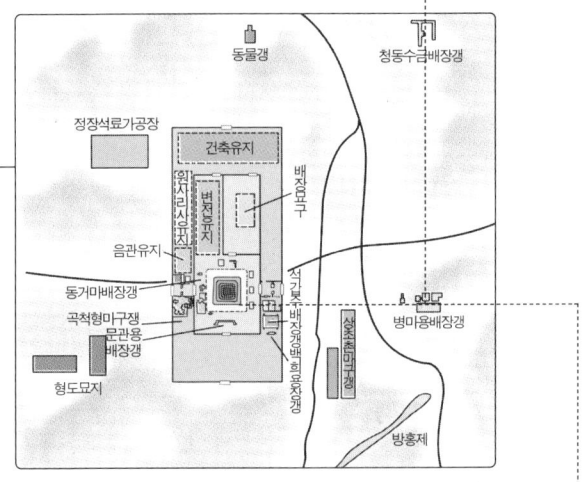

진시황릉 : 진시황릉 묘는 지금의 섬서성 서안시 동쪽의 여산 북쪽 기슭에 위치한다. 북쪽으로 위수(渭水)에 닿고, 37년 만에 완성되었다. 능원의 총 면적은 56.25평방킬로미터다. 능묘 위의 봉토는 높이가 115미터(지금은 76미터)에 달한다. 능원의 안과 밖에 이중 성이 있고, 내성의 둘레는 3,840미터, 외성의 둘레는 6,210미터에 이른다.

진시황릉 지하궁 : 『사기』의 기록에 따르면, 진시황릉 지하궁은 세 갈래의 샘을 판 후 동을 부어 그곳을 막고 안에 관곽을 안치했다. 궁전(宮殿)과 백관(百官)의 순서에 따라 진귀한 보물을 가득 채웠다고 한다. 또한 활과 화살을 설치해 도굴을 방지했다. 수은을 부은 수많은 강을 만들어 기구를 통해 서로 통하게 했다. 윗벽에는 천문(天文)을 장식하고, 지하에는 지리를 그려 넣었으며, 인어 기름으로 만든 촛불이 영원히 꺼지지 않는다고 한다.

08 기세를 타고 일어난 서초패왕
항우

>>> 진나라 말기 천하가 혼란에 빠졌을 때 하늘을 가로질러 세상에 우뚝 솟은 항우는 제후들을 거느리고 강대한 진나라를 무너뜨리고 나서 스스로 '서초패왕西楚霸王'이라 불렀다. 하지만 초한 지쟁에서 그는 성격상의 결점으로 인해 최후의 승자가 되지 못한 채 오강烏江에서 스스로 목을 베었다.

회계에서 군사를 일으키다

항우의 원래 이름은 항적(項籍)이며 자는 우(羽)다. 그의 선조는 대대로 초나라에서 장수를 지낸 무장 집안이며, 항(項) 땅에 봉해졌기에 항을 성으로 삼았다. 항우는 어릴 적부터 숙부 항량(項梁)을 따라다니며 자랐다. 항량은 항우에게 글과 검술을 가르쳤으나 모두 다 도중에 그만두자 크게 화를 냈다. 항우가 도리어 1만 명에 대적하는 방법을 배우겠다고 하자 항량은 그에게 병법을 가르쳤다. 한 번은 진시황이 회계(會稽 : 절강성 소흥현紹興縣 동남쪽)를 유람하였는데, 항우와 항량이 함께 바라보다 항우가 "나는 저 사람을 대신할 수 있다!"라고 말했다. 기원전 209년, 진승이 대택향(大澤鄕)에서 진나라의 폭정에 항거하는 농민 봉기의 기치를 높이 들자 항량과 항우는 이러한 정세를 살피다 회계 군수 은통(殷通)을 살해하고 군사들을 모아 진나라에 항거하기 시작했다.

진승의 반란이 실패한 직후였다. 당시 70세의 범증(范增)이 항량에게 초나라의 후손을 추대해야 민심을 얻을 수 있다고 권고했고, 항량은 그의 말이 옳다고 생각했다. 그리하여 민간에서 양치기로 지내던 회왕(懷王)의 손자 웅심(熊心)을 찾아내 그를 초나라 회왕(懷王)으로 삼고, 자신은 무신군(武信君)이라 불렀다.

진나라 말기의 농민전쟁

진나라 말기에 진승과 오광은 대택향에서 처음으로 진나라의 폭정에 항거함으로써 진나라 말기에 농민전쟁의 서막을 열었다. 결국 유방과 항우가 진나라 수도 함양을 공격하자 진나라 왕조는 멸망하고 말았다.

❶ **진승과 오광이 대택향에서 봉기하다**: 기원전 209년, 진승과 오광이 기현(蘄縣) 대택향에서 봉기하여 훗날 진현(陳縣)에서 장초(張楚) 정권을 세웠지만, 기세에 자만한 나머지 결국 봉기는 실패하고 말았다.

❷ **항량과 항우가 봉기를 이끌다**: 대택향에서의 봉기 이후 항량과 항우가 회계에서 군사를 일으키고 북상하여 정도에서 일전을 치렀으나 항량이 전사하고 말았다.

❸ **항우가 봉기를 이끌다**: 항량이 죽은 후 항우가 군사들을 이끌고 조나라를 구하기 위해 거록에서 일전을 벌여 진나라 군을 대파했다. 이로부터 계속 서진하여 진나라 수도 함양을 공략했다.

❹ **유방이 봉기를 이끌다**: 항량이 죽은 후 유방이 군대를 인솔하여 서쪽으로 진군하여 무관을 지나 파상에 이르자 진나라 왕 자영이 투항했다. 유방이 함양으로 입성해 약법삼장(約法三章)을 내세우니 진나라는 멸망했다.

항우의 이름을 드높인 전투 거록대첩

항우가 조나라를 구한 거록대첩은 당시 각 지방에서 떨쳐 일어난 제후들 사이에서 그의 이름을 드높였고, 이로부터 항우는 패자(覇者)의 길로 접어들었다. 이 싸움은 역사적으로 소수가 중과부적의 다수를 이긴 유명한 전투 중의 하나이다.

전투 과정

① 옛 전국 시대 조나라 땅에서 진나라에 항거해 일어난 우두머리 조왕(趙王) 헐(歇)과 장이(張耳)가 진나라 장수 왕리(王離)의 20만 대군에 포위되었다.
② 제나라 장수 전도(田都)와 연나라 장수 장도(臧荼)가 조나라를 구원하기 위해 조나라 장수 진여(陳餘)의 진영에 주둔하였으나 감히 나아가 싸우지 못했다.
③ 진나라 장수 장한(章邯)이 정도에서 항량을 대파한 후 한단을 공략하기 위해 북상하여 용도(甬道)를 만들고 강에 이르고, 진나라 장수 왕리는 군량과 말먹이 여물을 지원했다.
④ 항우는 안양(安陽)에서 초나라 주력 부대 5만 군사를 이끌고 북상하여 장수를 건넌 후 솥을 깨뜨리고 배를 가라앉히는 임전무퇴의 각오로 싸워 거록전투를 승리로 이끌었다.
⑤ 거록대첩 이후 장한이 군대를 서쪽으로 철수시키자 항우는 추격을 멈추지 않았다. 당시 진나라 조정은 조고의 전횡으로 정치는 암흑 속에 빠져 있었다. 결국 장한은 어쩔 수 없이 군사들을 이끌고 항우에게 투항했다.

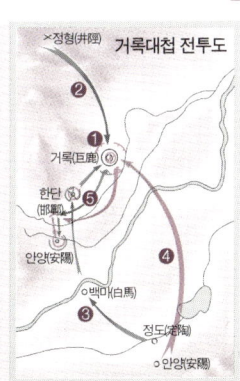

거록대첩 전투도

임전무퇴의 용맹함으로 승리한 거록대첩

항량과 항우는 여러 차례 진나라 군을 격파해 군세가 끊임없이 커지자 초나라 군에도 교만한 정서가 팽배해지기 시작했다. 나중에 진나라 조정은 장수 장한(章邯)을 보내 초나라 군을 공격했다. 그 결과 초나라 군은 정도(定陶 : 산동성 정도현定陶縣 서북쪽)에서 대패하고 항량은 전사했다. 초나라 군이 패하자 회왕은 팽성(彭城 : 강소성 서주徐州)으로 가서 항우와 여신(呂臣)이 이끄는 군에 합류해 직접 통솔했다. 또한 회왕은 패공(沛公) 유방을 탕(碭 : 하남성 개봉시開封市 동남쪽)의 군장으로 삼고 무안후(武安侯)에 봉했다. 제나라 사자 고릉군(高陵君)이 추천한 송의(宋義)를 상장군으로 삼고, 항우를 노공(魯公)에 봉해 차장으로, 범증을 말장(末將)으로 삼아 조나라를 돕도록 했다. 나중에 항우와 송의 간에 싸움이 일어나 항우가 송의를 죽이자 회왕은 항우를 상장군에 임명하여 초나라 군을 모두 맡길 수밖에 없었다.

항우는 송의를 죽인 후 당양군(當陽君) 경포(黥布)와 포(蒲) 장군에게 2만의 군사를 주어 장하(漳河)를 건너 거록(臣鹿 : 하북성 평향현平鄕縣 서남쪽)을 구하도록 했으나 패하고 말았다. 그러자 항우는 친히 군사를 이끌고 장하를 건넌 후 배를 모두 가라앉히고, 솥과 시루를 전부 깨뜨렸으며, 막사에 불을 지르고 3일분의 군량미만 남겨 놓았다. 이러한 행동을 통해 군사들에게 전투에 패하면 살아 돌아올 마음이 없다는 것을 보여주었다. 초나라 군은 거록에 이르러 여러 차례 진나라 군과 격전을 치렀는데, 진나라 군의 용도(甬道 : 담을 양쪽에 쌓아 만든 통로)를 끊어 크게 무찌르는 한편 소각(蘇角)을 죽이고 왕리(王離)를 사로잡았다. 항우는 진나라 군을 대파한 후 제후들의 장수들을 불렀는데, 모두 군영의 문에 들어오자마자 무릎으로 걸어 앞으로 나오며 감히 쳐다보지를 못했다. 이로써 항우는 제후의 상장군이 되어 제후들을 모두 휘하에 두고 초나라 군을 지휘했다.

홍문의 연에서 목숨을 구한 유방

거록대첩 후 항우는 계속해서 서쪽으로 진군하여 신안성(新安城 : 하남성 민지현澠池縣 동쪽) 남쪽에서 항복한 진나라 병사 20만 명을 산 채로 생매장하고 함곡관에 다다랐다. 유방이 이미 함양에 입성했다는 소식을 듣고 매우 화가 난 항우는 잠시 40만 대군을 홍문(鴻門 : 섬서성 임동현臨潼縣 신풍新豊의 언덕 이름)에 주둔시켰다. 유방의 한군(漢軍) 10만은 파상에 주둔하고 있어 서로 40리나 떨어져 있었다. 이때 한군의 좌사마 조무상(曹無傷)이 항우에게 사람을 보내 유방이 왕을 칭하였다고 고했다. 몹시 화가 난 항우에게 범증이 하루 빨리 유방을 없애야 후환을 면할 수 있다고 간언했다.

이 일을 항우의 숙부 항백(項伯 : 한나라가 세워진 후 유씨 성을 하사받고 사양후射陽侯에 봉해짐)이 알아차렸다. 항백은 살인을 저지르고 떠돌 때 장량(張良)이 숨겨 준 일이 있어 곧바로 장량에게 갔다. 장량이 이 일을 유방에게 전하고, 항백은 유방에게 다음날 홍문에 가 항우에게 사죄하라고 간언했다. 다음날 유방이 홍문에 와 사죄하면서 자신은 왕을 참칭할 뜻이 없다고 말했다. 항우는 모두 조무상의 말을 들었을 뿐이라며 유방과 더불어 술을 마셨다. 홍문의 연(宴) 석상에서 범증은 몇 차례나 항우에게 유방을 죽이라는 신호를 보냈으나 항우는 도리어 요지부동이었다. 범증이 또 항장(項莊)에게 칼춤을 추게 해 유방을 죽이라고 하자 항백이 황급히 검무를 추며 유방을 보호했다. 유방의 부하인 번쾌(樊噲)가 이런 긴박한 상황을 듣고 급히 휘장을 걷고 뛰어들어 항우에게 대의를 설명하니 항우는 아무 말을 하지 못했다. 결국 유방은 번쾌의 보호 아래 측간에 간다는 핑계를 대고 급히 홍문을 빠져나와 도망쳤다.

항우와 유방이 자웅을 겨룬 초한지쟁

홍문의 연 이후 항우는 서쪽으로 가 함양을 차지하고 함양성을 불태우니, 3개월 동안 타고도 꺼지지 않았다. 이어서 초나라 회왕을 죽이고 난 후 제후들에게 분봉을 실시하고 스스로 서초패왕(西楚霸王)* 에 올라 팽성에 도읍을 정했다. 그러고 나서 유방을 한왕(漢王)에 봉한 후 궁벽한 파촉, 한중(漢中 : 섬서성 남부) 땅으로 보냈다.

훗날 유방은 항우가 제나라의 전영을 토벌하기 위해 동쪽으로 진격하자 자

---

* 패왕은 제후국의 맹주란 뜻이고, 과거 초나라를 남초·서초·동초로 구분했을 때 팽성은 서초에 속함.

신도 동진하여 기원전 206년 8월에 관중을 차지한 후 항우와 패권을 놓고 싸움을 벌였다. 쌍방이 자웅을 겨루며 한 치의 양보도 없었던 초한지쟁의 서막이었다. 유방이 후공(侯公)을 보내 항우에게 홍구(鴻溝)를 경계로 하여 천하를 양분하자고 권유하자 항우도 이에 동의하고 군사를 철수해 동쪽으로 물러났다. 이 때 항우의 식량은 이미 바닥이 드러난 상태였다. 장량과 진평(陳平)은 유방에게 이러한 절호의 기회를 놓치지 말고 항우를 공격하도록 간언했다. 유방도 이에 동의해 한신(韓信), 팽월(彭越) 등과 연합한 후 동쪽으로 진군해 항우를 공격했다. 결국 항우는 해하(垓下)에서 사면초가에 몰리자 자신의 시운이 끝났음을 비운의 심정으로 노래했다. 항우가 총애하던 미인 우희(虞姬)도 그의 곁에서 노래를 따라 부르고 스스로 목을 베어 죽었다.

항우가 오강에서 자결하다

항우가 야밤을 틈타 800여 명의 기병을 이끌고 포위망을 뚫고 달아나자 한나라 장수 관영(灌嬰)이 5,000여 명의 기병을 이끌고 추격했다. 항우가 회하(淮河)를 건넜을 때 그를 따라온 기병은 고작 100여 명뿐이었다. 동성(東城 : 안휘성 정원현定遠縣 동남쪽)에 다다르니 겨우 28명의 기병만이 남았고, 한나라 추격군은 수천 명에 달했다. 항우가 오강(烏江 : 안휘성 화현和縣 동쪽)의 강변에 다다르니 오강을 지키던 정장(亭長)*이 강변에 배를 대고 기다리다 항우에게 권토중래할 것을 권했다. 하지만 항우는 '강동(江東)의 자제 8,000명을 거느리고 강을 건너 서쪽으로 갔다가 한 사람도 돌아오지 못했거늘, 어찌 강동의 부모형제들을 뵐 면목이 있다는 말인가'라고 말한 후 스스로 목을 베어 자결했다. 질풍노도처럼 살았던 항우가 자결할 때 그의 나이는 불과 서른 하나였다. 항우가 죽은 후 초나라는 한나라 왕 유방에게 항복했고, 오직 노(魯) 땅만 투항을 거부하니 유방이 항우의 수급을 노의 백성들에게 보여주자 그때서야 항복했다. 노의 백성들은 항우를 노공(魯公)의 예로써 곡성(穀城)에 안장했다. 유방은 친히 항우를 위해 장례식에 참가해 곡을 한 후 떠났다.

---

* 진나라에서는 현(縣) 아래 10리마다 정(亭)을 두었고, 정장(亭長)은 치안을 담당했다.

흑막의 싸움 '홍문의 연'

항우는 거록대전에서 당해낼 자가 없을 정도의 기백을 보여주었지만, 작은 홍문의 연회에서는 우유부단한 자신의 큰 결점을 드러냈고, 결국 초한지쟁에서 패하고 말았다.

항우
상석인 동향으로 앉았다. 우선 유방의 사죄를 받고 마음이 풀어지는 정치적인 유치함과 성격적인 우유부단함을 보여주었다.

유방
북향으로 앉았다. 유방은 겸허하고 공손한 자세로 전심전력을 다해 자신의 천부적인 연기력을 보여주고, 결국 측간에 간다는 핑계를 대고 도망쳐 목숨을 건졌다.

항백
상석인 남향으로 앉은 항우의 숙부로 홍문의 연을 제안했다. 연회에서 항장의 칼춤을 보고 그도 따라서 함께 검무를 추며 유방을 보호했다.

홍문의 연 좌석 배치도

장량
서향으로 앉았다. 유방의 모사꾼인 장량은 연회에서 유방과 서로 손발을 맞춰 연극을 함으로써, 항우를 속이고 유방의 안전을 지켰다.

항장
항우의 사촌 동생으로, 그는 연회석에서 범증의 지시에 따라 검무를 추며 유방을 죽이려고 하였다. 때문에 '항장이 칼을 뽑아들고 춤을 추는데, 그의 뜻은 오직 패공에게 있다(項莊舞劍, 意在沛公)'라는 고사 성어를 만들어냈다.

범증
남향으로 앉았다. 항우의 아부(亞父)이자 모사꾼인 범증은 손에 든 옥결(玉玦)을 세 번이나 내보이며 유방을 죽이라는 암시를 보냈으나 항우는 미동도 하지 않았다. 범증은 '소인배와는 천하를 도모할 만하지 않다(豎子不足與謀)'라고 한탄한 후 항우를 떠나 우울하게 지내다 죽었다.

번쾌
유방의 수하 장수로서, 그는 초나라 시위들의 저지에도 아랑곳하지 않고 홍문의 연회에 뛰어들어 항우의 말문이 막히도록 설득했다. 결국 유방이 홍문의 연회에서 탈출하여 한나라 군영으로 돌아올 수 있도록 도왔다.

패왕별희(霸王別姬)

항우가 4년에 걸친 초한지쟁에서 패한 후 해하에서 포위되자 자신의 준마인 추(騅)와 미인 우희 앞에서 만감이 교차하는 심정으로 천고에 길이 남은 애정의 비가를 불렀다.

항우
힘은 산을 뽑을 수 있고 기개는 세상을 덮을 만하네!
때가 불리하여 추가 나아가지 않으니!
추가 나아가지 않으니 어찌해야 하는가!
우여, 우여, 그대를 어찌해야 하는가!
力拔山兮氣蓋世! 역발산혜기개세
時不利兮騅不逝! 시불리혜추불서
騅不逝兮可奈何! 추불서혜가내하
虞兮虞兮奈若何! 우혜우혜내약하

우희
한나라 병사는 이미 천하를 차지하고, 초나라 노래가 사방에서 들려오네.
대왕의 의기도 다했으니, 천첩이 어찌 살기를 바라겠나이까!
漢兵已略地, 四方楚歌聲.
한병이략지 사방초가성
大王意氣盡, 賤妾何聊生!
대왕의기진 천첩하료생

09 한나라를 건국한 황제
유방

>>> 유방은 무명옷을 입었던 평민 출신이었지만 3척의 검으로 천하를 얻고 한나라를 건국했다. 그는 재위 중에 중앙집권제를 실시하고 이성異姓 제후왕들의 반란을 평정했다. 전쟁을 끝낸 그는 백성들의 고초를 줄여 생활을 안정시켰을 뿐만 아니라 사회와 경제를 발전시켰다.

보잘 것 없는 농촌의 말단 관리

유방은 지금의 강소성(江蘇省) 패현(沛縣) 사람으로, 어릴 적 이름은 유계(劉季)였다. 그는 인자하고 후덕하여 인심 베풀기를 좋아했으며 심성이 활달했다. 성년이 된 후에는 사수(泗水)의 정장을 지냈는데, 관아의 벼슬아치들은 그를 모두 업신여겼다. 그는 애주가에 호색가여서 항상 외상으로 술을 마시고, 술에 취하면 아무 곳에나 드러누워 잠들었다. 전설에 따르면 그의 몸에서 항상 용의 형상이 나타났다고 한다. 한 번은 진시황이 패현에 행차했는데, 유방은 진시황을 보고는 이렇게 말했다고 한다. "모름지기 사내대장부라면 저래야 하거늘!" 이라고 말했다.

선보현(單父縣)의 여공(呂公)이 원수를 피해 패현 현령의 식객이 되어 머물고 있었는데, 그는 유방을 만나더니 생김새가 귀인이라며 자신의 딸 여치(呂雉)를 유방에게 시집보냈다. 여치가 바로 훗날의 여태후이며, 그녀는 혜제(惠帝)와 노원공주(魯元公主)를 낳았다.

패공이 군사를 일으키다

유방이 정장 신분으로 패현의 죄수들에게 요역을 시키기 위해 여산(驪山 : 섬

초한지쟁의 승자 유방

진나라 말기의 농민 반란은 유방에게 자신의 능력을 펼칠 무대를 제공해 주었다. 유방은 초인적인 지혜로 강대한 서초패왕 항우를 이기고 한나라를 세웠다.

- 원래 이름 : 유계(劉季)
- 존호 : 한고조
- 생존 기간 : 기원전 256년 ~ 기원전 195년
- 황제 즉위 : 기원전 202년
- 국호 : 한(서한西漢)
- 황후 : 여치(呂稚 : 여태후)
- 후계자 : 한나라 혜제(惠帝) 유영(劉盈)
- 가장 큰 업적 : 초한지쟁에서 항우에게 승리
- 가장 큰 실책 : 이성 제후왕들의 반란
- 능침 : 장릉(長陵 : 지금의 섬서성 함양시 오릉원五陵原)

초한지쟁

진나라가 멸망한 뒤 유방과 항우는 4년에 걸쳐 초한지쟁을 벌였고, 결국 유방이 승리하여 한나라를 세움으로써 전국은 다시 대일통의 시대가 도래했다.

전쟁 기간 : 기원전 206년 ~ 기원전 202년
양측의 수장 : 항우와 유방
전쟁의 결과 : 항우가 오강에서 스스로 목을 베어 자결하고 유방은 한나라를 세워 황제에 올랐다.

① 팽성에서의 첫 번째 전투

유방은 항우가 제나라를 공격하는 틈을 타 우선 관중을 평정하고, 이어서 항우의 도성인 팽성으로 곧장 쳐들어갔다. 항우는 제나라와의 싸움에서 이긴 후 팽성으로 군사를 돌려 한나라 군을 대파했다. 불과 3만에 불과한 항우의 기병이 유방의 연합군 56만을 격파한 팽성대첩이다.

② 성고전투

유방이 팽성에서 패한 후 관중의 유리한 지형에 의지해 다시 군세를 정비하고 대장군 한신에게 북방의 전선을 개척하도록 했다. 항우는 한나라 군에 반격을 가해 성고(成皐)를 얻었다. 이때 팽월이 후방에서 항우를 공격하자 항우는 돌아가 구원을 청하고 유방은 다시 성고를 점령했다. 진평이 반간계를 써 항우가 범증과 종리매(鍾離昧)를 의심하게 해 항우의 군대를 혼란에 빠뜨렸다.

③ 천하를 둘로 나누다

항우가 팽월의 공격을 격파한 후부터 항우와 유방은 대치 국면을 형성했다. 이때 한신은 이미 제초 연합군을 격파하고 나서 곧바로 팽성으로 향했다. 한신, 팽월, 경포 등이 사방에서 항우를 공격하자 항우는 고립무원의 처지로 전락했다. 게다가 병사들은 피로에 지쳤고, 군량미는 바닥이 난 상태였다. 결국 항우는 유방과 홍구(鴻溝 : 황하와 회하淮河를 잇는 인공 운하)를 경계로 삼아 동쪽은 '초', 서쪽은 '한'이라 하여 천하를 둘로 나누었다.

④ 해하전투

천하를 둘로 쪼갠 후 유방은 장량과 진평의 계책을 받아들여 전군에 항우를 추격하도록 명했다. 또한 한신, 팽월, 경포에게 해하(垓下 : 안휘성 고진현固鎮縣 호성타하濠城沱河 남안南岸)에서 항우를 포위하도록 명했다. 사방에서 초나라 노래 소리가 들리자 항우는 초나라 땅이 이미 한나라 군에게 넘어간 줄 알고 도망치다가 오강에서 스스로 목을 베어 자결했다. 이리하여 초한지쟁은 끝나고, 유방은 한나라를 세워 황제로 등극했다.

서성 임동현臨潼縣 동남쪽)으로 호송하는 중에 많은 죄수들이 도망쳐버리자 그는 남은 죄수들도 풀어주었다. 그때 죄수들 중 10여 명의 장사들이 유방과 함께 도망치기를 간청하자 유방은 그들을 데리고 길을 떠났다. 유방은 길을 가다가 술에 취해 백사를 쳐 베어 죽였다. 그 후 망산(芒山)과 탕산(碭山 : 안휘성 탕산현碭山縣 동남쪽) 사이의 골짜기에 숨어 살았는데, 여치가 그를 찾아내고는 "당신이 머무는 곳에는 늘 구름의 기운이 있다"라고 말했다. 패현의 젊은이들이 유방의 전기적인 이야기를 듣고 그를 따르고자 몰려들었다.

진승이 반란을 일으킨 후 패현 현령이 두려워하자 옥리 조참(曹參)과 주리(主吏 : 공조功曹) 소하(蕭何)가 유방을 불러와 그로 하여금 사람들을 위협하게 하면 백성들이 감히 따르지 않을 수 없다고 말했다. 그러자 현령은 번쾌에게 유방을 찾아오도록 명했다. 그리하여 유방이 오자 패현 현령은 유방의 무리가 변고를 일으킬까 염려하여 성을 걸어 닫고 소하와 조참을 죽이려고 하였다. 유방은 비단에 글을 써서 성안으로 쏘아 패현 백성들에게 진나라의 폭정에 맞서 떨쳐 일어나자고 하였다. 그러자 백성들이 패현 현령을 죽이고 유방을 패현의 현령으로 삼고자 했다. 이리하여 사람들은 유방을 '패공(霸公)'이라 불렀다.

입관해 진나라를 멸하다

전국적으로 진나라에 대항하는 세력이 거대해지자 유방은 초나라 회왕에게 의탁했다. 항량이 죽은 후 회왕은 항우 등에게 북상하여 조나라를 구하도록 하고, 패공 유방에게는 서진하여 관중으로 들어가게 했다. 회왕은 장수들에게 먼저 들어가 관중을 평정하는 자를 관중의 왕으로 삼겠다고 약조했다. 유방이 계속 서진하여 성읍을 지날 때마다 항복하지 않은 자들이 없었다. 조고가 진나라 이세황제를 죽인 후 유방에게 사람을 보내 관중의 왕이 되도록 해주겠다고 설득했다. 유방은 속임수라고 생각하고 역생(酈生)과 육고를 시켜 유세를 하며 진나라 장수들을 설득하거나 금전으로 유혹하도록 했다. 또한 무관을 몰래 급습하여 함락했다.

유방은 감전(藍田)에서 진나라 군과 싸워 크게 승리했다. 그 여세를 몰아 유방이 군사를 이끌고 파상(灞上)에 이르니, 마침내 진나라 왕 자영이 투항했다. 유

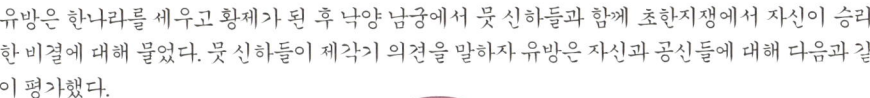

유방의 논공행상

유방은 한나라를 세우고 황제가 된 후 낙양 남궁에서 뭇 신하들과 함께 초한지쟁에서 자신이 승리한 비결에 대해 물었다. 뭇 신하들이 제각기 의견을 말하자 유방은 자신과 공신들에 대해 다음과 같이 평가했다.

제업(帝業)과 패업(霸業) : 초한지쟁은 사실 일종의 '제도 싸움'으로 볼 수 있다. 항우는 진나라를 멸망시킨 후 선진(先秦) 시대의 분봉제를 실시해 패업을 이루었다. 하지만 유방은 진나라가 만든 군현제에 따라 제업을 이루었다. 당시 대일통의 군현제야말로 역사의 대세였다. 제업이 패업을 이길 수밖에 없었다.

유방이 귀향해 「대풍가」를 부르다

항우는 진나라를 멸하고 금의환향하여 서초패왕이 되었고, 유방은 한나라를 세운 후 제후왕들의 반란을 진압하고 고향으로 다시 돌아가 고향 사람들 앞에서 맘껏 술을 마실 때 「대풍가」를 크게 불렀다.

대풍가(大風歌)
"큰 바람 일어나니 구름이 휘날리고, 위엄을 천하에 떨치고 고향에 돌아왔도다. 어찌하면 용사를 얻어 천하를 지킬 수 있을런가!"
"大風起兮雲飛揚, 威加海內兮歸故鄉, 安得猛士兮守四方!"

감상 : 항우의 「해하가(垓下歌)」가 실패자의 비애라면, 유방의 「대풍가」는 승리자의 비애이다. 유방은 자신의 행운과 지모로 천하는 얻었지만, 이성 제후들의 반란에 직면해서는 불안감과 공포에 휩싸일 수밖에 없었다. 이것이 바로 승리자의 비애였다.

방은 함양의 진나라 궁에 입성하였으나 번쾌와 장량의 건의를 받아들여 귀한 보물과 재화 창고를 봉쇄한 후 파상으로 철군했다. 그리고 각 현의 백성들에게 약법삼장(約法三章)*을 약조하여 백성들의 마음을 얻었다. 그리하여 백성들은 유방이 관중의 왕에 오르기를 간절히 기원했다.

한나라를 세우고 황제로 등극하다

홍문의 연 이후 항우는 스스로 서초패왕에 오르고 나서 유방을 한왕에 봉했다. 천하를 얻기 위해 유방은 동쪽으로 진군해 항우를 치기로 하니, 초한지쟁의 막이 올랐다. 비록 유방이 연전연패하였으나 결국에는 최후의 승자가 되었다. 제후들이 모두 한왕 유방을 황제로 옹립하자 유방은 사수(汜水) 북쪽에서 황제로 즉위했다.

천하를 평정한 후 유방은 낙양에 도읍을 정하고, 낙양 남궁에서 군신들에게 큰 주연을 베풀었다. 연회석상에서 유방이 군신들에게 자신의 성공 비결을 묻자 모두들 한 목소리로 유방을 찬양했다. 하지만 유방은 그들이 하나는 알고 둘은 모른다고 하며 자신은 지모에서는 장량을, 치국에서는 소하를, 싸움에서는 한신을 따르지 못했지만 그들을 부릴 수 있었기에 천하를 얻을 수 있었다고 말했다.

훗날 제나라 사람 누경(婁敬)이 관중에 들어가 도읍을 삼으라고 간언하고, 장량도 유방에게 이를 권유하자 유방은 관중으로 들어가 장안(長安)을 수도로 삼았다.

패현으로 금의환향하다

유방은 한나라를 세운 후 한신, 팽월, 경포 등 7명의 이성왕(異姓王)을 봉했는데, 그들은 연이어 반란을 일으켰다. 그리하여 유방은 군사를 거느리고 가 그들을 진압할 수밖에 없었다. 유방은 경포의 반란을 평정한 후 자신의 고향인 패현을 지나는 도중 패궁에서 주연을 열고 패현의 어른 및 젊은이들을 불러 마음껏

---

* 사람을 죽이면 사형에 처하고, 사람을 다치게 하거나 물건을 훔치면 죄질에 따라 처벌하고, 나머지는 진나라의 법령을 모두 없앨 것.

마시며 놀았다. 유방은 패현에서 어린이 120명을 선발하여 그들에게 노래를 부르게 했다. 술이 거나하게 취하자 유방은 축(筑)*을 울리며 노래를 불렀다.

"큰 바람 일어나니 구름이 휘날리고, 위엄을 천하에 떨치고 고향에 돌아왔도다. 어찌하면 용사를 얻어 천하를 지킬 수 있을런가!(大風起兮雲飛揚대풍기혜운비양, 威加海內兮歸故鄕위가해내혜귀고향, 安得猛士兮守四方!안득맹사혜수사방)"

어린이들에게도 모두 노래를 따라 부르게 하고, 유방이 일어나 춤을 추며 슬퍼 한탄하고, 가슴 아파하며 눈물을 흘렸다. 그리고 자신은 비록 관중에 있지만, 만년 뒤에라도 혼백은 여전히 패현을 좋아하고 그리워할 것이라고 말했다. 유방은 패현에서 3일을 더 머물고 떠날 때 패현의 부세를 면제해 주었다. 또한 패현의 백성들이 풍읍의 부세도 면제해 달라고 간곡히 부탁하니자 유방은 풍읍의 부세도 면제해주고 패후(沛侯) 유비(劉濞)를 오왕(吳王)으로 삼았다.

병상에서 훗날을 답하다

유방은 경포의 반란을 진압할 때 날아온 화살에 맞았지만 난을 평정한 후 돌아오는 도중에 병이 나았다. 장안에 돌아온 후 유방은 자신의 명이 얼마 남지 않았다는 것을 알고 의원을 물러나도록 했다. 여태후가 소하의 뒤를 이어 누가 재상에 오를 수 있느냐고 묻자 유방은 조참이라고 답했다. 여태후는 또 조참의 뒤를 이을 사람을 묻자 유방은 왕릉(王陵)이 적당하지만 그는 고지식하므로 진평이 그를 보좌해야 하고, 글재주가 모자라지만 점잖고 너그러운 주발(周勃)은 한나라를 안정시킬 인물이라며 태위(太尉)로 삼으라고 답했다. 여태후가 다시 그 다음을 묻자 유방은 그 다음은 여태후가 알 바가 아니라고 대답했다.

한왕 12년 4월 갑진일, 장락궁(長樂宮)에서 죽음을 맞은 유방은 장릉(長陵)에 안장되었다. 태자 유영(劉盈)이 즉위하니, 그가 바로 혜제(惠帝)였다. 유영과 대신들은 유방에게 고황제(高皇帝)라는 존호를 올렸다. 동시에 각 군과 각 나라의 제후에게 명을 내려 고조의 사당을 세우게 하고, 매년 때에 맞춰 제사를 올리도록 했다.

---

* 고대 중국 악기의 하나. 금(琴)과 같은 열세 줄의 현악기다.

10 여인천하의 첫 번째 주인공
여태후

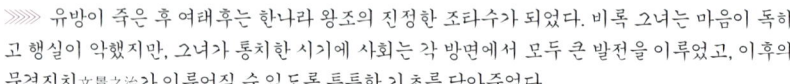

≫ 유방이 죽은 후 여태후는 한나라 왕조의 진정한 조타수가 되었다. 비록 그녀는 마음이 독하고 행실이 악했지만, 그녀가 통치한 시기에 사회는 각 방면에서 모두 큰 발전을 이루었고, 이후의 문경지치文景之治가 이루어질 수 있도록 튼튼한 기초를 닦아주었다.

젊은 시절의 어려움

여태후(呂太后)의 이름은 치(雉), 자는 아후(娥姁)이다. 아버지의 뜻에 따라 당시 사수의 정장이던 유방에게 시집을 갔다. 작은 벼슬아치의 부인으로서 여태후는 그 당시 밭을 갈고 베를 짤 수밖에 없었지만, 부모에게 효성스럽고 자식들을 돌보며 한 사람의 주부로서 책임을 다했다. 진나라 말기 천하가 큰 혼란에 빠지자 유방은 무리를 이끌고 패현에 들어가 패공으로 옹립되었다. 여태후는 여부인(呂夫人 : 여기서 부인은 제후의 아내라는 뜻)으로 존칭되었다. 유방이 한왕에 봉해졌을 때 여태후는 왕비가 되었다. 하지만 그녀는 평안한 나날을 보낼 수 없었다. 그녀는 초한지쟁 중에 포로로 잡혀 항우의 진영에서 괴롭힘과 능욕을 당하며 생사의 고비를 넘겨야 했다. 결국 유방이 항우를 이기고 한나라를 세우자 여태후도 마침내 고진감래의 달콤함을 맛보며 황후에 올랐다.

유씨를 주살하고 여씨를 중용하다

한나라 초기 이성 제후왕들이 연이어 반란을 일으키자 여태후는 유방의 현명한 내조자로서 유방이 한신, 팽월 등의 반란을 진압하고 한나라를 안정시킬 수 있도록 전심전력을 다했다. 유방이 죽은 후 여태후 소생의 아들인 유영이 황제에 등극하자 여태후는 가장 증오하던 유방의 총비 척부인(戚夫人)과 그녀의 아들 조왕

'철혈 여인' 여태후

여태후는 중국 역사에서 첫 번째로 유명한 여성 통치자이다. 그녀 자신의 섭정과 통치의 길을 닦기 위해 수단과 방법을 가리지 않았다.

여태후

1. 공신 제거 : 유방은 만년에 이성 제후왕들의 반란에 직면했다. 여태후는 정치 무대에서 유방을 도와 한신과 팽월을 제거했다. 바로 이러한 강경 수단으로 인해 유방이 죽은 후 뭇 대신들은 여태후를 모두 두려워하게 되었고, 여태후의 명이라면 모두 듣고 따랐다.

2. 유씨 제거 : 여태후는 자신의 권력을 공고히 하기 위해 유방의 세 아들 유여의, 유우(劉友), 유회(劉恢) 등을 차례로 죽였다. 여태후는 아들 혜제가 죽은 후 말을 듣지 않는 소제(少帝)*를 죽이자 유씨들은 감히 그 어떤 말도 하지 못했다.

3. 여씨 일족 득세 : 잔인한 수단으로 정적을 제거한 여태후는 유씨가 아니면 왕이 되지 못한다는 유방의 뜻을 깨뜨렸다. 여태후는 제멋대로 여씨 일족 중에서 여태(呂台)를 여왕(呂王)에, 여산(呂產)을 양왕에, 여통(呂通)을 연왕에, 여록(呂祿)을 조왕에 봉했다. 또한 여씨 여자들을 유씨 성의 왕들에게 시집을 보내 혼인관계를 맺으며 자신의 세력을 크게 확장시켰다.

사람 돼지(人彘) : 유방은 황제에 오른 후 특별히 척부인(戚夫人)을 총애했다. 척부인은 한동안 여태후 소생의 태자 유영을 폐위시키고, 자신의 아들인 유여의를 태자로 삼고자했다. 유방이 죽은 후 여태후는 가장 미워하던 척부인의 손발을 자르고, 눈알을 파버리고, 그녀의 귀를 불로 지지고, 벙어리가 되는 약을 먹여서 돼지우리에 살게 했으며 그녀를 '사람 돼지'라고 불렀다.

중국 역사의 3대 여주인

여태후로부터 시작되어 2천 년 간의 봉건제에서 수많은 여주인들이 생겨났다. 그녀들은 대다수가 잔인한 수단으로 권력을 차지했고, 일시적으로는 정권을 쥐락펴락했다.

	왕조	집권 기간	공적	과실
여태후	서한	16년	문경지치의 기초를 닦음	공신과 유씨들을 함부로 살육
무측천 (武則天)	당나라	21년	개원지치(開元之治)의 기초를 닦음	혹리를 임용해 이씨를 살해하고 남총을 총애함
자희태후 (慈禧太后)	청나라	48년	서방의 선진 기술을 배우자는 양무운동을 지지	청나라를 쇠락하게 함

* 어린 나이에 즉위했다가 폐위된 황제를 일컫는 말. 예를 들면 한나라 3대 황제 유공(劉恭), 4대 황제 유홍(劉弘)이 있다.

(趙王) 유여의(劉如意)를 죽였다. 혜제는 모친의 잔인함에 실망하여 술을 마시고 음란한 음악에 빠져 정사를 돌보지 않았다. 그러자 여태후가 권력을 독차지했다. 그 후 여태후는 유방의 남은 아들과 유씨의 충성스런 신하들을 제거했다. 혜제가 죽은 후 여태후는 유방이 정한 '유씨가 아니면 왕에 오를 수 없다'는 불문율을 깨뜨리고 여씨인 여산(呂産)과 여록(呂祿)을 왕에 봉했다. 여태후는 여씨 집안의 세력을 확장함으로써 자신의 통치를 보좌하게 했다. 심혈을 기울여 여씨 일족을 요직에 배치한 여태후는 마침내 그토록 바라마지 않던 한나라의 모든 권력을 장악했다.

여태후의 공적

유방이 죽은 후 한나라의 진정한 지배자는 여태후였다. 여태후가 통치한 기간 동안 한나라의 백성들은 전쟁의 고통에서 벗어나 농사에 전념하니 생활이 더욱 풍족해져 민생이 안정되었다. 무위의 정치를 편 여태후의 황로정책으로 천하가 편안하고 조용했다. 소하, 조참, 왕릉, 진평, 주발 등 개국 공신들을 중용하여 정치, 법제, 경제, 사상, 문화 등 각 방면에서 모두 큰 공적을 이루어 '문경지치(文景之治 : 한나라 문제와 경제의 치세)'의 기초를 튼튼히 닦았다. 이때 흉노의 묵돌선우는 여태후가 통치하는 한나라를 우습게보고 여태후에게 모욕적인 서신을 보내왔다. 여태후와 대신들은 매우 흥분하며 노여워했지만, 여태후는 사태를 냉정하게 판단하고 흉노와의 적대 관계를 우호 관계로 되돌렸다. 그러자 흉노는 스스로 결례를 부끄러워하며 한나라 조정에 사신을 보내 잘못을 인정했다.

기원전 180년, 여태후가 죽자 한나라 고조 유방의 능침인 장릉에 합장했다. 여태후가 죽고 나서 진평과 주발 등 대신들은 여씨 일족을 주살하고, 유방의 아들인 대(代)나라 왕 유항(劉恒)을 황제로 앉히니 그가 바로 한나라 문제(文帝)였다.

11 중국 역사의 1차 성세
문경지치

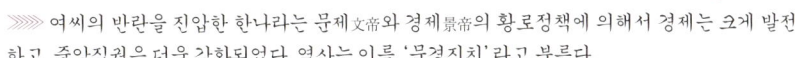

>>> 여씨의 반란을 진압한 한나라는 문제文帝와 경제景帝의 황로정책에 의해서 경제는 크게 발전하고, 중앙집권은 더욱 강화되었다. 역사는 이를 '문경지치'라고 부른다.

운이 좋은 황제

한나라 문제 유항(劉恒)은 유방의 넷째 아들이며, 어머니는 박희(薄姬)이다. 황제에 오르기 전 대왕(代王)이던 그는 모친과 더불어 대(代 : 수도는 하북성 울현蔚縣) 땅에 살았다. 주발과 진평은 여씨 일족을 주살한 후 대왕 유항을 황제로 옹립하기로 했다. 본래 황제가 될 수 없었던 유항은 뜻밖의 행운을 만나 기뻐 어쩔 줄 몰라 했으나, 여러 번 확인을 한 후에야 측근인 송창(宋昌), 장무(張武)를 데리고 장안으로 갔다.

미앙궁(未央宮 : 장안성 서남쪽에 있는 궁궐로 신하들이 천자를 알현하는 곳)에 입성한 유항은 송창을 위장군(衛將軍 : 수도 방위를 책임지는 벼슬)에 임명하여 궁궐을 수비하는 남군과 북군을 다스리게 했고, 장무를 낭중령(郎中令)으로 삼아 궁궐을 순시하게 했다. 정식으로 황제에 등극한 후 문제는 고황제 유방의 사당을 찾아 제를 올리고, 진평을 좌승상에, 주발을 우승상에, 관영(灌嬰)을 태위로 삼았다. 이전에 여씨 일족이 빼앗은 제나라와 초나라의 옛 땅은 제왕과 초왕에게 다시 돌려주었다.

덕치로 나라를 다스리다

한나라 문제는 즉위한 후 계속해서 백성들을 평안케 하였을 뿐만 아니라 부역을 가볍게 하고 부세를 낮추는 정책을 폈다. 두 차례에 걸쳐 전지(田地)의 조세를 30분의 1로 줄였다. 심지어 문제 20년에는 전국적으로 경지의 조세를 면제하여 농민의 부담을 크게 덜어 주었다. 그는 황제의 몸으로 친히 밭을 갈며 천하의 모범이 되었다. 이는 당시의 농업 생산력이 신속하게 회복되고 발전하는 데 큰 영향을 미쳤다. 한편 문제는 중앙집권제를 강화하기 위해 연이어 유흥거(劉興居)와 유장(劉長)의 반란을 진압하고, 남월과 흉노에 대해서는 유화책을 써서 그들과 화친하는 정책을 유지했다.

문제는 고조 유방의 정책에서 더 나아가 연좌제, 육형(肉刑 : 코를 베는 의형劓刑, 발을 자르는 비형剕刑, 거세하는 궁형宮刑 등의 체형)과 비방요언죄(誹謗妖言罪) 등 가혹한 형벌을 모두 폐지했다. 그는 사람을 알아보고 적재적소에 잘 썼고, 간언을 허심탄회하게 들을 줄 알았다. 가의(賈誼), 조조(晁錯), 장석지(張釋之), 주아부(周亞夫) 등을 발탁해 중용함으로써 문경성세(文景盛世)의 시대를 열었다.

검소함으로 나라를 일으키다

한나라 문제는 중국 역사상 가장 검소한 제왕 가운데 한 사람이었다. 그는 재위 중에 항상 솔선수범하여 궁궐, 원포(苑圃 : 동물을 기르는 동산), 수레, 어복(御服) 등을 매우 검소하게 관리했다. 한 번은 그가 노대(露臺 : 오늘날의 발코니)를 짓고 싶었는데, 중산층 열 집의 재산과 맞먹는 황금 1백 근이 든다는 것을 알고 조서를 내려 짓지 못하도록 했다. 그는 후장(厚葬)을 반대했기 때문에 능묘를 장안 부근의 파수(灞水) 근처에 조성하게 해 파릉(灞陵)이라 부르고, 산의 형세에 맞추어 동굴을 파게 하되 높지 않게 하고, 부장품은 모두 도기(陶器)로 하도록 했으며, 절대로 금은보화를 넣지 말도록 했다. 임종을 맞이해서 부인(夫人)* 이하의 궁녀는 모두 집에 돌아가 개가하도록 명했다. 기원전 157년, 문제가 장안 미앙궁에서 병사하자 그의 존호를 효문황제(孝文皇帝)라 하여 존숭하고, 그의 아들 유계(劉啓)가 제위를 이으니 그가 바로 한나라 경제였다.

---

* 당시 황제의 첩은 부인 이하로 미인(美人), 양인(良人), 팔자(八子), 칠자(七子), 장사(長使), 소사(少使) 등이 있었음.

문제가 유씨의 강산을 다시 빛다

여씨 일족이 주살된 후 한나라 문제 유항은 운이 좋아 황제에 올랐지만, 그는 유화정책으로 자신의 통치 기반을 다짐으로써 유씨 왕조를 더욱 빛나게 했다.

한나라 문제
이름 : 유항(劉恒)
재위 기간 : 기원전 180년 ~ 기원전 157년
능침 : 파릉(霸陵)

유씨 중용 : 유씨의 강산을 다시 빛기 위해 유수(劉遂)를 조왕(趙王)에, 유택(劉澤)을 연왕에, 유강(劉强)을 하남왕(河南王)에, 유장(劉章)을 성양왕(城陽王)에 봉했다. 황자 유계(劉啓)를 태자로 삼고, 황자 유무(劉武)를 양왕(梁王)에, 황자 유참(劉參)을 태원왕(太原王)에 봉했다.

조정 개조 : 문제는 공적의 크고 작음에 따라 여씨 일족을 주살하는 데 공을 세운 주발을 우승상으로, 진평을 좌승상으로, 권영을 태위로 삼았다. 그 후 공신들이 스스로 관직을 떠나니 새로운 황제의 용인술은 절묘하게 실현되었다.

병권 장악 : 문제는 대나라 땅에서 장안에 이르러 곧바로 송창과 장무에게 장안을 수비하는 남군과 북군의 병권을 주어 주발과 권영의 권력을 약화시켰다.

사람을 위한 정치를 편 문제

문제는 '문경지치'의 개창자로서 그가 실행한 수많은 인정(仁政)은 후세에 깊은 영향을 주었다. 후세 인들은 그를 '인애(仁愛)의 군주'라고 불렀다.

문제의 인정책

- **요역과 부세의 감경** : 두 차례에 걸쳐 경작지의 조세를 경감하는 한편, 문제 20년에는 전국적으로 부세를 면제해 농민들의 부담을 크게 줄여 주었다.

- **농업 중시** : 문제는 스스로 농업에 종사하며 천하의 모범이 되었는데, 이는 한나라의 농업 생산력을 빠르게 회복하고 발전시키는 추동력이 되었다.

- **중앙집권제의 강화** : 문제는 유흥거와 유장의 모반을 진압하고, 가의가 제안한 제후 분할 정책을 펴 국가의 통일을 공고히 했다.

- **지혜로운 변방정책** : 문제는 남월왕 조타(趙佗)를 달래고, 흉노와는 계속 화친정책을 펴 변방을 안정시켰다.

- **근검치국(勤儉治國)** : 문제는 엄격하게 자신을 단속하여 궁실, 원포, 거마, 어복을 매우 검소하게 관리했다. 소박한 장례를 치르도록 부장품은 전부 도기로 하고, 금과 은 등의 귀금속으로 장식하지 않도록 명했다.

- **육형의 폐지** : 문제는 백성의 잘못을 교화하기도 전에 형벌을 가하는 것은 옳지 않다면서 육형, 비방요언죄 등의 잔혹한 형벌을 폐지했다.

- **인재의 중용** : 문제는 인재를 적재적소에 등용한 후 허심탄회하게 간언을 받아들이는 한편 가의, 조조, 장석지, 주아부 같은 인재를 발탁해 문경성세의 시대를 열었다.

오초칠국의 난

한나라 문제가 죽은 후 둘째 아들 유계가 즉위하니, 그가 바로 경제이다. 경제 때 각지의 유씨 제후왕들이 할거하며 중앙집권의 영향력을 약화시켰다. 어사대부 조조(晁錯)는 경제에게 삭번책(削藩策)을 올려 제후왕의 봉토를 삭감하자고 하자 경제는 이를 받아들였다. 연이어 각종 죄명으로 초왕의 동해군(東海郡), 조왕의 상산군(常山郡), 교서왕(膠西王)의 여섯 개 현을 폐지하여 조정에 귀속시켰다.

한나라 조정이 오왕에게 번(藩)을 삭탈하겠다는 조서를 내리자, 오왕 유비는 곧바로 조정에서 보낸 2천 석 이하의 관원들을 죽여 버렸다. '청군측, 주조조(淸君側, 誅晁錯: 조조를 주살하여 황제 주변의 간신을 처단함)'의 기치를 내세우고 각 제후왕들에게 널리 알리니 교서왕 유앙(劉卬), 교동왕 유웅거(劉雄渠), 치천왕(淄川王) 유현(劉賢), 제남왕(濟南王) 유벽광(劉辟光), 초왕 유무(劉戊), 조왕 유수 등이 군사들을 이끌고 모반에 가담했다. 이리하여 오·초를 우두머리로 하는 '오초칠국(吳楚七國)의 난'이 일어났다.

유비는 난을 일으킨 후 곧장 20만 대군을 이끌고 서쪽으로 회수(淮水)를 건너 초나라 군과 합류하여 오초 연합군을 맺었다. 곧바로 군사를 서쪽으로 진군시켜 한나라 군사 1만 명을 죽이고 군세를 크게 떨쳤다. 양왕 유무(경제의 친동생)가 반란군과 맞섰으나 크게 대패했다. 반란 소식이 장안에 전해진 후 경제는 우선 조조를 죽이고 원앙(袁盎)을 보내 타일러보았지만, 오초 반란군은 군사를 거두지 않았다. 경제는 결국 무력으로 반란을 평정하기로 했다. 대장군 두영과 태위 주아부, 역기(酈寄), 난포(欒布) 등이 군사를 이끌고 가 오초칠국의 난을 평정하자 오왕 유비는 동월로 도망갔다가 피살되었다.

경제의 치세

오초칠국의 난을 평정한 후 경제는 제후들에게 일련의 조치를 단행해 제후국의 권력을 삭탈하거나 약화시킴으로써 중앙집권제를 더욱 공고히 했다. 정치적으로는 계속 황로정책을 펼치고, 경제적으로는 중농억상, 부세와 부역의 경감, 호족 세력을 약화시켜 사회경제적인 안정과 발전을 더욱 촉진시켰다. 그리하여

오초칠국의 난

한나라 경제 시기에 가장 중요한 사건은 오초칠국의 난이다. 오초칠국의 난을 평정한 것은 기본적으로 유방이 실행한 제후왕 제도의 병폐를 해결하고, 더 나아가 중앙집권제를 더욱 공고히 하였다.

발생 시기	한나라 경제 3년(기원전 154년)
칠국의 왕	오왕(吳王) 유비(劉濞) : 유비의 형 유중(劉仲)의 아들 초왕(楚王) 유무(劉戊) : 유방의 동생 유교(劉交)의 손자 조왕(趙王) 유수(劉遂) : 유방의 아들인 유우(劉友)의 아들 제남왕(濟南王) 유벽광(劉辟光) : 유방의 아들인 유비(劉肥)의 아들 치천왕(淄川王) 유현(劉賢) : 유방의 아들인 유비(劉肥)의 아들 교동왕(膠東王) 유웅거(劉雄渠) : 유방의 아들인 유비(劉肥)의 아들 교서왕(膠西王) 유앙(劉卬) : 유방의 아들인 유비(劉肥)의 아들

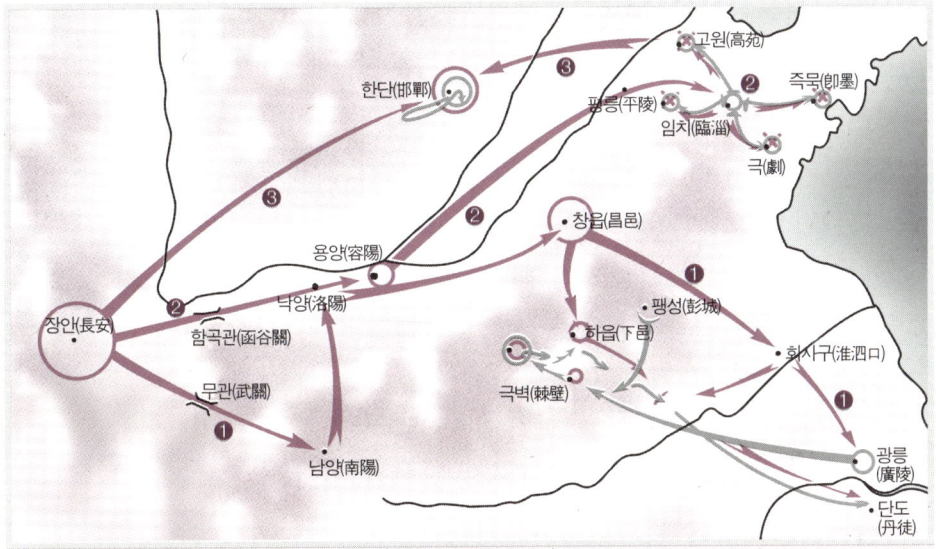

평정 과정

① **오초 전선** : 오왕과 초왕이 연합군을 형성해 서쪽으로 진군하다가 양(梁)나라(하남성 동부) 땅에서 대치하게 되었다. 한나라 장수 주아부가 요충지인 형양(滎陽)을 점령한 후 창읍(昌邑 : 산동성 금향金鄕 서북쪽)에 주둔했다. 이와 동시에 군대를 보내어 회사구(淮泗口 : 강소성 회음현淮陰縣 서쪽 사수에서 회수로 들어가는 입구)를 기습해 오왕 군대의 식량 보급로를 끊었다. 오초 연합군은 양나라를 공격하다가 상당한 손실을 입은 후 주아부의 주력 부대가 하읍(下邑 : 안휘성 탕산碭山)으로 진격하자 버티지 못하고 유곡(維谷)으로 후퇴하다가 군사를 거두고 서쪽으로 패주했다. 주아부는 여세를 몰아 계속 추격하여 오초 연합군을 대파했다. 초왕은 자살하고 오왕은 동월로 달아났다가 피살되었다.

② **제나라 전선** : 교서왕, 교동왕, 치천왕, 제남왕 등 네 명의 왕이 제나라의 임치(臨淄 : 산동성 광요현廣饒縣 남부에 있던 고대 도시를 3개월 동안이나 포위하였으나 함락시키지 못했다. 한나라 장수 난포가 군사를 이끌고 진격하자 교서왕, 교동왕, 치천왕, 제남왕 등은 자살하거나 사형을 당했다.

③ **조나라 전선** : 조왕 유수가 한단(邯鄲)을 견고하게 수비하자 한나라 장수 역기가 함락하지 못했다. 제나라 땅을 평정한 난포가 군사를 이끌고 역기와 공동으로 한단에 물을 끌어들여 공격하자 한단성은 무너지고 조왕 유수는 자살했다.

인구가 갑절로 늘고 백성들은 유복해졌으며, 국고는 점차 늘어났다. 경제 때 흉노는 매우 강성해져 호시탐탐 남하하여 한나라 땅을 침략해 노략질과 살육을 일삼으며 한나라의 통치를 크게 위협했다. 이때 한나라의 사회경제가 발전하여 흉노와 전쟁을 치르면 승리할 수 있었지만, 조건은 여전히 성숙되지 않았다.

이러한 상황 아래에서 경제는 흉노와의 화친을 위주로 군사력을 정비했는데, 매작령(賣爵令)과 독죄법(贖罪法)을 시행하여 대규모의 백성들을 변경으로 이주시켜 경작지를 개간하는 동시에 변경을 수비하는 병농 혼합의 군사제도를 조직했다. 이리하여 내지 백성들의 부역을 가볍게 하며 사회적인 안정을 이룰 수 있었다. 사실 이러한 노력은 모두 훗날 무제가 흉노의 침략에 맞설 수 있도록 대비한 사전 대비책이나 다름없었다. 문제와 경제 시기의 발전을 통해 경제의 통치 후기에 국고 안에 금전은 산처럼 쌓여 돈을 꿰맨 새끼줄이 모두 썩어문드러질 정도였다. 식량은 가득 차 노천에 쌓아놓아 어떤 것은 곰팡이가 슬어 부패했다. 이러한 성세를 후세인들은 문경지치라고 불렀다. 이는 한나라 무제가 웅대한 포부를 실현하는 데 물질적 토대를 제공해 주었다.

열한 번째 아들이 황위를 잇다

한나라 무제 유철(劉徹)은 경제의 열한 번째 아들이었다. 그에게 황제는 결코 도달할 수 없는 자리였지만, 도리어 역사의 우연은 그를 마침내 황제에 오르게 하여 한 시대의 웅주(雄主)로 만들었다. 그 주요 원인은 여자와 관계가 깊다. 우선 경제의 첫 번째 황후인 박황후(薄皇后)는 아이를 낳지 못해 총애를 받지 못했다. 그 다음 황장자(皇長子)인 유영(劉榮)의 모친 율희(栗姬)는 경제와 장공주(長公主:경제의 누이인 유표劉嫖)의 미움을 사 결국 황태자 유영은 폐위되고 말았다. 마지막으로 무제의 모친인 왕황후(王皇后)는 장공주의 환심을 사고 남몰래 아들을 태자로 옹립하기 위해 노력하여 경제의 총애를 받게 되었다. 이러한 황실 내부의 투쟁으로 교동왕 유철이 태자가 되었고, 경제가 죽고 나서 무제로 등극했다.

12 한 시대의 뛰어난 군주
한나라 무제

>>> 한나라 무제의 일생은 복잡하다. 그가 세운 공적은 한나라에만 영향을 미친 게 아니라, 모든 중국 민족의 발전에 큰 영향을 끼쳤다.

뛰어난 재능과 원대한 전략

무제는 경제의 제위를 이은 후 대내외적으로 한층 더 제후의 세력을 약화시켰다. 대신 주보언(主父偃)이 건의한 추은령(推恩令)을 반포하여 제후들에게 그 자식들을 후(侯)로 봉해 봉토를 나누어 주게 함으로써 자연스럽게 제후들의 봉지가 축소되도록 했다. 이를 통해 군사와 경제 측면에서 중앙집권을 더욱더 강화했다. 야철(冶鐵), 제염(製鹽), 양주(釀酒) 등 민간 경제를 모두 중앙에서 관리하는 동시에 제후국이 화폐를 주조하지 못하도록 해 지방의 재정권을 중앙에 귀속시켰다.

사상적으로는 '백가를 배척하고 유학만을 독존한다(罷黜百家, 獨尊儒術)'는 동중서(董仲舒)의 건의를 받아들여 유학이 중국에서 특수한 지위에 설 수 있는 길을 열었다. 그렇다고 무제가 법가 사상을 중시하지 않은 것은 아니었다. 그는 유학을 선양하는 동시에 법규와 형법으로 조정의 권위와 황제의 지위를 공고히 하였다. 때문에 후세인들은 무제의 통치를 '내법외유(內法外儒) 체제'라고 했으며, 무제를 '왕패도잡(王覇道雜)의 제왕'이라고 불렀다. 무제 때 가장 뚜렷한 특징은 대외적인 영토 확장이었다. 60여 년의 발전을 거친 한나라는 국내적으로도 상당히 부강해졌는데, 당시에도 북방의 강대한 흉노와 대치하고 있었다. 무제는 선왕들과는 달리 흉노에 대한 화친정책을 강경책으로 바꾸어 여러 차례 흉노 정벌 전쟁을 벌인 끝에, 마침내 강대한 흉노를 멸망의 길로 이끌었다.

이밖에 흉노를 정복하면서 여러 차례 서역으로 출병하여 실크로드를 개척했다. 그밖에 서남이와 조선을 정벌하여 한나라의 영토를 크게 넓혔다. 무제의 이러한 업적은 그가 핵심 인재들을 등용한 결과물이기도 하다. 그는 즉위 초기에 현량(賢良) 제도를 확립해 전국 각지의 인재를 찾아냈기 때문에, 한나라 무제 시기에는 인재가 흘러넘칠 정도였다. 바로 이러한 인재들의 보필을 받는 동시에 무제의 뛰어난 재능과 장대한 지략이 합쳐져 한나라의 웅장한 위엄을 크게 떨칠 수 있었다.

신선을 찾았으나 만나지 못하다

무제는 한편으로 유학을 치국평천하의 수단으로 삼았지만, 다른 한편으로는 신선을 찾아 불로장생약을 얻겠다는 망상에 휩싸였다. 그는 일생 동안 신선을 찾는 일에 몰두했고, 수많은 방사들을 총애했다. 우선 이소군(李少君)은 자신이 귀신을 쫓을 수 있고, 단사(丹沙)로 황금과 불로장생약을 제련할 수 있으며, 노인을 어린 아이로 되돌릴 수도 있다고 주장했다. 또한 동해상의 신선인 안기생(安期生)을 만났는데 그가 참외만한 대추를 주었다고 말했다. 그리하여 무제는 방사들을 동해로 보내 전설의 봉래산(蓬萊山 : 동해에 떠있다는 전설의 선산(仙山)과 안기생 등의 신선을 찾게 하고, 오랫동안 단사와 각종 약을 섞어 황금을 만들도록 했다. 훗날 이소옹(李少翁), 난대(欒大) 등의 방사들이 차례로 무제의 총애를 받았지만, 끝끝내 신선을 찾지는 못했다. 무제는 수많은 사람들을 보내 신선을 찾게 했으며, 반드시 신선을 만날 수 있을 것이라 맹신했다.

태산에서의 봉선의식

신선을 찾는 활동과 관련이 있는 게 바로 태산(泰山)에서의 봉선(封禪 : 하늘에 제사지내는 것은 봉, 땅에 제사지내는 것은 선)의식이다. 무제는 여러 차례 태산에서 봉선의식을 거행했는데, 황제 중에서 가장 많이 봉선을 올린 황제였다.

기원전 110년 3월, 무제는 18만 대군을 거느리고 장안을 출발하여 동쪽을 순시하던 중 태산으로 가 봉선의식을 거행했다. 이때 태산은 아직 초목이 무성하지

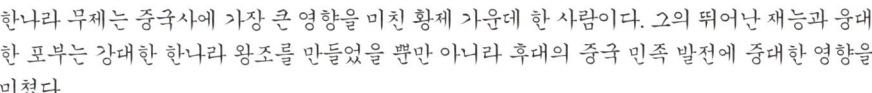

한나라 무제의 인물 분석

한나라 무제는 중국사에 가장 큰 영향을 미친 황제 가운데 한 사람이다. 그의 뛰어난 재능과 응대한 포부는 강대한 한나라 왕조를 만들었을 뿐만 아니라 후대의 중국 민족 발전에 중대한 영향을 미쳤다.

- **이름** : 유철(劉徹)
- **생존 기간** : 기원전 157년 ~ 기원전 87년
- **존호** : 무제
- **재위 기간** : 기원전 140년 ~ 기원전 87년
- **문치** : 중앙집권을 강화하고 유가사상을 정통사상으로 확립
- **무공** : 북쪽의 흉노를 정벌하고, 서쪽으로는 서역과 통하게 했으며, 남쪽으로는 남월을 평정
- **일생에서 가장 큰 업적** : 북방의 흉노를 멸망시킨 것
- **일생에서 가장 큰 실패** : 태자 유거(劉据)를 죽임
- **후대에 가장 칭송받은 일** : 지나친 대외 정벌, 귀신 숭상, 폭정 등 자신의 과오를 인정한 「윤대죄기소」를 반포함
- **능침** : 무릉(茂陵 : 섬서성 흥평현興平縣 동북쪽)

최초로 시도한 여섯 가지

역사적으로 '첫 번째'라는 수식어가 따라붙는 한나라 무제의 공적은 중국사에 큰 영향을 미쳤으며, 봉건사회의 발전과 공고화에 지대한 역할을 했다.

창조	→	영향
처음으로 유학을 중국의 사상과 문화로 통일	→	이로부터 유학이 역대 왕조의 정통 사상이 됨
처음으로 태학(太學)을 설립해 인재를 양성	→	이로부터 관학이 만들어져 훗날 과거제도의 기초가 됨
처음으로 영토를 확장	→	중국의 광활한 영토를 개척함
처음으로 서역로를 확보	→	실크로드를 개척해 서북 지역을 중국의 세력권으로 통일함
처음으로 황제의 연호와 기원을 사용	→	이로부터 황제의 연호와 기원이 2천 년 동안 계승됨
처음으로 자신의 과오를 비판함	→	'소선중흥(昭宣中興)'의 기초를 다짐

'금옥장교(金屋藏嬌)' : 이 고사 성어는 무제와 그의 첫 번째 황후인 진아교(陳阿嬌)의 어릴 적 일에서 유래한다. 진아교의 모친은 장공주(長公主)이다. 장공주는 태자 유영의 모친인 율희가 태자와 아교의 혼사를 반대하자 아교를 미래의 무제인 유철에게 시집보냈다. 유철은 당시에 아직 어렸지만, 아교를 부인으로 얻은 것은 '훌륭한 집에 미인을 감추어 두는(金屋藏嬌)' 격이었다. 이로 인해 장공주와 유철의 어머니인 왕부인은 지략을 발휘해 태자 유영을 폐위시키고 유철을 황제로 등극시키니 아교 역시 황후가 되었다. 하지만 아교는 훗날 매우 교만 방자해져 황후의 자리에서 폐위된 후 장문궁(長門宮)에 유폐되었다.

않은 시기였는데, 무제는 명을 내려 태산의 산봉우리에 비석을 세우라 하고 동쪽 해변에 이르렀다. 다시 4월이 되어 태산에 초목이 무성하자 무제는 태산으로 돌아가 양보산(梁父山 : 산동성 태안현太安縣 태산 아래의 작은 산)에서 지신에게 제사를 지냈다. 그 후 하늘에 제사를 지내기 위해 태산 아래의 동쪽에 9척 높이의 봉단(封壇)을 설치하고, 그 아래에 옥첩서(玉牒書 : 하늘에 고하는 문서)를 묻었다. 제사를 지낸 다음 태산에 올라가 하늘에 제사를 지냈다. 다음날 모든 일을 비밀에 부치고 하산하여 후토신(后土神)에게 제사를 지내는 의식과 똑같이 태산 동북쪽 기슭의 숙연산(肅然山)에서 지신에게 제사를 지냈다. 봉선이 끝난 후 무제가 태산 아래의 명당(明堂)에 앉자 여러 신하들이 천자의 만수무강을 빌었다. 봉선을 행한 해를 원정(元鼎)에서 원봉(元封 : 무제의 여섯 번째 연호, 기원전 110년 ~ 기원전 105년)으로 했다. 이후 무제는 거의 3년마다 태산에 와 한 차례의 봉선의식을 거행했다.

무제의 말년

무제는 만년에 해마다 흉노 정벌전쟁과 서역 개척을 행했고, 봉선의식과 신선을 찾는 제사 등으로 나라의 재정을 돌보지 않은 채 흥청거렸다. 이로 인해 백성들의 부역이 가중되고 세금이 더욱 높아져 유랑하는 농민이 대규모로 늘어났다. 결국 기원전 99년에는 제, 초, 연, 남양(南陽) 등지에서 농민 반란이 일어나기에 이르렀다. 그리하여 무제는 수레바퀴 아래에서 자신의 잘못을 인정하는 조서 「윤대죄기소(輪臺罪己詔)」를 반포했다.

기원전 88년, 무제는 화공을 불러 '주공이 성왕을 보필하는 그림(周公背成王朝諸侯圖)'를 그리게 한 후 대신 곽광(霍光)에게 보여주었다. 곽광으로 하여금 자신의 여섯째 아들 유불릉(劉弗陵)을 보좌해 제위를 이을 수 있도록 하자는 뜻이었다. 태자의 어머니인 구익부인(鉤弋夫人)이 여태후의 전횡을 되풀이할 것을 염려한 무제는 변명거리를 찾아 그녀를 사지로 몰아넣었다. 기원전 87년, 죽음을 맞이한 무제는 무릉(茂陵)에 안장되었다. 무제 이후 소제(昭帝)와 선제(宣帝)가 한나라 초기의 민생 안정책을 실시해 정치와 경제가 크게 개선되었다. 그리하여 한나라의 국력은 다시 부강해졌다.

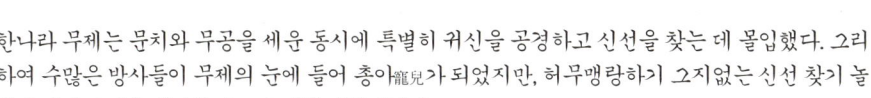

신선을 찾아다닌 한나라 무제와 방사들

한나라 무제는 문치와 무공을 세운 동시에 특별히 귀신을 공경하고 신선을 찾는 데 몰입했다. 그리하여 수많은 방사들이 무제의 눈에 들어 총애(寵愛)가 되었지만, 허무맹랑하기 그지없는 신선 찾기 놀음에 빠져 수많은 방사들이 그로인해 피살되었다.

한나라 무제

이소군: 이소군(李少君)은 장생불로의 방술로 무제의 신임을 얻고, 자신이 동해(東海)의 신선인 안기생(安期生: 고대의 전설적인 신선으로 1,000살이라고 전해짐)을 만났다고 하자 무제는 그를 보내 안기생을 찾도록 했다.

이소옹: 제나라 사람 이소옹(李少翁)은 귀신의 도에 정통해 무제를 알현했다. 당시는 무제가 가장 총애했던 왕부인(王夫人)이 세상을 떠난 뒤였다. 이소옹은 도술을 부려 밤에 왕부인의 영혼을 불러내어 무제와 만나도록 했다.

난대: 난대(欒大)는 무제에게 황금을 연금할 수 있고, 황하의 터진 둑도 막고, 불사약과 신선도 구할 수 있다고 말했다. 안기생, 선문고(羨門高) 등 동해의 신선들을 만났다고 허풍을 쳤다. 무제는 그를 오리장군(五利將軍)에 임명하고 4개의 금인(金印)을 하사했다. 난대는 늘 우의(羽衣 : 깃털로 만든 도사의 옷)을 입고 무제를 위해 신선이 왕림하도록 제사를 지냈다.

무제의 태산 봉선의식

무제의 인생 전반기는 주로 영토를 개척하느라고 바빴다. 그는 자신의 위대한 업적을 이루고, 인생 후반기에는 십여 차례나 태산에 가 여섯 차례의 봉선제를 올렸다. 역사상 봉선제를 가장 많이 올린 황제였다.

무제의 태산 봉선

무제의 태산 봉선의식 횟수

1차	원봉(元封) 원년(元年), 기원전 110년
2차	원봉 5년, 기원전 106년
3차	태초(太初) 3년, 기원전 102년
4차	천한(天漢) 3년, 기원전 98년
5차	태시(太始) 4년, 기원전 93년
6차	정화(征和) 4년, 기원전 89년

무제의 태산 봉선의식 유적

명당(明堂): 지금의 산동성 태안시(太安市)에서 동북쪽으로 15킬로미터 떨어진 곳에 위치한다. 작은 산 위에 높은 토대(土臺)가 설치되어 있고, 그 위에서 흙으로 단단히 쌓은 토담을 볼 수 있다. 비록 건축물은 완전히 없어졌지만, 여전히 한나라 시기의 태양무늬 전와(磚瓦 : 벽돌 기와)를 볼 수 있다.

한백(漢柏): 대묘(岱廟 : 태산의 사당)에서 동남쪽으로 위치한 한백원(漢柏院) 내에는 아직도 한백 다섯 그루가 있다. 무제가 봉선제를 거행할 때 친히 심은 것으로 전해지는데, 그로부터 2100년이 지났다. 이곳에는 원래 한백 여섯 그루가 있었는데, 그 중 한 그루는 중화민국 시기에 없어졌다.

무자비(無字碑): 태산의 최정상인 옥황궁(玉皇宮) 문 앞에 세워진 비석이다. 무제는 역대 제왕들이 태산에 자신의 비를 세운 것을 보고, 세상에서 가장 으뜸인 자신의 공적을 작은 돌비석으로는 표현할 수 없다고 생각했다. 그래서 태산의 정상으로 돌을 옮겨 와 더 이상 비건할 수 없는 자신의 위대한 공덕을 새겼다.

3장 세가世家

세상만사 모두 변하고
인물도 바뀌네

『사기』의 '세가世家' 30편은 측근 제후들의 역사로 춘추전국 시대의 제후, 한나라 초기의 외척, 종친 귀족, 개국 공신, 그리고 지성선사至聖先師 공자와 최초의 농민 봉기로 진나라를 망하게 한 진승 등에 관한 기록이다. 혼잡하고 무질서한 역사의 흐름 속에서 화려하게 등장한 춘추오패의 잇따른 굴기, 전국칠웅의 대권 투쟁, 천하를 떠돈 공자의 이상 국가 찾기, "왕후장상에 씨가 따로 있는가?"라고 부르짖은 진승, '장막 안에서 방책을 짜내 천리 밖의 승패를 결정한' 장량, 기인기모의 진평 등을 만나볼 수 있다.

3장 그림 목록

「세가」와 「본기」의 관계 149 | 오나라와 초나라의 백거전투 153 | 오나라 왕 부차와 주변 인물 155 | 제나라를 건국한 강태공 159 | 제나라 환공의 제패 과정 161 | 노나라는 예의 나라 165 | 연나라 소공을 칭송한 시 「감당」 167 | 인간 요물 '하희' 171 | 위나라의 군주 173 | 송나라의 시조 미자계 177 | 군주는 실없는 말을 하지 않는다 179 | 성복전투 181 | 초나라가 왕을 칭하다 185 | 초나라의 흥망사 187 | 나라를 되찾고 맹주가 된 구천 191 | 공신의 비극 193 | 장공의 소패 197 | 작은 패주 장공 227 | 조, 한, 위로 갈라진 진나라 201 | 중원의 패권을 다툰 조나라 203 | 위나라 문후의 개혁 207 | 한나라의 강성 211 | 전씨가 제나라를 차지한 과정 215 | 전씨 제나라의 흥망사 217 | 공자 파일 221 | 공자의 열국 주유도 223 | 공자와 육예 225 | 농민 반란을 이끈 진승 229 | 유방의 여자들 231 | 한나라 무제의 여인들 233 | 유방의 아들들 237 | 사냥꾼과 사냥개 241 | 육마일생의 삶을 산 조참 245 | 장량의 지략 249 | 진평의 기이한 계략 253 | 대를 이은 양대 공신 257 | 한나라 경제의 아들 261

01 제후들의 역사
「세가」란 무엇인가

>>> 『사기』의 세가 30권은 춘추전국 시대 각 나라의 역사와 한나라 초기 황제 주위의 종친과 공신들에 관한 기록이다. 때문에 그 시대의 중요 인물을 알 수 있는 좋은 사료일 뿐만 아니라 그 시대 가문의 흥망성쇠를 알게 해준다.

30권으로 구성된 「세가」

『사기』의 「세가」는 「본기」에 수록된 제왕들 외에 제후들에 관한 역사로 총 30편으로 구성되었으며, 대략 여섯 가지 유형으로 분류할 수 있다.

첫 번째 「오태백세가(吳太伯世家)」에서 「정세가(鄭世家)」까지 총 12편에는 주나라 초기에 분봉을 받은 제후들을 실었다. 두 번째 「조세가」에서 「전경중완세가(田敬仲完世家)」까지 총 4편에는 춘추전국 시대에 정권 찬탈을 통해 제후가 된 인물들을 실었다. 세 번째 「외척세가」부터 「제도왕세가(齊悼王世家)」, 「양효왕세가(梁孝王世家)」, 「삼왕세가(三王世家)」까지 총 7편에는 한나라 초기부터 한나라 무제까지 한나라 왕조의 황후 외척과 종친 귀족들을 실었다. 네 번째 「공자세가(孔子世家)」는 사마천이 공자를 칭송하여 특별히 「세가」에 넣었다. 다섯 번째 「진섭세가」는 처음으로 농민 봉기를 일으켜 진나라 멸망의 단초를 제공한 진승의 공로를 긍정하여 그를 「세가」에 넣었다. 여섯 번째 「소상국세가(簫相國世家)」에서 「강후주발세가(絳侯周勃世家)」까지 총 5편에는 한나라 초기의 개국 공신들을 실었다.

「세가」에 수록된 내용

「오태백세가」는 오태백이 오나라를 연 역사, 「제태공세가(齊太公世家)」는 태공망 여상(呂尙 : 강태공)으로부터 시작되는 제나라의 역사, 「노주공세가(魯周公世

「세가」와 「본기」의 관계

사마천이 저술한 『사기』의 다섯 체제 간에는 서로 깊은 관련성이 있다. 가령 「본기」와 「세가」는 서로를 보완하면서 완결되는데, 군주와 신하 간에도 서로를 도와가면서 완성된다는 의미를 담고 있다. 이것은 수레에서 바퀴살과 굴대의 관계와 비슷하다.

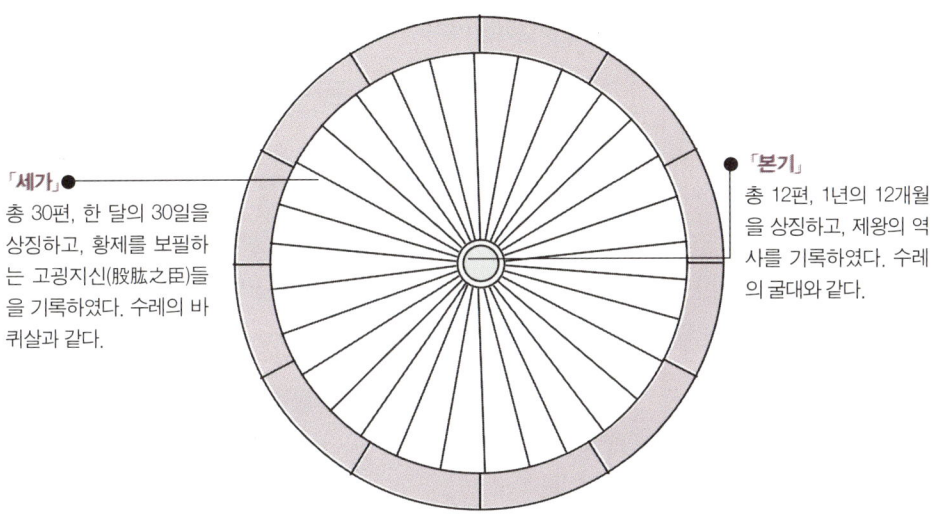

「세가」
총 30편, 한 달의 30일을 상징하고, 황제를 보필하는 고굉지신(股肱之臣)들을 기록하였다. 수레의 바퀴살과 같다.

「본기」
총 12편, 1년의 12개월을 상징하고, 제왕의 역사를 기록하였다. 수레의 굴대와 같다.

「세가」 30편의 분류

『사기』의 「세가」는 총 30편으로 구성되어 있다. 사마천이 3천 년의 역사에서 가장 대표성을 갖는 사람들로 분류한 것인데, 대략 여섯 가지 유형으로 나눌 수 있다.

분류	편목	내용
유형 1	「오태백세가」, 「제태공세가」, 「노주공세가(魯周公世家)」, 「연소공세가(燕召公世家)」, 「관채세가」, 「진기세가」, 「위강숙세가」, 「진세가」, 「초세가」, 「월왕구천세가」, 「정세가」	주나라 초기에 분봉을 받은 제후
유형 2	「조세가」, 「위(魏)세가」, 「한(韓)세가」, 「전경중완세가」	춘추전국 시대에 찬탈로 왕위에 오른 제후
유형 3	「외척세가」, 「초원왕세가」, 「형연세가(荊燕世家)」, 「제도혜왕세가」, 「양효왕세가」, 「오종세가(五宗世家)」, 「삼왕세가(三王世家)」	한나라 초기부터 무제까지의 외척과 종친
유형 4	「공자세가」	공자의 비범한 일생
유형 5	「진섭세가」	1차 농민 봉기를 이끈 진승
유형 6	「소상국세가」, 「조상국세가(曹相國世家)」, 「유후세가(留侯世家)」, 「진승상세가(陳丞相世家)」, 「강후주발세가」	한나라 초기의 개국공신

家)」는 주공 단이 연 노나라의 역사, 「정세가(鄭世家)」는 정나라 환공(桓公)이 연 정나라의 역사를 실었다. 「관채세가(管蔡世家)」는 관숙선(管叔鮮)과 채숙도(蔡叔度)가 연 채나라와 조(曹)나라의 역사, 「진기세가(陳杞世家)」는 순임금과 우왕 시대에 세워진 진(陳)나라와 기(杞)나라의 역사를 다루었다. 「위강숙세가(衛康叔世家)」는 위 강숙이 연 위(衛)나라의 역사, 「송미자세가(宋微子世家)」는 상나라 주왕의 서형(庶兄) 미자가 연 송나라의 역사를 실었다. 「진세가(晉世家)」는 당숙우로 시작된 진나라의 역사, 「초세가」는 웅역(熊繹)이 연 초나라의 역사, 「월왕구천세가」는 구천이 연 월나라의 역사를 다루었다. 「조(趙)세가」, 「위(魏)세가」, 「한(韓)세가」는 삼가분진(三家分晉 : 진晉나라가 조, 위, 한韓 세 나라로 분리)과 전국 시대에 조나라, 위나라, 한(韓)나라가 각각 어떻게 발전했는지를 다루었다. 「전경중완세가」는 전(田)씨가 제나라를 찬탈하고 전국 시대에 제나라를 어떻게 발전시켰는가를 다루었다. 「공자세가」는 공자의 일생을, 「진섭세가」는 1차 농민 봉기를 이끈 진섭을 다루었다. 「외척세가」는 한(漢)나라 왕후들의 역사, 「초원왕세가(楚元王世家)」는 유(劉)씨 자손의 역사를 다루었다. 「소상국세가」 등 5편은 한(漢)나라 종실을 보좌하는 데 공적을 세운 신하들을 다루었다.

02 | 성공과 실패를 거듭한 부차
오나라

>>> 중국 동남부에서 떨쳐 일어난 오吳나라는 춘추 시대 합려 때 초나라를 공략하고 월나라를 정벌하며 기세가 등등해 안하무인격이었다. 부차夫差는 오자서의 간언을 듣지 않고 북쪽으로 진출해 패권을 부르짖으며 월나라의 복수심을 망각하다 결국 월나라에게 망하고 말았다.

계찰이 나라를 양보하다

춘추전국 시대 오나라의 선조는 주나라 태왕(太王 : 고공단보古公亶父)의 아들 태백(太伯)이다. 태왕은 손자 희창(姬昌 : 훗날의 주나라 문왕文王)이 현명하다고 생각하여 그의 아버지인 계력(季歷 : 태왕의 셋째아들)에게 왕위를 물려주고 싶었다. 큰아들 태백과 둘째아들 중옹(仲雍)은 부친의 뜻을 알고 형만(荊蠻)으로 도망가서 스스로 '구오(句吳)'라 칭했고, 형만 사람들은 그를 왕으로 옹립했다. 19대 왕인 수몽(壽夢)에게는 제번(諸樊), 여제(餘祭), 여매(餘昧), 계찰(季札) 등 네 아들이 있었다. 수몽은 막내아들 계찰에게 왕위를 물려주려고 했지만, 계찰이 사양하여 큰아들 제번에게 물려주었다. 제번은 즉위 13년에 죽고 동생 여제에게 물려주었다. 이는 형제들이 차례대로 왕위에 올라 마침내 계찰도 왕이 되어야 아버지 수몽의 뜻을 받드는 것이라고 생각했기 때문이다. 왕 여제가 죽으니 여말이 잇고, 여말이 죽으며 동생 계찰에게 왕위를 물려주려고 했으나 계찰은 그마저도 사양하며 도망가고 말았다. 그리하여 여말의 아들 요(僚)가 왕위에 올랐다.

합려가 오나라 왕에 오르다

오나라 왕 요(僚 : 기원전 526년 ~ 기원전 515년 재위)가 왕위에 오른 후 초나라 사람 오자서가 집안의 한을 품고 오나라로 넘어왔다. 오자서는 공자 광(光 : 제번의 맏아들)에게 찬탈의 마음이 있다는 것을 알고, 그를 돕기 위해 자객 전제(專諸)를 천거했다. 공자 광은 초나라 정벌을 축하한다는 것을 구실삼아 오나라 왕 요를 연회에 초대했다. 그리고 전제로 하여금 구운 생선 뱃속에 비수를 숨기도록 했다. 전제는 구운 생선을 바치는 틈을 타 오나라 왕 요를 시해했다. 드디어 공자 광이 오나라 왕 합려로 등극했다. 합려는 오자서를 행인(行人 : 외무대신에 해당하는 관직)으로 삼아 국가의 대사를 맡겼다. 동시에 초나라에서 온 백비(伯嚭)를 대부로 삼고, 제나라 사람 손무(孫武)를 장군으로 임명했다. 이들의 보필로 합려는 천하패권의 길로 접어들기 시작했다.

초나라와 월나라를 정벌하다

오나라 왕 합려는 오자서와 손무의 보좌로 농업 생산이 크게 늘어 오나라의 정치력과 경제력, 군사력은 점점 더 커졌다. 기원전 506년, 합려는 채(蔡)나라, 당(唐)나라와 회동하여 초나라를 공격했는데, 다섯 번 싸워 다섯 번 이기며 초나라를 대파해 거의 10일 만에 초나라의 수도 영(郢 : 지금의 호북성 강릉시江陵市 서북쪽)을 점령했다.

이듬해, 월(越)나라 왕 윤상(允常)이 오나라에 쳐들어오자 합려는 몸소 출정하여 월나라 군을 크게 무찔렀다. 기원전 504년, 오나라 군이 다시 초나라를 정벌하자 초나라는 어쩔 수 없이 수도를 약(鄀 : 호북성 의성宜城 동남쪽)으로 옮겼다. 이로써 오나라는 중원에 위엄을 크게 떨쳤다. 기원전 496년, 합려가 다시 월나라로 출병하여 취리(檇李 : 절강성 가흥시嘉興市 남쪽)에서 전투를 벌였다. 월나라 대부 영고부(靈姑浮)는 고소(姑蘇 : 강서성 소주시蘇州市 서쪽)에서 오나라 군을 대파했고, 합려는 발가락이 잘리는 부상을 입었다. 결국 후퇴하던 합려는 도중에 병사했는데, 태자 부차(夫差)에게 왕위를 잇도록 명한 후 소주의 호구산(虎丘山)에 묻혔다.

부차가 월나라를 멸망시키다

오나라 왕 부차는 왕위에 올라 대부 백비를 태재(太宰 : 승상)로 임명하고, 오자서와 더불어 군사를 기르게 하여 월나라에 대한 복수를 한시도 잊지 않았다. 이듬

오나라와 초나라의 백거전투

오나라의 가장 찬란했던 역사는 바로 오나라 왕 합려가 초나라를 공격해 대승을 거두었을 때였다. 특히 초나라와의 백거전투(柏擧戰鬪)는 '동주(東周) 시기의 가장 큰 전투'로 불린다.

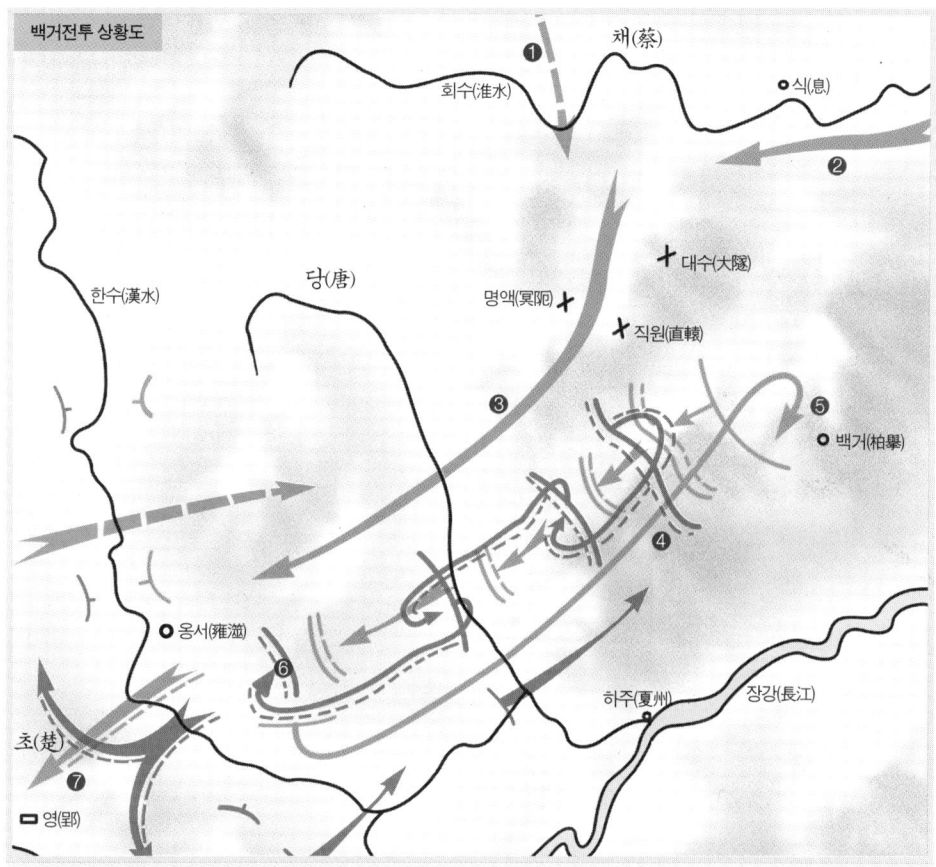

전투 개요

① 기원전 506년, 오나라는 초나라가 채나라를 공격한 것을 빌미로 초나라를 공격했다.
② 오, 채, 당 세 나라의 연합군은 회수(淮水)를 따라 기세등등하게 서쪽으로 진군했다.
③ 오나라는 배에서 육지로 상륙하자 서쪽에서 남쪽으로 방향을 틀어 초나라 북부의 대수(大隧), 직원(直轅), 명액(冥阨) 등 세 곳의 험난한 관문을 지나 곧바로 한수(漢水) 동쪽까지 내달았다.
④ 초나라의 영윤(令尹) 낭와(囊瓦)가 군대를 이끌고 한수를 건너오자 오나라 군은 겉으로는 패한 척하며 백거로 후퇴했다.
⑤ 오나라와 초나라 간의 백거전투에서 초나라가 대패했다.
⑥ 오나라 군은 초나라 군을 쫓으며 다섯 번 싸워 연전연승했다.
⑦ 오나라 군이 초나라 수도 영을 점령하자 초나라 소왕(昭王)은 운(隕)현으로 도망갔다.

군사 비교표

국명	오나라	초나라
군주	합려	소왕
장수	손무 오자서	낭와 심윤수(沈尹戌)
군사	5만	20만

3장 | 세상만사 변하고 인물도 바뀌네 | 153

해, 부차는 전 병력을 동원하여 월나라를 공격했고, 부초(夫椒)에서 월나라를 대파함으로써 고소에서 부친 합려가 받은 치욕을 되갚았다. 월나라 왕 구천(句踐)은 5천의 병사를 이끌고 회계산(會稽山 : 절강성 소흥현紹興縣 동남쪽)으로 물러난 후 대부 문종(文種)을 보내 오나라 태재 백비를 통해 오나라에 화친을 구하도록 했다. 월나라의 정치를 오나라에게 맡기고, 월나라 사람들은 몸을 낮춰 노예가 되겠다는 게 화친의 조건이었다. 오자서는 구천이 능히 치욕을 견디니 그를 제거하지 않으면 훗날 크게 후회할 것이라고 부차에게 간언했다. 하지만 부차는 그 말을 듣지 않았고, 백비의 말대로 월나라와 화친의 맹약을 맺은 후 군사를 철수시켰다.

북쪽에서 패권을 다투다

오나라 왕 부차는 월나라를 멸한 후 북쪽의 제나라 경공(景公)이 죽고 나서 대신들이 정권을 다투고, 새로운 제나라 왕은 나이가 어리다는 소식을 듣자 제나라를 정벌하려고 했다. 오자서는 우선 월나라 문제부터 해결하도록 간언했지만, 부차는 그 말을 듣지 않고 제나라를 공격해 애릉(艾陵)에서 제나라를 크게 무찔렀다. 나중에는 추(騶)나라를 위해 노나라까지 공격했다. 이때 월나라 왕 구천은 이미 오나라를 정벌할 준비를 마쳤다. 오자서는 재차 간언했지만 부차가 듣지 않자 자결하고 말았다.

부차는 북상하여 황지(黃池)에서 여러 제후들과 회맹을 갖고 진(晉)나라와 패권 다툼을 벌였다. 이때를 틈타 구천은 오나라의 태자 우(友)를 포로로 잡고 오나라 수도로 진격했다. 부차는 이 소식을 애써 감추고 진(晉)나라 정공(定公)과 맹주 자리를 놓고 다투었다. 부차는 자신이 주태백(周太伯)의 후예 중 가장 연장자라고 생각한 반면, 정공은 자신이 제후들의 맹주라 여기면서 자신의 지위가 가장 존귀하다고 생각했다. 논쟁의 끝이 나지 않자 마침내 진나라의 조앙(趙鞅)이 화를 내고 오나라를 공격하겠다고 했다. 그때서야 마침내 정공이 패주(覇主)가 되었다. 부차는 다시 송나라를 정벌하고 싶었으나 백비가 송나라의 풍토와 풍습이 달라 "이길 수는 있지만 지킬 수 없다"고 간언하자 부차는 일리가 있다며 군사를 이끌고 돌아왔다.

오나라 왕 부차와 주변 인물

오나라의 마지막 왕인 부차는 재위 기간 동안 연이은 선택의 기로에 섰지만, 마지막에 잘못된 선택을 하는 바람에 어려운 형세를 만회할 길이 없었다.

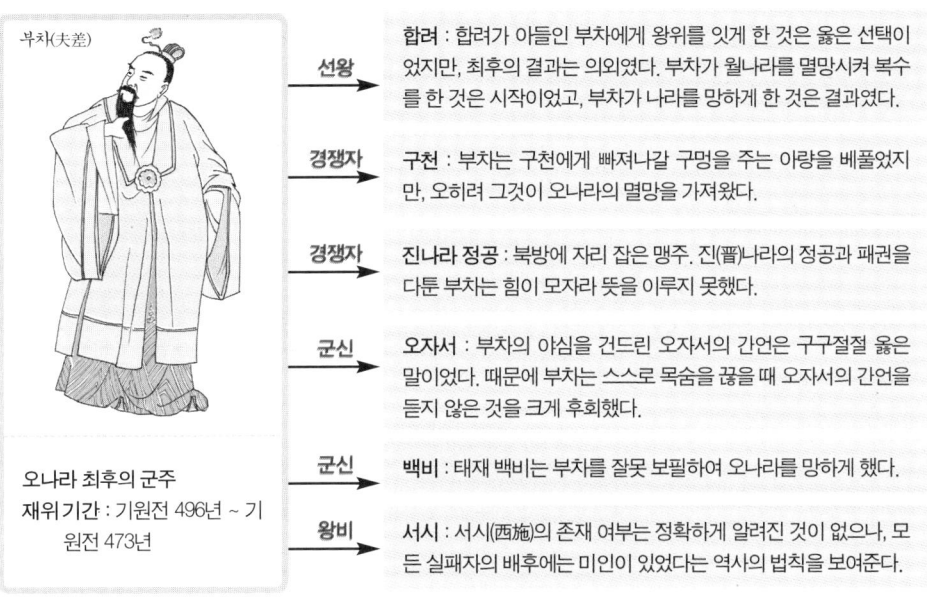

부차(夫差)

오나라 최후의 군주
재위기간 : 기원전 496년 ~ 기원전 473년

- 선왕 → 합려 : 합려가 아들인 부차에게 왕위를 잇게 한 것은 옳은 선택이었지만, 최후의 결과는 의외였다. 부차가 월나라를 멸망시켜 복수를 한 것은 시작이었고, 부차가 나라를 망하게 한 것은 결과였다.
- 경쟁자 → 구천 : 부차는 구천에게 빠져나갈 구멍을 주는 아량을 베풀었지만, 오히려 그것이 오나라의 멸망을 가져왔다.
- 경쟁자 → 진나라 정공 : 북방에 자리 잡은 맹주. 진(晉)나라의 정공과 패권을 다툰 부차는 힘이 모자라 뜻을 이루지 못했다.
- 군신 → 오자서 : 부차의 야심을 건드린 오자서의 간언은 구구절절 옳은 말이었다. 때문에 부차는 스스로 목숨을 끊을 때 오자서의 간언을 듣지 않은 것을 크게 후회했다.
- 군신 → 백비 : 태재 백비는 부차를 잘못 보필하여 오나라를 망하게 했다.
- 왕비 → 서시 : 서시(西施)의 존재 여부는 정확하게 알려진 것이 없으나, 모든 실패자의 배후에는 미인이 있었다는 역사의 법칙을 보여준다.

호구(虎丘) : 강소성 소주시(蘇州市) 서북쪽에 자리 잡은 오나라 왕 합려의 장례지다. 전설에 따르면 장례를 치르고 3일 후 백호가 나타나서 호구라는 이름이 붙여졌다고 한다. 가장 유명한 곳은 '검지(劍池)'인데, 그 안에는 보검 3천 자루가 합려의 묘에 묻혀 있다고 한다.

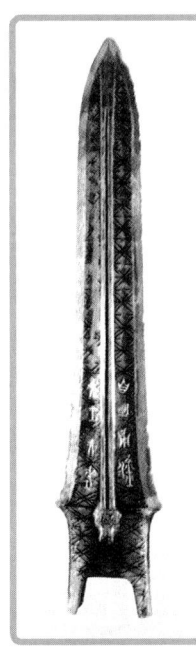

오나라 왕 부차의 창(矛) : 1983년, 호북성 강릉 마산(馬山) 5호묘에서 완벽한 모습으로 출토된 새로운 청동 병기다. 표면에는 흑색인 미(米)자 형태의 암화(暗花)가 장식되어 있고, '오왕부차자작용모(吳王夫差自作用矛)'라는 문장이 새겨져 있다.

오나라의 멸망

부차가 오나라에 돌아왔을 때 태자는 이미 월나라에 포로로 잡혔고, 국내는 텅 비어 있었다. 부차 자신 또한 너무 오랫동안 나라를 떠나 있었고, 병사들은 피로가 극에 달해 있었다. 부차는 할 수 없이 사신에게 진귀한 보물을 딸려 보내며 월나라와의 화친을 도모했다. 하지만 이미 예전보다 더 강대해진 월나라 왕 구천은 부차의 화친 제의를 거절했다. 기원전 473년, 구천은 재차 오나라를 정벌해 철저하게 파괴했다. 마침내 구천은 부차에게 100호(戶)의 민가를 주며 용동(甬東 : 절강성 주산도 舟山島)에 가서 살게 했다. 부차는 구천의 제의를 거절한 후 오자서의 간언을 듣지 않아 오늘날의 처참한 지경에 이르렀다고 후회하며 스스로 목숨을 끊었다. 이로써 오나라는 멸망했고, 구천은 오나라의 태재 백비가 부차를 잘못 보필했다는 이유로 처형한 후 군사를 돌려 회군했다.

03 | 강태공의 후예들
제나라

>>>> 강자아姜子牙가 세운 제齊나라는 춘추전국 시대 환공 때 제후들의 맹주로 우뚝 섰다. 춘추오패의 첫 번째 주자가 바로 환공이다. 환공 이후 제나라는 쇠락하다가 마침내 전씨田氏가 강씨들의 제나라를 대신하니 강씨의 제사가 끊어졌다.

강태공이 제나라를 세우다

제나라를 세운 사람은 주나라 무왕을 보좌하여 상나라 주왕을 토벌한 강태공 여상(呂尙)이다. 주나라가 세워진 후 무왕은 천하를 분봉했는데, 여상은 자신의 영지인 제나라의 영구(營丘 : 산동성 임치현臨淄縣)에 이르렀다. 태공은 자신의 영지에 온 후 내후(萊侯)가 침공해 오자 영구를 놓고 내나라와 다투었다. 내나라 사람들은 이족(夷族)으로, 당시는 주나라 왕조가 막 세워져 먼 나라의 부족들까지 안정시키지 못했기 때문에 강태공의 제나라를 침범했지만 곧바로 강태공에게 패했다. 그 후 강태공은 정치를 안정시키고, 그 지역의 풍속을 따르며 의례를 간소화했다. 상공업을 장려하는 외에 어업과 제염을 크게 일으키자 많은 백성들이 제나라로 몰려들었다. 주나라 성왕은 즉위한 후 강태공에게 천자를 대신해 각 나라를 징벌할 권력을 주었다. 이로써 제나라는 영구를 도읍으로 삼아 대국으로 발돋움할 수 있었다.

양공이 패륜을 저지르다

춘추 시대 제나라 양공(襄公 : 기원전 697년 ~ 기원전 686년 재위)에게는 두 명의 배다른 여동생 선강(宣姜)과 문강(文姜)이 있었는데, 선강은 위나라 선공(宣公)에게, 문강은 노나라 환공(桓公)에게 시집을 보냈다. 양공은 어릴 적부터 두 여동생과 허물없이 친하게 지내다 사통을 하고 말았다. 양공이 재위에 오른 지 4년 만에 환공과 문강이 제나라에 오자 양공과 문강은 다시 옛 정이 살아나 성적 환희를 즐겼다. 환공은 그것을 알고 화가 치밀었지만 제나라에 머물고 있었기 때문에 참을 수밖에 없었다. 양공은 여동생과의 일이 알려질 것을 두려워한 나머지 노나라로 돌아가던 환공을 죽이고 말았다. 문강은 노나라로 돌아갈 면목도 없고, 그렇다고 제나라에 머물 수도 없었기 때문에 하는 수 없이 노나라와 제나라의 중간 지점인 종로(終老)에 머물렀다.

양공은 대부 연칭(連稱) 등을 규구(葵丘)에 보내 지키게 했다. 그런데 양공이 오이가 익을 무렵에 교대시켜 준다는 약속을 지키지 않자 연칭은 이를 참지 못해 공손무지(公孫無知 : 양공의 사촌 형제)와 결탁하여 양공을 살해했고, 공손무지가 제나라 왕에 올랐다.

제나라 환공이 왕위를 잇다

기원전 685년, 제나라 군주 공손무지가 옹림(雍林)에서 피살되었는데, 당시 노나라로 망명한 공자 규(糾)와 거(莒)나라로 망명한 공자 소백(小白)은 모두 제나라로 돌아와 왕위를 다툴 태세였다. 공자 규의 책사인 관중(管仲 : ?~ 기원전 645년)은 병사들을 거느리고 길목을 지키고 있다가 공자 소백에게 화살을 쏘았으나 소백의 허리띠 장식을 맞추었다. 하지만 관중은 소백이 죽은 것으로 알고 공자 규의 귀국을 서두르지 않는 바람에 6일 만에 제나라 국경에 닿았다. 이때 공자 소백은 이미 임치에 이르러 조정의 대신들이 그를 왕으로 옹립하니, 그가 바로 제나라 환공이다. 소백은 즉위한 후 노나라와 건시(乾時)에서 전투를 벌여 노나라 군을 대파했다. 제나라의 보복을 두려워한 노나라 장공(莊公)은 공자 규를 죽이고 제나라와 화친을 맺었다.

제나라 환공이 패권정치를 시작하다

제나라 환공은 포숙아(鮑叔牙)의 간언을 받아들여 공자 규의 책사였던 관중을 등용했다. 관중은 역시 나라를 다스릴만한 인재였다. 환공은 관중, 포숙아, 습붕

제나라를 건국한 강태공

강자아(강태공)는 중국 문화의 신화적인 인물로 그려지고 있으며, 제나라를 세우고 춘추전국 시대라는 역사의 무대 위에 선 주인공이 되었다.

강자아(姜子牙)

제나라

성은 강(姜)이고, 씨는 여(呂), 자는 자아(子牙), 호는 비웅(飛熊)이다. 본명은 강상(姜尙)이며, 그의 선조가 여(呂)나라에 봉해졌기 때문에 여상(呂尙)으로도 불린다. 그는 주나라 문왕과 함께 상나라를 기울게 하고, 주나라 무왕과 더불어 상나라를 무너뜨린 뛰어난 책사이자 서주의 개국공신이다. 제나라의 건국자이자 제나라 문화의 창시자이기도 하다. 고대 중국에 큰 영향을 미친『육도(六韜)·삼략(三略)』의 저술자이자 군사가, 정치가였다.

강자아가 제나라를 세울 때 주공 단이 그에게 이웃나라들을 정벌한 권력을 줌으로써 제나라는 동방의 대국이 되었다. 춘추 시대에 제나라 환공은 아홉 제후들과 회맹하여 춘추 오패의 첫 번째 맹주가 되었다. 전국 시대에는 강씨의 제나라가 전씨의 제나라로 바뀌었고, 이 시기에 제나라는 전국칠웅의 하나가 되었다.

제나라 환공과 관중

제나라는 환공 시기에 강성해졌고, 환공은 제후들의 맹주가 되었다. 이는 후세에 칭송을 받고 있는 명재상 관중과 불가분의 관계가 있는데, 환공과 관중 두 사람이 서로 힘을 합쳐 제나라를 부강한 나라로 만들었기 때문이다.

환공

+

관중

내정 : 전국의 행정 구역을 다섯 가구를 기초로 하는 군사행정 편제로 재편하여 관리들을 감독했다. 경서로 유능한 사람들을 주도면밀하게 선발하는 제도를 두었다. 토지에 따라 세금을 거두고 귀족들의 사유재산을 금지하는 한편 염철업(鹽鐵業)을 발전시키고 화폐를 주조했으며, 물가를 조절했다.

외교 : 존왕양이(尊王攘夷)를 외치며 제후들과 회맹하여 맹약을 맺고 주나라 왕실의 지위를 보호했다. 북방의 이웃나라와 연합하여 산융족(山戎族)의 남침에 맞서 싸웠다.

3장 | 세상만사 변하고 인물도 바뀌네

(隰朋), 고혜(高傒)의 보좌를 기반으로 국정을 돌보는 데 전념했다. 그리하여 오가연병제(五家連兵制)*을 두는 동시에 상업·어업·제염업을 발전시키며 백성들의 삶을 넉넉하게 하고, 유능한 인재들을 등용하여 우대하니 제나라의 만백성들이 기뻐했다. 이러한 환공의 개혁으로 제나라의 국력은 날로 강성해졌고, 마침내 환공은 천하패권의 길을 만천하에 공표했다.

환공은 우선 이전에 빼앗은 노나라, 연나라 등의 땅을 돌려주며 이웃나라와 친하게 지냈다. 기원전 681년, 환공은 송, 진(陳), 채(蔡), 주(邾 : 산동성 추현鄒縣에 있었는데 전국 시대에 '추鄒'로 고침) 등과 견(甄 : 산동성 견성현甄城縣 서북쪽)에서 회맹을 갖고 역사상 처음으로 제후의 맹주 자리에 올랐다.

훗날 제나라는 연나라를 도와 산융족을 정벌하는 한편 7국과 연합하여 초나라를 공격해 주나라 왕실의 내란을 해결했다. 기원전 651년, 환공은 송나라의 규구에서 제후들과 회맹하여 천자의 사자를 받아들이고 맹약을 맺었는데, 이것이 제나라 환공의 마지막 회합이었다. 이러한 제후들 간의 회맹이 전쟁을 위한 세 차례의 회맹, 그리고 평화를 위한 여섯 차례의 회맹이 있었기에 역사에서는 이를 '구합제후(九合諸侯)'라고 한다. 재위 만년에 환공은 관중이 임종하면서 올린 간언을 듣지 않고 소인들을 신임했기 때문에, 환공이 죽은 후에 내란이 일어나면서 제나라는 서서히 기울기 시작했다.

최서와 경봉의 난

제나라 장공(莊公)은 대부 최서(崔杼)의 처와 간통하여 수시로 최서의 집에 드나들었다. 심지어는 최서의 관을 다른 사람에게 상으로 주기까지 했다. 최서는 매우 분노하여 병을 핑계로 조회에 나가지 않았다. 그 일로 장공이 병문안을 가서도 최서의 처와 즐기려고 하자 최서의 무사들이 몰려와 장공을 시해했다. 그리하여 최서가 장공의 이복동생인 저구(杵臼)를 옹립하니 그가 바로 제나라 경공(齊景公)이다.

---

* 다섯 가구를 기초로 군과 민을 결합한 기초 군사행정 제도를 말함.

제나라 환공의 제패 과정

제나라 환공은 춘추 시대 첫 번째 맹주로서 그가 이룬 패업의 길은 후세 사람들이 서로 모방하려고 했던 춘추 시대의 모범이었다.

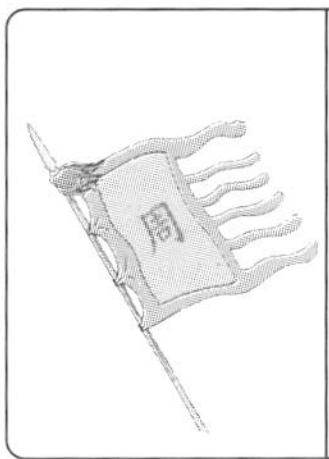

동주(東周) 주나라 양왕(襄王)의 동생(희대姬帶)이 융족과 적족(翟族)을 끌어들여 주나라를 습격하자 환공은 관중을 보내 융족의 난을 평정했다.

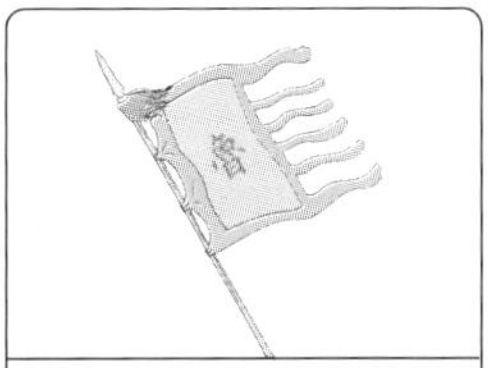

노나라 제나라 환공은 노나라를 공격해 노나라 땅을 점령했지만, 훗날 노나라에 다시 돌려주었다. 제후들은 이 소식을 들은 후 모두 제나라로 귀순했다.

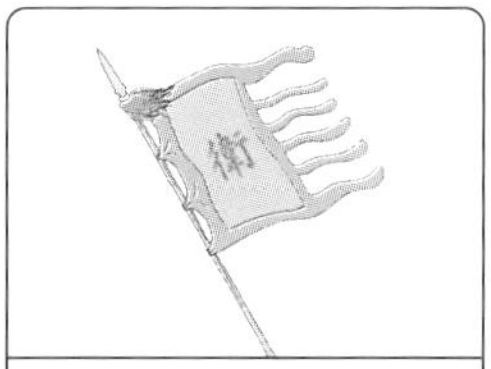

위(衛)나라 위나라 문공(文公)이 적(狄)인들의 침략을 받고 제나라에 구원을 요청하자 환공은 초구(楚丘)에서 성을 쌓고 위나라 군주를 보호했다.

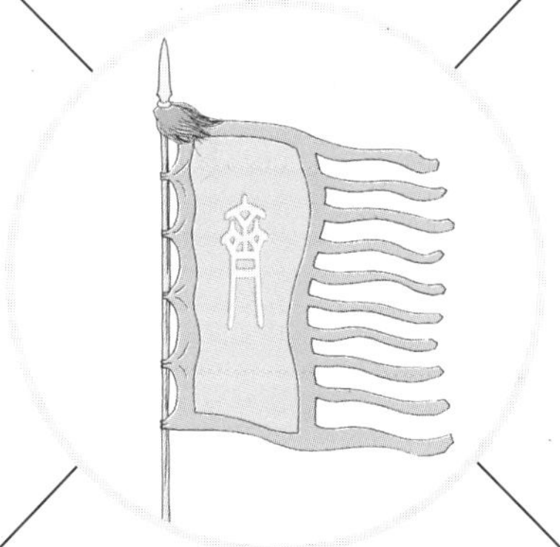

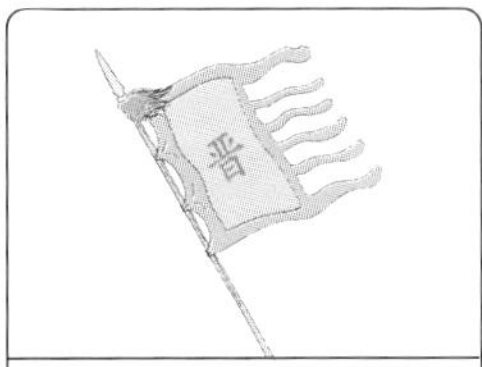

진(晉)나라 진나라 헌공(獻公)이 죽은 후 진나라에 내란이 일어나자 환공은 진나라의 내란을 평정하고 진나라 공자 중이(重耳)를 문공(文公)으로 옹립했다.

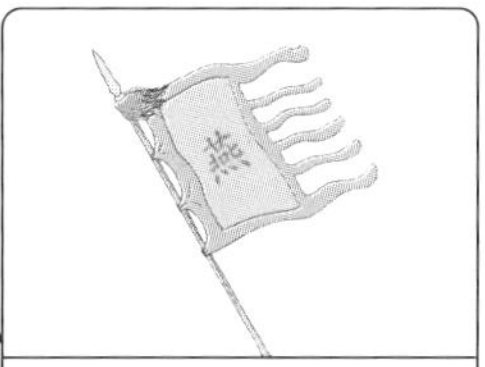

초나라 초나라가 주나라 천자에게 공물을 바치지 않자 환공이 제후들을 이끌고 초나라를 공격한 후 소릉(召陵)에서 맹약을 맺고 초나라를 굴복시켰다.

연나라 산융의 침입을 받은 연나라가 제나라에 구원을 요청하자 환공은 군사를 보내 산융을 토벌하고 연나라 왕에게 선조들처럼 주나라 천자에게 공물을 바치도록 했다.

규구 회맹 : 기원전 651년, 제나라 환공이 규구(葵丘 : 지금의 하남성 난고현蘭考縣)에서 노(魯), 송(宋), 위(衛), 정(鄭), 허(許), 조(曹) 등과 회맹하여 맹약을 맺자 주나라 천자는 사자를 보내 제나라 환공이 맹주임을 인정하고, 평화 외교를 통해 경제를 발전시켜 각 나라 백성들의 생활을 안정시키도록 했다.

경공은 즉위한 후 최서를 우승상, 경봉(慶封)을 좌승상으로 삼았다. 최서의 집안에 내분이 일어나자 최서는 경봉에게 도움을 청했는데, 오히려 경봉은 최서의 집안을 멸족시켰다. 오갈 데가 없어진 최서는 스스로 목숨을 끊었고, 권력을 독차지한 경봉은 전횡을 일삼았다. 어느 날 경봉이 사냥하러 간 틈을 타 전(田), 포(鮑), 고(高), 난(欒)씨의 네 가문이 연합하여 경씨 일족을 멸했다. 제나라 사람들은 장공을 안장하고, 최서의 시체를 저자거리에 내걸어 백성들의 분노를 달랬다.

전씨가 제나라를 찬탈하다

제나라 간공(簡公 : 재위 기원전 484년 ~ 기원전 481년) 시기에는 사실상 전(田)씨들에 의해 통치되었고, 전상(田常)은 이 기회를 틈타 간공을 시해했다. 전상은 간공의 동생 오(鶩)를 왕으로 옹립하니, 그가 바로 제나라 평공(平公)이다. 평공이 즉위하자 전상은 재상이 되어 제나라의 왕권을 쥐락펴락하고, 안평(安平) 동쪽의 광대한 땅을 전씨의 봉읍으로 차지했다. 기원전 403년, 한(韓), 조(趙), 위(魏) 세 가문이 진(晉)나라를 셋으로 쪼개 제후의 열에 끼어들었다. 기원전 386년, 전상의 증손자 전화(田和)가 제후가 되어 제나라 강공(康公)을 변방으로 유배를 보냈다. 기원전 379년, 강공이 죽자 여씨(呂氏 : 즉 강씨)의 제사가 끊기고 전씨가 강태공의 제나라를 차지했다.

04 주공 단의 자손들
노나라

>>> 노魯나라 주공 때부터 노나라가 멸망한 경공頃公 때까지를 계산하면 34대이다. 춘추전국 시대에 제후들이 패권을 다투는 와중에도 노나라는 시종일관 대국의 길을 걷지 않다가 강대국 초나라에 의해 멸망당하고 말았다.

노공 백금

노나라의 선조는 주공 단인데, 그는 주나라 무왕의 동생이자 주나라의 중신으로서 어린 성왕(成王 : 주공 단의 조카)을 대신해 국정을 처리했다. 그가 죽자 필읍(畢邑 : 섬서성 함양시 북쪽)에 주나라 문왕과 함께 모셨다. 주공 단의 아들 백금(伯禽)이 봉지인 노나라에 이른 후 3년이 지나서야 정사를 보고했는데, 강태공의 제나라는 곧바로 정사를 보고했다. 이를 두고 주공 단은 탄식하며 노나라는 훗날 반드시 제나라를 향해 북면을 한 채 신하의 예를 갖출 것이라고 말했다. 한 나라의 정치가 간소하고 쉬워야 백성들이 접근하기 쉽고 위정의 도가 쉬우며, 백성들에게 친근하면 민심을 얻는다는 뜻이었다. 백금이 즉위한 후 회포(淮浦)의 이(夷)와 서주(徐州)의 융족, 관숙과 채숙 등이 반란을 일으키자 백금은 군대를 이끌고 가서 「힐서(肸誓)」(『상서(尙書)』의 58편 중 하나)를 짓고 얼마 지나지 않아 서융을 평정하여 노나라를 안정시켰다.

경보의 반란

백금이 죽은 후 노나라는 주공 단의 예언대로 늘 제나라에게 치욕을 당했다. 노나라 장공(莊公)은 당씨(黨氏)의 딸 맹임(孟任)을 보고 그녀를 매우 좋아해 부인으로 삼고, 훗날 아들 반(斑)을 두었다. 장공에게는 세 명의 동생이 있었는데, 첫째가 경보(慶父), 둘째가 숙아(叔牙), 셋째가 계우(季友)였다. 장공은 제나라 여자 애강(哀姜)을 부인으로 얻었으나 후사가 없었고, 그녀의 여동생인 숙강(叔姜)과의 사이에서 아들 개(開)를 두었다. 장공이 중병이 들어 숙아를 부른 후 누가 왕위를 물려받으면 좋은 지에 대해 묻자 숙아는 형 '경보'라고 대답했다. 장공은 다시 계우를 불러 물었는데, 계우는 목숨을 걸고 공자 반을 왕으로 옹립하겠다고 말하고, 사람을 보내 숙아에게 독주를 마시게 하여 죽였다. 장공이 죽자 계우는 반을 군주로 앉혔다. 경보는 애강과 사통하는 사이였는데, 숙강의 아들인 개를 왕으로 앉히고 싶어 자객을 보내 반을 죽였다. 반이 죽자 계우는 진(陳)나라로 도망갔다. 경보가 공자 개를 왕으로 삼으니, 그가 곧 노나라 민공(湣公)이다. 훗날 계우가 거(莒)나라 사람들에게 경보를 요구하자 경보는 어쩔 수 없이 자살했다.

초나라가 노나라를 멸하다

노나라 문공(文公)이 적자를 죽이고 서자에게 왕위를 잇게 하자 노나라 조정은 나약해지고 맹손씨(孟孫氏), 숙손씨(叔孫氏), 계손씨(季孫氏) 등 노나라 환공(桓公)의 자손들인 삼환(三桓)의 힘이 강성해졌다. 노나라 소공(昭公) 때 맹손씨 등 삼환이 함께 일어나 소공을 공격하자 소공은 이를 피해 도망갔다. 이후 노나라 군주와 삼환의 갈등이 끊이지 않았다. 노나라 경공(頃公) 때 초나라가 노나라를 공격해 서주(徐州)에서 큰 전투가 벌어졌고, 기원전 249년에 초나라 고열왕(考烈王)이 노나라를 멸망시켰다. 경공이 도성 밖 작은 읍으로 도망을 가 평민으로 몰락하니, 노나라 제사는 끊기고 말았다. 훗날 경공은 가읍(柯邑)에서 여생을 마쳤다.

노나라는 예의 나라

주나라가 분봉한 많은 제후국 중에서 노나라가 가장 가까웠기 때문에, 노나라는 주례(周禮)의 보존자이자 실행자였다. 이것은 노나라를 겸손하고 예의가 넘치는 순박한 풍습의 나라로 이끌었고, 노나라 세력이 확장되는 데 큰 영향을 미쳤다.

노나라는 주공의 아들 백금의 봉읍지였기 때문에 주공이 만든 예악제도가 노나라에 큰 영향을 미쳤다. 노나라는 주나라를 따르는 동방의 근거지로서 주변에 주나라의 예악 문화를 전파하는 데 큰 역할을 담당했다.

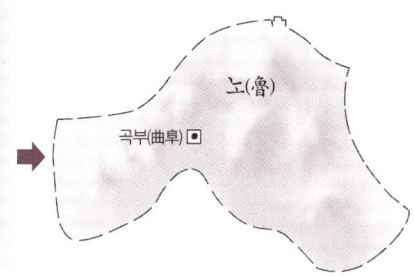

주례(周禮)	
내용	예의 혹은 예절, 예속(禮俗)의 세 측면을 포괄
유형	크게 길(吉), 흉(凶), 군(軍), 빈(賓), 가(嘉)의 다섯 가지로 구분
규범	충(忠), 효(孝), 신(信), 의(義) 등을 준칙으로 삼음
목적	귀천과 서열을 밝히고 연소자와 연장자를 정하며, 주나라를 보호하기 위한 통치

공자 : 주례가 성행한 예의의 나라에서만 나올 수 있는, 주례의 회복을 주창한 만세의 스승

장작전투

춘추 시대에 노나라와 제나라는 인접해 있으면서 제나라는 늘 노나라를 공격했고, 노나라는 수차례나 대패했다. 하지만 노나라는 기원전 684년에 있었던 장작(長勺 : 산동성 내무현萊蕪縣 동북쪽)전투에서 후발제인(後發制人)* 전술로 강력한 제나라 군을 무찔렀다.

제나라
- 총사 : 포숙아
- 주요 장수 : 왕자 수보(戍父), 동곽아(東郭牙), 빈수무(賓須無)
- 주요 자원 : 전차 300량

노나라
- 총사 : 노나라 장공
- 주요 장수 : 조귀(曹劌), 조말(曹沫 : 「자객열전」에 나오는 조말), 시백(施伯)
- 주요 자원 : 전차 300량

조귀 논전(論戰) : 첫 번째 공격 때는 적군의 사기가 높지만, 두 번째 공격에서는 적군의 사기가 약하게 되고, 세 번째 공격에서는 적군의 사기가 다함으로써, 적은 피로하고 아군은 사기가 충천하기 때문에 적군을 제압할 수 있다.

모택동의 평가 : 장작전투에서 노나라는 적군을 지치게 한 후에 공격하는 전술로 제나라를 대파했다. 중국 전쟁사에서 약한 군대가 강한 군대를 이긴 대표적인 사례다.

---

* 일보 물러나 있다가 뒤에 손을 써 적을 제압한다는 뜻으로, 상대의 약점을 파악하여 단숨에 적을 제압하는 것.

05 | 북방의 제후국
연나라

≫ 연燕나라는 춘추 시대에 비교적 약소국이었다. 늘 강대국의 그늘에 가려 있다가 진시황의 6국 통일에 의해 멸망했다.

소공이 연나라를 세우다

주나라 무왕은 상나라를 멸하고 주나라를 세운 후 천하를 제후들에게 분봉했다. 주나라 천자와 같은 희성(姬姓)인 소공(召公 : 주나라 무왕의 동생. '소백召伯'이라고도 함)에게는 북방의 연(燕)을 주었다. 주나라 성왕 때 소공은 삼공(三公) 중의 한 사람으로 섬(陝 : 지금의 하남성 섬현)의 서쪽 지방을 관장했다. 성왕이 아직 어렸으므로 주공이 섭정을 했는데, 소공이 주공의 거짓됨을 의심했다. 그러자 주공은 자신은 상나라 탕왕(湯王) 때의 이윤(伊尹), 조을(祖乙 : 상나라 14대 군주) 때의 무함(巫咸) 같은 사람이라고 하자 소공은 그제야 의심을 풀었다.

소공은 서부 지방을 다스리며 백성들의 사랑과 존경을 받았다. 한번은 여러 향촌을 순시하다가 팥배나무 한 그루를 발견하고, 그 나무 아래에서 송사를 판결하여 귀족에서부터 백성들에 이르기까지 모두가 그에 맞는 직분을 맡김으로써, 그 누구도 직업을 잃지 않게 했다. 소공이 죽자 백성들은 그의 업적을 기리고 팥배나무를 그리워했기 때문에, 그 나무를 감히 베지 못하고 「감당(甘棠)」이라는 시를 지어 소공을 추모했다.

연나라 소공을 칭송한 시 「감당」

『시경』「국풍國風・소남召南」에 나오는 「감당甘棠」은 연나라를 세운 소공의 백성을 위하는 마음을 찬미했다.

감당(甘棠 : 팥배나무)

蔽芾甘棠, 勿翦勿伐, 召伯所茇.
폐불감당 물전물벌 소백소발

蔽芾甘棠, 勿翦勿敗, 召伯所憩.
폐불감당 물전물패 소백소게

蔽芾甘棠, 勿翦勿拜, 召伯所說.
폐불감당 물전물배 소백소설

우거진 팥배나무를 자르지도 말고 치지도 마소, 소백이 묵었던 곳이라네.
우거진 팥배나무를 자르지도 꺾지도 마소, 소백이 쉬던 곳이라네.
우거진 팥배나무를 자르지도 굽히지도 마소, 소백이 말씀하시던 곳이라네.

연나라 소왕이 인재를 찾다

연나라에서 업적이 가장 큰 왕은 소왕이다. 특히 그가 유능한 인재를 널리 구했다는 이야기는 후세 인들의 본보기가 되었다.

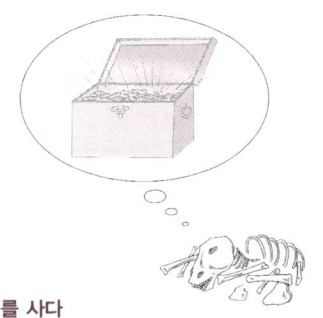

천금으로 말의 뼈를 사다

연나라 소왕은 즉위한 후 항상 연나라를 강성하게 만들고 싶어 유능한 인재를 초빙하고 싶었다. 대신 곽외(郭隗)가 이야기 하나를 그에게 들려주었다.

한 나라의 왕이 천리마를 얻고 싶어 사람을 보내 천리마를 사오게 했는데, 그 사람이 도착했을 때 천리마는 이미 죽고 없었다. 대신에 그 사람은 천금을 주고 천리마의 뼈를 사서 돌아왔다. 왕이 노발대발하자 그 사람은 이렇게 말했다. "천금으로 말의 뼈를 샀다고 하면, 사람들은 왕께서 살아있는 말을 사는 것도 두려워하지 않을 것이라고 생각할 것입니다."

그리하여 소왕이 곽외를 중용하자 과연 현인들이 끊임없이 몰려왔다.

황금대를 세우다

연나라 소왕은 기수(沂水) 인근에 높은 대를 세워 천하의 현인들을 불러 모았다. 높은 대 위에는 몇 천 냥의 황금을 놓고 현인들에게 예물로 보냈다. 그것이 바로 유명한 황금대이다.

제나라를 공격해 복수하다 : 연나라 소왕이 인재를 구하는 정책을 펴자 각국의 현인들이 연나라로 몰려들었다. 기원전 284년, 소왕은 악의를 대장군에 임명해 5국 연합군을 이끌고 제나라를 공격하게 해 제나라의 70여 성을 점령했다. 연나라가 가장 강성했던 시기였다.

연나라 소왕이 제나라에 복수하다

춘추 시대에 연나라는 북쪽 변경에 위치했는데, 국력이 약했던 탓에 이웃 나라들과 패권을 다투지 않았다. 연나라 왕 쾌(噲) 시기에 내란이 터지자 제나라는 이 틈을 노려 연나라를 공격했고, 연나라는 망하기 일보직전이었다. 이때 연나라 사람들이 태자 평(平)을 왕으로 삼았는데, 그가 바로 제나라를 내쫓은 연나라 소왕(昭王: 기원전 311년~기원전 279년 재위)이다. 소왕은 즉위하자마자 황금대를 세워 사방에서 유능한 현사를 초빙했다. 바로 이 무렵에 조나라 사람 악의(樂毅)가 왔다.

당시 제나라가 너무 강성했기 때문에 연나라 소왕은 악의를 사신으로 보내 설득한 끝에 마침내 조(趙), 진(秦), 위(魏), 한(韓) 등 다섯 나라가 연합군을 결성했다. 기원전 284년, 소왕은 연나라의 정예 부대를 소집하고 악의를 대장군으로 삼아 연합군을 인솔해 제나라를 공격하도록 했다. 악의가 파죽지세로 공격해 들어가 제나라 수도 임치를 점령하자 제나라 민왕(愍王)은 도성을 버리고 달아나다가 초나라 사람들에게 살해되었다. 악의는 제나라 임치의 보물을 빼앗아 연나라로 보냈다. 소왕을 대신해 복수를 해준 셈이었다.

진시황이 연나라를 멸하다

연나라 소왕이 죽은 후 악의는 조나라로 도망갔고, 제나라 전단(田單)은 즉묵성(卽墨城) 한 곳의 병력으로만 연나라 군을 대파했다. 또한 연나라에 빼앗긴 제나라 땅 전부를 되찾았다. 그 후 진(秦)나라 왕 영정(진시황)이 역사의 무대에 등장해 6국을 통일하는 대장정에 들어갔다. 곧 전쟁의 기운이 연나라에까지 미치려 할 때 연나라 태자 단(丹)은 자객 형가를 보내 진시황을 암살하려고 했으나, 발각되는 바람에 형가는 죽고 진나라의 왕전(王翦)이 연나라를 공격했다. 기원전 226년, 진나라가 연나라 수도 계주(薊州: 북경北京 서남쪽)를 점령하자 연나라 왕은 요동으로 도망갔다. 기원전 222년, 진나라가 요동을 공격하여 연나라 왕 가(嘉)를 포로로 잡고 연나라를 멸망시켰다.

06 순임금의 후예들
진나라

>>> 진陳나라는 순임금의 후예인 규만嬀滿이 세운 소국으로, 춘추 시대에 이웃나라인 초나라와 오나라의 압박을 받다가 초나라에게 멸망당했다.

진나라 호공이 건국하다

진나라의 선조는 순임금으로, 요임금은 두 딸을 순임금에게 주며 그들을 규수(嬀水 : 산서성 빙제현永濟縣 남쪽)에 살게 했다. 그 자손들은 지역의 이름을 따 규씨가 되었다. 순임금이 우(禹)에게 양위하고 죽자 순의 아들 상균(尙均)은 우(虞 : 하남성 우성현虞城縣) 땅의 제후로 봉해졌다. 하, 상 때 상균 후대의 제후들은 때에 따라 제후의 지위를 잃기도 하고 보장받기도 했다. 주나라 무왕이 상나라를 멸하고 주나라 왕조를 세운 후 순의 후대인 규만을 찾아 그를 진(陳 : 수도인 완구宛丘는 하남성 회양현淮陽縣) 땅에 봉하자 규만이 진나라를 세워 순임금의 제사를 지냈는데, 그가 진나라 1대 군주 호공(胡公)이다.

음란한 영공

진나라는 영공(靈公) 때 초나라와 몇 차례 전쟁을 치렀으나 나중에 화친을 맺었다. 영공은 춘추 시대의 절세 미녀인 하희(夏姬)*와의 추문으로 유명하다. 영공은 자신의 신하인 공녕(孔寧), 의행보(儀行父)와 함께 대부 하징서(夏徵舒)의 모친인 하희와 사통했는데, 심지어 세 사람은 조회 석상에서도 하희의 속옷을 꺼내어 노닐었

---

* 정나라 목공(穆公)의 딸로 진나라 대부 하어숙(夏御叔)의 아내

다. 또 다른 신하 설야(泄冶)은 영공에게 백성들의 모범이 되라고 진언했다. 하지만 영공은 그의 진언을 공녕과 의행보에게 알렸고, 그들은 설야를 죽이고 말았다.

결국 그들의 추문이 온 나라에 퍼지자 진나라 백성들은 시를 지어 그들의 추행을 풍자하기도 했다. 어느 날 세 사람이 하희의 집에서 놀다가 영공이 두 신하들을 향해 하징서가 그들을 닮았다고 놀리자 두 사람은 오히려 영공을 닮았다고 농을 쳤다. 이에 분노한 하징서는 영공이 술을 물리고 나올 때 문 밖에서 화살을 쏘아 그를 살해했다. 영공이 죽은 후 공녕과 의행보는 초나라로, 진나라 태자 규오(嬀午)는 진(晉)나라로 도망가고, 하징서는 스스로 진후(陳侯)가 되었다. 이 소식을 접한 초나라 장왕은 하징서를 죽이고 규오를 진나라 성공(成公)에 앉혔다.

초나라가 진나라를 멸망시키다

진(陳)나라와 초나라는 매우 가까운 이웃나라였다. 제후들이 패권을 다투던 춘추전국 시대에 약소국인 진나라는 생존을 위해 강대국인 초나라와 맹약을 맺을 수밖에 없었고, 시국에 따라 발전과 쇠락을 거듭하다 결국에는 초나라에게 멸망당하고 말았다.

진나라 애공(哀公) 때 초나라는 진나라를 포위했다가 철수한 적이 있다. 그리고 애공 후기에 내란이 발생하자 초나라 영왕은 공자 기질(棄疾)을 보내 진나라를 멸한 후 기질을 진공(陳公)으로 삼았다. 훗날 기질이 초나라 영왕을 죽이고 자신이 왕에 오르는데, 그가 바로 초나라 평왕(平王)이다. 평왕은 즉위한 후 여러 제후들과 돈독하게 지내려는 의도에서 진나라 도(悼) 태자의 아들인 오(吳)를 찾아내어 그를 진후로 삼으니, 그가 바로 진나라 혜공(惠公)이다. 훗날 초나라가 오나라와의 싸움에서 크게 패한 후 진나라는 오나라의 핍박을 견뎌내며 생존해야 했다. 초나라가 다시 국력을 회복한 후 혜왕이 진나라 민공(湣公)을 죽이고 진을 멸하니, 진나라 땅 전부가 초나라에 귀속되었다.

인간 요물 '하희'

하희는 춘추 시대에 많은 남정네들을 미혹시킨 인간 요물로, 진나라 영공 등 세 명의 군주와 부적절한 관계를 맺어 '삼대왕후三代王后', 일곱 번 시집을 갔다고 해서 '칠위부인七爲夫人', 아홉 명의 남자를 요절하게 해 '구위과부九爲寡婦'라고 부른다. 진나라는 그녀로 인해 끊임없는 재앙을 입었다.

하희(夏姬)

춘추 시대 정나라 목공(穆公)의 딸. 전설에 따르면 채보술(采補術 : 도교에서 타인의 정혈을 취하여 몸보신을 하는 것)과 내시법(內視法 : 처녀성을 영원히 보존)을 하고, 항상 동안(童顏)이었다고 한다.

하희와 관계를 맺은 인물들

자만(子蠻) : 하희의 서형(庶兄). 그는 시집을 가기 전의 하희와 사통한 지 3년이 지나지 않아 죽었다.

하어숙(夏御叔) : 진(陳)나라 대부. 하희가 그에게 시집와서 징서를 낳은 후 얼마 지나지 않아 죽었다.

진나라 영공 : 하어숙이 죽은 후 영공은 하희가 예쁘다는 말을 듣고 그녀와 사통을 즐겼는데, 하어숙의 아들 하징서에 의해 피살되었다.

공녕과 의행보 : 진(陳)나라의 대부. 그들은 영공과 더불어 하희와 사통을 즐기다가 영공이 죽자 초나라로 도망갔다.

굴무신(屈巫臣) : 초나라의 대부. 제나라에 사신으로 가는 길을 빌려 정나라에 가 하희를 얻고 멸문지화를 당했다.

연윤양(連尹襄) : 초나라 장수. 초나라 장왕이 그에게 하희를 주었으나 얼마 지나지 않아 전사했다.

흑요(黑要) : 연윤양의 아들. 부친이 죽은 후 하희와 사통하였다.

숙향 : 진(晉)나라 대부. 하희를 얻을 때 그의 어머니가 반대했다.

진나라와 전씨의 제나라

진(陳)나라는 비록 초나라에게 멸망당했지만, 선공(宣公) 때 진(陳)나라 여왕(厲王)의 아들 완(完)은 제나라로 도망간 후 그 후세들이 전국 시대에 강씨의 제나라를 얻었으며, 이후 제나라는 전국칠웅의 하나가 되었다.

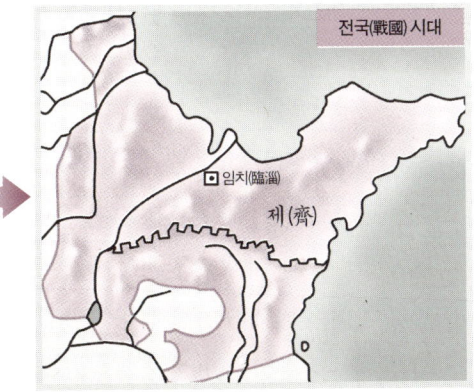

진나라 선공 때 여왕의 아들 진완(陳完)은 화가 미칠까 두려워 제나라로 피신한 후 제나라 환공의 후대를 받고 전씨(田氏)로 성을 바꾸었다. 그 후대인 전화(田和) 때 강씨의 제나라를 차지하여 전씨의 제나라를 세웠다.

07 난세의 약소국 위나라

>>> 같은 어머니에서 태어난 주나라 무왕의 아우 강숙康叔은 상나라의 옛 영토에 위衛나라를 세웠다. 늘 약소국인 채 춘추전국 시대 강대국들 틈바구니에서 위태롭게 생존했다. 하지만 역설적으로 약소국이었기 때문에, 진나라 이세황제에 의해 멸망될 때까지 나라를 유지할 수 있었다.

위나라 강숙이 나라를 세우다

주나라 성왕 시기에 무경(武庚)과 관채(管蔡)의 난이 일어나자 주공 단은 곧바로 반란을 진압했고, 상나라 주왕의 아들인 무경이 통치하던 상나라 유민들을 동생인 강숙에게 물려주며 위나라 왕으로 봉했다. 그리고 황하와 기수(淇水) 사이의 상나라 옛 터인 상허(商墟 : 하남성 기현淇縣)에 정주하도록 했다. 주공 단은 강숙의 나이가 어린 탓으로 정사를 보살피지 못할까 염려하여 「강고(康誥)」, 「주고(酒誥)」, 「재재(梓材)」 등을 지어 강숙을 가르쳤다. 주공 단의 가르침을 받은 강숙은 봉국인 위나라로 돌아온 후 매우 빠르게 그곳 백성들을 편안하게 통치했다. 훗날 성왕은 강숙을 주나라의 사구(司寇 : 형옥, 규찰을 맡은 관직)에 임명하고, 보물과 제기를 위나라에 하사하여 그의 미덕을 기렸다.

형제의 정

원래 위나라 선공(宣公)은 자신이 총애하던 부인 이강(夷姜)과의 사이에서 낳은 아들 급(伋)을 태자로 봉했다. 우공자(右公子)가 태자에게 제나라 희공(僖公)의 딸 선강(宣姜)을 아내로 맞이하게 해주었는데, 선공은 태자의 성혼이 이루어지기 전에 그녀의 미모에 반한 나머지 장래의 며느리를 자신이 차지하고, 태자에게는 다른 여자를 맺어주었다. 선공은 제나라 여자와의 사이에서 두 명의 아들을 두었

위나라의 군주

위나라는 춘추전국 시대에 중원의 작은 나라였기 때문에, 강대국의 주의를 끌지 못해 여러 차례 멸망의 위기를 넘기다가 진나라 이세황제에 의해 멸망당했다.

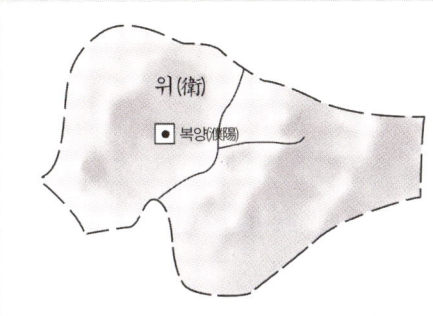

위나라
춘추전국 시대에 위나라는 하남성과 산동성 북부에 위치했으며, 수도는 복양(濮陽: 지금의 하남성 동북부)이었다.

군주	주요사건
강숙(康叔)	주나라 무왕의 어린 아우로, 처음에는 강읍(康邑)에 봉해졌으나 주공 단이 그에게 상나라의 옛 땅을 주어 위나라를 세웠다.
무공(武公)	주나라의 동천(東遷)을 도와 공작에 오름. 재위 후기에 국력이 강해지고 정치가 맑았다.
선공(宣公)	자식인 태자의 처를 강제로 빼앗고, 태자를 폐위해 위나라의 내란을 초래했다.
의공(懿公)	학을 매우 좋아했으며, 재위 9년에 북적의 침입을 받고 피살당했다. 위나라를 거의 멸망시킬 뻔했다.
회군(懷君)	위(魏)나라 안왕의 침입을 받고 살해당했다. 안왕은 위나라를 정벌한 후 다시 나라를 되돌려 줄 때 자신의 사위인 위나라 원군(元君)을 즉위시켰다.
위군(衛君) 각(角)	위나라의 마지막 군주. 기원전 209년에 진나라 이세황제에 의해 폐위되었고, 이로써 위나라는 멸망했다.

위나라의 명인

비록 위나라는 약소국이었지만 수많은 인재를 배출했다. 춘추전국 시대에 활동한 명인들의 국적은 대부분이 위나라였다.

명인	주요 업적
민자건(閔子騫)	공자의 제자로 24 효자 중의 한 사람이다. 그의 덕행은 안연(顏淵)과 더불어 유명하다.
거백옥(蘧伯玉)	위나라 헌공(獻公), 위나라 양공(襄公), 위나라 영공(靈公)을 모셨다. 현명함과 덕이 제후들 사이에서 널리 알려졌다.
유하혜(柳下惠)	노나라에서 벼슬을 한 적이 있으나 관직을 버리고 위나라로 돌아왔다. 유하혜는 밤에 성문 밖에서 집이 없는 여자를 발견하고 그녀가 얼어 죽을 것을 염려하여 옷으로 감싸고 앉아 하룻밤을 보냈으나 부적절한 행위를 하지 않았다. 이와 관련된 '좌회불난(坐懷不亂)'이라는 고사는 미담이 되었다.
오기(吳起)	처음에는 노나라의 장수였으며, 위(魏)나라에서도 장수로 활약했으나 초나라로 귀의했다. 역사상 가장 유명한 군사가다.
상앙(商鞅)	위군(衛君)의 후예로, 진(秦)나라에서 변법을 시행하여 진나라를 부강하게 했다.

는데, 수(壽)와 삭(朔)이었다. 이강이 죽은 후 선강이 정부인이 되자 삭이 선공의 면전에서 태자를 참소하였다. 태자의 처를 강제로 빼앗은 선공은 태자를 미워하며 태자를 폐위하고 싶던 차에 태자의 죄악을 듣자 태자를 제나라에 사신으로 보내고 난 후 강도들을 매수해 태자를 살해하도록 사주했다.

선공은 의도적으로 태자에게 백모(白旄)를 장식한 하얀 깃발을 건네주었고, 강도들에게 하얀 깃발을 들고 가는 자를 죽이도록 명했다. 태자가 길을 떠나려고 할 무렵, 선강의 아들 수는 선공의 음모를 태자에게 은밀히 일러주었다. 그래도 태자가 길을 떠나자 수는 하얀 깃발을 빼앗아 자신이 들고 가다 국경에서 강도를 만나 살해당했다. 그런데 뒤에 온 태자도 강도들에게 자신이 죽어야 할 사람이었다고 말해 결국 피살되고 말았다.

최후에 멸망한 제후

위나라 의공(懿公)은 사치스러웠을 뿐만 아니라 학을 좋아하여 정사를 돌보지 않았다. 재위 9년, 북적(北狄)이 위나라에 침입했을 때 의공은 피살되었고, 하마터면 위나라는 망할 뻔했다. 위나라 문공(文公)은 제나라 환공의 도움으로 국력을 회복한 후 수도를 초구(楚丘)로 옮겼다. 문공은 진(晉)나라 문공(文公)에게 무례하게 군 적이 있는데, 이로 인해 훗날 진나라가 위나라를 공격했을 때 성공(成公)은 독살을 당할 뻔했다. 위나라 회군(懷君) 때는 위(魏)나라 안왕(安王)이 회군을 죽이고 위나라를 정벌한 후 자신의 사위인 위나라 원군(元君)을 즉위시켰다. 기원전 221년에 진(秦)나라가 천하를 통일했지만, 위나라만이 약소국인 덕분에 계속 존속하다가 기원전 209년에 진나라 이세황제가 위군(衛君) 희각(姬角)의 작위를 폐함으로써 위나라는 멸망하고 말았다.

08 | 상나라의 후예
송나라

>>> 송宋나라는 상나라 주왕의 형 미자계微子啓가 세웠다. 춘추 시대 송나라 양공襄公은 제나라 환공을 이어 제후들에게 맹주임을 선언하고 싶었지만, 그의 대업은 허무한 꿈으로 끝났다. 전국 시대에 제, 위魏, 초에 의해 삼등분되고 말았다.

미자계가 나라를 세우다

미자계는 상나라 왕조 을(乙)의 맏아들로 주왕(紂王)의 형이다. 주왕이 멍청하고 어리석어 폭정을 펼치자 결국 도망갔다. 주나라 무왕이 상나라를 멸한 후 미자계는 무왕에게 사죄하러 갔다. 무왕이 그의 원래 신분과 지위를 회복시켜 주고, 상나라 주왕의 아들 무경녹보(武庚祿父)에게 상나라를 계승해 상나라의 열조(列朝)에 제사를 지내게 해주었다. 주나라 성왕 때 무경과 관숙, 채숙이 반란을 일으켰다가 주공 단에게 주살되었다. 이에 주공 단은 미자계에게 무경을 대신해 상나라 종묘의 제사를 지내게 하자 미자계는 「미자지명(微子之命)」(『상서』의 편명)을 지어 널리 알리고 송나라를 세웠다. 미자계는 상구(商丘: 하남성 상구현商丘縣 남쪽)를 도읍지로 삼았다.

미련했던 양공

송나라 양공(襄公)은 규구에서 열린 제나라 환공의 회맹에 참가했다. 그 후 양공은 제나라 환공이 죽자 맹주가 되려는 야심이 더욱 강렬해져 환공을 이어 제후들의 회맹을 열고자 했다. 기원전 643년 봄, 양공은 송나라 안의 녹상(鹿上)에서 1차 회맹을 열고 초나라에 제후들의 참가를 독려해 달라고 부탁하여 각국의 제후들이 참가했다. 그 해 가을, 각국의 제후들이 송나라의 우(盂)에서 열린 회맹에 참가하자 초나라는 양공을 구금하고 송나라를 도벌했다. 그 해 겨울에는 제후들이 박(亳)에서 회맹을 열자 초나라는 양공을 석방했다.

기원전 638년 여름에 송나라가 정나라를 공격했는데, 가을이 오자 초나라는 송나라를 공격해 달라는 정나라의 요청을 들어주었다. 이에 양공은 초나라와의 전쟁을 결정했다. 그 해 겨울, 양공과 초나라 성왕은 송나라의 홍수(泓水)에서 전투를 벌였다. 초나라 군이 미처 강을 건너지 못했을 때 대신 목이(目夷)가 초나라 군을 공격하라고 간언했지만, 양공은 그의 충언을 듣지 않았다. 초나라 군사들이 강을 완전히 건넜으나 미처 전열을 갖추지 못했을 때도 목이가 양공에게 공격을 간언했지만, 역시 양공은 그의 말을 듣지 않았다. 초나라 군이 전열을 가다듬자 양공은 그때서야 공격을 시작했다. 결국 예의의 병법을 지키던 양공은 승기를 놓쳐 대패했고, 허벅지에 중상을 입었다. 이듬해 양공은 부상이 악화되어 죽고 말았다. 양공의 아들 성공(成公) 왕신(王臣)이 왕위를 이었다.

걸송의 망국

송나라의 마지막 군주인 언(偃)이 군주가 되고 나서 11년이 지나자 스스로 왕이라고 칭한 후 동쪽으로는 제나라를, 남쪽으로 초나라를 공격하고, 서쪽으로는 위나라와 싸워 이김으로써 제·위(魏)·초 세 나라는 모두 송나라의 적국이 되었다. 송나라 군주 언은 매우 교만하고 방자한데다 여자에 깊이 빠져 있었기 때문에, 신하들이 간언이라도 할라치면 곧바로 화살로 쏴 죽였다. 그리하여 제후들은 그를 걸송(桀宋 : 하나라의 폭군 걸왕과 같은 송나라 왕)이라고 불렀다. 기원전 286년에 제나라가 송나라를 공격하여 군주 언은 위(魏)나라에서 죽고, 제·위·초 세 나라가 송나라를 나누어 가졌다.

송나라의 시조 미자계

송나라는 상나라의 후예가 세웠는데, 그 시조는 상나라 주왕의 형인 미자계이다. 미자계의 송나라는 700년간 유지되다가 제, 위, 초에 의해 멸망당했다.

상나라 왕조 을의 맏아들이며, 상나라의 마지막 왕인 주(紂)왕의 서형이다. 주왕이 자신의 충언을 듣지 않자 떠나버렸다. 주나라가 세워진 후 주나라 성왕 때 송나라 땅을 분봉 받아 상나라의 제사를 계속했다. 그의 현명함은 상나라 유민들로부터 칭송을 받았다.

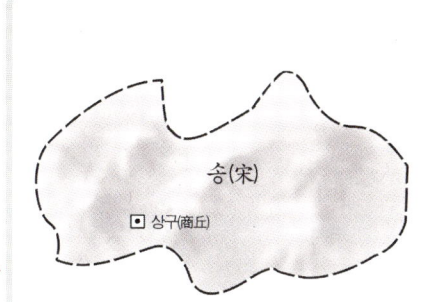

송나라는 미자계에 의해 세워진 후 761년, 26대, 32명의 군주를 거쳐 송군(宋君) 언(偃)에 이르러 제, 위(魏), 초에 의해 멸망당했다.

홍수전투

송나라 양공 재위 시절, 양공은 제후들에게 맹주를 선언하고 싶었으나 초나라와 벌인 홍수전투에서 대패하고 말았다. 이 전투에서 양공도 부상을 입고 죽었다. 이후 송나라는 두 번 다시 강국으로 일어서지 못했다.

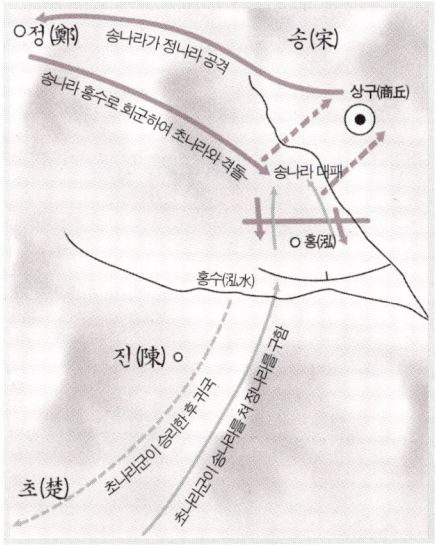

송나라 양공
송나라 환공(桓公)의 아들이며, 이름은 자보(玆父)이다(기원전 650년 ~ 기원전 637년 재위). 재위 시절 제나라 환공이 죽은 틈을 타 제후들의 맹주가 되어 싶어 했지만, 자신의 대업을 이루지 못하고 죽었다.

홍수전투
시기 : 기원전 637년
장소 : 홍(泓 : 하남성 자성현柘城縣 서북쪽)
참전 제후 : 송나라(양공) VS 초나라(성왕成王)
전투 결과 : 송나라가 정나라를 공격하자 초나라는 정나라를 구하기 위해 송나라를 공격했고, 송나라는 회군하여 홍수에서 격전을 치렀으나 대패했다. 양공은 전투에서 부상을 입고 죽었다.
전투의 의미 : 홍수전투는 비록 규모는 작았지만, 상나라와 주나라에 걸친 '예의(禮義)의 병술'이 가치를 잃고 궤사기모(詭詐奇謀 : 거짓과 모략)가 주된 전술이 되었음을 상징한다.

09 춘추 시대의 강대국
진나라

>>> 진晉나라는 춘추 시대의 강대국으로, 특히 문공文公 시기에 강대국인 초나라와 싸워 승리함으로써 춘추 시대의 맹주로 올라섰다. 하지만 진나라는 훗날 경대부의 손아귀로 떨어져 위魏, 조趙, 한韓 세 가문에 의해 분할되었다.

농담으로 세워진 진나라

진나라의 시조는 주나라 무왕의 아들이자 주나라 성왕의 어린 동생 당숙우(唐叔虞)이다. 전설에 따르면 그가 출생했을 때 손바닥 위에 '우(虞)' 자가 있어 그의 이름을 '우'로 지었다고 한다. 무왕이 죽고 성왕이 왕위에 올랐을 무렵 당(唐)나라에 내란이 발생하여 주공 단이 군사를 이끌고 가 당나라를 멸망시켰다.

어느 날 성왕과 숙우가 함께 놀다가 성왕이 오동나무 잎을 깎아 옥의 형상을 만들어 숙우에게 주며 당나라를 영지로 주겠다고 말했다. 이때 옆에 있던 사관이 택일을 하여 숙우를 제후로 책립하도록 청하자 성왕은 단지 농담이었을 뿐이라고 말했다. 하지만 사관이 천자는 농담을 해서는 안 된다고 간하자 성왕은 숙우를 당나라의 제후로 봉했다. 훗날 사람들은 숙우를 '당숙우'로 불렀다. 당숙우의 아들 섭(燮)이 진후(晉侯)로 칭하면서부터 당나라는 진나라로 바뀌었다.

무공의 진나라 일통

진나라 소후(昭侯) 때 부친 문후(文侯)의 어린 동생인 성사(成師)를 곡옥(曲沃)에 봉했다. 곡옥은 진의 도성인 익(翼)보다 더 컸고, 이때부터 성사는 환숙(桓叔)으로 불렸다. 환숙은 덕으로 정치를 펼쳐 백성들이 그를 따랐다.

대신 반보(潘父)가 소후를 죽이고 환숙을 맞아들이고 싶었지만, 진나라 사람

군주는 실없는 말을 하지 않는다

주나라 성왕의 농담 한 마디로 인해 성왕의 동생 당숙우는 당나라 땅에 봉해져 진(晉)나라를 세웠다. 이렇게 해서 진나라의 700년 역사가 시작되었다.

주나라 성왕 때 당나라에 내란이 터지자 주공 단은 군사를 이끌고 가 당나라를 멸망시켰다. 성왕은 당시 나이 어린 동생 당숙우와 놀다가 오동나무 이파리로 옥을 만들어 당숙우에게 주며, 당나라 땅을 주겠다고 말했다. 뜻밖에도 이 농담 한 마디가 훗날 현실이 되어 당숙우는 당나라의 제후에 봉해지고, 그의 아들 섭이 진후에 오름으로써 당나라는 진나라로 바뀌었다.

진나라 문공의 피난길

진나라에서 가장 유명한 군주는 문공(文公 : 헌공의 아들, 공자 중이重耳)이다. 그는 여희의 난으로 인해 19년간 망명생활을 하며 사회 경험을 풍부하게 쌓다가 62세의 늦은 나이에 진나라 왕으로 즉위하여 한 시대를 풍미한 맹주가 되었다.

진나라 문공의 망명

① 북방의 적(狄)나라에서 12년을 보냈다. 적나라 왕은 문공에게 맏딸을 시집보내고, 숙유(叔劉)를 낳았다.
② 적나라에서 위(衛)나라로 갔다. 위나라 문공(文公)은 예로 맞이하지 않았다.
③ 위나라에서 제나라로 갔다. 제나라 환공은 그를 예로 맞이하며 딸을 시집보냈다.
④ 제나라에서 조(曹)나라로 갔다. 조나라 문공(文公)이 결례를 하며, 오히려 그의 기이한 변협(骿脇 : 갈비뼈)만을 구경했다.
⑤ 조나라에서 송나라로 갔다. 송나라 양공(襄公)은 그를 군주의 예로 접대했다.
⑥ 송나라에서 정나라로 갔다. 정나라 문공(文公)은 결례를 범하며 불

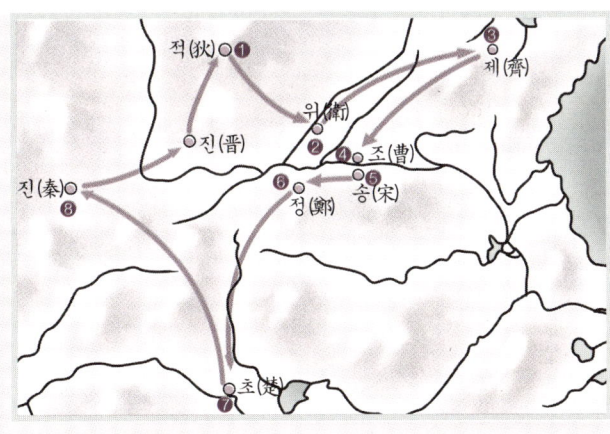

손하게 대했다.
⑦ 정나라에서 초나라로 갔는데, 초나라 성왕(成王)이 제후를 대하는 예로 맞이했다.
⑧ 초나라에서 진(秦)나라로 갔다. 진나라 목공(穆公)은 종실의 다섯 여자를 그에게 시집보냈고, 마침내 그를 군사들과 함께 진(晉)나라로 돌려보내 왕에 오르도록 했다.

들은 오히려 거병하여 환숙을 공격하니, 환숙은 곡옥으로 돌아갈 수밖에 없었다. 그 후 곡옥은 진나라 수도를 계속 공격했고, 곡옥의 무공(武公: 환숙의 손자) 때에는 세력이 갈수록 커져 진나라 사람들도 어쩔 도리가 없었다. 곡옥의 무공이 진나라 애후(哀侯)와 소자후(小子侯)를 죽이자 주나라 환왕(桓王)이 군사를 보내 무공을 공격했다. 이에 무공은 진나라 애후의 동생인 민(緡)을 진후로 삼았다. 무공은 훗날 진나라 민후(緡侯)마저 죽이고 진나라의 모든 보물을 주나라 왕에게 바쳤다. 그러자 주나라 왕이 무공을 진나라의 제후로 삼으니, 이로써 진나라가 통일되었다.

여희의 난

진나라 무후(武侯)가 죽은 후 그의 아들 헌공(獻公)이 왕에 올랐다. 기원전 672년, 진나라 헌공은 여융(驪戎)을 정벌했을 때 여희(驪姬)와 그녀의 여동생을 얻었는데, 그녀들을 무척 총애했다. 여희가 해제(奚齊)를 낳은 후 헌공은 태자 신생(申生)을 폐위하고 싶어 그로 하여금 곡옥을 지키게 하고, 공자 중이(重耳)는 포(蒲)를, 공자 이오(夷吾)는 곡(屈)을 지키게 했다. 여희는 자신의 아들을 태자로 앉히기 위해 신생이 헌공에게 보낸 고기에 독을 넣었다. 헌공은 크게 화를 냈지만, 신생은 아무런 변명을 하지 않고 자살했다. 공자 중이와 이오는 이 소식을 듣고 외국으로 도망쳤다.

헌공은 말년에 순식(荀息)에게 해제를 보필하게 했다. 헌공이 죽은 후 대부 이극(里克)이 해제를 죽이자 순식은 여희의 여동생이 낳은 아들 도자(悼子)를 옹립했다. 하지만 이극이 도자마저 죽이자 순식은 자살하고 말았다. 훗날 제나라 환공과 진(秦)나라 목공(穆公)의 보호 아래 공자 이오가 진나라에 돌아와 혜공(惠公)으로 즉위했다.

진나라 문공의 칭패

공자 중이(重耳)는 여희의 난으로 인해 다른 나라를 떠돌다 혜공이 죽은 후 진(秦)나라 목공의 보호 아래 고국인 진나라로 돌아와 왕에 오르니, 그가 바로 문공(文公)이다. 문공이 즉위한 지 얼마 지나지 않아, 혜공의 옛 신하들인 여성(呂省)

성복전투

성복전투城濮戰鬪는 춘추 시대 남과 북의 대립 중에서 가장 중요한 전투였다. 결국 진나라의 맹주 지위를 결정했으며, 춘추 시대에 '진나라 대 초나라'의 남북 대립 구도를 형성시켰다.

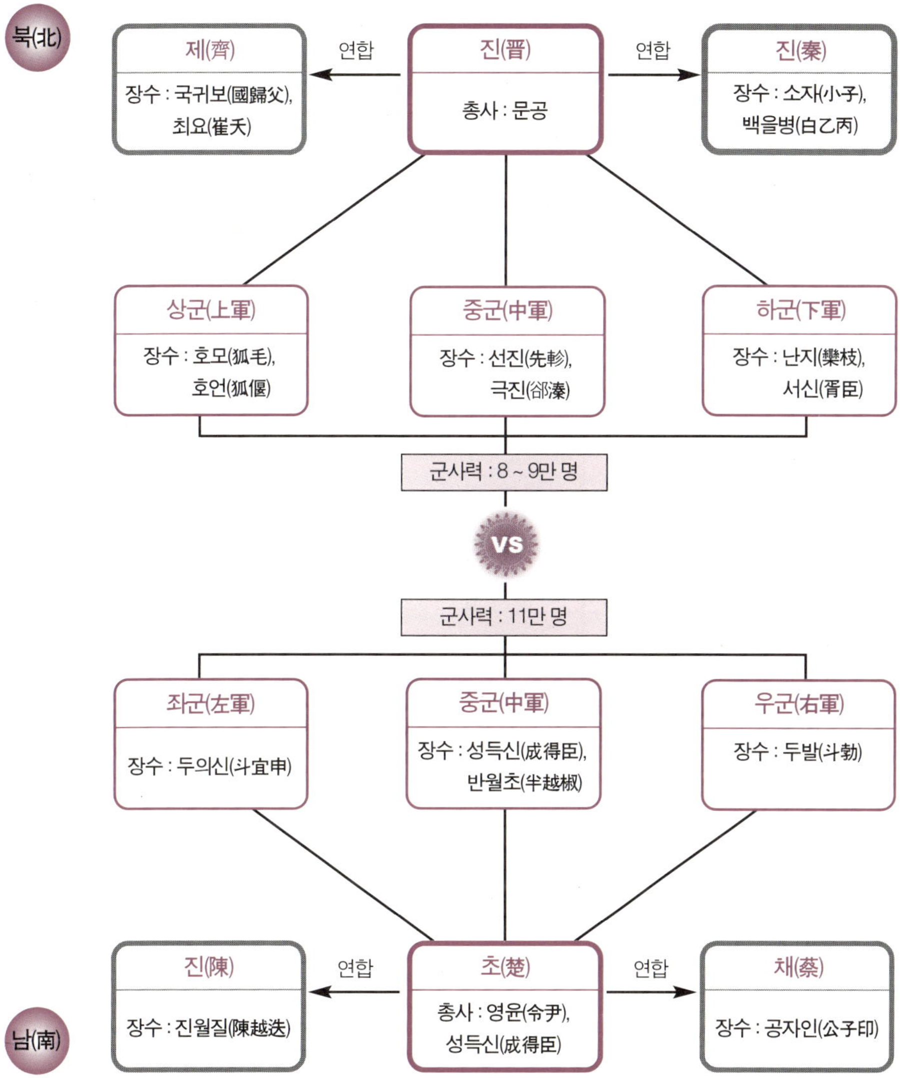

북(北)

- 진(晉) 총사: 문공
  - 연합 → 제(齊) 장수: 국귀보(國歸父), 최요(崔夭)
  - 연합 → 진(秦) 장수: 소자(小子), 백을병(白乙丙)
  - 상군(上軍) 장수: 호모(狐毛), 호언(狐偃)
  - 중군(中軍) 장수: 선진(先軫), 극진(郤溱)
  - 하군(下軍) 장수: 난지(欒枝), 서신(胥臣)

군사력: 8~9만 명

VS

군사력: 11만 명

남(南)

- 초(楚) 총사: 영윤(令尹), 성득신(成得臣)
  - 연합 → 진(陳) 장수: 진월질(陳越泆)
  - 연합 → 채(蔡) 장수: 공자인(公子印)
  - 좌군(左軍) 장수: 두의신(斗宜申)
  - 중군(中軍) 장수: 성득신(成得臣), 반월초(半越椒)
  - 우군(右軍) 장수: 두발(斗勃)

전쟁 결과: 진나라가 초나라를 대파함
전쟁의 의의: 진나라가 중원의 중심 국가가 되어 천하의 세력 판도를 북의 진나라와 남의 초나라로 나눔

퇴피삼사(退避三舍): 초나라가 공격할 때 진나라 문공은 초나라 성왕의 은혜에 보답하기 위해 삼사(90리)를 물러났다. 후세에 '퇴피삼사'라는 고사 성어를 남겼다.

과 극예(郤芮)가 반란을 일으켰다. 문공은 진(秦)나라 목공의 도움으로 그들의 반란을 제압했다. 이때부터 몇 십 년이 경과하자 혼란했던 나라의 안정을 되찾고, 문공의 치세가 시작되어 진나라는 점점 강대국으로 변모해 갔다. 진나라의 내정이 안정된 후 문공은 일련의 대외 전쟁과 외교 활동을 시작했다.

기원전 633년, 초나라 성왕(成王)이 정나라, 진(陳)나라, 채(蔡)나라, 허(許)나라 등과 연합하여 송나라를 포위했다. 이때 송나라는 진나라에 구원을 요청했다. 문공은 우선 초나라의 동맹국인 위(衛)나라와 조(曹)나라를 공격하여 초나라 군이 그들을 구원하는 틈을 이용해 송나라에 대한 초나라의 포위망을 풀었다. 그 후 진나라와 초나라는 성복(城濮 : 산동성 견성현鄄城縣 서남쪽)에서 교전을 벌였다. 문공은 자신이 망명했을 때 초나라로부터 받은 3년 동안의 은혜를 갚기 위해 삼사(三舍 : 사흘간의 행군 거리인 90리)를 물러났다.

기원전 632년, 진나라와 초나라가 결전을 치러 진나라가 대승했다. 성복전투 이후 주나라 양왕(襄王)은 대부 왕자호(王子虎)를 보내 문공에게 맹주의 권위를 상징하는 예기를 하사하고, 황하 이남의 넓은 땅을 하사했다. 문공은 천토(踐土 : 하남성 원양현原陽縣 서남쪽)에서 각국의 제후들과 '천토의 맹약'을 맺었다. 그로부터 문공은 춘추오패 중의 한 사람이 되었다.

진나라가 세 갈래로 나뉘다

진나라는 헌공(獻公) 때부터 공자(公子), 공손(公孫)을 귀족으로 세우지 않았다. 이것이 바로 이른바 진나라에는 공족(公族)이 없다는 것이다. 공족을 배척했기 때문에 진나라의 경대부 집안들의 힘이 점점 세지고 조정은 그들에 의해 좌우되었다.

춘추 시대 말기에는 경대부들이 세력 다툼을 벌인 끝에 마침내 한씨(韓氏), 조씨(趙氏), 범씨(范氏), 위씨(魏氏), 중항씨(中行氏), 지씨(智氏)의 여섯 가문이 가장 큰 경대부 가문을 이루었다. 이른바 육경(六卿)이다. 훗날 범씨와 중항씨는 다른 가문에 흡수되었다. 결국 지씨, 한씨, 위씨, 조씨의 네 가문만 살아남았는데, 4대 가문 중에서 지씨의 세력이 가장 컸기 때문에 진나라를 독점하고 싶어 했다. 그러자 한씨, 조씨, 위씨의 세 가문이 연합해 지씨 세력을 제거하고 말았다.

진나라 유공(幽公) 무렵에는 국운이 완전히 쇠락하여 한, 조, 위 세 가문이 진나라 땅을 삼등분하여 나눠 갖고, 강성(絳城)과 곡옥(曲沃) 두 지방만 유공에게 남겨 주었다. 기원전 403년에는 주나라 위열왕(威烈王)이 정식으로 한씨, 조씨, 위씨 가문을 제후로 임명했다. 기원전 376년이 되자 한애후(韓哀侯), 조경후(趙敬侯), 위무후(魏武侯)가 연합하여 진나라를 멸한 후 진나라 영토를 분할해 가졌다. 진나라 정공(靜公)은 서민으로 전락하여 진나라의 제사가 끊겼다.

10 남방의 맹주
초나라

≫ 춘추전국 시대 수백 년 동안, 초나라는 부침과 성쇠를 되풀이하다 전국 시대 위왕威王 때 세력이 강대해져 중국 땅의 절반을 차지했을 정도였다. 하지만 회왕懷王의 실정으로 진秦나라에게 멸망당했다.

초나라의 흥기

초나라의 선조는 고양씨(高陽氏) 전욱(顓頊)의 후예다. 주나라 성왕이 문왕과 무왕의 공신 후대들에게 영지를 줄 때 웅역(熊繹)에게는 초나라 땅을 주고 자남(子男:다섯 등급에서 네 번째와 다섯 번째 지위) 작위와 토지를 하사했다.

주나라 이왕(夷王) 때 웅역의 후대인 웅거(熊渠)는 장강과 한강(漢江) 유역 백성들의 추대를 받아 스스로 왕이라 칭하기 시작했으며, 용(庸)과 양월(楊粵)을 공격하는 한편 악(鄂)까지 빼앗았다. 주나라 여왕이 포악무도했기 때문에 웅거는 그가 초나라를 공격할까 두려워한 나머지 왕호를 없앴다. 주나라 왕실이 동천한 후 초나라 무왕(武王)은 수(隨)나라 사람을 시켜 주나라 왕실에 초나라의 존호를 높여 달라고 요구했다. 이에 주나라가 승낙하지 않자 무왕은 스스로 왕이라 칭했다. 초나라 문왕(文王) 때 수도를 영(郢:호북성 강릉현江陵縣 서북쪽 기남성紀南城)으로 옮긴 후 날이 갈수록 강성해져 장강과 한강 유역의 작은 나라들이 두려워했다.

한 번 울자 사람들을 놀라게 하다

초나라 장왕(莊王)은 즉위한 후 3년 동안 정무를 전혀 돌보지 않고 오직 향락에만 젖었다. 대신 오거(伍擧)가 말했다.

"새 한 마리가 산에서 쉬고 있는데, 3년 동안 울지도 날지도 않습니다. 무슨

초나라가 왕을 칭하다

춘추전국 시대에 초나라는 남방의 강국으로, 서주 말년부터 동주 초까지 변방의 만이(蠻夷)였던 탓에 독자적으로 왕이라 칭하고 남방의 맹주가 되었다.

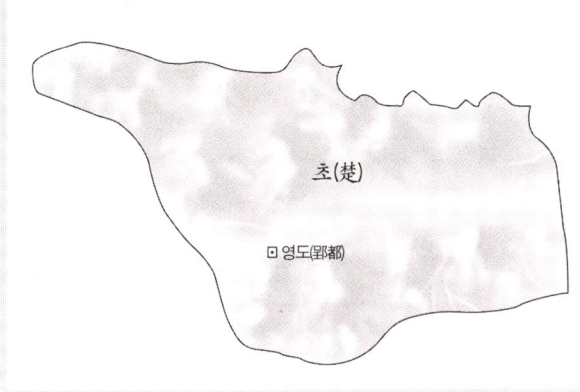

초나라는 지금의 장강이 흐르는 호북성, 호남성 지역에 자리 잡았는데, 가장 강성했을 때는 하남, 섬서, 중경(重慶)의 일부분과 호남성, 호북성, 안휘성 전부, 절강성, 강소성의 태반을 차지했다.

1. 서주 이왕(夷王) 때 초나라 왕 웅역은 장강과 한수 일대의 백성들에게 민심을 얻어 자신의 세력을 사방에 떨쳤고, 스스로 왕이라고 칭하다가 주나라 여왕 때 이를 취소했다.
2. 동주가 시작된 후 초나라 군주 웅통(熊通)은 주나라 천자에게 초나라 왕이라는 칭호를 달라고 요구했지만, 주나라에서 이를 허락하지 않자 스스로 초나라 무왕이라 칭했다. 이때로부터 초나라 군주들은 모두 왕이라고 칭했다.

장왕이 구정을 묻다

초나라는 장왕 때 세력이 급속하게 강성해졌다. 장왕은 북상하여 패권을 다투며, 정나라와 진(晉)나라를 대파한 후 주나라 천자를 향해 구정의 경중을 물었다. 이것이 고사성어 '문정중원(問鼎中原)'의 유래다.

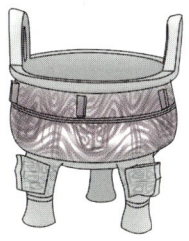

초나라 장왕(莊王)	
간략 소개	초나라 목왕(穆王)의 아들이며, 이름은 웅려(熊侶)이다 (기원전 613년 ~ 기원전 591년 재위). 춘추오패 중의 한 사람으로서 초나라를 강성하게 하고 중국의 통일을 촉진했다.
주요 업적	북방의 정나라, 송나라, 진(晉)나라를 공격했다. 특히 진나라와의 일전은 성복전투 패배에 대한 복수전이었으며, 이로써 자신을 춘추전국 시대의 맹주로 일으켜 세웠다.
연관 고사	일명경인(一鳴驚人), 문정중원(問鼎中原)

문정중원 : 초나라 장왕이 육혼 땅의 융을 정벌한 후 주나라 도성인 낙읍에서 열병식을 가졌다. 주나라 정왕은 왕손만을 보내 초나라 군을 위로했다. 이때 장왕이 왕손만에게 구정의 대소경중을 묻자 왕손만은 천명이 주나라에 있으니 초나라와 같은 부속국은 그것을 물을 수 없다고 답했다. 이 말을 들은 장왕은 군사를 이끌고 회군했다.

새입니까?"

장왕이 대답했다.

"3년 동안 날지 않았으니 한 번 날면 하늘로 치솟을 것이고, 3년 동안 울지 않았으니 한 번 울면 사람을 놀라게 할 것이다."

훗날 대부 소종(蘇從)이 다시 간언했다. 그리하여 장왕은 향락을 멈추고 조정을 돌보기 시작했는데, 직무에 부적합한 관원들을 내쫓고 유능한 인재를 등용하는 한편, 정사를 오거와 소종에게 맡기자 온 나라 백성들이 칭송했다. 그해에 용(庸)나라를 멸하고, 송나라를 공격해 500여 대의 전차를 노획했다.

장왕이 구정을 묻다

기원전 610년, 초나라 장왕이 친히 군대를 이끌고 육혼(陸渾 : 하남성 숭현嵩縣 서북쪽)의 융족을 공격하고, 주나라의 도성인 낙읍(洛邑)에 이르러 초나라의 위세를 과시하기 위해 낙읍 근방에서 열병식을 가졌다. 주나라 정왕(定王)은 황급히 왕손만(王孫滿)을 보내어 초나라 군을 위로했다. 장왕이 득의만만하게 주나라 왕실을 상징하는 구정(九鼎)*의 대소경중을 묻자 왕손만은 도리어 나라의 강성은 덕행에 있지 구정의 경중에 있지 않다며, 천명은 주나라 왕실에 있으니 구정의 경중을 물을 수 없다고 답했다. 장왕은 그의 말을 듣고 침묵하더니, 뒤이어 군사를 이끌고 돌아갔다. 이것이 바로 고사성어 '문정중원(問鼎中原)'의 유래다.

훗날 장왕은 당시 맹주의 지위에 있던 진(晉)나라의 속국인 정나라와 진(陳)나라를 공격했고, 마침내는 진(晉)나라까지 공격하여 성복전투에서의 패배를 되갚았다. 그 후 초나라는 송나라 도성을 9개월 동안 포위한 끝에 항복을 받아내고 귀속시켰다. 이로부터 중원의 각 제후국들은 초나라의 위세를 두려워하여 초나라를 따르기 시작했다. 이로써 장왕은 춘추 시대의 맹주 자리에 올랐다.

---

* 하(夏)나라 우왕(禹王) 때 전국의 아홉 주(州)에서 거두어들인 금으로 만들었다는 솥.

초나라의 흥망사

초나라는 몇 백 년 동안 이어진 춘추전국 시대에 여러 차례의 성쇠를 거듭하다가 진秦나라의 철기군을 당해낼 도리가 없어 역사의 기억 속으로 사라졌다.

춘추 시대

장왕
초나라는 장왕 시기에 북상하여 강대국 진(晋)나라를 대파한 후 주나라 왕실에 구정의 대소 경중을 물었다. 이 시기가 춘추 시대에 초나라의 최전성기였다.

평왕
장왕 이후 영왕 시기에 내란이 발생했고, 결국 평왕 기질이 왕위에 올랐다. 하지만 평왕이 포악무도하여 충신 오사와 그의 집안을 멸문시키자 오사의 아들 오자서는 오나라로 망명하여 복수를 맹세했다.

소왕
평왕의 아들 소왕 시기에 오자서와 손무 등을 거느린 오나라 왕 합려가 초나라를 공격하자 초나라는 멸망 직전으로까지 내몰렸다. 이때 진(秦)나라가 초나라를 도와줌으로써 소왕은 나라를 되찾았지만 국력은 예전만 못했다.

전국 시대

위왕
전국 시대로 접어들면서 북방의 진(晋)나라는 분열되었고, 여러 제후들이 천하의 패권을 다투는 와중에 초나라는 선왕 시기에 국력이 커져 갔다. 선왕의 아들 위왕은 동쪽으로 월나라를 멸하고, 북쪽으로는 제나라를 제압하여 초나라의 판도가 중국의 절반에 이를 정도였다. 이 시기가 전국 시대에서 초나라의 최절정기였다.

회왕
위왕의 아들 회왕은 즉위한 후 재상으로 임명한 진(秦)나라 출신 장의의 모략에 속아 제나라와 단교했다. 나중에 회왕은 이를 후회하고 진나라를 공격했지만, 진나라 군사들에게 포로로 잡혀 진나라에서 객사하고 말았다. 이때부터 초나라는 쇠락의 길로 접어들었다.

부추
진(秦)나라는 한, 위, 조, 연을 멸한 후 왕전을 남쪽으로 보내 초나라를 공격하게 했다. 결국 초나라 왕 부추는 진나라 군에 사로잡혔고, 이로써 초나라는 멸망했다.

항우(項羽)

楚雖三戶, 亡秦必楚 초수삼호, 망진필초
초나라에 세 집만 있더라도 반드시 진나라를 망하게 한다.

* 진나라 말기, 초나라의 명장 항연의 후예인 항우는 초나라 회왕의 손자인 웅심(熊心)을 회왕에 앉히고 진나라를 멸망시켰지만, 결국 회왕을 죽였다.

내란이 일어나다

초나라 강왕(康王)에게는 총애하던 공자 위(圍), 공자 비(比), 공자 기질(棄疾)이라는 세 명의 동생이 있었는데, 강왕이 죽자 그의 아들 겹오(郟敖)가 왕위를 잇고 공자 위를 영윤으로 임명해 군사를 주관토록 했다. 나중에 공자 위가 겹오를 죽이고, 공자 비가 진(晉)나라로 도망가자 위가 왕에 오르니, 그가 바로 영왕(靈王)이다.

초나라 영왕 12년, 영왕이 건계(乾溪)에서 향락에만 빠져 돌아올 생각을 하지 않자 원수인 관기(觀起)의 아들 관종(觀從)이 영왕의 태자 녹(祿)을 죽인 후 공자 비를 초나라 왕으로 삼았다. 관종이 다시 군사를 이끌고 건계로 진입하자 영왕의 시종들은 뿔뿔이 달아났고, 영양은 결국 우읍(芋邑)의 지방관 신무우(申無宇)의 아들 신해(申亥)의 집에서 최후를 맞이했다. 관종은 공자 비에게 공자 기질을 죽이라고 했으나, 공자 비는 이를 듣지 않았다. 하룻밤 사이에 공자 기질이 영왕이 돌아왔다고 거짓 보고를 하자 공자 비는 자살하고 말았다. 그리고 이틀 후 공자 기질이 왕에 오르니, 그가 바로 평왕(平王)이다.

쇠락의 길을 걷다

초나라 평왕은 즉위 후 비무기(費無忌)를 총애했으며, 태자 건(建)의 아내를 강제로 빼앗고 태자 건의 스승인 오사(伍奢)를 죽였다. 오사의 아들 오자서는 오나라로 도망가서 오나라 왕 합려를 도와 왕에 오르도록 한 후 아버지를 죽인 원수를 갚고자 초나라를 공격하기 시작했다. 초나라 소왕(昭王) 때 오나라 왕 합려는 오자서의 보좌 아래 초나라를 공격해 수도 영에 진입했다. 도망갔던 소왕은 신포서(申包胥)를 진(秦)나라에 보내 구원을 요청했다. 이에 진나라는 5백여 대의 전차를 보내 초나라를 도와주었다. 초나라는 흩어진 병사들을 모아 직(稷)에서 오나라 군을 무찔렀다. 그 후 소왕은 수도를 북쪽으로 옮기는 한편, 오나라가 진(陳)나라를 공격했을 때 출병하여 진나라를 구하고 성보(城父)에서 병사했다. 소왕의 아들 장(章)이 왕위를 이어 혜왕(惠王)에 올랐으나, 초나라는 이때부터 쇠락의 길을 걷기 시작했다.

회왕이 나라를 말아먹다

초나라 회왕(懷王)은 장의(張儀)를 재상으로 임명했는데, 원래 장의는 진(秦)나라의 간자로서 그는 제나라와 단교하도록 회왕을 설득했다. 이에 회왕은 제나라와 동맹 관계를 끊은 후 진(秦)나라에게 속아 진(陳)나라와도 단교했다. 그로부터 회왕은 진나라 군과 단양(丹陽)에서 전투를 벌였으나 대패했다. 그 후 다시 남전(藍田)에서 진(秦)나라 군과 싸웠지만 다시 패하고 말았다. 한나라와 위나라는 초나라의 피해가 크다는 소식을 듣고, 그 기회를 틈타 남하하여 등(鄧)을 공격하자 회왕은 회군할 수밖에 없었다.

훗날 진(秦)나라는 초나라를 공격하기 시작했는데, 진나라 소왕(昭王)이 회왕과 동맹을 맺자고 요구하자 회왕은 소왕을 만나기 위해 진나라로 갔다가 구금되고 말았다. 결국 회왕은 진나라에서 빠져나올 수 있었지만, 위나라에서 진나라 군사들에게 잡히고 말았다. 이 일로 병을 얻은 회왕은 진나라에서 죽음을 맞았다. 초나라는 경양왕(頃襄王) 때 제나라, 위나라와 연합하여 진나라를 공격했을 때 그 기회를 이용해 주나라도 공격하려 했으나 실패하고 말았다.

기원전 223년, 진나라 장수 왕전(王翦)과 몽무(蒙武)가 초나라를 공격해 초나라 왕 부추(負芻)를 포로로 잡고 초나라를 멸망시켰다.

11 동남의 패권을 다투다
월나라

>>> 월越나라 왕 구천은 와신상담한 끝에 3천의 군사로 오나라를 점령함으로써 춘추오패의 마지막 맹주가 되었다. 구천을 보좌해 대업을 이룬 범려는 관직에서 물러나 상인의 비조가 되어 구천과 함께 그 이름을 역사에 남겼다.

구천이 화친을 도모하다

월나라 왕은 우(禹)의 먼 자손이다. 윤상(允常) 때에 와서 월후(越侯)와 오나라 왕 합려가 전쟁을 벌여 두 나라는 철천지원수가 되어 서로 간에 천추의 한을 품었다. 윤상이 죽은 후 구천이 등극하자 합려는 또 다시 월나라를 공격했다. 결국 합려는 전투에서 패한 후 부상을 입어 죽고, 그의 아들 부차가 오나라 왕위를 이었다.

기원전 494년, 구천은 오나라 왕 부차가 군사를 기르며 월나라에 복수하려 한다는 소식을 듣고 기선을 잡고자 오나라로 쳐들어갔다. 하지만 구천이 패배하고 5천의 병사들과 함께 회계산(會稽山)으로 들어가자 부차는 구천을 포위했다. 이때 범려는 오나라와 화친하라는 계책을 올렸고, 구천은 대부 문종(文種)을 보내 오나라 태재 백비(伯嚭)에게 뇌물을 바치게 했다. 결국 백비가 부차를 설득시킴으로써 부차는 구천을 용서해 주고 철군했다.

구천의 와신상담

오나라 왕 부차의 사면으로 월나라에 돌아온 구천은 고심 끝에 쓸개를 자리 옆에 매달아놓고, 앉아 있건 누워 있건 간에 쓸개를 쳐다보고 핥으며 자신의 치욕을 잊지 않고 복수하기로 다짐했다.

구천은 몸소 경작을 하고, 왕후는 몸소 길쌈을 하며 고기 음식을 먹지 않고

나라를 되찾고 맹주가 된 구천

월나라 왕 구천은 춘추 시대에 가장 전기성이 농후한 색채를 지닌 군주다. 그는 오나라의 노예가 되는 굴욕을 참아낸 끝에 마침내 오나라를 멸망시키고 춘추오패의 마지막 주인공이 되었다.

굴욕적으로 화친하다

오나라에 패한 후 월나라 왕 구천은 문종과 범려의 간언을 받아들임으로써 오나라의 노예가 되어 2년을 보내고 월나라의 멸망을 피했다.

복수의 뜻을 세우다

월나라에 돌아온 구천은 와신상담으로 월나라의 국력을 키우면서 오나라를 멸망시킬 기회만 노렸다.

월나라가 오나라를 삼키다

오나라 왕 부차가 오자서를 죽이고 다시 북상하여 패권을 다투자 마침내 국력을 강하게 키운 월나라가 오나라를 멸망시켰다.

북상하여 맹주가 되다

오나라를 멸망시킨 구천은 의기양양하게 북상한 후 서주에서 제나라, 진나라와 회맹하여 제후들의 맹주가 되었다.

와신상담(臥薪嘗膽)

월나라 왕 구천을 말하면 곧바로 '와신상담'을 떠올린다. 그는 오나라에서 월나라로 돌아온 후 한시도 잊지 않고 날마다 섶나무 위에서 자고 밥을 먹으면서 기둥에 매달아 놓은 쓸개를 핥으며, 오나라에 복수하겠다는 천추의 한을 잊지 않았다. '와신상담(臥薪嘗膽)'이라는 고사는 오늘을 사는 우리들에게도 역경을 딛고 일어서라는 분발심을 갖게 한다.

월왕구천검 : 월왕구천검(越王句踐劍)은 1965년에 호북성 강릉(江陵) 망산(望山) 1호묘에서 출토된 길이 55.7cm, 넓이 4.6cm의 검이다. 검신(劍身)은 흑색 마름모 꽃무늬로 장식되어 있다. 검의 손잡이에서 가까운 검신 아랫부분에는 '월왕구천자작용검(越王句踐自作用劍)'이라는 8자의 조전체(鳥篆體) 명문(銘文)이 새겨져 있다. 2천 년이 지났어도 여전히 예리해서 '천하제일검'으로 불리워진다.

화려한 옷도 입지 않았다. 그는 현인들에게 몸을 낮추어 예로 대하고, 빈객들은 정성껏 접대하며, 가난한 이들을 돕고 죽은 자를 애도하며 백성과 더불어 간난신고를 같이했다. 나중에 문종에게 국정을 맡기고, 범려와 자계(柘稽)를 오나라에 보내 화친을 맺는 동시에 인질로 남게 했다. 그로부터 2년 후 오나라는 범려를 풀어주었다.

구천이 맹주임을 선언하다

오나라 왕 부차는 항상 북상하여 맹주가 되려고 했다. 하지만 오자서가 이에 반대하는 간언을 하자 부차는 촉루라는 명검을 내려 오자서에게 스스로 목숨을 끊게 했다. 부차가 북상하여 황지(黃池)에서 맹주임을 선언하자 구천은 이 기회를 틈타 오나라를 공격했다. 패권 다툼에 경황이 없던 부차는 사람을 보내 월나라와 화친을 도모했다. 구천도 아직은 자신에게 오나라를 멸망시킬 힘이 없다는 것을 알고 오나라와 화친을 맺었다.

4년 후, 구천은 다시 오나라를 공격했다. 당시 오나라의 병사들과 백성들은 피로가 극에 달해 있었고, 정예 병사들도 천하쟁패의 와중에 대부분 전사했기 때문에 구천은 오나라 군을 크게 무찔렀다. 마침내 부차가 자살함으로써 오나라는 멸망했다.

구천은 오나라를 평정한 후 북쪽으로 회하(淮河)를 건너 서주(徐州: 산동성 등현騰縣)에서 제나라, 진(晋)나라와 회합을 갖고 주나라 왕실에 공물을 바쳤다. 이에 주나라 원왕(元王)은 구천에게 제사를 지낸 고기를 내리고, 그를 '백(伯: 제후의 우두머리)'이라 불렀다. 구천은 서주를 떠나 회하를 건너 남하하고, 월나라 군은 장강과 회하 동쪽을 거침없이 내달리니 제후들이 모두 축하하며 월나라 왕 구천을 패왕이라 칭송했다.

문종에게 보낸 범려의 편지

구천이 오나라를 복속시킨 후 범려는 월나라를 떠나 제나라로 가서 자신의 친구인 문종(文種)에게 편지 한 통을 보내 이렇게 말했다.

"나는 새를 잡으면 좋은 활은 거두어지고, 교활한 토끼를 잡으면 잘 달리는 개가 삶아지는 법이오. 월왕 구천은 목이 길고 입은 새처럼 뾰족하니, 고난은 함께 할 손치더라도 즐거움은 같이 나눌 수 없소. 당신은 왜 떠나지 않는 것이오?"

문종은 편지를 읽고 병을 구실 삼아 조회에 나가지 않았다. 이에 어떤 사람이 문종이 반란을 획책하고 있다고 참소하자 구천은 문종에게 검을 내렸다. 문종은 길게 탄식한 후 그 검으로 자결했다.

세 번을 옮겨 다닌 범려

구천이 오나라를 멸망시킨 후 범려는 구천을 떠나려고 했다. 범려와 월나라를 둘로 나누어 가지려던 구천은 그를 이해를 할 수 없었다. 하지만 범려가 원하는 대로 해주었다. 그리하여 범려는 재산을 정리하여 가까운 사람들과 함께 배를 타고 떠난 후 다시는 돌아오지 않았다. 이에 구천은 회계산에 범려의 봉읍지라는 표식을 해두었다.

제나라에 이른 범려는 성과 이름을 바꿔 스스로 치이자피(鴟夷子皮 : 술고래)라고 칭했다. 해변가에서 농사를 지으며 온 집안이 합심하니, 얼마 지나지 않아 범려의 재산은 수십만 금에 달했다. 제나라 사람들은 그의 현명함을 듣고 그를 경상(卿相)으로 삼고자 했다. 하지만 벼슬이 싫었던 범려는 상국(相國 : 고대 중국의 관직 이름)의 인장을 돌려준 후 자신의 재산을 전부 나누어 주고, 단지 귀중한 보물만 지니고 몰래 그곳을 떠나 도(陶 : 산동성 정도현定陶縣 서북쪽)에 이르렀다.

범려는 정도(定陶)가 천하의 중심이자 상업의 통로이므로 교역을 하면 재산을 모을 수 있을 것이라 생각하여 스스로 도주공(陶朱公)이라 칭했다. 아들과 함께 농사를 짓고 목축을 하며 상품을 사 두었다가 시기를 기다려 내다 파니 1할의 이문이 남았다. 얼마 지나지 않아 억만금이 넘는 재산을 모으자 천하의 사람들이 모두 도주공을 알게 되었다.

초나라가 월나라를 멸하다

월나라의 마지막 군주인 무강(無疆 : 기원전 343년 ~ 기원전 323년 재위) 시기에 월나라는 군사를 일으켜 북쪽의 제나라를 공격하고, 서쪽의 초나라를 공격하면서 중원의 제후들과 패권을 다투었다. 초나라 위왕(威王) 때 월나라는 다시 북상하여 제나라를 공격하려고 했다. 이에 제나라 위왕은 월왕 무강에게 사자를 보내 초나라를 공격하는 것이야말로 월나라 부흥의 열쇠라고 설득하자 무강은 초나라를 공격했다. 하지만 초나라 위왕은 군사를 이끌고 월나라 군을 격파한 후 무강을 죽였다. 또한 월나라가 점령한 오나라 영토를 전부 얻었으며, 동쪽으로는 절강까지 북쪽으로는 서주까지 이르러 제나라를 크게 물리쳤다. 월나라의 일족들은 분산되어 흩어진 채, 어떤 이는 왕이라 칭하고 어떤 이는 군이라고 칭하며 서로 다투는 지경에 이르렀다. 결국 월나라 후손들은 강남의 해안으로 쫓겨가 살며 초나라에 조공을 바쳤다.

공신의 비극

역사적으로 볼 때 공신들 중에는 불행한 사람들이 많았다. 오나라를 멸망시키고 중원의 맹주가 된 월나라 왕 구천을 보좌했던 문종과 범려 역시 한 사람은 자살을 강요받았고, 한 사람은 강호에 은거하며 지냈다. 이것이 바로 토사구팽의 이치이다.

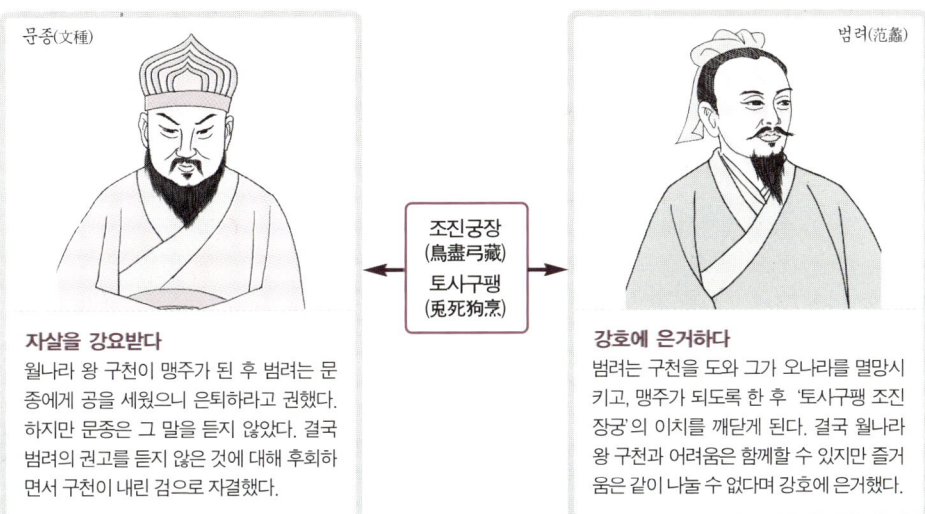

문종(文種)

자살을 강요받다
월나라 왕 구천이 맹주가 된 후 범려는 문종에게 공을 세웠으니 은퇴하라고 권했다. 하지만 문종은 그 말을 듣지 않았다. 결국 범려의 권고를 듣지 않은 것에 대해 후회하면서 구천이 내린 검으로 자결했다.

조진궁장
(鳥盡弓藏)
토사구팽
(兎死狗烹)

범려(范蠡)

강호에 은거하다
범려는 구천을 도와 그가 오나라를 멸망시키고, 맹주가 되도록 한 후 '토사구팽 조진장궁'의 이치를 깨닫게 된다. 결국 월나라 왕 구천과 어려움은 함께할 수 있지만 즐거움은 같이 나눌 수 없다며 강호에 은거했다.

유가적 상인의 비조 - 범려

스스로 관직에서 물러난 범려는 제나라로 가 천하의 부자 상인이 되어 후세인들에게 '문재신(文財神)'으로 칭송되었다.

치이자피
범려는 월나라에서 제나라 강호에 은거하면서 이름을 '치이자피'로 바꾸었고, 몇 년이 지나지 않아 수만금의 재산을 모았다. 범려의 현명함을 들은 제나라 왕은 그를 재상으로 삼고자 했으나, 범려는 재상의 인장을 돌려준 후 다시 한 번 이사를 갔다.

도주공
범려는 천하의 중심인 정도에 이르러 상업에 전념해 거부가 되었고, 스스로를 '도주공'이라고 칭했다.

문재신
도주공이라는 이름으로 후세에 전해진 범려는 '유상(儒商)의 비조로 추존되고, 민간에서는 그를 문재신(文財神)으로 모셨다.

범려와 서시 : 서시(西施)는 역사서에 보이지 않지만, 민간에서는 광범위하게 퍼져 있다. 그녀는 월나라가 전쟁에 패하여 오나라로 보내졌고, 호색가인 오나라 왕 부차의 곁에서 스파이 노릇을 했다고 한다. 오나라가 망한 후 범려와 함께 오호(五湖)에서 배를 타고 노닐며 강호에 은거했다는 아름다운 이야기가 전해져 온다.

12 춘추 시대 초기의 맹주
정나라

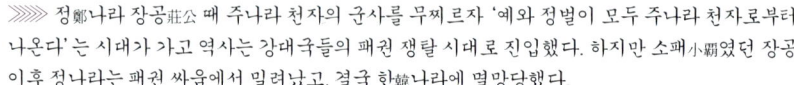

>>> 정鄭나라 장공莊公 때 주나라 천자의 군사를 무찌르자 '예와 정벌이 모두 주나라 천자로부터 나온다'는 시대가 가고 역사는 강대국들의 패권 쟁탈 시대로 진입했다. 하지만 소패小霸였던 장공 이후 정나라는 패권 싸움에서 밀려났고, 결국 한韓나라에 멸망당했다.

환공이 정나라를 세우다

정나라 환공(桓公)은 주나라 여왕(厲王)의 작은 아들로서 이름은 우(友)이고, 주나라 선왕(宣王)의 서제(庶弟)다. 기원전 806년, 선왕이 우를 정(鄭) 땅에 봉했는데, 환공이 정을 매우 잘 다스리자 주나라 유왕(幽王)이 그를 주나라의 사도(司徒 : 국가의 토지와 벼슬을 관장)로 임명했다. 유왕이 포사를 총애하며 국정을 돌보지 않자 어떤 제후들은 유왕을 배반하기까지 했다. 환공은 태사(太史) 백(伯)의 건의에 따라 기원전 774년에 정나라의 재산을 모두 모은 후 부족, 종족(宗族)과 함께 상인, 백성들을 동괵(東虢 : 하남성 정주鄭州 서북쪽)과 회(鄶 : 하남성 밀현密縣 근처) 지역으로 옮기고 신정(新鄭)이라 불렀다. 기원전 771년, 견융이 침입하여 주나라 유왕과 정나라 환공을 죽이니, 환공의 아들 무공(武公)이 즉위하여 동괵국과 회나라를 공격해 멸한 후 실질적인 독립국인 정나라를 세웠다.

'소패' 장공

정나라 무공이 죽자 장공이 왕위에 올랐다. 장공은 먼저 자신을 배반한 동생 공숙단(共叔段)을 제거했다. 이때 주나라 평왕(平王)*은 정나라의 국력이 날로 강해

---

* 기원전 781년 ~ 기원전 720년 재위, 동주의 1대 왕, 서주의 마지막 왕인 주나라 유왕(幽王)의 아들이다.

장공의 소패

정나라는 춘추전국 시대에 비록 소국이었지만, 춘추 시대 초기에는 주나라와 정나라가 서로 견제하는 과정에서 장공이 '소패小霸'에 오른 역사적 의의를 지니고 있다. 그리하여 주나라 천자의 위신은 땅에 떨어지고, 제후들의 패권 다툼이 시작되었다.

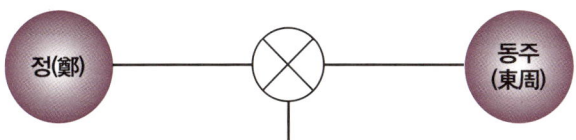

| 주정교악 | 주나라 평왕이 동천할 때 정나라는 평왕을 호위한 공으로 주나라 왕실의 신하가 되었다. 장공 시기에는 허(許)나라를 복속시키고, 이어서 주나라의 깃발로 송나라를 공격하자 주나라가 정나라에 불만을 터뜨렸다. 주정교악(周鄭交惡 : 주나라와 정나라가 서로 미워함)의 시작이었다. |

| 수갈전투 | 주나라 환공 시기에 정나라 장공의 세력을 약화시키기 위해 분권을 시행하자 장공은 주나라 천자를 알현하는 조회에 나가지 않았다. 그리하여 환공이 진, 채, 괵, 위 등과 함께 정나라를 공격함으로써 수갈전투(繻葛戰鬪)가 발발했다. |

| 화살로 천자를 쏘다 | 수갈전투가 벌어졌을 때 정나라 장군 축첨(祝瞻 : 『좌전』에는 축담祝聃으로 나오고 『사기』에는 축첨으로 나옴)의 화살에 주나라 환왕이 왼쪽 어깨를 맞아 패하고 말았다. 후에 정나라 장공이 사람을 보내 환왕에게 용서를 빌었다. 환왕은 내심 화가 잔뜩 났지만 장공을 벌할 방법이 없었다. |

| 춘추 쟁패 | 수갈전투에서 주나라 천자가 패배함으로써 주나라 왕실의 권위는 땅에 떨어지니, 이때부터 제후들 간의 패권 다툼이 시작되었다. 춘추 시대에 정나라 장공이 소패가 된 후 제나라 환공, 송나라 양공, 진(晉)나라 문공(文公), 초나라 장왕, 오왕 합려, 월왕 구천 등이 맹주가 되었다. |

황천에서 모자가 만나다 : 정나라 장공의 모친 무강(武姜)은 장공을 낳을 때, 난산을 하여 장공을 좋아하지 않았다. 훗날 장공이 왕위를 계승한 후 그녀는 둘째아들인 공숙단(共叔段)과 짜고 모반을 일으켰다가 장공에 의해 평정되었다. 이 일로 장공은 황천(黃泉 : 저승에 있는 강)에 가기 전에는 어머니를 만나지 않겠다고 맹세했다. 훗날 장공이 자신의 행동을 후회하자 대신 영고숙(穎考叔)이 황천(黃泉 : 샘물이 나는 곳)까지 땅을 파 길을 내라는 아이디어를 내었다. 장공은 이와 같이 하여 마침내 어머니를 만났다.

지는 것을 걱정하여 정나라를 견제하려고 했다. 그로 인해 장공의 불만은 날로 커져만 갔다.

주나라 평왕이 죽고 환왕(桓王)이 왕위를 잇자 장공은 환왕을 배알하지 않았다. 이에 주나라 환왕이 진(陳)나라, 채나라, 괵(虢)나라, 위나라 등과 함께 일제히 정나라를 공격하자 장공은 대부 제중(祭仲), 고거미(高渠彌) 등과 함께 군사를 이끌고 가 방어하는 동시에 환왕이 이끄는 군사를 대파했다. 이리하여 천자로서 주나라 환왕의 위신은 땅에 떨어지고, 장공의 위엄은 대지를 흔들었다. 송(宋)나라, 위(衛)나라, 진(陳)나라 등 숙적들이 모두 화친을 청하자 정나라는 당시 중원의 최강 제후국으로 발돋움했다. 기원전 701년에 장공이 제나라, 위나라, 송나라 등 강대국 제후들과 맹약을 맺자 흡사 제후들의 맹주와 같았다.

한나라가 정나라를 멸하다

정나라 장공이 죽은 후 그의 아들 여공(厲公)이 스스로 군주가 되자 정나라가 크게 혼란스러워졌다. 정나라는 날이 갈수록 쇠락하고, 제나라는 점차 유리한 지위를 얻게 되어 주변의 소국들을 통제하기 시작했다. 정나라 목공(穆公) 이후 진(晉), 초 두 나라가 정나라를 압박하자 정나라는 하루도 편안할 날이 없었다. 정나라 양공(襄公) 시기에는 초나라가 정나라를 점령하여 양공에게 치욕을 안겨 주었다.

정나라 간공(簡公)이 자산(子産)을 재상으로 삼아 정사를 주관하게 하고, 정(鼎)을 주조하는 등으로 경제를 발전시키며 백성들의 삶을 윤택하게 하자 정나라는 다시 부강해졌다.

정나라 애공(哀公) 시기에 진(晉)나라의 한(韓), 조(趙), 위(魏) 세 가문이 강성해지자 정나라는 다시 쇠약해졌다. 정나라 유공(幽公) 시기에 한(韓)나라가 정나라를 공격해 유공을 죽였다. 훗날 유공의 동생 수공(繻公)이 나라를 되찾고 여러 차례 한, 조, 위와 전쟁을 벌였다. 그러다가 강공(康公)이 즉위한 후 정나라는 다시 강성해졌다. 기원전 375년, 한(韓)나라 애공(哀公)이 다시 정나라를 점령하자 정나라는 멸망하고 그 영토는 한나라에 흡수되었다.

13 전국 시대의 강대국
조나라

>>> 조趙나라는 진晉나라가 세 개로 쪼개지면서 세워졌다. 조나라 무령왕武靈王의 '호복기사' 개혁은 나라를 강성하게 일으켰지만, 그 후 진秦나라와의 장평전투에서 대패하여 쇠락의 길로 접어들었다. 결국 진나라에 의해 강제로 복속되고 말았다.

「조씨고아」의 주인공 조무

조나라와 진(秦)나라는 조상이 같다. 서주 목왕(穆王) 때 조나라의 선조 조보(造父)는 도려, 화류, 녹이 등 여덟 필의 준마를 목왕에게 바쳤다. 목왕은 조보를 어가(御駕)의 마부로 삼고, 서쪽을 순수(巡狩) 하던 중 서언왕(徐偃王)이 반란을 일으켰을 때 조보는 준마들이 하루에 천리를 달리도록 하여 서언왕을 대파했다. 그리하여 조보는 조성(趙城 : 산서성 홍동현洪洞縣 북쪽의 조성진趙城鎭)을 하사받았고, 그의 자손들은 조씨 성을 갖게 되었다.

주나라 유왕(幽王) 때 조보의 후손들은 유왕이 황음무도하자 주나라를 떠나 진(晉)나라에 이르렀다. 그때부터 진나라의 조씨 가문이 시작되었다. 진나라 헌공(獻公) 때 진나라 조씨 중에서 조최(趙衰)가 공자 중이(重耳 : 진나라 헌공의 아들)를 따라 19년 동안 유랑을 하였다. 훗날 중이가 진나라에 돌아와 문공에 오르자 조최는 그가 중원을 제패하도록 도와주었다. 조최가 죽은 후 그의 아들 조순(趙盾)이 국정을 독점하였다. 진나라 경공(景公) 때는 조순의 아들 조삭(趙朔)이 대부 도안고(屠岸賈)의 모함으로 인해 가족들이 죽음을 당하고 말았다. 조삭의 빈객 공손저구(公孫杵臼)와 조삭의 친구 정영(程嬰)의 도움으로 조삭의 유복자인 조무(趙武)는 무사히 자라날 수 있었다. 조무가 장성한 후 한궐(韓厥)의 도움으로 마침내 도안고의 일족을 제거하고 부친의 원수를 되갚았다. 경공은 조씨의 옛 전읍을 조무에게 하사했다.

조씨가 나라를 세우다

진나라 경공(頃公) 시기에는 '육경(六卿)*'에 의해 다스려졌다. 육경 중에 한 사람이 바로 조무의 손자 조간자(趙簡子)이다. 진나라 정공(定公) 때는 조간자가 육경 중에 하나인 범씨와 중항씨를 제거하여 조씨가 진나라의 정경(正卿)이 되었으며, 실질적으로 진나라의 정권을 독차지했다. 봉록과 작위, 봉읍이 제후들과 맞먹을 정도였다. 진나라 출공(出公) 때는 조간자의 아들 조양자(趙襄子)가 대(代)나라를 멸망시켜 영토를 지금의 산서성 동북부와 하북성 울현(蔚縣) 일대까지 넓혔다. 뒤이어 조양자·한강자(韓康子)·위환자(魏桓子)가 지씨 가문을 멸하여 지씨의 영토를 삼등분하니, 마침내 진나라가 세 나라로 쪼개졌다. 기원전 403년, 조열후(趙烈侯)와 위문후(魏文侯), 한경후(韓景侯)가 주나라 천자로부터 정식으로 제후에 책봉되었다.

오랑캐의 옷으로 바꿔 입다

조나라 숙후(肅侯)가 죽은 후 그의 아들 무령왕(武靈王)이 즉위했다. 그는 즉위한 지 20년째에 비로소 개혁 정책을 실시했는데, 우선 '호복(胡服)'으로 바꿔 입는 것부터 시작했다. 이는 말을 잘 타고 활을 잘 쏘기 위해서였다. 당시 중산국(中山國 : 하북성 석가장石家莊 평산현平山縣 일대)은 조나라의 큰 우환거리여서 무령왕이 직접 군사를 이끌고 가 공격했으나 실패했다. 훗날 무령왕은 중산국을 멸망시키기 위해서는 반드시 오랑캐의 여러 장점을 취해야 한다고 생각했다. 그래서 말을 잘 타기 위해 소매가 짧고 허리를 졸라맨 간편한 호복으로 바꿔 입었다.

수레 전차로 싸우던 전투 형태가 전국 시대에는 혼자서 말을 탄 기병들의 전투 방식으로 바뀌었다. 그래서 무령왕은 기동성을 갖추기 위해 오랑캐들처럼 기

---

* 진나라에서 세력이 가장 강한 여섯 경대부로서 범씨(范氏), 중항씨(中行氏), 지씨(知氏), 조씨(趙氏), 한씨(韓氏), 위씨(魏氏)를 말함.

조, 한, 위로 갈라진 진나라

전국 시대 초기, 춘추 시대에 맹주의 자리에 오른 진나라의 국정은 경대부들에 의해 농단을 당하다가 결국 조, 위, 한으로 삼등분되었다.

진(晉)나라

존속 시기 : 기원전 11세기부터 기원전 376년까지
시조 : 당숙우(唐叔虞)
가장 강력했던 군주 : 문공(文公)
최후의 군주 : 정공(靜公)

조나라
존속 시기 : 기원전 376년 ~ 기원전 222년
시조 : 조열후
가장 강력했던 군주 : 무령왕
최후의 군주 : 대왕(代王) 가(嘉)

위나라
존속 시기 : 기원전 376년 ~ 기원전 225년
시조 : 위문후
가장 강력했던 군주 : 위문후
최후의 군주 : 위왕 가(假)

한나라
존속 시기 : 기원전 376년 ~ 기원전 230년
시조 : 한경후
가장 강력했던 군주 : 한소후(韓昭侯)
최후의 군주 : 한왕(韓王) 안(安)

조나라 무령왕의 호복기사

조나라 무령왕은 북방 오랑캐의 위협을 제거하기 위해 '호복기사(胡服騎射)'를 실시하여 단기간에 조나라를 강성한 국가로 만들었다.

	호복기사
형식	중원의 넓은 소매와 긴 옷을 짧고 팽팽한 오랑캐 옷, 즉 몸에 두르는 가죽 허리띠, 발에 신은 가죽신 등 오랑캐 복장으로 바꿨다. 말 타기와 활쏘기에 능한 오랑캐로 하여금 조나라 기병들을 훈련시키도록 했다.
작용	호복기사 복식을 취한 조나라는 동북쪽으로 중산국을 멸하고, 서북으로는 임호(林胡), 누번(樓煩)을 공략하여 북방의 강력한 군사 대국으로 떠올랐다.

병 위주의 군대로 개편했다. 하지만 이러한 호복기사 정책은 오랑캐 옷을 입는 것이 예의에 어긋난다는 보수적인 사고가 팽배한 귀족들에 의해 반대에 부딪쳤다. 무령왕의 숙부인 공자 성(成)도 반대했다. 무령왕은 실용적인 입장에서 편한 옷을 입는 게 좋다고 그를 설득했다. 결국 공자 성을 설득하여 호복기사를 전국적으로 실시했다. 조나라는 이로 인해 강대국으로 도약할 수 있었고, 마침내 중산국을 멸망시켰다.

무령왕은 27년 동안의 재위를 끝내고 혜문왕(惠文王)에게 왕위를 물려준 후 자신을 주부(主父 : 군주의 아버지)로 칭했다. 아들에게는 내정을 맡기고, 자신은 군사를 통치했다. 훗날 그의 두 아들이 서로 싸워 반란이 일어나자 무령왕은 사구(司寇 : 형옥을 담당하는 벼슬아치) 이태(李兌)와 공자 성에게 포위되어 사구궁(沙丘宮)에서 굶어 죽고 말았다.

군사 대국으로 일어선 조나라

조나라 무령왕이 죽은 후 그의 아들 혜문왕(惠文王)이 즉위했다. 당시는 전국칠웅이 중원의 패권을 놓고 서로 각축을 벌이던 때였다. 조나라는 우선 연나라, 한나라, 위나라, 제나라와 더불어 5국동맹을 맺고 진(秦)나라를 공격해 황제 칭호를 사용하지 못하도록 했다. 또한 진나라에 끌려간 왕족 부유(符逾) 등도 귀환시켰다. 이어서 진(秦)나라, 연나라, 한나라, 위나라와 5국연맹을 맺어 제나라를 공격했다.

제나라가 쇠락한 후 전국칠웅 중에서 진나라를 제외하고 비교적 강대국은 조나라뿐이었다. 진나라는 동쪽의 장애물인 조나라를 없애기 위해 여러 차례 조나라를 공격했다. 그때마다 염파(廉頗) 장군이 여러 차례 진나라 군사를 물리치자 진나라는 책략을 바꾸어 조나라와 강화를 맺었다. 기원전 283년, 염파 장군이 다시 조나라 군사를 이끌고 제나라를 공격해 그 위세를 제후들에게 떨치니, 조나라도 단번에 6국의 맹주가 되었다. 그 후 염파가 몇 차례 진나라 군사를 대파하자 조나라는 혜문왕 시기에 진나라와 더불어 통일 전쟁을 치를 수 있는 유일한 국가가 되었다.

중원의 패권을 다툰 조나라

전국 시대 중엽 조나라는 혜문왕 때 서로는 진나라를 패배시키고, 동으로는 제나라를 공격하여 연이은 승리를 얻었다. 조나라 역사상 가장 강성한 시기였다.

 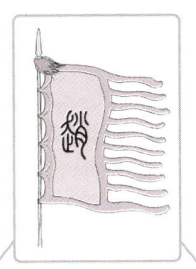 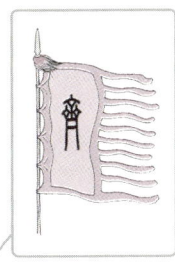

진조쟁패(秦趙爭霸)
1. 기원전 287년, 조나라는 연, 한, 위, 제 등과 5국 동맹을 맺어 진나라를 공격해 진나라의 황제 칭호(진나라 소왕昭王은 서제西帝, 제나라 민왕湣王은 동제東帝라 칭함)를 폐지하고, 진나라에게 빼앗긴 왕족 부유를 조나라로 돌아오게 했다.
2. 기원전 270년, 조나라 장수 조사(趙奢)가 조나라 알여(閼與 : 산서성 화순현和順縣 서쪽)에서 진나라 군을 대파했다.
3. 기원전 258년, 진나라는 조나라 장수 염파에게 겁을 먹고 중양(中陽)에서 조나라와 강화를 맺었다.

조제쟁패(趙齊爭霸)
1. 기원전 286년, 조나라는 진, 연, 한, 위 등과 5국 연합을 맺고 제나라를 공격해 큰 승리를 얻으니, 제나라는 쇠락의 길로 접어들었다.
2. 기원전 283년, 조나라 장수 염파가 군사를 이끌고 제나라 깊숙한 곳까지 먼 거리를 신속하게 이동해 양진(陽晋 : 산동성 운성현鄆城縣 서쪽)을 취하여 여러 제후들에게 조나라의 위용을 떨쳤다. 조나라는 단번에 6국의 맹주가 되었다.
3. 기원전 278년, 염파가 동쪽으로 제나라를 공격해 크게 이겼다. 기원전 276년에 조나라는 다시 제나라를 공격해 9개 성을 빼앗았다.

조나라의 쇠락

진(秦)나라는 강성했기 때문에 반드시 동진이 필요했다. 따라서 진나라는 조나라를 정복하기 위해 일진일퇴를 거듭하다 장평전투에서 큰 승리를 얻었고, 조나라는 쇠락의 길로 접어들게 되었다.

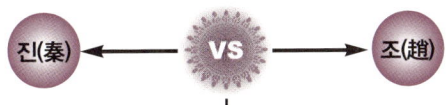

장평전투	진나라와 조나라 간의 장평전투(長平戰鬪)에서 조나라는 진나라의 반간계에 놀아나 염파 대신에 조괄을 총사로 임명했다. 진나라 장수 백기는 조나라 군을 대파하고 45만 명의 조나라 군사를 생매장했다. 이후 조나라는 쇠망의 길로 접어들었다.
한단을 포위하다	장평전투 이후 진나라는 또 다시 조나라 수도 한단으로 진격했는데, 조나라는 위나라와 초나라의 도움을 받고서야 진나라의 공격을 막아낼 수 있었다. 이때부터 조나라는 진나라와의 대등한 견제력을 상실했고, 결국에는 진나라에게 멸망당했다.

조나라의 쇠락

조나라 혜문왕이 죽은 후 그의 아들 효성왕(孝成王)이 왕위에 올랐다. 진나라는 효성왕이 아직 어린 틈을 노려 조나라를 공격했다. 조나라는 제나라에 구원을 요청했는데, 제나라는 장안군(長安君 : 조태후의 작은 아들)을 인질로 보내줘야만 구원병을 보낼 수 있다고 요구했다. 하지만 조태후(趙太后 : 혜문왕의 비인 위후威后, 즉 효성왕의 어머니)는 이를 거절했다. 결국 좌사(左師) 촉룡(觸龍)이 조태후를 설득해 장안군을 제나라에 인질로 보내자 비로소 제나라는 구원군을 보냈다. 한나라 상당(上黨)의 군수 풍정(馮亭)이 진나라에 귀속되는 것을 원하지 않고 조나라에 편입되는 것을 원하자 조나라는 염파를 보내 상당을 접수하게 하였다. 염파는 장평(長平)에 주둔했다.

진나라가 반간계를 쓰자 조나라는 염파를 파직시키고 대신 조괄(趙括)로 하여금 진나라를 공격하도록 했다. 진나라 장수 백기(白起)는 조괄을 역으로 포위하여 조나라 군의 보급로를 차단하고 장평을 포위했다. 결국 조나라 군은 46일 동안 식량을 얻지 못하다 네 길로 포위망을 뚫으려고 시도하였으나 다섯 차례나 실패하고 조괄도 전사하고 말았다. 40만에 이르는 조나라 군사들이 모두 생매장을 당하자 조나라는 크게 놀랬다. 다음해에 진나라 군이 조나라의 수도 한단을 포위했을 때, 위나라 공자 무기(無忌)와 초나라 춘신군이 군사를 이끌고 조나라를 구원하자 진나라 군은 철수했다. 조나라는 이때부터 쇠락하기 시작해 다시는 국력을 회복시키지 못했다. 조나라 효성왕이 죽고 도양왕(悼襄王)이 즉위했다. 도양왕은 간신 곽개(郭開)의 참언을 믿고 염파를 파직시키고 악승(樂乘)을 장군으로 임명했다. 화가 난 염파가 악승을 공격하자 악승은 패주하고 염파는 위(魏)나라로 도망갔다. 도양왕은 이목(李牧)에게 군사를 지휘하도록 했다.

진나라가 조나라를 멸하다

조나라 도양왕이 죽은 후 그의 아들 조천(趙遷)이 즉위하니, 그가 바로 유목왕(幽繆王)이다. 기원전 229년, 진나라가 조나라를 공격하자 유목왕은 이목과 사마상(司馬尙)으로 하여금 진나라 군을 방어하게 했다. 진나라 장수들이 이목을 두려위하자 반간계를 썼다. 진나라는 유목왕이 남달리 아끼는 총신인 곽개(郭開)를 거만금으로 매수하였다. 그리하여 곽개는 이목과 사마상이 모반을 획책하고 있다고 참소하였다. 그러자 유목왕 조천은 참언을 듣고 조총과 제나라 장군 안취를 보내 이목을 잡아들이려고 했다. 하지만 이목이 왕명을 따르지 않자 유목왕은 이목을 죽이고 말았다. 진나라는 이목이 죽었다는 소식을 듣고 진나라 장수 왕전에게 대군을 이끌고 조나라를 공격하게 하니, 한단이 점령당하고 유목왕은 포로로 잡혀 하남(河南)의 방릉(房陵)으로 유배되었다. 도망친 조나라 대신들은 조가(趙嘉)를 대왕(代王)으로 옹립하고 대성(代城)을 수도로 삼았다. 다시 진나라 군이 대성으로 진격하자 대왕 가의 항복으로 조나라는 멸망했다.

14 전국 칠웅의 하나
위나라

>>> 위魏나라 역시 진晉나라가 세 갈래로 나눠진 후 세워졌다. 전국 시대 초기에는 가장 강성했지만, 제후국의 틈새에 끼인 탓에 제나라와 진秦나라 등이 강성해지면서 점점 쇠락의 길을 걷다가 진秦나라에게 멸망당했다.

진나라의 삼가분진으로 세워진 위나라

위나라의 선조는 서주 초기 주나라 문왕의 아들인 희고(姬高)이다. 주나라 무왕이 상나라를 멸하고 그를 필(畢) 땅에 봉하니, 희고를 필공고(畢公高)라 불렀다. 필나라는 춘추 시대 이전에 이미 멸망하고, 필공고의 후손인 필만(畢萬)이 진(晉)나라의 신하가 되었다. 진나라 헌공(獻公) 시기에 필만이 위(魏), 경(耿), 곽(霍) 등 주위의 작은 나라들을 토벌한 공로로 위 땅의 대부로 봉해졌다. 필만의 후예들은 그 영지의 이름인 '위'를 성씨로 삼았다.

기원전 514년에 위나라 헌자(獻子)가 한선자(韓宣子)의 뒤를 이어 진나라의 국정을 맡으니, 진나라의 권신인 육경 중의 한 사람이 되었다. 전국 시대에 접어들어 진나라 왕실이 점점 쇠약해지자 육경이 서로 권력을 다투었다. 그 결과 위, 한, 조가 연이어 다른 삼경을 멸하고, 기원전 453년에 마침내 진나라를 세 나라로 나누어 가졌다. 기원전 403년에 주나라 왕실에서 정식으로 위나라 문후(文侯)를 제후로 봉하니, 안읍(安邑)에 수도를 세웠다.

위나라가 패업을 다투다

위나라 문후는 능력이 출중한 군주였다. 그는 연이어 동생인 위성자(魏成子)와 책황(翟璜), 이회(李悝) 등을 재상으로 임명하는 한편 복자하(卜子夏), 전자방(田

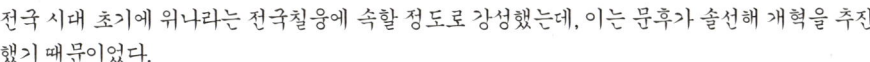

위나라 문후의 개혁

전국 시대 초기에 위나라는 전국칠웅에 속할 정도로 강성했는데, 이는 문후가 솔선해 개혁을 추진했기 때문이었다.

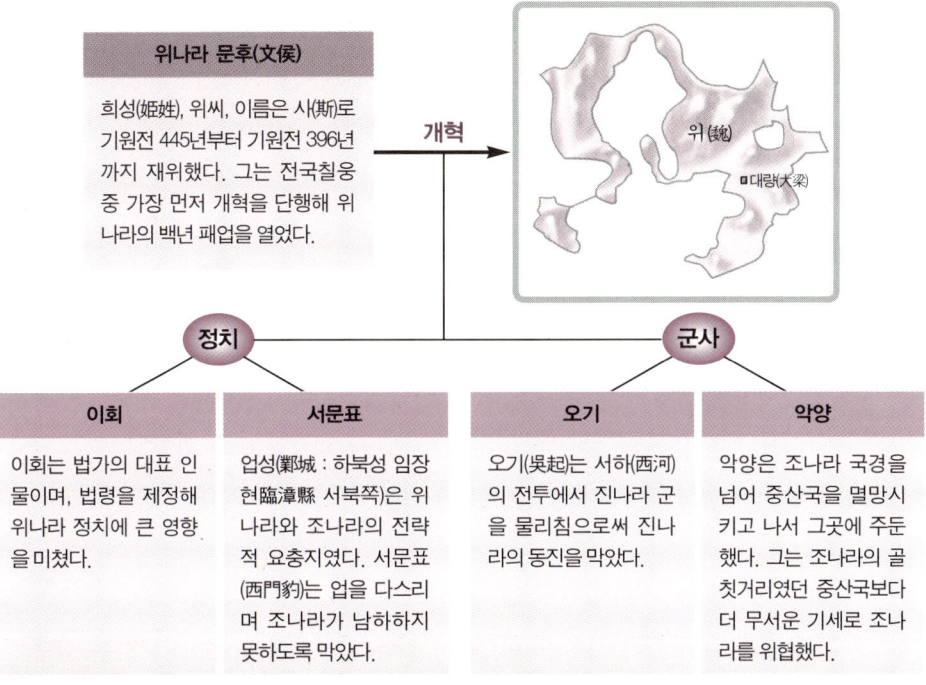

위나라 문후(文侯)

희성(姬姓), 위씨, 이름은 사(斯)로 기원전 445년부터 기원전 396년까지 재위했다. 그는 전국칠웅 중 가장 먼저 개혁을 단행해 위나라의 백년 패업을 열었다.

정치

이회

이회는 법가의 대표 인물이며, 법령을 제정해 위나라 정치에 큰 영향을 미쳤다.

서문표

업성(鄴城 : 하북성 임장현臨漳縣 서북쪽)은 위나라와 조나라의 전략적 요충지였다. 서문표(西門豹)는 업을 다스리며 조나라가 남하하지 못하도록 막았다.

군사

오기

오기(吳起)는 서하(西河)의 전투에서 진나라 군을 물리침으로써 진나라의 동진을 막았다.

악양

악양은 조나라 국경을 넘어 중산국을 멸망시키고 나서 그곳에 주둔했다. 그는 조나라의 골칫거리였던 중산국보다 더 무서운 기세로 조나라를 위협했다.

서하학파 : 위나라 문후는 자하, 전자방, 단간목 등 유학자들을 스승으로 모시면서 자하를 서하(西河)의 군수로 주재하게 하니, 서하학파(西河學派)가 형성되었다. 서하학파는 중원 각 나라에서 문화 종주국으로 여길 만큼 학문적 발전을 이루었다.

위나라의 쇠락

전국 시대의 치열한 다툼 속에서 위나라는 제나라와 격돌한 두 차례의 전쟁에서 크게 패함으로써 쇠락의 길로 접어들었고, 결국 진나라에 의해 멸망되었다.

계릉전투

기원전 354년에 위나라는 조나라를 공격했고, 이 기회를 틈 타 제나라는 위나라를 포위하여 조나라를 구원했다. 위나라의 상장군 방연(龐涓)은 단신으로 탈출해 위나라로 도망쳤다.

마릉전투

기원전 341년에 위나라는 한나라를 공격했다. 제나라는 이 기회를 틈타 위나라를 포위하여 한나라를 구원했다. 이 전투에서 위나라 군사 10만이 죽고 상장군 방연은 전사했다. 이때부터 위나라는 쇠락의 길로 접어들게 되었다.

위나라의 멸망

기원전 225년에 진(秦)나라 장수 왕분이 물을 끌어와 수공을 가하여 대량을 수몰시키자 위나라 왕 가의 투항으로 위나라는 역사 속에서 사라졌다.

子方), 단간목(段干木) 등 유명한 유학사들을 스승으로 모셨다. 한편 악양(樂羊)을 장군으로 임명해 중산국(中山國)*을 공략해 위나라의 세력을 떨쳤다. 위나라 혜왕(惠王) 때는 황하에서 물을 끌어들여 대량(大梁)에 다다르게 하니, 훗날 홍구(鴻溝)로 변화 발전했다. 관개와 조운이 모두 가능했던 중국 역사상 최초의 운하였다.

전국 시대 초기에 위나라는 전국칠웅 중에서 가장 강성한 국가였다. 기원전 413년부터 409년까지 위나라는 여러 해 동안 계속 진(秦)나라를 공격하여 진나라를 낙수(洛水)의 서쪽으로 퇴각시켰다. 기원전 405년부터 404년까지 위나라, 한나라, 조나라가 연합하여 제나라를 공격해 큰 승리를 거두었다. 기원전 400년부터 기원전 391년까지 삼진(三晉: 위, 한, 조)의 연합군이 승구(乘丘), 대량, 유관(楡關) 등지에서 연이어 초나라를 대파하니, 이때가 바로 위나라의 강성함이 최고점에 다다랐던 시기다. 위나라가 강성할 때의 영토는 지금의 산서성 남부, 하남성 북부, 섬서성 동부, 하북성의 대명(大名)과 광평(廣平), 산동성의 관현(冠縣)에까지 이르렀다.

위나라의 멸망

전국 시대 중기에 이르러 제나라와 진(秦)나라가 강성해지고 위나라는 쇠락의 길로 접어들었다. 진(秦)나라가 헌공(獻公) 때부터 위나라를 계속 공략하자 위나라는 하는 수 없이 낙수에 장성을 쌓아 방어했다. 진나라가 침략하여 동부에 대한 통치를 강화하지 못하도록 기원전 361년에 수도를 안읍(安邑)에서 대량으로 옮겼다. 진나라는 효공(孝公) 때 위나라의 하서(河西) 지방을 연거푸 공격했다. 기원전 353년에는 제나라의 손빈(孫臏)이 계릉(桂陵)에서 위나라 군을 격퇴시켰다. 기원전 341년에는 제나라와 위나라 간에 벌어진 마릉전투(馬陵戰鬪)에서 위나라가 대패했고, 이때부터 위나라는 철저하게 쇠락의 길로 접어들었다. 전국 시대 말기에 위나라는 진나라의 침략을 받으면서 영토가 점점 더 줄어들었다. 기원전 225년, 진나라 장수 왕분(王賁)이 황하와 홍구의 물을 대량으로 끌어와 대량성을 수몰시키고, 위나라 왕 가(假)를 생포하자 위나라는 멸망하고 말았다.

---

* 위나라에 멸망당한 후 영수(靈壽)로 천도해 다시 일어섰으나 조나라에 의해 다시 멸망당함.

15 틈새에서의 생존
한나라

>>>> 한韓나라는 삼가분진에 의해 세워진 나라이다 보니 국력은 조나라와 위나라에 비할 바가 못 되었다. 또한 전국칠웅 중 최약소국으로서 강대국의 틈바구니에서 맴돌며 생존하다가 결국 진나라에 의해 멸망당했다.

삼가분진으로 탄생한 약소국

한나라의 선조는 주나라 종실과 같은 성씨인 희(姬)다. 훗날 그 후예들이 진(晉)나라를 섬겨서 진나라 헌공(獻公) 때 한원(韓原)을 봉토로 받아 한무자(韓武子)로 불리었다. 한무자의 후손들 중에 한궐(韓厥)은 '조씨고아' 조무가 아버지의 원수를 갚도록 도와준 덕분에 훗날 진나라의 육경 중에 한 사람이 되었다. 한궐은 한헌자(韓獻子)로 불렸다. 한궐이 죽은 후 그의 아들 한선자(韓宣子)가 뒤를 이었다. 기원전 453년 당시에는 한선자와 조양자, 위헌자(魏獻子)의 세 가문이 진나라 대부들 중에서 가장 세력이 강했다. 결국 한선자, 조양자, 위헌자가 연합해 진나라 조정을 좌지우지하던 대부 지백(智伯)을 공격해 그 땅을 나누어 갖고, 훗날 진나라를 삼등분할 기초를 닦았다.

기원전 403년에 한나라 경후(景侯)는 주나라에 의해 제후에 봉해졌고, 수도를 평양(平陽)에서 양책(陽翟)으로 옮겼다. 그 후 한나라 애후(哀侯) 시기에는 정나라를 멸망시키고 수도를 신정(新鄭 : 하남성 정주鄭州)으로 옮겼다.

한나라 소후의 개혁

한나라가 가장 강성했던 시기는 소후(昭侯)가 재위할 때였다. 소후는 법가인 신불해(申不害)를 재상으로 임명해 법가의 권술로 통치함으로써 한나라의 정치가 정도를 걸을 수 있도록 했다. 그러자 나라는 부강해졌고, 다른 나라들이 감히 한나라를 넘보지 못했다. 하지만 신불해가 제창한 개혁은 한나라를 진정으로 강성하게 만들지는 못했다. 그는 단지 '술(術 : 통치술)'만을 중시하고 '법(法 : 형법)'을 중시하지 않았다. 때문에 신불해는 한나라를 17년 동안 다스리면서도 패업을 이루지 못했고, 결국 한나라는 약소국으로 전락하고 말았다.

가장 빨리 망한 제후

소후가 죽은 후 전국칠웅 중 가장 약했던 한나라는 진(秦), 초, 조, 위 등 강대국의 틈새에 끼어 있었던 탓에 근본적으로 세력을 키울 수 있는 가능성이 전혀 없었다. 우선 중원에 자리 잡았던 한나라는 동쪽과 북쪽으로는 위나라에, 서쪽으로는 진나라에, 남쪽으로는 초나라에 포위된 형국이었다. 그리고 영토도 전국칠웅 중에서 가장 작았고, 산이 많아서 국력을 키울 수 있는 자원이 절대적으로 부족했다. 또한 개혁을 시도해서 강대국이 되려고도 하지 않았다. 그저 시간이 흐를수록 국력이 쇠약해질 뿐이었다.

전국 시대 후기에 이르러 한나라는 점점 더 쇠락의 나락에서 벗어나지 못했다. 기원전 273년(진秦나라 소양왕昭襄王 34년)에 진나라는 위나라와 한나라의 상용(上庸 : 호북성 죽산현竹山縣 서남쪽 일대) 지방을 점령하여 군(郡)을 설치한 후 항복한 남양(南陽 : 위나라의 수무修武, 지금의 하남성 획가현獲嘉縣) 백성들을 이주시켜 살도록 했다. 그 후 한나라, 조나라, 위나라는 파죽지세로 동진하는 진나라의 기세를 저지할 수가 없었다. 한나라 왕 안(安) 때 진나라가 다시 한나라를 공격하자 누란의 위기에 빠진 한나라 왕실에서는 한비(韓非)를 진나라에 사신으로 보냈다. 하지만 한비는 진나라 이사의 모함으로 피살되고 말았다. 기원전 230년, 진나라는 한나라를 멸망시킨 후 한왕 안을 사로잡고 영천군(穎川郡)을 설치하였다. 이로써 한나라는 역사의 뒤안길로 영원히 사라지고 말았다.

한나라의 강성

비록 한나라는 전국칠웅 중에서 가장 약했지만, 초기에는 혁신적인 변법을 단행하여 부강해짐으로써 중원의 제후들과 천하를 다투었다.

한나라 경후
기원전 403년에 주나라 왕실로부터 제후의 봉작을 받았고, 수도를 평양에서 양책으로 옮겼다.

한나라 애후
기원전 375년에 정나라를 멸망시킨 후 수도를 신정으로 옮겼다.

한나라 소후
기원전 362년부터 기원전 333년까지 재위하는 동안, 정나라 사람 신불해를 재상에 임명하여 한나라의 내정을 안정적으로 통치했으며, 밖으로는 주변 나라들의 침입을 막도록 하여 나라를 안정시켰다.

월권과 실직 : 『한비자』에 '월관지화(越官之禍)'라는 고사가 나온다. 한나라 소후가 한 번은 술에 취해 잠이 들었는데, 전관(典冠 : 왕의 모자를 관리하는 벼슬아치)은 임금이 추위에 떨 것을 염려하여 옷을 가져다가 덮어 주었다. 소후는 잠에서 깨어난 후 이 일을 묻고는 전관과 전의(典衣 : 임금의 옷을 담당하는 벼슬아치) 두 사람을 불러 꾸짖고 벌을 주었다. 전관은 월권을 했고, 전의는 책임을 망각한 탓이었다.

한비와 한나라

한나라 귀족 출신인 한비는 전국 시대 법가의 집대성자였지만, 정작 한나라에서는 법가를 채용하지 않았다. 결국 한비는 진나라에 사신으로 갔다가 진시황에게 피살당했고, 그로부터 얼마 지나지 않아 한나라는 진나라에 의해 멸망당했다.

한비(韓非)

전국 시대에 세력 다툼을 벌였던 많은 강대국들은 법가 사상을 채택해 강성해졌다. 그런데 법가 집대성자인 한비는 도리어 한나라에서 중용되지 못했고, 진나라에서 중용될 뻔했으나 순자 밑에서 같이 동문수학했던 이사의 질투로 인해 살해되고 말았다. 한비의 비극은 곧 한나라의 비극이었다.

16 점을 쳐서 제후가 되다
전씨의 제나라

>>> 전씨田氏가 세운 제나라는 위왕威王과 선왕宣王의 개혁으로 점차 강성해졌지만, 민왕湣王 때 5국 연합군의 공격을 받은 후부터 쇠락의 길로 접어들다가 진秦나라에 의해 멸망되었다.

진완이 제나라로 오다

제나라 전씨는 원래 진(陳)나라 여공(厲公)의 아들이다. 진완(陳完)이 태어날 때 진나라 여공이 주나라의 태사(太史: 천문역법·복점·제사 등을 관장하는 직책)를 청하여 그의 미래를 점치게 했다. 주나라 태사는 그의 자손이 강씨(姜氏)의 나라를 대신하여 군주가 될 것이라고 말했다. 진나라에 내란이 일어나자 진완은 화가 미칠까 염려하여 제나라로 도망쳤다. 당시 제나라 군주인 환공(桓公)이 그를 경(卿)으로 삼으려고 하자 진완은 자신은 단지 몸을 의탁한 도망자에 불과하다며 높은 직책을 사양했다. 훗날 환공은 그에게 백공(百工: 모든 기술자)의 일을 주관하는 벼슬을 내렸다.

제나라 대부 의중(懿仲)이 자신의 딸을 진완에게 시집보내려고 혼인에 관한 점을 쳤는데, 5대 이후에는 정경(正卿)의 지위에 이를 것이고, 8대 이후에는 그보다 더 높은 지위가 없을 것이라는 점괘가 나왔다. 그리하여 의중은 자신의 딸을 진완에게 시집보냈다. 제나라에 머물던 진완은 성을 진(陳)에서 전(田)으로 바꾸고, 죽은 후에는 경중(敬仲)이라는 시호를 받았다.

전씨가 제나라를 차지하다

기원전 545년, 전완의 4대손인 전환자(田桓子)는 포씨(鮑氏), 난씨(欒氏), 고씨

(高氏) 등과 협력하여 전권을 휘두르던 경씨(慶氏) 세력을 제거했다. 그 후 전씨와 포씨 세력이 난씨 세력을 제거함으로써 가장 큰 세력을 지닌 가문이 되었다. 제나라 경공(景公) 때 공실은 점점 더 부패해졌고, 그 시기에 전환자의 아들 전기(田乞)가 대부의 직책을 맡게 되었다. 전기는 백성들에게 부세를 거둘 때는 소두(小斗 : 닷 되들이)로 거두고, 백성들에게 식량을 대여할 때에는 대두(大斗 : 열 되들이)로 하는 등 백성들에게 선정을 베풀었다. 경공도 이를 알았으나 전기를 통제할 수 없었다. 이리하여 전씨가 제나라 백성들의 민심을 얻어 전씨 가문의 세력이 날로 강해지니, 백성들도 모두 전씨의 은혜에 감사했다.

기원전 489년에 경공이 죽자 제나라 공족인 국혜자(國惠子)와 고소자(高昭子)가 공자 도(荼)를 군주로 삼으려고 했다. 이에 전기는 국씨와 고씨 세력을 몰아내기 위해 공자 양생(陽生)을 군주로 세우고 스스로 재상이 되었다. 이로부터 전씨가 제나라 국정을 장악하게 되었다.

기원전 481년, 전기의 아들 전상(田常)이 간공(簡公)을 죽인 후 평공(平公)을 옹립하여 정권을 장악했다. 전상이 재상이 되어 다른 나라들과 화친을 맺고 우호적인 관계를 유지하는 동시에 논공행상을 베풀고 백성들을 보살피자 제나라는 다시금 안정을 되찾았다. 이로부터 5년 여가 흐르자 제나라의 모든 권력은 전상에게 귀속되었다. 훗날 전상은 제나라의 세습 공족 중에서 세력이 큰 포씨, 안씨(晏氏), 감지(監止) 등의 가문을 제거했다. 이로써 전상이 제나라의 영토 중 안평(安平)의 동쪽에서 낭야(琅琊)에 이르는 땅을 자신의 봉읍으로 삼으니, 평공의 식읍보다 컸다.

기원전 391년, 전상의 4대손인 전화(田和)가 강공(康公)을 폐위시켰으며, 기원전 386년에 다시 강공을 내쫓고 스스로 군주가 되었다. 같은 해, 주나라 안왕(安王)이 전화를 제후로 책봉함으로써 전씨의 제나라는 제후의 반열에 올랐다. 기원전 379년에 강공이 죽자 강씨(姜氏)의 제나라는 제사가 끊겼다. 전씨가 제위에 오른 후에도 여전히 '제(齊)'를 국호로 삼았기 때문에 역사에서는 이를 '전제(田齊 : 전씨의 제나라)'라고 한다.

개혁 정치를 추진해 강국으로 군림하다

전화의 손자인 제나라 위왕(威王)은 즉위 초기에 주야를 가리지 않고 주색에 빠져 정사를 돌보지 않았다. 나랏일은 모두 경대부들이 도맡아 처리했다. 한나라, 위나라, 노나라, 조나라 등이 도성까지 침범할 정도였다. 각 제후들이 제나라를 노리는데, 위왕이 나라를 돌보지 않는 상황에 처해 있었던 것이다. 이때 평민 추기(鄒忌)가 거문고로 위왕을 알현해 패왕의 대업을 경영하도록 간언하자 위왕은 추기가 인재라는 것을 알게 되었다. 위왕은 곧바로 추기를 재상에 임명한 후 서둘러 조정을 쇄신하고 개혁을 실시하도록 했다.

한편 위왕은 전국에 영을 내려 조정의 대신과 지방의 벼슬아치, 일반 백성들을 막론하고 자신의 면전에서 군주의 과오를 내놓는 이에게는 최고의 상을, 서면으로 군주의 과실을 지적하면 중급의 상을, 백성들 사이에서 군주의 과오를 지적하면 가장 낮은 상을 내리겠다고 했다. 이처럼 언로가 뚫리자 1년이 지나지 않아 나라의 부정부패가 사라지고 정치가 맑아져 제나라의 국력이 강성해지기 시작했다.

제나라 선왕(宣王) 때인 기원전 353년과 기원전 341년에는 조나라와 한나라를 구원하기 위해 위나라로 진격해 계릉전투와 마릉전투를 벌였다. 제나라는 두 차례 전투에서 강대국인 위나라에 대승을 거두었고, 이로써 제후국들 사이에 강국으로 군림하기 시작했다.

쇠락의 나락으로 떨어지다

위왕과 선왕 양대를 거치면서 발전하던 제나라는 민왕(湣王)에 이르러 가장 강력한 국가로 성장했다. 당시 진(秦)나라 소왕은 스스로 서제(西帝)라 칭하는 동시에 민왕을 동제(東帝)라 하여 존경을 표했다. 훗날 합종책을 주장하던 소대(蘇代)가 민왕에게 송나라를 공격하라고 부추기면서 동제 칭호를 버리라고 권했다. 이에 민왕은 소대의 주장에 동의하여 황제 칭호를 버리고 기원전 286년에 송나라를 멸망시켰다. 더불어 서쪽으로 조나라, 위나라, 한나라를 공략하고, 추나라와 노나라가 신하의 예를 갖추자 제나라는 주나라처럼 천자가 되려고 했다. 이는 5

전씨가 제나라를 차지한 과정

전씨가 제나라를 차지한 것은 진晉나라가 조, 위, 한으로 삼가분진을 한 것처럼 전국 시대를 알리는 상징적인 사건이었다. 이로부터 강씨의 제나라는 멸망하고 전씨가 제나라의 군주로서 천하 쟁패의 역사를 열었다.

전국 시대의 제나라
임치(臨淄)

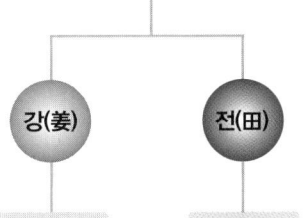
강(姜)　　전(田)

강씨 계보	전씨 계보	설명
제나라 환공 ↔	진완	환공 때 진여공의 아들 진완이 내란을 피해 제나라로 건너온 후 환공의 환대를 받았다. 진완은 이때부터 제나라에 살게 되었고, 성씨를 전(田)으로 고쳤다.
제나라 경공 ↔	전기	제나라 경공 때 전완의 후예인 전기가 백성들에게 선정을 베풀어 제나라 백성들의 민심을 얻으니, 전씨 가문의 세력이 갈수록 커졌다.
제나라 도공 ↔	전기	제나라 경공이 죽자 전기는 포씨와 연합해 공자 도를 옹립하려 했던 고소자와 국혜자를 제거한 후 공자 양생을 군주로 세웠으니, 그가 바로 제나라 도공(悼公)이다. 이때부터 전기는 재상이 되어 제나라의 국정을 전횡하기 시작했다.
제나라 간공 ↔	전상	간공 때 전기의 아들 전상이 간공을 죽이고 평공을 옹립한 후 스스로 재상에 올랐다.
제나라 평공 ↔	전상	평공 때 전상은 제나라의 세습 공족인 포씨, 안씨, 감지 등을 죽이고 봉읍을 나누어 가졌는데, 식읍의 규모가 평공보다 더 컸다.
제나라 강공 ↔	전화	강공 때 전상의 후대인 전화가 주나라 안왕으로부터 제후로 책봉되어 제후의 반열에 오르니, 이로써 전씨의 제나라가 시작되었다.
제나라 강공 ↔	제나라 위왕	위왕이 즉위한 후 강공이 죽었다. 이로써 강씨의 후사가 끊기고 제나라의 봉읍은 전씨에게 모두 귀속되었다.

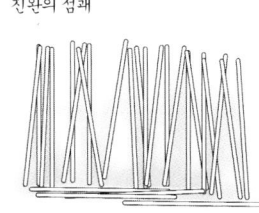
진완의 점괘

1. 진완이 출생할 때 진나라 여공은 그를 위해 점을 쳤다. 점괘는 빈객이 되는 기회를 이용해 패왕의 대업을 이룬다는 것이었다.
2. 진완이 제나라에 도착했을 때 그에게 딸을 시집보내려던 제나라 대부 의중이 점을 쳤다. 점괘의 결과는 그의 5대손에 이르러 정경의 자리에 오르고, 8대손 이후에는 그 보다 더 높은 지위에 있는 사람이 없다는 것이었다. 그리하여 의중은 자신의 딸을 진완에게 시집보냈다.

국 연합군이 제나라를 공격하는 빌미가 되었다.

기원전 284년에 진나라, 조나라, 한나라, 위나라, 연나라가 연합하여 제나라를 공격했다. 특히 연나라 군은 내란을 틈타 공격해 온 제나라 선왕으로 인해 거의 멸망 직전까지 갔었기에 복수심에 불타 가장 용감했다. 연나라 장수 악의가 이끄는 군사들은 파죽지세로 쳐들어가 임치를 공략했다. 이때 초나라는 요치(淖齒)의 군대로 하여금 제나라를 구원하도록 했는데, 거(莒)나라로 도망쳤던 민왕이 요치에게 피살됨으로써 제나라는 거의 멸망 직전의 상황으로 내몰렸다. 다행스럽게도 전단(田單)이 즉묵(卽墨)에서 군사를 일으켜 점점 잃어버린 땅들을 되찾기 시작했다. 하지만 5국 연합군에 패배한 이후로 제나라는 국력을 회복하지 못하고 쇠락해 갔다.

전씨의 제나라가 멸망하다

제나라 민왕이 죽은 후 그의 아들 법장(法章)이 성과 이름을 감추고 거나라 태사의 집에서 하인으로 일했다. 태사의 여식이 법장의 용모가 범상하지 않음을 알고 그를 보살피며 정을 나누었다. 초나라 요치가 군대를 거두어 거나라를 떠난 후 거나라 사람들과 제나라의 유신들이 서로 협력하여 민왕의 아들을 찾아 왕으로 세우려고 했다. 마침내 법장을 찾아내 제나라의 왕으로 삼으니, 그가 바로 양왕(襄王)이다. 양왕은 태사의 여식을 왕후(군왕후君王后)로 삼았다.

양왕은 나라가 망하고 가족이 뿔뿔이 흩어지는 재난을 당했기 때문에, 제나라의 잃어버린 영토를 되찾기 위해 노력했으나 국력을 회복하지 못했다. 양왕의 아들 건(建)이 즉위한 시기에 진나라는 주변의 다섯 나라를 공략해 멸망시켰고, 마지막으로 제나라의 임치를 공격했다. 제나라 왕 건은 투항할 수밖에 없었고, 결국 공읍(共邑 : 하남성 휘현輝縣)에 유배됨으로써 전씨의 제나라는 멸망했다.

전씨 제나라의 흥망사

전씨의 제나라는 위왕과 선왕 양 대의 노력으로 민왕 초기에 이르러 제후국들 중에서 가장 강성해졌다. 하지만 민왕 후기에 5국 연합군의 공격을 받아 제나라는 쇠락의 길로 접어들었다.

강대국으로 부상

제나라 위왕
이름 : 전인제(田因齊), 기원전 356년 ~ 기원전 320년 재위

제나라 선왕
이름 : 전벽강(田辟疆), 기원전 320년 ~ 기원전 301년 재위

제나라 민왕
이름 : 전지(田地), 기원전 301년 ~ 기원전 284년 재위

강국지책(强國之策)
1. 추기를 재상으로 임명해 내정을 개혁하고 국가의 생산력을 높였다. 언로를 열어 나라를 태평하게 했다.
2. 위왕은 전기를 대장군, 손빈을 군사로 임명해 계릉전투와 마릉전투에서 강대국 위나라를 대파함으로써 주변 제후국들에게 국력을 과시했다.

강국지책(强國之策)
1. 기원전 314년, 제나라 선왕은 연나라의 내란을 틈타 군사를 일으켜 연나라를 거의 멸망 직전에 이르도록 했다.
2. 선왕은 '직하(稷下 : 제나라 수도 임치 직문稷門 부근) 학궁'을 창설해 유가, 묵가, 법가, 병가, 형가, 음양가, 농가, 잡가 등 각 학파의 학자들이 백가쟁명을 하도록 유도했다.

강국지책(强國之策)
1. 기원전 288년, 진(秦)나라 소왕과 황제라 부르기로 맹약하고, 민왕을 '동제'라고 불렀다.
2. 송나라를 멸망시키고, 초나라와 삼진을 공격했다. 추(鄒)나라와 노나라에는 신하로서 제나라에 입조하라는 명을 내렸다. 제나라가 주나라 천자를 대신하였다고 큰소리쳤다.

관련 고사
一鳴驚人일명경인 : 새가 한 번 울면 사람을 크게 놀라게 한다.
鄒忌諷齊王納諫추기풍제왕납간 : 추기가 거문고로 제나라 위왕을 만나 풍자조로 간언해 받아들여졌다.

관련 고사
孟子見齊宣王맹자견제선왕 : 맹자가 제나라 선왕을 만나 왕도정치를 유세했으나 받아들여지지 않았다.
제선왕과 종무염(鐘無艶) : 귀곡자에게서 병법을 배웠으며, 아름답지는 않지만 총명한 종무염이 제나라 선왕의 황후가 되었다.

관련 고사
濫竽充數남우충수 : 재능이 없으면서 끼어들어 머리 숫자만 채운다.
蘇秦說齊王소진설제왕 : 소진이 제나라 민왕을 설득해 합종책을 썼다.

쇠락의 시작

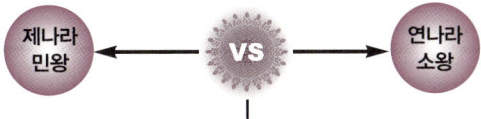

제나라 민왕 VS 연나라 소왕

제나라 민왕이 의기양양할 때 연나라, 진나라, 조나라, 위나라, 한나라는 연나라를 중심으로 5국이 연합하여 제나라를 공격했다. 마침내 연나라 장수 악의가 제나라 수도 임치를 공격하니, 이때부터 제나라는 쇠락의 길로 접어들었다.

17 공자 — 중국에서 가장 위대한 사상가로 칭송받다

>>> 공자는 비록 2천 년 전에 죽었지만, 그의 사상은 오늘날까지 세상에 전해지고 있다. 일찍이 태사공 사마천이 말했듯이 공자는 높은 산처럼 사람들로 하여금 우러러보게 하고, 큰 길처럼 사람들을 따르게 한다.

공자의 가계

공자의 먼 조상은 송나라 귀족으로 상나라 왕실의 후예였다. 주나라 무왕이 상나라를 멸망시킨 후 상나라 종실 미자계(微子啓 : 상나라 주왕紂王의 동모서형)를 송나라에 봉했다. 미자계로부터 미중연(微仲衍), 송공(宋公) 계(稽), 정공(丁公) 신(申) 등 4대를 지나 민공(湣公) 공(共)에 이르렀다. 민공의 맏아들 불보하(弗父何)가 나라를 동생 부사(鮒祀)에게 양보하고 자신은 경(卿)이 되었다. 그리하여 공자의 선조는 제후의 집안에서 공경의 집안으로 바뀌었다.

공자의 6대조 공보가(孔父嘉)는 송나라의 대사마 직을 이어받아 주례를 관장했다. 이후 대부는 제후를 조상으로 둘 수 없었기에 그 후대들은 공(孔)을 성씨로 삼았다. 훗날 송나라의 태재(太宰 : 군주를 보좌하는 직책) 화독(華督)이 난을 일으켜 송나라 상공(殤公)을 시해하고, 미모가 빼어난 공보가의 아내마저 탐이 나 공보가를 죽였다. 결국 후손들이 노나라 추읍(陬邑 : 산동성 곡부시 동남쪽)으로 피신함으로써 경(卿)의 지위를 잃고 사(士)의 지위로 내려앉았다. 공자의 증조부 공방숙(孔防叔)은 노나라 방읍(防邑)의 재(宰 : 지방의 장관)를 맡은 적이 있다. 공자의 부친은 흘(紇)이라는 이름에 자는 숙(叔)으로, 숙량흘(叔梁紇)이라고도 불렸으며 무예가 출중한 무사로 이름을 날렸다.

어린 시절의 공자

공자의 부친인 숙량흘은 시씨(施氏)를 아내로 얻었으나 아들이 없었다. 그리하여 첩에게서 아들을 한 명 두었는데, 다리가 불편한 절름발이였다. 부친은 만년에 성이 안(顔)씨인 징재(徵在)와 혼인하여 공자를 낳았다. 니구산(尼丘山: 산동성 곡부시 동남쪽)에 가 천지신명께 아들을 점지해 달라고 빌어 공자를 낳았다. 기원전 551년은 공자가 태어난 해이다. 그가 태어날 때 정수리 부분이 '요(凹)' 자 모양으로 움푹 패어 있었기 때문에 그의 이름을 '구(丘)'라 하고, 자는 '중니(仲尼)'라 했다.

공자가 출생한 지 얼마 지나지 않아 그의 아버지 숙량흘이 세상을 떠나 방산(防山)에 장례를 치렀다. 하지만 공자는 아버지의 분묘가 어디에 있는지를 몰랐다. 훗날 공자는 모친이 돌아가시자 임시로 오보구(五父衢: 산동성 곡부시 동남쪽에 있는 큰 길)의 길가에 모셨는데, 나중에 추읍 사람 만보(輓父)의 어머니가 공자 아버지의 묘소를 알려주어 모친을 방산으로 옮겨 아버지와 합장했다.

공자의 집안은 빈궁하기가 이를 데 없었고, 공자는 장성한 후 창고와 목장을 관리하는 낮은 관직을 맡았다. 창고를 관리할 때 그의 저울질은 공평했고, 목축을 관리할 때는 가축이 번성했다. 그리하여 나중에는 공사를 관장하는 사공(司空) 직책에 올랐다. 공자는 키가 9척 6촌이어서 사람들이 그를 '키다리'라고 부르면서 보통사람들과는 어딘가 다르다고 생각했다. 공자가 주나라에서 노자를 만나 예를 배우고 노나라에 돌아온 후 날이 갈수록 그의 문하에는 학생들이 늘어났다.

제나라 경공에게 정치를 묻다

공자는 나이 서른다섯 살 때 노나라에 내란이 일어나자 제나라로 갔다. 제나라 경공이 공자에게 "정치는 어떠해야 하는가?"라고 물었다. 공자는 "군주는 군주답고, 신하는 신하답고, 아버지는 아버지답고, 자식은 자식다워야 합니다(君君, 臣臣, 父父, 子子)."라고 대답했다. 경공은 옳다며, 다시 정치의 도리에 대해 묻자 공자는 이렇게 대답했다. "정치의 요점은 재물을 아끼는 데 있습니다(政在節財)."

경공은 이 말을 듣고 매우 기뻐하며 공자를 니계(尼溪) 땅에 봉하려고 했다. 하지만 안영이 공자와 같은 유학자들은 나라를 다스릴 수 없다면서 경공을 설득했다. 결국 경공은 공자를 멀리하게 되었고, 훗날 공자는 제나라 대부들이 자신을 해치려 한다는 소문을 듣고 제나라를 떠나 노나라로 돌아왔다.

공자의 벼슬살이

공자가 마흔두 살 때 노나라에서는 정공(定公)이 즉위했다. 훗날 양호(陽虎)의 난이 터져 공자는 노나라에서 관직에 나아가기를 원하지 않고 물러나 『시(詩)』, 『서(書)』, 『예(禮)』, 『악(樂)』 등을 편찬했다. 그리고 제자들도 날이 갈수록 늘어났다. 양호의 난 이후 노나라 정공은 공자를 중도(中都 : 산동성 문상현(汶上縣) 서쪽)의 재관(宰官 : 지방의 장)으로 삼았는데, 1년 만에 탁월한 공적을 이루었다. 공자는 중도의 장에서 사공(司空 : 예의, 덕화, 제사를 주관)으로 올랐다가 다시 대사구(大司寇 : 형부상서)로 승진했다.

기원전 500년 봄, 노나라와 제나라가 화친을 맺었다. 제나라 경공은 노나라에 사자를 보내 협곡(夾谷 : 산동성 무래현(蕪萊縣) 협곡협(夾谷峽))에서 만나기로 했다. 공자는 대사구의 신분으로 외교적 회담의 전례를 겸하고 있었다. 외교 전례 석상에서 공자는 제나라의 예법이 잘못되었음을 모두 지적했고, 제나라 경공은 돌아온 후 불안감을 느껴 노나라로부터 빼앗은 땅을 반환함으로써 노나라에 예를 표했다.

공자가 대사구의 직위로 노나라의 국가 대사에 참여한 지 3개월이 지나자 노나라의 통치가 질서정연하게 안정되었다. 양과 돼지를 파는 사람들이 값을 속이지 않았고, 길에 떨어진 물건을 주워가는 사람도 없어졌다. 제나라 사람들이 이 소식을 듣고 두려워한 나머지, 미녀와 아름다운 무늬를 새긴 말들을 노나라 계환자에게 보내 그를 현혹시켰다. 결국 이를 받아들인 계환자는 정사를 제대로 돌보지 않았고, 그리하여 실망한 공자는 노나라를 떠났다.

열국을 주유하다

공자는 노나라를 떠나 학생들을 데리고 열국을 주유하며 자신의 정치적 주장을 펼칠 수 있는 기회가 오기를 바랐다. 그들은 우선 위(衛)나라에 이르렀고, 위나라 영공(靈公)은 공자에게 노나라에서 받았던 만큼의 봉록을 주었다. 얼마 지나

공자 파일

공자는 중국 역사에서 가장 위대한 사상가이자 교육자이기에 대성지성선사大成至聖先師로 추앙받고 있다. 그가 일으킨 유가는 2천여 년 동안 중국 역사에 큰 영향을 미쳤으며, 중국 문화의 뿌리가 되었다.

공자(孔子)

이름 : 공구(孔丘)　　탄생일 : 기원전 551년 9월 28일
사망일 : 기원전 479년 4월 11일
출신 지역 : 춘추 시대 노나라 추읍 창평향(昌平鄕 : 지금의 산동성 곡부시 노원촌魯源村)
능침 : 공림(孔林 : 지금의 산동성 곡부시 사수변泗水邊)
최대 업적 : 유가학을 일으킴
주요 저서 : 『시경(詩經)』『서경(書經)』『예기(禮記)』『악기(樂記)』『주역(周易)』『춘추(春秋)』등
후세의 존칭 : 지성선사(至聖先師), 만세사표(萬世師表)
남긴 명언 : 己所不欲, 勿施于人 "자기가 싫은 것은 남에게 강요하지 마라."
　　　　　　기 소 불 욕,　물 시 우 인
　　　　　　禮之用, 和爲貴 "예를 응용하는 데는 서로의 어울림이 소중하다."
　　　　　　예 지 용,　화 위 귀
　　　　　　三人行, 必有我師焉, 擇其善者而從之, 其不善者而改之
　　　　　　삼 인 행, 필 유 아 사 언, 택 기 선 자 이 종 지, 기 불 선 자 이 개 지
"세 사람이 함께 길을 가면 반드시 그 가운데 스승이 있다. 그 중에서 좋은 점을 택하여 따르고, 좋지 못한 점은 고친다."

공자 족보

공자의 선조는 원래 송나라 귀족이었지만 노나라에 피난을 와서 성씨를 공으로 바꾸었다. 그리고 곧바로 노나라의 예악 문화에 영향을 받은 공자는 유가를 일으켰다.

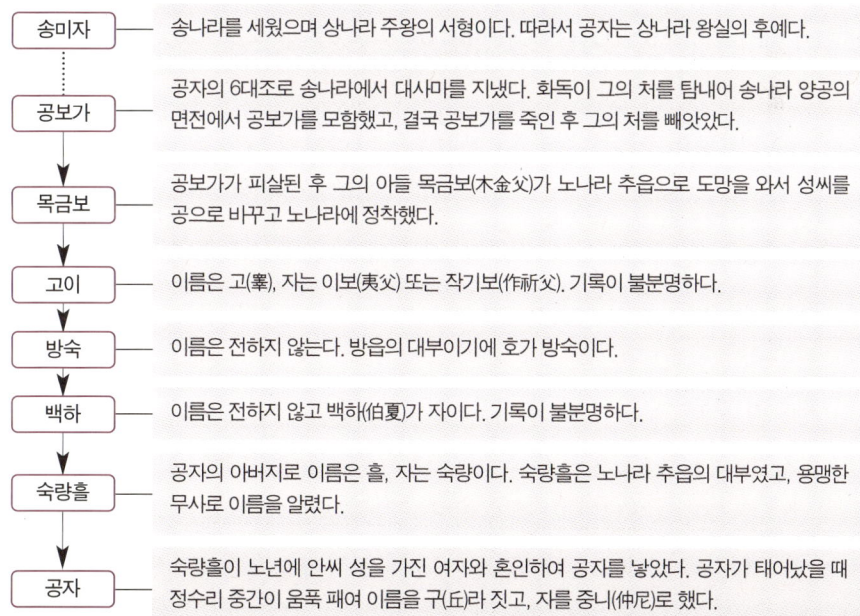

송미자 — 송나라를 세웠으며 상나라 주왕의 서형이다. 따라서 공자는 상나라 왕실의 후예이다.

공보가 — 공자의 6대조로 송나라에서 대사마를 지냈다. 화독이 그의 처를 탐내어 송나라 양공의 면전에서 공보가를 모함했고, 결국 공보가를 죽인 후 그의 처를 빼앗았다.

목금보 — 공보가 피살된 후 그의 아들 목금보(木金父)가 노나라 추읍으로 도망을 와서 성씨를 공으로 바꾸고 노나라에 정착했다.

고이 — 이름은 고(睾), 자는 이보(夷父) 또는 작기보(作祈父). 기록이 불분명하다.

방숙 — 이름은 전하지 않는다. 방읍의 대부이기에 호가 방숙이다.

백하 — 이름은 전하지 않고 백하(伯夏)가 자이다. 기록이 불분명하다.

숙량흘 — 공자의 아버지로 이름은 흘, 자는 숙량이다. 숙량흘은 노나라 추읍의 대부였고, 용맹한 무사로 이름을 알렸다.

공자 — 숙량흘이 노년에 안씨 성을 가진 여자와 혼인하여 공자를 낳았다. 공자가 태어났을 때 정수리 중간이 움푹 패여 이름을 구(丘)라 짓고, 자를 중니(仲尼)로 했다.

3장 | 세상만사 변하고 인물도 바뀌네 | 221

지 않아서 누군가가 영공에게 공자를 모함했다. 그러자 영공은 공손여가(公孫余假)를 보내 공자를 감시하도록 했다. 결국 공자는 억울한 누명이라도 입을까 염려하여 위나라를 떠났다. 그 후 조(曹)나라를 거쳐 송나라에 이르렀다. 어느 날 공자는 제자들과 큰 나무 아래서 예의를 강습했다. 그런데 송나라의 사마환퇴(司馬桓魋)가 공자를 죽이려 했다. 그리하여 공자는 떠날 수밖에 없었다.

공자가 정(鄭)나라에 이르러 제자들과 서로 길이 어긋나 홀로 성곽 동문에 서 있었다. 정나라 사람 누군가가 공자의 제자 자공(子貢)에게 "동문 밖에 '상갓집 개'와 같은 사람이 있다"라고 말했다. 자공은 동문에서 공자를 찾고는 자기가 들은 말을 공자에게 그대로 전했다. 그러자 공자는 자신이 정말로 "상갓집 개와 같다"라고 자조적으로 말했다.

공자는 다시 위나라로 돌아왔다. 위나라 영공은 성문 밖까지 나와 공자를 영접하였으나 공자를 등용하지는 않았다. 공자는 다시 진(陳)나라에 돌아갔다가 채나라로 옮겨 갔다. 3년이 지나고 나서 초나라에서 공자를 초빙하자 진나라와 채나라는 공자가 초나라에서 등용되면 자기 나라가 위험하다는 이유로 황야에서 공자를 포위했다. 그리하여 공자는 초나라로 가지 못하고, 식량도 떨어져서 굶고 병들어 일어서지 못한 제자들도 있었다. 이 소식을 듣고 초나라에서 군사를 보내 공자를 구해 주어 화를 면했다.

초나라 소왕은 공자를 중용하고자 했으나 초나라의 영윤(令尹 : 재상) 자서(子西 : 소왕의 형인 공자 신申)가 반대하여 생각을 바꾸었다. 훗날 공자는 초나라에서 위나라로 돌아왔다. 이때 공자의 나이는 63세였으며, 14년 동안 분주히 열국을 주유하다 마침내 노나라로 돌아왔다.

저술과 교육

공자가 노나라에 돌아온 후 노나라 애공(哀公)이 공자에게 정치를 물었으나 끝내 공자를 중용하지 않았고, 공자 역시 벼슬을 원하지 않았다. 당시 주나라 왕실이 힘을 잃었고 예악도 문란해졌으며, 수많은 서적들은 흩어져 완전하지 않았다. 공자는 하·상·주에 걸친 예의 제도를 연구하기 시작했다. 육예(六藝)라고 불

공자의 열국 주유도

노나라에서 관리로 일하다 실망한 공자는 제자들과 더불어 천하의 열국을 주유하기 시작했다. 그는 자신의 정치사상이 받아들여지기를 열망했지만 뜻대로 되지 않아 결국 노나라로 돌아왔다.

3. 공자는 위나라에서 진나라로 가던 길에 광(匡 : 하남성 장원현長垣縣) 땅에서 광 지역 사람들에게 포악스럽게 대했던 양호로 오해를 받아 5일 동안 포위를 당했다.

2. 공자는 우선 위나라에 이르러 영공의 예우를 받았으나, 영공이 신하의 간언을 듣고 사람을 보내 공자를 감시하자 위나라를 떠났다.

1. 기원전 497년, 공자는 제자 자공 등을 데리고 노나라를 떠나 열국을 주유하기 시작했다.

4. 공자는 포(蒲) 땅을 지나 위나라로 돌아간 후 영공의 총비 남자(南子)의 접견을 받았다.

5. 공자는 위나라에서 조나라에 이르렀지만, 아무런 희망이 없자 곧바로 조나라를 떠났다.

12. 기원전 484년, 노나라의 계강자가 예물을 갖추어 공자를 초청하자 공자는 천하의 열국을 주유한 지 14년 만에 노나라로 돌아왔다. 이 무렵 공자의 나이는 64세였다.

6. 공자는 조나라에서 송나라에 이르렀으나, 사마환퇴에게 피살될 위기에 처하자 제자들과 함께 도망쳤다.

11. 공자가 초나라에서 위나라로 돌아왔다. 위나라 출공(出公 : 희첩姬輒)이 공자에게 정치를 맡기려고 했으나, 벼슬길에 나아가지 않았다.

7. 공자는 송나라에서 정나라로 도망쳐 왔는데, 그곳에서 누군가가 공자를 '상갓집 개와 같다'고 말하자 쓴웃음을 짓고 정나라를 떠났다.

8. 공자는 정나라를 떠나 진나라에 이르러 사성정자(司城貞子)의 집에 머물렀다. 돌화살촉에 싸리나무 화살을 맞은 매 한 마리가 궁궐에 떨어졌다. 이를 보고 진나라 민공이 공자에게 묻자 공자는 주나라 무왕과 숙신(肅愼)의 일을 말해 주었다.

9. 공자가 진나라에서 채나라에 이르렀다. 이때 초나라가 채나라를 침공하자 공자는 곧바로 떠났다.

10. 공자가 초나라 소왕의 초청을 받고 초나라에 이르렀다. 소왕은 공자를 중용하려 했지만 영윤 자서가 반대했다. 초나라의 미치광이 접여(接輿)가 '정치란 본래 위험하니 그만두라'라고 말하며 공자를 비웃고 풍자했다. 후에 공자는 초나라를 떠났다.

3장 | 세상만사 변하고 인물도 바뀌네 | 223

리는 『시경(詩經)』, 『서경(書經)』, 『예기(禮記)』, 『악기(樂記)』, 『역경(易經)』, 『춘추(春秋)』를 편찬했다. 공자는 만년에 『주역(周易)』에 대해 연구하기를 좋아했다. 「단사(彖辭)」, 「계사(繫辭)」, 「설괘(說卦)」, 「문언(文言)」편을 상세하게 해석했다. 공자는 『주역』을 매우 깊이 연구하고 읽었기 때문에, 죽간을 꿴 소가죽 끈이 여러 번 끊어질 지경이었다. 공자는 『시경』, 『서경』, 『예기』, 『악기』를 교재로 삼아 제자들을 가르쳤다. 제자는 대략 3천 여 명에 이르렀고, 육예에 정통한 사람도 72명이나 되었다. 안탁추(顔濁鄒)와 같이 다방면에 걸쳐 가르침을 받고도 정식으로 입문한 제자의 반열에 들지 못한 이들이 수두룩했다.

공자는 학문, 언행, 충서(忠恕), 신의 등 네 방면으로 제자들을 가르쳤으며, 네 가지 언행을 금지했다. 즉 추측하지 말고, 독단하지 말고, 고집하지 말고, 스스로 옳다고 억지를 부리지 말라고 했다. 공자가 특히 신중하게 처리했던 것은 재계(齋戒), 전쟁, 질병이었다. 공자는 제자를 가르칠 때 진정으로 어려움에 직면하여 스스로 노력하지 않으면 깨우쳐 주지 않았다. 공자는 세 사람이 같이 걸어가면 반드시 그 중에서 스승이 있게 마련이라고 생각했다. 덕을 밝게 하지 않고, 학문에 열중하지 않고, 올바른 이치를 듣고도 가서 좇지 않고, 잘못이 있어도 고치지 않는 것들을 경계했다.

성인이 떠나다

기원전 479년 4월, 공자는 향년 73세의 나이로 세상을 하직했다. 노나라 애공은 애도문(哀悼文)에서 이렇게 말했다.

"하늘도 인자하지 않아, 이 노인마저 남겨 놓지 않고 데려가니, 나 한 사람만 이승에 내던져 남게 하는구나. 나 혼자 이 세상에 남아 외로움과 비통함에 우는구나. 아, 진정으로 슬프도다. 이부(尼父:공자)여, 나는 결코 예법에 얽매이지 않으리."

사람들은 공자를 노나라 도성 북쪽의 사수(泗水) 강변에 안장하고, 제자들은 마음에서 우러나오는 슬픔에 젖어 삼년상을 지냈다. 공자의 제자들과 노나라 사람들이 공자의 무덤가에 와서 산 사람들이 100여 가구에 이르자 사람들은 그곳

공자와 육예

공자는 만년에 선대로부터 전해져 온 고서와 문헌들을 전심전력으로 정리하여 유가의 주요 경전인 '육예'를 남겼다.

'육예'를 집필하는 공자

「시」 : 『시경』, 원래 3천 여 편이나 공자는 그 중에서 중복된 것을 빼고 예의 교화에 어울리는 것만을 골라 305편으로 편찬했다.

「서」 : 『상서(尙書)』, 우(虞), 하, 상, 주 등 각 시대의 전(典), 모(謨), 훈(訓), 고(誥), 서(誓), 명(命) 등의 문헌을 기술하였다.

「예」 : 『의례』, 공자가 주나라 시대의 예의를 참고하고 종합한 것으로 전해진다.

「악」 : 『악경』, 공자가 편찬한 음악 교재라고 하나 지금은 전하지 않는다.

「역」 : 『주역』, 공자는 만년에 『역경』을 즐겨 읽어 「단사」, 「계사」, 「설괘」, 「문언」 편을 편찬했다.

「춘추」 : 노나라 은공(隱公, 기원전 722년)부터 노나라 애공 14년 (기원전 481년)까지의 역사를 기술한 것으로, 중국에서 처음으로 편찬된 편년체 사서이다.

공문십철

공자는 중국의 위대한 교육가로서 3천여 명의 제자를 거느렸다고 전해진다. 그 가운데 가장 유명한 제자는 72명이고, 공문십철(孔門十哲)은 그 중에서 가장 우수한 제자들이다.

안회(顔回)	자는 자연(子淵)이다. 노나라 사람으로 공자보다 13세 아래였다. 영민하여 학문을 좋아했고 도덕 수양을 중시했다. 공자가 가장 맘에 들어 했던 제자였다.
민손(閔損)	자는 자건(子騫)이다. 노나라 사람으로 공자보다 15세 아래였다. 효행으로 유명했고, 공자 문하에서 유일하게 벼슬길에 나아가기를 주장하지 않은 제자였다.
염경(冉耕)	자는 백우(伯牛)이다. 노나라 사람으로 공자보다 7세 아래였다. 덕행으로 널리 알려졌다.
염옹(冉雍)	자는 중궁(仲弓)이다. 노나라 사람으로 공자보다 29세 아래였다. 도량이 크고 입이 무거우며 너그럽고 듬직했기 때문에 공자는 그가 군주의 그릇이라고 생각했다.
염구(冉求)	자는 자유(子有)이다. 노나라 사람으로 공자보다 29세 아래였다. 천성이 겸손하여 사양할 줄 알았고, 다재다능했다. 특히 이재에 밝았다.
단목사(端木賜)	자는 자공(子貢)이다. 위(衛)나라 사람으로 공자보다 31세 아래였다. 말재주가 매우 좋아 장사에 뛰어난 춘추 시대의 부상(富商)이었다.
중유(仲由)	자는 자로(子路)이다. 노나라 사람으로 공자보다 7세 아래였다. 호걸 기질에 천성이 바르고 곧아서 사람을 위할 줄 알았고, 용감하며 재능이 뛰어났다.
재여(宰予)	자는 자아(子我)이다. 노나라 사람으로 말씨가 유창하고 언변에 뛰어났다.
언언(言偃)	자는 자유(子遊)이다. 오나라 사람으로 공자보다 45세 아래였다. 문학에 정통했고, 예악의 교화에 적극적으로 노력했다.
복상(卜商)	자는 자하(子夏)였다. 공자보다 44세 아래였다. 문학에 정통했고, "배우고 남은 힘이 있으면 벼슬을 한다(學而優則仕)"라고 주장했다.

을 '공리(孔里)'라고 불렀다. 노나라에서는 세세손손 새해를 맞이할 때마다 공자의 묘에 와 제사를 지냈다. 유생들도 이곳에 모여서 예의를 강습하고 의식을 거행했다. 공자가 살던 집과 제자들이 거주하던 내실은 훗날 사당으로 만들어졌는데, 한나라 때까지 200여 년 동안이나 유지되었다.

한나라 고조 유방은 노나라 땅을 지나며 대뢰(大牢)*로써 공자에게 제사를 올렸다. 제후, 경대부, 재상이 부임하면 가장 먼저 공자의 묘를 참배한 후에 정식으로 국사에 임했다.

---

* 황제가 소, 양, 돼지 등의 희생 제물을 모두 준비하는 제사.

18 | 처음으로 농민 반란을 일으킨 인물
진섭

>>> 진승과 오광이 주도한 중국 역사상 첫 번째 농민 반란은 비록 실패로 끝났지만, '왕후장상에 씨가 따로 있는가?'라는 선언은 역사에 선명히 남았다.

대택향의 반란

진승은 양성(陽城 : 하남성 등봉현登封縣 동남쪽) 출신으로, 자는 섭(涉)이다. 오광은 양하(陽夏 : 하남성 태강현太康縣) 출신으로, 자는 숙(叔)이다. 그들은 모두 머슴살이를 하며 밭을 갈고 씨를 뿌리는 농민이었다. 기원전 209년, 진승과 오광이 둔장(屯長)인 900여 명의 무리는 조정의 징집에 의해 어양(漁陽 : 북경시 밀운密雲 서남쪽)으로 이동하는 중이었다. 그들이 기현(蘄縣) 대택향(大澤鄉 : 지금의 안휘성 숙현宿縣 동남쪽)에 주둔할 때 마침 큰 비가 연일 계속되어 제 때 목적지로 갈 수 없는 상황이었다. 그렇게 되면 형률에 따라 참수될 게 뻔했다.

생사의 고비에 선 진승과 오광은 상의한 끝에 이곳에서 반란을 일으키기로 결심했다. 그들은 우선 미신적인 수단을 이용해 분위기를 만들었다. 그들은 몰래 물고기에 '진승왕(陳勝王)'이라는 글자를 써넣고 여우로 위장한 사람들에게 야밤에 '대흥초(大興楚) 진승왕'을 크게 외치게 했다. 그리고 두 명의 압송 관리를 살해한 후 부소(扶蘇)와 초나라 장수 항연(項燕)*을 가장해 의거를 선포했다. 진승은 장군, 오광은 도위가 되어 대택향을 공격하고, 이어서 기현을 신속하게 접수했다. 중국 역사상 첫 번째인 대규모 농민 반란은 이렇게 시작되었다.

---

* 항우의 조부로 진나라가 초나라를 멸할 때 포위당하자 자살했다.

중원에서 서로 경쟁하다

진승과 오광이 기현을 함락시킨 후 진현(陳縣)에 이르렀을 때는 전차가 600~700량, 기병은 1천여 명, 보졸이 수만 명에 달했다. 농민 반란군이 진현을 점령한 후 진승은 스스로 왕이 되어 '진(陣)'이라 선포하고, 국호를 '장초(張楚 : 초나라를 넓힌다는 의미)'라 했다. 이때 여러 군현을 대표하는 사람들도 분분히 떨쳐 일어나 진승에게 동조했다.

진승은 오광을 대리 왕으로 임명한 후 여러 장졸들을 이끌고 서쪽으로 진격하여 형양(滎陽)을 공격했다. 진현의 무신(武臣), 장이(張耳), 진여(陳餘)에게는 조(趙)나라를 공격하도록 했으며, 여음(汝陰) 사람 등종(鄧宗)에게는 구강군(九江郡 : 지금의 안휘성, 강소성 장강 이북 지역으로 강서성의 대부분)을 공격하도록 명했다. 진현에 주문(周文)이라고 불리는 현인이 스스로 병법에 신통하다고 하자 진승은 그에게 장군의 징표를 주어 서쪽의 진(秦)나라를 공격하도록 했다. 하지만 진나라 장수 장한(章邯)에게 크게 패하자 주문은 자살했다.

오광과 더불어 서진하던 장군 전장(田臧)은 진승의 명령을 위조하여 오광을 죽이고 그의 머리를 진승에게 바쳤다. 진승은 그를 상장군에 임명한 후 계속 서진하여 진나라를 공격하도록 했으나 전장도 전사하고 말았다.

성공과 실패가 함께하다

진나라 장수 장한이 오서(伍徐)를 격파한 후 진현을 공격했는데, 진승의 상주국(上柱國 : 최고 무관) 방군(房君) 채사(蔡賜)도 전사하고 말았다. 장한은 다시 계속 진군하여 진현 서쪽에 주둔하고 있던 장하(張賀)의 군영을 공격하자 진승이 친히 군대를 이끌고 독전했지만 크게 패하고 장하는 전사했다. 훗날 진승은 여음으로 후퇴하여 하성보(下城父 : 안휘성 과양현渦陽縣)에 이르렀는데, 그의 마부 장고(莊賈)가 그를 살해한 후 진나라에 투항했다. 진승은 탕현(碭縣)에 묻혔으며, 훗날 한나라가 천하를 통일한 후 '은왕(隱王)'이라는 시호를 받았다. 진승은 비록 죽었지만, 농민 반란군은 마침내 진나라 왕조를 무너뜨렸다. 한나라 고조 때 탕현에 30호의 가구를 두어 그의 분묘를 지키게 하고, 때가 되면 가축을 잡아 제사를 지냈다.

농민 반란을 이끈 진승

진승과 오광은 대택향에서 진나라에 항거하는 농민 반란을 일으켜 '대진제국'이라는 거대한 국가를 무너뜨렸다. 깨진 항아리의 아가리를 끼워 창문을 만들고, 새끼줄로 지도리를 맬 정도로 가난했던 진승의 농민 반란은 비록 실패로 끝났지만, 그의 의기는 영원히 역사에 남았다.

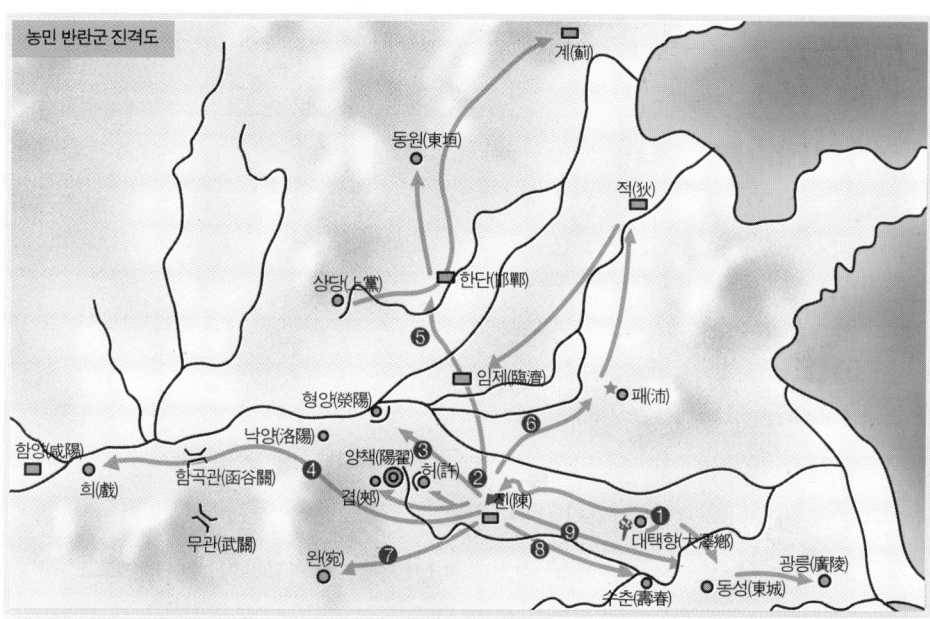

농민 반란군 진격도

진승의 농민 반란 전개 과정

① 대택향 봉기 : 진승과 오광이 대택향에서 변경까지 가야 하는 명을 지키지 못하자 역사상 첫 번째 농민 반란을 일으켰다. 이로써 진나라의 폭정에 항거하는 농민 반란의 기폭제가 되었다.

② 진현에서 왕에 오르다 : 진승은 진현을 공격한 후 그곳에서 왕에 오르고 국호를 '장초'라 했다.

③ 오광 : 진승은 오광을 대리 왕에 임명하고 형양을 포위 공격하게 했는데, 오광은 자신의 부하 장수에게 피살되었다.

④ 주문 : 진승은 진나라 땅의 현인이라 자칭한 주문에게 서쪽으로 진격하여 진나라 수도 함양을 공격하게 했다. 하지만 주문은 여산(驪山)에서 진나라 장수 장한에게 패한 후 자살했다.

⑤ 무신 : 진승은 무신을 보내 조나라 땅을 공격하게 했는데, 무신은 조나라 땅을 얻은 후 스스로 조나라 왕에 올랐다.

⑥ 주불 : 진승은 주불(周市)로 하여금 제나라 땅을 공격하게 했는데, 스스로 제나라 왕에 오른 전담(田儋)에게 패했다. 훗날 주불은 위나라 땅을 평정한 후 위나라 재상이 되었다.

⑦ 송류 : 진승은 송류(宋留)로 하여금 남양(南陽)을 공격해 얻게 했다. 송류는 진승이 피살된 후 진나라에 투항했지만 거열형에 처해졌다.

⑧ 등종 : 진승은 등종을 보내 구강군을 공격하게 했다. 그러나 등종은 진나라 군과 싸우다 전사했다.

⑨ 갈영 : 진승은 갈영(葛嬰)을 보내 동성(東城)을 얻게 했는데, 갈영이 제멋대로 초나라 왕을 자칭하자 죽였다.

진승의 호언장담	燕雀安知鴻鵠之志 연작안지홍곡지지 "연작(제비와 참새)이 어찌 홍곡(기러기와 고니)의 뜻을 알겠는가!" 王侯將相寧有種乎 왕후장상영유종호 "왕후장상의 씨가 어찌 따로 있겠는가!"

19 황제의 여자들
외척

>>> 한나라 초기에 황제들이 총애했던 여인들은 제각기 풍부하고도 다채로운 이야깃거리를 후세에 전하고 있다. 남성 위주의 사회에서 그녀들의 운명은 늘 행복과 불행 속에서 웃고 울었다.

어머니는 자식으로 인해 귀해진다

한나라 문제의 어머니는 박희(薄姬)다. 그녀의 아버지는 오나라 사람으로 진나라 때 위(魏)나라 종실 여자와 내왕을 해 박희를 낳았다. 그녀의 아버지는 박희가 천자를 낳을 것이라는 점괘를 얻고, 그녀를 궁에 들여보냈다. 한나라 고조 유방은 위나라를 공격한 후 박희를 궁의 직실(織室 : 옷감 직조와 염색을 관장하는 기구)로 보냈다. 한 번은 고조가 직실에 들렀다가 박희의 자색을 보고 곧바로 그녀를 후궁으로 들였으나, 1년 동안이나 동침하지 않는 것은 물론 총애하지도 않았다. 박희는 젊었을 때 관부인(管夫人), 조자아(趙子兒) 등과 친하게 지냈는데, 그들은 누가 먼저 왕의 총애를 받든 서로를 잊지 말자고 약속했다. 얼마 후 관부인과 조자아가 먼저 유방의 총애를 받고 귀해졌다.

하지만 관부인과 조자아는 애초의 약속을 잊은 채 박희를 비웃었다. 유방은 이 말을 듣고 박희를 불쌍히 여겨 그날로 박희를 불러 동침했다. 하룻밤의 행운으로 박희는 아들을 낳았고, 그가 바로 훗날의 문제이다. 그 후 박희는 유방의 총애를 받지 못했다. 여태후가 통치할 때 유방의 총애를 받은 여자들은 모두 연금되었지만, 박희는 고조의 사랑을 적게 받은 탓에 출궁하여 아들을 따라 대(代) 땅에 가서 대왕(代王)의 태후가 되었다. 여태후가 죽은 후 대신들이 대왕을 황제로 옹립하니, 그가 바로 한나라 문제이다. 박희는 문제를 따라 장안으로 돌아와 황

유방의 여자들

유방은 여색을 좋아해서 후궁들이 많았다. 하지만 여태후의 전횡으로 사서에 기록된 후궁들은 많지 않고, 그녀들의 운명도 제각각으로 모두 달랐다.

유방

조씨
조씨(曹氏)는 유방이 출세하기 전에 얻은 내연의 처로, 유방의 맏아들인 유비(劉肥)를 낳았다. 사서에 남아 있는 기록이 적다.

여태후
유방의 정실부인으로서 유방이 황제로 등극하자 황후에 올랐다. 아들은 한나라 혜제 유영이고, 딸은 노원공주다. 유방이 죽은 후 나이어린 혜제를 대신해 8년간 섭정을 했다.

척부인
척부인(戚夫人)은 유방이 가장 총애했던 후궁이었으며, 아들 조(趙)왕 여의(如意)를 낳았다. 유방이 죽은 후 한나라의 권력을 손에 쥔 여태후는 척부인에 대한 질투심으로 그녀의 팔과 다리를 자르고, 혀와 귀를 베어 내고, 눈알을 파낸 후 돼지우리에 던져 넣고 '사람돼지'라고 불렀다. 여태후는 조왕 여의마저 죽였다.

박희
박희(薄姬)는 원래 위나라 종실 여자였으며, 훗날 유방의 총애로 아들 유항(劉恒)을 낳았다. 여태후가 섭정할 때 아들과 함께 대나라로 갔다가 여태후가 죽고 나서, 아들이 한나라 문제로 등극하자 황태후가 되었다.

행운의 여인 두희

한나라 문제의 황후 두희는 행운의 여인이다. 그녀는 몇 대를 거쳐 서서히 한나라 황실의 실권자가 되었으며, 한나라 초기의 정국에 막강한 영향력을 행사했다.

- **궁녀**: 여태후 때 두희는 양갓집 딸의 신분으로 궁녀에 선발되어 입궁한 후 여태후를 모시게 되었다.
- **대왕비**: 한 번은 여태후가 제후왕에게 궁녀를 하사했는데, 본인의 의사와는 관계없이 대왕에게 보내져 대왕 유항의 총애를 받았다.
- **황후**: 훗날 대왕이 한나라 문제가 되었는데, 대황후가 일찍 죽었기 때문에 두희가 황후에 올랐다.
- **황태후**: 한나라 문제가 죽은 뒤 두희의 큰아들 유계는 경제로 등극했고, 그녀는 다시 황태후가 되었다.
- **태황태후**: 경제가 죽은 후 무제가 황제에 올랐고, 두희는 다시 태황태후가 되어 한나라 황실의 실권자가 되었다.

태후의 지위에 올랐다. 기원전 155년, 박태후는 죽어서 남릉(南陵)에 묻혔다가 여태후와 고조가 묻힌 장릉(長陵)에 합장되었기 때문에 박태후의 능묘는 특별히 따로 조성되었고, 문제의 패릉(霸陵)과 매우 가까웠다.

궁녀에서 봉황으로

한나라 문제의 황후 두희(竇姬)는 조(趙)나라 청하(淸河)의 관진(觀津) 사람이었다. 여태후 때 양갓집 규수였던 그녀는 궁녀로 입궁해 여태후를 모셨다. 훗날 여태후는 각 제후왕들에게 다섯 명의 궁녀를 하사했는데, 두희는 환관에게 자신의 고향인 조나라로 보내주기를 간청했다. 하지만 환관은 이 일을 잊어버리고 그녀를 대나라의 대왕에게 보냈다. 대왕이 바로 훗날의 한나라 문제다. 대왕은 두희를 몹시 총애하여 그녀와의 사이에서 아들 둘, 딸 하나를 두었다. 대왕이 한나라 문제로 등극한 후 이전의 왕후들은 모두 죽었고, 네 명의 아들들도 연이어 병사했기에 두희가 황후에 오르고 그녀 소생의 맏아들이 태자가 되니, 그가 바로 한나라 경제다. 두황후는 나중에 중병을 얻어서 두 눈을 실명했지만, 장수했던 것으로 알려져 있다.

한나라 문제가 죽은 후 두황후의 맏아들 유계(劉啓)가 한나라 경제로 등극하자 그녀는 두태후가 되었다. 그녀의 동생 두광국(竇廣國)은 장무후(章武侯), 오빠 두장군(竇長君)의 아들 팽조(彭祖)는 남피후(南皮侯)에 봉해졌다. 그녀의 사촌형제의 아들 두영(竇嬰)은 전투에서 큰 공을 세워 위기후(魏其侯)에 봉해지고, 이로써 두씨 일족은 모두 세 명이나 후의 반열에 올랐다. 경제가 죽은 후 무제가 황제에 오르니, 그녀는 태황태후가 되어 조정의 전권을 좌우하는 주요 인물이 되었다. 그녀가 황로 학설을 좋아했기에 황제와 태자, 그리고 두씨 외척들은 어쩔 수 없이 황제(黃帝)와 노자의 책을 읽지 않을 수 없었으며, 황로학을 받들고 숭상했다.

재혼한 황후

한나라 무제의 모친인 왕황후(王皇后)는 괴리(槐里) 사람으로, 그녀의 모친은 연나라 왕 장도(臧荼)의 손녀 장아(臧兒)이다. 장아는 우선 괴리 사람 왕중(王仲)과

한나라 무제의 여인들

한나라 무제 역시 유방처럼 여색을 밝혔던 황제였지만, 유방과는 달리 무제의 여인들은 모두 좋은 결말을 보지 못했다.

진아교 : 무제의 첫 번째 황후다. 경제의 누나인 관도장공주(館陶長公主)의 딸이자 무제의 사촌 누나다. 그녀의 어머니는 무제가 태자로 옹립될 때 큰 공을 세웠기 때문에 진아교는 입궁한 후 매우 교만 방자하게 행동했다. 결국 무고죄로 장문궁(長門宮)에 갇혀 죽었다.

[「장문부(長門賦)」]
진아교가 장문궁에 유폐된 후 사마상여의 부(賦 : 한문체에서 글귀 끝에 운을 달고 흔히 대구를 맞추어 짓는 글)를 듣고 매우 감동하여 큰 돈을 주고 그에게 「장문부(長門賦)」를 짓도록 했다. 부가 완성된 후 무제에게 보내 그의 마음을 움직이려고 했지만, 효과를 보지 못한 채 울분에 쌓여 죽고 말았다.

이부인 : 무제가 마지막으로 총애했던 비로, 원래는 노래를 하는 예인이었다. 평양공주가 무제에게 추천하여 아들 창읍왕(昌邑王) 유박(劉髆)을 낳았다. 일찍 요절하여 왕후로 추존되었다.

[이씨 가족]
이연년(李延年) : 이부인의 오빠로, 음률에 능통한 무제의 남총이었다.
이광리(李廣利) : 이부인의 오빠로, 이사장군(貳師將軍)이 되어 대원을 정벌한 후 해서후(海西侯)에 봉해졌다.

위자부 : 무제의 두 번째 황후로, 원래는 무제의 누나인 평양공주의 가기였다. 훗날 무제의 총애를 받아 아들 유거를 낳았다. 유거는 태자에 올랐으나 무제 말년에 무고의 화로 인해 모반을 일으켰다가 패하여 자살하자 위자부도 자살했다.

[위씨 가족]
위청 : 위자부의 동생으로 흉노를 물리친 공으로 장평후에 봉해졌다.
공손하(公孫賀) : 위자부의 언니인 위군유(衛君孺)의 남편이며, 훗날 승상을 지냈다.
곽거병 : 위자부의 언니인 위소아(衛少兒)의 아들이며, 흉노를 물리친 공으로 관군후(冠軍侯)에 봉해졌다.

구익부인 : 무제가 만년에 가장 총애한 비로, 아들 유불릉(劉弗陵)을 낳았는데, 그가 바로 훗날의 소제다. 무제는 유불릉을 태자로 삼은 후 태후가 정치에 간섭할 것을 염려하여 임종을 앞두고 구익부인을 죽였다.

[구익부인 이름의 유래]
구익(鉤弋)부인(? ~ 기원전 88년)은 가무에 능해 무제의 총애를 받았다. 무제는 그녀가 살던 구익궁(鉤弋宮)을 고쳐 '구익부인'이라고 불렀다. 찬권장염(攥拳藏壓 : 어떤 물건을 주먹에 움켜쥐면 표정을 보고 어느 손인지를 알아맞히는 놀이) 놀이에 능해 '권부인(拳夫人)'으로도 불렸다. 훗날 조첩여(趙婕妤 : 첩여는 한나라 때 비빈의 칭호)에 올랐다.

한나라 무제

혼인하여 아들 하나와 딸 둘을 두었다. 왕중이 죽은 후 장아는 장릉(長陵) 사람 전씨(田氏)에게 개가하여 아들 둘을 낳았다. 장아의 맏딸은 김왕손(金王孫)에게 시집을 가 딸 하나를 낳았다. 훗날 장아가 점을 쳐보자 그녀의 두 딸이 모두 귀인이 된다는 점괘가 나왔다. 그래서 곧바로 맏딸을 김왕손의 집에서 데려와 태자궁으로 들여보냈다. 그 결과 태자는 장아의 딸을 매우 좋아하여 둘 사이에 딸 셋과 아들 하나를 낳았는데, 이 여인이 바로 무제의 어머니인 왕황후다.

한나라 경제가 황제에 오른 후 박황후를 폐하고, 맏아들 유영의 어머니인 율비(栗妃)도 경제에게 죄를 지었기 때문에 무제의 어머니인 왕부인이 황후에 봉해졌다. 무제가 즉위한 후 왕황후는 태후로 격상되었고, 왕태후의 집안에서는 세 사람이 제후의 반열에 올랐다. 기원전 127년에 왕태후가 죽자 경제와 양릉(陽陵)에 합장되었다.

기생에서 천하의 어머니로

한나라 무제의 두 번째 황후인 위자부(衛子夫)는 평양후(平陽侯)의 영지에서 태어났으며, 원래는 평양공주(平陽公主)의 가기(歌妓)였다. 한 번은 무제가 패상(覇上)에 이르러 불계를 마치고 궁으로 돌아오는 길에 평양공주의 집에 들러 연회를 즐겼다. 연회를 즐기던 무제는 위자부가 맘에 들어 옷을 갈아입을 때 위자부를 총애했다.

훗날 위자부는 궁으로 불려갔으나 1년여 동안이나 총애를 얻지 못했다. 무제의 총애를 받지 못하는 궁인들을 골라 집으로 돌려보낼 때, 위자부를 만난 무제가 그녀를 불쌍하게 여겨 다시 총애했다. 이때부터 위자부는 날이 갈수록 존귀해졌고, 딸 셋과 아들 하나를 낳았다. 훗날 진황후(陳皇后)가 폐위되자 위자부가 황후의 자리에 올랐다. 또한 위자부의 동생 위청(衛靑)과 조카 곽거병이 중용되어 큰 공을 세우는 등 그녀의 친인척 6명이 후의 반열에 올랐다. 무제 만년에 무고(巫蠱)의 화로 위자부의 아들 태자 유거(劉据)가 막다른 상황에서 반란을 일으켰다가 패하여 자살하자 위자부도 자살했다.

구익 부인

한나라 무제는 여색을 밝히는 황제여서 위황후의 미색이 빛을 잃어 가자 왕부인(王夫人), 이부인(李夫人), 윤첩여(尹婕妤) 등을 총애했다. 무제 만년에 하간(河間) 지역 조씨의 딸 구익(鉤弋) 부인이 무제의 총애를 받아 아들 한 명을 두었는데, 그가 바로 훗날의 한나라 소제(昭帝)다. 무제는 70세가 되어서 소제를 낳았는데, 위태자(衛太子)를 폐위시킨 후 다시는 태자를 세우지 않았다. 무제는 죽기 전에 구익 부인의 소생을 황제로 세우고 싶어 화공에게 주공이 성왕을 보필하는 그림을 그리게 하여 좌우 대신들에게 보게 했다. 무제의 의향을 안 뭇 대신들은 어린 군주를 보필하길 원했다. 이어 무제는 사람을 보내 구익 부인을 죽이도록 했다. 신하들이 그 까닭을 무제에게 묻자 무제는 여태후의 교훈을 들어 군주가 어리면 어머니가 정치에 간섭하기 마련이라고 말해 주었다.

20 제나라 도혜왕
유방의 장자

>>>> 한나라 초기의 제후국은 고조 유방의 맏아들 제도혜왕齊悼惠王 유비에게 가장 많았다. 자손이 가장 많았기 때문이었다. 여씨 일족을 제거하는 데 공로가 컸지만, 훗날 그의 후손들이 오초칠국의 난에 가담했다가 피살당했다.

황제의 서자인 맏아들

제나라 도혜왕 유비는 한나라 고조 유방의 서출 맏아들이다. 그의 모친은 유방이 출세하기 전에 만난 내연의 처인 조씨(曹氏)였다. 기원전 200년, 유방은 맏아들 유비를 제왕(齊王)으로 삼아 70여 성을 식읍으로 주고, 백성들 중에서 제나라 말을 쓰는 사람들은 모두 제왕에게 귀속시켰다.

한나라 혜제 때 제왕이 입조하여 연회석상에서 동생인 혜제에게 군신의 예가 아니라 형제의 예로 대하자 여태후는 분을 참지 못하여 제왕을 죽이려고 하였다. 그때 제왕의 내사(內史)가 꾀를 내었다. 제나라에 속하는 성양군(城陽郡)을 여태후의 친딸인 노원공주(魯元公主)의 탕목읍(湯沐邑)*으로 바치자는 것이었다. 그러자 여태후는 제왕을 돌려보냈다. 도혜왕은 즉위한 지 13년만에 죽고 그의 아들 유양(劉襄)이 왕위를 이으니, 그가 바로 애왕(哀王)이다.

도혜왕의 아들들

도혜왕의 자손들은 매우 많았는데, 그 가운데 맏아들 유양이 왕위를 물려받

---

* 주나라 때 제후가 천자를 배알하러 수도에 오면 머물던 영지였다. 이후 황제나 황후, 공주 등이 직접 세금을 걷는 사유지도 탕목읍으로 불렀다.

유방의 아들들

유방은 모두 여덟 명의 아들을 두었지만, 여태후의 전횡으로 인해 아들들 대부분이 불행한 최후를 맞았다.

서열	이름	제후명	삶과 죽음
장자	유비(劉肥)	제도혜왕	비록 유방의 장자였지만 서출이라는 신분 때문에 황위와는 인연이 없었다. 여태후에게 주살될 뻔 했으나 위기를 넘기고 병사했다.
차남	유영(劉盈)	한나라 혜제	여태후의 소생으로 유방을 이어 황제에 올랐으나 모친의 잔인함에 질려 의기소침한 채 주색에 빠져 지내다 재위 7년만에 사망했다.
삼남	유여의(劉如意)	조은왕(趙隱王)	황후 여치의 질투로 모친인 척부인에 대한 여태후의 질투로 여태후에게 독살당했다.
사남	유항(劉恒)	대왕, 한나라 문제	대왕에 봉해진 후 여태후가 죽자 황제에 올라 문경지치를 열었다.
오남	유회(劉恢)	양왕(梁王) 조공왕(趙共王)	먼저 양왕에 봉해졌다가 여태후 때 조공왕으로 옮겼는데, 여태후에게 죄를 지어 유폐되었다가 굶어 죽었다.
육남	유우(劉友)	회양왕(淮陽王) 조유왕(趙幽王)	먼저 회양왕에 봉해졌다가 여태후 통치 때 조유왕으로 옮겼다. 애첩 여씨를 독살하고 자신도 자살했다.
칠남	유장(劉長)	회남여왕(淮南厲王)	어려서 어머니가 죽었기 때문에 여태후의 전횡으로부터 화를 면했다. 하지만 문제 때 모반을 꾀하다 귀양을 가 굶어 죽었다.
팔남	유건(劉建)	연영왕(燕靈王)	연왕에 봉해졌다가 여태후가 섭정할 때 죽었다. 여태후는 서자들을 죽였을 뿐만 아니라 그들의 제후국도 삭탈해버렸다.

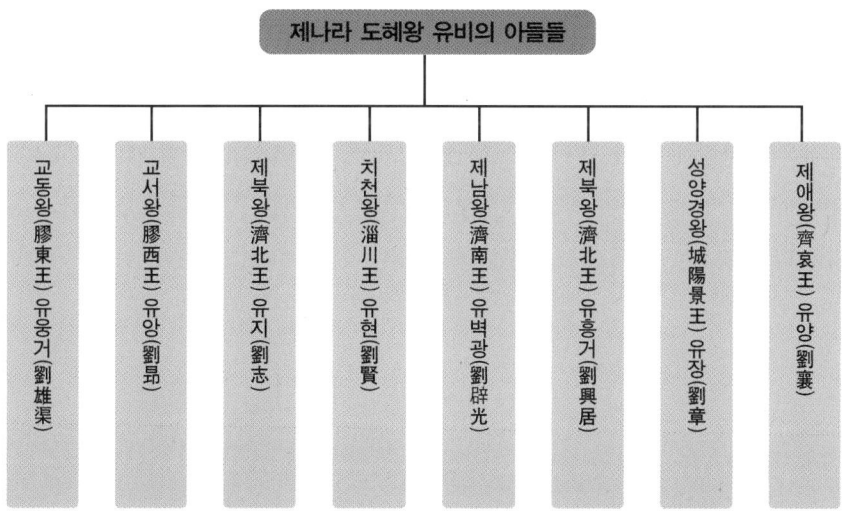

았다. 유양은 여씨 일족을 제거할 때 공로가 컸기 때문에 황제가 될 수도 있었다. 하지만 그의 외삼촌이 매우 잔인하고 포악한데다 괴팍했기 때문에, 대신들은 그가 여씨 외척처럼 득세할 것을 염려해 황제로 옹립하지 않았던 것이다.

성양경왕(城陽景王) 유장(劉章)은 여태후에 의해 주허후(朱虛侯)로 봉해졌다. 훗날 대신들과 더불어 여씨 일족을 주살했는데, 유장은 우선 상국 여산(呂産)을 미앙궁에서 참수했다. 유장은 문제가 즉위한 후 제나라 성양군을 식읍으로 받고 성양왕에 올랐다. 제북왕(濟北王) 유흥거(劉興居)는 동모후(東牟侯)로 있을 때 대신들과 함께 여씨 일족을 제거하는 데 참여했으나 공적은 그리 크지 않았다. 문제는 유장을 성양왕으로 봉하는 동시에 제나라 제북군을 유흥거의 식읍으로 주고 그를 제북왕으로 삼았다. 훗날 유흥거는 문제가 흉노를 공격할 때 모반을 꾀하다 포로로 잡혀 자살했다.

제남왕(濟南王) 유벽광(劉辟光)은 문제 때 늑후(勒侯)에서 제남왕으로 봉해졌다. 그는 경제 때 오초칠국의 반란에 가담했다가 한나라 조정에서 파견한 군대에 진압되어 죽임을 당했다. 이후 한나라 조정에서는 제남국을 군현으로 개편했다. 치천왕(淄川王) 유현(劉賢)은 문제 때 무성후(武城侯)에서 치천왕으로 봉해졌지만, 오초칠국의 난에 가담했다가 진압되어 죽임을 당했다. 유지(劉志)는 안도후(安都侯)에 봉해졌다가 유흥거의 모반으로 조정에 반환되었던 제북군의 왕이 되었다. 그는 또 유현이 죽은 후 제북왕에서 치천왕으로 옮겨 35년 동안 재위하고 죽었다. 유앙(劉卬)은 문제 때 창평후(昌平侯)에 봉해졌다가 교서왕(膠西王)이 되었지만, 오초칠국의 반란에 가담했다가 피살되었다. 유웅거(劉雄渠)는 문제 때 백석후(白石侯)에서 교동왕(膠東王)이 되었지만, 오초칠국의 반란에 가담했다가 진압된 후 죽임을 당했다.

21 한나라 개국의 일등 공신
소하

≫≫≫ 소하는 유방이 한나라를 세울 수 있도록 협력한 일등 공신으로, 한나라 건국과 황권의 안정화에 탁월한 업적을 남겼다. 하지만 공신 노릇은 하기 힘들다고 했던가. 유방이 이성 제후왕들을 평정할 때 일등 공신도 살얼음을 밟는 것처럼 지내야 했다.

주인을 보좌해 한나라를 세우다

소하(蕭何)는 한나라 고조 유방과 동향 사람으로 역시 패현 풍읍(豊邑) 사람이다. 그는 형법과 율령에 달통하여 진나라 때 패현의 관리를 맡기도 했다. 유방이 정장일 때 소하는 항상 그를 돌보면서 여러 면으로 편의를 봐주었다. 훗날 유방이 패현에서 군사를 일으키자 소하는 현승(縣丞)*으로서 유방을 보좌하며 모든 공무를 감독했다. 유방이 진나라 도성 함양을 점령한 후 모든 장수들이 금은보화를 차지하느라 다투었지만, 오직 소하만은 진나라 왕조의 법령과 문헌, 관리 명부, 호구대장, 보관 문서들을 수집하고 감추어 유방이 천하를 도모하는 데 유리하도록 기반을 닦아 주었다.

한왕 유방이 천하의 산천과 요새, 호구 상황, 재력의 분포, 민중의 어려움 등을 모두 알 수 있었던 것은 바로 소하 덕분이었다. 초한지쟁 시기에 소하는 관중(關中 : 함곡관 서쪽 지역)을 수비하며 후방에 병참 기지를 세우고 제 때에 군량과 마초, 군사들을 지원하여 유방이 위급한 상황에서 벗어나게 했다. 결국 유방은 항우와의 싸움에서 승리한 후 한나라를 세워 황제에 올랐다.

---

* 중국을 통일한 진나라는 군현제를 실시하면서 군(郡) 아래에 현(縣)을 두었고, 각 현에는 현령(縣令)과 현령을 보좌하는 현승(縣丞)과 현위(縣尉)를 두어 모든 업무를 관장하게 했다.

한나라 건국의 일등 공신

유방이 천하를 평정한 후 대신들과 논공행상을 벌였는데, 뭇 대신들이 서로의 공을 다투다 한 해가 지나도록 결론이 나지 않았다. 결국 유방은 소하의 공적이 가장 크다는 결정을 내리고, 소하를 후(侯)에 봉한 후 가장 많은 식읍을 하사했다. 하지만 공신들은 유방의 결정에 동의하지 않았다. 특히 야전에서 죽음을 불사하고 싸운 장수들이 그랬다. 유방은 사냥에 빗대어 말하기를, 장수들은 사냥개에 불과하지만 소하는 사냥꾼이라고 했다. 게다가 몇 십 명이나 되는 소하의 가솔들이 유방을 따라 함께 싸웠다고 강조했다.

훗날 공신들의 서열을 정할 때 군신들은 당연히 용감하게 작전을 펼친 조참을 일등 공신으로 맨 앞에 놓아야 한다고 했지만, 관내후(關內侯) 악천추(鄂千秋)의 건의에 따라 유방은 소하를 제일 공신의 자리에 놓았다. 또한 유방은 소하에게만은 신발을 신은 채 검을 차고 입조하는 것 외에도 조정에 들어설 때 잰걸음으로 빨리 걷지 않아도 된다고 특별히 허락했다.

공신으로서 처신한다는 것

한나라가 세워진 후 이성 제후들이 연이어 반란을 일으켰다. 회음후(淮陰侯) 한신의 반란을 진압할 때 소하가 큰 공적을 세우자 유방은 그를 상국(相國)*으로 임명하고, 식읍 5천 호를 하사했다. 아울러 도위(都尉)**에게 군사 500명을 주어 소하를 호위하게 했다. 모든 사람들이 와서 소하를 축하했지만, 소평(邵平)만이 애도를 표하며 이렇게 말했다.

"황제는 지금 반란을 평정하느라 햇볕에 얼굴을 그을리고 벌판에서 풍찬노숙을 하면서도 당신의 식읍을 늘려주고, 호위 군사까지 내려 주는 것은 당신을 의심하기 때문이오!"

---

* 상국은 일반 관리들이 최고로 오를 수 있는 승상의 위치보다 한 단계 더 높았고, 주로 개국공신이나 황제를 옹립한 신하에게 이 작위를 수여했다.
** 한나라의 행정 구역 중 군(郡)의 군사 업무를 관장하는 관리

사냥꾼과 사냥개

한나라가 세워진 후 신하들이 서로 공적을 다툴 때 유방은 소하를 제일 공신으로 내세우며, 그 유명한 '사냥꾼과 사냥개'의 논리를 폈다.

사냥꾼 : 소하
유방은 소하가 비록 전장에는 나오지 않았지만, 사냥터에 나간 사냥꾼처럼 들짐승이 있는 곳이라면 어디든지 나타났다고 생각했다.

사냥개 : 장수들
유방은 장수들이 전선에서 피를 흘리며 용감하게 싸웠지만, 사냥할 때의 사냥개에 지나지 않는다고 비유하며 소하의 공적이 가장 크다고 했다.

소하의 공적

한나라 건국의 일등 공신으로 인정을 받은 소하는 보통사람들과는 많은 점에서 사뭇 달랐다. 바로 그러한 소하가 있었기에 유방은 한나라를 세울 수 있었으며, 위기의 순간에서 벗어나 실패를 모면할 수 있었다.

소하(蕭何)

패현에서 거병하다 : 유방이 패현 밖의 망산(芒山)과 탕산(碭山)에서 군사를 일으키자 패현에 머물던 소하는 패현 현령을 죽인 후 군사를 일으켜 유방에게 의탁했다.

진나라의 서적과 문서를 수집하다 : 유방이 함양을 점령한 후 대부분의 신하들이 금은보화에 현혹되었지만, 소하는 진나라의 중요한 서적, 문서, 자료들을 수집하여 유방이 천하통일을 준비할 수 있도록 했다.

한신을 추천하다 : 유방이 초한지쟁에서 승리할 수 있었던 중요한 원동력은 한신을 중용했기 때문인데, 한신을 찾아낸 사람이 바로 소하였다.

관중을 지키다 : 유방이 동진하여 항우와 싸울 때 소하는 관중에 머물면서 후방을 지켰다. 그는 후방을 안정시키는 동시에 군량과 마초를 모아 전장에 나가 있는 유방이 필요로 할 때 적시에 조달했다. 또한 유방이 전투에서 패해 군사를 잃고 후퇴하면 곧바로 군사를 징발하여 보충해 주었다.

한나라의 어진 재상 : 소하는 승상이 된 후 법령을 정비하고, 새로운 도읍지인 장안을 건설하는 등 한나라 건국을 위해 모든 노력을 다했다.

한신을 제거하다 : 초한지쟁이 벌어졌을 때 소하는 한신을 추천하여 대장군으로 삼았다. 하지만 한신은 한나라가 세워진 후 유방의 근심거리가 되었는데, 소하와 여태후의 계략으로 한신을 제거했다.

조참을 추천하다 : 소하와 조참은 서로가 어려웠을 때는 사이가 좋았지만, 조참이 장군이 되고 소하가 상국이 된 후에는 사이가 좋지 않았다. 하지만 소하는 임종할 때 혜제에게 자신의 뒤를 이을 재상으로 조참을 추천하여 자신이 세운 정책들이 중단되지 않고 실행될 수 있도록 했다.

소평의 말이 옳다고 생각한 소하는 식읍을 반납하는 동시에 모든 재산을 군비로 헌납했다. 이 소식을 들은 유방은 크게 기뻐했다. 또한 유방이 경포를 평정할 때 여러 차례 사람을 보내 소하가 무엇을 하는지 알아보았다. 이에 어떤 사람이 소하에게 말하기를, 황제가 당신을 의심하고 있으니 화가 미치지 않으려면 스스로 더러워져야 한다고 충고했다. 소하가 그의 계략에 따르니, 유방은 이 소식을 듣고 크게 기뻐했다. 유방은 경포를 평정한 후 소하가 백성들의 땅을 강매했다는 사실을 알고 구금했다가 풀어 주었다. 이후로 소하는 밭과 집을 외진 곳에 마련했고, 집에 담장을 치지 않을 정도로 검소하게 여생을 보냈다. 기원전 193년에 소하가 죽자 문종후(文終侯)라는 시호가 내려졌다.

22 소하를 따르다
조참

>>>> 조참은 한나라가 세워질 때 유방을 도운 제2의 공신이며, 훗날 소하의 뒤를 이어 한나라 재상이 되었다. 조참이 재상으로 일할 때 시대에 순응하며 소하가 세운 정책을 하나도 고치지 않았기에, 역사에서는 이를 '소규조수蕭規曹隨'라고 한다.

한나라 건국의 두 번째 공신

조참은 소하와 동향인 패현 사람이다. 진나라 시기에 그는 패현의 옥연(獄掾: 옥리, 형리)이었고, 소하는 주리(主吏: 공조功曹)였다. 유방이 군사를 일으켰을 때 조참은 중연(中涓)* 신분으로 그를 따랐다. 직접 군사를 이끌고 호릉(胡陵), 방여(方輿), 설(薛) 등을 공격해 점령하기도 했다. 진나라 말기 초나라 왕으로 옹립된 회왕이 패공(沛公: 한나라 고조가 왕위에 오르기 전의 칭호. 유방)을 탕군(碭郡)의 장으로 임명할 때 조참은 집백(執帛)으로 봉해져 건성후(建成侯)로 불렸으며, 척(戚)의 현령으로 승진했다. 조참은 유방이 관중으로 진격할 때 성무(成武), 강리(杠里), 개봉(開封) 등을 공격했으며, 집규(執珪)로 승진했다. 그리고 마침내 함양으로 진격해 진나라 왕조를 멸망시켰다.

유방은 한왕에 봉해진 후 조참을 건성후로 삼고 장군으로 임명했다. 조참은 유방을 따라 삼진(三秦)**을 평정한 후 하변(下辯), 고도(故道), 옹(雍) 등을 공격했다. 또한 한나라가 건국된 후 장수 왕무(王武), 정처(程處), 주천후(柱天侯) 등의 반란을 진

---

* 중(中)은 금중(禁中), 연(涓)은 청결을 뜻함. 천자 주변에 가까이 있으면서 궁궐의 청소를 담당했던 사람, 즉 환관(宦官)을 가리킴.
** 항우는 유방의 동진을 막기 위해 진나라의 옛 땅을 셋으로 나누어 장한(章邯)을 옹왕(雍王)으로, 사마흔(司馬欣)을 새왕(塞王)으로, 동예(董翳)를 적왕(翟王)으로 삼았다.

압했다. 기원전 204년, 유방은 조참을 대리 좌승상으로 임명한 후 그로 하여금 군사를 이끌고 관중에 주둔하도록 했다. 훗날 조참은 한신과 함께 위(魏), 대(代), 조(趙), 제(齊) 등지를 정벌했다. 전장에서 군마와 함께 일생을 보낸 조참의 일생은 그의 몸에 70여 곳의 상처를 남겼고, 그 결과 소하에 이어서 제 2의 공신에 올랐다.

제나라의 어진 재상이 되다

유방에 의해 천하가 평정된 후 조참은 한나라 승상의 인새(印璽)를 반납했다. 유방은 조참을 맏아들 유비의 제나라 상국으로 임명한 후 평양후(平陽侯)에 봉했다. 한나라 혜제 때 제후국에 상국을 두는 법령을 폐지하자 유비는 조참을 제나라의 승상으로 임명했다. 조참은 제나라의 장로와 유생들을 불러 백성들을 안정시키는 방법을 물었다. 언젠가 조참은 교서군(膠西郡)에 사는 개공(蓋公)이 황로학설에 정통하다는 소문을 듣고 그를 후한 예로 불렀다. 그러자 개공은 조참에게 "청정무위(淸靜無爲 : 무리하지 않음을 치도의 으뜸으로 치는 노자의 사상)의 정치로 다스리면 백성들은 저절로 안정을 찾는다"라고 말했다. 조참은 이 말을 듣고 황로학설을 근간으로 제나라를 9년 동안 다스리자 모든 백성들이 편안하였다. 이로써 제나라 백성들은 조참을 현명한 승상이라고 불렀다.

무위의 정치를 펴다

소하가 죽으면서 조참을 한나라의 상국으로 추천하자 조참은 하루아침에 한나라의 상국이 되었다. 조참은 한나라 상국이 된 후 기존의 국정 운영 방식을 하나도 바꾸지 않고 모든 것을 소하의 방침대로 따랐다. 제후국의 관리 중에서 재능이 뛰어나고 꾸밈이 없는 중후한 인재가 있으면 언제든 불러들여 중용했고, 화려하면서 실속이 없고 명성이나 좇는 자들은 그 즉시 내쳤다. 반면에 관리들의 사소한 실수는 오히려 덮어 주니 상국부(相國府)에는 문제가 생길 일도 없었다. 훗날 조참이 주야로 술이나 마시면서 정사를 돌보지 않자 혜제는 자신이 어려서 조참이 얕본다고 생각했다. 그리하여 조참의 아들 조줄(曹窋)을 보내 그의 아버지에게 연유를 묻도록 했다.

융마일생의 삶을 산 조참

한나라 건국의 첫 번째 공신은 소하이고, 두 번째 공신은 조참이다. 조참은 무장으로서의 공로가 가장 컸는데, 몸에 입은 상처만도 70여 곳이 넘어 가히 융마일생(戎馬一生 : 군마와 함께 일생을 보냄)이라 하기에 부족함이 없다.

뛰어난 장수

전적 : 두 제후국과 122개의 현을 함락시켰고, 두 명의 제후왕과 세 명의 제후국 승상, 여섯 명의 장군, 대막오(大莫敖 : 경경에 해당하는 초나라의 직위), 군수, 사마, 군후(軍侯), 어사(御史) 등을 포로로 잡았다.

1단계 : 유방이 군사를 일으키자 조참은 군사들을 이끌고 호릉, 방여, 설 등을 공격했다.

2단계 : 유방을 따라 관중으로 진격하여 성무, 강리, 개봉 등을 공격했다.

3단계 : 유방을 따라 삼진을 평정한 후 하변, 고도, 옹 등을 공격했다. 훗날 장수 왕무, 정처, 주천후의 반란을 진압했다. 남전(藍田)에서는 주야로 진나라 군을 격파하고 형양(滎陽 : 섬서성 함양시 동북쪽)에 이르렀다.

4단계 : 한신과 더불어 위, 조 등을 격파하고 제나라 땅을 평정했다. 한신과 함께 해하전투에 참가하고, 조참은 제나라에 남았다.

5단계 : 한나라가 세워진 후 제나라 상국의 신분으로 진희(陳豨)의 부장인 장춘(張春)을 격파했다. 훗날 제나라 도혜왕과 유방이 연합하여 경포를 공격할 때 기(蘄 : 안휘성 숙주시(宿州市) 동북쪽)를 치고, 근방의 죽읍(竹邑), 상(相), 소(蕭), 유(留) 등지를 평정했다.

한나라의 어진 재상

조참은 무장이었을 뿐만 아니라 한나라가 세워진 후 연이어 제나라의 상국과 한나라의 상국을 맡아 청정무위의 이치로 다스렸다. 이로써 조참은 천하의 사람들이 그의 공덕을 칭송하는 어진 재상이 되었다.

제나라의 승상	한나라가 세워진 후 조참은 제나라 승상에 임명되어 황로학에 정통한 개공의 자문을 받아들임으로써, 9년 동안 제나라에서 무위의 정치를 펴 제나라를 안정시켰다. 제나라 백성들은 조참을 '현명한 재상'이라고 불렀다.
한나라의 상국	소하가 죽은 후 조참은 제나라 승상에서 한나라의 상국에 임명되었다. 조참은 유방과 소하가 정한 정책을 그대로 받아들여 시행했는데, 무위의 이치로 백성들을 편안하게 하는 동시에 조세의 부담을 줄여 민생을 안정시켰다. 이를 두고 역사에서는 '소규조수(蕭規曹隨)'라고 했다.

그러자 조참은 아들의 종아리를 200대나 때리며 화를 냈고, 혜제에게 사죄하며 이렇게 말했다. "고조와 소하가 천하를 평정한 후 모든 법령이 이미 정비되어 있어 지금은 단지 그것을 잘 따르기만 하면 되옵니다." 조참의 말을 들은 혜제는 이치에 맞는 말이라면서 그대로 시행하도록 일렀다. 이로써 조참은 백성들이 진나라의 잔혹한 통치를 받은 이후 무위의 정치사상으로 백성들을 쉬게 하며, 규제와 통제를 줄이는 동시에 부세와 요역을 낮추는 정책을 폈다. 때문에 태사공 사마천은 '천하의 사람들이 조참의 공덕을 칭송하였다(天下俱稱其美)'라고 기록했다.

23 한나라 제일의 책사
장량

>>>> 장량은 장막 안에서 방책을 짜 천리 밖의 싸움을 승리로 이끈다고 해서 신비한 인물로 그려지며, 후세 사람들은 그를 '계략의 성인'이라 불렀다.

우연히 병서를 얻다

한나라 유방의 한초삼걸(漢初三傑)* 가운데 한 사람인 장량의 선조는 전국 시대 한(韓)나라 사람이다. 장량의 조부와 부친은 한나라에서 다섯 왕이 재위하는 동안 재상을 지냈다. 장량의 부친이 죽고 나서 20년이 지나 한나라는 진나라에 의해 멸망되었다. 이로 인해 진나라에 한을 품고 있던 장량은 한나라의 원수를 갚기 위해 전 재산을 털어 자객을 모집했다. 마침내 120근의 철퇴를 다루는 장사를 찾아낸 장량은 진시황이 동방을 순시할 때 장사와 함께 박랑사(博浪沙 : 하남성 원양현原陽縣 동남쪽)에 매복했다가 진시황의 수레를 철퇴로 내려쳤지만 실패하고 말았다.

진시황이 크게 노하여 군사를 풀어 자객을 수색하자 장량은 성을 바꾸고 하비(下邳 : 강소성 수녕현睢寧縣 서북쪽)에 숨어 살았다. 어느 날 장량은 다리 위에서 은거하는 황석공(黃石公)이라는 노인을 만나 인연을 맺은 후 그에게서 『태공병법(太公兵法)』(강태공이 지은 병서)이라는 책을 물려받았다. 장량은 이때부터 밤낮으로 병서를 배우고 연구한 끝에 마침내 지략에 달통한 '지낭(智囊 : 꾀주머니)'이

---

* 유방을 도와 한나라를 세우는 데 공헌한 한신, 장량, 소하를 일컫는 말.

되었다.

장막에서 묘책을 내다

진승과 오광이 난을 일으킨 후 경구(景駒)가 초나라의 대리왕이 되어 유현(留縣)에 주둔하고 있을 때 장량은 그를 따르고자 갔는데, 도중에 우연히 패공 유방을 만나 그를 따르기 시작했다. 유방은 장량을 구장(廐將 : 군마를 관장하는 직위)으로 삼았다. 그 후 장량은 여러 차례 책략을 내놓아 유방이 한나라를 세우는 데 큰 힘이 되어 주었다. 유방이 관중에 머무를 때 장량은 그에게 궁궐 밖으로 나가기를 간언해 민심을 얻도록 했다.

항우가 유방을 한왕으로 봉하여 영지로 갈 때 장량은 유방에게 잔도(棧道 : 협곡 높은 곳에 설치한 다리)를 불태워버리라는 지략을 내놓았다. 그리하여 유방은 자신이 지나온 잔도를 모두 불태워 동쪽으로 돌아올 뜻이 없다는 것을 보여주고 항우를 안심시켰다. 초한지쟁이 벌어졌을 때 유방은 패전을 거듭하다가 역이기(酈食其)의 건의를 받아들여 6국의 후손들을 다시 복위시킴으로써 초나라의 힘을 약화시키려고 했다. 하지만 장량이 이를 강력하게 반대하자 유방은 역이기의 계략을 받아들이지 않았다. 또한 한신이 제나라 왕이 되려고 청하자 유방은 크게 노했다. 하지만 유방은 한신이 원하는 대로 해주도록 장량이 간언하자 한신을 제나라 왕으로 삼았다. 결국 한신은 해하에서 항우를 사면초가의 위기에 빠뜨리는 공을 세웠다.

공을 세우고 은퇴하다

한나라가 세워진 후 논공행상을 벌일 때 많은 사람들이 불만을 터뜨렸다. 이때 장량은 유방에게 그가 가장 미워하는 옹치(雍齒)를 십방후(什方侯)에 봉하도록 하여 분쟁을 종식시켰다. 다른 신하들은 옹치도 후에 봉해졌는데, 자신들은 걱정이 없다며 불만을 가라앉혔다. 훗날 좌우 대신들 대부분이 산동성 출신이었기 때문에 낙양을 도읍으로 정하자고 건의했지만, 오히려 장량은 유방에게 관중에 도읍을 정하도록 적극적으로 권유했다.

장량의 지략

한초삼걸 가운데 한 사람인 장량은 유방을 위해 여러 차례 뛰어난 지략을 발휘했고, 유방이 한나라를 세우고 황제에 오르는 데 큰 힘을 발휘했다. 후세인들은 장량을 일컬어 지략의 성인이라 불렀다.

장량의 지략

- **지략으로 진나라 군을 무찌르다**: 유방이 서진하여 요관(崤關: 섬서성 상현商縣 서북쪽)을 공격할 때 장량은 유방에게 돈을 써서 진나라 장수들을 매수하게 했다. 그리하여 진나라 군이 나태한 틈을 타 공격해 큰 승리를 얻었다.

- **잔도를 불태우다**: 항우를 속이기 위해 장량은 유방에게 동쪽으로 갈 수 있는 잔도를 모두 불태우도록 간언함으로써, 유방이 천하를 다툴 뜻이 없다는 것을 항우에게 내비치도록 했다.

- **젓가락을 빌려 분봉을 막다**: 유방이 6국의 후예들을 왕으로 분봉하여 항우의 세력을 약화시키려고 하자, 장량은 유방의 젓가락을 빌려 그 계략이 유방의 천하쟁패에 도움이 되지 않는 이유를 하나하나씩 알려주었다.

- **한신을 끌어들이다**: 장량은 유방에게 한신을 제나라 왕으로 삼도록 간언했다. 이후 한신은 군사를 이끌고 해로로 가 항우를 사면초가에 빠뜨렸다.

- **지혜로 공신들을 안심시키다**: 한나라가 세워진 후 공신의 서열을 정할 때 많은 신하들이 논공행상을 다투었다. 그러자 장량은 유방으로 하여금 그가 가장 미워하는 옹치를 후로 봉하도록 하여 신하들을 안심시켰다.

- **태자를 보위하다**: 유방이 태자 유영을 폐위시키려고 했을 때 여태후는 장량에게 도움을 청했고, 장량은 그녀에게 상산사호를 초빙하라는 계략을 주어 태자의 폐위를 막았다.

명철보신

황로학에 통달한 장량은 어떻게 천하를 도모해야 하는지 알았을 뿐만 아니라, 한나라가 세워진 후 자연 속에서 유유자적하기를 갈망했다. 나아갈 때와 물러날 때를 잘 안 만큼 일생을 명철보신(明哲保身: 이치에 밝고 분별력이 있어 적절한 행동으로 자신을 잘 보전한다는 뜻)했다.

장량(張良)

- **제왕사**: 유방이 황제가 되기 전에 장량은 '제왕사(帝王師: 제왕을 보필하는 군사 전략가)'의 신분으로 유방에게 묘책을 내놓음으로써 그가 천하를 얻도록 했다.

- **제왕빈**: 유방이 황제에 오른 후 장량은 '제왕빈(帝王賓: 제왕의 빈객)'의 신분이 되어 묘책을 내놓지 않은 채 자연 속에서 유유자적하려고 했다.

이러한 신분의 변화와 처신을 통해서 장량은 한초삼걸 중에서 한신처럼 피살되거나 소하처럼 의심을 받지 않으면서 순탄한 인생을 살았다.

3장 | 세상만사 변하고 인물도 바뀌네 | 249

유방이 태자 유영을 폐위하려고 했을 때 여태후가 장량에게 도움을 청했다. 장량은 여태후에게 태자로 하여금 상산사호(商山四皓)*를 초빙하도록 계략을 일러 주었다. 유방은 자신이 불러도 오지 않던 사호가 태자를 보좌하자 태자를 폐위시키려던 생각을 거두었다.

훗날 장량은 유방에게 자신은 이미 진나라를 멸망시키겠다는 염원을 실현했고, 유후(留侯 : 강소성 패현 동남쪽 유현의 제후)로도 봉해졌으니 이에 만족한다면서 적송자(赤松子 : 전설적인 신선)를 따라 고고히 노닐고자 한다고 말했다. 그리하여 벽곡(辟穀)**을 배워 곡식을 먹지 않고, 도인법(導引法)***으로 몸을 가벼이 하며 양생의 기술을 익혔다. 유방이 죽은 후 여태후는 장량의 계책으로 태자가 폐위되지 않은 은혜에 감격하여 억지로 장량에게 음식을 먹도록 권하면서 이렇게 말했다. "사람이 한 세상을 살아감은 마치 흰 망아지가 문틈바구니 밖을 지나가는 것과 같은데, 굳이 사서 고생을 할 필요가 있습니까?" 그러자 장량은 하는 수 없이 속세의 인간으로 화식(火食)을 입에 댔다. 기원전 187년, 장량이 죽자 문성후(文成侯)라는 시호가 내려졌고 그의 아들이 작위를 계승했다.

---

* 중국 진시황 때 난리를 피해 섬서성(陝西省) 상산(商山)에 들어가서 숨은 네 명의 은자인 동원공(東園公), 하황공(夏黃公), 녹리선생(甪里先生), 기리계(綺里季)를 말한다. 호(皓)란 본래 희다는 뜻인데, 이들이 모두 눈썹과 수염이 흰 노인이었다는 데서 유래한다.
** 오곡을 먹지 않는 도가의 양생술.
*** 도교(道敎)에서 선인(仙人)이 되기 위해 시행하는 장생양생법(長生養生法). 도인술이라고도 한다.

24 한나라의 재상이자 뛰어난 지략가
진평

>>> 진평은 유방을 늦게 만났지만 변화무쌍한 지략과 묘책으로 여러 차례 큰 공을 세웠다. 실제로 그의 공적은 한초삼걸에 결코 뒤지지 않았다. 게다가 오랫동안 재상의 자리에 있었으며, 늙어서까지 벼슬을 하며 한초삼걸의 위에 서는 유종의 미를 거두었다.

주인을 세 번 바꾸다

진평은 양무(陽武 : 호남성 악양현岳陽縣 서쪽 동정호 부근)의 호유(戶牖) 사람이다. 젊은 시절의 진평은 매우 불우했다. 일찍 부모를 여의고 형 진백과 함께 살았는데, 집안이 너무 가난해서 진평이 장성한 후에도 시집을 오려는 처자가 없을 정도였다. 하지만 그는 오히려 책읽기를 즐겼다. 훗날 호유에 사는 장부(張負)라는 부자가 기골이 장대하고 훤칠한 진평의 풍채를 보고 나서 그의 미래가 밝을 것이라 예견하여 자신의 손녀를 시집보냈다. 그 후 진평은 나날이 재물이 늘어났고, 교류하는 사람들의 범위도 넓어지기 시작했다.

진나라 말기에 농민 반란이 일어나자 진평은 우선 임제(臨濟)로 가 위왕(魏王) 구(咎)를 따르기로 했다. 진평이 천하를 얻기 위한 큰 계책을 위왕 구에게 유세했지만 위왕은 받아들이지 않았다. 오히려 다른 사람들이 진평을 헐뜯자 진평은 몰래 달아나 항우에게 의탁했다. 하지만 항우에게서도 중용을 받지 못한 진평은 죽임을 당할까 두려운 나머지 칼 한 자루만을 든 채 혈혈단신 도망쳐 나왔다. 당시는 마침 초한지쟁이 벌어진 무렵이었고, 진평은 위무지(魏無知)를 통해 한왕 유방을 알현하고 의탁했다.

기묘한 지략으로 천하를 안정시키다

유방은 진평을 얻은 후 매우 만족해했는데, 그와 함께 수레에 참승(參乘)* 하게 하는 것은 물론 그를 호군(護軍 : 삼군의 장수들을 감독하는 직책)으로 삼았다. 초나라에서 도망쳐 온 하급 관리가 하루 만에 출세하자 유방의 수하 장수들이 불만을 터뜨렸다. 심지어 진평의 품행이 단정치 못해 뇌물을 받았다는 참언도 올라왔다. 그때 진평은 자신이 맨몸으로 도망쳐 온 탓에 재물을 받지 않고서는 생활을 할 수 없었으며, 자신의 지략을 받아들이고 싶다면 중용하라면서 솔직하게 말했다. 진평의 이러한 모습을 본 유방은 더욱더 그를 신뢰하게 되었고, 호군중위(護軍中尉)로 승진시켜 모든 장군들을 감독하게 했다.

이때부터 진평은 여러 차례 기묘한 책략을 내놓아 유방이 천하를 얻는 데 큰 역할을 하게 되었다. 우선 진평은 반간계를 이용해 항우와 범증의 사이를 갈라놓았고, 결국 항우가 범증을 쫓아내도록 사주했다. 유방이 형양(滎陽 : 지금의 하남성 형양滎陽)에서 포위되었을 때는 진평이 야밤을 틈타 여자 2천 명을 동문으로 나가게 하여 초나라 군이 이를 공격하게 했고, 이 틈을 타 유방이 서문으로 빠져나가게 했다. 훗날 한신이 제나라 왕으로 봉해주도록 청하면서 사자를 보냈을 때 유방이 크게 화를 내자 진평은 슬그머니 유방의 발을 밟아 유방으로 하여금 섣부른 판단을 하지 못하도록 했다. 유방은 결국 진평과 장량의 건의를 받아들여 한신을 제나라 왕에 봉하자 한나라 군의 군심이 안정되었다.

한나라가 세워진 후 유방은 한신이 모반을 획책한다고 의심했다. 진평은 유방에게 거짓으로 운몽(雲夢 : 호북성 강한江漢 평원 주변)으로 순시를 나간 척하여 한신이 마중을 나오면 생포하도록 했다. 훗날 유방이 흉노를 토벌하다 백등(白登)에서 7일 동안 포위를 당한 적이 있었는데, 이때 진평은 기이한 계책을 써서 선우(單于 : 흉노왕)의 연지(閼氏 : 흉노왕의 왕후)에게 재물을 보내 포위망을 풀게 했다.

---

* 수레의 균형을 잡기 위해 오른쪽에 타는 사람. 왼쪽이 상석이며, 가운데는 마부가 앉는다.

진평의 기이한 계략

진평은 장량과 같은 유방의 모사꾼이었지만, 장량의 지모와 비교했을 때 진평의 계략은 궤사(詭詐 : 거짓과 허위)가 많아서 다른 사람들로부터 칭송을 받지 못했다.

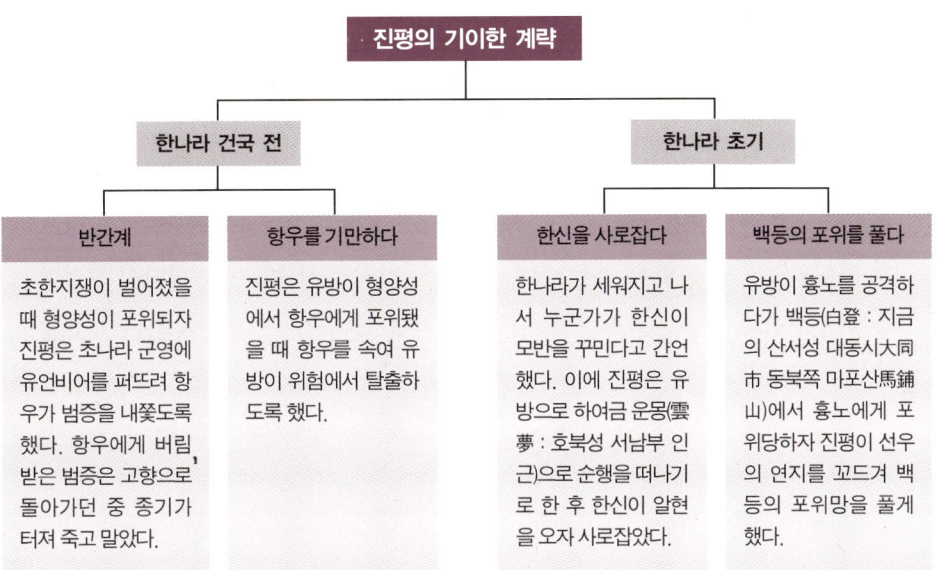

진평의 기이한 계략

한나라 건국 전

반간계
초한지쟁이 벌어졌을 때 형양성이 포위되자 진평은 초나라 군영에 유언비어를 퍼뜨려 항우가 범증을 내쫓도록 했다. 항우에게 버림받은 범증은 고향으로 돌아가던 중 종기가 터져 죽고 말았다.

항우를 기만하다
진평은 유방이 형양성에서 항우에게 포위됐을 때 항우를 속여 유방이 위험에서 탈출하도록 했다.

한나라 초기

한신을 사로잡다
한나라가 세워지고 나서 누군가가 한신이 모반을 꾸민다고 간언했다. 이에 진평은 유방으로 하여금 운몽(雲夢 : 호북성 서남부 인근)으로 순행을 떠나기로 한 후 한신이 알현을 오자 사로잡았다.

백등의 포위를 풀다
유방이 흉노를 공격하다가 백등(白登 : 지금의 산서성 대동시大同市 동북쪽 마포산馬鋪山)에서 흉노에게 포위당하자 진평이 선우의 연지를 꼬드겨 백등의 포위망을 풀게 했다.

정치에서의 지략

진평은 한나라가 세워지는 과정에서 한초삼걸에 뒤졌지만, 한나라가 세워진 후 정치력에서는 그들을 앞섰다.

지모로 번쾌를 석방하다	번쾌는 여태후의 동생인 여수(呂嬃)의 남편이다. 유방은 진평에게 그를 죽이도록 했으나, 진평은 단지 그를 잡아 장안으로 압송하는 것으로 그쳤다. 마침 유방이 죽고 여태후가 섭정을 시작하자 여수의 참언에도 불구하고 진평은 무사히 몸을 보전했다.
여씨 왕을 봉하는 것에 동의하다	유방이 죽고 나서 섭정을 시작한 여태후는 유씨 외에는 왕이 될 수 없다는 유방의 원칙을 무너뜨리고 여씨 일족을 왕으로 봉했다. 진평은 거짓으로 여태후의 결정에 동의했다.
주색잡기로 화를 면하다	여태후가 섭정할 때 진평은 승상의 자리에 있었지만 실권이 없었다. 때문에 진평은 화를 피하기 위해 침묵으로 일관했을 뿐만 아니라 주색잡기에 빠진 척하여 여태후의 의심을 사지 않았다.
여씨 일족을 제거하다	여태후가 죽자 진평은 주발과 협력하여 여씨 일족을 제거하고 유방의 넷째 아들 유항을 문제로 옹립했다.
문제의 물음에 답하다	문제는 황제가 된 후 고의로 주발에게 천하의 법적 소송과 재정 지출에 대해 물었다. 주발이 답하지 못하자 문제는 다시 진평에게 물었다. 진평은 그것의 책임자는 따로 있으며, 자신의 직무는 천자를 보좌하는 것이라고 대답했다.

슬기로운 지혜로 여씨 일족을 제거하다

유방이 죽고 나서 여태후가 전권을 행사하는 가운데, 진평은 좌승상에 올랐다. 나중에 여태후가 여씨 일족을 왕으로 봉하려고 진평에게 묻자 진평은 여태후의 결정에 동의하는 척하고는 우승상으로 자리를 옮겼다. 우승상에 오른 진평은 여태후를 속이기 위해 날마다 술을 마시며 향락을 즐겼고, 이 소식을 들은 여태후는 매우 기뻐했다. 황실의 권력을 독점했던 여태후가 죽은 후 진평과 주발이 연합하여 여씨 일족을 몰아내고 문제를 옹립했다. 이 일로 진평과 주발이 승상으로 임명되었지만, 주발은 병을 빌미로 재상의 자리를 사양하여 진평만이 유일한 승상이 되었다. 기원전 178년에 진평이 죽자 황실에서는 헌후(獻侯)라는 시호를 내렸다.

25 한나라 종실을 다시 빚은 충신
주발

>>>> 주발과 주아부周亞夫 부자는 한나라 건국 초기에 나라를 안정시키는 데 지대한 역할을 했다. 하지만 그 공적이 너무 높았던 탓에 군주의 의심을 받게 되었다. 게다가 두 사람 모두 정치력이 부족했기 때문에 비참한 최후를 맞았다.

한나라의 개국 공신이자 반란을 평정한 공신

주발의 선조는 하남 권현(卷縣) 사람으로, 훗날 강소성 패현으로 이주했다. 주발은 누에치기로 생계를 잇는 한편, 항상 피리를 불어 슬픔에 빠진 사람들을 위로해 주었다. 또한 다른 사람들에게는 활쏘기를 잘 하는 용사로 이름을 알렸다. 그는 유방이 군사를 일으켰을 때 중연(中涓 : 시종관) 직위로 유방을 따라 진나라와의 전쟁에 참가했고, 유방과 함께 서쪽으로 진격해 함양을 점령함으로써 진나라를 멸망시켰다.

유방이 항우와 격돌했던 초한지쟁에서는 선봉에서 적진으로 돌격해 큰 공을 세웠다. 한나라가 세워진 후 이성 제후왕들이 분분히 모반을 일으키자 주발은 유방을 따라 한왕(韓王) 신(信)과 연왕 노관(盧綰)*을 연이어 평정하는 데 가장 큰 공을 세웠다. 기원전 201년에 주발은 열후의 작위를 받고 강현(絳縣 : 산서성 후마시侯馬市 동북쪽)의 8,180호를 식읍으로 하사받아 강후(絳侯)로 불리었다.

한나라 혜제 때 주발은 태위(太尉 : 군사를 총괄하는 최고 직위)**로 임명되었다. 하

---

* 유방의 고향 친구로 연왕에 봉해졌다가 반란을 일으키고 나중에 흉노에 투항했다.
** 한나라의 중앙 관제로는 황제 밑에 3공(公)이 있었다. 승상(丞相)은 황제를 보필하여 백관을 통솔하고, 태위(太尉)는 당시 상설의 관(官)은 아니었으나 군사를 담당하고, 어사대부(御史大夫)는 감찰관인 어사를 통솔하는 한편 부승상(副丞相)으로서 행정에도 참여했다.

지만 여태후가 전권을 행사했기 때문에 주발의 태위직은 명예직에 지나지 않았다. 여태후가 죽은 후 주발과 진평은 공동으로 협력하여 여씨 일족을 제거할 준비를 했다. 당시 제나라 왕 유양이 군사를 이끌고 여씨 왕들을 토벌하려 하자 상국인 여왕(呂王) 여산(呂産)은 관영(灌嬰)을 보내 항전하도록 했으나, 도리어 관영은 군사를 형양에 주둔시킨 채 제왕 유양과 연합해 공동으로 여씨 왕들을 토벌했다.

주발과 진평은 제왕이 여씨 세력 제거에 나섰다는 소식을 듣고 자신들도 뜻을 함께 하기로 했다. 그리하여 역상(酈商)을 인질로 삼아 그의 아들 역기(酈寄)를 보내 상장군 여록(呂祿 : 조왕趙王)을 속여 병권을 태위 주발에게 돌려주도록 하고, 여록을 자신의 봉국으로 돌아가도록 했다. 여록에게서 장인(將印 : 장군의 관인)을 돌려받은 주발은 북군을 통제하여 유장(劉章)에게 군사를 내주고, 유장으로 하여금 입궐하여 여산을 죽이도록 했다. 이리하여 여씨 세력을 제거한 대신들은 문제를 황제로 옹립했다.

한나라 문제가 즉위한 후 주발은 좌승상에 봉해졌다. 어떤 사람이 주발에게 공로가 너무 커 황제의 의심을 사 화를 자초할 수 있기에 용퇴하라고 권했다. 그리하여 주발은 관직을 버리고 자신의 식읍이 있는 강현으로 낙향했다. 하지만 훗날 누군가가 주발이 모반을 꾸민다고 참소하여 옥에 갇히고 말았다. 결국 주발은 박태후의 도움으로 사면을 받고 식읍을 되돌려 받았다. 기원전 169년에 주발이 죽자 무후(武侯)라는 시호를 내렸다.

아들이 아버지의 업을 잇다

주발이 죽은 후 그의 아들 승지(勝之)가 작위를 이어받았는데, 살인죄에 연루되어 작위와 식읍을 삭탈당했다. 1년 후 한나라 문제는 주발의 아들 중에서 어질고 재능이 뛰어난 하내군수(河內郡守) 주아부에게 아버지 주발의 작위를 잇게 하여 조후(條侯)로 봉했다. 훗날 주아부는 흉노의 침입을 막기 위해 세류(細柳 : 섬서성 함양시 서남쪽)에 주둔했다. 이때 문제는 세류에 주둔한 군사들을 위문하려고 왔다가 주아부의 군영을 보고 철통같은 군율을 높이 칭찬했다. 이후 문제는 주아부를 수도의 치안을 책임지는 중위(中尉)로 승진시켰다.

대를 이은 양대 공신

주발과 주아부는 한나라가 건국된 후 나라를 안정시키는 데 공로가 컸기 때문에 모두 후에 봉해졌다. 한초삼걸 이후 공로가 가장 큰 공신이었다.

부(父) ——————————— 자(子)

이름 : 주발
공적 : 여씨 일족을 제거하고 유씨의 나라를 안정시켰다. 한나라 고조 유방이 죽은 후 여태후가 권력을 행사하는 동안 많은 유씨 황족들이 죽었다. 여태후가 죽자 주발은 진평과 함께 여씨 일족을 제거하고 한나라 문제를 즉위시켰다.
작위 : 강후(絳侯)

이름 : 주아부
공적 : 오초칠국의 난이 일어났을 때 한나라 문제의 명을 받은 주아부는 반란을 평정함으로써, 한나라의 분열을 막고 유씨의 한나라를 다시 안정시켰다.
작위 : 조후(條侯)

주아부(周亞夫)

주아부와 세류(細柳) 군영 : 한나라 문제 때 흉노가 북쪽 변경을 침입하자 문제는 급히 장군들을 변경으로 보내 진을 치고 방어하도록 했다. 하내군수 주아부는 세류 군영에서 흉노를 방비했다. 한번은 문제가 군영을 시찰하러 갔다가 주아부가 군사를 능숙하게 다루는 것을 보고, 당시에는 태자였던 한나라 경제에게 중요한 시기에 주아부를 중용할 만하다고 말했다. 훗날 주아부는 태위의 직무를 대행하여 오초칠국의 난을 평정했다.

공고진주

주씨 부자는 큰 공을 세운 후 두 사람 모두 승상에 올랐다. 하지만 무장이었던 그들은 문관의 직무를 수행하는 동안 정치력이 부족할 수밖에 없었고, 그 결과 정치 투쟁의 희생양이 되고 말았다.

이름	관직	정치 투쟁
주발	우승상	한나라 문제가 즉위한 후 주발은 관직을 버리고 자신의 봉국으로 돌아갔다. 훗날 누군가에 의해 모반을 꾸민다는 참소로 옥에 갇혔으나 박태후의 도움으로 풀려나 봉국을 되찾았다.
주아부	승상	주아부는 승상이 된 후 두태후와 왕황후에게 밉게 보였다.* 그래서 주아부는 병을 핑계로 사직했지만, 훗날 그의 아들이 순장품으로 황가의 병장기를 몰래 구입한 사실이 빌미가 되어 모반 혐의로 하옥되었다가 5일간 단식하다 피를 토하고 죽었다.

* 한나라 경제가 율태자(栗太子 : 경제와 율희栗姬 소생의 태자 유영劉榮, 훗날 폐위되어 임강왕臨江王이 됨)를 폐위시킬 때 주아부가 반대하여 유철(劉徹 : 훗날 한나라 무제)의 모친인 왕황후에게 죄를 지었다. 또한 양효왕(梁孝王 : 한나라 경제의 동생)이 두태후에게 주아부를 헐뜯었다.

한나라 경제가 즉위한 후에도 주아부는 계속 승진하여 군사를 총괄하는 태위의 자리에 올랐다. 오초칠국의 난이 일어나자 주아부는 군사를 이끌고 가 반란을 평정하여 한나라 황권을 안정시키고 승상에 올랐다. 하지만 정치를 몰랐던 주아부는 결국 병을 이유로 사직하고 말았다. 훗날 모반을 꾸민다는 이유로 참소를 당해 옥에 갇힌 주아부는 옥리의 심문을 견디지 못한 채 5일간 단식하다 피를 토하고 죽었다. 그가 죽은 후 작위와 봉국은 삭탈되고 말았다.

26 | 한나라 경제의 아들들
오종

>>> 한나라 무제를 제외한 한나라 경제의 아들 열세 명이 모두 왕으로 봉해졌는데, 그들은 각각 다섯 어머니가 낳은 아들들이다. 같은 어머니가 낳은 자식들을 일종一宗이라고 하기에, 그들 모두를 오종五宗으로 부른다. 오종이 왕이었을 때 제후왕들의 권력은 크게 약해져 중앙 조정에 대항할 힘이 없어졌다.

율희의 아들

한나라 경제와 율희 사이의 아들은 세 명인데, 그들은 영(榮)·덕(德)·알우(閼于)이다. 유덕은 하간왕(河間王: 하북성 중남부 지역)에 봉해졌으며, 유학을 좋아했다. 그의 옷차림과 모든 행동거지는 유생을 본받아 산동(山東: 당시에는 섬서성 화산의 동쪽 지역)의 뭇 유생들이 그를 따랐다. 임강왕(臨江王: 호북성 중서부 지역)에 봉해진 유알우는 3년 만에 죽었다. 황태자였던 유영은 4년 만에 폐위되어 임강왕에 봉해졌는데, 종묘 담장 밖 공터 울타리를 넘어 궁실을 세운 죄로 하옥되어 심문을 받다가 자살했다.

정희의 아들

정희(程姬) 소생의 세 아들은 여(余)·비(非)·단(端)이다. 유여는 회양왕(淮陽王)에 봉해졌다가 나중에 노왕(魯王)이 되었다. 말더듬이였던 그는 언변이 유창한 사람을 좋아하지 않았고, 궁실에 원유(苑囿: 동산)를 축조해 말과 개 기르는 것을 좋아했다. 말년에는 음악에 빠졌다. 유비는 여남왕(汝南王: 하남성과 안휘성 경계 지역)에 봉해졌다가 나중에 강도왕(江都王: 강소성 중부)이 되었는데, 무예와 궁실 축조를 좋아했다. 그는 전국 각지의 영웅호걸을 초빙하며 교만과 사치에 빠졌다. 유단은 교서왕에 봉해졌는데, 사람됨이 잔인하고 흉악스러워 자신에게 복종하지 않는 관리들은 함정에 빠뜨려 잔혹하게 죽였다.

가부인의 아들

가부인(賈夫人)은 아들 팽조(彭祖)와 승(勝)을 낳았다. 유팽조는 광천왕(廣川王 : 하북성 남부 지역)에 봉해졌다가 나중에 조왕(趙王)이 되었다. 그는 사람됨이 교활하면서도 간사하여 아첨을 잘했다. 법률을 우습게 여기고, 사람들을 중상 모략하는 등으로 권력을 독식했을 뿐만 아니라 조세를 올려 수많은 재산을 모았다. 유승은 중산왕(中山王)에 봉해졌는데, 음주와 여색을 좋아해 120여 명의 자손을 두었다.

당희의 아들

당희(唐姬)는 한나라 경제와의 사이에서 아들 발(發)을 두었다. 당희는 원래 정희의 시녀였다. 어느 날 경제가 술을 마신 후 정희를 불렀는데, 정희는 마침 월경 중이어서 당희를 대신 보냈다. 경제는 그녀가 정희인 줄 알고 동침하여 유발을 낳았다. 유발은 장사왕(長沙王 : 호남성 중부 지역)에 봉해졌다. 그는 모친의 신분이 미천하여 경제의 총애를 받지 못한 채 빈궁한 지역의 왕에 봉해졌다.

왕부인 아후의 아들

왕부인(王夫人) 아후(兒姁)는 한나라 무제의 어머니인 왕황후의 누이동생으로, 한나라 경제와의 사이에서 월(越)·기(寄)·승(乘)·순(舜)을 낳았다. 유월은 광천왕에 봉해져 12년 동안 재위했다. 유기는 교동왕에 봉해졌는데, 회남왕의 모반에 함께 하려다가 발각되어 심문을 받고 고통을 겪다가 병으로 죽었다. 유승은 청하왕(淸河王 : 하북성 청하현 동남쪽. 청양淸陽이 도읍)에 봉해져 12년 동안 재위했는데, 후사가 없어 봉국이 철폐되었다. 한나라 경제가 가장 총애했던 막내아들 유순은 상산왕(常山王)에 봉해졌는데, 교만하고 음란하여 누차 법을 어겼지만 황제가 늘 용서해 주었다. 32년 동안 재위했다.

한나라 경제의 아들

한나라 경제는 각기 다른 여섯 명의 비妃에서 열네 명의 아들을 두었다. 그들은 저마다의 운명에 따라 제후왕들의 사연을 만들었다. 한나라 고조 시기에는 제후들이 모든 세금을 가졌고 내사(內史 : 민정 관리) 이하의 관리를 직접 임명했다. 조정에서는 단지 승상만을 파견해 황금 인신(印信)을 패용하게 했다. 하지만 한나라 경제 시기에는 오초칠국의 난 이후로 2천 석 이상의 관리들은 모두 조정에서 파견했고, 제후국의 승상을 상相으로 바꾸고 은으로 만든 인신을 차게 했다. 이때부터 제후에게는 세금 징수권만 부여하고 정치권력은 박탈했다. 훗날 제후 중에는 소가 끄는 수레를 타는 빈궁한 자들도 있었다.

한나라 경제

율희의 아들
- 황태자에서 폐위된 유영 : 한나라 경제의 맏아들로 황태자에서 폐위되어 임강왕이 되었다가 결국 죄를 짓고 자살했다.
- 하간 헌왕(獻王) 유덕 : 유학을 좋아했기 때문에 산동의 유생들이 모두 그를 찾아 의탁했다. 재위 26년 만에 죽었다.
- 임강 애왕(哀王) 유알우 : 재위 3년 만에 죽자 후사가 없어 봉국이 철폐되고 군현이 되었다.

왕황후의 아들
- 한나라 무제 유철 : 유영이 황태자에서 폐위된 후 황제로 등극했다. 재위 시에 영토를 넓히고 내정을 개혁하여 중국 역사상 가장 위대한 황제 중의 한 사람이 되었다.

정희의 아들
- 노(魯) 공왕(共王) 유여 : 회양왕에 봉해졌다가 후에 노공왕이 되었다. 말더듬이로 음악과 짐승 기르기를 좋아했다.
- 강도 역왕(易王) 유비 : 여남왕에 봉해졌다가 나중에 강도왕이 되었다. 무예와 궁궐 축조를 좋아하여 영웅호걸을 초빙하는 등 사치스럽고 교만하게 살았다.
- 교서왕 유단 : 사람됨이 잔인하고 흉악하여 공갈 모략을 일삼는 등으로 자신에게 복종하지 않는 관원들을 함정에 빠뜨렸다.

가부인의 아들
- 조왕 유팽조 : 광천왕이었다가 나중에 조왕이 되었다. 그는 사람됨이 교활하고 간사하여 수많은 재물을 모았다.
- 중산 정왕(靖王) 유승 : 술과 여색을 좋아해 자손이 120여 명에 달했다. 삼국 시대 촉한의 소열제(昭烈帝) 유비가 바로 그의 후손이다.

당희의 아들
- 장사 정왕(定王) 유발 : 모친의 신분이 미천하여 황제의 총애를 받지 못했다. 동한 광무제(光武帝) 유수(劉秀)가 바로 그의 후손이다.

왕부인 아후의 아들
- 광천 혜왕(惠王) 유월 : 재위 20년 만에 죽고, 그의 아들 유제(劉齊)가 왕위를 이었다.
- 교동 강왕(康王) 유기 : 회남왕의 모반에 연루되어 심문을 받다가 병으로 죽었다.
- 청하 애왕(哀王) 유승 : 재위 20년 만에 죽었는데, 후사가 없어 봉국이 없어지고 청하군이 되었다.
- 상산 헌왕(憲王) 유순 : 한나라 경제가 가장 총애했던 막내아들이다. 교만하고 나태하여 여러 차례 법을 어겼지만, 이복형제인 한나라 무제는 언제나 그를 관대하게 용서했다.

4장 열전列傳

살아서는 이기고
죽어서는 이름을 남기다

『사기』의 「열전」은 총 70편으로 3천 년의 중국 역사에 족적을 남긴 풍류 인물들에 대한 기록이다. 「열전」은 『사기』에서 가장 많은 분량을 차지할 뿐만 아니라 내용 면에서도 가장 뛰어나다. 「열전」에 등장하는 주인공들은 모두 역사의 흐름에 순응하면서 입신양명立身揚名한 이들이다. 「열전」에는 지조가 고결한 백이와 숙제, 관직에 나아가지 않고 유유자적했던 노자와 장자, 적극적으로 세상에 나와 활약했던 맹자와 순자, 병법가이자 지략가였던 손무와 손빈, 개혁가 상앙, 전국 시대를 쥐락펴락한 종횡가 장의와 소진, 후세에 칭송을 받은 전국 시대의 4공자, 명장 백기·왕전·염파·조목, 재능이 있으면서도 펼 기회를 만나지 못한 굴원과 가의, 나라를 경영한 장사꾼 여불위, 자신을 알아주는 사람을 위해 죽은 자객, 토사구팽의 희생양 한신, 세칭 비장군인 이광, 흉노를 공격한 몽염·위청·곽거병, 그리고 흉노·사이四夷·순리·혹리·유림·유협·화식 등에 관한 이야기가 담겨 있다.

4장 그림 목록

「열전」이란 무엇인가 265 | 채미도 269 | 춘추 시대의 첫 번째 재상 271 | 노자는 누구인가? 275 | 한비와 법가 277 | 13편으로 구성된 『손자병법』 281 | 손빈과 방연 283 | 밖에서는 장군, 안에서는 재상인 문무 겸장의 기재 287 | 원한에 살다 간 오자서의 일생 291 | 상앙의 변법 293 | 합종과 연횡 297 | 장평전투 301 | 진나라의 천하통일을 이끈 왕전 부자 305 | 유가를 대표하는 맹자와 순자 307 | 전국 시대의 사공자 311 | 사공자의 관계 333 | 원교근공 책략 317 | 악의의 제나라 정벌 321 | 용기와 지혜를 겸비했던 인상여 323 | 노중련은 다원적인 인물 327 | 굴원과 초사 329 | 상술로 정치를 한 사람 333 | 전제에게 암살당한 오나라 왕 335 | 진시황을 죽이려던 자객 337 | 쥐의 철학 341 | 몽염의 공적 345 | 깨지기 쉬운 우정 347 | 고사 성어로 보는 한신 351 | 태평성대의 토대를 쌓다 353 | 원앙과 조조 357 | 만석군의 가족 361 | 신의 의술을 지닌 편작 363 | 두영과 전분의 싸움 367 | 비운의 장군 371 | 흉노 발전사 375 | 화친과 정벌 377 | 위청과 곽거병의 공적 381 | 추은령이란? 385 | 남월의 역사 389 | 서남이 분포도 393 | 사마상여와 한부 397 | 회남왕 유안 341 | 순리의 모범, 손숙오와 자산 403 | 강직하고 정직했던 급암 407 | 한나라 초기의 유생들 411 | 한나라 초기의 혹리들 415 | 장건의 서역 개척 419 | 중국의 유협 문화 423 | 역대 제왕의 남총 425 | 천하의 재물 분포도 429 | 고대의 부자 상인 431

01 풍류를 즐긴 수많은 인물들
「열전」 70편

>>> 「열전」 70편은 『사기』의 다섯 가지 체제를 구성하는 초석이다. 풍성하고 다채로운 역사의 풍경을 묘사한 「열전」이야말로 3천 년 중국 역사의 영웅호걸과 문인지사들을 사실적으로 그린 풍류 인물의 만화경이자 백과전서라 할 수 있다.

70편으로 구성된 「열전」

모두 70편으로 구성된 「열전」은 『사기』의 다섯 가지 체제 중에서 마지막 부분에 해당되며, 고대의 풍류 인물들을 주로 묘사했다. 사마천은 해당 인물을 묘사할 때 '의(義)'라는 정치 도덕의 원칙에 입각해서 '때(時)'를 아는 정신을 세심하게 살펴보았다. 「열전」의 주인공은 모두 308명이다. 사마천은 파란만장하고 광활한 역사의 풍경을 펼쳐 보이는 동시에 각각의 역사적 인물들에게 생명력을 불어넣었으며, 역사에 대한 통찰력을 깊이 있게 드러냈다.

「열전」 70편은 유형에 따라 다섯 가지로 분류할 수 있다.

첫째는 '전전(專傳)'이다. 특별한 한 사람의 역사 인물이나 한 지역과 민족에 대한 전기다. 예를 들어 인물 전기로는 「상군열전」, 「이사열전」 등이고, 소수 민족의 전기로는 「흉노열전」, 「조선열전」 등이 있다. 둘째는 '합전(合傳)'이다. 즉 두 사람 이상의 인물을 합한 전기다. 예를 들어 「백기왕전열전(白起王翦列傳)」, 「손자오기열전」 등이 있다. 셋째는 '유전(類傳)'이다. 즉 비슷한 직업이나 유형의 인물을 모아 기록한 것인데, 예를 들어 「자객열전」, 「혹리열전」, 「골계열전」 등이 있다. 넷째는 '부전(附傳)'이다. 제목에 나오는 중심인물 밑에 제목에 나오지는 않으나 중심인물과 관련이 있거나 비슷한, 그리고 비중이 낮은 인물을 부가하여 서술했다. 등장인물들이 동등한 가치를 지닌 '합전'과는 다르다. 예를 들어 「이사열

「열전」이란 무엇인가

『사기』의 다섯 체제 중에서 「열전」의 내용이 가장 많다. 사마천은 독창적인 서술 방법으로 역사를 기술했으며, 후세의 사가들은 이러한 「열전」 형식을 이어받아 계속 사용했다.

「열전(列傳)」: '동사(列, 열거하다) + 목적어(傳, 인물전기)'로 구성된 복합명사. 수많은 인물들을 시대 순으로 배열한 전기이며, 공신과 현신들의 언행을 주로 다룬다.

「열전」과 『본기』: 「본기」가 『사기』의 총강(總綱), 즉 하늘 정중앙의 북극성이자 역사 발전의 실마리라면, 「열전」은 북극성 주위를 맴도는 뭇별들처럼 「본기」의 황제를 보필하는 수많은 군신과 인물 군상들에 관한 이야기다.

「열전」의 표준과 종류

사마천은 「태사공자서」에서 그가 쓴 「열전」 70편의 기준에 대해 '천하에 이름을 떨쳤으며, 역사에 그 이름이 길이 남은 역사적 인물에 대한 전기'라는 점을 분명하게 밝혔다.

「열전」의 기준

의를 세운 큰 기개	시대를 읽는 안목	입신양명
도덕적으로 '의'에 부합하고 대범한 개성을 잃지 않은 인물들	시대의 흐름을 읽었던 인물	덕을 베풀고 공을 세우며 뜻을 세운 인물
「백이열전(伯夷列傳)」, 「춘신군열전(春申君列傳)」, 「자객열전」	「이사열전」, 「화식열전」	『백기왕전열전』, 『사마상여열전』

「열전」의 유형

유형	전전	합전	유전	부전	자전
특징	특정한 인물, 지역, 민족에 대한 전문적인 전기	두 사람 이상의 인물을 합친 전기	비슷한 유형의 인물을 하나로 합친 전기	중요한 인물 전기에 비슷한 인물이나 관련 인물이 딸린 전기	자신의 집안 내력을 밝히며 『사기』의 내용과 저술 목적을 밝힘
사례	「상군열전」, 「흉노열전」	「굴원가생열전」, 「원앙조조열전(袁盎晁錯列傳)」	「자객열전」, 「순리열전(循吏列傳)」	「전숙열전(田叔列傳)」, 「이장군열전」	「태사공자서」

전」에 첨부한 이유(李由)와 조고, 「이장군열전」에 더한 이릉, 「여불위열전」의 노애, 「오자서열전」의 신포서와 백공(白公), 「관안열전」의 포숙아와 월석보(越石父), 「맹상군열전」의 풍환(馮驩), 「회음후열전」의 괴통(蒯通), 「평진후주보열전(平津侯主父列傳)」의 서악(徐樂)과 엄안(嚴安), 「범저채택열전(范雎蔡澤列傳)」의 수고(須賈)와 위제(魏齊), 「염파인상여열전」의 조사와 조괄, 이목 등이 있다. 다섯째는 '자전(自傳)'이다. 즉 「태사공자서」에서 사마천은 자신의 집안 내력을 개괄하는 동시에 『사기』의 모든 내용을 총괄해서 언급했다. 또한 사마천은 『사기』 저술의 목적을 이렇게 역설했다. "하늘과 사람의 관계를 궁리하고 고금의 변화를 통찰하며, 일가의 언어를 이룬다."

내용의 요점을 뽑아 기록하다

사마천은 「열전」 70편을 시대 순으로 배열했는데, 시대 순에 따라 다섯 단계로 나눌 수 있다.

첫째, 「백이열전」부터 「중니제자열전(仲尼弟子列傳)」까지 총 7편은 춘추 시대 이전까지의 인물을 다룬다. 주요 인물은 백이(伯夷), 숙제(叔齊), 관중, 안영(晏嬰), 노자, 손자, 오자서, 공자의 제자들 등이다. 둘째, 「상군열전」부터 「몽염열전」까지 총 21편은 주로 전국 시대와 진나라 초기의 인물들이다. 상앙, 소진, 장의, 백기(白起), 왕전(王翦), 전국 4공자(맹상군, 평원군, 신릉군, 춘신군), 여불위, 이사, 몽염 등이다. 셋째, 「장이진여열전(張耳陳餘列傳)」부터 「전담열전(田儋列傳)」까지 총 6편은 주로 초한지쟁이 벌어진 무렵의 인물로 장이, 진여, 한신, 경포 등이다. 넷째, 「번역등관열전(樊酈滕灌列傳)」부터 「오왕비열전(吳王濞列傳)」까지 총 13편은 주로 한나라 고조 때부터 한나라 경제 사이의 인물로 번쾌, 육고, 계포, 유비(劉濞) 등이다. 다섯째, 「위기무안후열전」부터 「태사공자서」까지는 주로 한나라 무제 때의 인물로 두영, 이광, 위청, 곽거병, 사마상여, 사마천 등이다.

02 주나라의 곡식을 먹지 않다
백이와 숙제

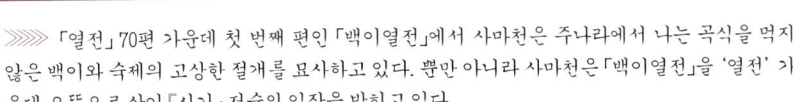

>>>> 「열전」 70편 가운데 첫 번째 편인 「백이열전」에서 사마천은 주나라에서 나는 곡식을 먹지 않은 백이와 숙제의 고상한 절개를 묘사하고 있다. 뿐만 아니라 사마천은 「백이열전」을 '열전' 가운데 으뜸으로 삼아 『사기』 저술의 입장을 밝히고 있다.

수양산에서 굶어죽다

백이와 숙제는 상나라(상나라 후기를 '은나라'라고도 함) 때 고죽국(孤竹國) 군주의 두 아들인데, 아버지는 아우인 숙제에게 왕위를 잇게 할 생각이었다. 하지만 아버지가 죽자 숙제는 왕위를 계승하기 싫어 형인 백이에게 양보했다. 그러자 백이는 아버지의 뜻이라면서 다른 나라로 떠났고, 숙제도 왕위를 잇지 않겠다며 떠나버렸다. 고죽국 사람들은 하는 수 없이 둘째 아들을 왕으로 세웠다.

백이와 숙제는 서백창(西伯昌 : 주나라 문왕文王)이 노인을 잘 보살핀다는 소리를 듣고 그에게 가 몸을 의탁할 요량이었다. 그런데 그들이 주나라에 이르렀을 때 이미 서백창은 죽고 없었다. 그의 아들 주나라 무왕은 아버지의 시호를 '문왕'이라 하고, 나무로 만든 아버지의 위패를 수레에 걸고 상나라의 주왕(紂王)을 공격하기 위해 동쪽으로 향하고 있었다.

백이와 숙제는 무왕의 행렬을 멈추게 한 후 부친의 장례를 치르지도 않고 군사를 일으켜 싸움을 하는 것은 효(孝)가 아니며, 신하가 국군(國君)을 시해하는 것은 인(仁)이 아니라고 말했다. 이를 본 무왕의 신하들이 백이와 숙제의 목을 치려고 했다. 그러자 강태공이 나서 백이와 숙제는 의로운 사람들이라며 돌려보냈다.

결국 무왕은 주왕의 폭정을 빌미로 상나라를 멸망시키고 주나라를 세웠다. 이 소식을 들은 백이와 숙제는 주나라의 백성이 되는 것을 원하지 않았고, 절의를 지키기 위해 주나라 땅의 곡식을 먹지 않았다. 백이와 숙제는 수양산(首陽山 : 산동성 영제현永濟縣 남쪽)에 은거하면서 고사리로 연명하다 세상을 풍자하는 노래를 짓고, 마침내 굶어 죽고 말았다.

「백이열전」을 첫 번째로 수록한 이유

「백이열전」은 『사기』에 수록된 70편의 '열전' 중에서 첫 번째이자 하·상·서주 시대의 인물에 관한 유일한 전기다. 전문은 모두 792자이며, 백이와 숙제에 관한 내용은 4분의 1에 불과하다. 나머지 4분의 3은 사마천 자신의 느낌과 감동, 견해를 언급한 내용이다. 「백이열전」은 나머지 전기와 완전히 다른 서술 방식을 취하고 있는데, 아마도 이러한 특이점 때문에 사마천은 「백이열전」을 첫머리에 배치한 것으로 보인다.

사마천은 「백이열전」이 전체 70편의 '열전'을 대표하도록 하고, 자신이 『사기』를 지은 목적과 사관으로서의 책임감을 표명했다. 사마천은 한나라 문제 때의 정치가이자 문인이었던 가의(賈誼)가 「복조부鵩鳥賦」에서 한 말을 인용하며 '치부에 탐욕스런 자는 재물 때문에 목숨을 바치고, 삶보다 의를 중시하는 자는 이름에 목숨을 바치고, 이름과 권세를 좋아하는 사람은 권세를 좇다 몸을 망치며, 평범하게 사는 보통사람들은 그날그날을 연명한다'고 생각했다.

비록 각 개인은 자신의 이상을 좇지만 모든 사람들은 죽은 후에 자신의 이름이 세상에 알려지기를 원한다. 그런 면에서 백이와 숙제는 공자의 기록에 의해 그 이름이 크게 알려졌으니, 현명한 덕인(德人)이라 할 수 있다. 공자는 안회(顔回)만을 제자 중에서 학문을 좋아하고 덕을 쌓는다고 치켜세웠다. 요임금이 천하를 물려주려고 했지만 그것을 거부한 허유(許由)에 관한 기록은 『시경』과 『서경』에 상세하게 남아있지 않았다. 사마천은 만약에 이러한 고결한 현자들이 역사에서 사라진다면 너무나 안타깝다고 생각했기 때문에, 절개가 있고 덕망을 쌓은 현인들이 자신의 역사서를 통해 후세에 길이 전해져야 한다는 사명감을 가졌다. 따라서 「백이열전」은 '열전' 70편의 도입부로서 마지막 편인 「태사공자서」와 서로 호응을 이룬다. 사마천은 「백이열전」으로써 자신이 『사기』를 집필하게 된 목적을 밝힌 것이다.

채미도

남송南宋 시대 화가 이당李唐이 그린 '채미도采薇圖'는 백이와 숙제가 수양산에 들어가 고사리로 연명하다가 굶어 죽은 고사故事를 주제로 한 그림이다. 백이와 숙제가 주나라의 곡식을 먹지 않고 고결한 품격을 간직한 채 수양산에서 고사리를 캐먹으며 어디에 정주해야 할지 모르는 정경을 담았다.

주나라 문왕이 죽고 나서 주나라 무왕은 상복을 입지 않고 곧바로 상나라 주왕을 토벌하기 위해 출정했다. 백이와 숙제는 무왕이 불충하고 불효하다며, 주나라가 건국된 후 수양산에 들어가 고사리로 연명하면서 자신들이 돌아가야 할 곳을 찾지 못한 채 굶어 죽고 말았다.

특별한 열전

「백이열전」은 70편의 '열전' 중에서 매우 특별한 성격을 갖는 동시에 전체 '열전' 70편의 총결산이다. 사마천은 「백이열전」을 통해서 자신이 역사서를 써야만 하는 책임감을 밝혔다.

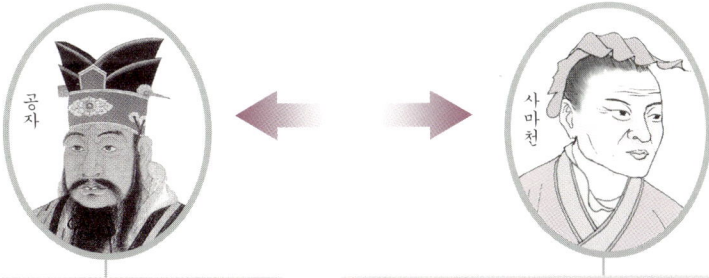

백이와 숙제의 현명함은 공자가 그들을 찬양한 후에 알려졌으며, 그들의 덕과 이상은 더 멀리 퍼지고 드높아졌다. 사마천은 공자를 거울로 삼아 수많은 역사 속의 현인들을 매몰시키지 않고 후세에 널리 전하고자 했다.

사마천은 역사서를 집필하게 된 책임감을 표명한 「백이열전」에서 인물 이야기를 쓰고, 또 한편으로는 자신의 주장을 담은 논설을 썼다. 게다가 역사서의 뒷부분에 덧붙이는 자신의 평론, 즉 논찬(論贊 : 태사공 왈)이 없다. 이 점이 여타의 '열전'과 다른 점이고, 「사기」를 집필한 목적을 밝혔다는 점에서 마지막 편인 「태사공자서」와 서로 호응을 이룬다.

03 관중과 안영
지혜롭고 현명한 명재상의 표본

>>>> 관중과 안영은 춘추 시대 제나라의 명재상들이다. 관중은 제나라 환공을 보좌해 열국의 패권을 잡도록 했다. 환공은 춘추오패 가운데 첫 번째 왕이다. 안영은 제나라의 영공靈公과 장공莊公에서 경공景公에 이르는 3대를 섬기면서 지혜로움과 현명함으로 제후들 사이에서 이름을 떨쳤다.

주군을 보좌해 패업을 이루다

관중의 이름은 '이오(夷吾)'이며 안휘성(安徽省) 영수(潁水) 사람이다. 소년 시절 포숙아(鮑叔牙)와 잘 어울려 지냈다. 훗날 포숙아는 제나라의 공자 소백(小白)을 섬겼고, 관중은 공자 규(糾 : 소백의 형)를 섬겼다. 훗날 공자 소백이 제나라 환공에 오르자 그와 왕위를 다투던 공자 규는 피살되고 관중은 옥에 갇혔다.

포숙아는 관중의 재능이 뛰어나다는 것을 알고 환공에게 그를 추천했다. 환공은 마침내 관중을 재상으로 임명하여 제나라의 모든 정사를 관장토록 했다. 관중은 바다에 접한 제나라의 지리적 이점을 살려 공업과 상업을 발전시키고, 교역을 통해 재물을 쌓아 나라를 부강하게 하는 한편, 군사력을 키우고 백성들과 고락을 함께했다. 또한 정치를 하면서 재앙이 될 일도 복이 되게 하고, 실패할 일도 잘 처리하여 성공으로 이끌었다. 법도에 따르는 것을 중시하고, 일의 경중을 따지는 데는 세밀하고 신중했다. 이러한 관중의 보좌 덕분에 환공은 춘추 시대의 첫 번째 패자(覇者)가 되었고, 제후들을 잘 다스려 천하가 바르게 돌아가도록 하였다.

관중의 재산은 제후에 버금갔지만 제나라 사람들은 그가 사치스럽다고 생각하지 않았다. 관중이 죽은 후 제나라는 그의 정치 법도를 그대로 이어받았기 때문에, 다른 제후국들보다 강성함을 유지했다.

춘추 시대의 첫 번째 재상

관중은 제나라 환공에 의해 중용된 후 제나라를 단기간 내에 강성한 국가로 만들었다. 그리하여 환공은 춘추오패의 첫 번째 패주가 되었고, 관중은 '춘추 시대의 첫 번째 재상'으로 불리었다.

관중의 치세	1. 사회 제도와 군사 제도를 결합하는 군민 전투 체제를 시행. 2. 염철(鹽鐵)의 국영화와 식량의 자유 매매, 사유 경제 정책을 실행함.
관중과 포숙아	관중이 천리마라면 포숙아는 백락(伯樂)*이다. 관중은 포숙아의 추천으로 제나라 환공에 의해 중용되었다.
『관자(管子)』	관중이 지은 책으로 총 24권, 85편이다. 현재는 76편이 전하는데, 내용은 도가, 명가, 법가 등의 사상과 천문, 지리, 경제, 농업 등 다방면에 걸친 지식을 담고 있다. 선진(先秦) 시대의 농업과 경제를 연구한 귀중한 사료이다.

관중에 대한 공자의 평가 : 관중은 환공을 보좌해 제후들의 맹주로 앉히고 천하를 바로잡았다. 만약 관중이 없었더라면 우리들은 모두 오랑캐처럼 머리를 풀어헤치고, 의복을 왼쪽으로 여는 야만족 치하의 백성이 되었을 것이다.

사신으로 초나라에 간 안자

안영은 지자(智者)의 화신이다. 그에 관한 이야기 중에서 '안자사초(晏子使楚:『안자춘추晏子春秋』에 전함)가 가장 유명한데, 안영이 지자의 표본이라는 것을 잘 보여준다.

성문	안영이 사신으로 초나라에 오자 초나라 영왕(靈王)은 그를 놀려주려고 성문의 문지기에게 성문 옆의 작은 개구멍으로 안내하도록 했다. 안영은 개 나라에 사신으로 온 사람은 개문으로 출입해야 하고, 사람 나라에 사신으로 온 사람은 사람 문으로 출입해야 한다면서, 설마 초나라가 개 나라는 아닐 것이라고 따져 물었다. 영왕은 어쩔 수 없이 성문을 열도록 명령했다.
현자	영왕은 안영의 키가 작은 걸 보고 제나라에 인재가 없다고 비꼬았다. 그러자 안영은 이렇게 말했다. "제나라는 사신을 파견할 때 현명한 나라에는 현자를 파견하는데, 자신은 그것에 미치지 못해 초나라에 파견되었습니다." 그러자 영왕은 안영을 예로 맞이하는 수밖에 없었다.
도적	제나라 출신 도적을 보고 영왕이 안영에게 "제나라 사람은 모두 물건을 훔치는 버릇이 있소?"라고 묻자 안영은 "귤을 회수(淮水) 이남에 심으면 달콤하지만, 회수 이북에 심는다면 작고, 시고, 떫고, 써서 먹을 수 없게 되는데 바로 그 물이 다르기 때문입니다"라고 대답했다. 초나라의 풍토가 백성으로 하여금 도둑질을 하게 했다는 것이다. 그러자 영왕은 안영에게 자신의 무례함을 사과하고 후하게 대접했다.

『안자춘추』 : 『안자춘추』는 안영이 집필한 것으로 전해지며 총 8권, 215장이다. 안영의 언행과 사상을 기록한 책으로, 중국 최초의 단편소설집이다. 후세에 우언(寓言: 우화)으로서 큰 영향을 미쳤다.

---

* 백락은 춘추전국 시대에 말을 감정하는 전문가였다. 고사 성어 '백락일고(伯樂一顧)'는 백락이 한 번 말을 쳐다보면 말의 값이 껑충 뛰었다는 데서 유래하는데, 인재도 알아주는 이가 있어야 출세할 수 있다는 것을 비유한다.

제나라의 3대 명재상

관중이 죽고 나서 100여 년이 지나자 제나라에 또 한 명의 재사인 안영(晏嬰 : 시호는 평중平仲. 통칭 '안자晏子'라고 한다)이 등장했다. 그는 지금의 산동성 고밀현(高密縣) 사람으로 제나라 영공부터 장공, 경공에 이르는 3대를 보좌하며 근검절약하고 힘껏 나라를 보살펴 제나라 사람들로부터 존경을 받았다.

안영은 제나라의 재상이 된 후에도 밥상에는 두 가지 고기반찬을 놓지 못하도록 했으며, 첩에게는 비단옷을 입지 못하도록 했다. 조정에서는 임금이 물으면 바르게 대답하고, 묻지 않으면 그 몸가짐을 조신하게 하였다. 임금의 다스림이 올바르면 그 명에 순종했지만, 임금이 올바르지 않으면 옳고 그름을 가려서 실행했다. 때문에 그는 제나라 영공부터 장공, 경공에 이르기까지 3대 왕에 걸쳐 그 명성을 크게 떨칠 수 있었다.

안영이 재상으로 있을 때 한번은 마부의 아내가 득의양양한 채 사두마에 채찍질을 하며 매우 만족스러워 하는 남편의 모습을 보게 되었다. 마부가 집에 돌아오자 아내는 곧바로 그와 헤어지겠다고 선언했다. 망연자실한 마부가 그 까닭을 묻자 아내는 이렇게 말했다. "안영은 키가 여섯 자에 못 미치는데, 제나라의 재상이 되어 제후들 사이에서 명성을 떨치면서도 외출할 때는 그 품은 뜻이 깊고 항상 표정이 겸손합니다. 그런데 당신은 도리어 키가 팔 척이면서도 겨우 남의 마부 노릇을 하면서 아주 의기양양한 채 매우 만족스러운 모양새였습니다. 이것이 제가 헤어지려는 까닭입니다."

그 후 마부는 자신을 낮추고 겸허해졌다. 안영이 그 원인을 묻자 마부는 있는 그대로 대답했다. 그리하여 안영은 마부를 천거하여 대부로 삼았다.

04 | 도가의 양대 성인
노자와 장자

>>>> 노자와 장자莊子는 도가道家를 대표하는 인물들이다. 그들은 모두 자연의 도를 추구하며, 속박 받기를 거부한 채 세상에 나오기를 적극적으로 원하지 않았다. 그들은 단지 무위無爲 안에서만 자유의 쾌락을 맛보고자 했다.

노자는 용과 같은 존재

노자는 춘추 시대 고현(苦縣 : 하남성河南省 녹읍현鹿邑縣) 여향(厲鄕) 곡인리(曲仁里) 사람으로 성은 이(李)씨, 이름은 이(耳), 자는 담(聃)으로 주나라의 장서를 관리하는 사관이었다.

공자가 주나라에 머무를 때 노자에게 예에 관해 물었다. 이 물음에 노자는 공자에게 다시는 예라는 것을 묻지 말라며 허세와 지나친 욕망, 위선적인 표정과 과다한 야심을 버리라고 말했다. 공자는 돌아와서 제자들에게 노자는 '용과 같은 존재'라며 이렇게 말했다. "헤엄을 치는 물고기는 낚시로 낚을 수 있고, 나는 새는 화살로 잡을 수 있지만, 용이 어떻게 바람과 구름을 타고 하늘로 올라가는지는 알 수 없다."

노자는 도와 덕을 닦았고, 그의 학설은 자신을 숨겨 헛된 이름을 드러내지 않는 데 힘썼다. 또한 그는 주나라의 국력이 기울어 가는 것을 보고, 그곳을 떠나 함곡관(函谷關 : 하남성 영보현靈寶縣)에서 관령(關令 : 관문지기)인 윤희(尹喜)의 부탁으로 『도덕경(道德經)』을 남겼다. 도와 덕의 의미에 관해 상·하편 5,000자를 짓고, 그곳을 떠난 후에는 그가 어떻게 살았는지 아무도 알지 못했다. 어떤 사람은 노자가 초나라의 노래자(老萊子)라고 했으며, 어떤 사람은 주나라의 태사(太史) 담(儋)이라고도 했다.

일반적으로 노자를 배우는 사람들은 유학을 멀리하고, 유가 학문을 배우는 사람들은 노자를 헐뜯고 배척했다. 『논어』 「위공(衛公)」 편에서 '도가 같지 않으면 서로 도모하지 않는다(道不同, 不相爲謀)'라고 했는데, 바로 이를 두고 한 말일 것이다. 노자의 정치사상은 '무위'로써 저절로 교화되게 하는 것이며, 맑고 고요하게 있으면서 백성들 스스로 올바르도록 하는 것이다.

평생토록 벼슬길에 나아가지 않겠소!

　노자 이후, 전국 시대의 장자가 노자의 학설을 계승했다. 장자는 송나라 몽(蒙 : 하남성 상구시商丘市 동북쪽) 사람으로, 이름은 주(周)다. 일찍이 몽 지방의 칠원(漆園)에서 관리를 지냈다.

　장자의 학문은 매우 깊고도 넓어 연구 범위에 포함되지 않은 것이 없었다. 그의 이론은 노자에 그 뿌리가 닿아 있다. 10만 여 자에 이르는 그의 저작은 대부분 우화이기 때문에, 대다수가 허구이며 사실이 아니다. 문장은 모든 것에 두루 미치고, 세상의 일과 사물의 정황에 합당하게 비유하여 유가(儒家)와 묵가(墨家)를 논박했다. 제아무리 당대의 대학자일지라도 장자의 비평을 피할 수가 없었다. 그의 언사는 거센 물결과 같이 거침없고 자유분방하여 당시의 왕공대인들은 그를 중용할 수가 없었다.

　초나라 위왕(威王)이 장자가 현명하고 유능하다는 말을 듣고 사신을 보내 많은 예물을 주고 그를 재상으로 초빙하자 장자는 사신에게 이렇게 말했다.

　"천금이란 막대한 돈이며, 재상은 존귀한 지위이지만 그대는 천자가 산천에 제사 지낼 때 소가 제물로 바쳐지는 것은 알지 못하는가? 소는 여러 해 동안 잘 사육되다가 화려한 비단옷을 입고 결국 제사의 희생물로 바쳐질 뿐이오. 이때 그 소가 작은 돼지가 되려고 한들 무슨 소용이겠소. 그대는 어서 이곳을 떠나 더 이상 내 인격을 욕되게 하지 마시오. 나는 더러운 시궁창에서 즐겁게 노닐지언정 제후들에게 얽매이지는 않을 것이오. 나는 평생토록 벼슬을 하지 않고, 내 마음 가는대로 즐겁게 살고 싶다오."

노자는 누구인가?

『사기』에 기술된 노자는 여러 명이지만 사료가 부족할 뿐만 아니라 노자는 은자였기 때문에 누가 노자인지는 정확하지 않다.

첫 번째 주장 : 초나라 고현 사람인 노담(老聃)으로 성은 이(李)씨이며, 이름은 이(耳)다. 주나라의 사관이고, 공자는 그에게 예에 대해 물었다.

두 번째 주장 : 초나라의 노래자이다. 도와 덕에 대해 논한 15편의 저서가 전해지고 있으며, 공자와 같은 시대의 인물이다.

세 번째 주장 : 주나라의 태사인 담(儋)이다. 진(秦)나라가 중국을 통일할 것이라고 예언한 공자 후대의 사람이다.

	작자	편목	한자 수	주요 사상	지위
『도덕경』	노자	81편	5천여 자	도, 자연, 무위, 양생(養生)	도가 학파의 대표작
		명언	道可道, 非常道도가도, 비상도 "도라고 할 수 있는 것은 이미 도가 아니다." (『도덕경』 1장) 上善若水상선약수 "가장 훌륭한 것은 물처럼 되는 것이다." (『도덕경』 8장) 道常無爲而無不爲도상무위이무불위 "도는 언제나 억지로 일을 하지 않는다." (『도덕경』 37장) 道生一, 一生二, 二生三, 三生萬物도생일, 일생이, 이생삼, 삼생만물 "도가 하나를 낳고, 하나가 둘을 낳고, 둘이 셋을 낳고, 셋이 만물을 낳는다." (『도덕경』 43장) 治大國若烹小鮮치대국약팽소선 "큰 나라를 다스리는 것은 작은 생선을 요리하는 것과 같다." (『도덕경』 60장) 聖人之道爲而不爭성인지도위이부쟁 "성인의 도는 일은 하되 겨루지는 않는다." (『도덕경』 81장)			

호접몽 - 장자가 나비의 꿈을 꾸다

장자의 호접몽(胡蝶夢) 이야기를 그린 그림이다. 자유로운 삶을 추구했던 장자의 인생관을 표현했다.

장자는 꿈속에서 나비를 보았다. 깨어나 보니 나비가 장자를 본 것인지, 장자가 나비를 본 것인지 알 수 없었다. 이것은 '만물이 모두 같다'는 그의 제물사상(齊物思想)*을 드러낸 것이자 그가 자유로운 삶을 추구했음을 알게 해준다. 때문에 장자는 초나라 왕이 재상으로 초빙했을 때, 그는 도리어 진흙탕에서 자유롭게 꼬리를 끌며 노니는 거북이처럼 살겠다고 했다.

『장자』 : 장자의 저작으로 「내편」, 「외편」, 「잡편」의 세 부분으로 구성되어 있으며, 모두 30편이다. 자유로운 삶, 제물 등이 주요 사상이며 문체가 아름답다. 후대의 낭만주의 문학에 큰 영향을 미쳤다.

---

* 만물은 하나이고, 차별이 없이 평등하고, 생사도 하나이며, 꿈과 현실도 하나라는 사상이다.

05 | 법가의 집대성자
한비

>>> 한비는 춘추전국 시대에 법가의 '법法·세勢·술術'을 종합한 집대성자이다. 그의 사상은 진시황이 천하통일의 대업을 이루는 데 중추적인 역할을 했다.

울분을 참아내고 저술에 몰두하다

한비(韓非)는 한(韓)나라의 귀족으로 형명(刑名: 명名은 법령이고, 신상필벌信賞必罰은 형刑임)과 법술(法術: 법률로써 나라를 다스림)에 관한 학문을 좋아했다. 한비자의 학문적 계통은 황제(黃帝)와 노자를 따르는 황로사상(黃老思想)*에 근원을 두고 있다.

한비는 날 때부터 말더듬이여서 유세에는 서툴렀지만 저술에는 뛰어난 재능을 발휘했다. 그는 이사와 함께 순자(荀子)에게 학문을 배웠는데, 이사는 자신이 한비에 미치지 못한다고 스스로 인정했다. 당시 한나라는 나날이 쇠약해지고 있었기 때문에, 한비는 한나라 왕에게 여러 차례 글을 올려 간언을 했다. 하지만 한나라 왕은 한비의 의견을 받아들이지 않았다. 한비는 한나라 왕이 나라를 다스리는데 법과 제도를 중시하지 않고 권세를 이용해 신하를 다스리지 못하며, 나라의 부국강병과 어진 사람을 등용하는 일에 힘쓰지 않고, 도리어 큰소리나 치는 쓸모없는 소인배 유세가(유학자)들만 등용하는 것에 대해 통탄했다.

한비는 유학자들이 경전과 글로써 나라의 법을 어지럽히고, 무사들은 항상 무력으로 나라의 법령을 어기고 있다고 생각했다. 군주는 나라가 편안해 법이 관용적

---

* 중국의 도가사상에서 유래하며, 고대 중국 오제 시대의 제왕 황제와 도가사상의 시조로 일컬어지는 노자를 연계시킨 사상이다. 한(漢)나라 초기에는 국가를 다스리는 통치사상으로서 황제를 비롯한 정치가들 사이에 유행했다.

한비와 법가

법가는 춘추전국 시대에 활약했던 수많은 학파 중의 한 유파다. 당시 수많은 제후국들이 법가에 의지해 강성해졌다. 전국 시대 후기의 한비자는 다양한 법가사상을 하나로 모아 법가의 집대성자가 되었다.

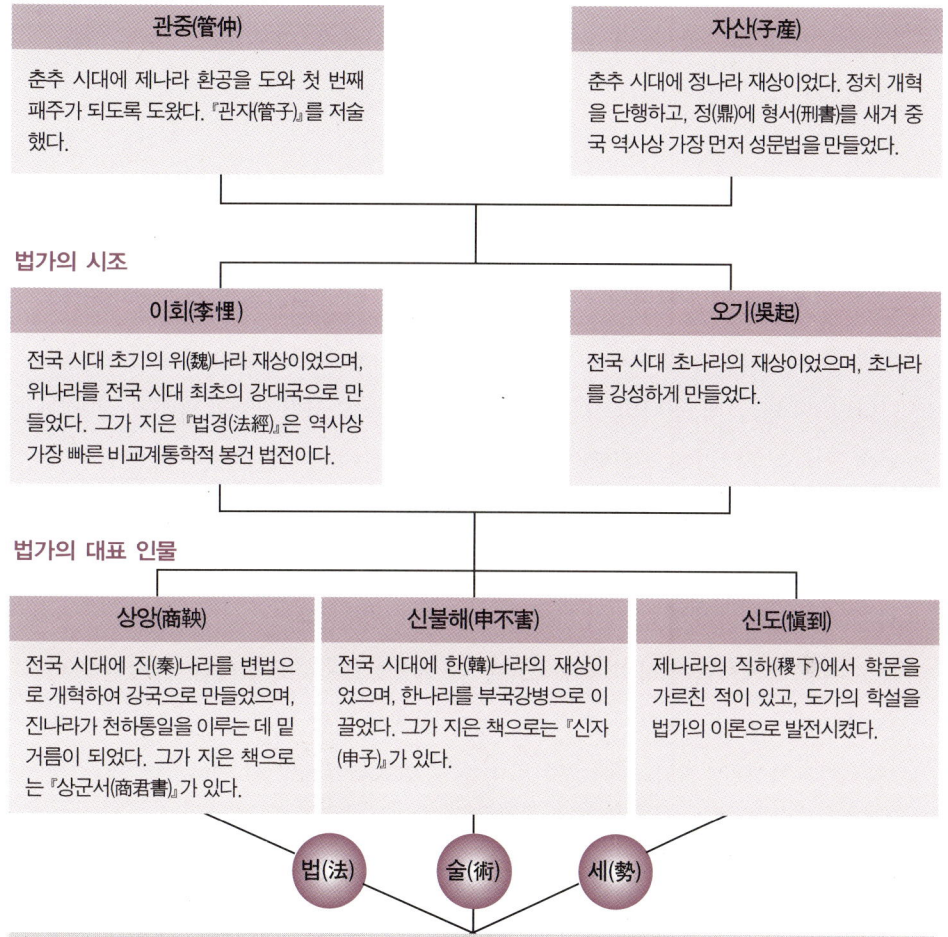

법가의 선구자

관중(管仲)
춘추 시대에 제나라 환공을 도와 첫 번째 패주가 되도록 도왔다. 『관자(管子)』를 저술했다.

자산(子産)
춘추 시대에 정나라 재상이었다. 정치 개혁을 단행하고, 정(鼎)에 형서(刑書)를 새겨 중국 역사상 가장 먼저 성문법을 만들었다.

법가의 시조

이회(李悝)
전국 시대 초기의 위(魏)나라 재상이었으며, 위나라를 전국 시대 최초의 강대국으로 만들었다. 그가 지은 『법경(法經)』은 역사상 가장 빠른 비교계통학적 봉건 법전이다.

오기(吳起)
전국 시대 초나라의 재상이었으며, 초나라를 강성하게 만들었다.

법가의 대표 인물

상앙(商鞅)
전국 시대에 진(秦)나라를 변법으로 개혁하여 강국으로 만들었으며, 진나라가 천하통일을 이루는 데 밑거름이 되었다. 그가 지은 책으로는 『상군서(商君書)』가 있다.

신불해(申不害)
전국 시대에 한(韓)나라의 재상이었으며, 한나라를 부국강병으로 이끌었다. 그가 지은 책으로는 『신자(申子)』가 있다.

신도(慎到)
제나라의 직하(稷下)에서 학문을 가르친 적이 있고, 도가의 학설을 법가의 이론으로 발전시켰다.

법(法)　술(術)　세(勢)

법가의 집대성자 : 한비는 상앙이 중시한 법률과 규장제도(規章制度)로서의 '법(法)', 신도가 중시한 권력과 위세로서의 '세(勢)', 신불해가 중시한 권모술수로서의 '술(術)'을 종합하여 『한비자』를 지었다. 총 20권, 55편이다. 그 중 「해로(解老)」, 「유로(喩老)」 편은 노자에 관한 최초의 주석서이자 해석서이다. 또한 한비는 「세난(說難)」, 「고분(孤憤)」 등과 같은 뛰어난 명문 외에도 다음과 같은 우언(寓言)을 남겼다.
'모순(矛盾)', '수주대토(守株待兎 : 나무 그루터기를 지키며 토끼를 기다린다는 뜻으로, 요행을 바라는 어리석음을 이르는 말)' 등의 우언(寓言)을 남겼다. '휘질기의(諱疾忌醫 : 병을 감추고 치료를 꺼린다, 즉 자신의 결점을 덮고 고치려 하지 않는 것)', '남우충수(濫竽充數 : 재능이 없으면서 끼어들어 머리 숫자만 채우는 것)', '노마식도(老馬識途 : 늙은 말이 길을 안다, 즉 경험이 많으면 일에 능숙하다는 뜻)' 등

일 때 이름이 있는 유학자들을 총애하고, 나라가 위급해 법이 엄해질 때는 갑옷을 입고 투구를 쓴 무사들을 등용해야 한다고 주장했다. 하지만 당시 한나라에서는 녹을 주어 기르는 사람은 위급할 때 쓸 수가 없고, 위급할 때 쓰인 사람은 녹을 주어 기르던 자가 아니었다. 한비는 청렴하고 강직한 사람이 사악한 권신들에게 배척당하는 것을 탄식하며, 예로부터 정치의 성패와 득실을 따져 「고분(孤憤)」, 「오두(五蠹)」, 「내외저(內外儲)」, 「세림(說林)」, 「세난(說難)」 편 등 10만 여 자에 이르는 글을 지었다.

동문수학했던 이사의 질투

한비가 지은 책이 진(秦)나라에 전해진 후 진나라 왕(진시황)은 「고분」, 「오두」 편에 실린 글을 읽고 감탄하면서 "과인이 이 글을 지은 사람과 교류할 수 있다면 지금 죽어도 여한이 없겠구나!"라고 말했다. 당시에 한비의 동창생인 이사는 진나라의 신하였는데, 한나라 사람인 한비가 이 글을 쓴 사람이라고 말하자 진나라 왕은 곧바로 한나라를 공격했다. 한나라 왕은 처음에 한비를 중용하지 않았지만 사태가 급박해지자 한비를 사신으로 임명하여 진나라에 파견했다. 진시황은 한비를 만난 후 크게 기뻐하였다. 이사와 요고(姚賈)는 진나라 왕이 한비를 중용할까 두려워한 나머지 왕 앞에서 한비를 헐뜯으며 비방했다.

"지금 왕께서는 천하의 제후국들을 진나라에 합치려고 합니다. 하지만 한비는 한나라의 공자(公子)로서 오직 한나라를 위해서 일할 뿐, 결코 진나라를 위해서는 일하지 않을 것입니다. 만약 한비를 중용하시면 반드시 진나라에 해가 될 것입니다. 따라서 그에게 죄를 물어 죽이는 게 좋을 것입니다."

진나라 왕은 이사의 말이 옳다고 생각하여 한비를 진나라 법에 따라 처리하도록 명했다. 하지만 이사는 사람을 시켜 독약을 보내 한비에게 스스로 목숨을 끊도록 했다. 한비는 직접 진나라 왕을 만날 수 있도록 요청했지만 도저히 만날 수가 없었다. 나중에 진나라 왕이 자신의 결정을 후회하고 사람을 보내 한비를 놓아주게 하였으나 한비는 이미 세상을 하직한 뒤였다.

한비 외에도 한나라의 재상이던 신불해(申不害, ?~기원전 337년)도 법가의 대표적인 인물로 『신자(申子)』를 저술했다.

06 | 병법을 완성한 병가의 시조
손무

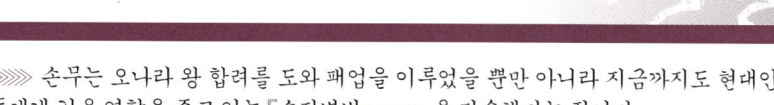

≫≫ 손무는 오나라 왕 합려를 도와 패업을 이루었을 뿐만 아니라 지금까지도 현대인들에게 깊은 영향을 주고 있는『손자병법孫子兵法』을 저술했다는 점이다.

궁녀들을 훈련시키다

손자의 이름은 무(武)다. 제나라 사람으로 자신이 쓴 병법서를 오나라 왕 합려에게 바쳤고, 그것을 본 합려는 손자의 능력을 높이 평가해 입궁시켰다.『손자병법』의 이론을 검증하기 위해 합려는 손자로 하여금 180명의 궁녀들을 현장에서 훈련시키도록 명했다.

손자는 궁녀들을 두 편으로 나누고, 합려가 가장 총애하는 시첩 두 명을 각 편의 대장으로 삼았다. 그리고 모든 궁녀들에게 창을 나누어 준 다음 명령을 내렸다. 손자가 북을 치며 오른쪽으로 향하도록 명을 내렸지만, 궁녀들은 아랑곳하지 않고 큰 소리로 웃으며 대열에서 이탈해 제각각으로 행동했다. 손자는 여러 번 군령을 반복해서 내렸지만, 궁녀들은 역시 듣지 않고 제멋대로 행동할 뿐이었다. 이 광경을 지켜보던 손자는 군령을 어기는 것은 군사들의 죄라며 두 명의 대장을 곧바로 참수하려고 했다.

손자가 자신의 애첩들을 참수하려는 것을 보고 크게 놀란 합려는 급히 손자에게 훈련을 중지하라고 일렀다. 하지만 손자는 장수가 군중에 있을 때는 임금의 명이 있더라도 받들지 않는 경우가 있다며, 결국 두 대장의 목을 베고 본보기로 삼았다. 그리고 다시 북을 울려 명을 내리자 궁녀들이 오른쪽, 왼쪽으로 군령에 따라 정확하게 움직였다. 궁녀들 중 그 누구도 다시는 감히 웃으며 희희낙락하지 않았다. 합려는 손자가 과연 뛰어난 용병술을 지녔다는 것을 인정하고 장군으로 삼았다.

『손자병법』을 완성하다

손자는 장군에 봉해진 후 오나라 왕 합려를 도와 강대국인 서쪽의 초나라를 물리치고, 북쪽으로는 제나라와 진(晉)나라에 위엄을 떨쳐 제후들 사이에 그 명성을 크게 드높였다. 공을 세우고 난 후 손자는 관직에서 물러나 은거생활에 들어갔다. 이후 손자는 자신의 병법을 기초로 삼고, 거기에 오나라에서 쌓은 전쟁 경험을 보태어 『손자병법』 13편을 완성했다.

손자는 5천 여 자로 저술된 『손자병법』에 완벽한 군사전략의 체계를 이루어냈다. 그는 전쟁의 승패는 운이 아니라 정치의 안정, 경제 발전, 외교술, 군사력, 자연 조건 등의 요소가 서로 연계되어 있기 때문에, 전쟁의 승부를 예측하는 것은 그러한 조건들을 분석하는 것에 달려 있다고 주장했다. 또한 그는 전쟁 중에는 적극적으로 좋은 조건을 만들어냄으로써, 전황을 자신에게 유리한 방향으로 이끄는 주관적 능동성을 발휘하는 것도 중요하다고 강조했다.

춘추 시대 말기에는 공자와 노자에 비견될 정도로 손자의 사상과 학문성은 많은 사람들에게 널리 알려졌다. 따라서 『손자병법』은 병법서인 동시에 철학서라고 할 수 있다. 오늘날에도 손자의 병법은 군사 분야는 물론 사회 각 분야에 깊은 영향을 미치고 있다.

13편으로 구성된 『손자병법』

오나라 왕 합려는 손자의 도움을 받아 강대국인 초나라를 물리치고 제후들 중의 으뜸이라는 패자의 칭호를 얻었다. 하지만 중요한 것은 오늘날까지 전해지는 『손자병법』을 손자가 지었다는 점이다.

계편(計篇): 승패를 결정하는 다섯 가지 기본 요소
작전편(作戰篇): 전략의 방향에 따라 작전을 적용
모공편(謀攻篇): 군사적 공격 책략 이론

형편(形篇): 군사적 형세 및 그 외의 군형 변화
세편(勢篇): 군사 지휘학 개설
허실편(虛實篇): 전쟁 중에 허와 실을 결합하는 방법

군쟁편(軍爭篇): 전쟁에서 주도권을 얻는 방법
구변편(九變篇): 민첩하고 융통성이 있는 전쟁 지도론
행군편(行軍篇): 군대의 이동 및 행군 방법
지형편(地形篇): 지형 활용법

구지편(九地篇): 지형과 환경을 이용하는 방법
화공편(火攻篇): 화공으로 승리를 얻는 방법
용간편(用間篇): 간자를 이용해 군사 정보를 얻는 방법

『손자병법』의 영향

『손자병법』은 세상에 공개된 이후 군사 분야뿐만 아니라 수학, 바둑, 경제학 등 다방면에 깊은 영향을 미쳤다.

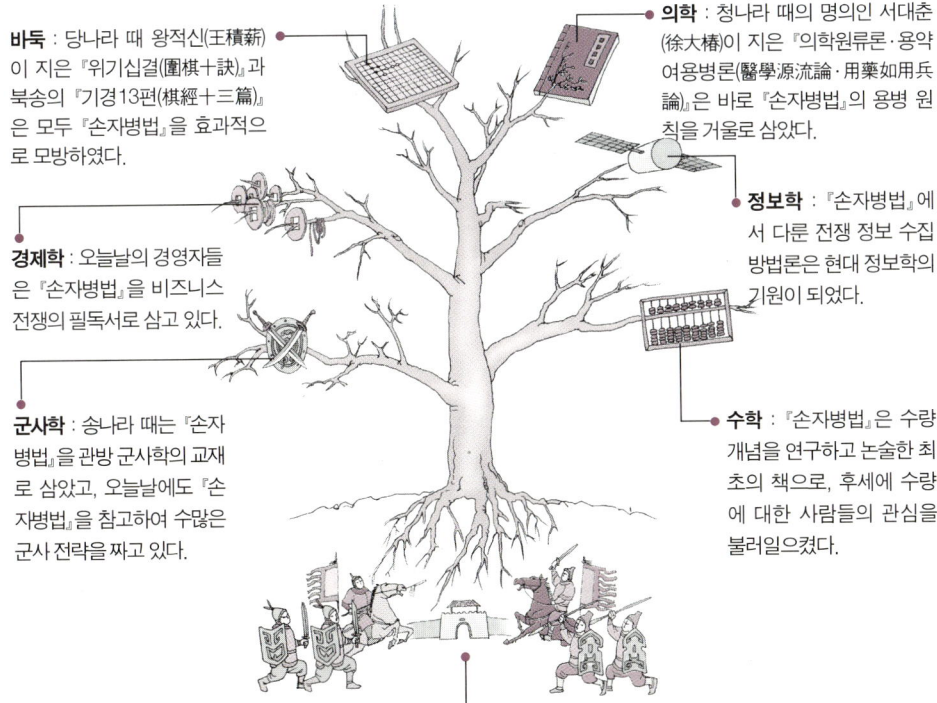

바둑: 당나라 때 왕적신(王積薪)이 지은 『위기십결(圍棋十訣)』과 북송의 『기경13편(棋經十三篇)』은 모두 『손자병법』을 효과적으로 모방하였다.

의학: 청나라 때의 명의인 서대춘(徐大椿)이 지은 『의학원류론·용약여용병론(醫學源流論·用藥如用兵論)』은 바로 『손자병법』의 용병 원칙을 거울로 삼았다.

경제학: 오늘날의 경영자들은 『손자병법』을 비즈니스 전쟁의 필독서로 삼고 있다.

정보학: 『손자병법』에서 다룬 전쟁 정보 수집 방법론은 현대 정보학의 기원이 되었다.

군사학: 송나라 때는 『손자병법』을 관방 군사학의 교재로 삼았고, 오늘날에도 『손자병법』을 참고하여 수많은 군사 전략을 짜고 있다.

수학: 『손자병법』은 수량 개념을 연구하고 논술한 최초의 책으로, 후세에 수량에 대한 사람들의 관심을 불러일으켰다.

『손자병법』은 병법 자체에만 그치지 않는다. 그 속에 담긴 정신의 핵심은 인류 문명의 많은 영역에서 뛰어난 업적을 유도해냈다.

07 동문수학한 방연과 지모를 겨루다
손빈

>>> 손빈은 전국 시대의 유명한 군사가이자 병가의 대표적인 인물이다. 그는 위魏나라를 포위해 조나라와 한韓나라를 구한 계릉전투와 마릉전투에서 자신의 병법이 뛰어났음을 증명했다. 그가 쓴『손빈병법孫臏兵法』은 병가의 필독서다.

전기의 말 경주

손자가 세상을 떠나고 100년이 지나자 손자의 후대라고 전해지는 병법가 손빈(孫臏)이 등장했다. 손빈은 제나라 사람으로, 일찍이 귀곡자(鬼谷子) 문하에서 방연과 더불어 병학을 배웠다. 훗날 방연은 위나라 혜왕에게 신임을 얻어 위나라에서 고관대작이 되었다. 하지만 방연은 자신의 재능이 손빈에게 미치지 못한다는 것을 알고 후환을 없애기 위해 몰래 사람을 보내 손빈을 위나라로 불렀다. 그런 다음 죄를 뒤집어씌워 법에 따라 손빈의 두 다리를 자르고, 얼굴에 글자를 새겨 손빈이 영원히 벼슬을 하지 못하도록 만들었다. 방연은 이리하면 세상에서 자신과 견줄만한 경쟁자가 없을 것이라고 생각했다.

훗날 제나라의 사신이 위나라에 이르러, 손빈이 인재라는 것을 알고 몰래 그를 제나라로 피신시켰다. 제나라 장군 전기(田忌)는 손빈의 재능을 알아보고 빈객으로 우대하였다. 손빈은 그 은혜를 갚고자 전기가 제나라 공자들과 말 경주를 할 때 내기에서 이기도록 도와주었다. 손빈은 전기의 하급 말을 상대편의 상급 말과 겨루게 하고, 상급 말은 상대편의 중급 말과, 중급 말은 상대편의 하급 말과 겨루게 했다. 전기는 첫 번째 경주에서는 지고, 두 번째와 세 번째 경주에서 이겨 엄청난 돈을 따냈다. 훗날 전기는 손빈을 제나라 위왕에게 천거했다. 위왕은 손빈에게 병법을 묻고는 군사(軍師)로 삼았다.

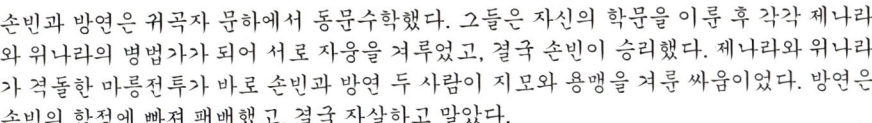

손빈과 방연

손빈과 방연은 귀곡자 문하에서 동문수학했다. 그들은 자신의 학문을 이룬 후 각각 제나라와 위나라의 병법가가 되어 서로 자웅을 겨루었고, 결국 손빈이 승리했다. 제나라와 위나라가 격돌한 마릉전투가 바로 손빈과 방연 두 사람이 지모와 용맹을 겨룬 싸움이었다. 방연은 손빈의 함정에 빠져 패배했고, 결국 자살하고 말았다.

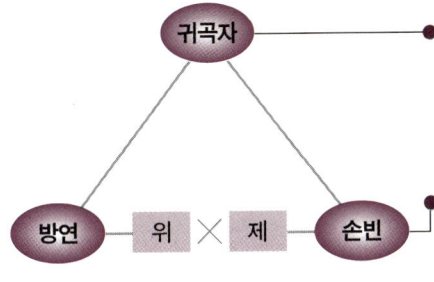

● **귀곡자** : 성은 왕(王), 이름은 후(詡)다. 운몽산(雲夢山)의 푸른 계곡인 귀곡(鬼谷)에 은거하여 '귀곡선생'이라는 이름을 얻었으며, 종횡가의 시조였다. 소진과 장의, 손빈과 방연 등이 그의 제자였다. 저서로는 『귀곡자(鬼谷子)』가 있는데, 전술을 주로 다루었다.

● **『손빈병법』** : 『제손자(齊孫子)』라고 불리어 『손자병법』과 구별한다. 동한(東漢) 시기에 유실된 것으로 전해졌으나 1972년, 산동성 은작산(銀雀山) 한묘(漢墓)에서 『손빈병법』 죽간이 발굴되어 16편으로 정리되었다. 주요 편목으로는 「금방연(擒龐涓)」, 「견위왕(見威王)」, 「위왕문(威王問)」 등이다.

손빈

방연과 지모를 겨루다 : 방연은 손빈을 속여 제나라에 오게 한 다음, 손빈의 두 다리를 자르고 얼굴에 글자를 새겼다. 훗날 손빈은 제나라로 가 군사가 되었고, 계릉과 마릉에서 위나라의 군사인 방연과 대적해 대승함으로써 방연을 자살하게 했다.

마릉전투

제나라와 위(魏)나라는 마릉에서 큰 싸움을 벌였는데, 손빈에게 패배한 위나라의 방연은 스스로 목숨을 끊었다.

마릉전투 상황도

마릉전투 전개 과정
① 기원전 341년, 위나라 혜왕은 방연을 보내 한나라를 공격했다. 방연이 한나라 수도 신정(新鄭 : 하남성 중부)을 포위하자 한나라 소후(昭侯)는 제나라에 구원을 요청했다.
② 제나라 위왕은 전기를 장군, 손빈을 군사로 삼아 위나라를 공격하고, 외황(外黃 : 위나라 수도 대량 근처. 지금의 하남성 민권현民權縣 서북쪽)에 주둔했다.
③ 방연은 제나라가 위나라를 공격하자 황급히 회군하여 위나라를 위기에서 구했다. 위나라 혜왕은 방연을 보내 제나라와 일전을 치렀으나 계릉에서 대패하고 말았다.
④ 손빈은 욕금고종(欲擒故縱 : 큰 것을 잡기 위해 일부러 놓아줌)의 계책으로 제나라 군사들을 마릉 방향으로 후퇴시키면서 감조지계(減竈之計 : 아궁이를 줄이는 계략)로 방연을 속였다. 결국 좁은 길인데다 길 양쪽이 험한 산으로 가로막힌 마릉에 정예병을 매복해 두었다가 위나라 군을 대파했다.

위기에 빠진 조나라를 구하다

위(魏)나라가 조나라를 공격하자 조나라는 제나라에 구원을 요청했다. 이에 제나라 위왕은 전기를 장군에 임명하고, 손빈을 군사로 삼아 조나라를 구원하도록 했다. 전기는 곧장 조나라로 진격할 요량이었지만, 손빈은 그에게 곧바로 위나라를 공격하도록 권했다. 위나라는 조나라를 공격하기 위해 정예 군사들을 선발해 조나라로 출병했을 것이고, 위나라에는 틀림없이 허약한 군사들만 남아 있을 것이기 때문이었다. 이 허점을 파고들어 위나라 수도 대량(大梁 : 하남성 개봉시開封市 서북쪽)을 공격한다면, 틀림없이 위나라는 수도를 방어하기 위해 철군할 것이라는 계략이었다. 이렇게 하면 제나라가 한 번 움직임으로 해서 조나라의 포위망을 푸는 동시에 위나라와의 전투에서 승리할 수 있다는 생각이었다. 전기 장군이 손빈의 계책대로 하자 과연 위나라 군은 조나라 수도 한단(邯鄲 : 하북성 한단시)에서 물러났다. 또한 전기가 이끄는 제나라 군은 계릉에서 위나라 군을 격파했다.

마릉전투에서 방연을 패배시키다

훗날 위나라가 조나라와 함께 한(韓)나라를 공격하자 한나라는 제나라에 도움을 청했다. 손빈은 우선 한나라에 지원군을 보내겠다는 소식을 전하여 한나라 군의 사기를 높여 주었다. 그리고는 위나라와 한나라 양측의 힘이 소진된 후에 출병하여 한나라를 구하고자 했다. 제나라 위왕은 손빈의 의견을 받아들여 그대로 하자 과연 큰 효과를 보았다. 한나라가 더 이상 버틸 수 없을 때 전기와 손빈은 군사를 이끌고 위나라 수도 대량으로 곧장 쳐들어갔다. 이 소식을 들은 방연은 한나라에 대한 공격을 중지하고 황급히 회군하여 제나라 군과 대적할 수밖에 없었다.

손빈은 우선 첫날에는 10만 개의 부뚜막을 만들게 하고, 다음날에는 5만 개, 그 다음 날에는 3만 개를 만드는 병증감조(兵增減竈)의 전술을 사용했다. 이 전략은 마치 전투에 패해 황급히 도망가는 척하여 위나라 군을 혼란에 빠뜨리기 위함이었다. 마침내 마릉에 매복시켜 두었던 제나라의 정예군은 자만심에 빠진 채 추격해 오는 위나라 군을 대파했다. 방연은 자신의 계책이 짧았다는 것을 알고 위나라로 돌아갈 염치가 서지 않아 스스로 검을 뽑아 자결하고 말았다. 이리하여 손빈은 자신의 명성을 천하에 떨쳤고, 그가 쓴 『손빈병법』은 후세에 길이 전해졌다.

08 밖에서는 장군, 안에서는 재상
오기

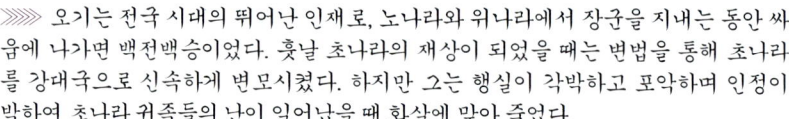

>>> 오기는 전국 시대의 뛰어난 인재로, 노나라와 위나라에서 장군을 지내는 동안 싸움에 나가면 백전백승이었다. 훗날 초나라의 재상이 되었을 때는 변법을 통해 초나라를 강대국으로 신속하게 변모시켰다. 하지만 그는 행실이 각박하고 포악하며 인정이 박하여 초나라 귀족들의 난이 일어났을 때 화살에 맞아 죽었다.

아내를 장군의 자리와 맞바꾼 남자

오기(吳起)는 위(衛)나라 사람으로 일찍이 노나라에서 공자의 제자인 증자(曾子)에게서 가르침을 받았고, 훗날 노나라의 군주를 섬겼다. 제나라가 노나라를 공격하자 노나라 군주는 오기를 장군으로 임명하려 했으나 오기의 아내가 제나라 사람이었기 때문에 의심을 품고 그를 신임하지 않았다. 그때 오기는 공명을 얻기 위해 자신의 아내를 죽이고, 자신은 제나라 편이 아님을 분명히 했다. 마침내 노나라 군주는 그를 장군으로 임명했고, 오기는 제나라 군을 크게 무찔렀다. 이 일로 오기의 권력이 커지자 노나라 사람들이 오기를 비난하기 시작했다. 훗날 노나라 군주는 오기를 의심하여 내치고 말았다.

위나라의 장군이 되다

오기는 노나라를 떠난 후 위(魏)나라 문후가 현명하다는 소리를 듣고 위나라로 갔다. 문후는 오기가 병사를 다루는 일에 능통할 뿐만 아니라 청렴결백하고 공평무사하여 군사들의 신임을 얻자 곧바로 서하(西河)의 태수로 임명해 진(秦)나라와 한(韓)나라에 맞서도록 했다. 기원전 389년에 진나라와 위나라가 음진(陰晉 : 섬서성 화음현華陰縣 동쪽)에서 전투를 벌일 때 오기는 5만의 위나라 군사로 10배에 달하는 진나라 군을 격파했다. 오기는 적은 군사로 중과부적의 대군과 싸워 이긴

밖에서는 장군, 안에서는 재상인 문무 겸장의 기재

전국 시대 초기에 오기는 병법가였을 뿐만 아니라 정치가이기도 했던 문무 겸장의 다재다능한 인재였다.

오기(吳起)

병법에 탁월한 재능이 있어 손자에 비견된다. 세칭 '손오(孫吳)'라고도 했으며, '오자'와 '손자'를 합쳐 『손오병법(孫吳兵法)』이라고도 한다.

오기(기원전 440년 ~ 기원전 381년) : 위(衛)나라 좌씨(左氏 : 산동성 정도현 정도陶縣, 일설에는 조현曹縣 동북쪽) 사람이다. 전국 시대 초기의 저명한 정치 개혁가이자 탁월한 병법가, 장군, 군사 이론가, 군사 개혁가였다.

정치적 재능은 상앙에 비견되며, 법가의 개창자이다.

장군

재상

노나라
노나라 목공 때 노나라 군을 이끌고 제나라를 격파했지만, 장군이 되기 위해 아내를 죽인 탓에 목공에게서 버림을 당했다.

위나라
위나라 문후는 오기가 군사를 부리는 데 뛰어나다는 소리를 듣고, 곧바로 그를 장군으로 임명해 진(秦)나라를 공격하도록 했다. 서하전투에서 진나라의 서하 지역을 점령하고, 음진전투에서는 5만의 병사로 10배에 달하는 진나라 군을 격파했다. 그 결과 위나라는 전국 시대 초기의 강대국이 될 수 있었지만, 훗날 오기는 문후의 뒤를 이은 무후의 의심을 사 초나라로 갔다.

초나라
초나라 도왕은 오기를 초나라의 재상으로 임명했고, 오기는 변법을 시행해 국가를 개혁함으로써 단기간에 초나라를 부강한 국가로 만들었다. 얼마 지나지 않아 초나라는 남쪽으로는 백월을 평정하고, 북쪽으로는 채와 진을 병합하고 삼진을 격퇴했으며, 서쪽으로는 강대국인 진나라를 물리쳤다. 초나라가 강성해지자 제후국들은 두려움에 떨었다. 도왕이 죽은 후 오기는 개혁 반대파인 구 귀족들에 의해 죽임을 당했다.

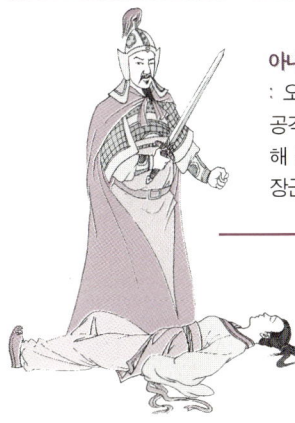

아내를 장군의 직책과 맞바꾸다 : 오기는 노나라에서 제나라를 공격할 선봉군의 장군이 되기 위해 제나라 사람인 아내를 죽여 장군이 되었다.

병졸을 위해 독을 빨다 : 오기는 위나라에서 군사들에 대한 인정이 깊어 군졸의 피부에 난 종기가 곪아 터지자 몸소 그 고름을 빨아주어 군사들에게 깊은 신망을 얻었다.

전적을 역사에 남겼다. 이로 인해 위나라는 전국 시대 초기에 최초의 강대국이 되었다.

위나라 문후가 죽은 후 오기는 문후의 아들인 무후(武侯)가 재위할 때도 계속 권세를 누리며 무후에게 덕정을 펼치도록 간언했다. 훗날 오기는 위나라 공주와의 결혼을 거절해 무후의 의심을 사게 되었고, 이 일로 화를 입을까 두려워 위나라를 떠나 초나라로 갔다.

초나라의 재상이 되다

초나라 도왕(悼王)은 평소 오기가 현명하고 유능하다는 소리를 듣고 있던 터라, 오기가 초나라에 오자마자 곧바로 재상에 임명했다. 오기는 초나라 재상에 오른 후 법령을 올바르게 고치고, 관제를 정비하는 등 나라를 부강하게 만들기 위해 개혁을 단행했다. 이러한 오기의 노력으로 초나라는 빠르게 강대국의 반열에 올라 남쪽으로는 백월(百越)을, 북쪽으로는 진(陳)과 채(蔡)를 병합하였고, 삼진(三晉)*을 격퇴하였으며, 서쪽으로는 강성한 진(秦)나라를 물리쳤다.

기원전 318년에 초나라는 위나라를 공격해 조나라를 구하고, 다시 한 번 황하에서 말에게 물을 먹일 수 있었다. 초나라 장왕(莊王) 때 국력을 다시 일으켜 세운 것이다. 이때가 바로 오기의 일생 중에서 가장 휘황찬란한 시기였다. 초나라 도왕이 죽자 오기의 변법으로 공격을 받은 구 귀족들이 난을 일으켜 오기를 죽이려고 했다. 사태가 긴박하게 돌아가자 오기는 황급히 왕궁으로 달아나 도왕의 시신 위에 엎어졌다. 분노한 귀족들이 앞뒤를 가리지 않고 화살을 쏘아 오기를 죽이자 도왕의 시체에도 무수히 많은 화살이 꽂혔다.

오기는 『오기병법(吳起兵法)』을 지었는데, 『오자(吳子)』라고도 부른다. 기본적으로 손자의 병법 이론을 계승했지만, 새로운 견해가 많아 후세 병법가들의 필독서가 되었다.

---

* 한(韓), 위(魏), 조(趙)를 가리키는 데, 여기서는 한과 위 두 나라를 말함.

09 복수의 인생을 살다
오자서

>>> 오자서는 가슴에 원한이 가득 차 있었기 때문에 비극적인 삶을 산 인물이다. 그의 원한은 오나라를 도와 초나라를 멸망시키고, 초나라 평왕平王의 시체에 채찍질을 하게 만들었다. 하지만 오나라 공신이 최후에 얻은 것은 스스로 목숨을 끊도록 만든 한 자루의 촉루검屬鏤劍이었다.

구사일생으로 살아나다

오자서는 춘추 시대의 초나라 사람으로, 이름은 운(員)이다. 그의 선조인 오거(伍擧)는 일찍이 초나라 장왕을 직언으로 보필했기 때문에 그의 후손들은 초나라에서 지위가 높고 귀한 신분이었다. 초나라 평왕 때 오자서의 부친인 오사(伍奢)는 태자 건(建)의 태부(太傅)였다. 평왕은 일찍이 태자 건의 아내를 빼앗은 적이 있었기 때문에, 태자 건과 사이가 좋지 않았다. 오사는 간언을 하다 평왕에게 죄를 짓고 말았다. 화가 난 평왕이 오사와 그의 큰아들인 오상(伍尙)을 죽이자 오자서는 초나라에서 탈출하는 수밖에 없었다. 오자서는 송나라, 정나라를 거쳐 구사일생으로 오나라에 닿게 되었다.

시체에 채찍질을 가하여 복수하다

오나라에 도착한 오자서는 공자 광(光)을 도와 오나라 왕 요(僚)를 시해한 후 광이 오나라 왕에 오르도록 했는데, 공자 광이 바로 오나라 왕 합려다. 이어서 오자서는 손자의 도움을 받아 합려가 초나라를 공격하도록 했다. 결국 오나라 군은 초나라 군을 격파하고 도성이 있는 영(郢 : 호북성湖北省 강릉현江陵縣)에 입성했다. 하지만 초나라의 평왕은 이미 죽었고, 그의 아들인 소왕(昭王)은 도망친 후였다. 오자서는 소왕의 행방을 찾아 수소문했지만 결국 찾지 못하자 평왕의 분묘를 파헤치고 그의 시체를 꺼내 채찍으로 삼백 번을 내리쳤다.

오자서의 옛 친구인 신포서(申包胥)는 오자서의 짓이 너무 지나치다고 질책했지만, 오자서는 그 자신이야말로 머지않아 지고 마는 태양처럼 언제 죽을지 몰랐고, 왜 굳이 윤리에 따라 모든 일을 처리해야 하는 지도 전혀 몰랐다. 훗날 신포서는 진나라로 가 초나라를 도와주도록 요청했고, 진나라는 군사를 보내 오나라를 공격했다. 때마침 설상가상으로 오나라에 내란이 일어나자 초나라 소왕은 오나라를 물리치고 가까스로 멸망의 문턱에서 벗어날 수 있었다.

스스로 자결해 강에 버려지다

훗날 오나라 왕 합려는 월나라를 공격하다 부상을 입어 죽고 말았다. 오자서는 다시 한 번 합려의 아들인 부차를 도와 월나라를 공격했다. 월나라 왕 구천이 사신을 보내 화해를 청하자 오자서는 부차에게 구천을 죽이라고 간언했지만, 부차는 그의 청을 듣지 않고 월나라와 강화를 맺었다. 부차는 월나라를 물리친 후 곧바로 북상하여 패권을 차지하고 싶었다. 오자서는 패권을 잡기에는 아직 시기상조라고 간언했지만, 부차는 그의 의견을 무시했다. 나중에 오자서는 제나라에 사신으로 갔을 때 아들을 제나라의 포씨(鮑氏)에게 맡겼는데, 이를 오나라 태재 백비가 부차에게 알렸다. 백비의 말을 들은 부차는 사람을 보내 오자서에게 촉루검*을 내려 스스로 자결하도록 했다.

이때 오자서는 하늘을 우러러 탄식하며, 소인의 말을 믿고 원수를 은혜로 갚는 부차를 원망했다. 가신들에게 그의 분묘에 가래나무를 심어 왕의 관을 짤 목재로 쓰게 하고, 자신의 눈을 빼내 동문(東門)에 매달아 월나라의 공격으로 오나라가 망하는 모습을 똑똑히 볼 수 있도록 한 후 스스로 목을 베어 죽었다. 부차는 이 말을 듣고 크게 노하여 오자서의 시체를 말가죽 자루에 담아 강물에 던져버렸다. 오자서를 동정한 오나라 사람들은 강변에 사당을 세우고 '서산(胥山)'이라 불렀다.

---

* 춘추전국 시대 오나라 왕 부차가 오자서에게 하사하며 자결을 명했던 검. 어장검으로 유명한 구야자(歐冶子)가 제작한 검 중 하나다.

원한에 살다 간 오자서의 일생

오자서의 인생 전반부는 가문의 원수를 갚기 위해 오나라를 도와 초나라를 정벌하는 것이었고, 마침내 성공했다. 오자서는 남은 여생을 오나라가 제후국들 중에 패권을 차지하도록 견마지로했지만, 결국에는 부차가 내린 촉루검으로 자결하고 말았다.

초나라 → 초나라 평왕은 태자 건을 죽이지 말라는 오자서의 아버지 오사를 죽음으로 내몰고, 오자서의 형인 오상까지 죽였다. 오자서는 송나라에 태자 건이 있다는 소식을 듣고 송나라로 도망갔다.

송나라 → 오자서가 송나라에 이르렀을 때 공교롭게도 화씨(華氏)의 난이 일어나 태자 건과 함께 정나라로 피신했다.

정나라 → 정나라는 오자서와 태자 건을 보살폈지만 태자 건은 진(晉)나라로 갔다. 진나라가 태자 건과 함께 정나라를 멸망시키려고 태자 건을 정나라로 보냈다. 하지만 사전에 계획이 누설되어 정나라 정공(定公)과 자산(子産)은 태자 건을 죽이고 말았다. 오자서는 태자 건의 아들인 승(勝)을 데리고 오나라로 피신했다.

오나라 → 오나라에 이른 오자서는 공자 광을 도와 오나라 왕 요를 살해하고 공자 광(합려)을 오나라 왕으로 옹립했다.

초나라 → 오나라 왕 합려는 오자서와 손자의 보좌를 받아 초나라의 수도 영을 함락시켰다. 오자서는 초나라 평왕의 묘를 파헤쳐 시체에 삼백 번의 채찍질을 가하는 것으로 집안의 원수를 갚았다.

오나라 → 오나라 왕 합려는 월나라를 공격하다 부상을 입어 죽고 말았다. 오자서는 합려의 아들인 오나라 왕 부차를 도와 월나라를 공격했다. 부차는 월나라 왕 구천을 죽여야 하며, 북상하여 패권을 다투지 말아야 한다고 간언했지만 부차는 오자서의 말을 듣지 않았다. 결국 오자서는 부차가 내린 촉루검으로 자결하고 말았다.

경극(京劇) 「문소관(文昭關)」

줄거리 : 춘추 시대에 오자서는 도망을 가 소관(昭關)에 이르렀지만, 이미 체포령이 내려져 그곳을 벗어날 수 없었다. 그는 7일 동안의 근심과 노심초사로 머리가 온통 백발로 변하고 말았다. 나중에 은사(隱士) 동고공(東皐公)과 그의 친구 황보눌(皇甫訥)의 도움으로 소관을 벗어날 수 있었다. 동고공은 황보눌을 오자서로 변신시켜 고의로 관아에 잡히게 했고, 그 틈을 타 오자서는 소관을 무사히 빠져나갈 수 있었다. 오자서는 초나라를 격파한 후 동고공을 찾았으나 그의 행방을 알 수 없었다.

경극의 원문 중 일부 :

"過了一天又一天, 心中好似滾油煎, 腰間空懸三尺劍, 不能報却父母冤."
과료일천우일천, 심중호사곤유전. 요간공현삼척검, 불능보각부모원.

"하루하루가 지날수록 마음은 고통으로 들끓었고, 허리에는 삼 척의 검을 찼지만 부모의 원통함을 풀 수가 없네."

10 변법의 달인 상앙

>>> 상앙의 변법은 진秦나라를 일약 강대국의 선두주자로 만들었고, 결국 천하통일을 이루게 했다. 하지만 상앙은 천성이 각박하고 박정하여 태자와 원한을 맺은 탓에 천수를 누리지 못한 채 오마분시五馬分屍*에 의해 죽고 말았다.

진나라 효공을 세 번 만나다

상앙은 위(衛)나라 왕의 여러 첩들이 낳은 서출 출신의 공자로, 성은 공손(公孫)이고 이름은 앙(鞅)이다. 그는 어려서부터 형명지학(刑名之學)**을 좋아했으며, 훗날 중서자(中庶子 : 대부 집안의 집사)로서 위(魏)나라 재상인 공숙좌(公叔座)를 섬겼다. 공숙좌는 위(魏)나라 혜왕에게 상앙을 천거하였으나 혜왕은 그를 중용하지 않았다.

공숙좌가 죽은 후 상앙은 진나라 효공이 인재를 찾는다는 소식을 듣고 진나라로 건너간 상앙은 효공의 총신인 경감(景監 : 경씨 성의 태감太監)에게 효공을 배알할 수 있도록 청했다. 상앙은 우선 효공에게 오제의 치국 방도에 대해 말했으나 효공은 졸며 잘 듣지 않았다. 상앙은 두 번째로 효공을 만나서 왕도(王道)***에 대해 흉금 없이 털어놓았지만, 역시나 효공은 마음에 들어 하지 않았다. 상앙이 세 번째로 효공을 만나서 춘추오패의 도를 논하자 그때서야 상앙과 의기투합한 효공은 상앙을 등용했다.

---

* 사람의 머리와 사지를 다섯 수레에 나누어 묶고, 다섯 필의 말이 끄는 수레로 하여금 끌어당겨 찢어 죽이는 형벌로, '거열형'이라고도 한다.
** 법가의 학문으로서 형벌 위주의 통치술을 말함.
*** 하나라 우왕, 상나라 탕왕, 주나라 문왕의 천하통일론을 말함.

상앙의 변법

상앙의 변법은 전국 시대에 가장 큰 효과를 본 개혁 수단이었다. 그의 변법을 통해 진나라는 강대국으로 올라섰고, 마침내 천하의 6국(六國: 연, 제, 한, 위, 조, 초)을 통일했다.

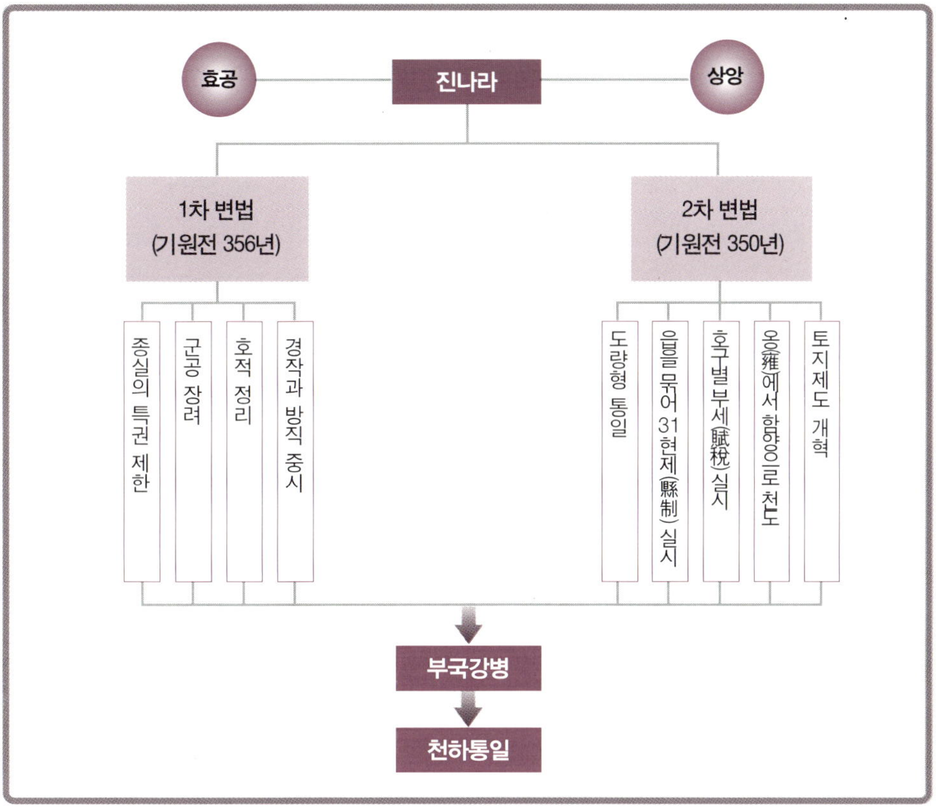

```
           효공 ─── 진나라 ─── 상앙
                      │
         ┌────────────┴────────────┐
      1차 변법                  2차 변법
    (기원전 356년)            (기원전 350년)
         │                         │
   ┌─┬─┬─┬─┐               ┌─┬─┬─┬─┐
   종 군 호 경               도 읍 호 옹 토
   실 공 적 작               량 을 구 雍 지
   의 장 정 과               형 묶 별 에 제
   특 려 리 방               통 어 부 서 도
   권       직               일 31 세 함 개
   제       중                  현 賦 양 혁
   한       시                  제 稅 으
                                縣 실 로
                                制 시 천
                                실    도
                                시
                      │
                    부국강병
                      │
                    천하통일
```

나무를 세워 믿음을 얻다

상앙이 진나라에서 첫 번째로 변법을 실시할 때 백성들이 자신을 믿어주지 않을까 걱정하여 법령을 공포하지 않았다. 그래서 수도의 저잣거리 남문에 삼 장(丈)이나 되는 나무를 세우고, 북문으로 그 나무를 옮기는 이에게 십 금(金)의 상금을 주겠다고 했다. 백성들은 이것을 이상히 여겨 아무도 옮기지 않았다. 상앙이 다시 상금을 오십 금으로 올리자 어떤 사람이 나무를 옮기고 상금을 받았다. 그러고 나서 새 법령을 공포하자 모든 사람이 법령을 철저하게 따랐다.

변법으로 진나라를 강성하게 만들다

진나라 효공은 상앙을 좌서장(左庶長)*에 임명하여 변법을 실행하도록 명했다. 변법은 주로 농업을 중시하고, 군사적 공적에 따라 신분 상승과 특권을 부여하는 군공(軍功) 제도를 장려했다. 상앙은 새로운 법이 실행될 수 있도록 하기 위해 도성 남문 밖에 나무를 세워 백성들로부터 믿음을 얻었다. 새로운 법이 시행된 지 일 년 만에 백성들은 모두 신법이 불편하다고 호소했다. 상앙은 이것이 귀족들의 방해 공작이라 생각했고, 나중에 태자가 법을 어기자 그의 스승인 공자 건(虔)과 공손고(公孫賈)를 처벌했다. 그리하여 신법 시행에 더욱더 박차를 가할 수 있게 되었고, 진나라는 빠르게 강대국으로 올라섰다. 이후 상앙은 진나라 군을 이끌고 위(魏)나라를 대파하여 위엄을 떨쳤다.

두 번째로 개혁을 단행할 때는 진나라 수도를 함양으로 옮기고 작은 향(鄕)과 여러 읍(邑)을 묶어 31현(縣) 제도를 시행했다. 황무지 개간을 장려하는 한편으로 부세(賦稅)를 공평하게 매겨 진나라의 부국강병을 앞당겼다. 그러자 주나라의 천자와 여러 제후들이 축하해 주었다. 훗날 상앙이 다시 위(魏)나라를 격파하고 하서(河西) 지역을 얻자 효공은 상앙에게 오(於)와 상(商 : 지금의 섬서성 상현商縣 지역) 등의 15개 읍을 하사하고, 그를 상군(商君 : 상 지역의 제후)이라 불렀다. 이때부터 '상앙'이라는 칭호로 불리어지기 시작했다.

오마분시의 거열형으로 죽음을 맞다

상앙의 변법 개혁은 확실하게 진나라를 강대국으로 만들었지만, 많은 귀족들에게 미움을 샀다. 선비 조량(趙良)이 상앙을 찾아가 이렇게 말했다. "당신은 비록 진나라를 강성하게 만들었지만, 인정을 배반하면서 권위를 세우고 법제를 바꾸었습니다. 게다가 태자에게 원한을 샀습니다. 지금 당신의 처지는 호위병이 없으면 감히 밖으로 나가지 못할 정도로 매우 위험합니다."

---

* 진한 시대의 20단계 작위 중 열 번째 등급이다(20등급이 가장 높은 작위). 주로 왕족을 관장하는 직위이며, 왕족 출신이 아닌 자만이 담당했다.

얼마 지나지 않아 효공이 죽고 태자(혜왕)가 왕위에 올랐다. 공자 건과 그를 따르는 자들이 상앙이 모반을 일으키려 한다고 밀고하자 혜왕은 상앙을 체포하도록 명했다. 상앙은 우선 위(魏)나라로 도망갔다가 나중에 자신의 영지인 상읍으로 돌아와 정나라를 공격하면서 살 길을 찾으려 했지만, 진나라 군사들에게 붙잡히고 말았다. 혜왕은 상앙을 거열형(車裂刑: 오마분시와 같은 뜻)에 처하고, 그의 가족까지 모두 죽였다.

11 세 치 혀로 천하를 쥐락펴락하다
소진과 장의

≫≫≫ 소진과 장의는 전국 시대 종횡가縱橫家의 대표적인 인물이다. 소진은 합종合縱을, 장의는 연횡連橫을 주장했다. 그들은 단지 세 치의 혀로만 당시의 시국을 좌지우지하려 했다.

합종으로 진나라에 대항하다

소진(蘇秦)은 동주(東周)의 낙양 사람으로, 제나라에 가서 귀곡자에게 학문을 배웠다. 그는 여러 해 동안 집을 나가 유세를 다녔지만, 빈궁하고도 칠칠치 못한 행색으로 돌아왔다. 형제, 형수, 아내, 첩 등이 모두 그를 보고 비웃었다. 소진은 비아냥거리는 그들의 말을 듣고 크게 상처를 받아 방에 틀어 박혀 책과 씨름하며 시간을 보냈다. 1년 후, 주나라 현왕(顯王)에게 유세를 했지만 역시 등용되지 못했다. 그리하여 소진은 서쪽의 진나라로 가 혜왕에게 유세를 했지만, 당시 진나라는 상앙을 죽이고 나서 얼마 지나지 않았기 때문에 유세가들을 등용하지 않았다. 소진은 다시 연나라로 가 문후에게 유세를 했고, 문후는 소진의 견해를 듣고 그가 조나라로 가 합종책을 펼칠 수 있도록 도와주었다. 조나라 숙후(肅侯)는 소진의 합종책을 듣고 매우 기뻐하며 그에게 재물을 내리고, 각 제후들과 맹약을 맺도록 명했다.

그 후 소진은 한나라와 위나라, 초나라로 가서 유세한 결과 모든 제후들로부터 합종책에 대한 지지와 동의를 얻어냈다. 결국 여섯 나라 간의 합종책이 성공했고, 소진은 합종 연맹의 지도자가 되는 동시에 여섯 나라의 재상도 겸하게 되었다. 그로부터 강대국이었던 진나라는 15년 동안 감히 6국을 넘보지 못했고, 함곡관 밖으로 나오지 않았다. 하지만 뜻밖에도 진나라가 이간계(離間計)를 쓰는 바

합종과 연횡

전국 시대의 종횡가들은 제후들에게 유세하는 게 하는 일의 전부였다. 종횡가들 가운데 소진과 장의가 대표적인 인물이다. 그들은 합종술과 연횡술로 당시의 천하 대세를 좌지우지했다.

합종책
대표 인물 : 소진
주요 내용 : 합종은 연, 제, 조, 위, 한, 초 등 동방의 6국을 연합시켜 공동으로 서쪽의 진나라에 대항하자는 것이었다.

연횡책
대표 인물 : 장의
주요 내용 : 동방의 6국 중 어느 한 나라를 진나라와 연합시켜 그밖의 다른 나라를 공격하자는 것이었다.

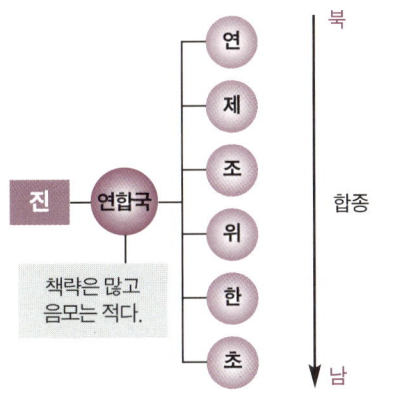
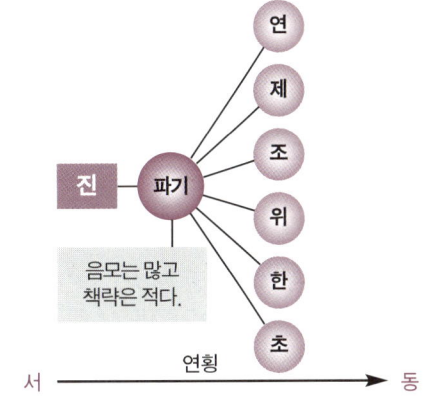

종횡가 : 종횡가(縱橫家)는 전국 시대에 정치 외교 활동에 주로 종사했던 일파로, 그들은 아침에는 진나라를, 저녁에는 초나라를 섬길 정도로 일을 꾸미는 게 일정하지 않고 변덕스러웠다. 계략을 세울 때 주관적인 정치적 요구에 따르기 일쑤였다. 종횡가들 중에서 합종파에는 소진, 연횡파에는 장의가 대표적인 인물이었다. 최후에는 소진이 실패하고 장의가 승리했다.

현량자고 : '현량자고(懸梁刺股)'라는 고사는 두 명의 역사 인물과 관련이 있다. '현량(懸梁)'은 한(漢)나라의 손경(孫敬)을 가리키는데, 그는 공부를 좋아해 밤낮을 가리지 않고 책을 읽었다. 그는 새끼로 머리카락을 묶어 대들보에 매달고 공부하다가 졸음이 오면 새끼줄이 팽팽해지면서 머리카락을 잡아당기게 하여 잠을 깼다. '자고(刺股)'는 전국 시대의 소진이 공부할 때 잠을 쫓기 위해 송곳으로 허벅지를 찌르며 책을 읽었다는 이야기에서 유래한다.

람에 6국의 합종 맹약은 와해되고 말았다. 소진은 연나라로 도망갔다가 연나라 문후의 아내와 사통하여 형벌을 받게 될 처지에 놓이자 연나라에서 죄를 지은 것처럼 거짓으로 꾸미고 간자가 되어 제나라로 망명하기를 청했다. 소진은 제나라에서 관직에 올랐으나 대부들의 미움을 사 거열형으로 죽고 말았다.

연횡책으로 합종책을 깨부수다

장의(張儀)는 위(魏)나라 사람으로서 일찍이 소진과 더불어 귀곡자 문하에서 유세술을 배웠다. 소진은 스스로 장의에 미치지 못한다고 인정하기도 했다. 장의는 유세술을 배우고 나서 제후들을 찾아 유세를 떠났다. 한번은 장의가 초나라 재상과 술을 마실 적에 초나라 재상이 옥구슬을 잃어버렸다. 그러자 사람들이 모두 장의를 의심하여 매질을 한 후 쫓아냈다. 장의는 초나라를 떠나 조나라로 가서 조나라 재상인 소진에게 만나주기를 청했다. 하지만 동문수학했던 소진이 만나주지 않자 굴욕감만 맛본 채 조나라를 떠날 수밖에 없었다. 원망과 울분을 안은 채 진나라에 온 장의는 혜왕에 의해 재상으로 등용되었다.

진나라는 제나라를 공격하고자 했지만 제나라는 초나라와 맹약을 맺고 있었기 때문에, 장의는 초나라로 가 회왕에 의해 초나라 재상이 되었다. 장의는 회왕의 신임을 얻은 후 그를 속여 초나라와 제나라의 동맹을 깨뜨렸다. 또한 진나라의 상(商)과 오(於) 일대의 땅 6백 리를 주겠다는 약속을 6리로 바꿔 회왕의 분노를 샀다. 이 일로 회왕이 진나라를 공격했지만 실패하고 말았다. 장의는 재차 초나라에 사신으로 가게 되었는데, 하마터면 그 일로 옥에 갇혀 죽을 뻔했다.

장의는 옥에서 풀려나 초나라를 떠날 무렵 소진이 죽었다는 소식을 듣고, 각 나라의 제후들이 진나라와 동맹을 맺어야 한다는 연횡책을 6국에 유세하기 시작했다. 장의가 연나라에서 유세를 마치고 진나라로 돌아오던 중에 진나라 혜왕이 죽고 무왕이 즉위했다는 소식을 들었다. 제후들은 무왕과 장의의 사이가 좋지 않다는 소식을 듣자 연횡책을 깨고 합종책으로 다시 돌아가고 말았다. 장의는 다시 위(魏)나라로 가 재상에 오른 지 1년만에 생을 마쳤다.

12 장수 한 사람의 공에 병졸 만 명의 뼈가 마르네*
백기

>>>> 백기는 전국 시대의 명장으로 일생 동안 백전백승을 하고, 백여 만 명에 달하는 6국의 적을 격파했다. 특히 장평전투는 중국사에서 매우 유명한 전투일 뿐만 아니라 세계 전쟁사에서도 유래가 드문 싸움이었다.

백전백승의 명장

백기(白起)는 진(秦)나라 미현(郿縣) 사람으로, 병사를 다루는 데 뛰어났으며 진나라 소왕을 섬겼다. 기원전 294년, 백기는 좌서장이 되어 진나라 군을 이끌고 한(韓)나라의 신성(新城)을 공략했다. 이듬해에 백기는 좌경(左更:20관직 중 열한 번째 직위)에 올랐고, 한나라와 위(魏)나라의 연합군을 공격해 24만여 명의 목을 베고 5개 성을 함락한 공적으로 국위(國尉:군권을 총괄하는 군사 전문가)가 되었다. 그리고 다음해에는 대량조(大良造)**에 오른 후 위나라를 공격해 61개 성을 함락시켰다.

그 후 백기는 초나라를 공격해 등(鄧)을 차지하고, 동쪽으로 경릉(竟陵)에 이르렀다. 이때 초나라는 도성이 있는 영을 버리고 동쪽의 진(陳)으로 천도하는 수밖에 없었다. 이 무렵 백기는 무안군(武安君)에 봉해졌다. 기원전 273년, 백기는 위나라를 공격해 적군 13만여 명의 목을 베었고, 기원전 264년에는 한나라를 공격해 5개의 성을 빼앗고 5만여 명을 참수했다.

---

* '一將功成萬骨枯(일장공성만골고)'. 한 장수의 전공은 만 명의 군사가 싸움터에서 죽은 결과라는 뜻으로, 오직 공적이 장수에게만 돌아가는 것을 개탄하는 말. 당나라 시인 조송의 시 「기해세(己亥歲)」에 나옴.
** 상앙이 만든 20관직 중에서 열여섯 번째 직위로 군사권을 장악한 최고 직책. 대상조(大上造)라고도 함.

조나라 군을 전멸시킨 장평전투

백기에 관해서라면 장평전투를 떠올리지 않을 수 없다. 기원전 260년(진나라 소왕 46년), 진나라는 한나라를 공격해 상당(上黨) 지역을 점령했다. 상당에 거주하던 백성들이 뿔뿔이 흩어져 조나라로 도망가자 진나라는 이를 빌미로 조나라를 공격했다. 조나라 장군 염파는 방어 전략으로 일관하며 진나라 군과 대치했다. 진나라 군이 여러 차례 공격을 시도했지만, 조나라 군은 성문을 걸어 잠근 채 방어만 할 뿐 밖으로 나와 응전하지 않았다.

진나라 승상 응후(應侯 : 범저范雎)는 반간계(反間計 : 적의 첩자를 이용하는 계책)를 써서 조나라가 노장군 염파 대신 탁상공론만 일삼는 조괄을 장군으로 임명토록 했다. 그와 동시에 은밀히 백기를 상장군으로 삼고, 이를 누설하는 자는 목을 베겠다는 군령을 내렸다. 예상했던 대로 조괄은 장군에 오르자마자 진나라 군을 공격하기 시작했다. 이에 진나라 군이 거짓으로 패한 척하며 달아나자 조나라 군이 이를 뒤쫓았다. 이때 미리 매복해 두었던 진나라 군사들이 조나라 군의 배후를 막아버리자 조나라 군은 순식간에 둘로 쪼개지고 식량 보급로마저 막혀버리고 말았다.

진나라 군과 조나라 군이 격전을 치른 지 얼마 지나지 않아 조나라 군영에서는 식량이 없어 굶어죽는 병사들이 넘쳐났다. 조나라 군은 포위망을 뚫기 위해 안간힘을 썼지만 속수무책이었다. 조괄은 화살에 맞아 죽고, 45만여 군사들은 백기에 의해 참수당하거나 산채로 땅 속에 묻혔다. 단지 나이어린 240여 명의 병사들만 풀려나 조나라로 돌아갈 수 있었다.

왕이 보낸 검을 받고 자결하다

장평전투는 백기의 이름을 일시에 드높이는 결과를 가져왔다. 한나라와 조나라는 백기를 두려워한 나머지 소대(蘇代 : 소진의 동생)를 진나라로 보내 재상 응후와 백기의 관계를 이간질하여 두 사람이 서로 반목하도록 했다. 훗날 진나라는 조나라의 한단(邯鄲)을 공략할 계획이었다. 이때 백기는 한단을 쉽게 빼앗을 수 없다며 장군직을 사양했다. 나중에 진나라 소왕은 응후 범저를 보내 백기를 설득

장평전투

장평전투는 전국 시대 후기에 벌어진 가장 중요한 전투인 동시에 중국 역사상 가장 빠른, 그리고 가장 큰 섬멸전이었다. 진나라의 천하통일을 앞당긴 계기가 되었다.

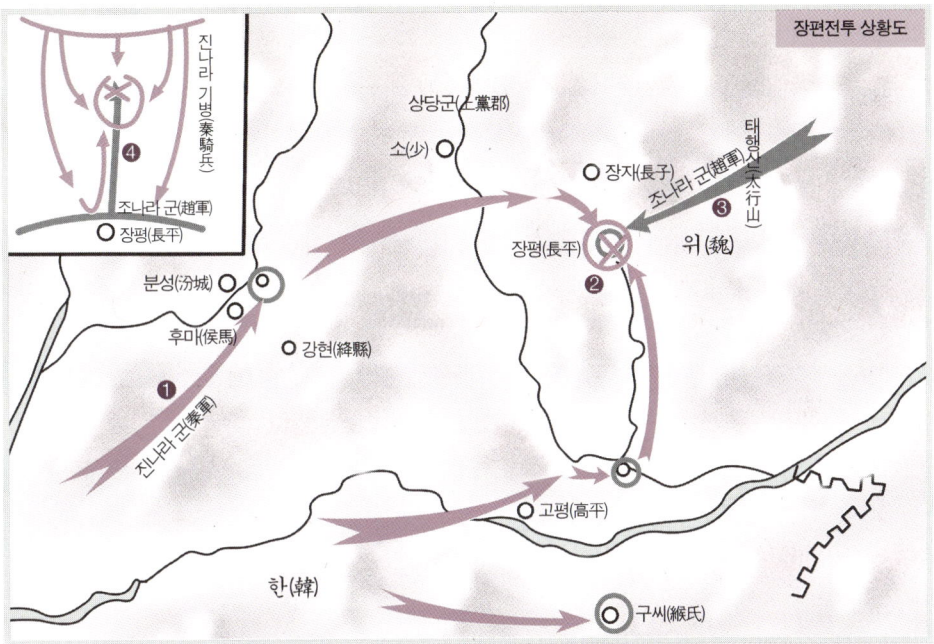

장평전투 상황도

작전 과정
① 진나라 소왕은 좌서장 왕흘(王齕)로 하여금 대군을 이끌고 가 조나라의 상당 지역을 공략하게 했다. 상당에 주둔 중이던 조나라 군은 중과부적으로 인해 장평으로 퇴각했다.
② 조나라 혜문왕은 노장군 염파를 장평으로 보냈고, 염파는 방어 작전으로 일관하면서 힘을 비축했다가 진나라 군이 공격하면 맞서 싸웠다.
③ 조나라 혜문왕은 진나라의 이간계에 속아 염파 대신 조괄을 장군으로 임명해 장평으로 보냈다. 조괄은 공격만을 일삼다가 진나라 군에 포위되어 장평에 고립되고 말았다.
④ 진나라는 무안군 백기를 보내 진나라 군을 돕도록 했다. 결국 진나라 군은 조괄이 이끄는 조나라 군을 격파하고, 항복한 조나라 군사 45만여 명을 생매장했다.

백기(白起)

백기의 전적
한나라와 위나라의 50만 연합군을 격파함으로써 진나라 군의 동쪽 진로를 완벽하게 평정했다. 조나라의 60만 대군을 섬멸하여 조나라를 회복 불능의 상태로 만들었다. 다음으로 초나라 군 35만여 명을 전멸시킴으로써 초나라가 멸망에 이르게 만들었다.

백기가 구사한 작전의 특징
① 성과 영토를 얻는 게 유일한 목표가 아니라 적을 섬멸하는 게 주요 목적이었다.
② 섬멸전의 목적을 이루기 위해 추격전을 강조하고, 적을 끝까지 쫓아가 공격했다.
③ 야전에서의 매복 전략을 중시하여 적을 깊숙이 유인한 다음 포위해 섬멸했다.

하도록 했지만, 백기는 병을 핑계로 응하지 않았다. 그러자 소왕은 다른 장수로 하여금 한단을 공격하게 했지만 큰 손실을 입은 채 패하고 말았다. 그리하여 범저가 다시 백기를 찾아갔으나 백기는 여전히 병을 핑계로 말을 듣지 않았다.

　이 일로 소왕은 백기의 관직을 모두 박탈한 후 병졸로 강등시켜 함양을 떠나도록 명했다. 백기가 두우(杜郵)에 이르렀을 무렵, 누군가가 소왕에게 백기가 소왕을 원망했다고 고했다. 그러자 소왕은 사자에게 검을 들려 보내 백기에게 스스로 목숨을 끊도록 명했다. 그때 백기는 운명의 불공평함을 탄식하다가 항복한 조나라 군사 45만여 명을 생매장한 것만으로도 자신은 죽어 마땅하다며 스스로 목숨을 끊었다.

13 6국을 통일한 진나라의 명장
왕전

>>>> 왕전은 백기 이후의 진나라를 이끌어 간 또 한 사람의 명장이다. 진시황이 6국 통일전쟁을 시작한 이후 한나라를 제외한 나머지 다섯 나라는 모두 왕전 부자의 공격을 받아 멸망했다.

연나라와 조나라를 평정하다

왕전(王翦)은 진나라 빈양(頻陽)의 동향(東鄕) 사람으로, 젊어서부터 병법을 좋아했으며 진시황을 섬겼다. 기원전 236년, 왕전은 진나라 군을 이끌고 조나라를 공격해 9개 성을 함락시켰다. 기원전 229년에 왕전은 다시 조나라를 공격해 조나라 왕의 항복을 받아냈다. 그가 조나라를 평정하자 진나라에서는 조나라 땅에 진나라의 군(郡)을 설치했다. 이듬해 연나라에서 자객 형가(荊軻)를 보내 진시황을 시해하려고 했다. 이에 진시황은 왕전으로 하여금 연나라를 공격하게 했다. 그러자 연나라 왕은 요동으로 달아나고, 왕전은 연나라의 수도 계(薊)를 정복한 후 개선했다. 또한 진시황은 왕전의 아들 왕분(王賁)으로 하여금 초나라를 공격하도록 해 초나라의 국력을 약화시켰다. 왕분은 군사를 돌려 위나라를 공격해 위나라 왕의 항복을 받아냈다.

노회한 장군의 원모심려

진시황은 한, 조, 위와 삼진(三晉)을 멸하고, 연나라 왕 희(喜)를 도망치게 했으며, 초나라를 여러 차례 공격해 승리했다. 진나라의 젊은 장수 이신(李信)은 수천 명의 군사들을 이끌고 가 연나라 군을 격파하고 태자 단을 사로잡았다. 진시황은 이신이 현명하고 용감하다고 생각하여 그에게 초나라를 정복하려면 군사가 얼마나 필요한지를 물었다. 그러자 이신은 20만 군사면 족하다고 답했다. 그런데 진시황이 노장군 왕전에게 묻자 왕전은 60만 군사가 아니면 불가능하다고 말했다. 진시황은 왕전이 늙어서 그렇다고 나무란 후 역시 젊은 장수 이신이 더 용감하다고 단정했다. 그리하여 진시황은 이신과 몽염(蒙恬)에게 20만의 군사를 내주고 초나라를 공격하게 했다. 왕전은 자기 의견이 받아들여지지 않자 병을 핑계 삼아 고향인 빈양으로 내려갔다.

호언장담했던 이신의 군대가 초나라 군에게 패하자 진시황은 직접 마차를 타고 빈양으로 달려가 왕전을 설득했다. 그리하여 왕전이 60만 대군을 이끌고 출병하자 진시황은 몸소 파수(灞水)까지 나와 왕전을 전송했다. 왕전은 출전에 앞서 진시황에게 좋은 논밭을 하사해 달라고 청했는데, 전장에 나가서도 여러 차례 사람을 보내 진시황에게 재차 청하였다. 왕전은 진시황의 성정이 포악하여 다른 사람을 믿지 못한다고 생각했다. 지금은 비록 진시황이 자신에게 진나라의 모든 군사를 맡겼지만, 만약 자신이 후손들을 위해 좋은 논밭이 필요하다는 것과 자신에게는 다른 뜻이 없다는 것을 보여주지 않으면 진시황에게 의심을 사게 될 게 틀림없었기 때문이다.

천하통일을 이룬 진나라의 일등공신

왕전은 군사를 이끌고 초나라 전장에 다다른 후 방어 시설을 튼튼하게 만들어 놓고 움직이지 않았다. 매일 병사들을 쉬게 하고 잘 먹고, 잘 마시고, 잘 놀게 내버려 두었다. 초나라 군이 여러 차례 공격해 왔지만 응전하지 않았다. 그러자 초나라 군은 동쪽으로 물러났다. 왕전은 바로 그 틈을 놓치지 않고 초나라 군을 추격해 큰 승리를 거두고 초나라를 정복했다. 이와 동시에 왕분은 이신과 함께 연나라와 제나라까지 정복했다. 기원전 221년, 마침내 진나라는 천하통일의 대업을 이루었다. 왕전과 몽염의 공이 가장 컸으며, 그들의 명성은 후세에까지 전해졌다.

진나라의 천하통일을 이끈 왕전 부자

한나라를 제외한 다섯 나라는 왕전 부자가 멸망시킨 것이나 다름없기 때문에, 진나라가 6국을 통일하는 과정에서 그들 부자의 공적이 가장 컸다.

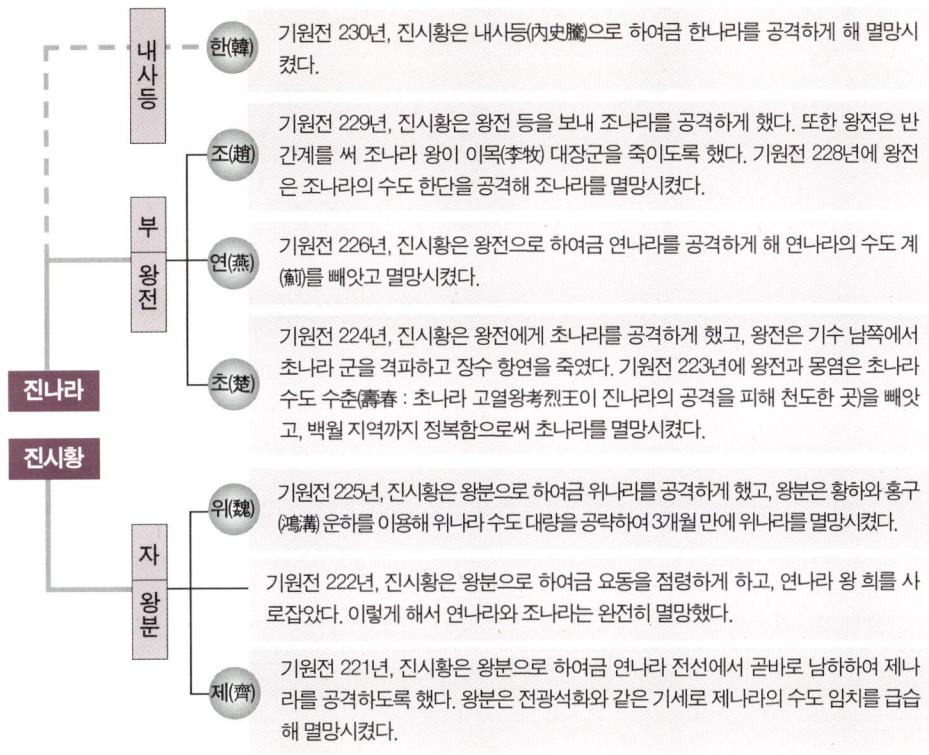

왕전이 초나라를 멸망시키다

초나라를 멸망시킨 왕전은 진시황에게 '젊은이의 패기보다 늙은이의 지혜가 더 낫다'는 것을 그대로 보여주었다. 또한 정치의 오묘한 이치를 아는 왕전은 자신에게는 다른 뜻이 없다는 것을 여러 차례 표시함으로써 진시황에게 의심을 사지 않았다.

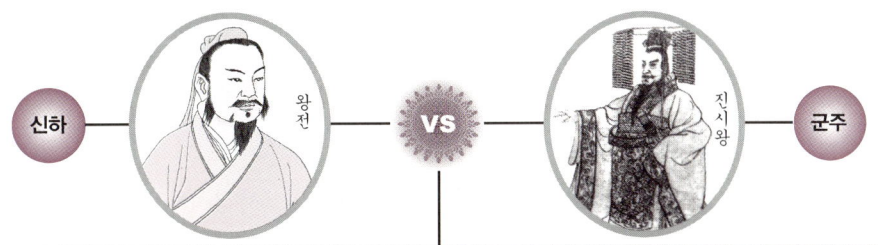

진시황은 이신 장군의 초나라 정벌이 실패하자 하는 수 없이 노장군 왕전을 출정시켰다. 왕전은 진시황이 포악하고 의심이 많다고 생각하여 자신이 군권을 장악하면 틀림없이 의심을 살 것이라고 생각했다. 그리하여 의심을 사지 않기 위해 자자손손 가업을 이을 수 있도록 좋은 집과 논밭을 달라고 간청했다. 이 일로 진시황은 왕전을 의심하지 않았다.

14 공자 이후의 공자, 유학의 큰 스승
맹자와 순자

>>> 전국 시대의 사상은 백가쟁명의 국면이었다. 그 가운데 유가의 맹자와 순자는 공자 사상을 계승하여 유세했을 뿐만 아니라 책으로 남겨 후세에 깊은 영향을 주었다.

공자를 계승한 유학의 성인들

맹자의 이름은 가(軻)이고, 산동성에 위치했던 추(鄒)나라 사람이다. 그는 공자의 손자인 자사(子思)의 제자에게서 학문을 배웠다. 유가의 학설을 깨달은 후 제나라 선왕에게 유세했지만 선왕이 그를 등용하지 않자 위(魏)나라로 갔다. 위나라 혜왕은 맹자의 주장을 받아들이지 않았을 뿐만 아니라 그의 생각이 현실과 너무 동떨어져서 실정에 맞지 않는다고 비판했다.

전국 시대의 각 나라들은 제각기 변혁을 실행하고 있었다. 진나라는 상앙의 변법으로 부국강병을 이루었고, 초나라와 위나라는 오기를 등용해서 강대국들의 세력을 약화시켰으며, 제나라는 손빈과 전기 같은 인물을 등용해서 국력을 키웠다. 당시 제후들은 너나할 것 없이 합종연횡에 힘을 기울이며 자신을 지키고, 다른 나라를 정벌하는 것이 최고의 계략이라고 생각했다. 하지만 맹자는 요임금과 순임금, 그리고 하·상·주 3대 성군들의 덕치만을 부르짖었기 때문에, 그가 유세하는 나라마다 받아들이려 하지 않았다. 훗날 맹자는 고향으로 돌아와 만장(萬章: 맹자를 평생 따라다닌 제자) 등의 제자들과 함께 『시경』, 『서경』을 정리하고, 공자의 학설을 설명하는 『맹자』 일곱 편을 저술했다. 한편 이사는 일찍이 순자의 문하생이 되었으며, 훗날 진나라의 재상이 되었다.

유가를 대표하는 맹자와 순자

맹자와 순자는 공자 이후의 유가를 계승한 가장 대표적인 인물이다. 그들은 비록 같은 유가였지만, 관점은 서로 달랐다.

초상	맹자	순자
이름	맹가	순황
인성	성선설	성악설
저서	『맹자』 7편	『순자』 32편
주요 사상	인정(仁政)과 왕도	인정승천(人定勝天 : 사람이 하늘을 이기고 운명을 정함), 예치와 법치
평가	공자를 잇는 유가의 성인	유가의 집대성자

맹자의 명언

1. 仁者無敵. 인자무적
   "어진 사람에게는 대적할 자가 없다"(『양혜왕(梁惠王) 상』)."
2. 民爲貴, 社稷次之, 君爲輕. 민위귀, 사직차지, 군위경
   "백성이 귀하고, 사직은 그 다음이요, 군주는 하찮다"(『진심(盡心) 하』)."
3. 得道者多助, 失道者寡助. 득도자다조, 실도자과조
   "도를 얻은 자에게는 도와주는 사람이 많고, 도를 잃은 자에게는 도와주는 이가 적다"(『공손추(公孫丑) 하』)."
4. 人皆可以爲堯舜. 인개가이위요순
   "누구나 요임금과 순임금처럼 성인이 될 수 있다"(『고자(告子) 하』)."

순자의 명언

1. 天行有常, 不爲堯存, 不爲桀亡. (천행유상, 불위요존, 불위걸망)
   "하늘에는 일정한 법도가 있는데, 요임금 때문에 존재하는 것도 아니고 걸왕 때문에 없어지는 것도 아니다"(『천론(天論)』편)."
2. 學不可以已. 학불가이이
   "학문은 하지 않을 수 없다"(『권학(勸學)』편)."
3. 鍥而不舍, 金石可鏤. 계이불사, 금석가루
   "칼로 자르다 그만두면 썩은 나무도 자를 수 없지만, 그만두지 않으면 쇠나 돌도 자를 수 있다"(『권학』편)."
4. 靑取之於藍, 而勝於藍. 청취지어람, 이승어람
   "푸른 물감은 쪽 풀에서 얻었지만 쪽 풀보다 더 파랗다"(『권학』편)."

백가쟁명

맹자와 순자가 살던 전국 시대의 문화와 사상은 백가쟁명의 국면이었다. 중국 문화사에 한 획을 그었다.

학파	대표 인물	저서	학파	대표 인물	저서
유가	맹자	『맹자』	음양가	추연	『추자(鄒子)』
묵가	묵자	『묵자』	병가	손빈	『손빈병법』
도가	장자	『장자』	명가	공손룡	『공손룡자(公孫龍子)』
법가	한비자	『한비자』	농가(農家)	허행(許行)	『신농(神農)』
종횡가	소진	『소자(蘇子)』	잡가(雜家)	여불위	『여씨춘추(呂氏春秋)』

유가의 학문을 집대성하다

순자(荀子)의 이름은 황(況)이고, 순경(荀卿)으로도 불리었던 조나라 사람이다. 순자는 쉰 살이 되어서야 제나라로 건너와 학문을 닦았다. 당시에는 많은 스승들이 세상을 떠났기 때문에 순자가 가장 연장자였다. 이때 제나라에서는 여전히 직하(稷下)*의 학사들에게 열대부(列大夫)의 직위를 주었는데, 순자는 세 번이나 열대부의 우두머리('좨주祭酒'라고 함)를 지냈다. 훗날 제나라 사람이 순자를 헐뜯고 모함하자 순자는 초나라로 건너갔다. 그 후 순자는 초나라의 춘신군(春申君)에 의해 난릉(蘭陵)의 수령으로 임명되었다. 춘신군이 죽고 나서 순자도 관직에서 물러났지만, 집안은 대대로 난릉에서 살았다.

순자는 난세의 암흑 정치를 증오했다. 당시에는 망하는 나라와 우둔한 군주가 잇달아 나오고, 그들은 상식과 정도를 벗어나 무속에 빠져 귀신에게 길흉화복을 빌기도 했다. 맹자는 저속하고 비루한 유생들이 너더분한 예절에 얽매이고, 게다가 장주(莊周 : 장자莊子의 본명) 같은 이들이 교활한 요설로 풍속을 어지럽힌다고 생각하여 유가, 묵가, 도가의 학설과 정치의 흥망지사를 살피고 정리하여 수만 자의 책을 남긴 후 세상을 떠났다.

전국 시대는 백가쟁명이 득세했던 혼란한 사회

전국 시대에는 유가의 맹자와 순자뿐만 아니라 다른 수많은 학설과 학파가 생겨났다. 대표적인 학파로는 추연(鄒衍)의 음양가, 장자의 도가, 상앙과 한비자의 법가, 공손룡(公孫龍)의 명가(名家)를 들 수 있다. 그들은 모두 자신의 학설로 책을 쓰고 유세를 하며, 다른 학파를 공격하는 동시에 서로 융합하면서 백가쟁명(百家爭鳴)의 시대를 형성해 혼란한 사회상과 복잡한 정치 투쟁을 그대로 반영했다. 이 시기의 문화와 사상은 봉건 시대 문화의 기초를 다지고, 중국의 고대 문화에 깊고도 큰 영향을 미쳤다.

---

* 제나라에서 열국의 학자들을 초빙해 학문과 토론에 전념할 수 있도록 만든 기관이다. 또한 제나라 선왕은 직하의 학사들에게 실무를 맡지 않는 열대부(列大夫)라는 작위를 내렸다.

15 선비를 기른 전국 시대의 귀족들
전국 사공자

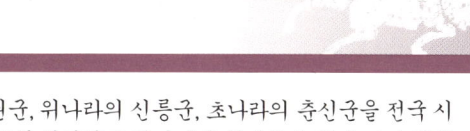

>>>> 제나라의 맹상군, 조나라의 평원군, 위나라의 신릉군, 초나라의 춘신군을 전국 시대의 사공자(四公子)로 부른다. 그들은 모두 현명하고 뛰어나서 문객들을 끌어 모아 정국을 좌지우지하면서 천하에 그 이름을 떨쳤다.

제나라의 맹상군

맹상군(孟嘗君)은 성은 전(田)이고 이름은 문(文)이었다. 아버지는 제나라 선왕의 이복동생인 전영(田嬰)인데, 그는 제나라의 재상을 지낸 바 있고, 세 명의 군주를 모셨다. 전영에게는 40여 명의 아들이 있었다. 아들 전문은 5월 5일 출생이어서 아버지를 해롭게 한다는 속설 때문에 전영은 전문을 싫어했다. 전문이 성인이 된 후 매우 현명하고 재능이 뛰어나다는 것을 깨달은 전영은 그에게 집안일을 돌보게 하였다. 전문이 아버지 전영의 뒤를 이어 설(薛)의 영주가 되었는데, 이 사람이 바로 맹상군이다.

맹상군은 영주가 된 후 집안의 재물을 써가면서까지 학식이 있는 빈객을 초대하여 후하게 대접했기 때문에, 천하의 선비들이 모두 그를 우러러 즐겨 찾았다. 진나라 소왕은 맹상군의 현능함을 듣고, 동생을 제나라의 볼모로 보내어 맹상군을 데려오도록 했다. 맹상군이 진나라에 이르러 곧바로 재상이 되려는 순간에 그를 시기한 진나라 국상의 모함으로 옥에 갇히고 말았다. 이때 맹상군의 집에서 빈객으로 있던 사람들 중에서 계명구도(鷄鳴狗盜)*에 능한 자들의 도움으로

---

* 닭 울음소리와 개 흉내를 잘 내어 도둑질을 잘 한다는 뜻. 맹상군은 진나라에서 위기에 처했을 때 계명구도에 능한 식객들의 도움을 받았다.

맹상군은 간신히 진나라를 빠져나올 수 있었다.

제나라 민왕은 자신이 맹상군을 진나라로 보내 어려움에 처하게 했다고 생각하여, 그를 존경하는 차원에서 재상으로 삼았다. 그 후 거상이자 민왕의 신하인 전갑(田甲)이 민왕을 협박하자 민왕은 맹상군이 막후의 조정자라며 의심하게 되었다. 이를 안 맹상군은 제나라 밖으로 피신할 수밖에 없었다. 훗날 민왕이 조사해 본 결과 맹상군은 아무런 관련이 없음을 알게 되었다. 그리하여 민왕은 맹상군을 불러들였지만, 맹상군은 병을 이유로 설 땅에서 조용히 지냈다.

훗날 민왕이 송나라를 멸망시킨 후 맹상군을 잡아들이려 하자 맹상군은 위나라로 피신하여 위나라 재상이 되었다. 맹상군이 진나라, 조나라, 연나라와 연합해 제나라를 공격하자 민왕은 달아나다가 죽고 양왕(襄王)이 즉위했다. 맹상군이 제후들 사이에서 여전히 중립을 지키자 양왕은 그를 두려워하여 화해했다.

조나라의 평원군

평원군(平原君) 조승(趙勝)은 조나라의 공자였으며, 여러 공자들 가운데 가장 현명하고 덕이 있었다. 조나라 혜문왕과 효성왕(孝成王)이 재위할 때 재상을 지낸 적이 있고, 빈객을 맞아들여 학문에 대해 이야기하는 것을 즐겼다.

진나라 군이 조나라의 도성이 있는 한단을 공격했을 때 조나라 왕은 그를 보내 구원병을 구해오도록 했다. 평원군은 별 볼 일 없던 빈객 모수(毛遂)의 도움으로 마침내 초나라 왕이 춘신군을 보내 조나라를 구원하도록 했다. 또한 위나라의 신릉군도 조나라를 구원하기 위해 달려왔다. 평원군은 이담(李談)의 권유로 집안의 물건들을 사병들에게 나눠주었고, 식솔들까지 동원해서 한단을 지켜냈다.

우경(虞卿 : 유세가 중의 한 사람)이라는 사람이 평원군에게 조나라 왕에게 식읍을 더 주도록 청하라고 했지만, 공손룡(公孫龍 : 전국 시대 조나라의 사상가)이 이를 만류하자 우경의 말을 듣지 않았다. 이로 인해 평원군은 공손룡을 중용했으며, 조나라 왕과는 친척이므로 친척 간에는 당연히 그 어떤 계산도 하지 않아야 한다고 말했다. 훗날 평원군은 관직에서 물러난 후 여생을 마쳤고, 그의 후손들은 자손 대대로 봉작을 유지했다.

전국 시대의 사공자

전국 시대 말기의 강대국인 진나라에 대응하기 위해 제후국의 귀족들은 저마다 현명한 선비를 극진한 예로 대하며 선비를 기르는 풍토를 낳았다. 그 가운데 가장 유명한 이들이 전국 시대의 사공자였다.

맹상군
- 이름 : 전문(田文)
- 국가 : 제나라
- 군주 : 민왕
- 유명한 빈객 : 풍훤(馮諼)
- 고사 성어 : 계명구도(鷄鳴狗盜), 교토삼굴(狡兎三窟)*

평원군
- 이름 : 조승(趙勝)
- 국가 : 조나라
- 군주 : 혜문왕
- 유명한 빈객 : 모수(毛遂)
- 고사 성어 : 모수자천(毛遂自薦)

신릉군
- 이름 : 위무기(魏無忌)
- 국가 : 위나라
- 군주 : 안희왕(安釐王)
- 유명한 빈객 : 후영(侯嬴)
- 고사 성어 : 절부구조(竊符救趙)**

춘신군
- 이름 : 황헐(黃歇)
- 국가 : 초나라
- 군주 : 고열왕(考烈王)
- 유명한 빈객 : 이원(李園)
- 고사 성어 : 이화접목(移花接木)***

전국 사공자

계명구도(鷄鳴狗盜) : 맹상군이 진나라에 사신으로 갔을 때 처음에는 진나라 소왕의 예우를 받았지만, 나중에는 오히려 피살될 뻔했다. 맹상군이 그것을 안 후 개 흉내를 내어 도둑질을 잘 하는 빈객을 시켜 진나라 창고에 있는 여우 가죽 옷을 훔쳐 소왕의 총비에게 바쳐 풀려났다. 함곡관에서는 닭울음소리를 잘 내는 빈객이 성문 앞에서 가짜 닭울음소리로 성문을 열게 하여 진나라를 빠져나올 수 있었다.

모수자천(毛遂自薦) : 평원군이 초나라에 사신으로 가려는 차에 모수라는 빈객이 스스로 자신을 추천했다. 초나라에 이르러 모수가 세치의 혀와 지모, 그리고 용기로 초나라 왕을 설득함으로써 초나라 왕이 춘신군으로 하여금 조나라를 구원하도록 했다.

---

* 꾀 많은 토끼가 굴을 세 개나 가지고 있었기 때문에 죽음을 면할 수 있었다는 뜻.
** 훔친 병부(병권을 뜻하는 무장의 패)로 조나라를 구했다는 뜻.
*** 꽃을 옮겨 나무에 심는다는 뜻으로 다른 사람의 힘을 역이용한다는 것을 의미함.

위나라의 신릉군

신릉군(信陵君)은 위나라 소왕의 막내아들로, 이름은 무기(無忌)다. 소왕이 죽고 안희왕(安釐王)이 즉위하여 무기를 신릉군에 봉했다. 신릉군은 사람됨이 어질고 겸허하여 제후국의 모든 사람들이 그에게 의탁하여 빈객의 수가 3천여 명에 달했다. 안희왕은 신릉군의 어진 성품과 재능을 두려워하여 감히 그에게 국가의 대사를 맡기지 않았다.

훗날 진나라가 조나라의 도성이 있는 한단을 포위했다. 조나라 평원군의 부인은 신릉군의 누나였기 때문에, 그는 여러 차례에 걸쳐 안희왕에게 조나라를 구원해 주도록 간청하는 편지를 보냈다. 하지만 안희왕은 진나라를 두려워하여 말로만 도와주겠다고 하고는 관망하는 태도로 일관했다. 그리하여 근심에 쌓여 있던 신릉군은 부절(符節:병권을 증명하는 패)을 훔쳐 안희왕의 명이라고 속인 후 진비(晉鄙)의 군사를 빼내 직접 구원병을 이끌고 조나라로 가서 진나라를 구원해 주었다. 신릉군은 자신이 부절을 훔쳤기에 안희왕이 대노할 것이란 걸 알고 조나라에 머물자 조나라 효성왕은 그에게 큰 상을 내렸다. 그는 조나라에서도 빈객들과의 교류를 즐겼는데, 심지어 평원군의 문객들마저 그의 문하로 들어왔다.

신릉군이 조나라에서 십여 년을 보냈을 즈음 진나라에서 위나라를 공격하기 시작했다. 위기에 처한 안희왕은 사람을 보내 신릉군에게 위나라로 다시 돌아오도록 요청하자 그는 위나라로 돌아왔다. 신릉군이 위나라로 돌아갔다는 소식을 들은 제후국들은 제각기 군사를 보내 위나라를 도와줌으로써, 위나라는 진나라를 물리칠 수 있었다. 훗날 진나라의 이간계로 안희왕이 신릉군을 홀대하며 의심하자 신릉군은 폭음으로 근심을 달래다가 병을 얻어 죽고 말았다.

초나라의 춘신군

초나라 사람 춘신군(春申君) 황헐(黃歇)은 여러 나라를 주유하며 견문과 학식을 넓혔고, 훗날 초나라 경양왕(頃襄王)을 섬겼다. 황헐은 변론에 뛰어났기 때문에 경양왕이 그를 사신으로 진나라에 보냈다. 당시 진나라 소왕은 한나라, 위나라와 연합하여 초나라를 공격할 작정이었는데, 황헐은 진나라 왕에게 글을 올린 후 초

사공자의 관계

전국 시대의 사공자는 모두 한 시대를 살면서 서로 간에 관계를 맺고 있었으며, 그들은 당시 각 나라의 정치 상황에 상당한 영향력을 행사했다.

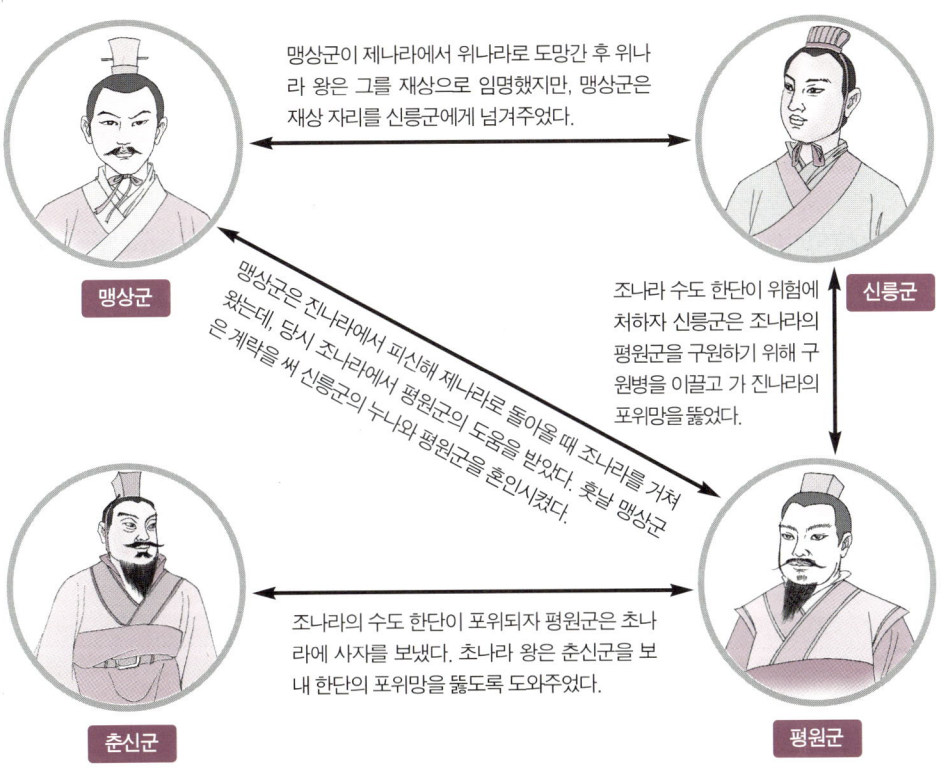

맹상군이 제나라에서 위나라로 도망간 후 위나라 왕은 그를 재상으로 임명했지만, 맹상군은 재상 자리를 신릉군에게 넘겨주었다.

조나라 수도 한단이 위험에 처하자 신릉군은 조나라의 평원군을 구원하기 위해 구원병을 이끌고 가 진나라의 포위망을 뚫었다.

맹상군은 진나라에서 피신해 제나라로 돌아올 때 조나라를 거쳐 왔는데, 당시 조나라에서 평원군의 도움을 받았다. 훗날 맹상군은 계략을 써 신릉군의 누나와 평원군을 혼인시켰다.

조나라의 수도 한단이 포위되자 평원군은 초나라에 사자를 보냈다. 초나라 왕은 춘신군을 보내 한단의 포위망을 뚫도록 도와주었다.

사공자의 우열

전국 시대의 사공자는 귀족 중의 귀족으로서, 그들은 모두 현사들을 초빙해 저마다의 일을 성공시켰다. 하지만 그들의 재능에는 높고 낮음이 있어서 제각기 다른 인물들이었다.

① 신릉군

신릉군은 빈객을 접대하는 방면에서 사공자 가운데 가장 뛰어났을 뿐만 아니라, 조나라를 구할 때는 담력과 재능을 유감없이 발휘했다.
결과 : 위나라 왕에게 중용되지 못한 채 폭음으로 병들어 죽었다.

② 춘신군

춘신군은 진나라에서 초나라의 태자를 보호했는데, 자신을 볼모로 하여 태자를 무사히 귀국시키는 충정을 보였다. 또한 초나라 재상으로서 나라를 잘 다스렸으며, 그를 따르는 빈객도 가장 많았다.
결과 : 자신의 빈객이었던 이원에게 암살당했다.

③ 맹상군

맹산군은 재능이 가장 뛰어났지만, 자신의 모국인 제나라에는 영향력을 행사하지 못한 채 여러 제후국을 유랑하는 신세에 놓이고 말았다.
결과 : 제나라로 돌아오는 유종의 미를 거두었지만, 그의 자손들이 가문을 망치고 말았다.

④ 평원군

평원군의 재능은 사공자 중에서 가장 떨어진다. 한단이 포위되었을 때 구원병을 불러왔지만, 정작 조나라 사람들을 쓸 수 없었다.
결과 : 조나라에서 유종의 미를 거두었고, 그의 자손들도 대부분 중용되었다.

나라와 맹약을 맺어야만 진나라에 유리하다는 것을 말해 주었다. 춘신군이 초나라에 돌아온 후 경양왕은 다시 그와 태자 완(完)을 진나라에 볼모로 보냈다. 얼마 후 경양왕이 병들었지만, 태자는 초나라로 돌아올 수 없었다. 그러자 춘신군은 진나라 재상 범저를 설득해 아무도 모르게 태자가 초나라로 돌아갈 수 있도록 했다. 후에 진나라 소왕이 그 사실을 알고 춘신군을 죽이려고 했지만, 범저의 도움으로 죽음을 면한 춘신군도 초나라도 돌아올 수 있었다.

훗날 태자 완이 초나라 고열왕(考烈王)에 오르고 황헐은 재상이 되어 춘신군에 봉해졌다. 고열왕이 오랫동안 후사가 없자 조나라 사람 이원(李園)은 누이동생을 고열왕에게 시집보낼 작정으로 춘신군에게 가 그녀의 누이동생을 바쳤다. 춘신군의 총애를 받은 그녀가 임신하고 나서 고열왕의 후궁으로 들어가 아들을 낳았는데, 그 아들이 태자로 봉해졌다. 이원은 이 사실이 발각될 것을 두려워한 나머지 사람을 시켜 춘신군을 죽이려고 했다. 마침내 고열왕이 죽고 태자가 즉위하자 이원은 극문(棘門)에서 사람을 시켜 춘신군을 암살하고 말았다.

16 범저

변소에서 도망친 진나라 재상

≫≫≫ 고난과 굴욕을 겪은 범저范雎는 결국 진秦나라의 재상이 되어 원교근공의 책략으로 진나라가 6국을 통일할 수 있는 기초를 다졌다. 하지만 권력의 정점에 섰던 범저는 위험천만한 정치권력의 장에서 스스로 용퇴함으로써 제 한 몸을 보존하였다.

변소에서 굴욕을 당하다

범저의 자는 숙(叔)이며, 위(魏)나라 사람이다. 그는 위나라를 떠나 다른 나라 제후들에게 유세하였지만 등용되지 못하자 다시 위나라로 돌아왔다. 범저는 위나라 왕을 섬기려고 했으나 집안이 너무 가난하여 관리들과 교류할 자금조차 마련할 수 없었다. 그리하여 우선 위나라 중대부(中大夫) 수고(須賈)를 섬기면서 그럭저럭 밥벌이나 하는 수밖에 없었다.

한 번은 범저가 수고를 따라 사신으로 제나라에 갔다가 제나라 양왕의 칭찬을 받았는데, 그 일로 인해 수고의 의심을 사고 말았다. 수고는 범저가 위나라의 기밀을 제나라에 팔았다고 위나라 재상 위제(魏齊)에게 고했다. 위제는 그 말을 듣고 나서 범저에게 매질을 가했는데, 범저가 죽은 척을 하자 변소에 내다버렸다. 위제는 또 술에 취한 빈객들에게 범저의 몸에 오줌을 누도록 했다. 결국 범저는 간수의 도움으로 도망칠 수 있었다. 훗날 위제는 범저가 아직 죽지 않았다는 것을 알고 수배령을 내려 찾게 했다. 위나라 사람 정안평(鄭安平)은 이 소식을 듣고 범저와 함께 도망가서 숨어 살았다. 이때 범저는 자신의 이름을 장록(張祿)으로 바꿨다.

진나라로 건너가 재상이 되다

훗날 진나라 소왕이 왕계(王稽)를 사신으로 삼아 위나라에 보냈는데, 이 소식을 들은 범저는 정안평의 도움으로 왕계를 따라 진나라로 건너갔다. 진나라에 도착한 범저는 소왕을 알현한 자리에서 원교근공의 책략을 유세했다. 범저의 이야기를 들은 소왕은 매우 좋은 책략이라고 판단하여 범저를 객경(客卿)*으로 봉한 후 그와 함께 군사에 관한 일을 논했다.

범저는 소왕의 신임을 얻고 나서 소왕에게 태후와 양후(穰侯)가 장악한 권력을 빼앗으라고 간언했다. 소왕은 곧바로 태후를 폐하고 양후, 고릉군(高陵君), 화양군(華陽君), 경양군(涇陽君) 등이 행사하던 권력을 빼앗고 함곡관 밖으로 내쫓아 버렸다. 동시에 소왕은 범저를 재상에 앉히고 응(應) 땅을 식읍으로 하사하여 응후(應侯)라 불렀다.

원수를 갚고 치욕을 씻다

범저가 진나라의 재상이 된 후에도 진나라에서는 그를 '장록'이라는 이름으로 불렀기 때문에, 위나라에서는 장록이 범저인 줄도 모른 채 범저가 죽은 줄로만 알았다. 훗날 위나라는 진나라가 한나라와 위나라를 공격하려 한다는 말을 듣고 수고를 사신으로 삼아 진나라에 보냈다. 수고는 결국 진나라 재상이 범저라는 것을 알고 무릎을 꿇은 채 걸어가 죄를 빌었다. 범저는 수고에게 치욕을 안겨 준 후 위나라 재상 위제에게 대량을 공격하겠다는 뜻을 전하도록 했다. 위나라에 돌아온 수고가 위제에게 범저의 말을 전하자 위제는 조나라로 도망가서 평원군의 집에 숨었다. 결국 진나라 소왕이 조나라를 공격해 위협을 가하자 위제는 다시 위나라로 도망쳐 왔다. 하지만 신릉군이 자신을 만나지 않겠다는 말을 듣고 스스로 목숨을 끊었다.

위나라에서 곤경에 처한 범저를 도와주었던 정안평은 훗날 진나라로 건너와

---

* 패권을 다투던 전국 시대에는 능력 있는 인재들이 국경을 자유자재로 넘나들며 요직을 차지했는데, 다른 나라 출신으로 본국의 고위직에 오른 사람을 '객경(客卿)'이라 했다.

원교근공 책략

진나라의 천하통일 과정에서 범저의 가장 큰 공적은 진나라 소왕에게 원교근공(遠交近攻)의 책략을 일러줌으로써 진나라가 각 나라를 각개 격파하게 한 것이다.

원교: 진나라와 비교적 거리가 먼 연나라, 제나라, 조나라와 연맹을 맺고 거리가 가까운 이웃나라인 한나라, 위나라, 조나라를 공격하는 것이다. 하지만 원교의 최종 목적은 장기간 우호적인 관계를 유지하는 것이 아니라, 가까운 이웃나라를 정복한 다음에는 먼 나라들도 정복하는 것이다.

근공: 진나라와 거리가 가까운 한나라, 위나라, 조나라를 무력으로 공격하는 근공 책략은 많은 적을 만들지 않으면서 가까운 주변 지역의 땅을 정복해 자국의 국력을 키우는 것이다.

원교근공: 전국 시대에 범저가 사용한 외교 책략이다. 진나라는 원교근공 책략으로 주변 6국을 하나씩 정복해 천하통일의 목적을 이루었다. 이 책략은 오늘날에도 인간관계에 대처하는 처세의 수단이 되고 있다.

범저의 인물관계

범저는 위나라에서 굴욕을 당했지만, 훗날 진나라에서 재상에 올라 출세하였다. 그리고 최후에는 공을 세우고 은퇴하라는 채택의 권유를 받아들였다. 그는 인생의 기복이 심했지만, 마침내 유종의 미를 거두었다.

위제와 수고
범저가 위나라에 있을 때 수고는 그의 재능을 시기하여 위나라 재상 위제에게 거짓을 고했고, 위제는 범저에게 매질을 가한 후 변소에 내다버렸다.

진나라 소왕
소왕은 범저의 재능을 알아보았고, 범저도 온 힘을 다해 소왕을 섬겼다. 그는 소왕이 모든 실권을 장악하도록 도왔을 뿐만 아니라, 원교근공 책략을 제시해 진나라가 천하통일의 길로 나아갈 수 있도록 했다.

정안평과 왕계
위제와 수고가 범저의 원수라면 정안평과 왕계는 범저의 은인이다. 그들은 위기에 처한 범저를 위나라에서 탈출시켜 진나라에 갈 수 있도록 해주었다.

백기
범저는 진나라 재상으로, 백기는 진나라 장수로 활약하여 조나라와의 장평전투를 승리로 이끌었다. 하지만 백기의 공적이 커짐에 따라 위기감을 느낀 범저는 백기를 사지에 몰아넣고 말았다.

연나라 사람 채택
채택은 범저에게 공적을 세우고 은퇴하도록 권유했다. 범저가 상앙이나 오기, 문종, 여불위처럼 피살되어 불행한 최후를 맞지 않도록 했고, 결국 범저는 명예롭게 은퇴하여 유종의 미를 거두었다.

장군이 되었지만, 장평전투에서 조나라에 투항하고 말았다. 범저는 소왕에게 자신의 죄를 추궁당할까 염려하여 날이 갈수록 근심이 쌓여 갔다. 연나라 사람 채택(蔡澤)이 진나라에 와서 범저에게 공적을 이루고 관직에서 물러나는 것이 좋겠다고 권하자 이치에 합당하다며 재상 자리를 내놓고 관직에서 물러났다.

17 연나라를 도와 제나라를 정벌하다
악의

>>> 악의는 연나라를 도와 제나라를 정벌할 때 제나라의 90여 성을 빼앗는 전적을 올려 탁월한 군사적 재능을 유감없이 떨쳤다. 악의와 연나라 소왕이 보여준 군신 간의 우정은 후세의 현인 지사들에게 귀감이 되었다.

연나라에 투항해 신하가 되다

악의(樂毅)의 선조 악양(樂羊)은 위나라 문후(文侯)의 장군으로서, 중산국(中山國)을 정벌한 공적으로 영수(靈壽)를 봉지로 받은 적이 있다. 악의는 선조들의 가업을 이어받아 어릴 적부터 병법을 좋아했으며, 더욱이 어질고 재능도 뛰어났기 때문에 장성해서는 조나라의 장수가 되었다.

악의는 사구(沙丘)의 난*이 일어났을 때 조나라를 떠나 위(魏)나라로 갔다. 그 무렵 악의는 연나라 소왕(昭王)이 제나라와의 전투에서 패한 후 복수할 목적으로 천하의 현사들을 찾고 있다는 소문을 듣고, 위나라 소왕에게 청하여 연나라에 사신으로 갔다. 연나라 소왕은 빈객의 예로 악의를 맞이했지만, 악의는 사양하며 신하가 되기를 간청했다. 그리하여 연나라 소왕은 악의를 아경(亞卿)으로 삼았다.

연합군으로 제나라를 격파하다

그 무렵 제나라의 국력이 강성해지자 제나라 민왕은 남쪽으로는 초나라를 공격하고, 서쪽으로는 위나라·조나라와 전투를 벌여 승리했다. 또한 한나라, 조나라, 위나라와 연합해 진나라를 공격하고, 조나라를 도와 중산국을 멸망시킨 후

---

* 조나라의 권신 이태(李兌)가 무령왕(武靈王)을 사구(沙丘)에 가두어 100일 만에 굶어서 죽게 만들었다.

송나라까지 공격했다. 사정이 이러하자 각 제후들은 제나라에 복종하려 했고, 민왕의 기세는 더욱더 높아졌다.

연이은 전쟁으로 인해 제나라 백성들의 고통은 점점 더 깊어졌고, 비록 제후들은 겉으로는 복종했지만 실제로는 모두 제나라를 원망했다. 연나라 소왕이 신하들에게 제나라를 공격할 때가 되었다고 말하자 악의는 제후들과의 합종을 권했다. 그리하여 소왕은 악의를 조나라로 보내 동맹을 맺게 하고, 다른 사자들을 한나라, 위나라, 진나라에 보내 연합을 요청했다. 마침내 조나라, 진나라, 한나라, 위나라, 연나라로 구성된 5국의 연합군이 악의의 지휘 아래 제나라의 수도 임치까지 공격해 들어가니, 이때부터 제나라는 쇠락의 길로 접어들었다. 소왕은 악의에게 창국(昌國)을 봉지로 하사하고, 그를 '창국군'이라 불렀다. 제나라와의 전투에서 승리한 소왕은 제나라에서 빼앗은 전리품을 거두어 연나라로 돌아가고, 악의는 계속해서 군사를 이끌고 제나라의 성읍을 공격했다.

새로운 군주가 충신을 시기하다

악의는 그 후에도 제나라의 70여 성을 함락시켜 모두 연나라의 군현으로 만들었다. 소왕이 죽은 후 그의 아들이 연나라 혜왕(惠王)으로 즉위했는데, 그는 태자 시절부터 악의를 달갑게 여기지 않았다. 제나라 장수 전단(田單)이 혜왕과 악의가 불편한 관계라는 것을 알고 연나라에 첩자를 보내 악의가 연나라 왕을 칭한다는 헛소문을 퍼뜨렸다. 혜왕은 예전부터 악의를 의심해 온 터라 제나라의 이간질에 속아 기겁(騎劫)을 대장군으로 삼았다. 악의는 귀국하면 죽임을 당할까 두려워한 나머지 조나라에 투항했고, 조나라에서는 그를 망제군(望諸君)에 봉했다.

훗날 제나라 장수 전단은 연나라 장수 기겁과의 싸움에서 승리를 거두고 제나라의 성읍을 전부 되찾았다. 혜왕은 그때서야 자신의 결정을 후회했고, 조나라에 사람을 보내 악의에게 용서를 빌었다. 혜왕은 악의의 아들 악간(樂閒)을 창국군에 봉했다. 악의는 혜왕에게 서신을 보내 자신의 일편단심을 전하고, 연나라와 조나라를 오가며 여생을 보냈다. 연나라와 조나라에서는 악의를 객경으로 삼아 예우해 주었고, 악의는 조나라에서 세상을 떠났다.

악의의 제나라 정벌

연나라 소왕은 악의를 5국 연합군의 총사로 삼아 제나라를 정벌하게 했는데, 이 시기는 연나라의 국력이 가장 강성했을 때였다. 악의 또한 이 전쟁으로 역사에 그 이름을 새겼다.

악의(樂毅)

5국의 제나라 정벌

- 시기 : 기원전 284년
- 발발 원인 : 제나라가 송나라를 멸망시킴
- 5국 연합군 : 조, 진, 한, 위, 연
- 주요 전적 : 제서전투(齊西戰鬪)
- 전쟁 결과 : 제나라가 쇠락하기 시작함

 제나라 정벌 과정

| 1. 연나라 소왕이 악의로 하여금 5국 연합군을 결성하게 함. | 2. 기원전 284년, 악의가 5국 연합군을 이끌고 제수(齊水)의 서쪽에서 제나라의 주력군을 격파함. | 3. 제서전투 이후 악의는 연합군을 해산시키고, 연나라 군사만으로 제나라 수도 임치를 공격함. | 4. 악의는 임치를 점령한 후 군사를 다섯 방향으로 나누어 제나라를 공격해 70여 성을 빼앗았다. 제나라는 거의 망할 지경에 이름. |

『악의론(樂毅論)』[*]

이 첩(帖)은 왕희지(王羲之)의 소해(小楷 : 작은 해서체楷書體 한자)체 대표작으로 진본은 존재하지 않고, 현존하는 각본(刻本) 중에서 「비각본(秘閣本)」과 「월주석씨본(越州石氏本)」이 가장 아름답다. 비록 소해체에 속하지만 글씨가 온화하고 우아하여 지금까지도 소해체를 연습하는 교본으로 사용된다.

악의와 전단

악의는 연나라를 위해 빼어난 공적을 세웠지만, 눈 깜짝 할 사이에 사라지고 말았다. 제나라의 명장 전단이 하늘을 가로질러 세상에 우뚝 솟아난 듯 화우진(火牛陣)으로 연나라 군을 격파하고 제나라를 구했기 때문이다.

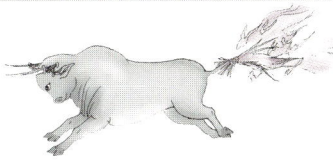

악의 — **화우진** : 제나라 장수 전단은 이간책으로 연나라 혜왕이 악의를 쫓아내도록 했다. 그런 다음 1천여 마리의 소를 모아 뿔에 예리한 칼을 매달고, 소꼬리에는 기름을 가득 묻힌 갈대에 불을 붙이는 화우진으로 연나라 군을 대파했다. 전단은 이 전법으로 빼앗겼던 70여 성을 모두 되찾고 제나라를 구했다. — **전단**

---

[*] 중국 삼국 시대에 위(魏)나라의 하후현(夏侯玄)이 연나라의 명장 악의에 관해 저술한 소론.

18 조나라의 두 영웅
염파와 인상여

>>>> 염파와 인상여는 조나라의 걸출한 인재였을 뿐만 아니라 전국 시대의 각 나라를 통틀어서도 가장 뛰어난 인물들이었다. 그들 사이의 '장상화(將相和)'라는 고사는 지금까지도 널리 회자되고 있다.

조나라로 완벽하게 돌아오다

염파(廉頗)는 조나라의 명장으로 조나라 혜문왕 때 조나라 군을 이끌고 제나라 군을 격파한 공적으로 상경에 봉해졌고, 그의 용맹함은 제후들에게 널리 퍼졌다. 인상여(藺相如)는 조나라 사람으로 환관의 우두머리인 무현(繆賢)의 문객이었다.

혜문왕이 초나라의 화씨벽(和氏璧)을 손에 넣었다는 소식을 들은 진나라 소왕은 15개의 성과 화씨벽을 맞바꾸자고 제안했다. 혜문왕은 대장군 염파를 비롯해 대신들과 이 일에 관해 논의한 후 환관 무현이 인상여를 추천하자 인상여를 사신으로 명하여 화씨벽을 받들고 진나라로 가도록 했다.

인상여가 진나라 소왕에게 화씨벽을 바치자 소왕은 매우 기뻐하면서도 15개 성에 관해서는 일절 말하지 않았다. 인상여는 화씨벽에 하자(瑕疵 : 흠)가 있다면서 소왕에게 가르쳐 주겠다고 했다. 인상여는 화씨벽을 건네받자마자 그것을 손에 꽉 쥔 채 기둥으로 가더니 자신의 머리와 함께 화씨벽을 기둥에 부딪쳐 깨뜨릴 자세를 취했다. 이에 소왕은 정말로 화씨벽이 깨질 것을 두려워하여 인상여에게 사과했다. 그 일이 있은 후 인상여는 재빨리 화씨벽을 조나라로 몰래 돌려보냈다. 그러자 소왕은 하는 수 없이 인상여도 조나라로 돌려보낼 수밖에 없었다. 혜문왕은 인상여가 모욕을 당하지 않고 자신의 사명을 다한 사절이라고 칭찬한 후 그를 상대부로 삼았다.

용기와 지혜를 겸비했던 인상여

인상여는 조나라와 진나라의 싸움에서 자신의 지혜와 용기에 의지해서 조나라의 위엄을 지켰다. 게다가 대국적인 자세로 염파와 사이좋게 지내 조나라 내부의 화합을 다졌다.

조나라로 돌아온 화씨벽
조나라 왕은 화씨벽으로 15개의 성을 얻기 위해 인상여에게 화씨벽을 들려 진나라에 보냈지만, 진나라 왕은 무성의로 일관했다. 그리하여 인상여는 먼저 화씨벽을 몰래 조나라로 돌려보내고, 마침내 자신도 무사히 귀환했다.

민지의 회맹
조나라 왕과 진나라 왕이 민지에서 회맹을 가졌을 때 진나라 왕이 시종일관 조나라를 무시하자 인상여는 지혜와 용기로 조나라의 위엄을 지켰다.

장상화(將相和)
화씨벽을 무사히 가져오고, 민지의 회맹 덕분에 인상여의 지위는 염파보다 더 높아졌다. 염파가 이를 시기한다는 말을 들은 인상여가 오히려 스스로 자신의 언행을 낮췄다. 그러자 염파는 가시나무 가지를 짊어진 채 사죄했다. 이로 인해 염파 장군과 상경 인상여의 사이가 좋아져 조나라의 정치는 안정되었다.

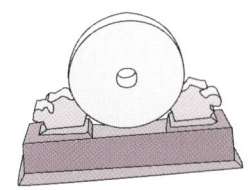

화씨벽 : 초나라의 변화(卞和)라는 사람이 형산에서 옥돌을 발견한 후 왕실에 바쳤고, 초나라 문왕이 옥공에게 명하여 벽옥(璧玉)으로 만들게 하고 이름을 화씨벽(和氏璧)이라 했다. 훗날 초나라가 화씨벽을 신물(信物)로 삼아 조나라에 구혼하여 화씨벽은 조나라로 들어왔다. 진나라가 조나라를 멸망시킨 후 화씨벽은 진나라로 돌아가고, 진나라에서는 화씨벽을 전국옥새(傳國玉璽)로 만들었다. 그 후 한(漢)나라로 전해졌다가 한나라 말기에 손견(孫堅), 원술(袁術)의 손에 들어갔다. 그리고 다시 위진, 5호16국 시대 때 이곳저곳을 떠돌다 남조의 진(陳)나라로 들어갔다. 수나라가 진나라를 멸망시키자 옥새는 진나라 숙태후에 의해 돌궐에 전해졌다가 당태종 때 다시 당나라로 돌아왔다. 그 후 5대10국의 혼란기에 화씨벽 전국옥새는 자취를 감추고 말았다.

조나라의 3대 명장

조나라는 수많은 명장을 배출했는데, 그 가운데 염파(廉頗)와 조사(趙奢), 이목(李牧) 등이 가장 유명하다. 그들은 모두 전국 시대의 걸출한 명장들로 한 시대를 풍미했다.

염파
3대에 걸친 장군 집안에서 태어나 조나라의 장군이 되었으며, 전장에서 10여 년 이상을 보내고 무수한 공을 세우며 10만의 적을 섬멸한 상승장군이다. 조나라에서 의심을 받은 후 위나라와 초나라로 갔다. 염파 한 사람이 있는가 없는가에 따라 조나라의 존망이 갈렸다.

조사
조나라의 귀족으로, 전투에서 공을 세워 마복군(馬服君)에 봉해졌다. 그는 손무와 손빈의 병법을 익혀 제나라의 명장 전단을 굴복시켰다.

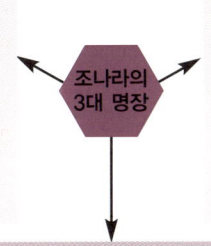

조나라의 3대 명장

이목
이목은 4대에 걸쳐 조나라 왕조를 섬긴 집안 출신이다. 훗날 장군으로 있을 때 전쟁에 대비하여 군사력을 키우고, 풍부한 군수물자를 확보해 흉노를 크게 무찔렀다. 중국 전쟁사에서 보병으로 흉노의 기병을 섬멸한 대표적인 전투였다. 전쟁에서 세운 공적으로 무안군(武安君)에 봉해졌지만, 훗날 진나라의 이간책에 의해 조나라 왕 천(遷)에게 붙잡혀 죽었다.

민지의 회맹에서 기개를 드높이다

그 뒤 진나라는 조나라를 공격해 연전연승의 승전고를 울렸다. 진나라 왕은 사자를 보내 조나라 왕에게 서하(西河)의 남쪽 민지(澠池 : 하남성 민지현 서부)에서 회맹을 갖자고 제안했다. 조나라 왕은 진나라가 두려워 가고 싶지 않았다. 염파와 인상여는 조나라가 나약하고 비겁하다는 소리를 듣지 않으려면 가야 한다면서 조나라 왕을 설득했다. 조나라 왕은 결국 인상여를 데려가기로 하고, 염파는 국경을 지켰다. 민지의 회맹에서 진나라 왕은 조나라 왕에게 거문고를 뜯게 하고 그것을 사서에 적었다. 인상여도 죽음을 무릅쓰고 진나라 왕에게 질장구를 치게 하고 그것을 사서에 기록했다. 회맹이 끝날 때까지도 진나라는 조나라의 기세를 압도하지 못했다. 게다가 조나라는 많은 군사들로 경계를 삼엄하게 하여 진나라도 감히 경거망동하지 못했다.

염파가 가시나무 가지를 짊어지고 사과하다

민지의 회맹 이후, 조나라 왕은 인상여를 상경에 앉혀 그의 지위가 염파보다 높아졌다. 염파는 그것을 안 후 매우 불쾌해했고, 인상여에게 모욕을 주겠다고 크게 떠벌렸다. 인상여는 염파의 이야기를 전해들은 후 염파와 부딪치지 않으려고 병을 핑계로 조회에도 나오지 않았다. 한 번은 인상여가 외출할 때 멀리서 염파가 보이자 수레를 돌려 숨어버리기도 했다. 어느 사람이 그 까닭을 묻자 인상여는 염파와 진나라 왕을 서로 비교하며 자신은 진나라 왕도 두렵지 않은데 어찌 염파를 겁내겠느냐고 되물었다. 하지만 자신과 염파가 서로 싸우면 조나라에 내란이 일어나고, 결국은 진나라에게만 이로울 뿐이라고 말해 주었다.

염파는 인상여의 이야기를 전해들은 후 자신의 생각이 짧았음을 부끄러이 여겨 웃옷을 벗고 알몸을 드러낸 채 가시나무 가지를 짊어지고 빈객의 예를 갖추며 인상여에게 사죄했다.* 그리하여 두 사람은 서로 화해하고 생사를 같이하는 문경지교(刎頸之交)**의 우정을 쌓았다. 이후로 다른 제후국들은 조나라를 감히 얕보지 못했다.

---

* 염파와 인상여에 얽힌 두 사람의 이야기는 '장상화(將相和)'라는 고사로 후세에 전해지고 있다.
** 목을 벨 수 있는 벗이라는 뜻으로, 생사를 함께할 수 있는 매우 소중한 벗을이르는 말.

19 난세를 살아간 고결한 선비
노중련

⫸ 노중련은 종횡가, 묵가, 유가, 도가 등 다양한 사상을 섭렵하면서도 개성이 풍부하여 전설적인 인물로 통한다. 후세에 중국 최고의 시인으로 추앙받는 이백은 노중련을 자신의 우상으로 삼았다.

의로움으로 진나라의 패도를 물리치다

제나라 사람 노중련(魯仲連)은 평생 동안 사람들을 돕기 위해 교묘하고 탁월한 계책을 만들어냈지만, 일이 성사된 후에는 오히려 보답이나 관직을 받지 않고 홀로 고상한 절개를 지키며 살았다.

천하를 주유하던 그가 조나라에 이른 적이 있었다. 당시 조나라는 장평전투에서 패배한 직후 진나라가 조나라의 수도 한단을 포위하자 위나라에 구원을 요청하던 때였다. 위나라는 조나라를 구원하기 위해 신원연(新垣衍)을 보내 조나라 왕에게 진나라 왕을 제(帝)로 부르도록 설득했다. 노중련은 이 이야기를 듣고 평원군을 알현한 후 신원연을 만날 수 있도록 주선해 달라고 청했다. 노중련은 신원연을 만나서 이렇게 말했다.

"만약 진나라 왕이 폭력에 기대어 제멋대로 제왕(帝王)이 되려고 한다면, 차라리 나는 동해에 빠져죽을지언정 그의 백성이 되지 않겠습니다. 또한, 만약에 진나라 왕이 제왕(帝王)이 되어 조나라를 멸망시킬 뿐만 아니라 위나라도 멸망시킨다면, 신원연 당신이 위나라 왕의 총신이 되는 것도 불가능합니다."

신원연은 노중련의 말을 다 듣고 나서 재빨리 몸을 일으켜 두 번 절을 한 후 노중련이야말로 천하의 현사라고 말하며, 이후 다시는 진나라 왕을 제(帝)로 부르자는 말을 하지 않기로 했다. 한단을 포위하고 있던 진나라 장군은 이 소문을 들은 후 군사를 오십 리나 뒤로 물렀다. 때마침 위나라의 신릉군이 병부절을 훔쳐 대군을 이끌고 조나라를 구하기 위해 달려오자 진나라 군이 물러갔다.

노중련은 조나라가 진나라에 대항하는 묘책을 성공시킨 후 평원군이 그에게 식읍을 하사하려고 하자 사양했고, 다시 천금을 주려고 했으나 노중련은 결코 받지 않았다. 결국 노중련은 평원군에게 작별 인사를 고한 후 평생토록 그를 만나지 않았다.

기이한 계책으로 제나라를 돕다

연나라 장수가 제나라의 요성(聊城)을 함락하자 요성의 어떤 이가 곧바로 연나라로 가 연나라 장수를 비방하는 말을 퍼뜨렸다. 그러자 연나라 장수는 귀국하면 처형당할까 두려운 나머지 요성에 주저앉아 버렸다.

제나라 장군 전단이 화우진 전법으로 포위망을 푼 후 계속해서 잃어버린 땅을 수복했지만, 마지막으로 요성만은 다시 빼앗지 못하고 있었다. 1년 남짓 공격했지만 병사들의 피해만 늘어날 뿐 요성은 여전히 난공불락이었다. 노중련이 이런 정황을 듣고 나서 그들이 어려움에서 벗어나도록 해주기 위해 몸소 글을 지어 화살 끝에 매달아 요성 안의 연나라 장수에게 쏘아 보냈다. 편지에는 노중련이 연나라 장수를 위해 분석한 당시의 정세가 적혀 있었다. 연나라 장수는 편지를 다 읽은 후 연나라로 돌아가자니 죽을까 두렵고, 제나라에 항복하자니 보복이 두려워 결국 자살하고 말았다. 연나라 장수가 죽은 후 요성에서 내란이 일어났고, 전단은 그 기회를 틈타 요성을 점령했다. 전단이 노중련에게 관직을 주려고 했으나 노중련은 이미 종적을 감추고 떠난 후였다.

노중련은 다원적인 인물

노중련은 제나라의 직하 학궁에서 뛰어난 재능으로 큰 명성을 얻었다. 또한 그것을 실천에 옮겨 전국 시대에 가장 전설이 많은 인물이 되었다.

이름 : 노중련
다른 이름 : 노중련자(魯仲連子), 노련자(魯連子), 노련(魯連)
생존 기간 : 기원전 305년 ~ 기원전 245년
국적 : 제나라
알려진 일화 : 의로 진나라의 패도를 물리치다.
저서 : 『노중련자(魯仲連子)』

종횡가
그는 제후국들을 유람하며 그들을 위해 계책을 내었지만, 소진과 장의처럼 의를 배신하거나 부귀영화를 탐하지 않았다.

유가
그는 유가의 인정(仁政)과 민본 사상을 지녔지만, 그의 평민 참정 의식과 은일자(隱逸者)적인 풍류는 공자나 맹자의 도와는 다르다.

노중련의 사상

묵가
그는 묵가가 주장했던 겸애와 비공(非攻)의 삶을 살았지만, 그들보다는 호방하고 적극적이었다.

도가
그는 바닷가에 숨어 살며 도가의 은둔 풍류를 즐겼지만 완전하게 은거하지는 않았고, 종종 위험한 일에 용감하게 나섰다.

「영사(詠史)」 기삼(其三)
- 서진(西晉) 좌사(左思, 250년 ~ 305년)

吾希段幹木, 偃息藩魏君. 오희단간목, 언식번위군
吾慕魯仲連, 談笑却秦軍. 오모노중련, 담소각진군
當世貴不羈, 遭難能解紛. 당세귀불기, 조난능해분
功成恥受賞, 高節卓不群. 공성치수상, 고절탁불군

나는 단간목을 사모하나니 그는 숨어 살며 위나라 군주를 보호하고
나는 노중련을 사모하나니 그는 담소로 진나라 군대를 물리쳤네
그들은 속박 받지 않는 자유를 사모하면서도 나라의 재난은 몸소 풀어주고
공을 세우고도 상을 받는 게 부끄러운 그 고상한 절개를 누가 따라할 수 있으랴

시로써 예찬하다

「고풍(古風)」 기십(其十)
- 당나라 이백

齊有倜儻生, 魯連特高妙. 제유척당생, 노련특고묘
明月出海底, 一朝開光曜. 명월출해저, 일조개광요
却秦振英聲, 後世仰末照. 각진진영성, 후세앙말조
意輕千金贈, 顧向平原笑. 의경천금증, 고향평원소
吾亦澹蕩人, 拂衣可同調. 오역담탕인, 불의가동조

제나라의 호방하고 소탈한 노중련이야말로 참말로 고절하구나
달이 바다에서 솟구쳐 오르듯 하루아침에 세상을 빛나게 하네
진나라의 패도를 의로 물리치니 그의 빛은 후세에도 꺼지지 않고
천금의 녹을 돌처럼 여겨 평원군을 웃음거리로 만들었네
나의 고요함과 호탕함이야말로 숨어 사는 노중련을 따르는 무리라네

20 재능을 가슴에 품고 살다 간 천애의 유랑인들
굴원과 가의

>>> 굴원과 가의에게는 국가에 대한 책임감뿐만 아니라 매우 깊은 우환 의식이 있었다. 그들은 재능이 있으면서도 펼칠 기회를 만나지 못해 시문을 남겼고, 그 작품들은 지금까지도 후세에 전해지는 명작들이다.

돌을 안고 강물로 뛰어든 우국 시인

굴원(屈原)의 이름은 평(平)이고 초나라 왕실과 성이 같았다. 초나라 회왕(懷王) 때 그는 좌도(左徒: 조서의 초안을 잡고 빈객을 접대하는 관리)를 지냈다. 그는 학식이 깊고 넓으며, 기억력이 뛰어나고 아는 것이 많았다. 국가 치란(治亂: 국가의 흥망성쇠)의 도리에 매우 밝았으며, 사령(辭令: 사교적인 자리에서 응대하는 말)에 탁월했다. 그는 조정에서는 초나라 왕과 대사를 논하여 명령을 내리고, 밖에서는 제후국의 사절을 접대하며 외교 업무를 처리하여 회왕은 그를 매우 신임하였다.

당시 상관대부(上官大夫)는 굴원과 지위가 같았는데, 왕의 총애를 다투다가 회왕의 면전에서 굴원을 헐뜯었다. 결국 회왕은 굴원을 멀리하고 말았다. 굴원은 회왕이 시비를 분간할 줄 몰라 소인이 정직한 사람을 해치는 것에 대해 가슴 아파하며 그 유명한 「이소(離騷)」를 지었다.

굴원이 관직에서 쫓겨난 후 회왕과 제나라의 관계가 단절되고, 회왕은 계략에 속아 진나라에 갔다가 옥에 갇혀 객사하고 말았다. 이때 굴원은 많은 시를 남겼다. 초나라 경양왕(頃襄王) 때 굴원은 회왕에게 진나라에 가도록 권한 영윤(令尹: 재상) 자란(子蘭)을 비판했다. 나중에 자란이 경양왕 앞에서 굴원을 헐뜯자 경양왕은 굴원을 멀리 내쫓았다. 훗날 멱라강(汨羅江)에 이른 굴원은 초나라의 상황에 대해 너무 상심한 나머지 「회사(懷沙)」를 지은 후 돌을 안은 채 강물에 뛰어들어 죽

굴원과 초사

중국 문학의 발원지는 『시경』이다. 그리고 또 하나의 발원지는 바로 초사(楚辭)인데, 초사를 대표하는 작가가 굴원이다. 굴원의 비극은 초사로 이루어진 동시에 초사야말로 굴원을 만들었다.

굴원(기원전 340년 ~ 기원전 278년) : 이름은 평, 자는 원(原), 초나라 단양(丹陽 : 호북성 자귀현秭歸縣) 사람이다. 초나라 무왕의 아들 굴하(屈瑕)의 후예이며, 중국의 가장 위대한 낭만주의 시인 가운데 한 사람이다. '초사'라는 문체를 창안하고, 향초미인(香草美人 : 충성스럽고 현명한 선비를 비유)의 전통을 세웠다.

대표작 : 『이소(離騷)』, 『천문(天問)』, 『원유(遠遊)』, 『복거(卜居)』, 『어부(漁父)』, 『구가(九歌)』(「동황태일(東皇太一)」, 「운중군(雲中君)」, 「상군(湘君)」, 「상부인(湘夫人)」, 「대사명(大司命)」, 「소사명(少司命)」, 「동군(東君)」, 「하백(河伯)」, 「산귀(山鬼)」, 「국상(國殤)」, 「예혼(禮魂)」), 『구장(九章)』(「석송(惜誦)」, 「섭강(涉江)」, 「애영(哀郢)」, 「추사(抽思)」, 「회사(懷沙)」, 「사미인(思美人)」, 「석왕일(惜往日)」, 「굴송(橘誦)」, 「비회풍(悲回風)」)

단오절(端午節) : 기원전 278년 음력 5월 5일, 굴원이 멱라강에 뛰어들어 죽은 후 초나라 사람들은 물고기들이 굴원의 시체를 뜯어먹지 말라고 빌며 종자(粽子 : 대나무 잎으로 찹쌀을 곱게 싼 다음 삶음)를 강물에 던지고 굴원에게 제사를 지냈다. 굴원이 강 속의 교룡에게 잡혔다고 생각하여 웅황주(雄黃酒)를 강에 뿌려 교룡을 어지럽게 했다. 용주(龍舟) 경기를 하고, 종자를 먹고, 웅황주를 마시는 단오절 풍속이 되었다.

초사(楚辭) : 전국 시대의 위대한 시인 굴원이 창조한 일종의 시 문체이다. 작품은 초나라의 문학 양식과 방언, 음운을 썼으며 초나라의 산천과 인물, 역사 등을 다루어 지방색이 농후하다. 한나라의 유향(劉向 : 기원전 77년 ~ 6년)은 굴원의 작품과 송옥(宋玉 : 굴원의 제자로 「구변九辯」을 남김) 등 굴원의 부(賦)를 이어받은 작품들을 편찬했는데, 그 이름을 『초사』라고 했다.

울적한 가의

가의(기원전 200년 ~ 기원전 168년) : 가태부(賈太傅), 가장사(賈長沙), 가생(賈生)이라고도 불리며, 낙양(洛陽 : 하남성 낙양 동쪽) 사람이다. 서한 초기의 유명한 정치 평론가이자 문학가였다. 가의는 서한 초기의 유명한 정치 평론가이자 문학가로서, 한나라 문제의 중용을 받지 못해 울적함을 달래다가 죽었다.

대표작	산문 : 「과진론(過秦論)」, 「논적저소(論積貯疏)」, 「진정사소(陳政事疏)」
	사부(辭賦) : 「조굴원부(吊屈原賦)」, 「복조부(鵩鳥賦)」
시론(詩論)	**가의 선생(賈生)** - 당나라 시인 이상은(李商隱) 宣室求賢訪逐臣, 선실구현방축신 賈生才調更無倫, 가생재조경무륜 可憐夜半虛前席, 가련야반허전석 不問蒼生問鬼神. 불문창생문귀신 황제는 어진 이를 청해 쫓겨난 신하의 내방을 받고 아, 가생의 재주 더할 나위 없구나 애석하다 밤중까지 헛된 자리 산 백성의 일은 묻지 않고 죽은 귀신의 일만 묻는구나

고 말았다.

중용되지 못하고 폄하된 인재

가의(賈誼)는 낙양 사람으로, 열여덟 살 때 시를 암송하고 글을 잘 지어 그 지방에서 이름을 알렸다. 하남군(河南郡) 태수 오공(吳公)이 한(漢)나라 문제에게 추천하자 문제는 가의를 불러들여 박사로 삼았다. 가의가 매우 뛰어났기 때문에 문제는 그를 좋아했을 뿐만 아니라 파격적으로 승진시켜 1년만에 태중대부(太中大夫 : 천자를 보좌하는 직책)로 삼았다. 가의는 당시의 시대 상황에 들어맞는 많은 정견을 내놓았기 때문에, 문제는 그를 공경의 자리에 앉히려고 했으나 주발, 관영 등의 반대에 부딪쳤다. 그 후 문제도 가의를 멀리하여 그를 장사왕(長沙王 : 경제의 아들 유발)의 태부로 삼았다. 가의는 장사에 온 후 멱라강에서 굴원을 조문하는 「조굴원부(吊屈原賦)」를 지었다.

1년 후 가의는 문제의 부름을 받고 장안에 갔는데, 문제는 귀신에 감화된 바 있어 가의에게 귀신의 본질에 대해서 물었다. 문제는 가의의 이야기를 듣고 나서 오랫동안 보지 않은 사이에 자신이 가의보다 더 낫다고 생각했는데, 뜻밖에도 여전히 가의에 미치지 못한다고 말했다. 얼마 지나지 않아 문제는 가의를 양회왕(梁懷王 : 문제의 막내아들)의 태부로 삼았다. 몇 년 뒤 양회왕이 말을 타다가 낙마하여 죽자 가의는 자신이 아무 일도 하지 못한 것을 탄식하며 1년 가까이 슬피 울다가 죽었다.

21 나라를 경영했던 거상
여불위

>>>> 여불위는 장사꾼의 수완으로 조나라에 볼모로 잡혀 있던 진나라 공자 자초(子楚)를 진나라의 왕으로 만든 인물이었다. 하지만 복과 화는 서로에게 의지하듯 그는 진나라 재상에 오른 후 돌아올 수 없는 길을 걷고 말았다.

진기한 재물로 목적을 이루다

여불위(呂不韋)는 양적(陽翟 : 하남성 우주시禹州市)의 거상으로, 그의 집은 천금의 재산을 모았다. 한번은 여불위가 조나라 수도 한단으로 가서 장사를 하는데, 조나라에 볼모로 끌려온 진나라 공자 자초(子楚)를 만나 그와 친구가 되었다. 그리고 자초에게 천금을 주어 정치 활동을 도와줌으로써, 그를 진나라의 군주로 앉히려고 했다. 그리하여 여불위는 5백금을 자초에게 주어 조나라에서 빈객들과 교류하게 하고, 5백금을 들여 진기한 노리개를 구입한 후 자신이 직접 들고 서쪽의 진나라로 가 유세를 하였다. 여불위는 진나라 왕이 총애하는 화양부인(華陽夫人)의 언니를 통해 화양부인과 사귀게 되었다. 화양부인에게는 아들이 없었기 때문에 여불위는 그녀에게 자초를 양자로 삼으라고 설득했다. 그리하면 진나라 왕이 죽은 후 어머니는 아들로 인해 귀해지고 부귀영화를 누릴 수 있다고 꼬드겼다.

여불위의 노력으로 자초는 제후들 사이에 점점 더 명성이 높아지게 되었다. 또한 여불위는 자신과 동거하여 임신 중이던 애첩 조희를 자초에서 바쳤다. 그 후 조희가 아들을 낳으니, 그가 바로 영정(嬴政 : 훗날의 진시황)이다. 그리고 마침내 자초가 진나라로 돌아와 왕에 오르니, 그가 바로 진나라 장양왕(莊襄王)이다.

진시황의 중부가 되다

장양왕은 즉위한 후 여불위를 승상으로 삼고 문신후(文信侯)에 봉했으며, 낙양의 10만 호를 식읍으로 주었다. 장양왕이 즉위한 지 3년 만에 죽고 그의 아들 영정이 왕위에 올랐으니, 그가 바로 진시황이다. 진시황은 여불위를 존중하여 부친에 버금가는 '중부(仲父 : 숙부)'로 불렀다. 진시황은 아직 나이가 어렸기 때문에 여불위가 조정의 권력을 쥐락펴락하였다.

당시에 전국 사공자는 암암리에 현사들을 찾아 빈객으로 모시는 일을 두고 서로 다투었다. 여불위는 진나라가 강하면서도 현사들을 대하는 게 다른 나라보다 못한 것을 부끄럽게 여겨 문객들을 초빙하자 여불위를 찾는 현사들이 3천여 명에 달했다. 게다가 여불위는 그들에게 『여씨춘추』를 쓰도록 했다. 책이 완성된 후 여불위는 함양의 성문 앞에 펼쳐놓고, 그 책의 오류를 찾아내는 이에게 천금을 걸었으나 감히 나서서 바꿀 수 있는 자가 없었다.

스스로 목숨을 끊다

진시황이 즉위할 때는 아직 나이가 어렸으므로, 여불위는 진시황의 생모인 조희와 사통을 하다가 나중에 화가 미칠 것을 염려하여 태후 조희에게 '노애'라는 자를 바쳤다. 태후와 사통을 즐기던 노애는 결국 정변을 꾀하다가 발각되어 진시황에게 죽고, 태후는 옹(雍) 땅으로 쫓겨났다. 진시황은 이 일이 승상 여불위와 연루되었다는 것을 알고 그의 관직을 빼앗은 후 그의 식읍지인 하남으로 쫓아냈다. 그로부터 1년 가까이 지나도록 제후국의 빈객들이 여불위를 찾아오자 불안감을 느낀 진시황은 여불위로 하여금 촉 땅으로 옮겨 가 살도록 했다. 여불위는 점점 더 옥죄어 오는 진시황의 압박을 느꼈고, 피살당할 것을 두려워한 나머지 독주를 마시고 자살했다.

상술로 정치를 한 사람

여불위는 장사꾼이었음에도 진나라 공자 자초를 장삿속으로만 대하지 않고 아낌없이 보살폈다. 그는 결국 진나라의 재산과 권력을 모두 가진 승상이 되었지만, 이윤을 추구하는 상인의 본성이 그를 불귀의 객으로 만들었다.

① 기이한 재화로 사귀다
여불위는 조나라 한단에서 볼모로 끌려온 진나라 공자 자초를 만났고, 상인의 눈으로 그에게 투자를 결정했다.

② 진나라로 가 자초를 왕으로 세우다
여불위는 돈을 써서 자초의 명성을 높였고, 한편으로는 진나라 태자 안국군(安國君)의 총비인 화양부인과 교류했다. 아들이 없던 화양부인으로 하여금 자초를 양자로 삼게 했고, 훗날 적자로 내세워 왕위를 잇도록 했다.

③ 진나라 승상이 되다
여불위의 계획이 순조롭게 진행되어 자초는 진나라 장양왕에 올랐고, 여불위는 거상에서 진나라의 승상이 되었다.

④ 사통이 발각되다
진시황의 모친은 원래 여불위의 첩이었는데, 장양왕이 죽은 후 여불위와 사통을 하다가 진시황에게 발각되었고, 여불위는 식읍지인 낙양으로 쫓겨났다.

⑤ 진시황으로 인해 자살하다
여불위는 낙양에서도 여전히 빈객들과 교류했는데, 진시황의 미움을 사 촉 땅으로 쫓겨났다. 그는 피살될 것을 두려워한 나머지 독주를 마시고 자살했다.

진시황의 아버지
1. 『사기』의 「여불위열전」에는 여불위가 이미 자신의 아이를 가진 애첩을 자초에게 바치고, 훗날 그녀는 진시황을 낳았다고 기록되어 있다.
2. 『사기』의 「진시황본기」에는 진시황이 장양왕의 아들로 기록되어 있다.

『여씨춘추』

여불위는 진나라 공자 자초를 도와 왕으로 세운 것 외에도 문객들을 모아 지은 잡가(雜家)의 대표작인 『여씨춘추(呂氏春秋)』를 편찬하여 전국 시대의 백가쟁명을 하나로 모아 정리했다.

『여씨춘추』

십이기(十二紀), 팔람(八覽), 육론(六論) 등 총 26권, 1백 60편으로 모두 2만 여 자에 달한다. 유가, 도가, 묵가, 법가, 병가, 농가, 종횡가, 음양가 등 각각의 사상을 하나로 모았기 때문에 '잡가'라고 한다.

- **십이기**: 맹춘기(孟春紀), 중춘기(仲春紀), 계춘기(季春紀), 맹하기(孟夏紀), 중하기(仲夏紀), 계하기(季夏紀), 맹추기(孟秋紀), 중추기(仲秋紀), 계추기(季秋紀), 맹동기(孟冬紀), 중동기(仲冬紀), 계동기(季冬紀)
- **팔람**: 유시람(有始覽), 효행람(孝行覽), 신대람(愼大覽), 선식람(先識覽), 심분람(審分覽), 심응람(審應覽), 이속람(離俗覽), 시군람(恃君覽)
- **육론**: 개춘론(開春論), 신행론(愼行論), 귀직론(貴直論), 불구론(不苟論), 사순론(似順論), 사용론(士容論)

22 | 장부는 자기를 알아주는 이를 위해 죽는다
자객

>>> 춘추전국 시대의 조말, 전제, 예양, 섭정, 형가 등은 비록 자객이 된 까닭과 목적이 서로 달랐지만, 그들은 이루고자 하는 목적을 위해 기꺼이 목숨을 바친 강렬한 희생정신이 모두 같았다.

조말이 제나라 환공을 협박하다

조말(曹沫)은 노나라 사람인데, 용기와 담력으로 노나라 장공(莊公)을 섬겼다. 조말은 여러 번 제나라와 싸웠지만 모두 패했기 때문에 장공은 제나라와 화친을 맺을 수밖에 없었다. 그런데 제나라 환공과 노나라 장공이 화친을 맺는 자리에서 조말은 제나라가 점령하고 있는 노나라 땅을 돌려달라면서 비수로 환공을 협박했다. 환공은 그 자리에서 돌려주겠다고 약속하는 수밖에 없었다. 화친을 맺고 돌아온 환공은 크게 화를 내며 점령하고 있는 노나라 땅을 돌려주지 않겠다고 했다. 그때 환공의 신하 관중이 신뢰로 천하의 지지를 얻어야 한다고 설득하자 환공은 노나라에서 빼앗은 땅을 돌려주었다.

전제가 오나라 왕 요를 암살하다

전제(專諸)는 오나라 당읍(堂邑) 사람이다. 오자서는 초나라에서 도망쳐 오나라에 다다른 후 전제의 재능을 알아보았다. 오자서는 오나라 왕 요(僚)를 배알할 때 초나라를 공격하면 유리한 점을 설명했다. 하지만 그 자리에 있던 오나라 공자 광(光)이 오자서는 오나라의 힘을 빌려 개인적인 복수를 하려는 것이지 결코 오나라를 위해서 일하려는 게 아니라면서 동의하지 않았다. 그리하여 요는 초나라에 대한 공격 계획을 거두고 말았다. 그 후 오자서는 공자 광에게 요를 암살

전제에게 암살당한 오나라 왕

전제가 오나라 왕 요를 암살한 것은 역사적으로 가장 빠른 '홍문의 연'이었다. 더구나 연회를 가장한 전제의 암살은 성공했고, 공자 광은 오나라 왕 합려가 되었다.

1. 전제를 찾다

공자 광은 오나라 왕이 되고 싶었고, 오자서는 초나라에 복수를 하고 싶었다.
두 사람의 이익을 위해 오자서는 자객 전제를 공자 광에게 소개했다.

2. 오나라 왕 요를 살해하다

공자 광은 오나라 왕 요를 연회에 초청했고, 전제는 구운 생선을 바친다는 핑계로 뱃속에 비수를 숨긴 생선을 들고 요에게 접근했다. 전제는 생선 뱃속에서 꺼낸 어장검으로 요를 죽이고, 자신도 호위병들에게 죽었다.

→ 결과

공자 광은 오나라 왕 합려가 되었고, 오자서의 도움으로 초나라 수도 영을 빼앗았다. 오자서는 초나라 평왕의 시체를 무덤에서 꺼내 채찍질을 가하여 아버지의 원수를 갚고야 말았다.

요리가 경부를 찌르다

전제가 오나라 왕 요를 암살한 것과 관련이 있는 자객 활동은 요리(要離)가 경부(慶父)를 찌른 것인데, 다른 점은 이 암살을 많은 영웅들이 애석하고도 가엾게 여긴 데 있다.

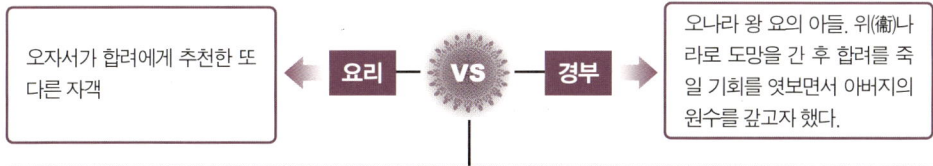

| 오자서가 합려에게 추천한 또 다른 자객 | ← 요리 VS 경부 → | 오나라 왕 요의 아들. 위(衛)나라로 도망을 간 후 합려를 죽일 기회를 엿보면서 아버지의 원수를 갚고자 했다. |

요리는 우선 위나라로 가 경부와 친구가 된 후 경부가 오나라를 공격하기 위해 강을 건널 때 경부를 찔렀다. 경부는 칼에 맞은 후 요리가 천하에 드문 용사라고 생각하여 하루에 두 사람의 용사를 잃을 수는 없다면서 그를 풀어주고 죽었다. 요리는 오나라에 돌아온 후 합려에게 관직을 하사받았으나 스스로 목숨을 끊었다.

4장 | 살아서는 이기고 죽어서는 이름을 남기다 | 335

하고 왕위를 빼앗으려는 욕심이 있다는 것을 알아채고, 전제를 공자 광에게 추천했다.

공자 광은 전제를 얻은 후 그를 빈객으로 후하게 대접하며 요를 암살하는 일에 대해 상의했다. 공자 광은 전제와 의논하여 연회를 열기로 하고 요를 초대하였다. 술자리가 한창 무르익자 공자 광은 발이 아프다는 핑계로 자리를 빠져나왔다. 이때 전제는 구운 생선 뱃속에 비수를 숨긴 후 요에게 구운 생선을 올렸다. 고기가 요 앞에 이르자 전제는 그 틈을 타 생선 뱃속에 있던 비수를 꺼내 요를 찔러 죽이고 자신도 왕의 호위병들에게 죽었다. 이때 공자 광은 미리 준비해두었던 군사들을 동원해서 요의 측근들을 모두 죽이고 스스로 군주의 자리에 오르니, 그가 바로 오나라 왕 합려이다

원수의 옷을 자르고 자결한 예양

예양(豫讓)은 진(晉)나라 사람인데, 널리 알려진 인물은 아니다. 그는 진나라 6경 가운데 한 사람인 지백(智伯) 씨를 섬겼는데, 지백은 예양을 매우 아꼈다. 훗날 조양자와 한씨, 위씨가 힘을 합쳐 지백을 멸망시키자 예양은 지백의 원수를 갚기 위해 조양자를 찾아갔다. 그는 변소에서 조양자를 암살하려고 했지만 이내 발각되고 말았다. 조양자는 예양이 의로운 사람이라며 풀어주었다. 그 후 예양은 몸에 옻칠을 하고, 문둥이로 변장한 후 다시 조양자를 암살하러 갔지만 들통이 나고 말았다. 조양자는 이미 한 번 관용을 베풀었으므로, 이번에는 예양을 풀어주지 않고 결박해서 데려오도록 했다.

붙잡혀 온 예양은 죽기 전에 조양자의 옷이라도 베어 그것으로 지백의 원수를 갚으면 죽어도 여한이 없겠다고 말했다. 그 말을 들은 조양자는 사람을 보내 자기 옷을 예양에게 주도록 했고, 예양은 칼을 뽑아 그 옷을 내리친 후 스스로 목숨을 끊었다. 조나라 백성들은 예양의 이야기를 전해 듣고 모두 그를 위해 눈물을 흘렸다.

진시황을 죽이려던 자객

전국 시대의 자객을 말하라 치면 사람들은 가장 먼저 형가를 떠올리지만, 도리어 그는 마지막에 실패하고 죽임을 당했다. 하지만 '대장부 한 번 가면 다시는 돌아오지 않으리_{壯士一去不復還}'라는 비가_{悲歌}는 오늘날까지 전해져 오고 있다.

1. 자객을 찾다

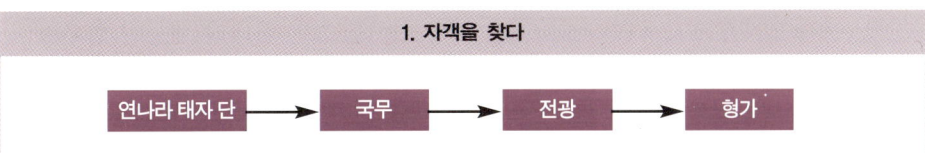

연나라 태자 단은 진나라에서 도망쳐 온 후 자객을 찾아 진시황을 죽이기로 다짐했다. 태부(太傅)였던 국무(鞠武)는 태자 단에게 전광을 추천했고, 전광은 다시 연나라 시장에서 술이나 마시는 위나라 사람 형가를 추천했다.

2. 암살 준비

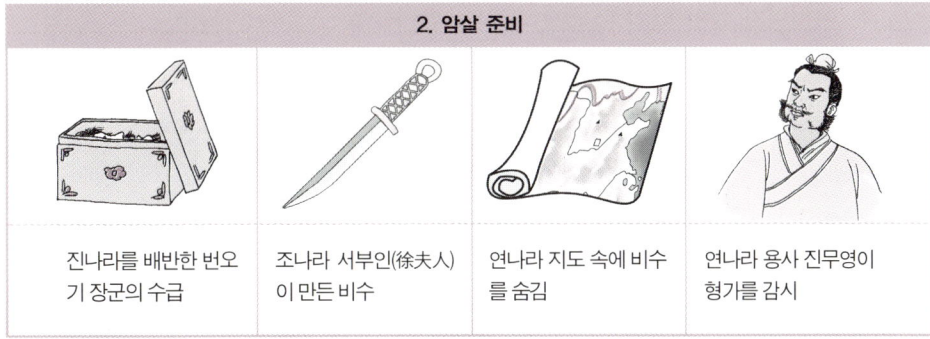

| 진나라를 배반한 번오기 장군의 수급 | 조나라 서부인(徐夫人)이 만든 비수 | 연나라 지도 속에 비수를 숨김 | 연나라 용사 진무양이 형가를 감시 |

3. 역수에서의 송별

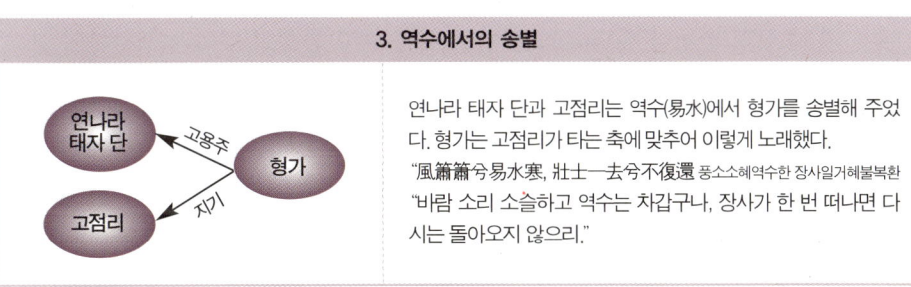

연나라 태자 단과 고점리는 역수(易水)에서 형가를 송별해 주었다. 형가는 고점리가 타는 축에 맞추어 이렇게 노래했다.
"風蕭蕭兮易水寒, 壯士一去兮不復還 풍소소혜역수한 장사일거혜불복환"
"바람 소리 소슬하고 역수는 차갑구나, 장사가 한 번 떠나면 다시는 돌아오지 않으리."

4. 암살 계획이 드러나다

형가는 지도를 완전히 펼친 후 비수를 꺼내 진시황을 찔렀지만 진시황은 몸을 피했고, 마침내 형가는 진시황의 호위병들에게 죽임을 당했다.

섭정이 협루를 죽이다

섭정(聶政)은 지(軹) 읍의 심정리(深井里) 사람인데, 사람을 죽인 일로 모친과 손윗누이를 데리고 제나라로 도망가서 도축 일을 하며 살았다. 복양(濮陽) 사람 엄중자(嚴仲子)가 한(韓)나라 애후(哀侯)를 섬겼는데, 그는 한나라 재상인 협루(俠累)와 원한 관계를 맺게 되었다. 엄중자는 죽임을 당할까 두려워 도망친 후 여러 곳을 떠돌며 협루를 암살하기 위해 자객을 수소문했다.

엄중자는 훗날 제나라에 이르러 섭정을 찾은 후 몸소 연회를 열고 섭정과 그의 식구들을 초대하여 황금 백금을 주었다. 섭정은 엄중자의 뜻을 알았지만, 늙은 어머니가 살아 있기 때문에 그 일을 받아들일 수 없다고 말했다. 그 후 섭정의 모친이 세상을 떠나자 섭정은 엄중자의 은혜를 갚기 위해 그를 찾아가 협루를 죽일 방안에 대해 상의했다. 엄중자는 섭정을 도와줄 사람들을 준비했지만, 섭정은 도리어 엄중자의 신분이 노출될 것을 염려하여 홀로 협루를 찾아가 암살했다. 그리고는 스스로 자신의 얼굴 가죽을 벗기고 눈을 도려낸 후 곧바로 죽었다. 한나라에서는 자객이 누구인지 알아내기 위해서 섭정의 시체를 시장 바닥에 드러내 놓고 현상금을 걸었다.

훗날 섭정의 누나 섭영(聶榮)은 이 소식을 듣고 동생일 것이라 생각하여 한나라에 가 동생의 시신을 수습했다. 섭영은 동생이 자신이 연루될 것을 염려하여 얼굴을 훼손시키고 죽었다는 것을 알게 되었다. 섭영은 동생의 시신에 엎드려 몹시 슬퍼하다가 마침내 목숨을 끊고 말았다.

형가가 진시황을 찌르다

형가(荊軻)의 조상은 제나라 사람인데, 훗날 위(衛)나라로 옮겨 온 후부터 위나라 사람들은 그를 경경(慶卿)이라고 불렀다. 훗날 그가 연나라로 가자 연나라 사람들은 그를 형경(荊卿)이라고 불렀다. 형가는 책읽기와 격투기, 검술을 좋아했다. 위(衛)나라와 조나라에 가서 유세를 한 적이 있지만 등용되지는 못했다. 그러다가 연나라에서 어느 개백정과 축(筑 : 아악기雅樂器에 속하는 타악기의 하나)을 잘 타는 고점리(高漸離)와 친하게 되었다.

당시에 진나라로 볼모로 끌려갔다가 다시 연나라로 도망쳐 온 태자 단은 자신을 홀대했던 진시황에게 원한을 품고, 그를 죽일 자객을 찾고 있었다. 태자 단은 우선 전광(田光)을 찾았으나 전광은 형가를 추천한 후 태자 단에게 비밀을 누설할 수 있다는 의심을 살까 봐 스스로 목숨을 끊었다. 태자 단은 형가를 상경으로 봉한 후 진심전력을 다해서 보살폈다. 하지만 형가는 시간이 지나도 진시황을 암살하러 가지 않았다. 그래서 태자 단이 그 까닭을 묻자 형가는 진시황을 암살하기 위해서는 진나라에서 넘어와 항복한 장수 번오기(樊於期)의 목과 연나라에서 가장 기름진 땅인 독항(督亢)의 지도가 필요하다고 답했다. 태자 단은 형가가 원하는 것을 모두 들어주었다.

결국 태자 단은 진시황을 암살할 목적으로 진무양(秦舞陽)과 형가를 진나라로 보냈다. 형가는 진나라에 다다른 후 진시황을 만날 때 지도에 숨겨 놓은 비수를 꺼내 진시황을 찔렀지만, 진시황이 비수를 피하고 형가는 진나라 왕궁 시위들에게 죽고 말았다. 진시황은 크게 노하여 군사를 보내 연나라를 멸망시켰다. 훗날 고점리도 진나라로 가 진시황을 시해하려고 했지만 뜻을 이루지 못하고 피살되었다.

23 이사
다시는 상채에서 사냥을 못하다

>>>> 이사는 일개 평민에서 진나라 승상에 까지 오른 입지전적인 인물이다. 그는 진시황을 도와 천추의 위업을 이루었지만, 진시황이 죽은 후 잘못을 되풀이하다 결국 함양에서 허리가 잘려 죽었다.

진시황의 축객령으로 관직을 되찾다

이사는 초나라의 상채(上蔡) 사람이다. 젊었을 때 지방에서 하급 관리를 지낸 적이 있으며, 훗날 순자 문하에서 제왕의 도에 대해 배웠다. 공부를 끝마친 그는 진나라가 가장 강성하다고 생각하여 진나라로 들어갔다. 이사가 진나라에 이르렀을 때 진나라 장양왕은 이미 죽고, 여불위가 모든 권력을 차지하고 있었다. 그리하여 이사는 여불위에게 의탁해 사인(舍人 : 빈객)이 되었다. 여불위는 이사의 재능을 알아보고 그를 입궐시켜 낭관으로 임명했다. 이렇게 해서 이사는 진시황에게 유세할 수 있는 기회를 얻게 되었다. 이사의 재능을 알아본 진시황은 그를 장사(長史 : 궁궐의 일을 총괄하는 관리)로 삼았다.

이때 한나라 사람 정국(鄭國)이 진나라에서 운하를 수리하며 첩자 노릇을 하다가 발각되었다. 이 일로 진나라 왕족과 대신들은 진시황에게 다른 나라에서 온 객경들을 모두 내쫓으라고 간언했다. 이사도 추방 대상자들 가운데 한 사람이었다. 이때 이사는 진시황에게 상서(上書)를 올렸다. 그러자 진시황이 축객령(逐客令 : 빈객을 쫓아내는 령)을 거두었고, 이사는 관직을 되찾았다.

진나라의 승상이 되다

이사는 진시황이 통일의 위업을 이루도록 계책을 만들어냈고, 결국 진나라

쥐의 철학

이사가 진나라 승상에 오를 수 있었던 까닭은 그가 '쥐의 철학'을 지닌 덕분이었다. 그는 인간이 더 나아질 수 있는가, 없는가의 문제는 자신이 처한 환경에 따라 달라질 수 있다고 생각했다.

이사(李斯)

변소에 사는 쥐
오물을 먹다가 사람이나 개나 가까이 가면 곧바로 놀라서 무서워한다.

창고의 쥐
창고에 쌓인 곡식을 먹이로 삼는 쥐는 사람이나 개가 가까이와도 근심하지 않는다.

진나라에 오다
이사는 이러한 쥐의 철학에 따라 학업을 마친 후 초나라 왕을 섬기지 않고 서쪽의 진나라로 와 진시황을 섬겼는데, 그에게 진나라는 곡식 창고였던 셈이다.

복과 화는 서로에게 기댄다

초기에 이사는 진시황의 천하통일을 보좌해 승상에 올랐지만, 진시황이 죽은 후에는 조고의 모함으로 인해 시장터에서 허리가 잘려 죽었다.

순자와 한비
- 순자 : 이사의 스승, 제도(帝道)와 왕도의 이치를 전수했다.
- 한비 : 이사의 동창생, 법가의 이론을 집대성하고 이사에 의해 죽었다.

진시황과 여불위
- 여불위 : 이사를 진시황에게 추천했다.
- 진시황 : 이사를 중용해 진나라 승상에 앉혔다.

이사

이세황제 호해와 조고
- 호해 : 이사와 조고가 결탁해 호해를 진나라 이세황제로 옹립했다.
- 조고 : 이사를 모함해 호해와 짜고 이사를 죽였다.

이사의 아들 이유
- 이유 : 이사의 맏아들이며, 이사로 후광으로 관직을 얻었지만 훗날 반란군 진압에 실패했고, 그것이 아버지와 연루되어 이사가 호해의 신임을 잃는데 빌미가 되었다.

「간축객령(諫逐客令)」 : 이사가 진시황에게 올린 상서이며, 진나라 출신 이외의 인재를 내쫓는 것에 반대하는 글. 중국의 사상가 노신(魯迅)은 『한문학사강요(漢文學史綱要)』에서 "진나라의 뛰어난 문장으로, 이사 만이 지을 수 있다(秦之文章, 李斯一人而已 진지문장 이사일인이이)"라고 했다.

소전(小篆) : 이사는 진나라의 문자를 통일할 때 소전(小篆 : 통일 이전에 진나라에서 사용하던 문자)을 표준으로 삼자고 주장했다. 소전은 「태산봉산각석(泰山封山刻石)」, 「낭야각석(琅琊刻石)」, 「역산각석(嶧山刻石)」, 「회계각석(會稽刻石)」 등에 기록되어 있는데, 소전의 대표작들이다.

는 천하를 차지했다. 진시황은 스스로를 '황제'라 칭하고, 이사를 승상에 임명했다. 이사는 승상이 된 후 진나라의 견고한 통치를 위해 진시황을 도와 군현제를 실시하고, 분서갱유로 사상의 통일을 도모했다. 또한 문자를 통일하고, 각종 법령을 재정비했다. 훗날 진시황은 천하를 순행하며 남쪽으로 민월(閩越)을 정벌하고, 북쪽으로는 흉노를 내쫓아 사방의 오랑캐를 물리쳤다. 이 모든 일에 이사가 관여했으므로, 그 모든 것이 진시황의 업적을 위한 것이다.

잘못을 되풀이하다

기원전 210년, 진시황이 동쪽으로 순행을 나갔다가 돌아오던 중에 사구(沙丘 : 하북성 평향현平鄕縣)에서 병으로 죽고 말았다. 이때 이사는 환관 조고와 결탁하여 진시황의 막내아들 호해를 이세황제로 옹립하고, 진시황의 맏아들 부소와 몽염 장군을 제거했다. 이세황제는 즉위한 후 조고를 무척 신임했는데, 조고는 법과 형벌을 가혹하게 적용하여 반대파를 모조리 제거했다. 이세황제가 아방궁을 짓는 데 몰두하는 동안 진나라 백성들의 부담은 날로 커졌다. 결국 대택향(大澤鄕 : 안휘성 숙현宿縣 동남쪽)에서 진승과 오광이 반란을 일으키자 전국 각지의 영웅호걸들이 앞 다투어 들고 일어났다.

이사는 여러 차례 이세황제에게 간언했으나 모두 거절당하고, 오히려 이세황제는 이사의 아들인 삼천군(三川郡) 태수 이유(李由)가 반란을 꾀하였다고 질책했다. 이사는 두려웠지만 벼슬과 봉록에 연연했던 이사는 이세황제의 환심을 사기 위해 그의 비위에 맞는 글을 올렸다. 그러자 이세황제는 크게 기뻐했다. 날이 갈수록 이세황제는 더욱더 잔악해졌고, 오직 환락에만 취해 모든 정사를 조고에게 맡겼다. 시간이 흐르면서 이사는 이세황제에게 불만을 갖기 시작했고, 조고가 이 틈을 타 황제에게 이사를 모함했다. 이세황제는 조고에게 이사의 죄를 추궁하도록 했고, 마침 이사를 눈엣가시처럼 여기던 조고는 모진 고문과 매질 가해 이사가 스스로 거짓 자백을 하도록 했다. 결국 이사는 모반의 죄를 뒤집어쓰고 오형(五刑)*에 따라 함양의 시장터에서 허리가 잘려 죽고, 그의 가족들도 모두 죽임을 당했다.

---

* 중국의 다섯 가지 형벌을 말한다. 태형, 장형, 도형, 유형, 사형을 5형이라 부른다.

24 | 몽염

흉노에게 위세를 떨친 진나라의 명장

>>>> 몽염은 진나라의 천하통일을 위해 북쪽의 흉노를 격퇴하여 탁월한 공적을 세웠을 뿐만 아니라 진시황의 총애와 신뢰를 한 몸에 받았다. 진시황이 죽은 후 조고의 계책으로 인해 몽염 형제는 죽임을 당하고 말았다.

명문가의 후예인 몽염

몽염의 조상은 제나라 사람이며, 그의 조부 몽오(蒙驁)는 제나라에서 진나라로 건너온 후 진나라 소왕을 섬겨 상경에 까지 올랐다. 그는 진나라 장양왕 때 장수가 되어 한나라를 공격해 성고(成皐)와 형양(滎陽)을 빼앗고 삼천군(三川郡)을 설치했다. 나중에는 조나라를 공격해 37개의 성을 얻었고, 다시 한나라를 공격해 13개의 성을 빼앗았다. 또한 위(魏)나라를 공격해 20개의 성을 얻었다. 몽오의 아들 몽무(蒙武)는 초나라를 공격해 초나라 왕을 포로로 잡았으며, 몽무의 아들 몽염은 형법을 배워 형벌 문서를 처리했다. 훗날 진시황 23년에 몽무는 진나라 부장군이 되어 왕전과 함께 초나라를 공격해 대파한 후 초나라 장수 항연(項燕)을 죽였다. 몽염은 군사를 이끌고 제나라를 공격해 대파한 공적으로 내사(內史 : 수도 함양을 다스리는 행정장관)가 되었다.

북쪽으로 흉노를 공격하다

진나라가 천하를 통일한 후 진시황은 몽염에게 30만 대군을 주어 북쪽의 흉노를 정벌하고 하남(지금의 내몽고 일대) 일대의 땅을 수복하도록 했다. 이어 몽염은 진나라, 조나라, 연나라가 각기 쌓았던 장성을 토대로 장성을 수리하여 지형에 따라 가로막힌 요새를 만들었는데, 그 길이가 임조(臨洮 : 감숙성 민현岷縣)에서 요동까지 1만여 리에 달했다. 훗날 다시 황하를 건너 양산(陽山)을 차지한 후 계속 북상하여 상군(上郡)에 주둔하면서 10여 년 동안이나 흉노에게 그 위엄을 떨쳤다.

진시황은 몽씨 일족을 총애하여 몽염의 동생 몽의(蒙毅)를 상경으로 삼은 후 밖에서는 수레를 함께 타고 다니고, 안에서는 늘 곁에 두었다. 몽염은 궁궐 밖의 일을 맡았고, 몽의는 궁궐 안의 일을 맡아 처리했기 때문에 사람들은 모두 두 형제를 충신으로 칭송했다.

조고에 의해 피살된 몽염

진시황이 죽고 나서 이사와 조고는 이세황제 호해를 옹립한 후 죄명을 날조해 진시황의 맏아들 부소와 장군 몽염을 죽음으로 내몰았다. 부소는 자살했지만, 몽염은 의심을 갖고 다시 한 번 명을 내려달라고 주청했다. 황제의 사자는 몽염의 관직을 박탈한 후 양주(陽周)의 옥에 가두었다.

호해는 부소를 죽인 후 몽염을 풀어주려고 했지만, 조고는 몽염이 다시 황제의 총애를 받으면 자신에게 불리해질 것을 두려워하여 몽씨 일족을 제거하려고 했다. 몽의는 일찍이 태자를 세우는 문제로 진시황의 면전에서 호해를 비방한 적이 있었기 때문에, 호해는 몽의를 죽이는 한편 사자를 보내 양주의 몽염까지 죽이라고 명했다. 황제의 사자가 양주에 도착했을 때 몽염은 이렇게 탄식했다.

"죄를 씌우려고만 한다면 어찌 구실이 없겠는가! 내 권력으로 진나라에 모반을 할 수 있었지만, 선조들의 가르침과 선주(先主:진시황)의 은정이 있어 감히 그렇게 하지 않았다." 그리고는 자신이 장성을 쌓을 때 지맥을 끊어 놓은 게 하늘에 지은 죄라고 말한 후 독약을 마시고 자살했다.

몽염의 공적

진나라의 천하통일 과정에서 몽염의 공적이 가장 컸다고 할 수는 없지만, 그는 진 제국이 세워진 후 북쪽의 흉노를 공격하여 남진을 막는 동시에 장성을 쌓는 데 가장 큰 역할을 했다.

북쪽으로 흉노를 내쫓다 : 북진하여 흉노를 내쫓고 하남 지역을 수복한 후 34개의 현을 설치했다. 또한 황하를 건너 양산(陽山) : 내몽고자치구 낭산(狼山)을 차지했다.

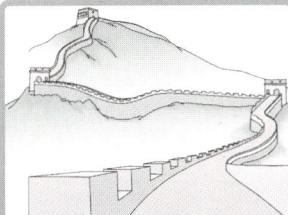

장성 축조 : 흉노의 남진을 막기 위해 조나라, 진나라, 연나라가 쌓았던 장성을 토대로 서쪽으로 농서(隴西 : 감숙성 동남부)의 임조부터 동쪽으로 요동까지 만리장성을 축조했다.

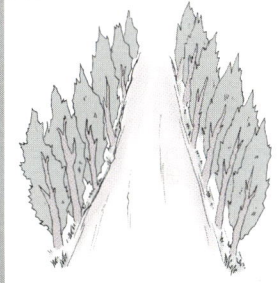

치도(馳道) 건설 : 몽염은 각 지역 간의 연락을 원활하게 하기 위해 구원군(九原郡)에서 감천궁(甘泉宮)까지 곧바로 내달릴 수 있는 총 1,800리의 치도를 세웠지만, 안타깝게도 완성하지는 못했다.

모필과 진쟁

몽염은 단지 흉노에게 위엄을 떨친 장수로서만이 아니라, 모필(毛筆 : 짐승의 털로 만든 붓)과 진쟁(秦箏 : 진나라의 아쟁)을 만들었다고 전해진다. 그의 또 다른 면모를 엿보게 해준다.

장군이 붓을 만들다

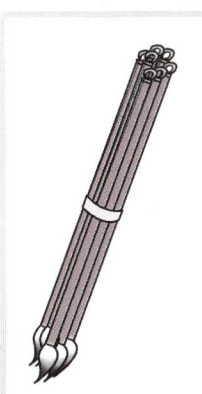

일설에는 몽염이 군사를 이끌고 초나라를 정벌하고자 남하하여 중산(中山) 지역에 이르렀다. 그는 토끼의 털이 아름다운 것을 보고 곧바로 붓을 만들었다고 한다. 그곳에서는 양털로 붓을 만들어 사용했는데, 그곳 사람들은 몽염을 붓의 시조라고 일컬었다.

아쟁을 만들다

아쟁은 원래 5현으로 소리를 내는 악기인데, 대나무로 만들고 모양새는 축(筑 : 고대 중국 악기의 하나로, 13현의 현악기이다)과 같았다. 훗날 몽염이 20현의 악기로 다시 만들기 위해 나무를 사용했고, 모양새도 슬(瑟 : 거문고)처럼 변했다. 당나라 때는 13현으로 바뀌었다.

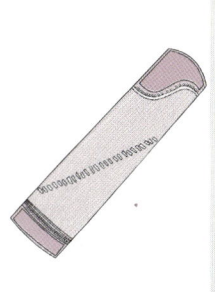

25 장이와 진여
이익 앞에 무너진 우정

>>>> 장이와 진여는 가난한 시절에 생사를 함께하자는 언약을 굳게 지켰지만, 훗날 왕후의 지위를 얻고 나서 권세와 이익을 좇으며 의를 배반하고 서로를 잔혹하게 대했다.

빈천지교

장이(張耳)와 진여(陳餘)는 전국 시대 말기의 위(魏)나라 사람이며, 두 사람은 서로를 안 후 빈천지교(貧賤之交)의 우정을 맺었다. 진(秦)나라가 위나라를 멸망시킨 후 두 사람의 목에 현상금을 내걸자 그들은 진(陳)나라로 피신해 성과 이름을 바꾸고 마을의 문지기 노릇을 하며 연명했다. 진(秦)나라 말기에 천하의 난세가 시작되자 장이와 진여는 진승에게 의탁했다. 진승은 두 사람을 무신(武臣)에게 보내 함께 북쪽의 조나라 땅을 공격하도록 명했다. 장이와 진여는 조나라 땅을 얻은 후 무신이 스스로 왕이 되도록 설득했다. 그러자 무신은 스스로 조나라 왕에 오른 후 진여를 대장군으로 삼고, 장이는 우승상으로 삼았다.

장이와 진여가 원한을 쌓다

무신이 조나라 왕에 오르고 나서 장이와 진여가 연나라 땅을 공격하도록 권하자 무신은 한광(韓廣)을 보내 연나라 땅을 공략했다. 한광은 연나라 땅에 이르러 연나라 사람들에 의해 연나라 왕으로 추대되었다. 이에 조나라 왕 무신이 연나라를 공격하다가 붙잡히고 말았는데, 군영에서 잡일을 하는 병졸 덕분에 무사히 빠져나올 수 있었다.

나중에 조나라 장군 이량(李良)이 반란을 일으켜 무신을 죽이자 장이와 진여

깨지기 쉬운 우정

장이와 진여는 가난할 때는 서로 목이 달아나도 함께 하자는 문경지교刎頸之交의 우정을 나눴지만, 부와 권력을 앞에 두고 벌인 이권 싸움으로 인해 도리어 원수가 되어 서로를 공격했다.

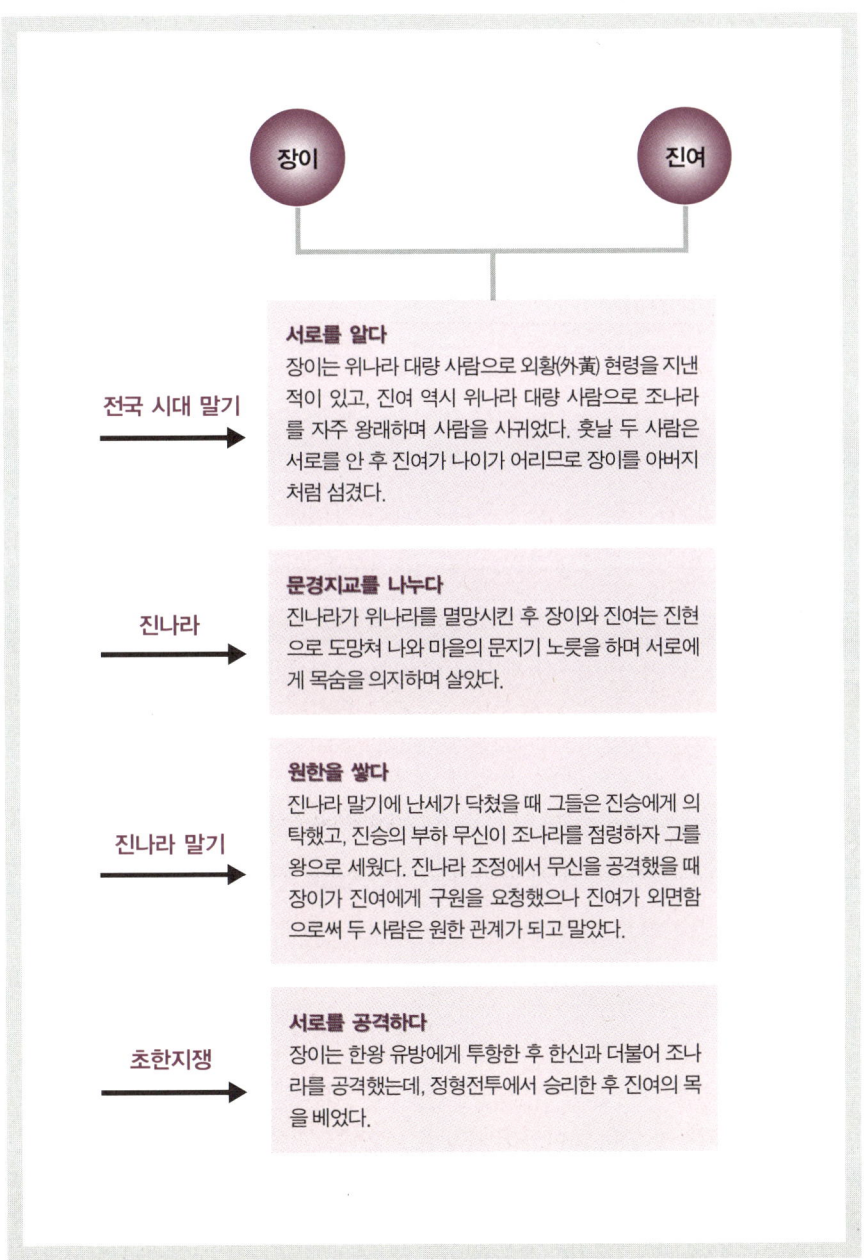

전국 시대 말기

서로를 알다
장이는 위나라 대량 사람으로 외황(外黃) 현령을 지낸 적이 있고, 진여 역시 위나라 대량 사람으로 조나라를 자주 왕래하며 사람을 사귀었다. 훗날 두 사람은 서로를 안 후 진여가 나이가 어리므로 장이를 아버지처럼 섬겼다.

진나라

문경지교를 나누다
진나라가 위나라를 멸망시킨 후 장이와 진여는 진현으로 도망쳐 나와 마을의 문지기 노릇을 하며 서로에게 목숨을 의지하며 살았다.

진나라 말기

원한을 쌓다
진나라 말기에 난세가 닥쳤을 때 그들은 진승에게 의탁했고, 진승의 부하 무신이 조나라를 점령하자 그를 왕으로 세웠다. 진나라 조정에서 무신을 공격했을 때 장이가 진여에게 구원을 요청했으나 진여가 외면함으로써 두 사람은 원한 관계가 되고 말았다.

초한지쟁

서로를 공격하다
장이는 한왕 유방에게 투항한 후 한신과 더불어 조나라를 공격했는데, 정형전투에서 승리한 후 진여의 목을 베었다.

는 조나라 후손인 조헐(趙歇)을 왕으로 세웠다. 진나라 조정에서 장수 장한(章邯)과 왕리(王離)를 보내 조나라를 공격하자 장이는 조헐을 데리고 거록성(巨鹿城)으로 줄행랑을 쳤다. 진여는 남은 병사들을 모아 거록성 북쪽에 진을 쳤는데, 장이가 여러 차례 사람을 보내 진여에게 도움을 청했으나 진여는 병력이 부족하다는 핑계를 대며 움직이지 않았다. 항우는 조나라를 구하기 위해 북상하여 진나라 군대를 격파하고 조나라를 구했다. 장이는 위기에 처한 자신을 구원하지 않은 진여에게 불만을 갖게 되었고, 둘 사이에 증오의 벽이 쌓이고 말았다.

이전투구를 벌이다

항우가 진나라를 멸망시킨 후 제후들을 왕에 봉했는데, 장이를 상산왕(常山王)으로 세웠다. 진여는 항우를 따라 함곡관으로 들어오지 않았던 탓에 남피(南皮)의 3개 현만 봉읍으로 받았다. 이에 불만을 품은 진여는 제나라의 전영(田榮)과 연합하여 장이를 공격했고, 전투에서 패한 장이는 한왕 유방에게 몸을 의탁했다. 진여는 장이를 쫓아낸 후 조나라 땅 전부를 되찾고, 항우에 의해 대왕(代王)에 봉해진 조헐을 모셔와 조나라 왕으로 옹립했다. 조나라 왕은 진여를 대왕에 봉했지만, 도리어 진여는 대 땅으로 가지 않고 조헐을 곁에서 보좌했다.

초한지쟁이 일어나고 유방이 조나라 왕과 연합하여 항우를 공격하려 하자 진여는 장이의 수급을 원했다. 유방이 장이와 생김새가 비슷한 사람의 수급을 진여에게 건네고 나서야 진여는 한나라 군을 돕기 위해 출병했다. 나중에 유방이 패하고, 진여는 장이가 죽지 않았다는 것을 알고 유방을 배반했다. 유방의 신하 한신이 위나라 땅을 평정하자 유방은 한신과 장이를 보내 조나라 땅을 공격하도록 했다. 그들은 정형(井陘)의 지수(泜水)에서 진여의 목을 베고 조나라 왕 헐도 죽였다. 유방은 장이를 조나라 왕으로 세웠는데, 오래지 않아 장이가 죽자 경왕(景王)이라는 시호를 내렸다. 장이의 아들 장오(張敖)가 왕위를 이었고, 유방의 맏딸 노원공주는 장오와 혼인하여 왕후가 되었다.

26 | 한나라 최고의 명장
한신

>>> 한신은 병법을 다루는 데는 천재적인 인물이었지만 정치력은 너무 부족했다. 운명을 가를 수 있는 여러 차례의 기회가 왔을 때마다 우유부단하게 행동했고, 마침내 여인네인 여태후의 손에 죽고 말았다.

떠나는 한신을 소하가 데려오다

회음후(淮陰侯) 한신은 회음 사람으로, 젊었을 때는 집이 너무 가난하고 살길이 막막하여 항상 남의 집에서 밥을 빌어먹었다. 진나라 말기에 천하가 혼란스러워지자 한신은 검 한 자루를 차고 항량(項梁)을 따라 반란에 동참했다. 항량이 죽은 후에는 항우를 따랐으며, 항우는 그에게 낭중 자리를 주었다. 한신은 항우에게 여러 차례 묘책을 올렸으나 항우가 받아들이지 않자 촉나라로 들어간 유방을 따라가 의탁했다. 하지만 이름이 알려지지 않았던 탓에 빈객을 접대하는 낮은 자리만 맡았다. 한신은 여러 번 소하와 이야기를 나누었는데, 소하는 그가 뛰어난 인재임을 알아보고 언젠가는 유방에게 추천하기로 마음먹었다. 그러나 한신은 시간이 흐르도록 여전히 중용되지 못하자 한나라를 떠났다. 소하가 이를 알고 달빛에 의지하며 한신을 쫓아가 그를 다시 데려왔다. 나중에 소하는 재차 한신을 유방에게 추천했고, 그때서야 유방은 한신을 대장군으로 삼았다.

한나라 건국의 공신이 되다

초한지쟁이 벌어졌을 때 한신은 위나라 땅을 평정한 후 장이와 함께 조나라 땅을 평정하고, 연이어 동쪽으로 진군해 제나라도 차지했다. 한신은 제나라를 평정한 후 사람을 보내 유방에게 상서를 올리고, 자신을 제나라 왕으로 삼아달라고 주청했다. 이에 유방은 한신이 반란이라도 일으킬까 염려하여 한신을 제나라 왕에 봉했다. 한신은 그제서야 초나라를 공격했다.

이때 천하의 형세는 유방, 항우, 한신이 솥발처럼 천하를 삼등분한 형국이었다. 한신의 수하인 괴통(蒯通)이 모반을 권했지만, 한신은 유방의 중용에 감사해하며 배반하지 않았다. 이후 한신과 유방은 힘을 합쳐 항우가 이끄는 초나라 군을 해하에서 대파했고, 항우가 자결함으로써 초한지쟁에 종지부를 찍었다. 이후 유방은 한신의 빈틈을 노려 그의 병권을 빼앗았고, 한신을 제나라 왕에서 초나라 왕으로 다시 봉해 하비(下邳)를 도읍으로 삼도록 했다.

토사구팽을 당하다

한나라가 세워진 후 이성 제후왕들이 잇달아 반란을 일으켰다. 그 와중에 누군가가 한신이 모반을 획책한다고 조정에 알렸다. 이때 유방은 진평의 계략에 따라 남쪽으로 순행한다는 핑계를 댄 후 운몽 호수로 제후들을 모이게 했다. 그리고 나서 한신이 오자 그를 붙잡았다. 유방은 낙양(洛陽)에 이르러서야 한신의 죄를 용서한 후 그를 회음후(淮陰侯 : 강소성 회안淮安 일대의 제후)로 낮춰 봉했다. 이때 한신은 유방을 원망하며 '토사구팽(兎死狗烹)'이라는 말을 남겼다.

한신은 유방이 자신의 재능을 두려워하고 미워한다는 것을 알았기에 늘 병을 빌미삼아 조회에 나가지 않았다. 또한 그는 주발이나 관영과 같은 후(侯)에 지나지 않는 자리를 수치스럽게 여겼다. 훗날 진희(陳豨)가 은밀하게 모반을 꾀하자 유방은 진희를 토벌하러 갔다. 여태후는 한신도 연루자임을 알고 소하로 하여금 한신을 속여 입궐하게 한 다음 장락궁(長樂宮)의 종실에서 그의 목을 베고 삼족을 멸했다. 유방은 진희를 토벌하고 돌아와 한신이 죽은 것을 알고, 한편으로는 기뻐하고 또 한편으로는 불쌍하게 여겼다.

고사 성어로 보는 한신

한신은 한나라 초기의 3걸(소하, 장량, 한신) 가운데 한 사람이며, 중국 역사상 가장 유명한 장군 중의 한 사람이다. 고사 성어를 통해 그의 일생을 살펴본다.

고사 성어	관련된 이야기
과하지욕 (胯下之辱)	한신이 빈궁하게 살 때 그를 업신여기는 젊은 무리 중의 건달 하나가 한신에게 죽기 싫으면 자기 가랑이 밑으로 기어서 지나가라고 했다. 그러자 한신은 훗날 자신의 큰 뜻을 이루기 위해 그의 바짓가랑이 밑으로 기어 나갔다.
소하월하추한신 (蕭何月下追韓信)	한신은 항우의 곁을 떠나 유방에게 투항한 후에도 여전히 중용되지 못하자 한나라를 떠났다. 그때 한신의 재능을 알아보았던 소하가 달빛에 의지해 한신을 쫓아가 다시 데려왔다. 훗날 유방이 한신을 대장군으로 삼은 후로 한신은 입신출세하였다.
명수잔도 암도진창 (明修棧道 暗度陳倉)	초한지쟁이 벌어졌을 때 한신은 번쾌를 보내 이전에 불타버린 잔도를 수리하게 하면서, 뒤로는 은밀하게 진창(陳倉 : 섬서성 보계시寶鷄市 동쪽)을 지나 일거에 관중(關中) 땅을 공략했다.
십면매복 사면초가 (十面埋伏 四面楚歌)	초한지쟁 후기에 항우가 해하에서 포위되자 한신은 군사들을 사방에 매복시킨 채 초나라의 노래를 부르게 하여 초나라 군을 대파했다. 항우가 자살하자 초한지쟁은 끝나고, 유방은 한나라를 세우고 황제에 올랐다.
토사구팽 조진궁장 (兎死狗烹 鳥盡弓藏)	한나라가 세워지고 나서 누군가가 한신이 모반을 꾀한다고 참소하자 유방은 한신을 잡아들였다. 한신이 공신의 어려움을 토로하자 유방은 그를 동정하여 회음후로 강등시켰다.
다다익선 (多多益善)	유방과 한신이 장병(將兵)의 도에 대해 논할 때, 한신은 병사들이 많을수록 더 잘 부린다고 말하면서 유방은 비록 병사를 부리는 데는 약하지만, 장수를 부리는 데는 자신보다 더 낫다고 했다.
성야소하패야소하 (成也蕭何敗也蕭何)	당초에 한신을 유방에게 추천하여 입신출세하도록 한 사람도 소하이고, 한신을 속여 입궐하게 한 후 여태후로 하여금 그를 죽이게 한 사람도 소하였다.

한나라 초기의 이성 제후왕

한나라 초기에 영지를 하사받은 7명의 이성(異姓) 제후왕들이 연달아 반란을 일으켰다가 최후에는 피살되었다. 이는 후세 사람들에게 공신이 되기가 얼마나 어려운 지를 깨닫게 하였지만, 그들의 최후는 처량하기 그지없었다.

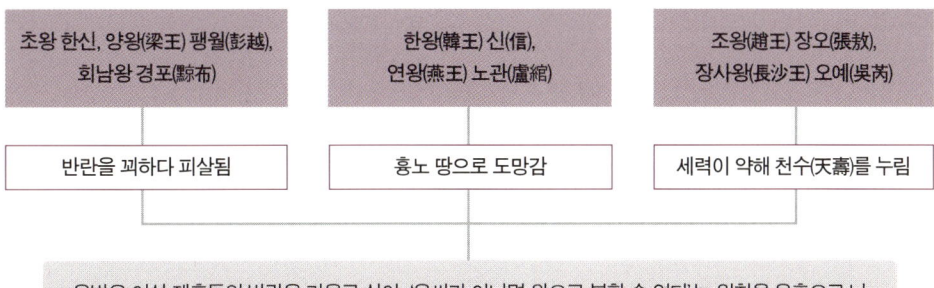

27 말 위에서는 천하를 다스릴 수 없다
육고

>>> 육고는 한나라가 세워지는 과정에서 큰 공을 세우지는 않았지만, 오히려 한나라 왕조가 오랫동안 존속할 수 있는 기틀을 마련하는 데 공을 세웠다. 특히 그는 "말 위에서는 천하를 다스릴 수 없다"라고 주장하며 한나라 개국공신들에게 크나큰 깨달음을 주었다.

사신으로 남월에 가다

육고(陸賈)는 초나라 사람으로 말재주가 좋은 변사였다. 그는 문객의 신분으로 한나라 고조 유방의 천하통일을 도왔다. 유방이 한나라를 세우고 황제를 칭할 때 중원은 막 안정을 되찾았는데, 조타(趙佗)가 남월을 평정하고 스스로 왕에 오르려고 했다. 유방은 육고를 사신으로 삼아 조타에게 보내 왕의 징표인 인(印)을 건네주고 조타를 남월왕에 봉했다.

육고는 남월에 다다른 후 조타에게 당시의 정황을 설명하고, 그에게 한나라의 적이 되지 말 것을 권유했다. 또한 조타가 진심으로 한나라에 복종하여 한나라의 신하가 되게 하는 동시에 한나라와의 약속을 지키게 했다. 조타는 사신에 대한 예로써 육고에게 천금의 보물을 주어 돌려보냈다. 육고가 조정에 돌아와 보고하자 유방은 크게 기뻐하며 그를 태중대부로 삼았다.

『시경』과 『서경』으로 천하를 다스리다

육고가 늘 유방 앞에서 『시경』과 『서경』을 칭찬하자 유방은 그를 꾸짖으며 자신은 "말 위에서 천하를 얻었기에 『시경』과 『서경』 따위는 쓸모없다"라고 말했다. 그러자 육고는 "말 위에서는 천하를 얻을 수 있지만, 천하를 다스릴 수는 없다"라고 주장하면서 유방에게 이렇게 간언했다.

태평성대의 토대를 쌓다

육고는 한나라 초기의 뛰어난 유학자로서, 그는 한나라 초기의 통치권을 안정화시킴으로써 한나라가 장기간 태평성대를 누릴 수 있는 토대를 쌓았다. 육고의 공적은 네 가지로 정리할 수 있다.

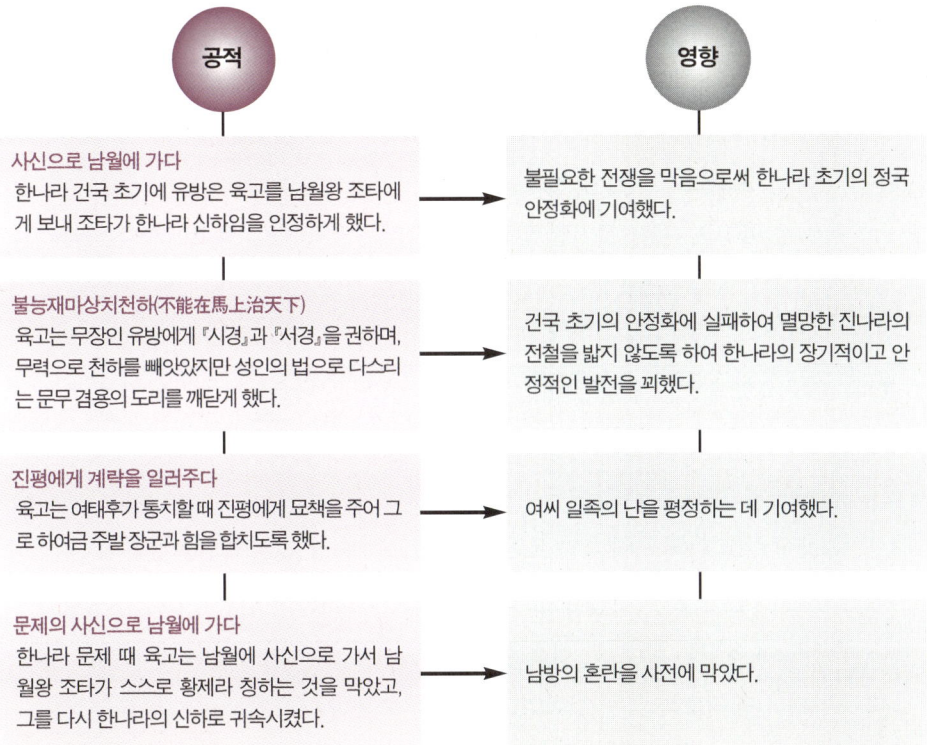

육고와 가의

육고와 가의는 한나라 초기에 명성이 높았던 학자로서 조정에 출사했다. 당시에 그들의 정치사상은 가장 앞선 것이었지만, 귀착점은 크게 달랐다.

	정치 집단	성격	사상	결과
육고	군부 권력 집단	세상 물정에 밝고 융통성이 있음	유학을 본받고 황로사상과 친하며 종횡을 좋아함	천수를 누림
가의	신흥 법가 집단	강직하고 의지가 강함	유학자로서 법가와 가깝고 노장사상을 즐김	제대로 뜻을 펴지 못하고 요절

『신어(新語)』 : 육고가 지었으며 모두 12편으로 구성되었다. 편목은 「도기(道基)」, 「술사(術事)」, 「보정(輔政)」, 「무위(無爲)」, 「변혹(辨惑)」, 「신미(愼微)」, 「자질(資質)」, 「지덕(至德)」, 「회려(懷慮)」, 「본행(本行)」, 「명계(明誡)」, 「사무(思務)」이다. 진나라의 멸망 과정과 고대 국가의 쇠망에서 얻은 교훈을 총망라함으로써, 한나라가 유교 정치를 펼 수 있도록 하는 기틀이 되었다.

"은나라 탕왕과 주나라 무왕은 비록 무력으로 천하를 얻었지만, 문교(文敎)로써 천하를 다스렸습니다. 문치와 무력을 함께 써야 나라를 오래 보존하는 길입니다. 춘추 시대에 오나라 왕 부차와 진(晉)나라의 지백은 모두 무력에만 지나치게 의존하다 망했고, 진(秦)나라는 제멋대로 형법에 기대어 폭정을 일삼았기 때문에 멸망한 것입니다. 만약에 진시황이 천하를 통일한 후 인의를 행하고 옛 성인을 본받았다면, 폐하께서 어떻게 천하를 차지할 수 있었겠습니까?"

유방은 육고의 말이 못마땅했지만, 부끄러운 낯빛으로 육고에게 진나라가 천하를 잃은 까닭과 고대 국가의 쇠망사에 대한 글을 지어 올리도록 명했다. 그리하여 육고가 국가 존망의 징후에 관한 12편의 글을 지어 올리니, 유방과 대신들은 모두 육고의 식견에 감탄했다. 사람들은 이 책을 『신어(新語)』라고 불렀다.

진평에게 계책을 주다

유방이 죽고 나서 여태후가 통치할 때 육고는 승상 진평을 알현했는데, 승상에게 깊은 고민이 있는 것을 보고 그가 유씨의 나라를 걱정하고 있다고 생각했다. 그리하여 육고는 한 가지 계책을 생각해냈는데, 진평이 병권을 쥐고 있는 태위 주발과 친해지도록 하는 것이었다. 사직을 보존하는 묘책으로 승상과 장군이 손을 잡는 것이 최선이라고 생각했던 까닭이다. 진평은 주발에게 5백금을 보내어 그의 건강을 빌고 경의를 표하며 연회를 베풀자 주발도 그에 답하며 두 사람은 점점 더 긴밀해졌다. 마침내 두 사람은 힘을 합해 여씨 일족들을 제거한 후 한나라 문제를 옹립했다. 훗날 문제가 남월에 사신을 보내려고 하자 진평이 육고를 추천했다. 육고는 다시 남월에 출사하여 자신의 임무를 완수했다. 이러한 처신으로 육고는 권력 싸움에 휘말리지 않고 장수를 누리다 죽었다.

28 원수지간
원앙과 조조

>>> 원앙은 강직한 성품으로 직언을 마다하지 않았으며, 조조晁錯는 너무 가혹하고 몰인정했다. 비록 두 사람은 같은 왕조의 신하였지만, 물과 기름처럼 서로 어울리지 못했다. 오초칠국의 난이 터지자 원앙은 그것을 기화로 조조를 직간하여 죽게 했으며, 원앙 자신은 강직함 탓에 암살되었다.

너무 강직한 성품으로 인해서 죽다

초나라 사람인 원앙(袁盎)의 자는 사(絲)이다. 여태후(한나라 고조 유방의 황후인 여치)가 섭정할 때 여록(呂祿)의 사인(舍人 : 한나라 초기 귀족의 측근이나 시종)으로 있다가 문제가 즉위한 후 형 원쾌(袁噲)의 추천으로 중랑(中郎 : 황제의 명령에 따르거나 자문하는 역할)이 되었다. 원앙은 직간으로 유명했다. 승상인 강후(絳侯) 주발은 여씨 세력을 제거할 때 큰 공을 세웠기 때문에 문제 면전에서도 매우 교만했다. 원앙은 이를 보고 여태후 때 주발은 병권을 쥐고 있었기 때문에 우연히 공을 세운 것에 지나지 않는다고 황제에게 간언하여 주발의 위세가 꺾이도록 했다. 군신의 예를 잃은 주발은 "네 형 원쾌와 나는 친한 사이인데, 네가 감히 나를 헐뜯다니!"라고 말하며 원앙을 원망했다. 하지만 원앙은 주발에게 결코 사과하지 않았다. 주발이 훗날 모반의 죄로 옥에 갇혔을 때 도리어 원앙만이 주발의 무죄를 밝혀 주었다. 결국 주발은 무죄로 풀려나게 되었고, 그 일로 주발은 원앙과 깊은 교분을 맺었다. 훗날 원앙은 회남왕(여왕厲王 : 한나라 문제의 동생)이 모반에 연루되어 촉 땅으로 귀양갈 때도 직언을 하자 문제는 그에게 묘책을 내도록 했다.

원앙은 너무 강직한 탓에 자주 직간을 하여 농서군(隴西郡)의 도위(都尉 : 군의 군사를 맡음)로 전임되었다. 또 제나라 승상을 맡다가 다시 오나라의 승상으로 옮겨 갔다. 원앙의 조카 원종(袁種)이 원앙에게 이렇게 아뢰었다. "오나라 왕 유비는 오래 전부터 교만에 빠져 있으니 너무 강직하지 말고, 단지 낮에는 술이나 마시면서 가끔씩 '모반을 꾀하면 아니 되옵니다'라고만 간언하십시오." 원앙이 조카의 의견대로 하자 유비는 그를 매우 신임했다.

원앙과 조조는 서로를 탐탁하게 여기지 않았다. 문제가 죽고 경제(문제의 아들 유계劉啟)가 즉위하자 조조는 어사대부(御使大夫)*가 되었다. 조조는 아랫사람에게 원앙이 오나라 왕 유비로부터 받은 뇌물을 조사하도록 해서 그를 서민으로 강등시켰다. 오나라와 초나라가 반란을 일으키자 원앙은 조조 때문에 반란이 일어났다고 경제에게 간언하여 조조는 참수되고 말았다. 그 후 원앙은 태상(太常 : 종묘의 예를 관장하는 직책)의 신분으로 오나라에 사신으로 갔다. 오나라 왕이 원앙을 죽이려고 하자 오나라에 있을 때 부리던 시종의 도움으로 도망칠 수 있었다.

오초칠국의 난이 평정된 후 원앙은 초나라의 승상이 되었으나 병을 핑계로 벼슬을 그만두었다. 훗날 원앙은 양나라 왕 유무(劉武 : 경제의 동생)에게 미움을 사게 되었고, 결국 유무가 보낸 자객에게 안릉(安陵)의 곽문(郭門 : 성문) 밖에서 암살되고 말았다. 유무가 황제의 후사에 욕심을 내자 원앙이 경제에게 간언하여 반대한 탓이었다.

제후의 봉토를 줄이려다 죽음을 맞다

조조는 영천(潁川) 사람이며, 지현(軹縣)의 장회(張恢) 선생으로부터 신불해와 상앙의 형명학(刑名學 : 형법으로 엄격하게 백성을 다스리는 법가사상)을 배웠다. 그는 문학에 달통해 태상장고(太常掌故 : 예약 제도의 역사와 연혁을 밝히는 하급 관리)가 되었다. 그는 성격이 준엄하고 각박하여 몰인정했다.

한나라 문제 때 태상은 조조를 복생(伏生)에게 보내 『상서(尚書)』를 배워 오도록 했다. 학문을 마치고 돌아온 조조는 태자의 자문을 담당하는 사인이 되어 뛰어난 말재주로 태자의 총애를 받으며 지낭(智囊 : 꾀주머니)으로 불리었다. 조조는

---

* 한나라 때 승상, 태위(太尉)와 더불어 3공(三公)에 해당하는 직위로, 백관을 감찰하고 황제를 대표해 상주서, 국가 문서, 왕명의 출납을 맡았다.

원앙과 조조

원앙과 조조는 비록 같은 황제의 신하들이었지만, 도리어 서로를 원수로 대하며 싸웠다. 결국 원앙이 이겼다 하더라도 원앙 역시 자신의 강직한 성격으로 인해 목숨을 잃고 말았다.

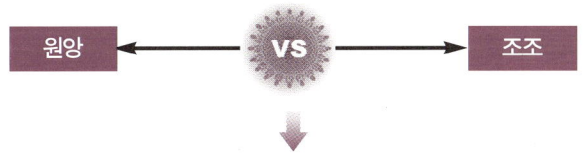

원앙은 평소부터 조조를 싫어했다. 조조가 머문 자리에서는 원앙이 나가버렸고, 원앙이 있는 자리에서는 조조가 떠났다. 두 사람은 한자리에서 이야기를 나눈 적이 없었다.

조조가 어사대부에 오른 후 관리들에게 원앙이 오나라 왕 유비에게 뇌물을 받은 죄를 추궁하게 했고, 원앙은 서민으로 강등되었다.

오초칠국의 난이 일어났을 때 조조는 원앙이 오나라 왕의 반란에 가담했다고 의심했다. 원앙과 두영은 한나라 경제를 알현한 후 조조의 삭번지책(削藩之策 : 제후들의 봉토를 줄임)이 반란의 원인이라고 간언했다. 황제는 두 사람의 말을 듣고 조조를 참수했다.

결국 조조는 죽었지만 강직한 원앙도 한나라 경제의 동생인 양왕 유무가 후사를 잇는 것에 반대하다가 그의 미움을 사게 되었다. 결국 원앙은 양왕이 보낸 자객에게 목숨을 잃고 말았다.

조조의 정치 논문

조조는 신불해와 상앙의 법가사상을 계승하여 정치 논문을 썼다. 모두 실제에 적합하고 견해가 깊었다. 당시 뿐만 아니라 후세에도 깊은 영향을 미쳤다.

조조(晁錯)		
	『언병사소(言兵事疏)』	흉노의 공격에 대비한 전략과 책략을 논했다. 전쟁 중에는 병사들의 사기 진작과 뛰어난 장수의 역할이 중요하다는 것을 강조했다.
	『수변권농소(守邊勸農疏)』	한나라로 넘어온 유민들로 하여금 변경에 정착하도록 하여 교대로 변경을 지키도록 했던 변경 수비대를 대체하게 했다.
	『논귀속소(論貴粟疏)』	전국의 백성들 중에서 변경 수비에 쓰일 양곡을 내면 일정한 작위를 주거나 죄를 면제해 주는 비용으로 쓰게 한 '납속수작(納粟授爵)'을 논했다.
	『거현량대책(擧賢良對策)』	인재 선발의 의식과 표준을 논하면서 제반 행정 법령은 인정(人情)을 근본으로 삼아야 한다는 정치적 견해를 밝혔다.

문제에게 상주서를 올려 제후들의 봉토를 줄이도록 건의했지만, 받아들여지지 않았다. 하지만 문제는 그의 재능을 높이 사 중대부(中大夫)로 승진시켰다. 원앙을 비롯한 여러 대신들은 모두 그를 싫어했다.

한나라 경제 때 조조는 내사(內史 : 황제와 수도의 안전을 책임지는 직책)에 임명되어 황제의 측근이 되었으며, 훗날 어사대부(御使大夫)로 승진했다. 조조는 죄를 지은 제후들의 봉토를 줄이기 위해 해당 영지의 가장자리에 있는 군현을 몰수하도록 황제에게 주청했다. 그러자 제후들이 이에 강력하게 반발하면서 오초칠국의 난이 일어났다. 결국 경제는 제후들의 반란을 진압하기 위해 두영과 원앙의 간언을 받아들여 동쪽 저잣거리에서 조조를 참수하라는 명을 내렸다.

29 황제가 만석군이라 부른 인물
석분

>>>> 석분은 한나라 초기 역사에서 비중이 아주 작은 인물에 불과하다. 하지만 그의 공손하고 삼가는 태도는 견줄 만한 사람이 없었다. 석분과 그의 아들 네 명이 모두 2천 석의 봉록을 받았기 때문에 한나라 경제는 그를 만석군萬石君이라 불렀다.

누나 덕택에 고귀해지다

석분(石奮)은 원래 조(趙)나라 사람으로, 그의 아버지는 조나라가 멸망한 후 온(溫)으로 옮겨 와 살았다. 유방이 동쪽으로 항우를 공격할 때 석분은 15세의 나이로 낮은 하급 관리가 되어 유방을 섬겼다. 유방은 그와 이야기를 나누면서 그의 공손한 거동이 마음에 들어 거문고를 잘 타는 그의 누나를 후궁으로 들여 미인(美人 : 비빈妃嬪)으로 삼았다. 또한 석분을 중연(中涓 : 궁중에서 시중을 드는 직책)에 봉한 후 그로 하여금 유방에게 올라오는 글과 대신들의 배알 요청을 관리하도록 했다.

석분은 한나라가 세워진 후 집을 장안성의 척리(戚里)로 옮기게 되었는데, 이는 그의 누나가 후궁이었기 때문이다. 석분은 한나라 문제 때 그동안의 공적을 인정받아 중대부(中大夫)에 올랐다. 그는 경학과 무예를 쌓지는 못했지만, 공손하고 신중한 면에서 그에 견줄 만한 이가 없었다. 한나라 문제는 태자의 스승을 찾을 때 모두가 석분을 추천하였으므로, 그를 태자태부로 임명했다. 한나라 경제는 석분이 너무 겸손해 가까이하기가 꺼려져 그를 제후의 재상으로 삼았다.

만석군으로 부르다

석분에게는 아들 넷이 있었는데, 모두 품행이 유순하고 신중한데다 효성이 극진하고 일 처리가 정확했다. 그들은 관직에 나가 2천 석의 봉록을 받는데, 한나라 경제는 그와 그의 네 아들이 모두 2천 석의 지위에 있으므로, 남의 신하가 된 자의 존귀와 광영이 모두 한 집안에 모였다며 석분에게 '만석군(萬石君)'이라는 봉호를 내렸다.

경제 재위 말년에 석분은 나이가 들어 벼슬을 그만두고 집으로 돌아왔으나 여전히 상대부의 봉록을 받았으며, 세시(歲時)에는 조정에 나가 황제를 알현했다. 그는 궁성 문을 지날 때면 반드시 수레에서 내려 잰걸음으로 걸었으며, 황제의 수레를 보면 반드시 수레 앞턱의 가로나무를 짚고 엎드려 예를 표했다. 소리(小吏: 하급 관리)인 자손들이 집에 돌아와 문안을 올릴 때면 반드시 조복을 입고 맞이했으며, 결코 함부로 이름을 부르지 않았다. 그는 자손들이 잘못을 범하면 그들을 나무라지 않는 대신, 별실에 앉아 밥상을 대하여도 먹지를 않았다. 그리하여 자손들이 서로를 꾸짖고 가족 중의 손윗사람이 웃옷을 벗고 몸을 드러낸 채 사죄하고 잘못을 고치면 그때서야 용서했다. 그의 자손들 가운데 '관을 쓴 이'가 곁에 있으면 반드시 관을 써서 단정하고 삼가는 태도를 지니도록 했다. 집안의 종들조차도 모두 단정하고 엄숙하며 삼갈 줄을 알았다. 황제가 때로 음식이라도 내리면 반드시 머리를 조아리고 엎드려 먹었는데, 그 모습이 마치 황제를 대하는 것 같았다.

만석군 석분의 집안은 효성과 신중함으로 각 군현과 제후국에 이름을 알렸는데, 심지어 제나라와 노나라에서 질박하고 성실한 유생들조차도 모두 석분의 집안사람들보다는 못하다고 인정할 정도였다. 그 아버지에 그 아들이라고 했던가. 석분의 맏아들 석건(石建)은 낭중령(郎中令)으로 있을 때 황제에게 올린 상주문에 '마(馬)' 자의 한 획을 모자라게 쓰는 바람에 놀라 허둥대며 어쩔 줄을 몰라하며 황송해했다. 작은 아들 석경(石慶)은 제나라의 재상을 지냈는데, 덕행으로 사람들을 감화시켜 제나라 백성들은 그의 은덕을 기리기 위해 석상사(石相祠)를 세웠다.

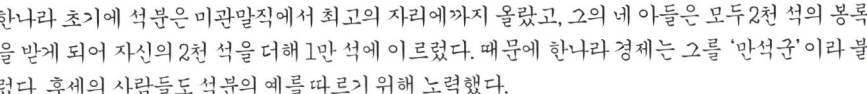

만석군의 가족

한나라 초기에 석분은 미관말직에서 최고의 자리에까지 올랐고, 그의 네 아들은 모두 2천 석의 봉록을 받게 되어 자신의 2천 석을 더해 1만 석에 이르렀다. 때문에 한나라 경제는 그를 '만석군'이라 불렀다. 후세의 사람들도 석분의 예를 따르기 위해 노력했다.

석분(石奮)

만석 : 한나라의 관제로 승상, 태위(太尉 : 전국의 병권을 담당), 어사대부 등을 만석으로 불렀다. 봉록은 한 달에 350석이었다.

원래 조나라 사람으로 태도가 공손하여 한나라 고조 유방에게 벼슬을 받았고, 훗날 그의 누나가 후궁으로 입궁했다. 그 덕분에 석분의 관직도 올라 문제 때 태중대부에 오르고, 경제 때는 제후의 재상이 되어 2천 석의 봉록을 받았다.

맏아들 석건(石建): 한나라 무제 때 낭중령으로 봉록이 2천 석에 달했다.

차남 석갑(石甲), 셋째 아들 석을(石乙): 모두 봉록 2천 석의 벼슬을 지냈다.

넷째 아들 석경(石慶) : 태복(太僕 : 황실의 가마와 말을 관리), 제나라 재상, 패군(沛郡) 태수, 태자태부, 승상을 거쳐 목구후(牧丘侯)에 봉해졌다. 만석군 집안에서 가장 출세했다.

석경이 승상이었을 때 그의 자손들은 낮은 관직에서 2천 석의 관직까지 오른 이가 열세 명이나 되었다. 석경이 죽은 후부터 가풍이 흐려졌다. 조정에서는 염후(恬侯)라는 시호를 내렸다.

주(注) : 사마천은 「석분 열전」을 풍자적인 의미로 썼을 것이다. 이렇게 평범한 위인과 그의 가족들이 2천 석 이상의 고관대작에 오른 것을 보면, 오히려 수많은 인재들이 매몰되었음을 보여준다.

만석군이라 불리운 가족

석분 이후에도 만석군이라 불린 가족은 후세 사람들에게 부러움의 대상이 되었다.

왕조	인물	원인	칭호
서한	엄연년(嚴延年)	어머니의 현명한 가르침으로 다섯 아들이 모두 큰 벼슬을 함	만석엄구(萬石嚴嫗)
동한	풍양(馮揚)	여덟 명의 자식이 모두 천 석 벼슬에 오름	만석군
동한	진습(秦襲)	자식과 조카 다섯 명이 동시에 1천 석의 벼슬에 오름	만석진씨(萬石秦氏)
당나라	장문관(張文瓘)	장잠(張潛), 장패(張沛), 장흡(張洽), 장보(張涉) 등 네 아들이 모두 3품까지 오름	만석장가(萬石張家)

30 중의학의 창시자
편작

>>> 편작은 전국 시대의 명의로, 후세의 의사들은 그를 의가醫家의 시조로 부른다. 편작은 의술의 고명함 때문에 진秦나라 태의太醫가 시기심을 갖게 되었고, 결국 태의가 보낸 자객에 의해 암살당했다.

신의 의술을 지닌 의사

편작(扁鵲)의 성은 진(秦)이고 이름은 월인(越人)이며, 발해군(渤海郡) 정현(鄭縣 : 막읍鄭邑이라는 설도 있음) 사람이다. 젊었을 때는 객관에서 관리인으로 일했는데, 장상군(長桑君)이라는 손님을 특이하게 여겨 매우 정중하게 대했고, 장상군도 편작을 평범한 인물로 여기지 않았다. 장상군은 객관에 드나든 지 십여 년 남짓 지났을 때 편작과 사담을 나누다가 약을 건네주며 복용하는 비방을 알려준 후 홀연 자취를 감추었다. 편작은 그가 이승 사람이 아닌가 하고 의아해했다. 장상군이 일러준 대로 약을 대나무 잎에 괴어 아직 땅에 떨어지지 않은 이슬에 타서 마시고 30일이 지나자 담장 너머 저편에 숨어 있는 사람을 꿰뚫어 볼 수 있게 되었다. 이러한 수완으로 병자들을 보기 시작하자 오장 속 질병의 징결(癥結 : 뿌리)이 훤히 보였다. 훗날 그가 제나라를 거쳐 조(趙)나라에서 의술을 행할 때부터 사람들은 그를 편작으로 부르기 시작했다.

죽은 사람을 다시 살려내다

편작이 괵(虢)나라를 지날 때 마침 괵나라 태자가 죽었다. 그는 중서자(中庶子)[*]

---

[*] 전국 시대에 국군, 태자, 상국을 시중드는 직책을 말함.

신의 의술을 지닌 편작

편작은 전국 시대의 명의로서 탁월한 의술로 인해 후세인들에게 중의학의 시조로 불린다. 중의학 발전에 지대한 공헌을 했다.

편작

이름 : 진월인(秦越人)
칭호 : 편작(扁鵲)
생존 기간 : 기원전 407년 ~ 기원전 310년
본적 : 발해군 정현(渤海郡 鄭縣)
정통한 의술 : 내과, 외과, 부인과, 소아과, 오관과(五官科)
치료 방법 : 폄재(砭刺 : 돌침 놓기), 침구(針灸 : 침질과 뜸질), 안마(按摩), 탕액(湯液 : 탕약), 열위(熱熨 : 달인 약물로 환부를 문지르는 치료법)
발명 : 사진법(四診法 : '보고望', '듣고聞', '묻고問', '맥을 짚는切 진찰법)
사망 : 진나라 태의령 이혜의 시기로 암살됨

편작이 제나라 환후를 만나다

편작의 가장 유명한 고사는 제나라 환후를 만나 도망친 이야기다. 이는 편작의 사진법(四診法)에서 '망(望)'의 심오한 의술이었다.

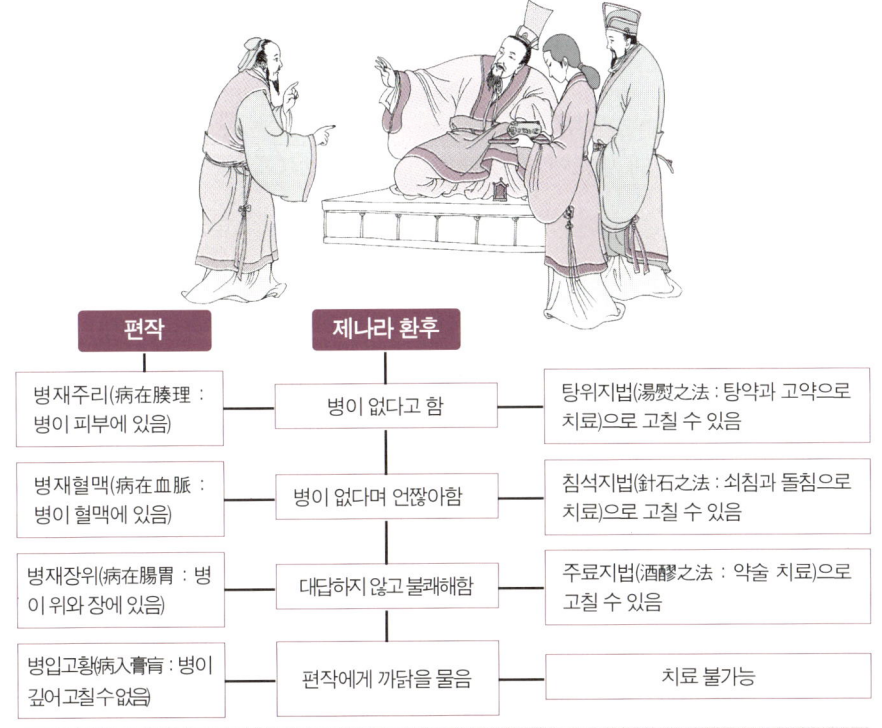

결과 : 제나라 환후는 중병이 들자 사람을 보내 편작을 찾았지만, 편작은 이미 제나라를 떠난 후였다. 얼마 지나지 않아 환후는 병사하고 말았다.

를 통해서 태자는 기가 거꾸로 흘러 죽었는데, 아직 반나절이 안 되었다는 것을 알게 되었다. 그리하여 편작은 중서자에게 태자를 살려낼 수 있다고 괵나라 군주에게 전하라고 했다. 중서자는 편작의 말을 급히 괵나라 군주에게 전하고, 괵나라 군주는 크게 놀라며 친히 궁궐 중문까지 나와 편작을 맞이했다. 편작은 입궐해 태자의 상황을 본 후 시궐(尸蹶)*임을 알고, 제자 자양(子陽)에게 숫돌에 침을 세차게 갈게 한 뒤 그것으로 뜸을 떠 태자를 치료했다. 그러자 조금 뒤 태자가 깨어났다. 연이어 제자 자표(子豹)에게 오분(五分)의 위(熨 : 고약)와 팔감(八減)의 약제를 섞어 달이게 한 후 그것으로 태자의 양쪽 겨드랑이를 문지르게 하자 태자가 일어나 앉았다. 음과 양의 기운을 조절하여 탕약을 복용한 후 스무날 남짓해서 태자는 예전처럼 건강해졌다.

병을 감추고 치료를 꺼리다

편작은 제나라를 지나다 환후(桓侯)가 편작을 빈객으로 맞아들이자 곧바로 궁궐로 가 환후를 알현했다. 그는 환후에게 피부에 병이 숨어 있으니 조속히 치료하라고 말했지만, 도리어 환후는 자신에게 병이 없다고 잡아뗐다. 닷새 후 그는 다시 환후를 알현해 혈액에 병이 있으니 지금 치료하지 않으면 깊어질 것이라고 말했다. 여전히 환후는 언짢아했다. 또 닷새 뒤 그는 환후를 만나 장과 위에 병이 있으니 곧바로 치료하지 않으면 더 깊어질 것이라고 말했다. 역시나 환후가 말을 듣지 않았다. 또 닷새 후에 그는 환후를 보자마자 물러났다. 환후가 그 연유를 묻자 그는 환후의 병이 이미 고황(膏肓 : 골수에까지 병이 퍼지는 것)이어서 그랬노라고 말했다. 그로부터 닷새 후 환후는 병이 들어 편작을 불렀으나 그는 이미 제나라를 떠난 후였다. 환후는 결국 병들어 죽었다.

편작의 명성은 천하에 드높았다. 훗날 그는 한단, 낙양 등지에서 사람들을 치료하다 진나라 수도 함양에 이르렀다. 진나라의 태의령(太醫令 : 궁궐에서 의술을 담당하는 수장) 이혜(李醯)는 자신의 의술이 편작에 미치지 못함을 알고 자객을 보내 편작을 죽이고 말았다.

---

* 피가 거꾸로 올라와 정신이 혼미해진 가사 상태를 말함.

31 외척 간의 권력다툼
두영과 전분

>>> 두영과 전분은 모두 외척 관계를 이용해서 요직에 올랐다. 그들은 황제의 총애를 받기 위해 싸웠으나 결국에는 두 사람 모두 권세를 잃고 말았다.

차례로 황제의 총애를 받다

두영(竇嬰)은 한나라 문제의 황후인 두(竇)황후의 사촌 오빠 아들이다. 문제 때 두영은 오나라의 재상에 올랐다가 병으로 벼슬을 그만두었다. 그 후 한나라 경제가 즉위하자 첨사(詹事 : 황후와 태후의 집안일을 담당하는 직책)가 되었다. 술자리에서 경제가 양왕(경제의 동생인 양나라 효왕孝王)에게 황제 자리를 물려주겠다고 한 적이 있었다. 이때 두영은 부자 계승의 원칙을 깨는 것이라며 반대했다. 두영은 이 일로 두태후의 미움을 산 후 병을 구실로 관직에서 물러났다.

경제 재위 3년에 오초칠국의 난이 일어나자 두영은 다시 중용되어 공을 세우고 위기후(魏其侯)에 봉해졌다. 훗날 두영은 율태자(栗太子 : 경제의 맏아들)의 스승이 되었으나 율태자가 폐위된 후 남전현(藍田縣) 남산(南山)에 은거하였다. 나중에 빈객들이 그를 설득하자 다시 조회에 참석했다. 도후(桃侯) 유사(劉舍)가 승상에서 물러나자 두태후가 여러 차례 두영을 추천했지만, 경제는 그가 경박하고 교만스럽다며 승상에 등용하지 않았다.

전분(田蚡)은 한나라 무제의 모친인 왕태후(王太后 : 경제의 황후)의 동모제(同母弟 : 동복 아우)다. 그는 하급관리인 낭관(郎官)으로 있을 때 두영에게 의지했다. 무제가 즉위하고 나서 왕태후가 섭정할 때 전분은 무안후(武安侯)에 봉해졌다. 나중에 두태후가 죽고 나서 전분이 승상에 오르자 천하의 권세와 이익이 위기후 두영을 떠나 일시에 무안후 전분에게로 집중되었다.

관부가 주사를 부리다

전분이 승상에 오른 후 수많은 사람들이 그와 친분을 쌓기 위해 몰려들었다. 반면에 두영은 황제와도 소원해지고 권세를 잃자 빈객들마저도 점점 떠나갔다. 단지 관부(灌夫)만이 홀로 두영의 곁에 남았다. 때문에 두영과 관부의 사이는 매우 좋았다. 관부는 성품이 강직해서 술기운을 빌어 호기를 부리거나 남 앞에서 대놓고 아첨하기를 좋아하지 않았다. 승상인 전분이 적복(籍福)을 시켜 위기후 두영에게 성 남쪽 땅을 달라고 요구하자 두영은 거절했다. 관부도 적복을 크게 욕했다. 적복이 돌아가 이 일을 전분에게 알리자 전분은 이때부터 두 사람과 원한을 쌓게 되었다. 훗날 전분이 연나라 왕의 딸을 아내로 맞이하자 왕태후는 열후와 황족들에게 모두 가 축하하라는 조서를 내렸다. 연회에 가기를 꺼리던 관부는 주연 석상에서 소란을 일으켜 하옥되었고, 그는 결국 저잣거리에 시체를 내버려 두는 기시죄(棄市罪)로 벌하라는 판결을 받았다.

모두 패배자가 되다

두영이 혼신의 힘을 다해 관부를 구하려고 아무도 모르게 무제에게 상주서를 올렸다. 그리하여 무제가 궁궐로 두영을 불러들이자 두영은 관부가 술에 취해 한 일이므로 죽음의 벌을 받을 만한 일이 못 된다는 저간의 사정을 소상히 아뢰었다. 무제도 두영의 말이 옳다며 그와 전분이 함께 왕태후가 있는 동궁에 가 이 일을 변론하도록 했다. 위기후 두영과 무안후 전분은 동궁에서 서로의 허물을 비방하기에 이르렀다. 나중에 왕태후가 이 일에 간여하고, 무제는 어사를 보내 조사하기에 이르렀다. 그 결과 관부와 두영이 말한 것 중에 많은 부분이 사실과 다른 것으로 드러났다. 두영은 하옥시켜야 한다는 탄핵을 받았고, 관부와 그의 가족은 모두 처형되었다.

두영이 이 소식을 듣고 중풍에 걸렸으며, 입에 음식을 대지도 않고 죽을 작정이었다. 어떤 사람이 두영에게 황제는 두영을 죽일 생각이 없다고 전하자 그제야

두영과 전분의 싸움

두영과 전분은 모두 황제의 외척으로서 본래는 원한이 없었지만, 관직에 있는 동안 용호상박의 실력을 겨루다가 결국에는 둘 다 패가망신하고 말았다.

관부	강직한 성품 탓에 술을 빌어 객기를 부렸다. 한나라 경제 때 대(代)나라의 재상에 이르고, 한나라 무제 때 연나라의 재상을 지내다 죄를 지어 파면되었다. 두영과 친분이 두터웠다.	VS
두영	한나라 문제 두황후의 조카로 성품이 강직했다. 한나라 경제가 오초칠국의 난을 평정할 때 공을 세워 위기후에 봉해졌다. 한나라 무제 때 승상에 임명되었으나 두태후가 죽자 권세를 잃었다.	VS
		전분 한나라 경제 왕황후와 같은 어머니에게서 난 동생으로 재물을 탐하고 여자를 밝혔다. 한나라 무제가 즉위한 후 누나 왕황후가 왕태후에 오르자 그 덕에 무안후에 봉해졌고, 태위(太尉)와 승상을 연이어 맡았다.

VS

도화선 : 승상 전분이 연나라 왕의 딸을 아내로 맞이하는 주연 석상에서 관부가 술에 취해 전분을 크게 욕하자 전분이 그를 하옥시켜 죽이려 했다.

상쟁 : 두영이 관부를 위해 한나라 무제 앞에서 사정을 설명하자 황제는 전분과 두영이 동궁에서 변론하도록 했다. 조사 결과 두 사람의 주장이 사실과 달랐기 때문에 두영은 옥에 갇히고, 관부는 처형되었다.

결과 : 관부가 죽은 후 누군가의 참소로 두영 역시 참수되었다. 전분은 이로 인해 병을 얻었고, 두영과 관부의 영혼이 그를 죽이려 한다는 환영에 시달리다가 병사했다.

한나라 무제 때의 승상들

열세 명의 승상	건릉후(建陵侯) 위관(衛綰), 위기후 두영, 백지후(柏至侯) 허창(許昌), 무안후 전분, 평극후(平棘侯) 설택(薛澤), 평진후(平津侯) 공손홍(公孫弘), 악안후(樂安侯) 이채(李蔡), 무강후(武強侯) 장청적(庄靑翟), 고릉후(高陵侯) 조주(趙周), 목구후(牧丘侯) 석경(石慶), 갈역후(葛繹侯) 공손하(公孫賀), 팽성후(彭城侯) 유굴리(劉屈氂), 부민후(富民侯) 전천추(田千秋)
결과	위관·허창·설택은 면직, 두영·공손홍·유굴리는 참수, 이채·장청적·조주는 자살, 공손홍·석경은 재상으로 자연사, 전분은 재상으로 병사했다. 전천추는 1년간 승상을 맡았고, 훗날 한나라 소제 재위 기간에 12년간 승상을 지냈다.

음식을 먹고 병을 치료했다. 훗날 어떤 사람들이 근거 없는 유언비어를 퍼뜨리자 두영을 비방하는 수많은 말들이 나돌았다. 유언비어가 무제의 귀에까지 들어가게 되었고, 결국 두영은 저잣거리에서 참수되었다. 전분도 얼마 지나지 않아 병이 들었는데, 수시로 "잘못했습니다"라고 소리쳤다. 귀신을 본다는 무당에게 보게 하니 두영과 관부의 영혼이 전분을 죽이려고 한다는 것을 알게 되었다. 결국 얼마 지나지 않아서 무안후도 죽고 말았다.

32 끝내 작위를 얻지 못한 비운의 장수
이광

>>> 한 시대를 풍미한 명장 이광은 일생 동안 흉노와 70여 차례나 싸웠다. 항상 적은 수의 군사로 승리를 거두었기 때문에 흉노에서는 그를 '비장군'이라고 불렀다. 하지만 일생이 평탄치 못해 끝까지 작위를 받지 못하고, 마침내 전쟁 중에 분을 참지 못하여 자결하고 말았다.

흉노로부터 비장군이라 불린 장수

이광(李廣)은 농서군(隴西郡) 성기(成紀) 사람이다. 그의 선조 이신(李信)은 진(秦)나라의 장군이 되어 연나라 태자 단을 추격해 포로로 잡는 공을 세웠고, 특히 궁술에 능해 그의 집안에 대대로 궁술이 전수되었다. 한나라 문제 때 흉노가 침입하자 이광은 양가의 자제로서 전투에 참가해 큰 공을 세운 후 중랑(中郞)에 봉해졌다. 또한 한나라 경제 때는 농서 도위(都尉)에 임명되었고, 얼마 후 기랑장(騎郞將)으로 자리를 옮겼다. 오초칠국의 난이 일어났을 때는 효기도위(驍騎都尉)가 되어 혁혁한 공을 세웠다. 훗날 그는 흉노에 대적하기 위해 연이어 상곡(上谷), 상군(上郡), 농서(隴西), 북지(北地), 안문(雁門), 대군(代郡), 운중(雲中)의 태수를 지내며 크고 작은 전투에서 승리해 세상에 그 이름을 떨쳤다. 흉노에서는 그를 '한나라의 비장군(飛將軍 : 용맹스럽고 싸움에 능한 장군)'이라 불렀다.

후의 작위를 받지 못한 장수

한나라 무제는 이광이 명장이라는 소리를 듣고 그를 미앙궁(未央宮)의 위위(衛尉 : 궁궐 수비대장)로 삼았다. 한나라 군과 흉노가 마읍(馬邑)에서 전투가 벌어졌을 때 이광은 효기장군(驍騎將軍 : 기병 부대를 지휘하는 장수)이 되었다. 그 후 이광은 위위의 신분으로 장군이 되어 안문에서 출새(出塞 : 국경 밖으로 나감)해 흉노를 공격했다. 그러나 흉노의 대군을 만나 중과부적으로 크게 패했고, 이광은 포로가 되었다. 그때 이광은 흉노족 소년의 말을 빼앗아 타고 수백 명의 흉노 기병을 활로 쏘아 죽이며 무사히 탈출했다. 이광이 장안으로 돌아왔을 때 그는 군사를 잃고 사로잡힌 죄로 법령에 따라 당연히 참수당해야 했다. 하지만 이광은 속죄금을 내고 직위를 삭탈당한 후 평민으로 강등되었다.

얼마 지나지 않아서 흉노가 요서(遼西) 지역을 공격하자 이광은 우북평(右北平) 태수가 되었다. 그러자 흉노는 그 소문을 듣고 감히 우북평으로 공격해 오지 못했다. 훗날 수많은 전투에서 이광의 명성에 미치지 못하는 자들도 모두 공을 세워 작위를 받았다. 하지만 이광은 여러 차례 흉노를 정벌했음에도 불구하고, 도리어 공을 세우지 못했다는 평을 받음으로써 후에 봉해지지 못했다. 훗날 이광은 항복한 강족(羌族) 800여 명을 죽인 일에 대해 후회했는데, 이를 두고 점술가 왕삭(王朔)은 이렇게 말했다. "항복한 자를 죽이면 화가 닥친다. 이게 바로 이광이 후가 되지 못한 까닭이다."

비분강개함으로 인해 자결하다

훗날 이광은 여러 차례 전투에 나가고 싶다고 청했으나 한나라 무제는 그가 늙었다는 이유로 허락하지 않았다. 나중에 대장군 위청(衛靑)과 표기장군(驃騎將軍) 곽거병(霍去病)이 대대적으로 흉노 정벌에 나서자 무제는 그때서야 명을 내려 이광을 전장군(前將軍)으로 삼고 출전시켰다. 변경의 요새를 나온 후 위청은 적병을 잡아 묵돌 선우가 있는 곳을 알아내자 곧바로 정예병을 이끌고 묵돌 선우를 추격했다. 이광에게는 우장군(右將軍)과 합류하여 동쪽으로 출격하도록 했다. 이광은 자신이 전장군이기에 당연히 선봉에 서서 목숨을 걸고 묵돌 선우와 일전을 벌이는 게 당연했다. 하지만 대장군 위청은 은밀히 황제로부터 이러한 경고를 들었다. 이광은 늙고 명운이 좋지 않으니 묵돌 선우와 대적하게 해서는 안 되며, 설령 대적하게 되더라도 묵돌 선우를 사로잡지 못할 것이라는 경고였다. 위청이 자신의 뜻을 꺾지 않자 이광은 하는 수 없이 동쪽으로 진군하는 수밖에 없었다. 그런데 길을 안내하는 자가 없으므로, 때로는 길을 잘못 들어 위청이 정한 기한을

비운의 장군

이광 장군의 영웅적인 용맹성은 한나라에서 뿐만 아니라 흉노에서도 그를 '비장군'이라 부를 정도로 천하에 울려 퍼졌다. 하지만 명운이 좋지 않았던 그는 죽을 때까지 후의 작위에 봉해지지 못했다.

이광

이광에 관한 시

君不見沙場征戰苦, 至今猶憶李將軍! 군불견사장정전고 지금유억이장군
"그대는 보지 못했는가, 저 변경 사막의 전사들이 당하는 고초를, 지금이야말로 그들과 생사를 같이할 비장군이 그립도다!" (당나라 시인 고적(高適), 「연가행(燕歌行)」)

秦時明月漢時關, 萬裏長征人未還, 但使龍城飛將在, 不敎胡馬度陰山.
진시명월한시관 만리장정인미환 단사용성비장재 불교호마도음산
"달은 진나라의 그 달이요, 관문은 한나라의 그 관문이건만, 만 리 밖 오랜 출정, 병사들은 오늘도 돌아오지 못하네. 만일 한나라의 비장군이 오늘에 살았다면, 오랑캐의 말발굽이 음산(陰山 : 내몽고 자치구 내)을 넘지 못했으리." (당나라 시인 왕창령(王昌齡), 「출새(出塞)」)

1차 출정	기원전 129년에 위위의 신분으로 연문에서 출정했으나 중과부적인 탓에 패배하고 포로로 잡혔다. 나중에 탈출하여 한나라로 돌아왔지만, 속죄금을 내어 죽음을 면하고 평민으로 강등되었다.
2차 출정	기원전 123년에 후장군(後將軍) 신분으로 대장군 위청을 따라 정양군(定襄郡)으로 출정해 흉노를 공격했다. 많은 장수들이 공을 세워 후(侯)에 봉해졌으나 이광은 도리어 공을 세우지 못했다.
3차 출정	기원전 121년에 낭중령 신분으로 우북평에서 흉노를 공격해 승리했지만, 공과 실이 비슷하여 공적을 인정받지 못했다.
4차 출정	기원전 119년에 전장군 신분으로 대장군 위청을 따라 출전했지만, 자신의 부대가 합류해야 하는 시간을 지키지 못한 이유로 심문을 받게 되자 비분강개한 마음에서 자살하고 말았다.

이광이 후의 작위를 받지 못한 이유

이광이 후의 작위를 받지 못했다는 이야기는 후세의 사람들에게도 화젯거리가 되었다. 그것은 이광 자신의 문제이기도 하고, 한나라 무제와 위청의 탓이기도 하지만 가장 중요한 원인은 시운을 타고 나지 못한 것이었다.

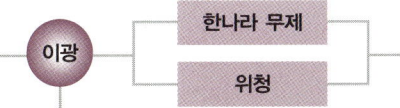

이광 : 한 시대를 풍미한 용장이었지만, 장수로서는 확실히 결함이 있었다. 게다가 성격 면에서도 너무 강직하여 자신의 책임을 절대로 남에게 덮어씌우지 않았다. 즉 너무 꼿꼿해서 처세에 능숙하지 못했던 것이다.

시운 : 여러 차례 출정할 때마다 수적으로 열세인 상황에서 흉노와 대적하다 보니 공적을 올릴 기회가 많지 않았다. 게다가 항복한 8000여 명의 강족을 몰살시키는 행동을 하고 말았다.

한나라 무제와 위청 : 무제가 이광의 운세가 좋지 않다며 그를 중용하지 않았기 때문에, 위청도 무제의 명에 따라 감히 이광을 중용하지 못했다.

지키지 못하고 늦게 도착했다.

위청이 친히 이광에게 가 책임을 물었으나 이광은 아무런 대답도 하지 않았다. 이광은 "자신은 이미 늙었는데 어찌 지금에 와서 도필리(刀筆吏)*의 심문을 받는 치욕을 당하겠는가"라고 말한 후 스스로 칼을 꺼내 목을 베었다. 이광의 수하에 있던 장사(將士)들은 모두 소리 높여 곡을 하고, 백성들도 이광의 자살 소식을 듣고 모두 눈물을 흘리며 이광의 명운이 좋지 않음을 탄식했다.

---

* 관리 밑에서 업무를 보조하는 아전을 얕잡아 이르는 말. 아전이 죽간(竹簡)에 잘못 기록된 글자를 칼로 긁고 고치는 일을 했던 데서 유래한다.

33 북방의 위협적인 존재
흉노

>>> 흉노는 고대 중국의 최대 강적 중의 하나였다. 한나라 초기에 흉노는 묵돌 선우가 재위할 때 가장 강성했다. 한나라는 우선 흉노와 화친을 맺었으나 한나라 무제 때 대규모로 정벌하기 시작해 동한 시기에 흉노를 철저하게 궤멸시켜 서쪽으로 내쫓았다.

말 위에서 산전수전을 겪은 민족

흉노의 시조는 하후씨(夏后氏)의 후대인 순유(淳維)이다. 요순 시대 전에는 산융(山戎)*, 험윤(獫狁), 훈육(獯鬻) 등이 북쪽의 초원 지대에 살면서 가축을 따라 이동하며 생활했다. 그들은 어릴 적부터 말을 타고 생활한 덕분으로 싸움에 능했다. 어린 아이들은 양을 타고 활로 새나 쥐를 잡았고, 조금 더 자라면 여우나 토끼를 잡아 먹을거리로 삼았다. 성곽이나 일정한 거주지가 없었으며, 경작을 하지도 않았다. 그들에게는 글도 책도 없었으며 오로지 언어로만 소통했던 탓에 중원에 비해 문화와 경제적인 면에서 낙후될 수밖에 없었다. 그들은 노약자보다 건장한 자를 후하게 대했으며, 아버지가 죽으면 아들이 아버지의 후처를 아내로 삼고, 형제가 죽으면 살아남은 다른 형제가 죽은 형제의 아내를 취했다. 그들에게 성이나 자(字)가 없었다.

하나라 후기에 후직(后稷)의 증손인 공유(公劉)가 서융 지역으로 옮겨 가 성읍을 세우자 이때부터 융적(戎狄)**과 함께 살게 되었다. 하지만 늘 전쟁이 빈번했

---

* 중국 춘추 시대에 산서성(山西省) 태원(太原) 지역에 살았던 민족.
** 동이(東夷)·서융(西戎)·남만(南蠻)·북적(北狄)·이적(夷狄) 등과 같은 호칭이다. 융(戎)은 원래 서융·견융(犬戎) 등으로 일컬어진 중국 북서부의 산간 지역에 살던 민족을 통틀어 일컫던 호칭이며, 그들의 활동이 가장 활발했던 시기는 상나라, 주나라 때이다.

다. 주나라 무왕이 나라를 세운 후 융적을 경수(涇水)와 낙수(洛水) 북쪽으로 내쫓고 철마다 조공을 바치도록 했으나, 주나라 목왕(穆王) 이후부터는 조공을 바치지 않았다. 주나라 유왕(幽王) 때 신후(申侯)가 유왕이 총비 포사에 빠져 국정을 돌보지 않자 융적과 함께 주나라 수도 호(鎬 : 섬서성 서안시의 서남쪽)를 공격해 유왕을 죽인 후부터 경수와 위수 지역에 살면서 중원을 괴롭히기 시작했다. 이때 진나라 양공이 주나라를 구원해 주었고, 주나라 평왕(平王)은 동쪽 낙읍(洛邑)으로 수도를 옮겼다. 진나라 양공은 융적을 공격해 기산(岐山) 지역까지 차지한 후 비로소 제후의 반열에 올랐다.

춘추 시대에는 진(秦)나라 목공, 제나라 환공, 진(晉)나라 문공 등이 모두 융적을 토벌한 적이 있다. 전국 시대에는 진나라, 조나라, 연나라가 융적과 국경을 맞댄 채 흉노와 전쟁을 벌이는 동시에 장성을 쌓아 방어 요새로 삼았다. 진시황이 6국을 통일한 후 몽염 장군으로 하여금 흉노를 공격하게 해 하남(河南 : 내몽고자치구 하투 황하 남쪽 지대)을 모두 손에 넣었다. 또한 진나라, 조나라, 연나라 세 나라의 장성을 기초로 임조에서 요동에 이르는 만리장성을 쌓았다. 당시에는 동호(東胡)*, 월지(月氏)**의 세력이 가장 강성했다. 또한 흉노의 1대 선우(單于 : 흉노匈奴의 군주 칭호)인 두만(頭曼)은 진나라에 패해 북쪽으로 옮겨 갔다.

묵돌 선우가 흉노의 세력을 키우다

진나라 말기, 천하가 혼란에 빠지자 진나라 조정에서 변경 수비를 위해 보냈던 죄수 병사들마저 뿔뿔이 흩어져 버리고 말았다. 흉노는 이 기회를 틈타 조금씩 황하 이남의 땅으로 진입하며 중국의 옛 영토에서 다시 대치하게 되었다.

두만 선우에게는 묵돌이라는 태자가 있었는데, 훗날 총애하는 연지(閼氏 : 흉노 왕의 황후)에게서 작은 아들이 태어나자 태자를 폐위시키고 월지국에 볼모로 보

---

* 중국 춘추 시대에서 한(漢)나라 초기에 몽골 고원의 동부에서 생활한 유목민족. 처음에는 서역(西域)의 월지(月氏)와 마찬가지로 흉노보다 우세하였으나, 흉노의 묵돌 선우에 의해 흉노에 복속되었다.
** 기원전 3세기~1세기 경 북아시아와 중앙아시아에 존재했던 유목민족과 그 국가를 이른다. 흉노에게 복속되었다.

흉노 발전사

흉노는 중국 북방에서 가장 빠른 시기에 세워진 국가이다. 항상 중원에 위치한 국가들과 치열한 세력 다툼을 벌였으며, 대략 남북조 시대에 이르러 중국 역사에서 사라졌다. 이후 유럽 대륙으로 이동했다.

하나라 시기
흉노의 시조는 하후씨의 후대인 순유이다. 일설에 따르면 하나라의 마지막 왕이었던 걸왕(桀王)의 아들 훈육이 부친이 남긴 처첩들을 데리고 북쪽으로 떠났다고 한다.

상나라 시기
상나라 때 북방의 귀방(鬼方), 혼이(混夷), 훈육 등이 흉노의 북방 세력으로 인식되었다.

주나라 시기
서주가 시작되면서부터 융족은 중원의 왕조를 위협하기 시작했다. 주나라 유왕 때 견융이 수도 호를 공략하자 주나라 평왕은 동쪽으로 도읍을 옮길 수밖에 없었다.

춘추전국 시기
북방의 임호(林胡), 누번 등이 여러 차례 이웃한 진나라, 조나라, 연나라를 침입하자 진(秦)나라 목공, 제나라 환공, 진(晉)나라 문공, 조나라 무령왕 등이 그들을 토벌했다.

진나라 시기
진시황은 중국을 통일한 후 몽염 장군을 북쪽 변경으로 보내 흉노를 정벌하게 했다. 몽염은 하투(河套: 황하 중상류 양안의 평원과 고원) 지대를 수복하고, 흉노를 방어하기 위해 만리장성을 쌓았다.

서한 초기
유방은 한나라를 세운 시기에 흉노는 묵돌 선우의 통치 아래 최전성기를 맞이하자 중원을 끊임없이 침입했다. 한나라 초기에는 흉노와 화친을 맺고 국력을 키우는 데 집중했다.

한나라 무제 때 위청과 곽거병을 파견해 여러 차례 흉노를 공격하게 하고, 주요 거점에서 흉노를 격퇴했다. 무제 이후에도 한나라 조정은 여러 차례 흉노를 공략해 세력을 약화시키자 흉노는 한나라와 화친을 맺었다.

동한 시기
동한 시기에 흉노는 남조와 북조로 나뉘어졌으며, 남흉노국은 한나라의 신하국이 되었다. 남흉노와 한나라의 공격으로 북흉노국은 서쪽으로 쫓겨나 중국 역사에서 사라졌다. 동한 말기에 남흉노국에 내란이 일어나고, 중원에서도 전쟁이 시작되었다. 훗날 조조(曹操)는 항복한 흉노 장수들을 흉노 5부로 나누었다.

위진남북조 시기
서진(西晉) 때 남흉노국 5부 대도독 유연(劉淵)이 팔왕의 난(291년 ~ 306년)을 틈타 중국 북방의 대부분을 차지하고 전조(前趙, 304년 ~ 329년)를 세웠다. 훗날 흉노족 중에서 갈인(羯人)인 석륵(石勒)이 후조(後趙, 319년 ~ 351년)를 세웠다. 남북조 시기에는 흉노족 중에서 월지족인 저거몽손(沮渠蒙遜, 366년 ~ 433년)이 북량(北涼, 401년 ~ 439년)을 세웠다. 흉노와 선비의 혼혈 후손인 혁련발발(赫連勃勃, ? ~ 425년)이 대하(大夏, 407년 ~ 431년)를 세웠다. 훗날 이들은 모두 북위(北魏, 386년 ~ 534년)에 의해 멸망당했다.

내버렸다. 훗날 묵돌은 월지국을 탈출한 후 향전(響箭 : 소리가 나는 화살)을 만들어 자신의 전사들을 키웠다. 마침내 묵돌은 두만 선우를 화살로 쏘아 죽인 후 스스로 선우에 올랐다. 묵돌 선우가 막 즉위했을 때 동호의 왕이 그에게 두만 선우가 타던 천리마와 그의 아내를 바치라고 요구했다. 당시 묵돌은 아직 세력이 약했기 때문에 어쩔 수 없이 동호 왕의 요구를 전부 들어주었다. 하지만 계속해서 동호 왕이 땅을 요구하자 묵돌은 땅은 국가의 근본이기 때문에 내줄 수 없다면서 동호를 기습해 복속시켰다.

그 후 묵돌은 서쪽으로 이동해 월지를 정벌하고, 남쪽으로는 오르도스(내몽고 지역)의 누번왕과 백양왕의 영지를 복속시켰다. 묵돌은 이러한 파죽지세로 진시황이 몽염을 시켜 빼앗은 흉노의 옛 땅을 다시 되찾고 한나라와 대치했다. 당시는 초한지쟁의 시기였으므로 중원은 전쟁의 화염에 휩싸여 있던 때였다. 그리하여 묵돌이 이끄는 흉노는 스스로 강성해질 수 있었고, 군사는 30만에 달했다. 훗날 묵돌 선우는 북쪽으로 혼유(渾庾), 굴사(屈射), 정영(丁零), 격곤(鬲昆) 등 수많은 부족들을 정복한 후 중원의 국가들이 그랬던 것처럼 관리를 두고 법령을 만들어 시행했다. 흉노는 순유에서부터 두만에 이르기까지 천년 가까이 이어져 오는 동안, 묵돌 선우 시기에 가장 강성해졌다. 북쪽으로는 수많은 부족을 복속시켰고, 남쪽으로는 한나라와 대적했다.

한나라와 흉노가 화친을 맺다

한나라가 세워진 후 한나라 고조 유방은 한왕(韓王) 신(信)을 대(代)나라에 보내 마읍(馬邑 : 산서성 삭현朔縣)을 수도로 삼도록 했다. 흉노가 대규모로 마읍을 공격하자 한왕 신은 흉노에 투항해버렸다. 흉노가 남쪽으로 태원(太原)을 공격하자 유방은 몸소 군사를 이끌고 가서 흉노를 공격했다. 하지만 백등산에서 이레 동안 포위당하고, 결국 진평의 계략으로 포위망을 빠져나올 수 있었다. 그 후에도 흉노가 한나라를 계속 침입하자 유방은 유경(劉敬)의 계책에 따라 종실 여자를 공주인 척하여 묵돌 선우의 아내로 삼게 하고, 해마다 흉노에 일정량의 물품과 식량을 보내주어 흉노와 형제임을 약속하고 화친을 맺었다.

화친과 정벌

흉노는 한나라의 가장 강력한 적이었다. 한나라 초기에 조정에서는 흉노와 화친을 맺어 국력을 키울 수 있는 기회를 얻었다. 그리고 국력을 키운 후에는 대대적인 흉노 정벌전을 벌여 흉노의 국력을 약화시켰다.

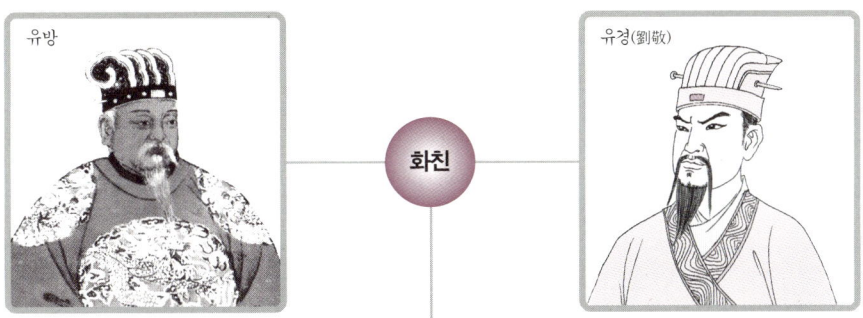

한나라를 세운 유방은 몸소 흉노를 정벌하기 위해 출정했으나 백등산에서 이레 동안 포위당하고 말았다. 이때 유경의 책략에 따라 한나라 종실 여자를 공주인 척하여 묵돌 선우의 아내로 보내고 포위망에서 벗어났다. 이때 한나라는 흉노와 화친을 맺었고, 한나라 경제 때까지 화친정책을 계속 유지했다.

왕소군의 출정 : 한나라 원제(元帝, 기원전 48년~기원전 33년 재위) 때 왕소군(王昭君)의 출정은 한나라가 주도적으로 화친을 맺은 초기의 흉노 화친정책과는 사뭇 다름을 엿보게 해준다. 한나라의 공격으로 흉노는 내분에 빠졌고, 그들 중 호한야(呼韓邪) 선우가 먼저 한나라와의 화친을 원했다. 결국 한나라 원제는 자신의 후궁인 왕소군을 호한야 선우에게 시집보내고 화친을 맺었다.

한나라 무제 때 국력이 강성해지자 무제는 이전의 화친정책을 버리고 무력으로 흉노를 공격하기 시작했다. 무제는 위청과 곽거병을 연이어 보내 여러 차례 흉노 정벌전을 벌여 흉노의 국력을 약화시켰다. 한나라 선제 때 흉노는 한나라에 의해 내분이 일어나 한나라에 대항할 힘을 상실하고 말았다.

두헌의 출정 : 동한 시기에 대장군 두헌(竇憲, ?~92년)이 변경에 속한 남흉노와 더불어 북흉노를 공격하여 철저하게 궤멸시켰다. 이로부터 백년 간 이어지던 흉노와의 전쟁에 종지부를 찍었다.

한나라 문제 때도 흉노와의 화친을 계속 유지했지만, 흉노는 종종 화친 약속을 깨고 남하하여 한나라를 공격했다. 비록 쌍방이 여러 차례 충돌했지만, 결국에는 다시 화해하는 일이 반복되었다. 한나라 경제 때 오초칠국의 난이 터지자 조나라 왕 수(遂)가 이 틈을 타 흉노와 내통해 변경을 침입했다. 하지만 한나라는 조나라를 포위하여 흉노의 침입을 물리쳤다. 오초칠국의 난이 평정되자 흉노는 침입을 멈추었다. 이후 흉노는 한나라와 다시 화친을 맺은 후부터는 한나라 경제가 죽을 때까지 더 이상 대대적인 공격을 하지 않았다.

한나라 무제가 북방의 흉노를 정벌하다

한나라 무제는 즉위한 후 국력이 크게 강성해지자 흉노를 정벌하기로 결심했다. 우선 마읍성 아래에 사는 섭일(聶壹)이라는 자로 하여금 변경 밖으로 물자를 반출하여 흉노와 장사하게 하여 묵돌 선우를 유인하도록 했다. 하지만 안문(雁門)의 위사(尉史 : 변방의 요새를 순시하는 관리)가 한나라의 계략이라는 것을 묵돌 선우에게 알려 모든 계획이 수포로 돌아가고 말았다. 이때부터 흉노와 한나라의 화친은 깨지고, 흉노는 수시로 한나라의 변방을 노략질했다. 마읍에서 전투가 벌어지고 나서 5년이 지난 후 무제는 위청 등으로 하여금 흉노를 공략하게 하여 대승을 거두었다. 이때부터 무제는 대규모로 흉노 정벌을 시작했다. 위청과 곽거병이 이끄는 한나라 군은 여러 차례 흉노를 공격했다. 특히 최후의 막북전투(漠北戰鬪)*에서 흉노를 대파하자 묵돌 선우는 서북 방면으로 도망쳤다. 막북전투 이후 흉노는 국력이 기울어져 서쪽 방면으로 이동해 갔다. 하지만 한나라 역시 전쟁으로 인한 국력 약화로 더 이상 흉노를 공격하지 못했다.

이후 무제는 남쪽으로 남월과 동월을 정벌했지만, 흉노는 공격하지 않았다. 흉노 역시 더 이상 한나라 변경을 침입하지 않았다. 동월과 남월을 평정한 무제는 다시 군대를 북쪽으로 보내 흉노를 공격하도록 했다. 하지만 흉노는 이미 서

---

* 막북(漠北)은 사막의 북쪽이라는 뜻으로, 고비 사막 이북인 현재의 외몽골 지방에서 한나라 군과 흉노 군 사이에 벌어진 대규모 전투를 말한다.

쪽 방면으로 이동한 후였다. 그 후 한나라에서는 흉노에 사신을 보내 신하의 예를 갖추도록 설득했으나 흉노는 이에 응하지 않았다. 양측이 양보 없는 대치 상태에 돌입하고, 흉노는 서북쪽으로의 이동을 계속했다. 훗날 흉노가 다시 변경을 침입하자 무제는 이사장군 이광리를 보내 대원(大宛)을 공략하도록 했다. 척야후(浞野侯)가 흉노의 8만 기병들에게 포위되어 사로잡히고 한나라 군사들이 흉노에 투항했지만, 이광리 장군이 대완을 격파하고 돌아오자 한나라의 명성은 주변 국가들에게 널리 퍼졌다. 무제는 다시 이광리 장군으로 하여금 흉노의 우현왕(右賢王)을 공격하도록 해 처음에는 승리했다. 하지만 이릉 장군이 5천의 기병을 이끌고 적진 깊숙이 들어가 적군과 맞서다가 포위되는 바람에 군사들과 함께 투항하고 말았다. 이광리 장군도 무제의 태자와 관련된 무고 사건에 연루되어 가족이 몰살당하자 군사들과 함께 흉노에 투항했다. 무제 이후에도 한나라와 흉노는 전쟁과 화친을 반복했고, 동한 시기에 흉노를 크게 격파하자 흉노는 어쩔 수 없이 서역으로 옮겨 가 유럽으로 흡수되었다.

34 흉노와 맞서 싸운 한나라의 명장들
위청과 곽거병

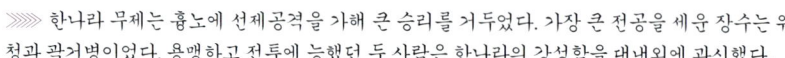

>>> 한나라 무제는 흉노에 선제공격을 가해 큰 승리를 거두었다. 가장 큰 전공을 세운 장수는 위청과 곽거병이었다. 용맹하고 전투에 능했던 두 사람은 한나라의 강성함을 대내외에 과시했다.

양치기에서 장군으로

위청은 평양현(平陽縣) 사람이다. 위청의 아버지 정계(鄭季)는 현리(縣吏)를 지내다가 평양후 조참의 집으로 와 시종으로 일하다가 평양후의 애첩 위온(衛媼)과 사통해 위청을 낳았다. 위청은 어릴 적에 아버지를 찾아갔으나 사랑을 받지 못했고, 아버지는 위청에게 양치는 일을 시켰다. 장성한 후 위청은 평양부의 기사(騎士)가 되어 평양공주(平陽公主 : 한나라 경제의 딸로 평양후와 혼인했기 때문에 평양공주라 불렀다)를 모셨다. 위청의 누나 위자부(衛子夫)가 한나라 무제의 총애를 얻게 되면서 위청도 태중대부(太中大夫 : 황제를 자문하는 직책)가 되었다.

기원전 128년 봄에 위자부는 아들을 낳고 황후에 봉해졌다. 그해 가을에는 위청이 거기장군(車騎將軍)*이 되어 흉노를 정벌했다. 용성(龍城 : 흉노가 제사 지내는 곳)까지 다다라 적군의 수급 수백을 베거나 포로로 잡았다. 기원전 127년에 위청은 운중군(雲中郡)에서 서쪽으로 진격하여 하남 지역을 공략한 후 농서군에 이르렀다. 흉노 군사 수천 명을 포로로 잡았으며, 백양왕과 누번왕을 내쫓고 하남에 삭방군(朔方郡)을 두었다. 황제는 위청에게 3,800호의 식읍을 하사하고 장평후(長平侯)에 봉했다.

---

* 대장군과 표기장군 다음 서열로 오늘날의 전차부대 사령관과 같은 직책이다.

위청과 곽거병의 공적

위청과 곽거병은 한나라 무제가 흉노를 정벌할 때 좌우에서 무제를 보좌했다. 그들은 비록 외척인 덕에 중용되었지만, 오히려 스스로의 공적을 쌓아 후의 작위에 봉해졌다.

위청(? ~ 기원전 106년) : 한나라 문제의 황후인 위자부의 동생으로 일곱 차례에 걸쳐 흉노를 정벌해 5만여 명의 흉노 군사를 베거나 사로잡았다. 그러한 공적으로 관내후에 봉해졌다. 죽은 후에는 '열후'라는 시호를 받았고, 무제의 무릉(茂陵)에 안장되었다. 그의 분묘상은 흉노 땅인 여산(廬山)에 있다.

생구관계
(甥舅 : 외삼촌과 조카)

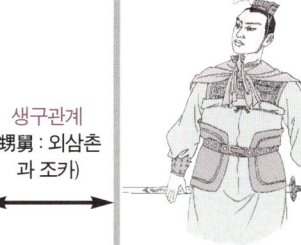

곽거병(기원전 140년 ~ 기원전 117년) : 대장군 위청의 외조카로 여섯 차례 출병해 흉노를 정벌했다. 표기장군의 신분으로 네 차례 출병해 적군 11만여 명을 베거나 사로잡았다. 죽은 후에는 '경환후'라는 시호를 받았고, 한나라 무제의 무릉에 같이 안장되었다. 그의 분묘상은 흉노 땅인 기련산(祁連山)에 있다.

한나라 무제는 곽거병을 위해 호화로운 저택을 마련해 주었는데, 도리어 곽거병은 이를 거절하며 이렇게 말했다. "흉노가 아직 망하지 않았으니, 집은 쓸모가 없습니다(匈奴未滅, 何以家爲흉노미멸, 하이가위)." 이 말은 나라를 위해 큰 일을 하려는 후세 사람들에게 깊은 교훈이 되었다.

막북전투 상황도

고대 중국의 전쟁사에서 중요한 위치를 차지하는 막북전투는 서한과 흉노 간에 벌어진 전쟁 중에서 최대 규모이자 가장 처참한 전투였다. 이 전투에서 패한 흉노는 국력을 상실하고 말았다.

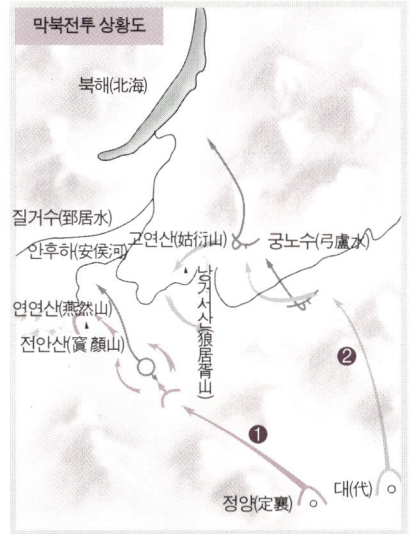

전쟁 개요	전쟁 시기 : 기원전 119년 전쟁 장소 : 막북(고비) 사막 지대 주요 장수 : 위청, 곽거병
전쟁 과정	① 위청이 정양에서 출정하여 흉노 이치사(伊稚邪) 선우와 맞닥뜨려 2백여 리나 추격해 흉노 군사 1만 9천여 명을 베거나 사로잡았다. 전안산(寘顏山)의 조신성(趙信城)을 점령하여 흉노가 비축해 둔 식량을 노획했다.
	② 곽거병은 대군(代郡)에서 출정하여 2천여 리를 진군한 끝에 낭거서산(狼居胥山)에 이르러 흉노 군사 7만여 명을 베거나 사로잡고, 낭거서산에서 천신에게 제사를 올리고 승리를 자축했다.
전쟁 결과	한나라는 막북전투에서 승리함으로써 100여 년 동안 한나라를 괴롭혀 왔던 흉노를 서쪽 변방으로 완전히 밀어내고 국경 수비를 안정시킬 수 있었다.

기원전 124년에 거기장군 위청은 3만의 기병을 이끌고 고궐(高闕)로 출정하여 흉노의 우현왕을 격파했다. 이에 무제는 위청을 대장군에 임명하여 전군의 장수들을 지휘하도록 했다. 기원전 123년에 위청은 정양(定襄)으로 출격해 흉노 군사 1만여 명의 목을 베었다.

용맹함이 3군 중의 으뜸이었던 장수

위청의 누나인 위소아(衛少兒)의 아들 곽거병은 열여덟 살에 한나라 무제의 총애를 받아 시중(侍中)*이 되었다. 말 타기와 활쏘기에 뛰어났던 그는 위청을 따라 두 차례 출정하여 표요교위(驃姚校尉)에 임명되었다. 그는 날쌔고 용맹한 800여 명의 기병을 이끌고 적진 깊숙이 들어가 흉노 군사 2천여 명의 수급을 베었다. 게다가 묵돌 선우의 할아버지뻘인 적약후(籍若侯) 산(産)의 목을 베기도 했다. 이러한 곽거병의 용맹함이 3군 가운데 으뜸이어서 관군후(冠軍侯)에 봉해졌다. 이후 3년 만에 표기장군에 오른 곽거병은 1만의 기병을 이끌고 농서에서 출병하여 언지산(焉支山)을 지나 절란왕(折蘭王)을 죽이고, 노호왕(盧胡王)의 목을 베어 적군을 궤멸시켰다. 혼야왕의 아들과 관원들을 포로로 잡는 외에 8천여 명의 적군을 베어 죽였다. 휴도왕(休屠王)이 제사를 지낼 때 쓰던 금인상(金人像)까지 빼앗아 왔다. 가을에는 혼야왕과 휴도왕이 수만의 병사들을 이끌고 투항했는데, 혼야왕의 부하 장수가 반란을 일으키자 목을 베었다.

막북전투를 승리로 이끌다

기원전 119년에 한나라 무제는 위청과 곽거병에게 각각 5만의 기병과 10만의 군사를 주어 흉노를 정벌하게 했다. 위청은 정양에서 출병했으며, 곽거병은 대군(代郡)에서 출병했다. 그들은 모두 막북(漠北 : 고비 사막)을 지나 흉노를 공격했는데, 위청은 1만 9천여 흉노 군사를 참수하고, 곽거병은 7만에 달하는 흉노 군을

---

* 환관은 아니지만 천자의 좌우에서 자문에 응하고, 황제가 거동할 때는 가교(駕轎) 뒤를 기마병으로 호위하는 직책

궤멸시켰다. 이로 인해 흉노의 군사는 10분의 3이 줄어들었고, 이후 흉노의 국력이 약화되어 쇠락의 길을 걷게 되었다. 기원전 117년에 24세의 곽거병이 죽자 조정에서는 경환후(景桓侯)라는 시호를 내렸다. 기원전 106년에 위청이 죽자 그에게는 열후(烈侯)라는 시호를 내렸다.

35 제후들에게 트집을 잡다
주보언

>>> 한나라의 중대부 주보언은 무제의 중앙집권 통치를 강화하기 위해 제후국의 권력을 약화시키는 '추은령推恩令'을 주장했다. 하지만 그의 몰인정하고 도의에 반하는 행위는 마침내 자신을 죽음으로 내모는 동시에 멸족의 화를 부르고 말았다.

제후들의 세력을 약화시키려고 했던 추은령

주보언(主父偃)은 제나라 임치 사람이다. 젊었을 때는 합종과 연횡술을 배웠으나, 나중에는 유가와 제자백가의 학설을 연구했다. 처음에 주보언은 제나라에서 여러 유생들과 교류했지만 그를 후하게 대우해 주는 이가 없었다. 또한 여러 제후들에게도 유세하였지만 그를 등용하는 이가 없어 장안으로 왔다. 장안에 온 주보언은 대장군 위청의 추천을 받았지만 한나라 무제를 알현하지는 못했다. 훗날 그는 무제에게 상서를 올리고 나서야 알현할 기회를 얻었고, 그 일로 해서 낭중이 되었다. 낭중이 된 후에는 여러 차례 상서를 올리고 무제를 자주 만나면서 한 해 사이에 네 차례나 직책이 올랐다.

훗날 주보언은 무제에게 상서를 올려 제후국의 봉토를 제후왕들의 여러 자제들에게 고루 나누어 주고, 제후의 여러 자제들에게 은덕을 베풀며, 그들을 모두 후에 봉하도록 건의했다. 그러면 천자의 은덕을 보여주는 동시에 제후들의 봉토가 줄어들게 되어 그들의 권력이 점차 약해질 수 있다고 간언했던 것이다. 무제는 주보언의 생각이 옳다고 생각해 추은령을 반포함으로써 제후국의 힘을 약화시켰다. 또한 주보언은 무제에게 다시 상서를 올려 천하의 부유한 호걸과 협객, 그리고 부호들을 무릉(茂陵 : 한나라 무제의 능묘)으로 옮겨 살도록 했다. 안으로는 경사(京師 : 나라의 수도)를 안정시키고, 밖으로는 제후들을 통제하려는 의도였

추은령이란?

주보언의 가장 큰 공적은 추은령을 건의함으로써 제후들의 세력을 크게 약화시켰고, 그로 인해 한나라 초기에 내란이 발생할 소지를 사전에 없앴던 것이다.

한나라 초기의 제후 세력 견제

가의(賈誼) → **조조(晁錯)** → **주보언**

- 가의(賈誼): 제후들이 여러 군을 합치는 것을 줄여 세력을 약하게 해야 한다고 건의했으나, 한나라 문제는 이를 받아들이지 않았다.
- 조조(晁錯): 삭번(削藩) 책략을 올린 탓에 오초칠국의 난이 일어났다.
- 주보언: 한나라 무제에게 추은령을 건의하여 시행함으로써 제후들의 세력을 철저하게 약화시켰다.

추은령 개요

열후(列侯): 보통 한 개 현(縣)을 단위로 하며, 서자가 계승한다. 각 현은 군(郡)에 종속되고, 지위는 현상(縣相: 현령)과 같다.

(중앙: 제후왕 / 주변: 후국 8개)

제후왕: 분할된 토지를 적자가 계승한다.

추은령: 제후들에게 명해 봉토를 자제들에게 나누어 주고, 열후(列侯)에 봉하자는 것이었다. 명목은 은덕을 베푸는 것이었지만, 사실은 제후국의 영토를 분할함으로써 제후왕의 세력을 약화시키는 것이 목적이었다. 이를 통해 중앙집권을 강화할 뿐만 아니라 제후왕들의 반란 가능성을 사전에 막을 수 있었다.

주보언의 기타 책략

주보언은 추은령 외에도 많은 책략을 내놓아 한나라 무제의 통치 권력을 안정화시키는 데 크게 공헌했다.

① 전국의 호걸과 부호 가족, 그리고 대중을 선동하는 무리들을 무릉으로 이주시켜 안으로는 장안을 충실하게 하고, 밖으로는 간사하고 교활한 무리들을 제거했다.

② 흉노를 정벌해서 얻은 땅이 비옥하므로, 그곳에 군을 설치해 국내적으로는 식량 수송이나 조운의 노고를 덜고, 밖으로는 영토를 넓혀 이민족의 침입을 사전에 차단하는 것을 근본으로 삼았다.

다. 당연히 무제는 주보언의 의견에 찬성했다.

제나라 왕에게 원한을 사다

주보언은 위황후를 옹립한 일과 연나라 왕 유정국(劉定國)*의 숨겨진 범죄를 밝히는 데도 큰 공을 세웠다. 조정 대신들은 모두 그의 입을 두려워하여 뇌물을 바친 액수가 수천 금에 이르렀다. 어떤 사람이 주보언에게 너무 전횡을 일삼지 말라고 충고했다. 그러자 주보언은 이렇게 말했다. "나는 예전에 천하를 떠돌며 제대로 뜻을 펼치지 못했지만, 지금은 할 일이 너무 많기에 살아서 진수성찬을 먹을 수 없다면, 죽어서라도 오정(五鼎)**에 삶기질 뿐이다."

훗날 주보언이 흉노에 대항할 요새지로 삭방군의 설치를 건의하자 무제가 받아들였다. 주보언은 제나라 왕 유차경(劉次景)이 궁궐 내에서 음란하고 괴팍한 행동을 일삼는다고 폭로했다. 그리하여 무제는 주보언을 제나라 재상으로 임명했다. 그는 제나라에 이르자 예전에 그를 문전박대하던 가족과 친구들에게 절교를 선언하고 다시는 자신의 집안으로 들어오지 못하도록 엄포를 놓았다.

주보언은 사람을 보내 제나라 왕이 그의 맏누이와 통간한 일로 제나라 왕을 협박했다. 제나라 왕은 연나라 왕처럼 사형에 처해질 것을 두려한 나머지 자살하고 말았다. 누군가가 이 일을 무제에게 간언하자 화가 난 무제는 주보언을 장안으로 불러들인 후 형리에게 넘겨 엄히 다스리도록 했다. 주보언은 제후들에게 뇌물을 받은 것은 인정하였으나 제나라 왕을 위협하지는 않았다고 변론했다. 무제는 주보언을 죽이려는 마음이 없었다. 하지만 어사대부 공손홍(公孫弘)이 "제나라 왕이 자살한 데다 후사가 없어 나라를 폐하게 된 일은 주보언의 언행이 원인이므로, 주보언을 살려두면 천하의 백성들을 대할 방법이 없습

---

* 아버지의 첩을 범하여 아들을 낳고, 세 딸과 간통한 것도 모자라 동생의 아내를 첩으로 삼고, 이를 고발한 사람들을 죽임.
** 왕들이 다섯 솥에 소, 돼지, 닭, 사슴, 생선을 삶아 먹던 음식을 말하며, 호사스런 생활과 고귀한 신분을 상징한다.

니다"라고 간언하자 무제는 주보언과 그 일족을 몰살시켰다. 주보언이 무제의 총애를 받을 때는 수많은 문객들이 문전성시를 이루었지만, 그가 사형을 당하고 일족이 몰살당하자 오직 공거(孔車)만이 그의 시신을 거두어 장례를 치러주었다.

36 한나라 무제의 강경한 민족정책
사이

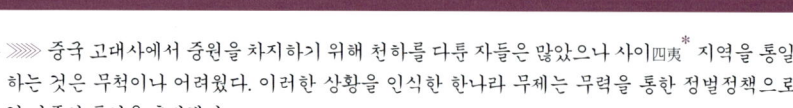

>>> 중국 고대사에서 중원을 차지하기 위해 천하를 다룬 자들은 많았으나 사이(四夷)* 지역을 통일하는 것은 무척이나 어려웠다. 이러한 상황을 인식한 한나라 무제는 무력을 통한 정벌정책으로 각 민족의 통일을 추진했다.

남월의 멸망

진나라는 6국을 통일한 후 남쪽으로 양월(楊越)을 평정하여 계림군(桂林郡), 남해군(南海郡), 상군(象郡) 등을 설치하고, 조타(趙佗)를 남해군 용천현(龍川縣)의 현령으로 임명했다. 진나라 말 천하가 혼란에 빠졌을 때 남해위(南海尉) 임효(任囂)가 죽자 이세황제 호해는 조타에게 남해위의 직책을 수행하도록 했다. 진나라가 무너진 후 조타는 군사를 보내 계림군과 상군을 복속시키고 스스로 남월의 무왕(武王)에 올랐다. 한나라가 세워진 후 고조 유방은 육고를 보내 조타를 남월왕으로 봉하여 사신이 오가도록 했다.

여태후가 섭정할 때 남월과의 왕래가 끊어지자 조타는 스스로 남월의 황제에 올랐다. 한나라 문제 때 다시 육고를 사신으로 임명하여 남월에 보내자 남월왕은 황제 칭호를 버리고 한나라의 번국임을 인정했다.

한나라 무제 때 조타가 죽고 그의 손자 조흥(趙興) 때에 이르러 남월은 한나라 조정에 다른 제후왕들처럼 남월왕도 3년에 한 번씩 입조하고 변방의 관문을 없애

---

* 동이(東夷 : 고대 중국에서 중국 동북 지방과 한국·일본에 분포한 종족을 부른 명칭), 서융(西戎 : 고대 중국에서 서방의 이민족을 가리켜 부른 명칭), 남만(南蠻 : 중국의 역대 왕조가 남방 민족을 가리켜 부른 명칭), 북적(北狄 : 고대 중국에서 북쪽의 이민족을 가리켜 부른 명칭. 적狄은 융적戎狄이라고도 하여 일반적인 북방 이민족을 통틀어 가리키는 경우도 있다).

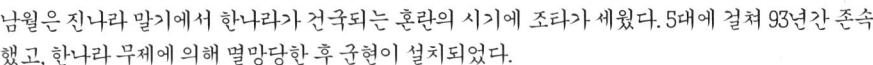

남월의 역사

남월은 진나라 말기에서 한나라가 건국되는 혼란의 시기에 조타가 세웠다. 5대에 걸쳐 93년간 존속했고, 한나라 무제에 의해 멸망당한 후 군현이 설치되었다.

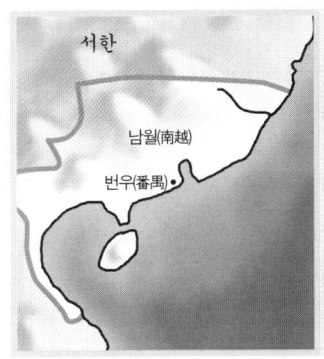

남월국 : 기원전 203년부터 기원전 111년까지 중국 남부에서 베트남 북부 지역을 기반으로 세워졌으며, 한나라의 변경 내에 할거한 국가이다. 수도는 번우(番禺 : 광동성 광주시廣州市)였고, 영토는 지금의 중국 광동성과 광서성의 대부분, 그리고 복건성, 호남성, 귀주성, 운남성의 일부분과 베트남의 북부 지역을 차지하고 있었다.

기원전 203년

조타(趙佗)

진나라가 멸망한 후 진나라 남해군위로 있던 조타가 기원전 203년에 군사를 일으켜 계림군과 상군을 복속시키고, 중국 남부에서 베트남 북부 지역을 기반으로 남월국을 세워 스스로 남월왕에 올랐다. 그는 한나라 고조 유방이 재위할 때는 한나라의 신하임을 밝혔으나, 여태후 때 황제라 부르다가 한나라 문제 때 다시 신하국임을 인정하고 한나라에 복속되었다.

기원전 137년

조호(趙胡) : 기원전 137년에 조타가 죽고 나서 그의 아들도 요절하자 손자 조호가 왕위를 이었다. 조호는 재위 시에 민월이 남월을 공격하자 한나라 무제에게 구원을 요청하였다. 무제는 왕회와 한안국을 파견해 민월을 평정했다. 그 후 조호는 병을 핑계로 입조하는 것을 회피했다.

조영제(趙嬰齊) : 기원전 122년에 조호가 죽자 그의 아들 조영제가 왕이 되었다. 조영제는 폭군이었으며, 한나라 무제가 여러 차례 입조하여 알현할 것을 명했으나 구금될 것을 두려워한 나머지 병을 구실로 한나라 조정에 들지 않았다.

조흥(趙興) : 기원전 115년에 조영제가 죽자 그의 아들 조흥이 왕위를 이었다. 조흥의 모친은 조영제가 한나라 장안에서 숙위로 있을 때 혼인한 한단의 규씨(樛氏) 딸이었다. 때문에 그녀는 한나라 조정과 가까웠고, 게다가 한나라 사신 안국소계(安國少季)와 사통한 사실이 드러나 남월의 대신들과 승상 여가 등이 반란을 일으켰을 때 그녀와 아들 조흥은 살해되었다.

기원전 112년

기원전 111년

조건덕(趙建德) : 승상 여가가 조흥을 죽인 후 영제가 남월 출신의 여자와 혼인하여 낳은 조건덕을 남월왕으로 추대했다. 이러한 사실을 안 한나라 무제는 한나라 군사를 다섯 길로 나누어 남월을 토벌했다. 마침내 조건덕과 여가가 한나라 군에 생포됨으로써 남월은 멸망했다.

주기를 간청했다. 무제는 이를 승낙하고 관인을 하사했다. 조흥의 나이가 아직 어렸기 때문에 승상 여가(呂嘉)가 자신의 신망과 능력을 믿고 남월을 쥐락펴락하며 반란을 도모했다. 무제가 이를 알았지만 당시에는 북방의 흉노를 정벌하느라 남월까지 신경쓸 여력이 없었다. 제북(濟北)의 승상이었던 겹현(郟縣)의 무장 한천추(韓千秋)가 남월을 공격하겠다고 청하자 무제는 그를 보내 남월을 평정하도록 했다. 여가 등은 한나라 조정에서 군사를 보낸다는 사실을 알고 곧바로 반란을 일으켜 한천추의 군대를 전멸시켰다. 훗날 무제가 복파장군(伏波將軍) 노박덕(路博德)을 보내 남월을 토벌하니, 마침내 남월은 무너지고 여가는 포로로 사로잡혔다. 조타가 남월왕에 오른 후로 5대 93년 만에 남월은 멸망하고 9개 군이 설치되었다.

동월의 이주

민월왕(閩越王 : 복건성 지역의 동월東越) 무저(無諸)와 월나라의 동해왕(東海王) 요(搖)는 모두 월왕 구천의 후손들이다. 진나라 때 조정에서는 그들의 왕호를 삭탈하여 군장(君長 : 소수민족의 우두머리)으로 삼고, 그 땅을 민중군(閩中郡)으로 삼았다. 진나라 말기에 천하가 혼란에 빠지자 무저와 요는 제후들을 따라 진나라를 멸망시킨 파양(鄱陽) 현령 오예(吳芮)에게 투항했다. 한나라가 세워진 후 무저는 민월왕이 되어 민중(閩中) 지역을 다스렸다. 한나라 혜제 때 요는 동해왕이 되어 동구(東甌)에 수도를 세웠다. 흔히 그를 동구왕으로 불렀다.

한나라 경제 때 오초칠국의 난이 일어나자 오나라 왕 유비는 민월을 자기편으로 끌어들이려고 했으나 민월은 따르지 않고 동구 만이 반란에 가담했다. 오나라 왕 유비가 패한 후 동구 사람들은 현상금이 걸린 오나라 왕 유비를 살해했다. 덕분에 동구 사람들은 몰살당하는 것을 면하여 고향으로 돌아갈 수 있었다. 오나라 왕의 아들 자구(子駒)는 민월로 피신한 후 민월왕에게 동구를 공격하라고 사주하자 동구에서는 한나라 조정에 구원을 요청했다. 한나라 조정에서 군사를 보내려 하자 민월의 군사들이 먼저 철수했다. 동구 사람들은 변경 안쪽인 장강과 회수(淮水) 일대로 옮겨 가 살았다. 한나라 무제 때에 이르러 민월이 남월을 공격하자 한나라 조정에서는 왕희(王恢)와 한안국(韓安國)을 장군으로 삼아 지원군을 파견했다.

한나라 조정에서는 무저의 손자 요군(繇君) 축(丑)을 월나라 요왕으로 삼고, 여선(餘善)을 동월왕으로 세웠다. 남월이 반란을 일으켰을 때 동월왕 여선은 바람이 거세다는 핑계로 군사를 내지 않으며 홀로 두 마음을 품었다. 훗날 여선이 '무제'라는 옥새를 새겨 스스로 왕이 되려고 하자 무제는 장수 한열(韓說)과 양복(楊僕)이 이끄는 군사를 보내 여선을 평정하도록 했다. 이후 두 나라의 백성들이 장강과 회수 일대로 이주하자 동월은 텅 빈 곳이 되었다.

조선을 공략하다

조선왕 위만(衛滿)*은 본래 연나라 사람이다. 연나라는 강성했을 때 진번(眞番)과 조선을 공략해 복속시켰다. 한나라가 세워진 이후 조선은 너무 멀리 떨어져 있었기 때문에 연나라를 국경으로 삼았다. 훗날 연나라 왕 노관(盧綰)이 반란을 일으키고 흉노로 도망가자 위만도 머리에 상투를 틀고 만이(蠻夷)**의 옷을 입고 동쪽 요새 밖으로 도망쳤다. 위만은 진번과 조선 등을 흡수하여 그들을 신하로 복속시키고 스스로 군왕이 되어 왕검(王儉)에 도읍을 정했다.

한나라 혜제를 거쳐 여태후가 섭정할 때까지 위만은 한나라의 외신(外臣)이 되어 한나라의 도움을 받으며 주변의 작은 부족을 정복해 나갔다. 나중에는 진번과 임둔(臨屯)까지 차지하여 영토가 사방 수천 리에 이르렀다. 위만조선이 점점 강성해지자 한나라는 전쟁의 빌미를 찾았다. 한나라 무제는 기원전 109년 섭하(涉何)를 사신으로 고조선에 보내 전쟁의 꼬투리를 만들도록 했다. 섭하는 돌아오는 길에 그를 수행한 조선의 비왕(裨王: 위만조선의 왕 바로 아래 작위로, 각 지역을 다스리는 왕) 장(長)을 패수에서 살해하였다. 이 공으로 섭하는 요동군 동부도위(遼東郡 東部都尉)로 임명되었는데, 고조선 또한 물러서지 않고 군사를 몰아 섭하(涉何)를 죽

---

* 고조선의 한 국가인 위만조선의 건국자. 연나라 왕의 부장으로 있던 위만은 혼란기에 1천여 명을 이끌고 고조선의 준왕(準王)에게 거두어 줄 것을 요청했다. 그 뒤 세력을 키워 왕위를 빼앗고 도읍을 왕검성(王儉城)에 정했다.
** 고대 중국의 한인(漢人)이 중국 남쪽에 있는 종족과 동쪽에 있는 종족을 일컫던 말

이고 요동군을 짓밟았다.

한나라 무제는 기다렸다는 듯이 흉노와 남월을 복속시킨 다음 고조선을 공략하도록 했다. 육군은 좌장군 순체(荀彘)의 지휘 아래 고조선의 서쪽에서 공격하였고, 수군은 누선장군(樓船將軍) 양복(楊僕)의 지휘 아래 발해만을 건너 고조선의 수도 왕검성을 포위했다. 대제국인 한나라가 대대적으로 공격했지만 고조선은 우거왕이 직접 지휘하는 가운데 오히려 기선을 제압하여 한나라의 수륙 양군을 격퇴시켰다. 고조선의 강력한 반격에 당황한 무제는 위산(衛山)을 사신으로 보내 휴전 협상을 시도했다. 우거왕은 태자를 보내 협상의 뜻이 있음을 밝혔으나 위산은 태자에게 항복할 것을 강요했다. 태자는 협상이 진행될 수 없음을 알고 돌아옴으로써 휴전 협상은 깨지고 말았다.

이후 한나라의 수륙 양군은 다시 왕검성까지 진격해 공격했으나 고조선의 완강한 저항에 밀려 전쟁은 소강 상태에 빠지고 말았다. 이때 왕검성 안에서 내분이 일어나 주전론자에 밀린 화전론자 니계상(尼谿相) 삼(參)이 보낸 자객에게 우거왕이 살해되고 말았다. 하지만 우거왕의 신하인 성기(成己)가 우거왕의 아들 장과 함께 왕검성에서 끝까지 항거했으나 마침내 한나라 군에 함락되고 말았다. 그리하여 위만조선은 한나라와의 전쟁을 끝으로 멸망하고 말았다. 그 후 한나라는 고조선의 영토를 나누어 4군(四郡)을 설치했다.

서남이를 공략하다

서남이(西南夷)의 군장(君長)은 수십 명이나 되었는데, 그 중에서 야랑(夜郞)의 군장이 가장 강했다. 서쪽 변두리에는 미막(靡莫)의 무리가 수십이나 되었는데, 그 중에서 전(滇)이 가장 컸다. 전의 북쪽에도 군장들이 수십이었는데, 그 중에서 공도(邛都)가 가장 강했다. 이들은 한결같이 머리에 상투를 틀고 농사를 지으면서 마을을 이루었다. 이밖에도 촉군(蜀郡)의 서쪽과 서남쪽에는 수많은 부족들과 군장들이 있었다.

전국 시대에 초나라 위왕은 장교(莊蹻)를 파견하여 그곳을 공략하게 했는데, 훗날 장교는 진나라가 파군과 검중군(黔中郡)으로 쳐들어와 빼앗는 바람에 길이

서남이 분포도

한나라 초기의 서남이 소수민족은 험한 산과 강으로 가로막혀 중원 지방과 교류하지 못했다. 한나라 무제는 영토를 확장하는 중에 여러 차례 서남이를 공략해 중원과의 교류를 넓혔다.

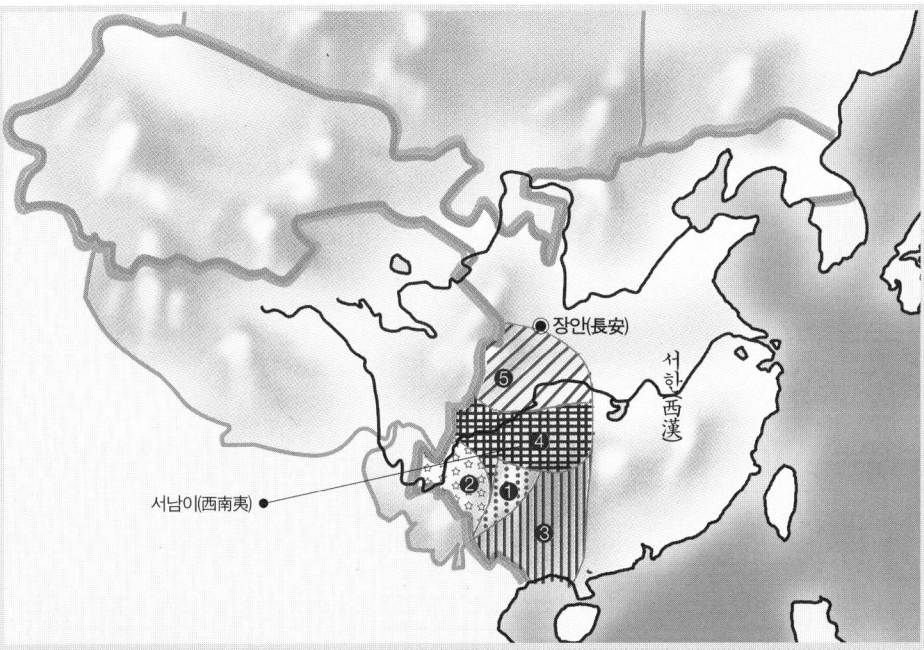

서남이 : 운남성, 귀주성, 감숙성 남부, 사천성 서남부 일대를 말한다. 이 지역은 저강(氐羌), 백월(百越), 백복(百濮) 등 수많은 소수민족이 거주했다.

① 전(滇), 미막(靡莫) 노침(勞浸), 수(叟) 등의 부족은 한나라 무제에게 정복당한 후 익주군(益州郡)이 되었다.
② 수(巂), 곤명(昆明), 사유(斯榆), 동사(桐師), 수당(巂唐), 애뢰(哀牢) 등은 한나라 무제에게 정복당한 후 건위군과 영창군(永昌郡)이 되었다.
③ 한나라 무제는 야랑, 구정(句町), 누와(漏臥), 저란(且蘭) 등을 정복한 후 장가군(牂柯郡)을 설치했다.
④ 공도(邛都), 두(陡), 작도(笮都), 마사(摩沙) 등은 한나라 무제에게 정복당한 후 월수군(越巂郡)과 심려군(沈黎郡)이 되었다.
⑤ 한나라 무제는 염(冉)과 방(駹)을 점령한 후 문산군(汶山郡)을, 백마(白馬)를 점령한 후에는 무도군(武都郡)을 설치했다.

야랑후의 자고자대(自高自大) : 한나라 초기에 서남의 야랑국은 그 지방에서 가장 강성했다. 야랑후는 저 혼자 야랑국이 천하에서 가장 크다고 생각하여 자고자대(自高自大 : 스스로 자기를 치켜세우며 잘난 체하고 교만함)의 자만에 빠져 있었다. 한나라 무제가 보낸 사신에게 야랑후는 이렇게 말했다. "한나라와 야랑국 중 어느 쪽이 더 큰가?" 사실 야랑후가 당시에 사람들을 웃기려고 농담을 한 게 아니라, 당시에는 야랑국이 다른 나라와 길이 통하지 않아 교류하지 않기에 자신을 높여 이처럼 말한 것이다.

막혀 돌아갈 수 없었기 때문에 그곳에 정착하여 전왕(滇王)이 되었다. 진나라 때는 상알(常頞)이 쳐들어와 여러 나라에 관리를 두었다. 한나라 초기에는 이 나라들을 모두 버려두고 촉군에 국경을 설치하여 경계로 삼았다.

한나라 무제 때 왕회(王恢)가 동월을 공략했는데, 그는 군대의 위세에 기대어 파양(番陽) 현령 당몽(唐蒙)을 남월로 보내 투항을 권유했다. 이때 당몽은 뜻밖에도 서남이에서 건너온 물품을 구경한 후 무제에게 주청하여 그들을 정벌하자고 설득했다. 이에 무제는 당몽을 낭중장(郞中將)으로 삼아 야랑(夜郞 : 중국의 귀주성 서쪽 변방에 살던 부족)을 공격하게 했다. 당몽은 야랑후 다동(多同)에게 후한 상을 내리고 그곳에 관리를 두기로 약속했다. 야랑후도 동의하여 결국 한나라 조정은 야랑에 건위군(犍爲郡)을 두었다.

한 무제는 또 사마상여를 보내 서남이의 공(邛)과 작(筰) 등지에 군을 설치했다. 훗날 서남이가 반란을 일으켰지만 당시에는 흉노를 공략하느라 경황이 없어 이 지역에 대한 정벌을 멈추었다. 한나라 조정은 남월의 반란을 평정한 후 서남이 정벌을 시작해 마침내 그곳을 평정하고 군을 설치했다. 야랑은 한나라 조정에 입조해 신하임을 청하여 야랑왕에 봉해졌다. 그 후 서남이의 많은 부족들도 평정되어 군이 설치되었다. 전왕은 한나라에 신하임을 청하고 전왕에 봉해졌다. 결국 서남이의 모든 영토는 한나라의 7개 군으로 나뉘어 통합되었다.

37 한나라 제일의 재주꾼
사마상여

>>> 한나라 시대의 문학을 '부(賦)'*라고 부른다. 거문고로 탁문군(卓文君)을 유혹한 사마상여는 한부(漢賦)에 출중했다. 그는 「자허부(子虛賦)」, 「상림부(上林賦)」 등 많은 작품을 남겼는데, 모두 다 천하의 명작이었다.

거문고로 탁문군의 마음을 사로잡다

사마상여(司馬相如)의 자는 장경(長卿)으로, 촉군의 성도(成都) 사람이다. 그는 많은 돈을 써 낭관(郎官)이 된 후 한나라 경제를 섬기다가 훗날 양나라 효왕(孝王)를 따라가 수많은 유생, 유세객들과 같이 지내며 「자허부」를 썼다. 양나라 효왕이 죽자 그는 고향으로 돌아왔다. 이때 그의 집안은 몰락하여 가난하기 이를 데 없어 살 길이 막막했다.

그리하여 사마상여는 임공(臨邛) 현령인 왕길(王吉)에게 몸을 의탁해 그의 객관에 머물렀다. 왕길은 날마다 사마상여에게 문안을 물었다. 사마상여는 처음에는 그를 예로 대하며 만났으나, 나중에는 병을 핑계 삼아 그를 만나지 않았다. 그런데도 왕길은 더욱더 삼가며 사마상여를 공경했다. 이 일이 밖에 알려진 후 임공의 부호인 탁왕손(卓王孫)이 연회를 열고 현령과 사마상여를 초대했다. 연회석에서 사마상여는 거문고를 타며 흥을 돋았다. 문 뒤에서 몰래 엿보던 과부가 된 지 얼마 되지 않은 탁왕손의 여식 탁문군은 사마상여에게 마음이 끌렸다. 연회가 끝나자 사마상여는 탁문군의 시종에게 선물을 줘 환심을 산 후 자신의 마음을 탁

---

* 한대(漢代)에 이르러 한부(漢賦)는 궁정(宮廷)문학으로서 사물(事物)을 화려하고 장대하게 직사(直寫)해서 국사(國事)를 찬송하여 읊었는데, 이런 종류의 부를 사부(辭賦) 또는 고부(古賦)라 하였다.

문군에게 몰래 전하도록 했다. 그러자 탁문군은 그날 밤에 사마상여와 함께 야반도주해 성도(成都)에 다다랐다. 탁문군이 그의 집에 들어섰을 때 집안이 궁핍하여 오직 네 벽만이 남아있을 뿐이었다.

나중에 그들은 임공으로 다시 돌아와 술을 팔며 살았다. 탁왕손은 자신의 딸이 야반도주를 하여 몹시 화가 나 있었는데, 그들이 다시 돌아와 술을 팔며 생계를 잇는다고 하자 문을 닫아걸고 출타조차 하지 않았다. 하지만 결국에는 형제들과 아들들의 설득으로 재물을 내어 사마상여와 탁문군을 도와주었다. 그리하여 사마상여와 탁문군은 다시 성도로 돌아와 밭과 집을 사서 큰 부자가 되었다.

서남이에 사신으로 가다

한나라 무제는 사마상여의 「자허부」를 읽고 매우 좋아하며 큰 상을 내리고자 사마상여를 알현한 후 그를 낭관에 임명했다. 때마침 무제는 당몽을 보내 서남이를 공략하고 있었다. 하지만 일이 잘못되자 무제는 사마상여를 보내 당몽을 꾸짖었다. 훗날 사마상여는 다시 서남이에 사신으로 파견되어 큰 성과를 얻었다. 탁왕손은 이 소식을 듣고 친히 촉군까지 와서 사마상여에게 많은 금전과 재물을 주었다. 훗날 사마상여가 뇌물을 받았다는 상소를 누군가가 올렸고, 사마상여는 관직에서 파면되었다. 한 해가 지난 후 사마상여는 다시 낭관에 임명되었다.

봉선을 간언하는 글을 남기다

사마상여는 말더듬이였던 탓에 언변이 어눌했다. 당연히 조회에서 대신들과 국사를 논하는 데도 능통하지 못했다. 때문에 그는 관직을 더더욱 달가워하지 않았고, 늘 한나라 무제의 사냥놀이를 따라다니며 글 짓는 것을 즐겼다. 훗날 사마상여는 한나라 문제의 능원을 지키는 영(令)에 봉해진 후 「상림부(上林賦)」, 「대인부(大人賦)」를 짓자 무제는 크게 기뻐했다.

사마상여는 병으로 인해 벼슬을 그만두고 무릉(茂陵)의 집에서 요양했다. 그러자 무제는 그의 병이 깊다는 것을 알고 사람을 보내 그의 책과 글을 모두 가져오게 했다. 하지만 사마상여는 이미 숨을 거두었기 때문에 무제가 보낸 시종은

사마상여와 한부

사마상여는 한나라 시대 문학의 대표적인 인물이다. 특히 그의 작품은 『시경』의 「국풍國風」, 굴원屈原의 「이소離騷」와 쌍벽을 이룰 정도로 빼어나 '부성賦聖'이라 불리웠다.

사마상여

- 이름 : 사마상여
- 자(字) : 장경(長卿),
- 생존 기간 : 기원전 179년 ~ 기원전 117년
- 출신 지역 : 한나라 촉군 성도(지금의 사천성 성도시)
- 단점 : 말을 더듬는 습관
- 질병 : 소갈증(당뇨병)
- 일생에서 가장 만족했던 일 : 거문고를 연주하여 탁문군을 얻은 것
- 가장 뛰어난 일 : 부(賦) 창작
- 대표 작품 : 「자허부」, 「상림부」, 「대인부」, 「장문부(長門賦)」

한부(漢賦)

한나라 시대에 생겨난 일종의 '운(韻)이 있는 산문'이다. 문체의 특색은 산문과 운을 결합하여 상세하게 서술하는 것이다. 부에서 운은 부를 순수 산문 영역과 구별을 짓게 하며, 부를 시와 산문의 중간 영역에 위치하도록 만드는 요소이다.

주요 내용

궁궐과 도성을 과장하여 알리고, 제왕의 사냥놀이나 여행담을 서술하며, 자신의 불우한 처지나 금수초목을 소재로 다루기도 한다.

주요 종류

- **대부(大賦)** : 규모가 크고 구성이 웅대하며 기세가 드높고, 사용하는 어휘가 화려하다. 대표적인 인물로는 사마상여와 양웅(揚雄)이 있다.
- **소부(小賦)** : 편의 폭이 비교적 작고, 문체가 청아하고 수려하다. 주로 시사적인 것을 소재를 풍자하며, 사물을 서정적으로 노래한다. 대표적인 인물로는 조일(趙壹)과 채옹(蔡邕)이 있다.

한부 4대가

서한	사마상여	「자허부」, 「상림부」
	양웅	「하동부(河東賦)」, 「교렵부(狡獵賦)」
동한	반고(班固)	「양도부(兩都賦)」
	장형(張衡)	「서경부(西京賦)」, 「동경부(東京賦)」

거문고로 탁문군을 유혹하다

사마상여가 친구를 만나러 임공에 갔을 때 그곳의 부자 상인인 탁왕손의 과부 딸 탁문군을 우연히 보았다. 사마상여는 출중한 거문고 솜씨로 그녀의 마음을 사로잡았고, 바로 그날 밤에 사랑의 야반도주를 하고 말았다. 지금까지도 전해지고 있는 아름다운 사랑 이야기다.

녹기 : 사마상여가 탁문군을 거문고로 유혹할 때 타던 거문고의 이름이 바로 '녹기(綠綺)'인데, 한나라 경제의 동생인 양나라 효왕이 사마상여에게 선물한 것이다. 훗날 연기는 고금(古琴 : 칠현금)의 별칭이 되었다.

봉구황 : 사마상여가 거문고를 연주하면서 탁문군을 유혹할 때 타던 곡의 이름이 '봉구황(鳳求凰)'이다. 훗날 사람들이 두 사람의 사랑 이야기를 소재로 하여 만든 거문고 악보인 '봉구황'은 지금까지도 전해지고 있다.

그의 아내로부터 한 통의 서찰만 전달 받을 수 있었다. 게다가 사마상여는 본래 책을 지니지도 않았을 뿐더러 글을 써도 사람들이 가져가고 없었다. 봉선에 관해 써놓은 사마상여의 마지막 글을 읽은 무제는 봉선의식을 상세하게 조사하도록 명하고, 마침내 봉선대전을 거행하게 되었다.

38 부전자전의 반란
회남왕

>>>> 회남의 여왕 유장은 한나라 문제 때 교만하고 방자하여 반란을 모의하다가 발각된 후 촉 땅으로 귀양을 가던 중에 스스로 굶어죽었다.

회남의 여왕이 반란을 모의하다

회남(淮南)의 여왕(厲王) 유장(劉長)은 한나라 고조 유방의 막내아들이며, 그의 모친은 조나라 왕 장오(張敖)의 미인(美人 : 비빈, 후궁)이었다. 유방은 회남왕 경포(黥布)를 토벌한 후에 유장을 회남왕으로 삼았다. 유장은 어려서 어머니를 여의었기 때문에 늘 여태후를 어머니처럼 따랐다. 그런 사연으로 인해 여태후가 폭정에 가까운 섭정을 할 때도 화를 면할 수 있었다. 또한 한나라 문제 역시 유일하게 살아있는 동생이라서 특별하게 대해 주었다. 그래서 여왕은 점점 더 거만하고 무례하게 행동했고, 급기야는 자신을 천자와 비교하기에 이르렀다.

훗날 여왕은 남자(男子 : 관직이나 작위가 없는 성인 남자) 단(但) 등 70명에게 극포후(棘蒲侯) 시무(柴武)의 태자 시기(柴奇)와 은밀하게 공모하여 큰 수레 40대를 몰고 가 곡구(谷口)에서 반란을 일으키도록 사주했다. 또한 민월과 흉노에 사자를 보내 내통하기도 했다. 하지만 이 일이 발각되자 대신들은 당연히 그를 사형에 처해야 한다고 생각했다. 반면에 문제는 형제 간의 정을 언급하며, 모반에 참가한 사람들만 처형하고 유장을 촉군으로 귀양보냈다. 그 결과 유장은 자신의 교만과 방자함에 후회하면서 굶어죽었다. 문제는 회남의 여왕을 불쌍하게 여겨 그의 네 아들을 모두 후로 봉했다. 훗날 백성들은 노래를 지어 문제의 형제들이 서로 화목하지 않은 것을 비꼬았다. 문제는 회남왕 유장의 세 아들을 왕으로 봉했다.

회남왕 유장의 아들 유안이 반란을 일으키다

유안(劉安)은 회남왕 유장의 아들로, 문제 때 부릉후(阜陵侯)에 봉해졌다가 훗날 회남왕이 되었다. 유안은 책읽기와 거문고 타기를 좋아했으나 사냥이나 말을 타는 것은 즐기지 않았다. 그는 덕을 베풀고 백성들을 두루 보살펴 천하에 이름이 알려지기를 간절히 원했다. 때때로 아버지의 죽음을 원망하여 반란을 도모하고자 했으나 기회가 오지 않았다.

그가 입조해 황제를 알현할 때 무제에게는 아직 아들이 없다는 것을 알고, 빈객들과 결탁하여 백성들을 어루만지고 위로하여 반역을 도모했다. 유안의 태자 천(遷)이 낭중 뇌피(雷被)와 검을 겨루다 졌다. 그러자 태자는 아버지 유안에게 뇌피의 관직을 삭탈하라고 청했다. 뇌피는 곧바로 장안으로 도망쳐 황제에게 유안이 모반을 꾸미고 있다고 폭로했다. 무제는 뇌피의 말을 들은 후 유안의 영지에서 2개 현을 삭감하며 엄중하게 경고했다. 하지만 유안은 반성을 하기는커녕 더욱더 적극적으로 반역의 음모를 꾀했다. 유안의 맏아들 불해(不害)는 서자여서 유안의 총애를 받지 못했다. 불해의 아들 유건(劉建)은 아버지를 위해 유안의 총애를 얻으려고 태자 천과 경쟁했다. 그러던 중에 태자 천에게 붙들려 매질을 당한 유건은 사람을 보내 조정에 상주문을 올렸다. 이전에 태자 천이 조정에서 보낸 사신을 죽인 적이 있는데, 그것을 고발한 것이다.

무제는 즉시 사람을 보내 태자 천을 조사하도록 했다. 회남왕은 두려워 반란을 일으키려고 했으나 모사꾼 오피(伍被)의 만류로 실행에 옮기지 않았다. 하지만 오피는 무제에게 상주서를 올려 유안이 모반을 꾸미고 있다는 사실을 고했다. 무제는 공경을 보내 이 일을 심리하도록 했다. 나중에 제후왕들이 반란을 모의한 유안을 죽여야 한다고 주청하자 무제는 종정(宗正) 유기(劉棄)로 하여금 유안의 죄를 다스리도록 했다. 그리하여 유기가 회남에 도착했지만 유안은 이미 자결한 상태였다. 태자 천 등 모반에 가담한 모든 사람들이 멸족을 당하고, 회남국은 구강군(九江郡)이 되었다.

회남왕 유안

유안은 유방의 자손 중에서 재능과 인품이 걸출한 사람이었다. 그는 비록 반란을 일으키려다가 자살했지만, 그가 지은 책은 진귀한 보물로 여겨져 후세에 전해졌다.

회남왕 가계도

유장
유방의 막내아들로서 1대 회남왕 경포가 모반을 일으켰다가 평정된 후 유방에 의해 회남왕에 봉해졌다. 한나라 문제 때 모반을 일으키려다가 발각되어 귀양을 가던 중 식음을 전폐하고 굶어죽었다.

유안
회남왕 유장의 장자로서 부릉후에 봉해졌다가 나중에 회남왕이 되었다. 한나라 무제 때 모반을 일으키려다가 발각되자 스스로 목숨을 끊었다.

유발
유발(劉勃)은 유장의 차남으로서 안릉후(安陵侯)에 봉해졌다가 형산왕(衡山王)이 되었는데, 반란을 모의하다 발각되어 자살했다.

유사
유사(劉賜)는 유장의 삼남으로서 주양후(周陽侯)에 봉해진 후 여강왕(廬江王)이 되었다가 가족 내부의 혼란으로 인해 한나라 무제에게 죽임을 당했다.

유량
유량(劉良)은 유장의 사남으로서 동성후(東成侯)에 봉해졌으나 요절했다. 아들이 없어 대를 잇지 못했다.

유안의 학문적 성취

『이소체(離騷體)』: 유안이 한나라 무제의 명을 받들어 쓴 책. 중국 최초로 굴원의 「이소」를 평가한 저작물이다.

열기구: 유안은 세계 최초로 공중에 띄우는 물체를 실험하기도 했다. 그는 계란을 즙으로 만들고, 쑥으로 태운 열기를 모아 계란껍질을 공중에 뜨게 했다.

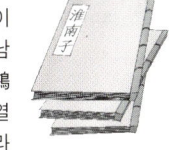
『회남자(淮南子)』: 이 책은 『회남홍열(淮南鴻烈)』, 『홍열(鴻烈)』이라고도 부르는데, 유안이 그의 빈객들과 함께 저술한 책이다. 내편(內篇) 20편과 외편(外篇) 33편, 도훈(道訓) 2편 등 모두 2만여 자로 저술되었다.

유안(기원전 179년 ~ 기원전 122년)은 재능이 뛰어나고 책 읽기를 좋아했으며, 특히 작문에 능했다. 학문적 식견에 더해 북과 거문고 등 음악을 즐긴 서한의 사상가이자 문학가였다.

두부: 유안은 황백지술(黃白之術: 방사들이 단약을 태워 금을 제련하는 연금술)을 좋아하여 도사, 유사, 낭중, 강호의 방술지사 등을 모아 단약을 제조했다. 그는 수춘성(壽春城)의 북산에 노련단(爐煉丹)을 쌓다가 우연히 두부를 만든 것으로 전해진다. 중국에서는 그를 '두부의 시조'라고 부른다.
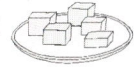

39 벼슬아치의 모범
순리

>>> 벼슬아치는 손숙오처럼 민심을 따라야 하고, 공의휴처럼 백성들과 이익을 놓고 다투지 말아야 한다. 따라서 벼슬아치가 법을 집행할 때는 석사와 이리처럼 설사 자신을 희생하는 한이 있더라도 국법에 따라 처리해야만 한다. 그래야 벼슬아치의 모범인 순리循吏이다.

민심에 따라 다스리는 것이 순리다

손숙오(孫叔敖)는 본래 초나라의 처사(處士)*였다. 훗날 초나라의 영윤(令尹 : 재상) 우구(虞丘)가 초나라 장왕에게 추천하여 석 달 뒤에 영윤에 임명되었다. 그가 백성들을 교화하며 다스리자 윗사람과 아랫사람이 화합하고, 사람 간의 도리가 바로 섰다. 정치가 지나치게 엄격하지 않았으며, 백성들의 삶은 풍족하고 안정되었다. 한번은 장왕이 조개로 만든 화폐가 너무 가볍다고 생각하여 작은 것을 고쳐 크게 만들었다. 하지만 백성들은 오히려 그것을 불편하게 여겨 사용하지 않았다. 손숙오는 장왕에게 화폐를 이전의 크기로 환원시키자고 간언했다. 장왕이 이를 허락하자 과연 백성들도 편한 마음으로 생업에 전념할 수 있었다.

또 한번은 장왕이 비거(庳車 : 수레바퀴가 작고 낮은 수레)의 밑받침이 너무 낮다고 생각하여 이것을 높여 말이 끌기에 편리하도록 하는 법령을 반포하려고 했다. 그러자 손숙오는 곧바로 먼저 고을의 문지방을 높이자고 간언했다. 얼마 지나지 않아 백성들은 스스로 수레의 밑받침을 높였다. 그 후에도 손숙오는 세 차례나 재상을 역임했고, 세 차례나 파면되었다. 하지만 그는 그럴 때마다 태연자약했는데, 순리에 따랐기 때문이다.

---

* 벼슬을 하지 않고 초야에서 은둔한 선비들을 일컫는 말.

순리의 모범, 손숙오와 자산

춘추 시대에 초나라의 재상을 지낸 손숙오와 정나라의 재상을 지낸 자산子産은 모두 큰 업적을 이루었다. 그래서 사마천은 그들을 '순리循吏'로 부르고, 정치인의 모범으로 삼았다.

초나라 재상 손숙오

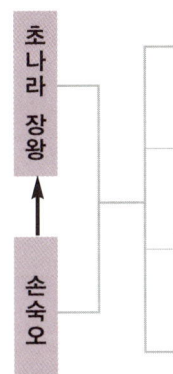

1. **민생 중시** : 이치에 따라 정치를 펼치고 백성들을 잘 가르치며, 농민·수공업자·상인 등이 편리하게 생업에 종사할 수 있도록 정성을 다해야 한다.

2. **신중한 개혁** : 정치 법령의 반포는 반드시 백성들의 뜻과 조화를 이루어야만 나라가 안정된다.

3. **수리 공사** : 중국에서 최초로 기은피(期恩陂), 작피(芍陂) 등의 대형 수로 공사를 책임지고 실행에 옮겼다.

4. **군사 발전** : 법을 제정한 후 그것에 따라 훈련하여 실전을 치렀다. 초나라 장왕이 북상하여 진(晋)나라를 공격하도록 도와 초나라가 중원의 패자가 되도록 했다.

정치의 도

1. 관직이 높으면 시기심을 불러일으키니, 항상 겸손하게 자신을 낮춘다.
2. 관직이 높으면 화를 불러올 수 있으니, 항상 신중하게 생각하고 행동한다.
3. 봉록이 높으면 원한을 맺을 수 있으니, 항상 백성들에게 베푼다.

정나라 재상 자산

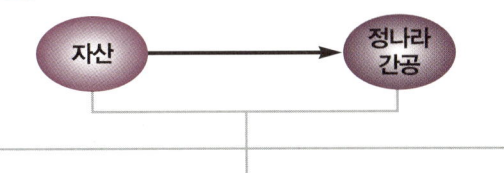

내란 평정

정나라 간공(簡公) 때 내란이 일어나 간공을 협박하자 백성들의 도움으로 내란을 평정했다.

평화 외교

정나라는 진(晋)나라와 초나라 사이에 있었기 때문에 자산은 작은 이익을 버리고 장기적인 평화를 얻었다.

정치 개혁

개인의 토지 소유를 합법화한 후 토지 소유자에게 군역을 치르도록 했다. 형서(刑書)를 솥에 새긴 것은 성문법의 시초였다. 또한 향교(鄕校)의 보류를 주장하고, 백성들의 의견을 들어 인재를 쓰는 데 뛰어났다. 관맹상제(寬孟相濟 : 관대함과 엄숙함을 서로 보완)를 치국의 방략으로 삼았다.

백성들과 이익을 다투지 않는 것이 순리다

공의휴(公儀休)는 노나라의 박사(博士)*였으며, 뛰어난 정치적 업적으로 노나라의 재상이 되었다. 그가 법도를 믿고 정도를 따르며, 모든 법령을 바꾸는 일이 없었으므로 문무백관들이 모두 스스로 정직해졌다.

언젠가 자신의 집에 머물던 빈객이 생선을 선물했지만, 공의휴는 받지 않았다. 그 까닭은 다른 사람으로부터 선물을 받으면 몸가짐이 흐트러져 파면될 수도 있는데, 만약 그렇게 되면 생선을 살 수도 없고 생선을 선물하는 사람도 없어지기 때문이었다. 한번은 그가 자신의 집 채소를 먹어 보니 매우 맛있었다. 그는 곧바로 채소밭의 채소를 모두 뽑아버렸다. 또 자신의 집에서 짜는 베가 좋은 것을 알고는 베를 짜는 처첩을 모두 돌려보내고, 베틀도 불살라버렸다. 그가 이렇게 한 까닭은 재상인 자신의 집안사람들과 하인들이 만든 생산품을 내다 팔게 되면 백성들과 이익을 다투게 되는 것이라고 생각했기 때문이었다.

법은 엄격하게 집행하는 것이 순리다

초나라 소왕(昭王) 때 영윤 석사(石奢)는 성품이 강직하고 청렴, 정직하여 권세를 두려하지 않았다. 한번은 그가 순시를 하는 도중에 어떤 사람이 살인을 하는 것을 목도했다. 그런데 그 살인자는 자신의 아버지였다. 그는 아버지를 놓아주고, 자진해서 옥에 갇히었다. 그리고 사람을 보내 왕에게 '아버지를 대신해 죽어 마땅하다'는 죄를 아뢰도록 했다. 초나라 소왕은 그를 용서해주고 싶었다. 하지만 석사는 아버지의 편을 들지 않으면 불효이고, 나랏법을 지키지 않으면 불충이라고 생각했다. 또한 벌을 받아 죽는 것은 신하로서의 마땅한 직분이라며 스스로 자결했다.

이리(李離)는 진(晉)나라 문공(文公)의 옥관(獄官)이었다. 그는 자신의 하급 관리

---

* 고대의 전문 학자 및 기술자에게 주던 관직 이름. 원래 박사는 중국 진(秦)나라 때 처음 설치되었으며 학문을 맡은 관직이었다. 한나라에서는 오경박사(五經博士)가 교육을 담당했으며, 진(晉)나라 때는 국자박사(國子博士)·율학박사(律學博士) 등으로 박사의 종류가 늘어났다.

가 판결을 잘못하여 마침내 사람을 죽음의 길로 내몰았다는 것을 안 후 스스로 옥에 갇혀 죽음으로 속죄하려 했다. 문공은 죄가 이리에게 있지 않다고 생각했지만, 오히려 이리는 자신의 신분이 높은 봉록을 받는 벼슬아치이므로 부하에게 떠넘길 수 없다며 스스로 목숨을 끊었다.

40 한나라 제일의 청백리이자 대쪽 관리
급암

≫ 급암은 사람됨이 강직하고 청결하며 조용한 것을 좋아했다. 탐관오리가 많고 청백리가 적은 봉건 사회의 관리 중에서 그는 출중한 벼슬아치였다. 하지만 그는 관운이 따르지 않아 한나라 무제에게 따돌림을 당하면서 폄하되었다.

두 차례나 황제의 명령을 어기다

급암(汲黯)의 자는 장유(長孺)이고, 복양(濮陽 : 하남성 복양시) 사람이다. 그의 조상은 위(衛)나라 군주에게 총애를 받아 대부에 올랐고, 그는 부친의 추천으로 한나라 경제 때 태자의 세마(洗馬)*가 되었다. 그는 사람됨이 단정하고 엄숙하며, 함부로 경솔하게 웃지 않아 모든 이들이 두려워했다. 그 후 한나라 무제 때는 알자(謁者)**가 되어 일했다.

그 무렵 동월의 여러 나라들이 서로 싸우자 한나라 무제는 급암을 보내 조사하도록 했다. 그런데 급암은 월나라까지 가지 않고 오나라까지만 갔다가 돌아왔다. 그는 월나라 사람들은 천성이 싸움을 좋아하여 그 무리들끼리 싸우는 것이므로, 굳이 황제의 사자가 수고롭게 그곳까지 가서 조사할 필요가 없다고 생각했기 때문이다. 한번은 하내군(河內郡)에 불이 나서 가옥 1천여 채가 전소되었다. 그리하여 무제는 급암을 보내 시찰하도록 했다. 급암이 돌아와 이렇게 보고했다. "원래 한 집에서 불이 났는데, 뜻밖에도 집들이 밀집해 있어 옮겨 붙은 것이므로 우려할 일이 못됩니다."

---

* 태자궁에 속한 관직으로, 태자가 궁궐 밖으로 출행할 때 선두에서 길을 인도하는 직책.
** 황제의 사자로서, 손님 접대를 전담하거나 황제의 조서를 전달하는 직책.

강직하고 정직했던 급암

급암은 한나라 무제 때 강직하기로 유명했던 대쪽 관리이기도 했지만, 별종이기도 했다. 하지만 그는 정직함으로 인해 황제의 신임을 얻었다.

한나라 무제
급암은 두 차례나 황제의 명을 어겼는데도, 무제에게 속으로는 욕심이 많으면서 인정을 베푸는 척하면 요순처럼 위대한 치적을 쌓을 수 없다고 질책할 만큼 성품이 강직했다. 무제는 급암을 어려워하여 그를 접견할 때는 늘 의관을 갖추고 대했다.

위청
대장군 위청이 전투에서 공을 쌓아 날이 갈수록 점점 더 존귀해졌다. 그럼에도 불구하고 급암은 도리어 예전처럼 그를 대했다. 위청의 위세에 대해 급암은 이렇게 말했다. "만약 대장군에게 장읍을 하면서 엎드려 절하지 않는 친구가 있다는 것을 다른 사람들이 안다면 대장군을 더욱더 존중할 것이다." 위청은 급암의 말이 도리에 맞다면서 급암을 예로써 대했다.

전분
전분(田蚡)은 한나라 무제의 외숙으로서 승상의 지위에 올랐다. 다른 사람들은 모두 전분을 보면 배례를 했지만, 급암은 장읍의 예로써 대했다.

급암

자는 장유(長孺)이고 복양 사람이다. 한나라 경제와 무제 때 벼슬을 지냈는데, 사람됨이 엄숙 단정하고 경솔하게 지껄이거나 웃지 않아서 모든 사람들이 그를 두려워했다.

회남왕 유안
회남왕 유안이 모반을 꾸밀 때 급암이 직신이라고 생각하여 그의 결점을 찾아 회유하려고 했으나 뜻을 이루지 못했다.

공손홍
원래 유생이었으나 한나라 무제의 총애를 얻어 승상에까지 올랐다. 하지만 급암은 공손홍이 겉으로는 지혜로운 척하며 군주의 환심을 사기 위해 마음과 언행이 다르다고 꾸짖었다. 그래서 공손홍은 무제에게 급암을 가장 힘든 관직인 우내사(右內史 : 도성의 치안을 담당)에 명하도록 권했다. 급암이 우내사를 맡고 나서 몇 해가 지났으나 아무런 변고도 없었다.

장탕
장탕은 한나라 무제 때 혹리로서 유명했다. 늘 법령을 뜯어고치자 급암은 여러 차례에 걸쳐 그를 꾸짖었다.

『급암전(汲黯傳)』 : 원나라 때 유명한 서예가였던 조맹부(趙孟頫, 1254년 ~ 1322년)가 소해(小楷)*로 쓴 작품이다. 조맹은 스스로 당나라 유풍의 서예에 달관해 우지영(于智永 : 남조의 서예가, 왕희지의 세손)과 우세남(虞世南 : 당대의 시인)을 뛰어넘어 한 시대의 위대한 업적을 이루었다고 자부했다.

---

* 한나라 말기에서 삼국 시대와 위진남북조 시대 사이에 생겨난 작은 해서체 한자. 인쇄 문자가 발달되지 않았던 시기에는 정식 문서를 모두 소해로 썼음. 수나라와 당나라, 청나라 때까지 과거 시험의 중요 과목이었다.

게다가 급암은 하남 지방을 지나다가 가난한 백성들이 수재와 가뭄 피해를 입어 아이들마저 굶주림에 허덕이는 것을 보게 되었다. 생각 끝에 급암은 거짓으로 황제의 명임을 빌어 하남의 곡식 창고를 열고 어려움에 처한 백성들을 구제했다. 나중에 그러한 사실을 안 무제는 급암의 죄를 용서했을 뿐만 아니라, 그를 칭찬하고 격려하며 형양(滎陽)의 현령으로 삼았다.

권력과 귀족을 두려워하지 않다

급암은 형양의 현령 직을 수치스럽게 여겨 병을 핑계로 집에 돌아와 농사를 지었다. 그러지 무제는 그를 봉록 2천 석의 관리로 임명했다. 급암은 너무 강직하여 늘 사람을 면전에 두고 곤혹스럽게 만들었다. 왕태후의 동생 무안후 전분이 승상이 되자 모든 사람들이 그를 알현했다. 하지만 급암은 장읍(長揖)*을 할 뿐, 정중하게 엎드려 배례를 하지 않았다. 장탕(張湯)은 가장 높은 사법관에 임명되었는데, 급암은 여러 차례 무제 앞에서 법령을 뜯어고치는 것은 옳지 않다며 장탕을 꾸짖었다.

급암은 대신들뿐만 아니라 심지어 무제까지 자주 질책했다. 당시에 무제는 인의를 베풀어 요순 황제와 같은 정치를 펼치려고 했다. 하지만 급암은 오히려 무제는 속으로는 욕심이 많으면서 단지 겉으로만 인의를 베푸는 것이기 때문에, 근본적으로 요순 황제와 같은 위대한 업적을 이룰 수 없다고 직언했다. 한번은 황로 사상을 좋아했던 급암은 무제에게 흉노와 싸우지 말고 화친을 맺으라고 간언했다. 훗날 급암은 사소한 잘못으로 관직을 삭탈당하자 지방으로 내려가 숨어 지냈다. 훗날 무제는 회남 지방이 혼란에 빠지자 급암을 회남 태수로 삼았다. 급암이 내려가 다스리자 회양군(淮陽郡)의 정치가 빠르게 안정되었다. 급암은 제후에 버금가는 봉록을 받으면서 회양군을 다스리다 7년 후 자신의 임지에서 죽었다.

---

* 두 손을 마주 잡고 높이 들어서 허리를 굽히는 인사법.

41 한나라 초기의 유생들
유림

>>>> 공자는 유가사상으로 세상을 다스려보고자 했지만 성공하지 못했다. 하지만 한나라 무제가 유가에 따른 정책을 펴는 동시에 공자사상을 이어받은 유생들을 중용하자 드디어 유생들이 한나라의 동량 역할을 해냈다.

유생의 기원

춘추 시대 말기에 노나라 사람인 공자는 유가의 시조가 되어 유가사상을 학문으로 만들고, 책을 쓰며 제자들을 길러냈다. 공자가 죽은 후 육예(六藝)*에 밝은 제자들이 각지의 제후들에게 가 유세를 펼쳤다. 성과가 큰 이들은 태사(太師), 태부(太傅), 경대부, 재상 등에 올랐고, 성과가 적은 이들도 능히 사대부들을 가르쳤다. 또한 은거하며 벼슬을 마다한 이들도 있었다. 전국 시대 초기에 위(魏)나라 서하(西河) 학파인 전자방(田子方), 단간목(段干木) 등은 공자의 제자인 자하(子夏)의 학생들로서 모두 제왕의 사부가 되었다.

진시황이 천하를 통일한 후 유가는 큰 탄압을 받았는데, 제나라와 노나라에는 여전히 유학자들이 많았다. 진나라 말기에 진시황은 분서갱유 정책을 실시하여 수많은 유가 경전을 모두 태워버렸다. 진승이 군사를 일으켜 왕을 칭할 때 노나라 유생들은 모두 그를 찾아가 의탁했다. 공갑(孔甲: 공자의 8대손)은 진섭의 박사가 되었다가 진섭과 함께 죽었다. 그러자 진나라 사람들은 유가의 서적을 불태워

---

* 중국 주(周)나라 시대에 행해지던 교육 과목으로, 예(禮)·악(樂)·사(射)·어(御)·서(書)·수(數) 등 6종류의 기술을 말함. 예는 예용(禮容), 악은 음악, 사는 궁술(弓術), 어(御)는 마술(馬術), 서는 서도(書道), 수는 수학(數學)이다. 한나라 때는 육예를 육경(六經)이라고도 했다.

복수했다. 한나라가 세워진 후 문제는 법가에 치우쳤고, 경제는 황로사상에 근거한 정치를 폈기 때문에 유생들은 중용되지 못했다. 그러다가 무제 때에 이르러서야 유학이 존중되었고, 그 외의 다른 제자백가 학문은 멸시와 비방을 받았다. 이때부터 유학자들이 조정에 나가게 되었으며, 이러한 전통은 후세에까지 계속해서 이어졌다.

육경에 정통했던 유생들

한나라 무제가 유생을 중용하기로 결정한 후 『시경』, 『서경』, 『예기』, 『악기』, 『역경』, 『춘추』 등을 전수받은 유생들이 대거 출현했다. 노나라의 신공(申公)은 유방이 노나라를 지날 때 스승 부구백(浮丘伯)을 따라 노나라 남궁(南宮)에서 알현했다. 여태후가 폭압적인 섭정을 시작하자 신공은 장안으로 와서 초나라 원왕(元王)의 아들 유영(劉郢)과 더불어 같은 스승의 문하에 들어갔다. 훗날 유영이 초나라 왕이 되자 신공을 태자 유무(劉茂)의 스승으로 삼았다. 그러나 유무는 학문을 싫어했기 때문에 신공을 미워했다. 훗날 유무는 유영이 죽고 나서 초나라 왕에 즉위하자 신공에게 죄를 씌워 죄인으로 만들어버렸다. 신공은 이를 치욕스럽게 여겨 노나라로 돌아와 제자들에게 『시경』을 가르쳤다. 그의 제자 공안국(孔安國), 주패(周覇) 등은 모두 조정에 출사하여 큰 업적을 남겼다.

제남(濟南) 사람 복생(伏生)은 진나라 조정에서 박사를 지냈는데, 진나라에서 분서갱유를 실시할 때 그는 유가 경전을 자신의 집 이중벽 안에 몰래 숨겨 두었다. 훗날 한나라가 세워진 후 복생은 유가 경서를 학생들에게 가르치기 시작했다. 복생은 특히 『상서(尙書 : 서경)』에 뛰어났다. 한나라 문제는 조조(晁錯)를 복생에게 보내 『서경』을 배우도록 했다.

이 외에도 노나라 사람 서생(徐生)은 『예기』에, 상적(商翟)은 『역경』에 밝았다. 광천현(廣川縣) 사람 동중서(董仲舒)는 『춘추』에 밝았는데, 『춘추』에 기록된 천재지이(天災地異)가 재앙을 만드는 원리에 대해 강연하다가 그를 미워하던 주보언의 참소로 죄인의 몸이 되고 말았다. 그 후 동중서는 다시는 천재지변에 관한 일을 감히 말하지 않았다. 훗날 공손홍이 『춘추』에 밝아 세속과 영합하여 재상

한나라 초기의 유생들

한나라가 세워진 후 천하는 점차 안정을 찾아가고 유생들이 중용되기 시작했다. 특히 한나라 무제가 유학을 정치의 도로 채택하면서 많은 유생들이 중용되어 나라의 동량이 되었다.

유생	유가로서의 발자취
신공(申公)	노나라 사람으로 『시경』에 정통했다. 한나라 무제 때 제자 왕장(王臧)의 추천으로 무제를 알현했다. 훗날 병으로 면직되어 집으로 돌아온 후 죽었다. 그의 제자들 중에는 박사가 된 이가 10여 명이었는데, 그 가운데 가장 유명한 제자는 왕장, 공안국이었다.
원고생(轅固生)	제나라 사람으로 『시경』에 정통했다. 한나라 경제 때 황생(黃生)과 함께 황제 앞에서 논쟁을 벌였다. 성품이 너무 강직하고 정직하여 중용되지 못했다.
한생(韓生)	연나라 사람으로 『시경』에 정통했고, 한나라 경제 때 상산왕(常山王)의 태부를 맡았다. 연나라와 조나라에서 『시경』을 강론하는 이는 모두 한생의 학설에 기초했다.
복생(伏生)	제남 사람으로 『상서』에 정통했다. 진나라가 분서갱유를 실시할 때 유가 경전을 자신의 집 이중 벽에 숨겨 두었다가 훗날 29편을 다시 찾아냈다. 제나라와 노나라 일대의 유생들은 모두 그의 가르침을 받았다.
서생(徐生)	노나라 사람으로 『예기』에 정통했다. 한나라 문제 때 예관대부가 되었고, 손자와 제자들이 모두 조정의 예관대부를 맡았다.
상적(商翟)	노나라 사람으로 『역경』에 정통했다. 훗날 그의 학설은 다시 양하(楊何), 주패, 주보언 등에게 전해졌고, 그의 제자들은 모두 조정에 출사하여 높은 관직에 올랐다.
동중서	조(趙)나라 사람으로 『춘추』에 정통했다. 한나라 무제에 의해 중용되었으나, 훗날 천재지이의 일을 강론한 일로 죽을 고비를 맞기도 했다. 학문에 밝은 제자들을 많이 길러냈다.
호무생(胡毋生)	제나라 사람으로 『춘추』에 정통했다. 제나라에서 춘추를 논하는 이는 모두 그에게서 가르침을 받았는데, 한나라 경제 때 재상에 오른 공손홍도 그의 가르침을 받았다.

동중서와 한나라 무제

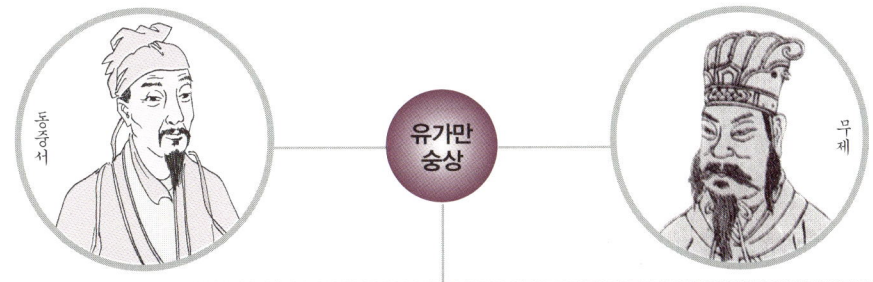

동중서는 한나라 무제 때 '천인삼책(天人三策)*'으로 중용되었다. 그는 유학을 신격화함으로써 당시 봉건제도 사상의 이론적 뿌리가 되도록 했다. 무제는 동중서의 유가 이론에 근거해 제자백가를 배제하고 오직 유가만 숭상하는 정책을 펼쳤다. 동중서는 유림의 수장으로 불리워지며, 한나라 시대뿐만 아니라 모든 중국 봉건 사회의 중요한 이론가로 자리 잡았다.

---

* 하늘과 사람은 서로 교감한다는 천인감응설(天人感應說), 왕권신수설, 공자 외의 모든 제자백가는 축출하고 '춘추대일통 존왕양이(春秋大一統, 尊王襄夷)'를 주장했다.

의 지위에 올랐으나 그가 지닌 학문의 깊이는 동중서에 미치지 못했다. 동중서의 제자들 중에서 높은 관직에 오른 이들이 많았는데, 그의 아들과 손자도 유학에 밝아 높은 관직을 지냈다.

42 황제의 사냥개와 사냥매
혹리

>>> 한나라 초기의 정치사상은 황로사상과 유학 외에도 법가 사상이 있었는데, 법가를 추종했던 관리들 중에는 혹리酷吏라 불린 이들이 많다. 그들 가운데 가장 유명한 혹리는 질도와 장탕이었다. 그들은 엄격하고 혹독한 형법에 따라 정치를 펼쳤는데, 도리어 마지막에는 그들 자신을 해치고 말았다.

가혹한 관리 질도

질도(郅都)는 하동 대양(大楊) 사람이다. 그는 한나라 문제 때 시위(侍衛: 황제를 호위하는 무관)를 지내다 한나라 경제 때 중랑장(中郎將: 황제의 호위와 궁궐 경비를 맡은 장수)에 임명되었고, 직간을 서슴지 않은 인물로 유명하다. 당시 제남군(濟南郡)에 간씨(瞷氏)라는 호족이 제멋대로 행동하며 관리들을 무시했는데, 녹봉 2천 석의 관리들 중에서도 간씨 호족 세력을 다스릴 수 있는 자가 없을 지경이었다. 그래서 경제는 질도를 제남군 태수로 임명했다. 질도는 임지에 다다른 후 곧바로 간씨 일족 중에서 가장 포악한 무리를 참수해버렸다. 1년이 지나자 제남군에서는 길에 떨어진 물건을 주워 가는 사람이 없을 정도로 안정되었다. 인근 지역의 태수들도 상급 관원을 대하듯 질도를 두려워했다. 훗날 질도는 중위(中尉)*가 되었는데, 그는 엄격하고도 가혹하게 법을 집행하여 제후나 황족도 질도를 볼 때마다 곁눈질로 보았고, 그를 '보라매(蒼鷹: 가혹한 관리)'라고 불렀다. 공교롭게도 당시 태자에서 폐위된 유영(劉榮)이 죄를 지어 중위부로 소환되어 심문을 받았다.

유영은 한나라 경제에게 조서를 쓰고 싶었으나 질도는 그에게 도필(刀筆)**을

---

* 중국 한나라 때 금위(禁衛)에 속했던 북군의 수장. 북군은 도성 밖에서 장안성 안의 경비를 담당했다. 남군은 궁궐 경비를 담당했다.
** 종이가 발명되기 전에 죽간에 문자를 새기는 데 썼던 칼.

주지 않았다. 그런데 위기후 두영이 몰래 유영에게 붓을 주자 유영은 황제에게 상주서를 올리고 자결했다. 두태후는 이 소식을 듣고 질도를 증오한 나머지 죄를 꾸며 질도를 모함하려 했고, 결국 질도는 파면되어 집으로 돌아왔다. 훗날 질도는 변경에 속한 안문(雁門) 태수에 임명되었다. 흉노는 그의 명성을 들어 알고 있었기 때문에 감히 한나라 변경을 넘보지 못했다. 하지만 두태후가 여전히 질도의 처벌을 원하자 경제는 그를 죽일 수밖에 없었다.

기만적인 장탕

질도가 죽은 후 영성(寧成), 주양유(周陽由), 조우(趙禹) 등이 혹리라 불리웠는데, 그들 가운데 장탕이 가장 유명했다. 장탕은 섬서 두현(杜縣) 사람이다. 그는 어릴 적에 쥐가 고기를 훔쳐가자 쥐구멍을 파서 쥐와 먹다 남은 고깃덩이를 찾아냈다. 그리고 쥐를 탄핵하여 매질을 하고, 영장 발부와 함께 진술서를 작성해 신문하는 절차를 밟아 고기를 압수한 후 판결문에 따라 대청 아래서 쥐를 책형(磔刑 : 몸뚱이를 찢어 죽임)에 처했다. 장탕의 아버지는 아들이 쓴 판결문을 읽고, 마치 노련한 형리가 작성한 것과 같아 매우 놀랐다. 훗날 장탕은 승상 전승(田勝)의 추천으로 정위(廷尉 : 국가의 사법을 관장하는 책임자)가 되었다. 그는 사람됨이 교활하고 기만적이어서 늘 교묘한 술수를 써서 하급 관리들을 통제했다.

장탕은 판결을 내릴 때 한나라 무제의 의지에 따랐다. 특히 회남왕의 모반을 심리할 때는 범죄의 근원을 철저하게 규명해 어사대부로 승진했다. 당시 조정에서는 흉노를 공격할 것인지 여부를 두고 격론이 벌어졌는데, 많은 대신들이 흉노를 공격하자는 황제의 의견에 반대했다. 하지만 장탕은 무제의 의중을 알아차리고 황제의 뜻에 따랐다. 장탕을 두려워한 대신들은 더 이상 무제의 의견에 반박하지 못했다.

어떤 사람이 무제의 능원을 도굴하여 묻어 놓은 돈을 훔쳐가는 일이 터졌을 때 장탕은 승상 청적(靑翟)에게 죄를 뒤집어씌웠다. 일찍부터 장탕을 미워하던 청적은 장사(長史 : 승상과 태위의 명을 받는 관직)인 주매신, 왕조, 변통 등과 짜고 장탕을 모함했다. 그 후 어떤 사람이 장탕과 그의 아랫사람인 노알거(魯謁居)가 공모하여

한나라 초기의 혹리들

한나라 시대의 황제들은 한편으로는 유가를 중용하는 동시에 다른 한편으로 엄혹하고 준엄하기로 소문난 혹리들을 중용하였다.

혹리	혹리로서의 발자취
질도	하동(河東) 대양 사람이며, 한나라 경제 때 보라매로 불릴 정도로 유명한 혹리였다. 폐위된 태자 유영을 핍박해 죽게 함으로써 두태후의 미움을 사 스스로 목숨을 끊었다.
영성	하남(河南) 양현(穰縣) 사람이며, 한나라 경제 때 질도에 버금갈 정도로 유명한 혹리였다. 외척들에게 미움을 사 옥에 갇히는 형벌을 받았으나, 도망쳐 집으로 돌아온 후 그 지방을 쥐락펴락하는 호족이 되었다.
주양유	한나라 무제가 즉위한 이후 그는 흉폭하고 잔악하여 법령을 왜곡하는 것도 주저하지 않으면서 사적으로 원한을 산 사람들까지 죽였다. 급암과 사마안(司馬安)처럼 냉혹한 사람들조차도 그를 두려워했다. 하동 태수 신도공(申屠公)과 권력 투쟁을 벌이다 사형에 처해졌다.
장탕	섬서 두현 사람이며, 한나라 무제 때 가장 유명한 혹리였다. 늘 무제의 뜻에 영합하는 판결을 내렸다. 어사대부까지 올랐으나 모함으로 인해 무고하게 죽었다.
의종	하동 사람이며, 한나라 무제 때 정양군(定襄郡) 태수로 있으면서 하루에 4백 명을 모두 죽일 정도로 혹리였다. 법을 적용하는 수단이 매우 흉악하여 마치 사나운 매와 같았다. 훗날 무제의 미움을 사 참수되었다.
왕온서	양릉현(陽陵縣) 사람으로, 훗날 장탕을 따르다가 중용되었는데, 그는 사람됨이 권세가 있는 세력가에게 아첨하여 섬기기를 좋아했다. 반면에 권세를 잃은 사람들을 얕잡아보며 모욕을 주었다. 훗날 뇌물을 받은 것이 발각되어 자살했다.
감선	주보언과 회남왕의 반란 사건을 심리할 때 법조문을 적용하면서 무고하게 조작하여 시형된 자가 많았다. 하지만 의심스런 사건을 과감하게 판결했다는 칭찬을 받았다. 관직에서 쫓겨났다가 다시 복직하기를 반복하다가 상급자인 성신(成信)을 죽이는 일에 연루되어 스스로 목숨을 끊었다.
두주	남양군(南陽郡) 두연(杜衍) 사람이며, 장탕을 따르다가 감선과 함께 중용되었다. 그는 비교적 말수가 적고 겉으로는 관용적인 태도를 취하면서도 사실은 법을 가혹하게 적용하기를 즐겼다. 훗날 그는 어사대부까지 지냈는데, 그의 자손들도 관직에 나갔지만 모두 포악하고 냉혹했다.

무측천

무측천의 혹리들 : 중국 역사상 가장 유명한 혹리는 당나라 무측천 시기에 임용되었다. 무측천은 당나라를 찬탈하여 국호를 '대주(大周)'로 바꾸고 스스로 황제에 오른 후 이씨 황족을 제거하기 위해 많은 수의 혹리들을 중용해 자신의 통치 기반을 다져 나갔다. 그들 가운데 가장 유명한 혹리는 주흥(周興)과 내준신(來俊臣)이다. 혹리들의 정치적 효과가 사라지자 무측천은 곧바로 그들을 제거했다.

어사중승(御史中丞) 이문(李文)을 모함했다고 무제에게 간언했다. 무제는 장탕이 교활하게도 눈앞에서 자신을 기만했다고 생각하여 조우(趙禹)에게 장탕을 문책하도록 했다. 장탕은 사죄의 글을 황제에게 올린 후 스스로 목숨을 끊었다. 훗날 무제가 이 사건의 전모를 밝힌 후 장탕을 애석하게 여기며 사건에 연루된 장사 세 사람을 모두 참수하자 승상 청적은 자살했다.

장탕 외에도 유명했던 혹리로는 의종(義縱), 왕온서(王溫舒), 감선(減宣), 두주(杜周) 등이 있다.

43 서역을 뚫다
대원

>>>> 한나라 무제는 장건으로 하여금 서역을 개척하도록 했는데, 주된 목적은 서역의 나라들과 연합해서 흉노를 정벌하려는 것이었다. 비록 서역 국가들과 연합하려던 전략은 실패로 돌아갔지만, 실크로드를 열어 중앙아시아 및 서방의 여러 나라들과 교류할 수 있는 기회를 얻게 되었다.

장건이 서역을 뚫다

대원(大宛: 우즈베키스탄 페르가나 분지)으로 불렸던 지역은 장건(張騫)이 서역을 개척하는 과정에서 처음으로 알려지게 되었다. 장건은 한중(漢中) 사람이며, 한나라 무제가 즉위할 무렵에 낭관으로 임명되었다. 당시 무제는 흉노를 정벌하려는 생각을 가지고 있었는데, 마침 흉노의 공격으로 인해 서쪽으로 쫓겨난 대월지(大月氏)의 유민들이 흉노를 공격할 것이라는 소식을 들었다. 그리하여 무제는 곧바로 대월지에 사신을 보내 한나라와 연합해 흉노를 공격하려고 했다.

기원전 138년에 무제는 장건으로 하여금 1백여 명의 수행원과 함께 대월지에 사신으로 다녀오도록 했다. 하지만 장건은 흉노 땅을 지나다가 생포되어 10여 년이나 붙잡혀 있었다. 훗날 장건은 흉노의 감시가 소홀한 틈을 타 동행했던 수행원들을 데리고 도망쳐 대월지로 향했다. 그들은 우선 대원에 이르러 대원국 왕의 도움으로 강거(康居)*에 이를 수 있었다. 강거인들은 장건 일행을 대월지까지 보내주었다. 이때 대월지는 이미 대하국(大夏國)을 정복하여 생활이 안정되었기 때문에, 흉노를 공격하여 보복하려는 생각이 없었다. 그리하여 장건은 대월지를

---

* 한나라 때 사서(史書)에 나오는 중앙아시아의 터키계 유목민 또는 그들이 세운 나라로서, 지금의 키르기스스탄 지역에 위치했다.

떠나 대하에 이르렀고, 그곳에서 1년 남짓 머물다가 귀국길에 올랐다.

하지만 장건은 귀국하던 도중 흉노에게 또 다시 붙잡히고 말았다. 장건은 흉노 땅에 1년 남짓 억류되어 있다가 탈출하는 데 성공했고, 한나라를 떠난 지 30년 만에 장안으로 돌아올 수 있었다. 하지만 장건과 함께 떠났다가 살아서 돌아온 사람은 장건과 흉노족 노예 감보(甘父) 단 두 사람뿐이었다.

다시 서역 개척에 도전하다

기원전 121년에 장건은 박망후(博望侯)에 봉해졌고, 위청을 따라 흉노 정벌에 나섰다. 그 이듬해에 위위(衛尉 : 궁문 수비대를 지휘)가 되어 이광 장군과 함께 우북평으로 나가 흉노를 공격했는데, 이광 장군과 만나기로 한 날짜를 지키지 못해 참형에 처해질 위기에 처하자 속죄금을 내고 서민이 되었다. 훗날 장건은 한나라 무제에게 오손(烏孫 : 신강성 이리강 유역)과 연합하여 흉노를 정벌하자고 건의했다. 무제는 그를 다시 사신으로 삼아 서역으로 보냈다.

기원전 119년에 장건은 중랑장이 되어 군사 3백여 명과 함께 수많은 예물을 싣고 서역으로 출발했다. 장건 일행이 오손에 이르렀으나 오손국에 내분이 일어나서 흉노를 공격할 수 없었다. 장건은 오손인들의 안내를 받아 대원, 강거, 대월지, 대하, 안식(安息 : 이란의 고대 국가인 파르티아), 신독(身毒 : 인도), 우전(于闐 : 지금의 신강성에 위치함) 등에 부사를 보냈다. 마침내 장건은 오손의 사자들과 말 수십 필을 이끌고 장안으로 돌아왔다. 무제는 장건을 대행(大行 : 빈객을 접대하는 직책)으로 임명하여 구경(九卿)*의 반열에 오르게 했다. 장건은 그로부터 1년 후에 죽었다.

천마를 얻기 위한 전쟁

장건이 서역을 개척한 후 한나라 조정은 서역의 여러 나라들과 교역하기 시

---

* 한나라의 중앙 관제로는 황제 밑에 삼공(三公 : 승상丞相, 태위太尉, 어사대부御史大夫)이 있었고, 삼공 밑에 중앙 행정을 분담하는 관서로 태상(太常 : 예의와 제사)·광록훈(光祿勳 : 궁궐 수비)·위위(衛尉 : 궁문 수비)·태복(太僕 : 황실의 수레와 마필 관리)·정위(廷尉 : 사법)·대홍려(大鴻臚 : 제후 및 외교)·대사농(大司農 : 국가 재정)·종정(宗正 : 황족 관리)·소부(少府 : 황실 재정) 등 구사(九寺)를 두었다. 구사의 수장을 구경(九卿)이라 했다.

장건의 서역 개척

한나라 무제는 흉노를 정벌하는 과정에서 흉노의 위협을 제거했을 뿐만 아니라, 서역 개척을 통해서 실크로드를 열었다.

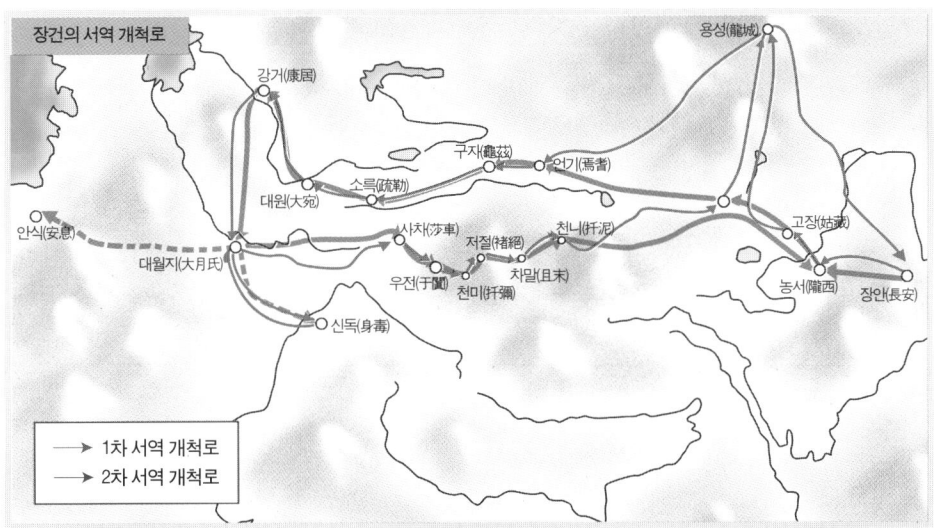

장건의 1차 서역 개척
출발 : 기원전 138년
목적 : 대월지와 연합하여 흉노를 정벌하려고 함
과정 : 장건이 한나라 수도 장안을 떠나 흉노 땅을 지나다 생포되어 10년 동안 억류되었으나, 탈출하여 서역의 대원, 구자(龜玆), 대월지, 대하 등에 이르렀다. 한나라로 돌아오는 도중에 다시 흉노에 붙잡혔으나 1년 남짓 만에 도망쳐 한나라 장안으로 돌아왔다.
귀환 : 기원전 126년
결과 : 비록 대월지와 연합해 흉노를 공략하는 데는 실패했지만, 서역으로 가는 실크로드를 개척했다.

장건의 2차 서역 개척
출발 : 기원전 119년
목적 : 서역의 각 나라를 한나라 조정에 귀속시키려 함
과정 : 장건이 군사 3000여 명과 함께 천금을 가지고 오손국에 이르러 한나라와의 연합에는 실패했으나 대원, 대월지, 대하, 안식, 신독, 우전 등에 부사를 파견해 한나라의 강성함을 알렸다.
귀환 : 기원전 115년
결과 : 한나라와 서역 국가들 간에 무역을 시작하게 되었고, 서로간의 교류를 더욱더 강화했다. 한나라 선제 때는 서역도호부를 설치해 서역을 한나라의 세력권으로 끌어들였다.

실크로드 : 서한 시대에 장건이 서역을 개척하는 과정에서 만들어진 육상 무역로이다. 장안을 출발해 감숙성, 신강성을 거쳐 중앙아시아와 서아시아를 지나 지중해의 여러 나라들과 교류할 수 있는 대륙 위의 통상 교역로였다. 중국 상인들이 서쪽으로 가져간 재물 중에서 비단의 영향력이 가장 컸기 때문에 '실크로드'라는 이름을 얻게 되었다.

실크로드의 노선 : 실크로드는 크게 동쪽과 중앙, 서쪽으로 가는 3단계 노선으로 나뉜다.
동쪽 : 장안을 출발해 옥문관(玉門關 : 감숙성 돈황 서북쪽), 양관(陽關 : 감숙성 돈황 서남쪽)에 이르는 길. 한나라 때 열림.
중앙 : 옥문관, 양관에서 서쪽으로 출발해 총령(葱嶺 : 파미르 고원)에 이르는 길. 한나라 때 열림.
서쪽 : 총령에서 서쪽으로 출발해 중앙아시아와 서아시아를 지나 유럽에 이르는 길. 당나라 때 열림.

작했다. 당시는 흉노를 정벌하던 중이었기에 마필이 가장 중요했다. 특히 천마(天馬)로 불렸던 대원국의 말이 가장 우수했기 때문에, 한나라에서는 대원국에서 사육된 말을 몹시 원했다. 그러나 대원국에서는 우수한 말을 이사성(貳師城)에 숨겨 놓고 한나라 사신들에게 팔지 않았다. 한나라 무제는 곧바로 사람들에게 천금을 들여서라도 이사성에 숨겨 둔 천마들을 사오게 했다. 하지만 대원국에서는 한나라 사신들을 죽이고 말았다. 크게 노한 무제는 이사장군 이광리로 하여금 대원국을 공격하게 했다. 그러나 1차 정벌에서 크게 패한 한나라 군은 2차 정벌에 이르러서야 대원국의 항복을 받아냈다. 그리하여 천마를 얻은 한나라 군은 본국으로 개선했다.

44 민간에서 활약한 협객
유협

>>>> 한나라 시대에 유명한 유협遊俠들인 주가, 극맹, 곽해 등은 비록 지방의 치안을 다소 어지럽혔지만 그들의 유협 기풍, 즉 그들의 언행일치는 오히려 긍정적인 가치를 지녔다.

어려운 사람을 도와준 서민 유협 주가

노나라 출신 주가(朱家)와 한나라 고조 유방은 같은 시대 사람이다. 노나라 사람들은 대부분 유가 교육을 숭상했으나 오직 주가만은 유협으로서 이름이 드높았다. 그가 숨겨 주어 목숨을 건진 호걸만도 수백 명이었고, 보통 사람들도 헤아릴 수 없을 정도로 많았다. 하지만 그는 평생 자신의 재능을 자랑하지 않았고, 그 어떤 보답도 바라지 않았다. 그는 항상 남을 도울 때는 가난하고 신분이 천한 사람부터 먼저 도와주었다. 그의 집에는 금전과 재물이 별로 없었고, 입는 것과 먹는 것도 매우 검소했다. 그가 타고 다니는 것은 소달구지가 고작이었다.

언젠가 주가는 계포(季布) 장군을 남몰래 도와줘 그가 살해될 위험에서 벗어나도록 했다. 그럼에도 주가는 계포가 존귀한 신분이 된 후에도 그를 만나려고 하지 않았다. 그래서 함곡관 동쪽 사람치고 주가와 사귀기를 원하지 않는 사람이 없을 정도였다.

시골 유협 전중과 극맹

검술을 즐겼던 초나라 사람 전중(田仲)은 유협의 의리로 이름을 널리 알렸다. 그는 아버지를 섬기는 예의로 주가를 섬겼는데, 자신의 덕행과 품행이 주가에 미치지 못한다고 생각했다. 전중이 죽은 후 낙양 땅에 극맹(劇孟)이라는 유협이 등장했다. 낙양 사람들은 모두 장사를 생업으로 삼았는데, 극맹은 제후들 사이에서 유협으로서 명성이 높았다. 오초칠국의 난이 일어났을 때 조후(條侯) 주아부가 난을 평정하기 위해 낙양을 지나다가 극맹을 얻고 크게 기뻐했다. 주아부는 극맹을 얻는 것은 나라 하나를 얻는 것과 같다고 생각했다. 극맹이 한 일들은 주가가 행했던 그것과 같았다. 극맹은 노름과 장기를 좋아하기도 했지만, 그의 행동은 소년처럼 장난기가 넘쳤다. 극맹과 같은 시대의 유협으로 부리(符離) 사람 왕맹(王孟)이 있었는데, 그 역시 유협으로서 장강과 회수 일대에서 명성이 높았다.

저자거리 유협 곽해

지현(軹縣) 사람 곽해(郭解)의 자는 옹백(翁伯)이다. 그의 아버지는 의협심이 강했지만 한나라 문제 때 피살되었다. 곽해는 소년 시절에 심성이 잔인하고 표독스러워 사람을 죽이는 일이 허다했다. 그는 제멋대로 돈을 훔치고 사사로이 화폐를 주조했으며, 무덤을 파헤쳐 순장된 재물을 훔치기도 했다. 곽해는 그런 악행을 저지르면서도 운이 좋았는지 붙잡히지 않았다. 나이가 들자 곽해는 행실을 바꾸어 자신을 억누르고, 검소하게 살면서 원한을 덕으로 갚고, 어려움에 처한 사람을 구해주고도 보답을 바라지 않았다. 하지만 잔인하고 표독한 심성만은 여전했다.

그럼에도 불구하고 수많은 사람들이 그의 의협심을 사모했으며, 여전히 그에게 의지하려는 마음이 강했다. 곽해는 언제나 의협심을 발휘해 어려움에 처한 사람들을 도와주었다. 훗날 한나라 무제가 지방의 부호와 호걸들을 전부 무릉으로 이주시킬 때 곽해의 집은 비록 가난했지만 명성이 높았기 때문에 결국 이주 대상자 명단에 들어갔다. 지현에 사는 양계주(楊季主)의 아들은 현리(縣吏)로 있으면서 곽해를 이주시켜야 한다고 주장했다가 곽해의 조카에게 피살되었다. 곽해가 결국 무릉으로 이주하자 관중의 호걸들이 모두 그와 사귀었다. 훗날 양계주가 살해당했을 때 무제는 관리를 보내 곽해를 체포하도록 했지만, 곽해는 이미 도망친 후였다. 그로부터 아주 오랜 시간이 지나서 곽해는 체포되었다. 당시 이사대부였던 공손홍은 곽해에게 대역무도의 죄가 있음을 판결한 후 곽해를 참수형에 처했다.

중국의 유협 문화

고대 중국 문화에는 정치와 학문의 문화뿐만 아니라 강호의 문화도 있었는데, 강호문화의 주인공은 바로 유협이었다. 사마천의 「자객열전」, 「유협열전」이 바로 유협들에 관한 이야기다.

유협문화의 역사

기원	생성	발전	쇠락
유협문화는 상고 시대 중국 민족의 상무정신에서 기원하는데, 특히 검의 출현과 관계가 깊다.	춘추전국 시대에는 선비를 양성했고, 선비는 문사와 무사로 나뉘었다. 무사들 중에 유협들이 많았는데, 전제(專諸)와 형가 등이 그랬다.	천하가 통일된 진한 시기에는 수많은 유협들이 조정에 대항하는 인물들로 간주되었다. 특히 한나라 경제 때 임용된 혹리들이 유협들을 잡아들여 죽이자 유협들은 조정에서 퇴출되어 강호로 숨어들었다. 훗날 왕조 교체기나 사회가 불안정할 때는 어김없이 수많은 유협들이 출현했다.	명청 시대 이후 총포와 대포 등이 보급되면서 유협문화도 쇠락해져 갔다. 사람들은 단지 유협들의 풍류가 그려진 무협소설에서만 그들의 의협심을 엿볼 수 있게 되었다.

묵가와 유협문화 : 묵가와 유협문화는 관계가 깊다. 우선 묵가는 유협문화를 연구하며 '임협(任俠)'의 논리를 만들어냈다. 그 다음으로 묵가의 수령과 그 제자들은 항상 유협의 방식에 따라 행동했다. 바로 묵가들의 활약을 통해서 유협문화는 더욱 크고 빛나게 고양되었다.

고대의 유협

월녀	월녀(越女)는 춘추 시대의 월(越)나라 사람이었다. 그녀가 터득한 오검법(悟劍法)이 월나라 왕 구천에게 전수되었다고 전해진다.
섭정	섭정(聶政)은 춘추 시대 말기의 사람으로 한(韓)나라 재상 협루(俠累)를 죽인 후 모든 이들이 그를 일컬어 '대장부는 자신을 알아주는 이를 위해 목숨을 바친다(士爲知己者死)'는 의협심의 표상이라고 칭찬했다.
형가	전국 시대 위(衛)나라 사람이다. 그는 연나라 태자 단(丹)과 더불어 진시황을 암살하려 했던 유협의 대명사였다.
곽해	한나라 무제 때의 유협으로서 사마천의 『사기』에 수록되어 역사에 그 이름을 남겼다.

무협소설

고대의 무협소설 : 가장 대표적인 것은 당대의 『규염객전(虯髥客傳)』, 명대의 『삼협오의(三俠五義)』, 『칠협오의(七俠五義)』, 『소오의(小五義)』, 『아녀영웅전(兒女英雄傳)』 등이 있다.

현대의 무협소설 : 가장 대표적인 작품은 양우생(梁羽生)의 『칠검하천산(七劍下天山)』, 김용(金庸)의 『사조영웅전(射雕英雄傳)』, 고룡(古龍)의 『육소봉(陸小鳳)』, 온서안(溫瑞安)의 『사대명포(四大名捕)』 등이 있다.

45 영행佞幸

미색과 아첨으로 황제의 총애를 받은 남총

>>> 유아독존의 황제들은 아름다운 후궁들을 거느렸을 뿐만 아니라 수많은 남총男寵들이 황제들을 모셨다. 한나라 문제 때의 등통, 무제 때의 한언이 바로 대표적인 남총이다.

남자의 미색으로 황제를 시중들다

봉건사회에서는 여자만이 미색을 이용해서 윗사람을 모셨던 게 아니라, 남자들도 미색을 이용해서 지체 높은 이들을 가까이에서 모셨다. 한나라 고조 유방은 대단히 사납고 강직한 성품을 지닌 제왕이었지만, 미소년 적(籍)은 아첨으로 유방의 총애를 받았다. 한나라 혜제 때는 굉(閎)이라 불렸던 소년이 황제의 사랑을 받았다. 그들은 특별한 재능이 없었지만, 단지 온유한 아름다움과 아첨으로 황제의 총애를 받으며 황제와 함께 자고 일어났다. 공경대부들은 모두 그들을 통해 황제에게 전언을 올렸다. 때문에 한나라 혜제 때 낭관과 시중은 모두 여인네들처럼 치장했을 정도였다.

한나라 문제와 등통

한나라 문제에게도 등통(鄧通)이라 불렸던 남총이 있었다. 촉군 남안(南安) 사람 등통은 노를 잘 저었기 때문에 황두랑(黃頭郎:누런 모자를 쓴 한나라 시대의 선주船主)이 되었다.

한나라 문제는 꿈속에서 하늘에 오르려고 했지만 도저히 오를 수가 없었다. 때마침 어느 황두랑이 그를 등 뒤에서 밀어 주어 하늘에 올라갈 수 있었다. 문제는 꿈에서 깨어난 후 황두랑 중에서 꿈속에 나타났던 이를 찾아보았다. 그 결과 등통을 찾았는데, 이후 문제는 등통을 특별히 아꼈다. 등통은 특별한 재능이 없

역대 제왕의 남총

무소불위의 절대 권력을 지닌 제왕의 취미에 대해서는 그 누구도 통제할 수 없었는데, 심지어 제왕들은 여색을 즐겼을 뿐만 아니라 남색도 총애했다.

제왕	남총에 관한 이야기
위(衛)나라 영공(靈公)	미자하(彌子瑕)와 송조(宋朝)를 연이어 총애했는데, 그와 미자하의 '먹다 남은 복숭아 이야기'는 너무나도 유명하다. 송조는 영공의 총애를 받았을 뿐만 아니라 영공의 부인인 남자(南子)와도 사통했다.
제나라 경공(景公)	경공은 생김새가 매우 예뻤다. 징집관을 보좌하는 작은 벼슬아치가 감히 그를 또렷하게 바라보았다. 경공은 그를 죽이려고 하였으나 안영의 권유로 경공은 오히려 그를 총애했다.
한나라 고조	유방은 여색 뿐만 아니라 남색도 밝혔다. 그 가운데 가장 유명한 남총은 소년 적(籍)이었다. 그 후 서한의 거의 모든 황제들이 남총을 좋아했다.
한나라 무제	서한의 황제들 중에서 남총이 가장 많았던 이가 바로 무제였다. 그는 한언, 이연년(李延年), 위청, 곽거병 등을 연이어 좋아했다.
한나라 애제(哀帝)	역사상 남색을 좋아하기로 가장 유명한 제왕이다. 그는 미소년 동현(董賢)을 총애했는데, 동성애의 대명사인 '단수(斷袖 : 소맷자락을 자르다)'라는 말을 만들어냈다. 어느 날 두 사람이 함께 낮잠을 잤는데, 먼저 일어난 황제가 자신의 소맷자락 위에서 잠을 자고 있는 동현을 깨우지 않기 위해 단수했다고 한다.
전진(前秦)의 부견	부견(符堅)은 오호십육국 시대에 가장 유명한 황제 중의 한 사람이다. 선비족과 전연(前燕)을 멸한 후 연나라 청하공주(淸河公主)와 그의 동생 모용충(慕容冲)을 동시에 총애했다.
진(陳)나라 문제(文帝)	남북조 시대의 진나라 문제는 한자고(韓子高)를 총애했다. 두 사람 간의 이야기는 훗날 「진자고전(陳子高傳)」으로 쓰여졌다. 더욱이 명대의 잡극 「남왕후(男王后)」에서는 진자고가 정궁 왕후로 봉해졌다. 두 사람 간의 일은 사람들에게 전해지면 전해질수록 기이하게 여겨졌다.
명나라 무종(武宗)	명나라 무종은 역사상 가장 유명했던 황음무도한 황제다. 팔호(八虎), 전녕(錢寧), 강빈(江杉) 등의 남총을 총애했다. 그는 취하면 늘 전녕의 몸을 베게 삼아 잤다. 문무백관들은 황제의 거취를 몰랐는데, 전녕을 보고서는 황제의 행차를 알았다고 한다.
명나라 신종(神宗)	명나라 신종은 준수한 남총들을 총애했는데, 그들은 모두 젊고 아름다운 소년 태감이었다. 한번은 그가 만수산으로 황릉을 배알하러 갔는데, 가던 길에 한 소년 호위병을 남색으로 찾아내고 이제야 '단수(斷袖)'를 발견했다며 기뻐했다.

여주인의 남총

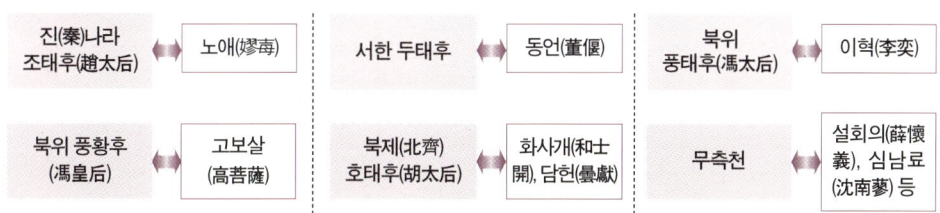

고, 단지 황제의 치질을 핥고 악창(惡瘡)을 빨아내는 정도였을 뿐이었다. 그런 등통에게 문제는 수차례 상을 내렸는데, 재물은 모두 합쳐 억만금에 달했고 지위는 상대부에 이르렀다. 훗날 문제는 등통에게 사천 엄도현(嚴道縣)의 구리 광산을 주어 마음대로 돈을 주조하도록 했다. 그리하여 등씨전(鄧氏錢)이 온 천하에 널리 유통되었다. 문제는 일찍이 독창(毒瘡)을 앓았는데, 등통은 황제를 위해 종기에 난 고름을 빨아주었다. 문제는 태자에게 종기의 고름을 빨아내게 했지만, 태자는 억지로 고름을 빨았다. 태자는 등통이 문제의 독창 고름을 빨아준다는 것을 알고 마음속으로 면구스러웠는데, 이로 인해 등통을 미워하게 되었다.

문제가 죽고 태자가 즉위하니, 그가 바로 한나라 경제다. 문제가 죽은 후 등통은 벼슬을 그만두고 집에서 지냈다. 얼마 지나지 않아 누군가가 등통이 돈을 주조하여 나라 밖으로 빼돌렸다는 것을 고발했다. 경제가 관리를 보내 조사한 결과 사실로 밝혀지자 그 죄를 물어 등통의 재산은 모조리 몰수되었고, 죽을 때까지 남의 집에 얹혀살다가 죽었다.

한나라 무제와 한언

한나라 무제에게는 한언(韓嫣)이라 불렸던 남총이 있었다. 그는 한나라 초기의 한왕(韓王) 신(信)의 후손이었다. 무제가 교동왕(膠東王)으로 있을 때 한언은 그와 함께 글을 배워 서로 친하게 되었다. 무제가 태자로 있을 때는 더욱더 한언과 친해졌다.

무제는 즉위한 후 흉노를 정벌하는 데 전념했다. 그 시기에 한언은 흉노의 병기와 병법을 공부하여 황제의 총애를 받아 벼슬이 상대부에 이르렀다. 그는 항상 같은 곳에서 황제와 함께 자고 일어나며 기거했다. 훗날 강도왕(江都王 : 무제의 동생)이 입조했을 때 무제는 조서를 내려 상림원에서 사냥을 하기로 했다. 강도왕은 멀리서 한언의 부거(副車 : 황제를 호송하는 수레)를 보고 황제의 행차로 착각하여 엎드려 배알했는데, 한언은 그를 못 보고 곧바로 지나쳐 가고 말았다. 강도왕은 매우 화가 나 황태후에게 이를 알렸다. 황태후가 사람을 보내 한언이 법을 어겼으니 자살하도록 명했다. 무제가 한언을 위해 사과했지만 사태가 악화되어 한언은 자살로 생을 마감했다.

46 즐거움이 왕후에 버금가는 부자
화식

>>> 「화식열전貨殖列傳」은 중국 경제학 역사의 서막이다. 태사공은 몇 가지의 장사 법칙을 제시하면서 천하의 재물이 나오는 곳을 다루는 한편, 재산을 불리는 것에 대해 언급했다. 그의 말은 지금도 여전히 거울로 삼을 만큼 큰 울림을 준다.

천하의 재물과 사람

중국은 땅이 넓고 물산은 넉넉하다. 태행산(太行山)*의 서쪽은 목재, 곡식, 마(麻), 모우(旄牛 : 검정소의 소꼬리로 깃발 장식에 씀), 옥석 등이 풍부하다. 태행산의 동쪽은 어류, 소금, 옻, 명주실, 악기, 안료 등이 많다. 장강 이남에는 녹나무, 가래나무, 생강, 계피나무, 금, 주석, 납, 주사(朱沙 : 수은과 유황 화합물), 무소뿔, 상아, 대모(玳瑁 : 바다거북), 주옥 등이 풍부하다. 용문(龍門)**, 갈석(碣石) 북쪽에는 말, 소, 양을 비롯한 가축의 털과 가죽, 힘줄 등이 많고, 그 주위에서는 구리와 철이 사방에서 생산되므로 그 모양새는 마치 바둑돌을 벌여 놓은 것과 같다. 이러한 재물들은 모두 사람들이 좋아하는 것이자 의식주의 도구들이다.

사람들이 몰려드는 도시

기나긴 역사의 변천을 거쳐 번화스러운 도시가 많이 생겨났다. 관중(關中) 지

---

* 태행산은 중국 중동부 황하강 하류 지역에 위치한 중화 문명의 발상지인 하남성의 북쪽 경계에 위치한 거대한 산맥이다. 태행산의 전체 남북 길이는 4백 킬로미터에 이른다. 미국의 그랜드캐니언에 버금가는 웅장한 태행대협곡을 비롯해 기암절벽, 폭포, 호수 등 골짜기마다 들어찬 비경으로 중국의 웅대한 영혼을 담고 있다.
** 고대 중국 하나라의 우(禹) 임금이 치수(治水)를 했던 장소로 '우문구(禹門口)'라고도 한다. 지금의 산서성 하진현(河津縣) 서북쪽과 섬서성 한성현(韓城縣) 동북쪽에 있다.

역에는 주나라의 선조가 도읍을 정한 후 발전이 시작되었고, 훗날 진나라가 다스리자 사람이 점점 더 늘어나고 물자가 풍부해졌다. 이곳은 남쪽으로 파촉, 서쪽으로는 강(羌), 북쪽으로는 융적과 통해 천하를 삼분하는 곳의 하나로, 인구는 비록 3분의 1에 지나지 않지만 그 재부(財富)는 도리어 어림잡아 10분의 6을 가지고 있다. 하동(河東 : 산서성 서남쪽), 하내(河內 : 황하 이북 지역), 하남(河南 : 황하 남쪽 지역) 등 세 곳은 천하의 중심으로 역대의 제왕들이 여러 차례 도읍지를 두었고, 각국의 제후들이 이곳에서 회합했다.

한단(邯鄲)은 장하(漳河 : 산서성에서 발원하여 위하(衛河)로 유입)와 황하 사이의 큰 도시로, 북쪽으로는 연나라 탁록(涿鹿)과 통하고 남쪽으로는 정나라, 위(衛)나라와 통했다. 연(燕)은 발해와 갈석산(碣石山) 사이의 큰 도시로, 남쪽으로는 제나라와 조나라에 접하고, 동북쪽으로는 동호와 서로 접한다. 낙양은 동쪽으로 제나라, 노나라와 장사를 하고, 남쪽으로는 위(魏)나라, 초나라와 교역을 했다. 임치(臨淄)는 동해와 태산 사이의 대도시로, 사농공상 모두가 구비되었다. 추(鄒)와 노(魯)는 사수(泗水)의 지류인 수수(洙水 : 산동성 연주(兗州) 내)와 접해, 뽕나무와 마(麻) 산업이 흥성했다.

정도(定陶)와 수양(睢陽 : 하남성 상구현(商丘縣) 남쪽)은 양(梁)나라와 송나라 사이의 대도시이다. 월초(越楚) 땅을 서초와 동초, 남초 등 세 지역으로 나누는데, 강릉(江陵), 오(吳), 수춘(壽春), 합비(合肥), 예장(豫章), 번우(番禺) 등이 모두 그 사이에 있는 대도시들이다. 이외에 영천(潁川 : 하남성 우현(禹縣)과 남양(南陽 : 하남성 남양)은 하나라 유민이 거주하는 곳이다.

이익을 좇는 사람들

세상 사람들은 모두 이익을 위해 기꺼이 몰려들고, 이익에 따라 천하를 어지럽힌다. 각자 생업에 종사하는 사람들은 모두 저마다의 능력에 따라 그 힘을 다해 원하는 것을 얻는다. 때문에 물가가 싸면 사람들은 사려고 하는데, 이는 곧 물가가 등귀할 징조다. 물가가 비싸면 사람들은 사려고 하지 않는데, 이는 곧 물가가 떨어질 조짐이다. 이것은 모두 자연스런 조절 현상이다. 사람들이 각자의 생업에 힘쓰고 즐겁게 일하는 것은 마치 물이 낮은 곳으로 흐르는 것과 같은 이치

천하의 재물 분포도

한나라가 천하를 통일하자 땅은 넓고 재화는 풍부해졌다. 각 지방마다 특산물이 있었는데, 아래 지도를 통해서 당시 각 지방에서 생산되는 물산의 종류를 알 수 있다.

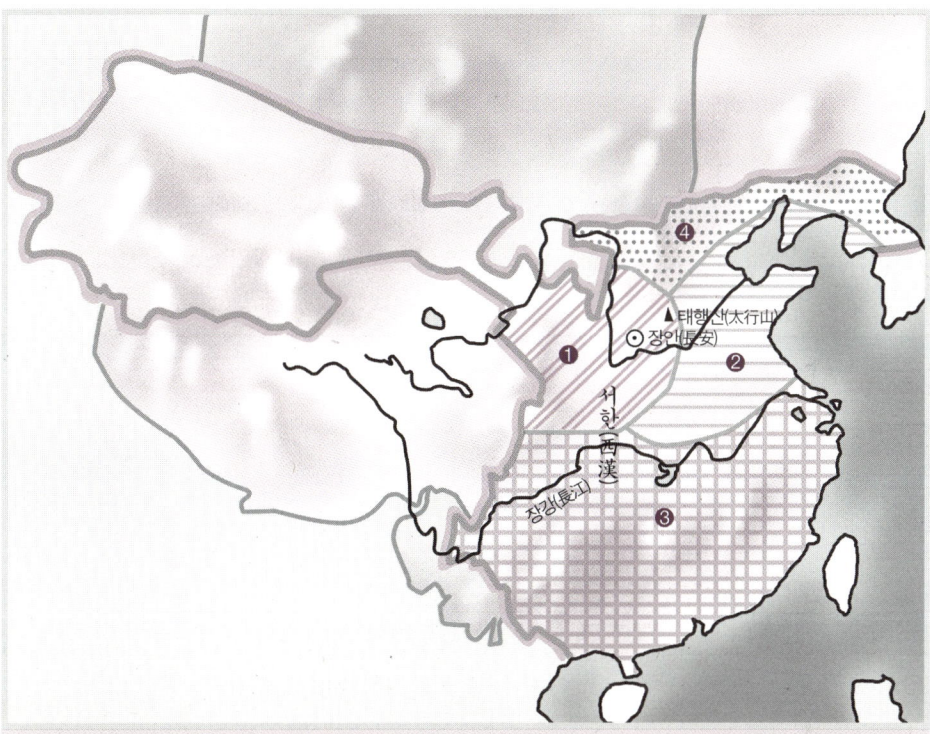

① 태행산 서쪽(산서성) : 목재, 대나무, 곡식, 마, 저마(苧麻 : 모시풀), 모우, 옥석
② 태행산 동쪽(산동성) : 어류, 소금, 옻, 명주실, 악기, 안료
③ 장강 남쪽 : 녹나무, 가래나무, 생강, 계피나무, 금, 주석, 납, 주사, 무소뿔, 상아, 대모, 주옥, 피혁
④ 용문과 갈석산 북쪽 : 말, 소, 양을 비롯한 가축의 털과 가죽, 힘줄, 뿔

천하의 대도시

관중 지역	장안
관동 지역	낙양, 양(楊), 평읍(平邑), 온지(溫軹)
연조(燕趙) 지역	한단, 계(薊)
제노(齊魯) 지역	임치, 추(鄒)
양송(梁宋) 지역	정도, 수양
초월(楚越) 지역	오현(吳縣), 수춘(壽春), 합비, 예장(豫章), 번우(番禺), 영천(潁川), 남양

이며, 재물을 부르지 않아도 밤낮으로 쉴 사이 없이 저절로 모여들고, 구하지 않아도 백성들이 스스로 만들어낸다.

천하의 부호들

세인들이 이익을 다투는 것의 본질은 바로 부를 쌓는 데 있다. 춘추 시대 월나라 대부 범려는 월나라 왕 구천을 도와 천하를 얻은 후 정도(定陶 : 지금의 산동성 서남부)에서 장사를 하여 큰 부를 쌓았고, 도주공(陶朱公)이라 불리며 그 명성을 떨쳤다. 그는 19년 동안 세 차례나 천금을 벌었다. 그는 두 차례에 걸쳐 자신의 재산을 가난한 친구들과 먼 형제들에게 나눠주었다. 그의 자손들도 가업을 잘 운영하여 억만금에 이르는 부를 쌓았다. 그래서 후세 사람들은 부호를 말할 때 가장 먼저 도주공을 입에 올렸다.

공자의 제자 자공(子貢)은 조(曹)나라와 노나라 사이에서 장사를 해 거상이 되었다. 자공이 사두마차를 타고 기마 행렬을 거느리며 비단을 예물로 들고 각 나라의 제후들을 방문하면, 가는 곳마다 왕들이 몸소 나와 그를 제후의 예로 맞이했다. 공자의 명성이 만천하에 드높은 까닭은 자공이 공자를 모시고 다니며 도와주었기 때문이다. 또한 자공은 항상 사람들 앞에서 스승인 공자를 치켜세웠다.

전국 시대 사람인 백규(白圭)는 생활은 검소했으나 돈을 버는 기회를 보고 나아가는 것은 마치 맹수가 사냥할 때처럼 재빠르고 과단성이 있었다. 탁씨(卓氏)는 본래 조(趙)나라 사람인데, 진나라가 6국을 통일한 후 스스로 머나먼 임공(臨邛) 땅으로 옮겨 가기를 원했다. 그는 그곳에 광산을 열고 무쇠를 주조하며 지혜롭게 운영하여 전(滇)과 촉 사람들을 고용해 부를 쌓았는데, 그것을 누리는 즐거움이 왕에 버금갈 정도였다.

원(宛) 땅의 공씨(孔氏)는 위(魏)나라 사람으로, 진나라가 위나라를 멸망시킨 후 남양으로 이주했다. 그는 대규모로 무쇠를 주조하는 한편, 큰 연못을 파 뱃놀이를 즐기며 제후들과 교류했다. 그는 장사를 해서 막대한 부를 얻었는데, 재산이 수천금에 달했다. 초한지쟁이 벌어졌을 때 천하의 호걸들은 앞을 다투어 금, 은, 옥을 차지하려고 혈안이 되었지만, 오직 선곡(宣曲 : 지금의 섬서성 서안시 서남쪽)

고대의 부자 상인

고대 중국에서는 수많은 부자 상인들이 배출되었다. 그들은 뛰어난 지혜와 장사 수단으로 막대한 부를 쌓았고, 왕후장상보다도 더 화려하고 즐거운 삶을 누렸다.

시대	부자 상인	치부의 도
춘추 전국	범려	그는 월나라 왕 구천을 도와 천하를 쟁패한 후 뜻밖에도 정도로 가 장사를 했다. 19년 동안 세 차례나 천금을 벌어들여 큰 부자가 되었다. 사람들은 그를 도주공이라 불렀다. 후세인들은 부자를 이야기할 때 가장 먼저 도주공부터 입에 올렸다.
춘추 전국	자공	공자의 제자였던 자공은 조나라와 노나라 사이에서 장사를 하여 큰 부자가 되었다. 그는 늘 예물을 준비해 각 나라의 왕과 제후들을 방문했는데, 그들은 자공을 제후의 예로 맞이했다.
진나라	오씨 나	오씨(烏氏) 나(倮)는 목축업을 하여 가축이 불어나자 이를 팔아 신기한 비단을 사서 융족의 수령에게 바쳤다. 그러자 융족의 왕이 그 대가로 나에게 열 배나 더 많은 가축을 주었다. 그래서 그의 가축은 셀 수 없을 정도로 많았다. 진시황은 그를 군(君)의 예로 대하고 제후들과 함께 입조하도록 했다.
진나라	청(淸)	과부였던 그녀의 조상은 주사가 나오는 광산을 발견한 후 여러 대에 걸쳐 독점함으로써 막대한 부를 쌓았다. 진시황은 청을 빈객으로 초대했을 뿐만 아니라, 그녀를 위해 여회청대(女懷淸臺)를 지어 주었다.
서한	탁씨	조나라 사람인 탁씨(卓氏)는 진나라가 천하를 통일한 후 스스로 촉 땅의 임공으로 이주했다. 그곳에서 광산을 개발해 무쇠를 만들어 팔았는데, 광산에서 일하는 노비가 1천여 명에 이를 정도로 큰 부를 쌓았다. 드넓은 사냥터를 만들어 사냥을 즐겼고, 깊은 연못을 만들어 뱃놀이와 낚시를 즐기는 기쁨은 한 나라의 군주에 견줄만했다.
서한	임씨	임씨(任氏)는 진나라 말기에 천하가 큰 혼란에 빠지자 미곡을 사서 쌓아 두었다가 곡물 값이 한 섬에 1만 전까지 올랐을 때 내다 팔아 큰돈을 벌었다. 천하의 호걸들이 차지했던 금은보화는 모두 그의 차지가 되었다.
서한	무염씨	무염씨(無鹽氏)는 한나라 경제 때 오초칠국의 난이 터지자 다른 사람들은 승패가 어느 쪽으로 기울 것인지를 몰라 토벌군의 제후들에게 돈을 빌려주지 않았다. 하지만 그는 오히려 제후들을 상대로 고리로 돈을 빌려주었다. 그 후 난이 평정되자 무염씨는 원금의 열 배 이상을 벌어들였고, 그의 재산은 관중 전체의 부와 견줄 정도로 많았다.

땅의 임씨(任氏)만은 창고에 미곡을 쌓아두고 값이 오르기를 기다렸다가 큰돈을 벌었다. 그는 부자가 되어서도 사치를 하지 않아 여러 대에 걸쳐 부를 쌓았다.

한나라 경제 때 오초칠국의 난이 터졌다. 한나라 군사들이 출정할 때 제후들은 토벌군에 가담하기 위해 고리대금을 얻었다. 앞으로의 일이 어찌 될 줄을 몰라 사람들이 꺼려했으나, 오직 무염씨(無鹽氏)만은 대담하게 천금을 풀어 제후들에게 빌려주었다. 이자는 원금의 10배였다. 난이 평정되자 그의 재산은 관중 지역 전체의 부에 버금갈 정도가 되었다.

이상의 부자들은 모두 매매의 원리를 터득해 시세의 변화에 맞춰 이득을 얻었고, 그들은 상업으로 재물을 쌓고 농업에 힘써 재산을 지켰다. 그들은 모두 법을 교묘하게 이용하거나 나쁜 수단으로 부를 쌓지도 않았다. 그리하여 나중에는 왕후의 법령으로 자신의 재산을 보호했다. 일반적으로 큰 부호의 권리는 한 개 군(郡)을, 중간 부호는 한 개 현(縣)을, 작은 부호는 한 개 향(鄕)을 압도할 수 있었다.

치부의 도

절약과 검소, 그리고 부지런한 노동은 부를 쌓는 정도이다. 하지만 부자가 된 사람은 반드시 기묘한 방법을 썼다. 밭에서 농사를 짓는 것은 단순한 생업이지만, 진(秦)나라의 양씨(陽氏)는 그것에 의지에 한 주(州)에서 가장 큰 부자가 되었다. 무덤을 도굴해 보물을 훔치는 것은 법을 어기는 나쁜 일이지만, 전숙(田叔)은 그것에 의지해 집안을 일으켰다. 도박은 부도덕한 행위지만 환발(桓發)은 그것으로써 부자가 되었다. 행상은 남자에게는 천한 일이지만 옹낙성(雍樂成)은 그것으로써 부자가 되었다. 기름 장사는 수치스런 직업지만 도리어 옹백(雍伯)은 천금을 벌었다.

부자들은 성실한 마음이 한결같았기에 부를 쌓을 수 있었다. 때문에 치부에는 정해진 직업이 없고, 재물은 정해진 주인이 없다. 재능이 있는 사람은 사방에서 재물을 모으고, 재물이 없는 사람은 기왓장이 부서지듯 사방에 재물을 흩뜨린다. 천금의 장사치는 한 도읍의 군주와 맞먹고, 거만금을 지닌 대부호는 한 나라의 제왕에 버금가는 즐거움을 누릴 수 있다.

재부에 관한 명언

天下熙熙皆爲利來, 天下攘攘皆爲利往. 천하희희개위이래, 천하양양개위이왕
"세상 사람들은 모두 이익을 위해 기꺼이 몰려들고, 모두 이익에 따라 흩어진다."

倉廩實而知禮節, 衣食足而知榮辱. 창름실이지예절, 의식족이지영욕
"창고가 가득해야 예절을 알고, 의식주가 넉넉해야 영욕을 안다."

百里不販樵, 千里不販糴. 백리불판초, 천리불판적
"백리 먼 곳에 나가 땔감 장사를 하지 말며, 천리 먼 곳에 나가 양식을 팔지 말라."

居之一歲, 種之以穀 ; 十歲, 樹之以木 ; 百歲, 來之以德. 거지일세 종지이곡 ; 십세 수지이목 ; 백세 래지이덕
"1년을 살려거든 곡식을 심고, 10년을 살려거든 나무를 심으며, 백 년을 살려거든 덕을 베풀어라."

凡編戶之民, 富相什則卑下之, 佰則畏憚之, 千則役, 萬則仆, 物之理也.
범편호지민, 부상십즉비하지, 백즉외탄지, 천즉역, 만즉부, 물지리야
"대체로 보통 사람들은 상대방의 재산이 자기보다 열 배 많으면 몸을 낮추고, 백 배 많으면 두려워하고, 천 배 많으면 그의 일을 해주고, 만 배 많으면 그의 하인이 된다. 이것이 사물의 이치이다."

夫用貧求富, 農不如工, 工不如商, 刺繡文不如倚市門. 부용빈구부, 농불여공, 공불여상, 자수문불여의시문
"가난에서 벗어나 부자가 되는 길은 농업이 공업만 못하고, 공업이 상업만 못하며, 비단에 수를 놓는 것이 저잣거리에서 장사하는 것만 못하다."

無財作力, 少有斗智, 旣饒爭時, 此其大經也. 무재작력, 소유두지, 기요쟁시, 차기대경야
"재물이 없는 사람은 힘써 일하고, 재물이 조금 있는 사람은 지혜를 짜내고, 이미 부자인 사람은 이익을 좇아 시간을 다툰다. 이것이 치부의 큰 줄기이다."

本富爲上, 末富次之, 奸富最下. 본부위상, 말부차지, 간부최하
"농업으로 부를 얻는 것이 으뜸이고, 상업으로 부를 얻는 것은 버금이며, 간사하고 교활한 수단으로 치부하는 것은 가장 저급하다."

纖嗇筋力, 治生之正道也, 而富者必用奇勝地. 섬색근력, 치생지정도야, 이부자필용기승지
"아껴 쓰고 부지런한 것은 생업의 정도이지만, 부자는 반드시 기묘한 방법을 사용한다."

富無經業, 貨無常主. 부무경업, 화무상주
"부유해지는 데는 정해진 직업이 없고, 재물은 정해진 주인이 없다."

千金之家比一都之君, 巨萬者乃與王者同樂. 천금지가비일도지군, 거만자내여왕자동락
"천금의 부자는 한 도읍의 군주에 맞먹고, 만금의 부자는 왕들과 즐거움을 같이한다."

5장 서書

중국 고대 문명 총람

팔서八書는 중국 고대 문명의 총람總攬이다. 그 중에는 백성들을 교화하는 예禮와 악樂, 천지의 이치에 따른 율력律曆, 하늘을 우러러 본 성상星象, 천지에 제사를 지내 공적을 자랑하는 봉선封禪, 수재를 다스리며 치수를 하는 수리 공정, 사회 발전을 위한 경제정책인 평준平準 등이 있다. 이것들은 모두 고대에 나라를 경영하는 대사였으며, 역사의 흐름 속에 쌓인 문명의 정수이다.

5장 그림 목록

「팔서」의 내용 437 | 예의 선현인 주공과 공자 441 | 예의 종류와 속성 443 | 팔음 447 | 지음 449 | 삼분손익법 453 | 중국의 역법 455 | 별자리의 중심 '삼원' 459 | 봉선이란? 461 | 정국거와 도강언 465 | 한나라 무제의 경제 정책 469

01 고대의 국가 대사 「팔서(八書)」*

>>> 사마천이 창제한 「팔서八書」에는 고대 중국의 문물제도와 경국제민의 대사에 관한 기록이 담겨 있다. 『사기』의 총론인 셈이다. 「팔서」는 후세에 '서지체' 역사서의 시초가 되었다.

「팔서」

「팔서」는 『사기』의 다섯 가지 틀 중의 하나다. 사마천이 창제한 역사서 서술 방식으로서 후세의 역사가들이 '서지체(書志體)' 양식으로 저술할 수 있는 표본이 되었다. 「팔서」에는 역사서 저술의 세 가지 사상이 담겨 있다. 첫째는 의식(儀式)과 제도의 역사적 근원으로 거슬러 올라가 살핀다. 둘째는 하늘과 인간의 관계(天人之際)를 강조하며, 문화와 제도의 사상적 가치를 중시한다. 셋째는 '승폐통변(承敝通變)'**을 강조하며, 당대의 정치에 시의적절한 변혁의 의의를 저술하는 데 중점을 둔다.

『사기』에는 목록만 있고 전하지 않는 10편이 있는데, 그 가운데 「서(書)」가 3편을 차지한다. 그 3편은 「예서(禮書)」·「악서(樂書)」·「병서(兵書)」이며, 현존하는 것은 모두 저소손(褚少孫)이 보충한 것이다. 저소손은 서한 시기의 문학가이자 역사가로서 『사기』를 매우 좋아하여 사마천이 완성하지 못한 「경(景)」, 「무기(武紀)」, 「장상연표(將相年表)」, 「예서」, 「악서」, 「병서」, 「삼왕세가(三王世家)」, 「괴성후(蒯成侯)」, 「일자열전(日者列傳)」, 「귀책열전(龜策列傳)」 등 10편을 보완 수정하여 『저선생

---

* 「서」는 모두 8편으로 되어 있어 「팔서(八書)」라고도 부르는데, 분야별로 분류된 고대 중국의 문화제도에 관한 역사이다.
** 그 당시의 형세나 세상의 변화에 따라 폐해지고 적응하는 것.

「팔서」의 내용

『사기』의 「팔서」는 예, 악, 율, 역, 천관, 봉선, 하거, 평준에 관한 여덟 가지 국가 대사에 관한 기록이자 고대 문명에 대한 상세한 설명이다.

예(禮)
예는 세상 만물의 등급과 질서를 유지시켜 주는 규정과 제도를 말하며, 여기에서는 예의 기원과 작용, 내용 등을 기술했다.

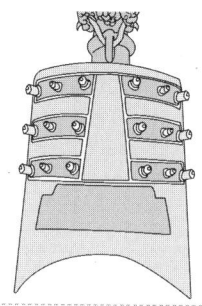

악(樂)
음악은 사회 교화의 도구를 말하며, 여기에서는 음악의 탄생과 작용, 음악과 정치의 관계를 기술했다.

율(律)
율은 고대인들이 탐구했던 우주 만물 간의 수량적 관계를 말하며, 여기에서는 율·병(兵)·성력(星曆)의 관계, 율도(律度)의 계산 방법에 대해 기술했다.

역(曆)
역은 일월성신의 운행을 계산하여 세시 절후를 정하는 방법이다. 여기에서는 3천 년 동안 전해져 내려온 천문과 역수의 발전에 대해 기술했는데, 특히 한나라 무제의 태초력(太初曆) 반포를 중점적으로 소개했다.

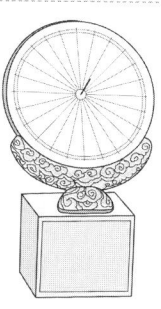

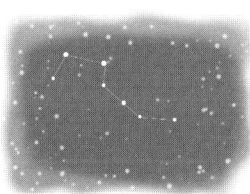

천관(天官)
천관은 하늘의 별을 가리키는데, 여기에서는 천문학의 연구 현황 및 천문과 정치의 관계를 기술했다.

봉선(封禪)
봉선은 중국 고대 제왕들이 하늘과 땅에 제사를 지내는 것으로, 여기에서는 고대 제왕들이 행했던 봉선의 역사를 거슬러 올라가며 한나라 무제의 봉선 과정에 대해 중점적으로 기술했다.

하거(河渠)
하거는 고대의 수리 사업을 말하는데, 여기에서는 고대의 치수 공정과 치수 사례를 기술했다.

평준(平準)
평준은 비쌀 때는 팔고 쌀 때는 사면서 시장 가격의 안정을 도모하는 것인데, 이는 봉건 국가에서 운용한 일종의 경제정책이다. 한나라 초기의 평준정책과 경제 발전 상황에 대해 기술했다.

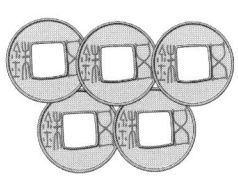

집(褚先生集)』을 펴냈다. 현재의 「팔서」는 「예서」, 「악서」, 「율서(律書)」, 「역서(曆書)」, 「천관서(天官書)」, 「봉선서(封禪書)」, 「하거서(河渠書)」, 「평준서(平準書)」 순으로 목차가 짜여 있다.

「팔서」의 내용

「예서」의 시작 부분은 서찬(序贊 : 서문)인데, 많은 사람들이 서찬을 사마천이 쓴 것으로 생각한다. 「예서」에서는 예(禮)의 동기와 기능을 총괄하고, 본 편의 취지를 언급했다. 뒷부분은 순자의 「예론(禮論)」과 「의병(議兵)」 편에서 발췌하여 완성했는데, 예의 연원과 작용, 내용 등에 대해 논했다. 「악서」의 서찬 역시 많은 사람들이 「예서」처럼 사마천이 지었다고 생각한다. 「악서」에서는 음악의 역사적 변화와 정치와의 관계에 대해 간략하게 서술하였다. 뒷부분에서는 『예기(禮記)』의 「악기(樂記)」를 정리하고, 음악의 탄생과 작용, 역대의 음악과 정치와의 관계 등을 논했다. 최초의 음악 이론서라고 할 수 있다. 「율서」는 고대인들이 탐구했던 우주만물의 관계에 대한 기록이다. 서찬에서는 사마천의 전쟁이론을 개설하였고, 중간 부분은 율(律)과 병(兵), 율과 성력(星曆)의 관계, 특히 율 제도의 이론과 계산 방법에 관한 기록이고, 끝부분은 태사공 사마천의 논평이다.

「역서(曆書)」는 두 부분으로 구성되었는데, 전반부는 역법에 대한 내용이고, 후반부는 '역술갑자편(曆術甲子篇)'이다. 「천관서」는 천문학에 관한 기록으로, 우선 이전의 인류부터 한나라 무제까지의 천문학 연구 상황을 서술하고, 이어서 비교적 긴 내용으로 정치 발전과 천문학의 관계를 일일이 지적하며 명확하게 밝혔다. 「봉선서」는 태산(泰山)에서 천신에게 제사를 지내는 봉(封)과 양보산(梁父山)에서 지신에게 제사를 지내는 선(禪), 그리고 상고 시대부터 한나라 무제까지 3천 년 동안 제왕들이 천지산천과 귀신에게 제사를 지낸 활동에 대한 기록이다.

「하거서」는 고대 수리 사업의 발전 과정을 간략하게 서술하고, 대우(大禹)의 공적을 기리며 하·상·주 3대에 걸친 치수 사례를 설명했다.

「평준서」는 서한 전기 1백 년 동안의 사회 경제적 발전과 재정정책을 개괄적으로 서술했다.

02 중국식 행위 규범 「예서」

>>> 예(禮)는 성대하고도 충실한, 그리고 영향이 깊은 일종의 미덕이다. 따라서 천자와 제후가 예에 따라 다스리면 천하를 통일하고, 사대부가 예에 따라 행하면 능히 군자가 될 수 있으며, 성인의 반열에 들어설 수 있다.

예는 무엇인가?

예는 자연에 순응하여 만물의 성장을 주재하고, 만물이 함께 생존할 수 있도록 만드는 질서다. 또한 인정(人情)에 순응하여 백성을 이끌고, 사회와 국가의 장기적인 발전과 번영을 도모하는 것이다. 반드시 인정의 실제에 근거하여 각종 예전(禮典)을 제정하고, 반드시 인성(人性)의 본연에 의거하여 각종 행위 규범을 세워야 한다. 인정의 필요와 인성의 본연을 통해서 뒤엉킨 것을 처리하고 바로 세우기 위해서는 당연히 규칙과 원칙을 만드는 게 필요한데, 이것들은 서로가 긴밀하게 연결되어 있다.

이를테면 인의로 이끌고, 형벌로 처리하고, 자존심을 빚어서 만들고, 영예감을 키우는 것 등은 모두 인간의 성정과 통하는 것이다. 이것이야말로 천하를 하나로 모으고 만민을 잘 다스리며, 분란이 일어나지 않게 하는 가장 좋은 방법이다. 따라서 사람의 성정을 내팽개치고 절제를 하지 않으면 반드시 화를 당하기 마련이다. 때문에 위로 조정에서는 군신의 높고 낮음과 귀하고 천함의 순서가 있고, 아래로 백성에게는 일상생활에서 의식주와 행위 등 각종 사물에 등급과 구분이 있으며, 모든 일마다 각기 적당한 한도가 있고, 물건마다 저마다의 적당한 절제가 있다. 이것이 바로 예가 만드는 사회질서 유지의 기능이다.

예의 변천과 역사

주나라 왕실이 무너진 이후 수많은 옛 예악제도가 허물어지고 사라져버림으로써, 군신의 위아래 구분이 없어지고 본래 지녀야 할 도를 넘어서고 말았다. 진나라가 천하를 통일한 이후 이전 여섯 나라의 예전을 전부 받아들여 당시의 상황에 맞춰 실시했음에도 예전의 본뜻과 완전하게 일치했다고는 말할 수 없다. 하지만 군주를 높이고 신하는 아래에 두며, 조정의 엄숙함을 높이는 것은 고대의 예법을 따른 것이었다.

유방이 한나라를 세우고 나서 숙손통(叔孫通)이 조정의 예와 제도를 빼고 더한 것은 있었지만, 대체로 진나라의 법도를 이어받은 것이었다. 한나라 문제가 황로사상을 치국의 방편으로 삼았기 때문에 번잡스런 예전을 중시하지 않았다. 한나라 경제 때는 어사대부 조조(晁錯)가 새로운 예전을 정하고 싶었으나, 오초칠국의 난이 일어나는 빌미가 되어 주살되고 말았다. 한나라 무제는 즉위한 후 많은 유학자들을 초빙하여 그들로 하여금 예전을 확립하는 것에 대해 토론하게 했으나 10여 년이 지나도록 진전을 보지 못했다.

기원전 104년에 한나라 무제는 태초(太初)를 개원하고, 정삭(正朔 : 일 년의 첫날)을 바꾸고, 숭상하는 복식의 색을 바꾸었다. 또한 태산에서 하늘에 제사를 올리고, 종묘의 제례와 조정백관의 의례를 다시 마련하여 국가의 전장제도(典章制度)로 삼아 후세에 길이 전해지도록 했다.

예의 내용

천지는 생명의 근본이며, 선조는 종족의 시원이고, 군주와 스승은 백성을 다스리는 토대이다. 이 셋 가운데 하나라도 잃으면 사람은 평안한 생활을 누릴 수 없기 때문에, 예는 위로는 하늘을 섬기고 아래로는 땅을 섬기며, 선조를 공경하고 군주와 스승을 우러르는 것이니 이것이 바로 예의 세 가지 주요 내용이다.

왕은 하늘의 명을 받들어 조상에게 제사를 지낼 때 태조와 하늘을 향해 제사를 지낼 수 있는 반면, 제후와 사대부는 이런 예를 감히 올릴 수 없었다. 그 목적은 친소귀천의 등급을 구분하는 것이다. 교(郊)는 하늘에게 제사를 지내는 예로

예의 선현인 주공과 공자

중국에서 예의 정립과 관련하여 가장 중요한 사람은 주공과 공자다. 바로 이 두 성인이 예의 기초를 형성하고 발전시키는 데 가장 큰 기여를 했다.

주공

예(禮)

공자

주공제례(周公制禮): 예가 나온 것은 아주 오래전으로 거슬러 올라가는데, 하나라와 상나라 때도 예가 있었다. 주나라가 세워진 후 주공 단은 주나라 고유의 제도에 따르고, 상나라의 예를 반영하여 각각의 예와 규범을 만들었다. 이것이 바로 예악(禮樂)제도이다.

공자복례(孔子復禮): 춘추 시대에 이르러 예악이 무너지자 유가의 창시자인 공자는 주나라 예악제도의 회복을 내걸었다. 그는 난잡한 주례를 정리할 때 인(仁)의 관점을 가질 수 있고, 인이야말로 예의 내재적 정신이며, 예는 바로 인의 외재적 표현이라고 했다.

삼례

삼례(三禮)는 고대 예악 문화의 이론으로서 유가의 세 가지 경전이다. 예법과 예의에 관한 가장 권위 있는 기록이자 해석이며, 역대의 예의제도에 가장 큰 영향을 미쳤다.

『주례(周禮)』	또 다른 이름은 『주관(周官)』이다. 주공 단이 쓴 것으로 전해지며, 그 내용이 매우 풍부하다. 「천관(天官)」, 「지관(地官)」, 「춘관(春官)」, 「하관(夏官)」, 「추관(秋官)」, 「동관(冬官)」의 6편으로 구성되었으며, 기재된 예가 매우 체계적이다. 제사, 조근(朝覲: 신하가 입조하여 임금을 알현하는 것), 봉국(封國) 등의 국가 대전뿐만 아니라 거기(車騎)·복식·예옥(禮玉)제도 등을 구체적으로 기록했다. 또한 각종 예기(禮器)의 등급, 조합, 형상과 구조, 도수(度數: 눈금) 등을 기재하였다.
『의례(儀禮)』	대략 춘추 시대에 저술된 것으로 전해지며, 주요 내용은 춘추전국 시대 사대부들의 예의에 관한 것들이다. 고대 귀족의 성인식, 결혼과 상제 등의 각종 예절, 사회 교제, 연향(宴饗: 황제가 군신과 동석하는 연회), 조빙(朝聘: 제후가 정기적으로 황제나 맹주를 알현하는 것), 향사(鄕射: 시골 한량들이 모여서 활쏘는 재주를 겨루고 술을 먹던 일), 대사(大射: 황제가 행하는 활쏘기 대회) 등 각종 정치와 사회 활동에 관한 예의와 규범을 기재했다.
『예기(禮記)』	전국 시대부터 진한 시기까지의 유학자들이 경서 『의례(儀禮)』를 해석한 문장 모음집이다. 주요 내용은 선진의 예제, 예절의식, 의례 해석을 기록하고 논하였다. 또한 공자와 공자 제자들의 문답을 기록하고 수신의 처세 원칙을 서술했다. 선진 유가의 정치, 철학, 윤리와 사상 등을 구체적이고 집중적으로 다루었는데, 선진 시대의 사회사 연구에 중요한 사료이다.

황제만이 행할 자격이 있으며, 사(社)는 사직(社稷)의 예이다. 황제와 제후는 모두 사례(社禮)를 행할 수 있고, 사대부도 이사(裏社 : 지신에게 올리는 제사)를 공히 행할 수 있다. 이것은 제례의 규정으로 지위의 존귀와 높고 낮음을 구분하는 것이다.

조상의 종묘대합제(宗廟大合祭) 중 술과 음식 등을 준비할 때는 특별히 현주(玄酒 : 제사 때 술 대신에 쓰는 맑은 찬물)를 중시하고, 조(俎 : 희생을 담는 제기) 위에 비린 생선과 조미료를 넣지 않은 큰 덩어리의 고기를 삶고 태갱(太羹 : 고기국물)을 올린다. 먼 조상에게 제사를 지낼 때 상고 시대의 생활 상황까지 고려하는 것은 후세 자손들이 음식의 근본 가치를 잊지 않고 있다는 표시다.

예의 형식

예는 애초에 형식적이지 않고 자유로운 일상생활에서 시작하여 나중에는 예를 행하는 의식과 기물이 형식을 갖추고, 마침내 화기애애한 인정의 효과에 이르는 것이다. 가장 좋은 예법은 당연히 인정과 문식(文飾 : 제사 의례 형식)을 겸비한 것이다. 다음은 당연히 인정에 주안점을 두거나 의문(儀文 : 제사 의례 형식)에 주안점을 두는 것이며, 마지막으로는 당연히 의문을 간략하게 하여 단지 인정에만 치우쳐 상고 시대의 소박하고 질박한 형태에 이르는 것이다.

예의 표현은 대략 세 가지 등급으로 나눈다. 의문 형식이 매우 번잡하고 풍요로운 반면에 정감(情感)의 성분을 비교적 자제한 것은 예문이 성대하고 장엄하고 풍부한 표현이다. 만약에 의문 형식이 비교적 간략하면서도 정감의 성분을 비교적 약하게 하는 것은 예문을 간소하게 하는 표현이다. 만약에 외재적인 의문 형식과 내재적인 정감의 성분이 서로 표리를 이루면, 그 안에서 조화를 찾는 예문의 표현이다.

예의 작용

사람은 욕망으로 인해 서로 싸우고 천하는 혼란에 빠진다. 그리하여 고대의 현명했던 제왕들은 욕망의 절제인 예와 본분을 잘 아는 의(義)를 제정하였다. 이렇게 함으로써 사람의 욕망과 물자의 공급이 서로 조화를 이루게 된다. 때문에

예의 종류와 속성

예는 인류 사회가 생겨날 때부터 함께 나왔다. 그것은 현실 생활의 꾸밈이고, 사물로 사람의 욕망과 감정을 장식하는 것이다. 또한 그 자신의 속성을 지닌다. 예를 다음과 같은 몇 가지 유형으로 나눌 수 있다.

예(禮)

예물(禮物): 예를 행하는 데 쓰이는 궁실, 의복, 그릇 등의 물질적 사물이다.

예의(禮儀): 예물을 사용하는 풍채이자 동작이다.

예의(禮意): 예물과 예의가 이르고자 하는 실제적이고 분명한 내용과 취지, 그리고 목적이다.

예의 속성

- **정치 등급**: 명성과 지위를 강조하는 것이다. 공자가 말한 '군주는 군주답고, 신하는 신하답고, 아버지는 아버지답고, 자식은 자식다운 것(君君, 臣臣, 父父, 子子)'이 예의 본질이다.
- **윤리 도덕**: 효(孝), 자(慈), 공(恭), 순(順), 경(敬), 화(和), 인(仁), 의(義) 등으로 등급 제도의 외재적 표현이다.

■ 예로 법을 세우다

유가는 중국 봉건사회의 사상적 핵심이다. 유가사상은 사회 각 분야에 스며들었고, 그 중에서 예는 법률의 중요한 근거가 되었다.

한나라 무제 이전의 법률

진나라는 상앙의 법가사상에 근거한 법률로 국가를 통치했다. 한나라 초기에 소하는 진나라의 법률을 답습하여 한나라 법을 제정하고 법가사상을 계승했다.

한나라 무제

한나라 무제 이후의 법률

한나라 무제가 유교를 치켜세우면서 법가는 점차 세력을 잃었다. 유가가 왕성해진 후 유가사상은 법률의 면모를 바꾸기 시작했다. 법률을 해석하고 경의(經義: 경서의 뜻)로 소송 사건을 심리하여 법률의 문구로 기록되었다.

이례입법(以禮入法): 예로 법률을 만드는 것은 중국 법률 발전사에서 가장 큰 사건이다. 예가 법률의 중요한 요소가 되면서 예교(禮敎)가 법률을 지배하는 상황이 조성되었다.

예는 실제적으로 일종의 조절 작용을 한다. 이러한 기초 위에서 군자는 바라는 것을 조절하여 반드시 차등을 둔다. 따라서 신분의 귀천에는 반드시 등급이 있고, 연령의 장유는 반드시 차별이 있다.

    예는 사람들 사이의 관계에서 친근함과 소원함, 멀고 가까움을 구분하고 판별하는 최고의 준칙이다. 국가를 부강하게 하는 건고하고 근본적인 판별 기준이기도 하다. 예는 황제의 위엄이 천하에 퍼져 사해의 천하가 마음으로 심복하는 유일한 경로다. 또한 공훈과 업적, 그리고 명예와 명성을 집대성하는 중요한 요소이다.

03 사회 교화를 위한 도구 「악서」

>>>> 음악은 사람의 마음에 감정을 불러일으킨다. 또한 단지 귀와 눈을 즐겁게 할뿐만 아니라 더욱더 중요한 것은 음악과 예는 같다는 것이다. 정치를 위해 힘쓰고 백성들의 마음을 순화시키는 도구이다.

음악의 기원

음(音)은 사람의 마음에 감정을 불러일으킨다. 사람의 마음은 본래 숙연하여 움직이지 않는다. 그런데 마음의 움직임은 바로 바깥 사물의 자극에 반응한 결과다. 사람의 마음이 바깥 사물에 감응하여 움직이므로, 단순한 '소리(聲)'라도 자연히 마음의 형태를 만든다. 이어서 또 소리와 소리가 같지 않을 뿐만 아니라 서로 간에 상응하여 맑음·탁함·높음·낮음 등에 따라 소리가 다양하게 변화한다. 소리의 변화가 일정하게 조직적이고 규칙적이면 그것이 바로 귀를 즐겁게 하는 음악(音樂)이다.

음악은 마음의 움직임이고 소리는 음악이 겉으로 드러나는 것이며, 꾸밈과 리듬은 소리를 꾸미는 것이다. 소리가 조응하고 편차를 이루어 귀를 즐겁게 하는 음은 곡조를 만들고, 게다가 창과 방패, 꿩의 깃털, 소꼬리털로 장식한 깃발(旄) 등의 무용 도구로 춤을 추면 그것이 바로 완전한 악곡(樂曲)이다. 악곡은 비록 수많은 음의 조합에서 나오지만, 그 근원은 역시 바깥 사물의 자극에 의해 사람의 마음에 생기는 감정에 있다.

예와 정치

태평성세의 음악은 늘 평안하고 즐겁기에, 이러한 음악을 들으면 당시의 정치는 화평하고 순탄했다는 것을 알 수 있다. 난세일 때의 음악은 원한에 사무치고 분노로 가득 차서 그러한 음악을 들으면 당시의 정치가 비뚤어지고 어지럽고 비정상이라는 것을 알 수 있다. 점점 멸망의 길로 나아가는 나라의 음악은 비애와 애수로 가득 차서 백성들이 처한 극단의 곤궁함을 엿볼 수 있다. 때문에 성음이 서로 다른 다양한 정조의 표현은 늘 정치의 흥망성쇠와 밀접한 관계가 있다.

오성(五聲) 중에서 궁성(宮聲)은 가장 낮고 묵직하고 중후하니, 이것은 바로 중앙에서 사방을 다스리는 군주다. 상성(商聲)은 비교적 강직하고 견실하니, 이것은 바로 정치를 집행하고 책임지는 대신이다. 각성(角聲)은 고저와 경중이 알맞으니, 이것은 바로 평범한 백성이다. 치성(徵聲)은 비교적 가볍게 휘날리므로 분연히 찾아오는 번잡한 일이다. 우성(羽聲)은 가장 가볍기에 수없이 많은 자질구레한 물건이다. 만약 이 다섯 음 중에서 무겁고 가벼움을 잃지 않으면 맑음과 탁함이 혼란에 빠지지 않는다. 그러면 막히고 조화롭지 못한 음이 나타날 리가 없다.

만약 궁성이 혼란하면 음색이 산만할 것이니, 이는 바로 군주가 교만 방자한 까닭이다. 만약 상성이 혼란하면 음색이 퇴폐적이고 바르지 못할 것이니, 이는 신하들이 정치를 그릇되게 펼치는 까닭이다. 만약 각성이 혼란하면 음색이 우울하고 근심에 젖으니, 이는 백성들이 원망하면서 분노한 까닭이다. 만약 치성이 혼란하면 음색이 슬프게 흐를 것이니, 이는 백성들이 쉬지 못하고 고달픈 까닭이다. 만약 우성이 혼란스러우면 음색이 위태롭게 떨릴 것이니, 이는 백성들의 곳간이 비어 빈궁한 까닭이다. 만약 오성이 모두 혼란하면, 이는 곧 나라가 멸망에 이르게 되는 징조다.

악과 예

악의 목표는 사람들끼리 좋아하고 싫어하는 관계를 조화시켜 어우러지게 하는 것이고, 예의 목표는 등급을 구별하는 데 있다. 악으로 사람들은 친근해지고, 예로써 사람들은 서로 공경하게 된다. 만약 악의 작용만을 중시하고 예의 약속을 경시하면 방종이 넘쳐나 서로 존경하지 않는다. 만약 예의 작용만을 중시하고 악의 조화가 없으면 사람들이 소원해지고 뿔뿔이 헤어져 친근함이 사라진다. 만약

팔음

고대의 악기는 만드는 재료에 따라 금金, 석石, 사絲, 죽竹, 포(匏 : 박), 토土, 혁革, 목木의 여덟 가지로 나뉘며, 이를 팔음八音이라고도 했다.

편종(編鐘, 금金)
청동으로 만든다. 음색이 맑고 낭랑하고, 조화롭게 높아졌다 낮아졌다 하며, 통과하는 힘이 강하다.

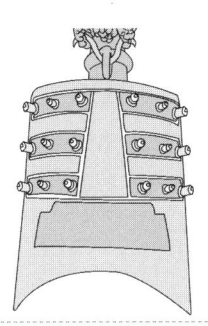

편경(編磬, 석石)
경석(磬石 : 옥돌)으로 만든 타악기다. 음색이 맑고 깨끗하며, 소리가 멀리 퍼지고 통과하는 힘이 강하다.

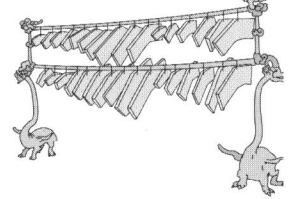

금슬(琴瑟, 사絲)
가는 줄로 만든다. 금(琴 : 거문고)은 7현이고, 슬(瑟 : 비파)은 5현이다.

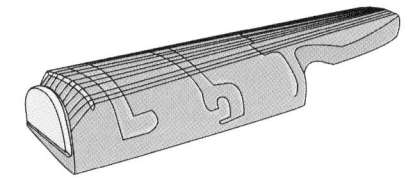

배소(排簫, 죽竹)
대나무로 만든다. 성음은 봉황이 우는 소리와 같다.

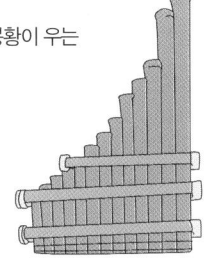

생(笙, 포匏)
생황(笙簧)이라고도 하며, 아악(雅樂)에 쓰는 관악기다. 생두(笙斗 : 악기의 머리 부분)는 조롱박의 일종인 포(匏)로 만들고, 황편(簧片 : 악기의 관)은 죽멸청(竹篾靑)으로 만든다.

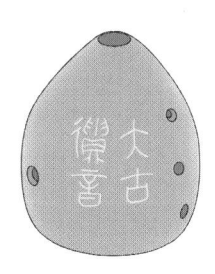

훈(塤, 질나팔, 토土)
흙을 구워 만든다. 음색은 깊숙하고 그윽하며, 하염없이 슬프고 처량하며 구성지다.

건고(建鼓, 혁革)
발이 달린 받침에 북을 얹은 아악기(雅樂器)인데, 기둥을 받치는 고좌(鼓座)는 청동으로 만들고, 고피(鼓皮)는 가죽으로 만든다. 음색은 웅장하고 힘차다.

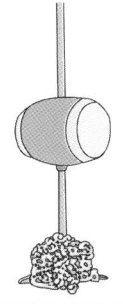

축(柷, 목木)
나무로 만들며, 음악의 시작을 알린다.

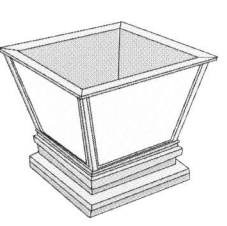

예악이 서로 조화를 이루면 한 방면으로는 사람들 사이에 정의가 생겨나 서로 도우며 사랑이 싹트고, 또 다른 한 방면으로는 사람들의 행위에 약속이 생겨 서로 존중하게 된다. 이것이야말로 예악 겸행의 내용과 외관이 함께 갖추어져 일이 성하게 된다.

악은 사람의 마음속에서 나오는 것이고, 예는 겉으로 드러나는 사람의 행위에서 나오는 것이다. 악은 고요한데서 효능이 있고, 예는 움직이는 것에서 효능이 나타난다. 무릇 큰 악곡은 반드시 쉽고 친근하며, 큰 예의는 반드시 간소하고 소박하다. 음악이 최고의 효능을 발휘하면 사람들끼리 서로 원한을 맺는 일이 발생하지 않는다. 예의가 최고의 효과를 내면 사람들 사이에 싸움이 일어나지 않는다. 예와 악이 서로 조화를 이루면 그 무슨 특별한 방법을 쓰지 않더라도 천하가 잘 다스려진다. 이것이 바로 '예'이다.

악과 오행

음악은 사람의 마음을 조화롭고 단정하게 하는 가장 좋은 도구이다. 궁상각치우(宮商角徵羽 : 동양 음악에서 오음의 각 이름) 오성과 사람의 심성, 그리고 호흡은 서로 관련이 있다. 오행(五行)*의 배합에 의거해 궁성이 나올 때 사람의 비장(脾臟 : 지라)이 감응하고, 비장과 관련된 성신(誠信)이 스스로 알맞은 조화와 단정함을 얻는다. 상성이 나올 때 사람의 폐가 감응하여 폐와 연관된 도의가 알맞은 조화와 단정함을 얻는다. 각성이 나오면 사람의 간이 감응해 간과 관련된 인덕이 알맞은 조화와 단정함을 얻는다. 치성이 나오면 사람의 심장이 감응해 심장과 관련된 예절이 알맞은 조화와 단정함을 얻는다. 우성이 나오면 사람의 신장(腎臟)이 감응을 얻어 신장과 관련된 지혜가 알맞은 조화와 단정함을 얻는다.

악의 작용

음악은 천지간의 가장 화목한 정태를 대변하기 때문에 자연의 만물이 생성

---

* 우주 만물을 이루는 다섯 가지 물질. 쇠(金), 물(水), 나무(木), 불(火), 흙(土)을 말함.

지음

고대에 음악에 능한 이들은 모두 지음知音을 얻기 위해 노력했다. 그 중에서 가장 유명한 이야기는 춘추 시대 유백아俞伯牙와 종자기鍾子期의 고사다. 그리고 지금까지 전해오는 명곡으로 「고산유수高山流水」가 있다.

거문고를 부수어 지음에게 감사하다 : 유백아는 춘추 시대의 진(晉)나라 사람으로 거문고에 능했다. 비록 수많은 사람들이 그의 거문고 타는 솜씨를 찬미했지만, 도리어 그는 이런 사람들이 자신의 참소리를 듣고 알지 못한다고 생각했다. 유백아가 진나라의 사신으로 초나라에 갔을 때 우연히 땔나무를 팔아서 먹고사는 종자기를 알게 되었다. 유백아가 높은 산에 올라가고 싶어 거문고를 타면 종자기는 "하늘을 찌를 듯 산이 눈앞에 나타나네!"라고 말했고, 유백아가 강을 떠올리며 거문고를 타면 종자기는 "유유히 흐르는 강물이 눈에 선하네!"라고 감탄했다. 이후 두 사람은 지음 사이가 되었다. 훗날 유백아는 종자기가 전염병으로 불행하게 세상을 떠났다는 말을 듣고, 곧바로 종자기의 묘 앞에서 「고산유수」를 탔다. 그 후 돌에 거문고를 내팽개쳐 부셔버렸고, 다시는 거문고를 타지 않았다. 『열자(列子)』의 「탕문(湯問)」편에 전해오는 고사다.

「고산유수(高山流水)」 : 유백아가 거문고로 연주하기 위해 지은 곡으로 전해진다. 악보에 실린 최초의 「고산유수」는 명나라 때의 『신기비보(神奇秘譜)』에 실려 있다. 오늘날의 사람들이 듣는 「고산유수」는 청나라 말기의 판본이며, 후세의 사람들이 종자기와 유백아의 고사를 근거로 썼다. 금곡(琴曲)과 쟁곡(箏曲) 두 종류가 있는데, 이름은 같지만 곡이 다르고, 풍격도 완전히 다르다.

악부

악부(樂府)는 진한 시기에 설립된 음악을 관장하던 관청이다. 훗날 악부의 악보(樂譜)가 소실되었지만, 그 형식은 당나라 때의 오칠언(五七言) 고시(古詩)의 기초가 되었다.

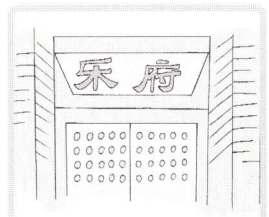

악부 : 진나라 때 설립되기 시작하여 한나라 무제 때 다시 세웠다. 전국 각지의 민요를 수집하여 정리하고, 악보를 만드는 게 주요 직무인 관청이었다. 한나라 애제 때 철폐되었다.

악부시 : 악부가 철폐된 후 사람들이 악부에서 만든 악보의 시가를 악부시(樂府詩)로 불렀다. 「공작동남비(孔雀東南飛)」가 대표적인 작품이다.

가인곡(佳人曲)

〈서한 이연년(李延年, ? ~ 기원전 87년), 한나라 무제가 총애하던 이부인의 오빠〉

北方有佳人, 絶世而獨立.북방유가인, 절세이독립
一顧傾人城, 再顧傾人國.일고경인성, 재고경인국
寧不知傾城與傾國?영부지경성여경국
佳人難再得!가인난재득

북방에 가인이 있어, 이 세상에 둘도 없는 절세가인이라네.
한 번 눈길에 성이 기울고, 두 번 눈길에 나라가 망하네.
어찌 경성지색과 경국지색을 모르리오만?
가인은 다시 얻기 어려워라!

하고 번식하며 자란다. 음악은 하늘의 순환과 변화의 원칙으로 만들어지기 때문에, 음악 생성의 원칙을 잃으면 반드시 거칠고 급해지며 화목하지 않게 된다. 때문에 하늘의 순환과 변화 원칙에만 따르면 능히 음악을 탄생시킬 수 있다. 음악은 같지 않은 사물의 종류를 화목한 분위기 속에서 서로 공존공영하게 하며, 서로가 서로를 해코지하는 일을 만들지 않게 한다. 이것이 바로 음악이 유도하는 백성의 지혜이고, 교화의 목표에 이르게 하는 작용이다. 사람들을 즐겁게 하고 서로 친하고 사랑하도록 하는 것은 음악의 외적 작용이다.

04 천지를 따른 법도
「율서」

>>> 율律은 수량 관계로 만물 형체의 비례를 고찰한다. 태사공 사마천의 「율서」가 바로 고대인들이 탐구했던 우주만물 간의 수량 관계에 대한 기록이다.

팔정

고서인 『서경』에는 칠정(七正), 28사(二十八舍)가 있다. 칠정은 해와 달, 그리고 금성, 목성, 수성, 화성, 토성의 다섯 가지 행성이다. 28사는 그들이 운행하며 머무는 28개의 별자리다. 율(律)과 역(曆)으로써 하늘은 오행(五行)과 팔정(八正)[*]의 기운을 소통시키고 만물을 성숙시키는 것이다. 사(舍)는 바로 해와 달이 머무는 곳이자 기운을 고르는 곳이다.

팔정(八正)은 여덟 가지 절기의 기운이 팔방(八方)의 바람을 일으킨다. 팔방의 바람은 부주풍(不周風), 광막풍(廣莫風), 조풍(條風), 명서풍(明庶風), 청명풍(淸明風), 경풍(景風), 양풍(涼風), 창합풍(閶闔風)이다.

부주풍은 서북쪽에 위치하며, 때는 10월, 율려(律呂)[**]로는 응종(應鐘), 십이지지(十二地支)[***] 중에서는 해(亥)에 해당한다. 광막풍은 북쪽에 위치하며, 때는 11월, 율려로는 황종(黃鐘)이고, 십이지지로는 자(子), 축(丑), 십천간(十天幹)[****]으로는 임(壬), 계(癸)에 속한다.

---

[*] 입춘, 춘분, 입하, 하지, 입추, 추분, 입동, 동지의 여덟 절기
[**] 음과 양의 열두 가지 음계
[***] 자(子)・축(丑)・인(寅)・묘(卯)・진(辰)・사(巳)・오(午)・미(未)・신(申)・유(酉)・술(戌)・해(亥)
[****] 갑(甲)・을(乙)・병(丙)・정(丁)・술(戊)・이(己)・경(庚)・신(辛)・임(壬)・계(癸)

조풍은 동북쪽에 위치하며, 때는 정월, 율려로는 태주(太簇), 십이지지에서 인(寅)에 해당한다. 명서풍은 동쪽에 위치하고, 때는 2월과 3월이며, 율려로는 협종(夾鐘)이고, 십이지지로는 묘(卯), 십천간으로는 갑(甲), 을(乙)이다. 청명풍은 동남쪽에 위치하며, 때는 4월, 율려로는 중려(中呂), 십이지지로는 사(巳)에 속한다. 경풍은 남쪽에 위치하고, 때는 5월, 십이지지로는 오(午), 십천간으로는 병(丙), 정(丁)에 해당한다. 양풍은 서남쪽에 위치하고, 때는 6월, 7월, 8월이고, 율려로는 임종(林鐘), 이칙(夷則), 남려(南呂)에 해당하며, 십이지지로는 미(未), 신(申), 유(酉)에, 십천간으로는 술(戌), 이(己)에 속한다. 창합풍은 서쪽에 위치하고, 때는 9월, 율려로는 무역(無射), 십이지지로는 술(戌), 십천간으로는 경(庚), 신(辛)에 해당한다.

율수

9에 9를 곱한 수 81은 궁수(宮數)다. 81의 3분의 2인 54는 치수(徵數)다. 54에 3분의 4를 곱한 수 72는 상수(商數)다. 72의 3분의 2인 48은 우수(羽數)다. 48에 3분의 4를 곱한 수 64는 각수(角數)다. 이것들이 5음(五音 : 궁宮·상商·각角·치徵·우羽)의 율수(律數)다.

황종의 길이는 81푼(分)이며 대려(大呂)의 길이는 75푼 3분의 2이다. 태주의 길이는 72푼이며 각성(角聲)이다. 협종의 길이는 67푼 3분의 1이다. 고세의 길이는 64푼이며 우성(羽聲)이다. 중려의 길이는 59푼 3분의 2이며 치성(齒聲)이다. 유빈(蕤賓)의 길이는 56푼 3분의 2다. 임종의 길이는 54푼이며 각성이다. 이칙의 길이는 50푼 3분의 2로 상성(上聲)이다. 남려의 길이는 48푼이며 치성이다. 무역의 길이는 44푼 3분의 2이다. 응종의 길이는 42푼 3분의 2이며 우성이다.

오음은 궁성(宮聲)을 기초로 하여 상생(上生)*과 하생(下生)**을 거친 후 각성(角聲)에서 멈춘다. 수는 2에서 시작해 10에서 끝나고 3에서 완성된다.

---

* 율관(律官) 하나의 길이를 3분의 1만큼 증가시켜 하나의 율관을 만들어냄
** 율관 하나의 길이를 3분의 1만큼 감소시켜 하나의 율관을 만들어냄

삼분손익법

춘추 시대의 저작인 『관자(管子)』「지원(地員)」편에 나오는 삼분손익법(三分損益法)은 중국 최초의 음률 계산법이다. 사람들은 이 계산법에 따라 음률을 측산했다.

주(注) : 도표에서 A현(弦) 표시는 공현(空弦 : 음악 용어 즉 완전히 음을 누르지 않을 때 연주되는 음)의 길이. 연주되는 음은 치음(徵音, 저음 5)

삼분손익법 : 주음율의 현(弦 혹은 관管)을 삼등분하여 그것에서 두 몫(전체 현 길이의 3분의 2로, 3분의 1를 덜어낸 몫)을 얻거나, 혹은 한 몫(전체 현 길이의 3분의 4로, 3분의 1를 더한 몫)을 더 얻어 순서에 따라 각각의 율(律)을 정하는 12율 계산법.

십이율

십이율(十二律)은 고대의 사람들이 음을 정했던 방법이다. 즉 삼분손익법을 이용해 하나의 81푼을 12개의 불완전하고 서로 다른 반음(半音)이 되게 하는 음율의 기준이다.

십이율	
	황종(黃鍾) : 81로 설치(11월)
	임종(황종에서 3분의 1 줄임) : 81 × 2/3 = 54(6월)
	태주(임종에서 3분의 1을 더함) : 54 × 4/3 = 72(1월)
	남려(태주에서 3분의 1 줄임) : 72 × 2/3 = 48(8월)
	고세(남려에서 3분의 1을 더함) : 48 × 4/3 = 64(3월)
	응종(고세에서 3분의 1 줄임) : 64 × 2/3 = 42.6667(10월)
	유빈(응종에서 3분의 1을 더함) : 42.6667 × 4/3 = 56.8889(5월)
	대려(유빈에서 3분의 1을 더함) : 56.8889 × 4/3 = 75.8519(12월)
	이칙(대려에서 3분의 1을 줄임) : 75.8519 × 2/3 = 50.5679(7월)
	협종(이측 3분의 1을 더함) : 50.5679 × 4/3 = 67.4239(2월)
	무역(협종에서 3분의 1을 줄임) : 67.4239 × 2/3 = 44.9492(9월)
	중려(무역에서 3분의 1을 더함) : 44.9492 × 4/3 = 59.9323(4월)

양음육율(陽陰六律)	
양육율	음육율
황종(黃鍾)	임종(林鍾)
태주(太簇)	남려(南呂)
고세(姑洗)	응종(應鍾)
유빈(蕤賓)	대려(大呂)
이칙(夷則)	협종(夾鍾)
무역(無射)	중려(仲呂)

05 천문으로 1년을 나누다
「역서」

>>> 황제黃帝로부터 시작된 역법은 국가 정치의 일대 사건이었다. 역법은 정치의 좋고 나쁨을 구별하는 특징이자 인간 행위의 준칙이었고, 나라의 정치가 밝아지는 것에 대한 표현이기도 했다.

정월을 세우다

고대의 역법에서 정월(正月)은 맹춘(孟春 : 음력 정월)이었다. 맹춘이 되면 눈과 얼음이 녹고, 겨울잠을 자던 동물들이 활동을 시작하며, 온갖 식물들이 싹을 틔우고 성장하기 시작한다. 만물의 성장은 한 해의 절기와 더불어 순환한다. 봄이 시작된 이후 사계절이 차례로 돌아 마침내 겨울이 가고 또 봄이 오는 것이다.

정월을 맹춘으로 한 것은 바로 인월(寅月 : 북두칠성의 자루가 인寅의 방향을 가리키는 음력 정월)로 하는 것이다. 열두 달의 절기가 마침내 축월(醜月 : 음력 12월)에 끝난다. 한 해에 해와 달의 궤도가 잘 운행되는 것을 '명(明 : 밝음)'이라고 부른다. '명'은 '맹(孟)'에 상당하는데, 바로 '장(長 : 어른)'을 의미한다. '유(幽 : 어두움)'는 '유(幼)'에 상당하는데, 바로 '소(小 : 어린이)'를 뜻한다. 유(幽)는 자(雌 : 암컷)고, 명(明)는 웅(雄 : 수컷)인데, 각각 달과 해를 상징한다. 해와 달은 서로 교대로 나타나는데, 그 순환의 도에 근거해 정월을 정한다.

한 해의 시작을 정하는 것이 하늘의 순환에 따르지 않고, 또한 인심을 따르지 않으면 그 어떤 일도 쉽게 망가져버리고 이루어지기 어렵다. 왕의 성이 바뀌면, 즉 왕조가 바뀌면 반드시 그 개국의 시초를 신중히 정하고 정삭(正朔 : 한 해가 시작되는 때)을 고쳐 역법의 기점을 추산해야 하늘의 뜻에 따르는 것이다.

중국의 역법

중국의 역법을 음력(陰曆)이라고 부른다. 장강처럼 기나긴 역사의 흐름 속에서 수많은 역법학자들이 저마다 자신의 총명함과 지혜로 역법을 만들었다.

역법	왕조	내용
『하소정(夏小正)』	하나라	중국 최초의 역법서(曆法書)다. 천문, 물후(物侯 : 동식물 등 자연 환경의 계절적 변화), 기상 등 자연현상을 관찰하여 계절과 월분(月份 : 매달)을 구분하여 농업에 도움이 되도록 했다.
『태초력(太初曆)』	서한	체계적으로 만들어진 첫 번째 역법서이며, 정월을 연초로 하고 열두 달을 24절기로 나누었다. 중기(中氣 : 24절기 중 양력으로 매달 중순에 드는 절기로 우수·춘분·곡우 등)인 달을 윤월(閏月)로 하지 않았다.
『건상력(乾象曆)』	동한	정삭(定朔 : 새로운 달이 초하루가 되도록 달의 길고 짧음을 알맞게 배정) 역법이 실려 있는 첫 번째 역법서다. 회귀년(回歸年 : 태양년. 해가 춘분점春分點을 지나서 다시 춘분점으로 돌아오는 기간)의 소수점 이하의 수가 '4분의 1 이하'까지 내려가 '365.2462' 일이 되었다. 처음으로 달의 빠름과 느림을 역법에 적용했다.
『대명력(大明曆)』	남북조	수학자 조충지(祖沖之, 429년 ~ 500년)가 엮었으며, 중국사에서 가장 자세하고 정확한 역법서다. 한 해를 365.2428일로 계산하는데, 현재의 역법과 비교했을 때 52초의 차이가 있을 뿐이다.
『대연력(大衍曆)』	당나라	『주역』의 역수(易數)인 대연수(大衍數)에 근거해 태양운용표(太陽運用表)를 편성하여 부등간 이차차내삽법(不等間二次差內插法)을 발명했다. 삼각함수 성질의 표와 3차차내삽법(三次差內插法)의 근사치(함수치) 공식으로 행성(行星) 운행의 불균형성을 계산했다. 1년의 길이는 365.2444일이고, 한 달의 길이는 29.53059일로 정했다.
『통천력(統天曆)』	남송	회귀년을 길게 365.2425일로 하였다. 지금 세계적으로 통용되는 회귀년이 바로 이것인데, 유럽보다 283년이 앞선다.
『수시력(授時曆)』	원나라	여러 가지 역법의 장점을 널리 받아들여 매우 정밀하다. 명나라 왕조가 무너질 때까지 360여 년간 계속 사용되었다.
『숭정역서(崇禎曆書)』	명나라	서양의 선진 과학기술을 받아들인 역법서로, 중국 고대에 제정된 역법을 대대적으로 바꾼 1차 대개혁이다. 청나라 초기 이후 『서양신법역서(西洋新法曆書)』로 개명했다.

음력(陰曆)	태음력(太陰曆), 순음력(純陰曆)이라고도 한다. 차고 이지러지는 달의 변화에 근거해 주기를 정했다. 고대인들은 달을 태음(太陰)이라고 했기 때문에 태음력 또는 줄여서 음력이라고 불렀다.
양력(陽曆)	공력(公曆), 태양력(太陽曆), 신력(新曆), 서력(西曆), '그레고리력'이라고 부른다. 1582년에 로마 교황 그레고리 13세가 실행한 역법이다.

역법 제정의 발전

고대의 황제(黃帝) 때로부터 별자리의 모양을 관찰하여 역법을 제정하고, 오행상극의 이론을 세웠으며, 음양이 성장하고 소멸하는 도리를 발견하였으며, 1년 열두 달을 정비하고 남은 시간을 윤일과 윤달로 정했다. 또한 하늘, 땅, 신, 사물을 관장하는 오관(五官 : 다섯 가지 구름 색깔로 벼슬의 이름을 정함)을 두었다. 즉 청운씨(靑雲氏), 진운씨(縉雲氏), 흑운씨(黑雲氏), 황운씨(黃雲氏), 백운씨(白雲氏) 등이다. 각 직책을 맡은 벼슬아치들이 직분을 다하자 서로 싸우거나 다투는 혼란이 없어졌다.

소호제(少昊帝) 때 구려족(九麗族 : 남방의 소수민족)이 반란을 일으켜 원래의 법칙을 무시하고, 인간과 신의 관계를 어지럽히자 신은 인간에게 복을 내리지 않고, 인간은 신을 두려워하지 않았다. 그로 인해 재앙과 화가 연달아 터졌다. 황제 전욱은 남정(南正 : 벼슬 이름) 중(重)에게 천문을, 화정(火正 : 벼슬 이름) 여(黎)에게는 지리에 관한 일을 맡겼다. 훗날 삼묘족(三苗族 : 장강 중류의 소수민족)이 난을 일으켜 천지를 주관하는 벼슬아치들을 없애자 역법이 혼란스러워졌다. 그러자 요임금이 중과 여의 후손들을 다시 중용하여 천문과 지리를 관장하도록 했다. 하나라는 인월(寅月 : 음력 정월)을, 상나라는 축월을, 주나라는 자월(子月 : 음력 11월)을 정삭으로 삼았다. 삼대의 정월은 순환하는 것처럼 마지막에 이르면 처음으로 다시 돌아왔다. 나라의 정치가 밝아져야 세시 절후도 조화를 잃지 않고 역법도 혼란에 빠지지 않는다.

주나라 왕실이 힘을 잃고 경대부들이 국정을 장악하자 사관이 사계절과 월, 일을 정확하게 기재할 수 없었다. 전국 시대가 되자 전쟁이 끊이지 않았다. 오직 추연(鄒衍)만이 음양의 생명이 성장하고 소멸하는 이치를 밝히고 제후들에게 전파하였다. 진나라는 6국을 멸한 후 10월을 세수(歲首 : 정월)로 삼고 검은색을 가장 숭상했다. 한나라는 천하를 통일한 후에도 역법을 정하지 못하여 여전히 진나라의 정삭을 답습했다. 한나라 무제 때 사마천과 방사(方士)인 당도(唐都) 등이 태초력(太初曆)을 제정하여 해와 달의 운행 28수(宿 : 별자리)들 간의 거리를 측산하여 해와 달이 만나는 시각이 하력(夏曆 : 태음력)과 일치되게 하였다. 이리하여 개원(改元 : 원봉元封 7년을 태초太初 원년으로 함)을 단행하고 관직의 명칭을 고쳤으며, 태산에서 하늘에 제사를 올렸다.

06 천일합일의 천문학
「천관서」

≫≫≫ 태사공 사마천이 지은 「천관서天官書」는 지금까지의 천문학 분야를 통틀어 가장 빠른 천문학 저작물로서, 천문학의 상황을 총괄했을 뿐만 아니라 하늘과 인간의 관계를 통찰했다.

하늘의 별자리들

하늘은 5대 구역, 즉 중궁(中宮), 동궁(東宮), 남궁(南宮), 서궁(西宮), 북궁(北宮)으로 나눌 수 있다. 그리고 중궁의 주요 별자리(星座)는 천극성(天極星 : 북극성), 북두칠성, 남두칠성이다. 동궁은 창룡궁(蒼龍宮)이며, 주요 별자리는 방(房)과 심(心)이다. 남궁은 주작궁(朱雀宮)이며, 주요 별자리는 권(權)과 형(衡)이다. 서궁은 함지궁(鹹池宮)이며, 주요 별자리는 천오황(天五潢)이다. 북궁은 현무궁(玄武宮)이며, 주요 별자리는 허(虛)와 위(危)다.

오궁 이외에 하늘에는 세성(歲星 : 목성), 형혹성(熒惑星 : 화성), 전성(塡星 : 토성), 태백성(太白星 : 금성), 진성(辰星 : 수성)의 오행성이 있는데, 이를 합쳐서 오위(五緯)라고 한다. 또한 하늘가에는 일식과 월식이 출현하는데, 일식은 제왕에게 효과가 나타나고 월식은 장군과 재상에게 효과가 나타난다. 또한 하늘에는 수많은 뭇별들이 있는데, 가령 국황성(國皇星), 소명성(昭明星), 오잔성(五殘星), 적성(賊星), 사위성(司危星), 옥한성(獄漢星) 등이다.

무릇 구름을 관찰할 때 고개를 들어 하늘을 보면 300~400리에 이르고, 높은 곳에 올라가서 바라보면 3,000리를 볼 수 있다. 구름의 변화는 인간의 변화와 서로 맞아 어울리기 때문에 점을 치는 게 필요하다. 점을 칠 때는 반드시 경건하게 한 해의 처음을 살피는 것으로 때로는 동짓날에, 때로는 납일(臘日 : 음력 섣달)에,

때로는 정월 초하루에 살피고, 또한 입춘에 살핀다.

하늘과 인간 세상

인류가 생긴 이래로 역대의 통치자들은 하늘의 현상에 주목하고, 일월성신의 운행을 추산하면서 수많은 천문 현상을 기록했는데, 그것으로 인간사의 변화를 감지했다. 춘추 시대 242년 사이에 일식은 서른여섯 번 있었고, 혜성은 세 번 나타났다. 송나라 양공 때는 유성(流星 : 별똥별)이 마치 비 오듯 쏟아졌다. 그때 황제의 권위가 떨어져 제후들은 무력으로 정벌을 일삼았고, 춘추오패가 연달아 일어나 맹주가 되었다. 그 가운데 진(秦)·초·월·오는 모두 변방에서 일어나 중원의 맹주가 되었다.

진시황이 재위했던 15년 사이에 혜성이 네 번 출현했는데, 어떤 것은 80일 동안이나 나타났고, 꼬리가 긴 것은 하늘을 완전히 가로지를 정도였다. 그 이후 진나라가 마침내 군사를 일으켜 6국을 멸하고 중국을 통일했지만, 진섭이 난을 일으킨 이후 군웅이 다시 일어나 30년 동안 전쟁이 끊이지 않았다.

한나라 왕조가 세워질 때 다섯 행성이 '동정(東井)'에 모여 서응(瑞應 : 황제의 인에 하늘이 감응하는 길한 조짐)하였다. 한나라 경제가 재위할 때 오초칠국의 난이 일어나자 길이가 여섯 장에 달하는 혜성이 나타나 천구성(天狗星)이 있는 양나라를 지나갔다. 훗날 양나라에서는 시체가 온 들판을 덮고 있었다. 한나라 무제 원무(元武, 기원전 134년~기원전 129년)와 원수(元狩 : 기원전 122년~기원전 117년) 연간에는 치우의 기가 두 번 출현했는데, 긴 것은 하늘의 절반에 이를 정도로 길게 늘어졌다. 이후 수십 년 동안 한나라 무제는 이민족을 정벌했다.

이러한 것으로 미루어 짐작하건대, 천문을 연구하는 사람은 반드시 해와 달, 세 개의 항성(恒星)*과 오대 행성의 변화를 바탕으로 천문과 인간사의 상응관계를 연구해야만 한다.

---

* 천구 위에서 위치를 바꾸지 아니하고 별자리를 구성하는 별. 맨눈으로 볼 수 있는 별 가운데 행성, 위성, 혜성 따위를 제외한 별 모두가 해당된다. 이들은 중심부의 핵융합 반응으로 스스로 빛을 내며 고유 운동을 한다. 북극성, 북두칠성, 삼태성, 견우성, 직녀성 등이 있다.

별자리의 중심 '삼원'

삼원三垣은 고대에 인식된 천문 현상에서 비교적 큰 천구를 의미하며, 별자리의 중심으로 알려졌다. 고대 황궁은 바로 이것에 근거하여 설계되었다.

삼원

자미원 : 자미원(紫微垣)은 삼원의 중원(中垣) 혹은 중궁(中宮), 자미궁으로 불린다. 북극 주변의 천구인데, 요즘으로 말하면 작은곰자리, 큰곰자리, 용자리, 사냥개자리, 양치기자리, 헤라클레스자리, 케페우스자리, 카시오페이아자리, 등이 있다. 이는 곧 황제의 자리를 비유한다.

태미원 : 태미원(太微垣)은 삼원의 상원(上垣)으로서 자미원의 아래쪽 동북방, 북두성의 남쪽이다. 오제좌(五帝座 : 사자자리의 꼬리에 속하는 별)를 중심으로 처녀자리, 사자자리 등이 별자리의 일부분이다.

천시원 : 천시원(天市垣)은 삼원의 하원(下垣)으로서 자미원 아래쪽 동남방이다. 황제자리를 중심으로 번(藩)들이 병풍을 친 형상이다. 대략 헤라클레스자리, 뱀자리, 뱀주인자리 등이 있다.

28성수

삼원을 제외하고, 고대의 하늘에서 가장 중요한 것은 28성수(二十八星宿 : 28개의 별자리)이다. 그들은 남쪽 정중앙의 항성(恒星 : 붙박이별)을 중심으로 28개의 무리로 나뉜다. 후에 네 가지 무리로 나뉘어져 사상(四象)으로 불린다.

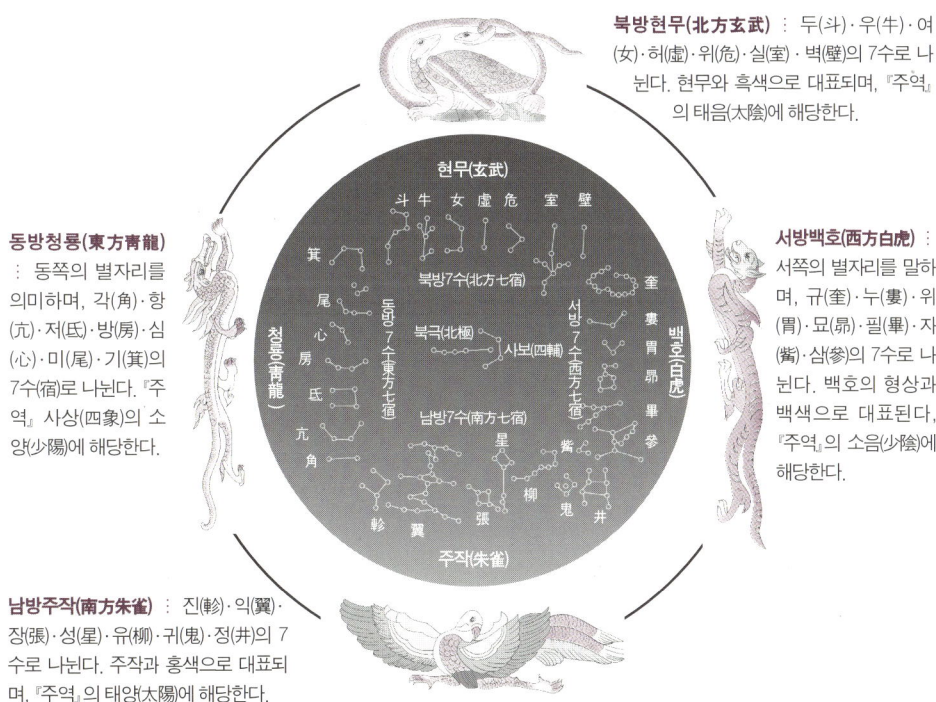

북방현무(北方玄武) : 두(斗)·우(牛)·여(女)·허(虛)·위(危)·실(室)·벽(壁)의 7수로 나뉜다. 현무와 흑색으로 대표되며, 『주역』의 태음(太陰)에 해당한다.

동방청룡(東方靑龍) : 동쪽의 별자리를 의미하며, 각(角)·항(亢)·저(氐)·방(房)·심(心)·미(尾)·기(箕)의 7수(宿)로 나뉜다. 『주역』 사상(四象)의 소양(少陽)에 해당한다.

서방백호(西方白虎) : 서쪽의 별자리를 말하며, 규(奎)·누(婁)·위(胃)·묘(昴)·필(畢)·자(觜)·삼(參)의 7수로 나뉜다. 백호의 형상과 백색으로 대표된다, 『주역』의 소음(少陰)에 해당한다.

남방주작(南方朱雀) : 진(軫)·익(翼)·장(張)·성(星)·유(柳)·귀(鬼)·정(井)의 7수로 나뉜다. 주작과 홍색으로 대표되며, 『주역』의 태양(太陽)에 해당한다.

07 「봉선서」
제왕들이 하늘과 땅에 제사를 지내다

>>>> 봉선封禪은 고대의 제왕들이 행했던 중요한 정치활동 중의 하나로서 왕권신수의 이치를 잘 보여준다. 이것으로 인해 수많은 신선 사조가 나왔지만, 결과는 오히려 막연했다.

봉선의 역사

역사가 시작된 이래로 천명을 받들고 따르는 제왕들은 모두 풀밭을 가지런히 하여 봉선 대전을 거행할 수 있는 제단을 쌓았다. 일반적으로 모든 왕조는 국운이 번창할 때 봉선 대전을 여러 번 올리지만, 국운이 기울면 자연스럽게 그만둔다. 기록에 의하면 순임금은 산천에 제사를 올렸고, 오악(五嶽)*에 이르러서는 여러 번 산천에 제사를 지냈으며, 이후에는 5년마다 한 번씩 순행을 나갔다.

하나라, 상나라 왕조도 모두 제사 의식을 중시했다. 주나라는 동지에는 천신에게, 하지에는 지신에게 제사를 올리는 외에 천하의 명산대천에도 제사를 올렸다. 주공이 성왕을 보좌한 후에는 예와 악이 동시에 만들어졌을 뿐만 아니라 직사(稷祠 : 오곡신에게 올리는 제사) · 제천(祭天 : 하늘에 올리는 제사) · 사사(祀社 : 토지신에게 올리는 제사) 의식이 행해졌다. 주나라 왕실이 동천한 후 진나라 양공이 주나라 평왕을 호위해 동쪽으로 피신시킨 공로로 제후가 되었다. 진나라 양공은 스스로 소호신(小暤神 : 소호제小昊帝)에 대한 제사를 주관하고, 서쪽에 치(畤)**를 두어 백제(白帝)에게 제사를 지냈다.

---

* 중국의 5대 명산으로 동쪽의 태산(泰山), 서쪽의 화산(華山), 남쪽의 형산(衡山), 북쪽의 항산(恒山), 중앙의 숭산(嵩山)을 말한다.
** 천지사방 '오방의 천제' 즉 동방의 청제(靑帝), 남방의 적제(赤帝), 중앙의 황제(黃帝), 서방의 백제(白帝), 북방의 흑제(黑帝) 신에게 제사 지내는 곳을 말한다.

봉선이란?

봉선은 고대 중국의 제왕들이 하늘과 땅에 제사를 올렸던 의식이다. 봉선 대제는 중국 정치제도 중에서 가장 성대했으며, 가장 논쟁이 치열했던 의전 행사였다.

봉선
(封禪)

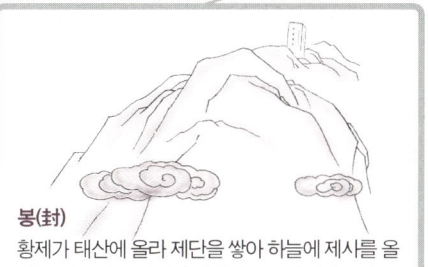

봉(封)
황제가 태산에 올라 제단을 쌓아 하늘에 제사를 올리고, 하늘이 인간에게 태평성대를 선언하는 것.

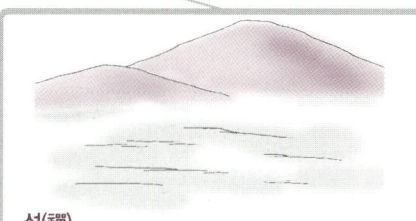

선(禪)
태산 아래의 작은 언덕을 없애고 지신에게 오곡의 풍성함을 기원하는 것.

역대 황제들의 봉선 의식

진시황 때부터 시작하여 북송 때까지 많은 황제들이 태산에 올라 봉선을 거행하며 왕권신수의 이치를 고취시켰다.

황제	국가	봉선
진시황	진나라	진시황이 천하를 통일한 후 자신의 공적을 알리기 위해 태산의 남쪽 정상에 올라 봉(封)을 올리고, 북쪽으로 내려와 양부산에서 선(禪)을 지냈다.
무제	서한	한나라 무제는 북쪽의 흉노를 평정한 후 군신들을 이끌고 태산에서 제사를 지냈다. 이후에도 태산에서 다섯 차례의 봉선을 행하며 자신의 공적을 과시했다.
광무제	동한	광무제(光武帝)는 후한을 세운 후 군신들과 함께 태산 정상에서 봉을 올리고, 양부산에서 선을 지내며 연호를 중원(中元)으로 바꿨다.
고종(高宗)	당나라	당나라 고종은 무측천, 군신, 명부(命婦 : 황제로부터 봉호를 받은 부인), 외국 사절 등을 이끌고 태산에서 봉선을 지낸 후 연호를 건봉(乾封)으로 바꿨다. 봉선 역사상 여인들이 처음으로 참가했다.
현종(玄宗)	당나라	당나라 현종은 문무백관, 왕실 친족과 사신들을 데리고 당나라 고종의 전례에 따라 태산에서 봉선을 지내며 태산신을 천제왕(天齊王)이라 칭했다. 현종은 친히 『기태산명(紀泰山銘)』을 지은 후 태산의 정상인 대관봉(大觀峰)에 새겼다.
진종(眞宗)	송나라	송나라 진종은 스스로 상서로운 징조를 느껴 동쪽의 태산에서 봉을 지냈다. 태산신을 천제인성제(天齊仁聖帝)로 하고, 태산여신을 천선옥녀벽하원군(天仙玉女碧霞元君)으로 삼아 태산 정상에 '사천서술이성공덕명(謝天書述二聖功德銘)'을 새겼다.

춘추 시대의 맹주 가운데 한 사람이었던 제나라 환공은 태산에서 봉선을 거행하고 싶었으나 관중이 이를 제지했다. 진시황은 천하를 통일한 후 동방으로 순행을 나갔을 뿐만 아니라 태산에서 천신에게, 양부산에서 지신에게 제사를 지냈다. 유방은 한나라를 세운 후 전국 각지에 제단을 세웠으며, 그에 상응하는 제사 의식을 만들어 시행했다. 한나라 문제와 경제도 모두 전해져 내려오는 제례에 의거하여 때마다 제사를 올렸다.

한나라 무제의 봉선

한나라 무제는 즉위한 후 귀신에게 제사 지내는 것을 매우 중시했다. 당시 한나라는 개국한 지 이미 60여 년이 지났고, 천하가 안정되어 사대부들은 황제가 봉선대전을 지내기를 원했다. 그래서 무제는 유생들을 각지로 보내 제사 의례를 수집하도록 했지만, 무제의 조모인 두태후의 간섭으로 봉선을 지내지 못했다.

두태후가 죽자 무제는 옹(雍)으로 가서 오제(五帝)에게 제사를 지내고, 교외에서 지내는 제사를 '교(郊)'라 하며, 다섯 곳을 정해 오치(五畤)라 하여 제사를 지냈다. 게다가 많은 방사들에게 귀신에 대해 물었다. 분음(汾陰)에서 무당 금(錦)이 보정(寶鼎)을 얻어 무제에게 바쳤다. 이 보정을 얻은 후 무제는 대신들과 더불어 봉선 의식에 대해 수차례 논의했다. 하지만 역대 이래로 봉선 대전을 지낸 적이 많지 않고, 이미 끊긴지가 오래되어 그 누구도 봉선의 방법과 절차를 소상히 아는 자가 없었다. 그래서 무제는 유생들에게 『상서(尚書)』, 『주관(周官)』, 『왕제(王制)』 등에 기재된 '망사사우(望祀射牛)'* 등에 관해 알아본 후 봉선 대제를 지내기 위한 자료로 삼으라 명했다. 훗날 무제는 동해를 순행하면서 사람을 보내 신선을 찾도록 했으며, 태산과 양부산에서 봉과 선을 각각 거행했다. 그 후로 5년마다 한 차례씩 태산에서 제사를 지냈다. 이로부터 무제는 오악, 사독(四瀆 : 바다로 유입되는 장강, 황하, 회수淮水, 제수濟水)의 웬만한 곳에서는 모두 제사를 올렸다. 하지만 방사들이 모두 신선을 찾지 못하자 무제는 방사들의 괴이한 말을 더 이상 믿지 않았다.

---

* 고대의 제왕과 제후들이 제사를 지낼 때 먼 곳을 바라본 후 반드시 스스로 소를 죽여 그 엄숙함을 표시하는 것.

08 고대인의 치수 사업
「하거서」

>>>> 물이 지니고 있는 거대한 위험성은 고대인들에게 어떻게 하면 수해水害를 수리水利로 바꿀 것인지에 대한 고민을 하게 했다. 그 중에서 도강언都江堰, 정국거鄭國渠, 용수거龍水渠 등은 수리 사업의 가장 전형적인 예이다.

수리 사업

황제 대우(大禹)는 수리 사업의 시조다. 그는 구주(九州)의 물길을 통하게 하여 물의 이로움을 보게 하고, 황하의 물을 발해로 끌어들였다. 이때부터 천하에 수해의 염려가 없어졌다. 대우의 헌신적인 치수 사업은 모든 사람들의 마음에 감동을 주었다. 춘추전국 시대가 되자 철제 기구가 광범위하게 사용되어 생산력이 올라갔고, 수리 사업도 신기원을 이루었다. 홍구(鴻溝)는 인공 운하의 상징이 되었고, 황하와 회수의 양대 수계가 서로 만나는 등 각지에서 수리 사업이 활성화되었다. 당시 주요한 수리 사업은 세 곳이었다.

진나라의 이빙(李氷) 부자가 개착한 도강언(都江堰)은 말수(沫水 : 지금의 대도하大渡河)의 수해를 벗어나게 해주었는데, 지금까지도 그 혜택을 받고 있다. 위나라 문후(文侯) 때 서문표(西文豹)가 장수(漳水)의 물을 끌어와서 업(鄴 : 하북성 임장현臨漳縣 서남쪽, 업진鄴鎭 동쪽) 지방의 농토에 공급하자 위나라 하내(河內 : 황하 이북) 지역이 풍요로워졌다. 진시황이 즉위한 초기에 한(韓)나라는 수리 전문가인 정국(鄭國)을 진나라에 첩자로 보냈다. 본래는 수리 사업으로 진나라의 경제력을 고갈시키려는 의도였지만, 뜻밖에도 정국의 신분이 들통나고 말았다. 하지만 진나라는 치수의 이로움을 알고 정국의 목숨을 살려주면서 그에게 정국거(鄭國渠)를 완성토록 했다. 정국거는 경하(涇河)의 물을 끌어들여 4백여 경(頃)*의 관중 평야를 옥토로 만들었다. 이로 인해 진나라는 부강해졌고, 제후국을 정벌해 천하통일의 대업을 완수하는 경제적 기반을 쌓을 수 있었다.

한나라 무제의 치수

대규모 치수 사업은 한나라 무제 때부터 시작되었다. 무제 시기의 수리 사업은 주로 수해를 다스리기 위한 것이었는데, 주로 운하와 관개수로를 만들었다. 동관(潼關)으로부터 삼문협(三門峽)까지의 황하 물살이 거세어 배로 물건을 운반하는 데 어려움이 많았다. 무제는 이러한 문제를 해결하기 위해 대사농(大司農) 정당시(鄭當時)의 건의를 받아들여 수리 전문가인 서백(徐伯)에게 지형을 측량하여 물길을 파악하도록 했다. 그런 다음 수만 명을 동원해 운하를 뚫어 물길을 위수(渭水)와 통하게 했다. 이로 인해 운송 시간을 줄이는 것은 물론, 1만여 경의 민전에 물을 공급하게 되었다.

무제는 하동(河東) 태수 반계(番系)의 건의를 받아들여 관개수로를 뚫어 분수(汾水)**의 물을 끌어다가 관중 지역의 농토에 물을 공급했다. 또한 포수(褒水)와 사수(斜水)를 잇는 포사수도(褒斜水道)를 뚫어 조운에 이용하려고 했다. 그러나 조운이 별로 이득이 없자 사람들은 관중(關中 : 섬서성 위하渭河 유역 일대)에 지하 수로를 파기 시작했다. 10장(丈)*** 깊이의 우물을 파 그 우물들이 땅 밑에서 서로 연결되어 흐르게 했다. 우물 수로를 뚫다가 용의 뼈를 발견하자 수로의 이름을 용수거(龍水渠)라 했다.

이 외에도 삭방(朔方), 서하(西河), 하서(河西), 주천(酒泉) 등에서는 황하와 계곡의 물을 끌어들여 농지에 물을 공급했다. 정국거의 물이 닿지 않는 곳에는 여섯 개의 보거(輔渠 : 작은 하천)를 열었고, 여남(汝南)과 구강(九江)은 회수(淮水)를 끌어들

---

* 중국에서 사용되던 논밭 넓이의 단위. 1경은 100묘(畝)이고, 1묘는 대략 30평으로 사용되었다.
** 산서성 영무현(寧武縣) 관잠산(管涔山)에서 발원하여 하진현(河津縣)을 지나 황하로 흘러들어감.
*** 길이의 단위. 한 장은 한 자(尺)의 열 배로 약 3미터에 해당한다.

정국거와 도강언

정국거鄭國渠와 도강언都江堰은 전국 시대 진秦나라의 양대 수리 사업이다. 정국거는 관중 평야를 비옥한 옥토로, 도강언은 파촉을 천부지토(天府之土 : 땅이 매우 기름져 온갖 산물이 많이 나는 땅)로 만들어 진나라가 6국을 통일할 수 있는 역량을 키우는 데 경제적 밑거름이 되었다.

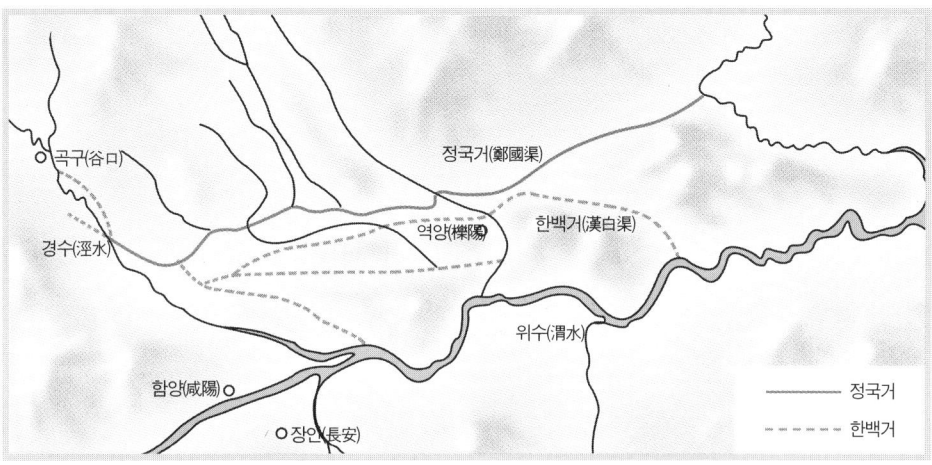

	시기	시행자	본래 목적	최종 목적	사업 결과
정국거	진시황	한(韓)나라 사람 정국	진나라 국력 고갈	관중평야를 옥토로	서쪽 경수(涇水)의 물이 동쪽의 낙수(洛水)로 자연스럽게 흘러가도록 300여 리를 관개하여 위수(渭水) 북쪽 4만여 경에 이르는 농지에 물을 댈 수 있게 되었다.
한백거(漢白渠)	한나라 무제	조중대부(趙中大夫) 백공(白公)	경수(涇水)와 위수(渭水)를 통하게 해 농지에 물을 공급함	관중 평야 1천 경에 물을 공급함	곡구(穀口)로부터 서쪽의 경수를 동남쪽으로 200여 리를 흐르게 하여 남쪽의 위수에 물을 대고 4천 5백여 경의 농지에 물 댈 수 있게 되었다.

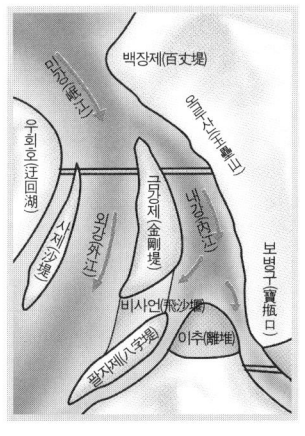

도 강 언	
수리 시기	진나라 소왕
수리한 이	진나라 촉군 태수 이빙(李冰)
수리 목적	민강(岷江)의 물을 끌어들여 천서(川西) 평원을 관개함
주요 특징	제방 없이 물을 끌어들임
주요 공정	민강을 두 줄기로 가르는 분수제(分水堤)인 어취(魚嘴)가 비사언(飛沙堰)을 여수로(餘水路 : 필요 이상으로 담수된 물을 다른 곳으로 흘려보내는 수로)로 만들고, 보병구(寶瓶口)를 인수구(引水口)로 만듦.
평가	세계에서 가장 아름다운 수자원 수리 공사의 본보기

이고, 동해에서는 거정(鉅定)의 물을 끌어들이고, 태산 아래에서는 문수(汶水)의 물을 끌어왔다. 그 가운데 가장 유명한 것은 무제가 몸소 문무백관을 이끌고 황하의 호자(瓠子 : 하남성 복양현濮陽縣 서남쪽)에서 제방을 쌓은 선방(宣房) 사업이다. 무제 시기에 만들어진 수리 사업이 가장 많고 성과도 두드러졌기 때문에, 무제의 공적은 후세 사람들로부터 많은 칭송을 받고 있다.

09 | 한나라 초기의 경제정책
「평준서」

>>>> 한나라 초기의 휴양생식休養生息* 정책은 한나라를 빠른 속도로 성장시켰다. 한나라 무제는 영토를 확장하기 위해 중앙집권적인 경제정책을 추진했다. 비록 효과는 있었지만, 결과적으로 사회를 빈곤의 길로 접어들게 했다.

백성의 부담을 줄이기 위한 정책

한나라가 건국되었을 때는 진나라 말기의 혼란한 경제 상황을 이어받았기 때문에 재정이 궁핍했다. 그래서 한나라 고조 유방은 비교적 무거운 진나라 화폐를 가벼운 유협전(楡莢錢)**으로 바꾸고, 상인들이 비단옷을 입거나 수레를 타지 못하도록 금지했을 뿐만 아니라 세금을 무겁게 부과했다. 한나라 혜제와 고후(高後 : 여태후)가 통치했을 때는 상인들에 대한 억압을 조금씩 풀어주었지만, 상인의 자손이 관리(하급 관리)가 되는 것은 여전히 허락하지 않았다. 동시에 조정에서 관리의 녹봉과 관청의 경비가 소요되는 것을 근거로 백성들에게 세금을 부과해 징수했다.

한나라 문제 시기에는 유협전이 사수전(四銖錢)으로 바뀌고, 민간에서 마음대로 돈을 주조할 수 있도록 했다. 이로 인해 제후들의 부가 나라 재정에 버금갈 정도로 커졌다. 당시 흉노가 여러 차례 변경을 어지럽혔지만, 한나라의 국가 경제가 어려웠기 때문에 변경을 지키는 군사들에게 군량미를 줄 수 없을 정도였다. 그리하여 조정에서는 백성들로 하여금 식량을 모아 변경까지 운반하게 하고 그 대가로 작위를 주었다. 한나라 경제 때는 매작령(賣爵令)을 고치면서까지 작위의

---

* 대란이나 대변혁이 일어난 후 백성들의 부담을 줄여 생활을 안정시키고, 경제를 발전시켜 원기를 회복하게 함.
** 한나라 때 사용된 엽전으로, 느릅나무 열매를 닮았다고 해서 '유협전'이라는 이름으로 불렸다.

가격을 낮춰 백성들을 불러 모았고, 조정에 곡식을 헌납하면 죄를 면해 주었다. 또한 목장을 증축하여 더 많은 말을 사육하도록 했다.

재물을 모은 한나라 무제

한나라는 건국 초기의 경제적 어려움을 거쳐 무제가 즉위한 이후부터 나라의 경제가 안정되고 국력이 강성해졌다. 경제 발전하자 무제는 한나라 초기의 '무위정치(無爲政治)'를 '다욕정치(多欲政治)'로 바꾸어 대내적으로는 개혁에 박차를 가하고, 대외적으로는 사이(四夷)를 정벌하는 등 영토 확장에 진력했다. 이러한 정책들은 모두 풍부한 재력이 뒷받침되었기 때문에 가능했다.

무제는 재물을 모으기 위해 화폐 개혁을 중심으로 재정, 징세 등 다방면에 걸친 개혁을 단행했다. 주로 법령을 고쳐 화폐를 새로 주조하게 하고, 매작령과 매관매직을 금지했으며, 상인들의 상행위를 엄격하게 통제했다. 소금과 철을 국가에서 관리하는 한편 균수법(均輸法)을 시행하고, 고민령(告緡令)*을 반포했으며, 세금을 과다하게 징수했다. 또한 백성의 곡물로 변경의 국방비를 충당했다. 이 외에도 복비(腹誹: 마음속으로라도 황제를 비방하면 처벌함)와 견지법(見知法: 관리가 불법을 알고도 처리하지 않으면 고의로 풀어준 죄를 적용) 등을 만들어 황제의 권력을 강화했다. 이러한 제반 경제정책의 변화는 경제 권력이 중앙으로 집중되는 결과를 초래했다.

무제가 실시한 경제정책은 다른 정책과 사회의 변화를 가져왔다. 우선 동곽함양(東郭鹹陽), 공근(孔僅), 상홍양(桑弘羊) 등 경제적 이익을 내기 위한 정치를 펴야 한다고 주장하는 신하들이 출현하고, 그들이 정치적으로 주도적인 위치를 차지했다. 무제는 추진 중인 경제정책을 반대하는 세력에 대처하기 위해 장탕(張湯), 두주(杜周) 등과 같은 혹리를 기용했다. 이익만을 좇는 풍토가 확산되자 윤리와 도덕은 점점 나빠질 뿐이었다. 무제는 중앙집권적인 권력을 이용해 상공업의 발전을 억누르고 제한하는 수단을 통해 재정 문제를 해결했지만, 사회 경제적으로는 백성들의 삶을 더욱더 궁핍하게 만들었다.

---

* 상공업자의 세금인 민전(緡錢)을 거짓으로 신고한 이들을 고발하면 몰수한 민전의 반을 주었다.

한나라 무제의 경제 정책

한나라 무제는 흉노를 정벌하려는 군사정책뿐만 아니라 그것을 뒷받침하려는 경제정책을 펼침으로써 비범한 치국책략을 발휘했다.

산업정책 조정

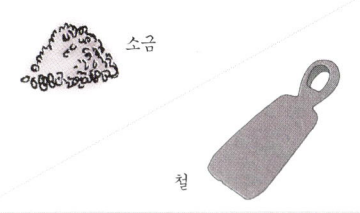

염철 관영(鹽鐵官營) : 한나라 무제는 국가의 재정을 늘리기 위해 소금 거상 공근과 철 전문가 동곽함양, 그리고 상인 집안 출신의 상홍양(桑弘羊)을 등용해 염철을 국가에서 관리하는 정책을 추진했다. 이로 인해 한나라의 국가 재정이 큰 폭으로 늘어났을 뿐만 아니라 부자 상인들의 횡포와 세력화를 막을 수 있었다.

물가 정책 조정

균수법	한나라 무제는 대농승(大農丞 : 소금과 철을 관장하는 직책)으로 하여금 각지에 균수관을 파견하여 장안으로 보내는 재물들 가운데 불필요한 것들을 다른 곳으로 운반하여 팔고, 그곳에서 다른 재화를 사들여 다시 지역을 바꾸어 되팔게 했다. 각 지방에서 대량으로 생산되는 물품을 구매해 다른 장소에서 팔며 교환하는 유통 조절정책이다. 결국 중앙에서 화물의 징수·매매·운수를 통일함으로써 중앙으로 물자가 모이게 하여 다시 각지에 공급했다. 이로 인해 상인의 운수 권리가 없어지고 국가의 지출이 줄어드는 결과를 가져왔다. 결국 조정에서는 천하의 물자를 모두 장악하여 국고를 채웠다.
평준법	평준법(平准法)은 수도 장안에 평준관(平准官)을 두고, 균수법에 의해 올라온 화물을 접수하여 장안의 시장 가격에 따라 비쌀 때는 팔고 쌀 때는 사서 물가를 조절하는 정책이다. 중앙 정부가 수요를 조절했기 때문에 품귀 현상이나 물가 파동을 사전에 방지할 수 있었다.

세금정책 조정

증세 계획 : 상인·수공업자·수레가 있는 사람이 증가하여 인두세 등으로 세금을 거두고, 백성들에게 토지와 산림 자원을 개방해 개간, 경작하도록 했다. 더불어 금융을 개방해 금융자유정책을 폈다.

화폐정책 조정

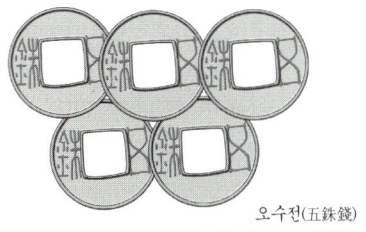

오수전(五銖錢)

화폐의 통일 : 한나라 무제는 삼수전(三銖錢), 피폐(皮幣), 백금폐(白金幣)의 실행이 실패한 후 각 지역에 주었던 화폐 주조권을 폐지하는 대신 중앙에서 오수전을 주조하는 것으로 통일했다. 이후부터 700여 년 동안 조정에서 화폐 주조권을 갖게 되었다. 오수전은 당나라 때 개원통보(開元通寶)에 의해 대체되었다.

부록

1. 사마천 연보

2. 제왕 세계표(世系表 : 五帝 ~ 西漢)

3. 역대 제왕 주요 사건(오제 ~ 한나라 무제)

1. 사마천 연보

기원전145년	한나라 경제 중원(中元) 5년	좌풍익(左馮翊) 하양현(夏陽縣 : 지금의 섬서성 한성시韓城市 남쪽 용문龍門)에서 출생하다.
기원전 140년	한나라 무제 건원(建元) 원년	부친의 지도 아래 글공부 시작하다(6세).
기원전 136년	한나라 무제 건원 5년	고문 공부를 시작하다(10세).
기원전 134년	한나라 무제 원광(元光) 원년	하양에서 농사를 지으며 독서를 하고, 때로는 장안으로 가 공부하다.
기원전 127년	한나라 무제 원삭(元朔) 2년	집안이 하양에서 장안 외곽의 무릉으로 이사하다. 공안국(孔安國)에서 『상서』, 동중서에게서 『춘추』를 배우다(19세).
기원전 126년	한나라 무제 원삭 3년	유학을 시작하다. 강회를 유람하며 회계(會稽 : 절강성 소흥)에 이르고, 원강(沅江 : 귀주성에서 발원하여 호남성으로 유입), 상강(湘江 : 광서성에서 발원하여 호남성으로 흘러감)을 건너 북상하여 문수(汶水 : 산동성에 있음), 사수(泗水 : 산동성 사원四原에서 발원하는 회하淮河의 지류)를 건너 노나라 땅에서 공자 유적지를 답사하다. 다시 남향하여 설성(薛城 : 산동성 등현 동남, 맹상군의 봉지), 팽성(강소성 서주시), 패현을 지나면서 초한지쟁의 유적지를 답사하다. 다시 대량(大梁 : 하남성 개봉시)을 경유하여 장안으로 돌아오다. 2년 동안 천하를 답사한 여행은 『사기』 저술의 준비 작업이었다.
기원전 123년	한나라 무제 원삭 6년	과거시험 성적이 좋아 낭중(郎中 : 황제의 시위관)에 임명되다(23세).
기원전 122년	한나라 무제 원수(元狩) 원년	무제를 수행해 옹(雍 : 섬서성 봉상현)으로 가 오치에서 제사를 지내다. 하얀 기린을 잡음(24세).
기원전 119년	한나라 무제 원수 4년	낭중의 신분으로 무제를 수행하여 정호(鼎湖 : 광동성 중부 주강 삼각주 북부)를 유람하며 감천(甘泉 : 섬서성 순화현)에 이르다.
기원전 112년	한나라 무제 원정(元鼎) 5년	시중(侍中)의 신분으로 무제의 순행을 따라 서북쪽의 부풍(扶風 : 섬서성 보계시寶鷄市 동쪽 위하渭河 유역), 평량(平涼 : 감숙성), 공동(崆峒)에 이르다(34세).
기원전 111년	한나라 무제 원정 6년	낭중장(郎中將)일 때 황제의 명을 받아 특사의 자격으로 서정에 나서 공(邛), 곤명(昆明)에 이르러 서남이 소수민족을 위무하고 5군(郡)을 설치하다(35세).
기원전 110년	한나라 무제 원봉(元封) 원년	사마천의 부친 사마담이 태산에서의 봉선의식을 거행하기 위해 무제를 수행해 가다가 주남(周南)에서 병세가 위급해지다. 사마천은 서쪽에서 남쪽으로 돌아가 주남에서 아버지를 뵙다. 사마담은 임종에 이르러 사

		마천에게 공자의 『춘추』를 잇는 역사서 편찬을 당부하다. 사마천은 낭중 신분으로 무제를 수행해 태산에 이르고, 다시 동해안의 갈석을 거쳐 요서까지 이르다. 다시 북쪽으로 행로를 변경하여 구원(九原)을 거쳐 감천으로 돌아오다.
기원전 109년	한나라 무제 원봉 2년	무제를 수행해 구씨(緱 氏)에 행차하여 동래(東萊 : 산동성 액현掖縣)까지 가다. 무제를 수행해 하남성 복양현 호자(瓠子)에 이르러 황하 둑이 붕괴된 곳을 시찰하고, 군신 수행원들과 더불어 장작을 지고 무너진 황하 둑을 막다.
기원전 108년	한나라 무제 원봉 3년	아버지의 뒤를 이어 태사령이 되다.
기원전 107년	한나라 무제 원봉 4년	무제를 수행해 옹(雍)에서 오제에게 제사를 올리다. 중도(中道)를 따라 북쪽으로 소관(蕭關)을 나서 하북성 중부의 탁록을 지나 대나라 땅에서 하동을 경유해 장안으로 돌아오다.
기원전 106년	한나라 무제 원봉 5년	무제를 수행해 남군(南郡)의 성당(盛唐 : 안휘성 회령현)에 이르러 호남성 구의산(九疑 山)을 향해 순임금께 제사를 올리다. 호북성 광제현(廣濟縣) 동북방 심양(潯陽)으로부터 장강을 지나가며 여산(廬山)에 오르고, 북쪽으로 산동성 교남현 남쪽의 낭야로 간 후 태산에서 하늘에 제사를 지내고 해안을 따라 이동하다.
기원전 105년	한나라 무제 원봉 6년	무제를 따라 회중(回中)에 이르러 하양(夏陽)을 경유한 후 하동에서 토지신에게 제사를 올리다.
기원전 104년	한나라 무제 태초(太初) 원년	상대부 호수(壺遂) 등과 역법 개정을 건의하여 『태초력』을 제정하자 무제는 10월을 정월로 삼는 『전욱력』을 철폐하고 1월을 정월로 삼다. 무제를 따라 태산에서 제사를 올리고 『사기』 저술을 시작하다.
기원전 103년	한나라 무제 태초 2년	빈객을 사절하고 『사기』 저술에만 몰두하다.
기원전 99년	한나라 무제 천한(天漢) 2년	무제를 수행해 하동에 이르러 토지신에게 제사를 지내다. 흉노 정벌에 나섰던 이릉 장군이 전투에서 패해 흉노의 포로가 되다. 사마천이 이릉 장군을 변호하다 옥에 갇히고 사형을 언도받다.
기원전 98년	한나라 무제 천한 3년	『사기』를 집필하는 중에 치욕을 참고 궁형을 자청하다.
기원전 97년	한나라 무제 천한 4년	궁형을 받고 사면되어 중서령에 임명된 후 『사기』 저술에 전념하다.
기원전 93년	한나라 무제 태시(太始) 4년	친구 임안이 사마천에게 편지를 쓰다.
기원전 91년	한나라 무제 정화(征和) 2년	친구 임안에게 후세에까지 명작으로 전해지는 『보임소경서(報任少卿書)』를 쓰다. 대략 이 시기에 『사기』를 완성하다.
기원전 90년	한나라 무제 정화 3년	원인 불명으로 사망하다.

2. 제왕 세계표(世系表 : 오제 ~ 서한)

오제(五帝 : 기원전 30세기경 ~ 기원전 21세기경)

| 황제(黃帝) | 전욱(顓頊) | 제곡(帝嚳) | 요(堯) | 순(舜) |

하나라(夏 : 기원전 2070년경 ~ 기원전 1600년경)

| 우(禹) | 계(●) | 태강(太康) | 중강(仲康) | 상(相) | 소강(少康) | 여(予) | 괴(槐) | 망(芒) | 세(泄) | 불강(不降) | 경(扃) | 근(廑) | 공갑(孔甲) | 고(皐) | 발(發) | 계(癸)걸(桀) |

상나라(商 : 기원전 1600년경 ~ 기원전 1046년경)

탕(湯)	태정(太丁)	외병(外丙)	중임(仲壬)	태갑(太甲)	옥정(沃丁)	태경(太庚)	소갑(小甲)	옹기(雍己)	태무(太戊)	중정(仲丁)	외임(外壬)
하단갑(河亶甲)	조을(祖乙)	조신(祖辛)	옥갑(沃甲)	조정(祖丁)	남경(南庚)	양갑(陽甲)	반경(盤庚)	소신(小辛)	소을(小乙)	무정(武丁)	조경(祖庚)
조갑(祖甲)	늠신(廩辛)	강정(康丁)	무을(武乙)	문정(文丁)	제을(帝乙)	제신(帝辛, 주紂)					

주나라(周 : 기원전 1046년경 ~ 기원전 256년경)

● 서주(西周 : 기원전 1046년경 ~ 기원전 771년경)

묘호(廟號)	재위 기간
무왕(武王 : 희발姬發)	기원전 1046년 ~ 기원전 1043년
성왕(成王 : 희송姬誦)	기원전 1042년 ~ 기원전 1021년
강왕(康王 : 희쇠姬釗)	기원전 1020년 ~ 기원전 996년
소왕(昭王 : 희하姬瑕)	기원전 995년 ~ 기원전 977년
목왕(穆王 : 희만姬滿)	기원전 976년 ~ 기원전 922년
공왕(共王 : 희예호姬繄扈)	기원전 922년 ~ 기원전 900년
의왕(懿王 : 희간姬囏)	기원전 899년 ~ 기원전 892년
효왕(孝王 : 희벽방姬辟方)	기원전 891년 ~ 기원전 886년
이왕(夷王 : 희섭姬燮)	기원전 885년 ~ 기원전 878년
여왕(厲王 : 희호姬胡)	기원전 877년 ~ 기원전 841년
공화행정(共和行政)	기원전 841년 ~ 기원전 828년
선왕(宣王 : 희정姬靜)	기원전 827년 ~ 기원전 782년
유왕(幽王 : 희궁생姬宮湦)	기원전 781년 ~ 기원전 771년

- 동주(東周 : 기원전 770년 ~ 기원전 256년)

왕호(王號)	재위 기간
평왕(平王 : 희의구姬宜臼)	기원전 770년 ~ 기원전 720년
환왕(桓王 : 희림姬林)	기원전 719년 ~ 기원전 697년
장왕(莊王 : 희타姬佗)	기원전 696년 ~ 기원전 682년
이왕(釐王 : 희호제姬胡齊)	기원전 681년 ~ 기원전 677년
혜왕(惠王 : 희랑姬閬)	기원전 676년 ~ 기원전 652년
양왕(襄王 : 희정姬鄭)	기원전 651년 ~ 기원전 619년
경왕(頃王 : 희임신姬壬臣)	기원전 618년 ~ 기원전 613년
광왕(匡王 : 희반姬班)	기원전 612년 ~ 기원전 607년
정왕(定王 : 희유姬瑜)	기원전 606년 ~ 기원전 586년
간왕(簡王 : 희이姬夷)	기원전 585년 ~ 기원전 572년
영왕(靈王 : 희세심姬泄心)	기원전 571년 ~ 기원전 545년
경왕(景王 : 희귀姬貴)	기원전 544년 ~ 기원전 520년
도왕(悼王 : 희맹姬猛)	기원전 520년
경왕(敬王 : 희개姬丐)	기원전 519년 ~ 기원전 476년
원왕(元王 : 희인姬仁)	기원전 475년 ~ 기원전 469년
정정왕(貞定王 : 희개姬介)	기원전 468년 ~ 기원전 441년
애왕(哀王 : 희거질姬去疾)	기원전 441년
사왕(思王 : 희숙姬叔)	기원전 441년
고왕(考王 : 희외姬嵬)	기원전 440년 ~ 기원전 426년
위열왕(威烈王 : 희오姬午)	기원전 425년 ~ 기원전 402년
안왕(安王 : 희교姬驕)	기원전 401년 ~ 기원전 376년
열왕(烈王 : 희희姬喜)	기원전 375년 ~ 기원전 369년
현왕(顯王 : 희편姬扁)	기원전 368년 ~ 기원전 321년
신정왕(愼靚王 : 희정姬定)	기원전 320년 ~ 기원전 315년
난왕(赧王 : 희연姬延)	기원전 314년 ~ 기원전 256년

- 동주 제후(東周 諸侯 : 기원전 1027년 ~ 기원전 221년)

국명	존속 기간	멸망시킨 나라(사람)
진(秦)	서주(西周) ~ 기원전 206년	6국의 여민(餘民)
진(晋)	서주 ~ 기원전 369년	조(趙), 위(魏), 한(韓)
제(齊)	기원전 1027년 ~ 기원전 221년	진(秦)

초(楚)	서주 ~ 기원전 223년		진(秦)
연(燕)	기원전 1027년 ~ 기원전 222년		진(秦)
조(趙)	기원전 403년 ~ 기원전 222년		진(秦)
위(魏)	기원전 403년 ~ 기원전 225년		진(秦)
한(韓)	기원전 403년 ~ 기원전 230년		진(秦)
노(魯)	기원전 1027년 ~ 기원전 250년		초(楚)
송(宋)	기원전 1024년 ~ 기원전 286년		제(齊)
정(鄭)	기원전 806년 ~ 기원전 375년		한(韓)
위(衛)	기원전 1024년 ~ 기원전 209년		진(秦)
진(陳)	기원전 1027년 ~ 기원전 478년		초(楚)
채(蔡)	기원전 1027년 ~ 기원전 447년		초(楚)
오(吳)	춘추 시대 ~ 기원전 473년		월(越)
월(越)	춘추 시대 ~ 기원전 333년		초(楚)

진나라(秦 : 기원전 221년 ~ 서기 206년)

묘호(廟號)	재위 기간
시황제(始皇帝 : 영정嬴政)	기원전 221년 ~ 기원전 210년
2세(二世 : 영호해嬴胡亥)	기원전 209년 ~ 기원전 207년

서한(西漢 : 기원전 206년 ~ 기원후 8년)

묘호(廟號)	연호(年號)	재위 기간
고제(高帝 : 유방劉邦)	(12)	기원전 206년 ~ 기원전 195년
혜제(惠帝 : 유영劉盈)	(7)	기원전 194년 ~ 기원전 188년
여태후(高后 : 여치呂雉)	(8)	기원전 187년 ~ 기원전 180년
문제(文帝 : 유항劉恒)	전원(前元) (16)	기원전 179년 ~ 기원전 164년
	후원(後元) (7)	기원전 163년 ~ 기원전 157년
경제(景帝 : 유계劉啟)	전원(前元) (7)	기원전 156년 ~ 기원전 150년
	(中元) (6)	기원전 149년 ~ 기원전 144년
	(後元) (3)	기원전 143년 ~ 기원전 141년
무제(武帝 : 유철劉徹)	건원(建元) (6)	기원전 140년 ~ 기원전 135년
	원광(元光) (6)	기원전 134년 ~ 기원전 129년
	원삭(元朔) (6)	기원전 128년 ~ 기원전 123년

	원수(元狩) (6)	기원전 122년 ~ 기원전 117년
	원정(元鼎) (6)	기원전 116년 ~ 기원전 111년
	원봉(元封) (6)	기원전 110년 ~ 기원전 105년
	태초(太初) (4)	기원전 104년 ~ 기원전 101년
	천한(天漢) (4)	기원전 100년 ~ 기원전 97년
	태시(太始) (4)	기원전 96년 ~ 기원전 93년
	정화(征和) (4)	기원전 92년 ~ 기원전 89년
	후원(後元) (2)	기원전 88년 ~ 기원전 87년
소제(昭帝 : 유불릉劉弗陵)	시원(始元) (7)	기원전 86년 ~ 기원전 80년
	원풍(元鳳) (6)	기원전 80년 ~ 기원전 75년
	원평(元平) (1)	기원전 74년
선제(宣帝 : 유순劉詢)	본시(本始) (4)	기원전 73년 ~ 기원전 70년
	지절(地節) (4)	기원전 69년 ~ 기원전 66년
	원강(元康) (5)	기원전 65년 ~ 기원전 62년
	신작(神爵) (4)	기원전 61년 ~ 기원전 58년
	오풍(五鳳) (4)	기원전 57년 ~ 기원전 54년
	감로(甘露) (4)	기원전 53년 ~ 기원전 50년
	황룡(黃龍) (1)	기원전 49년
원제(元帝 : 유석劉奭)	초원(初元) (5)	기원전 48년 ~ 기원전 44년
	영광(永光) (5)	기원전 43년 ~ 기원전 39년
	건소(建昭) (5)	기원전 38년 ~ 기원전 34년
	경녕(竟寧) (5)	기원전 33년
성제(成帝 : 유오劉驁)	건시(建始) (4)	기원전 32년 ~ 기원전 29년
	하평(河平) (4)	기원전 28년 ~ 기원전 25년
	양삭(陽朔) (4)	기원전 24년 ~ 기원전 21년
	홍가(鴻嘉) (4)	기원전 20년 ~ 기원전 17년
	영시(永始) (4)	기원전 16년 ~ 기원전 3년
	원연(元延) (4)	기원전 12년 ~ 기원전 9년
	수화(綏和) (2)	기원전 8년 ~ 기원전 7년
애제(哀帝 : 유흔劉欣)	건평(建平) (4)	기원전 6년 ~ 기원전 3년
	원수(元壽) (2)	기원전 2년 ~ 기원전 1년
평제(平帝 : 유간劉衎)	원시(元始) (5)	1년 ~ 5년
유자영(孺子嬰)	거섭(居攝) (3)	6년 ~ 8년
	초시(初始) (1)	8년

3. 역대 제왕 주요 사건(오제 ~ 한나라 무제)

오제(五帝)

황제(黃帝) 성은 희(姬), 호는 헌원씨(軒轅氏), 유웅씨(有熊氏). 탁록(涿鹿)에서 구려족 수령인 치우(蚩尤)를 죽이고, 판천(阪泉)에서 강성(姜姓)부락 수령인 염제(炎帝)를 제압하여 부락연맹의 수령으로 추대되었다.

전욱(顓頊) 고양씨(高陽氏), 황제의 손자로 구(丘 : 지금의 하남성 복양현濮陽縣 서남쪽)에서 제위에 올랐다.

제곡(帝嚳) 고신씨(高辛氏), 황제의 아들인 현효(玄囂)의 손자. 전설에 따르면 상나라의 시조인 계(契), 주나라의 시조인 기(棄), 요임금, 지(摯) 등이 모두 제곡의 자손이다.

요(堯) 도당씨(陶唐氏), 이름은 방훈(放勳). 부계 씨족사회 후기의 부락연맹 수령. 전설에 따르면 희(羲)와 화(和)에게 천문을 관찰하여 역법을 제정하게 하고, 기(棄)를 농사(農師)로 삼고, 곤(鯀)에게는 홍수를 다스리게 했다. 요임금 만년에 사방 부락의 수령들이 순(舜)을 추천하자 순에게 선양했다. 일설에는 순임금이 요임금을 를 감금하고 제위를 찬탈했다고도 한다.

순(舜) 유우씨(有虞氏), 이름은 중화(重華), 부계 씨족사회 후기의 부락연맹 수령. 우(禹)에게 홍수를 다스리게 하고, 우를 후계자로 삼았다. 남쪽을 순시할 때 창오(蒼梧)의 들판에서 죽었다. 일설에는 우에게 쫓겨나 창오에서 죽었다고도 한다.

하나라

우(禹) 성은 사(姒), 이름은 문명(文命), 곤의 아들. 치수에 공적을 쌓아 순임금이 죽은 후 즉위해 부락연맹의 수령에 올랐다. 동쪽을 순시할 때 회계(會稽)에서 죽었다.

계(啓) 우가 죽은 후 원래의 황위 계승자인 백익(伯益)이 우의 아들 계에게 양보하여 계가 제위에 올라 부자 세습제를 열었다. 일설에는 계가 백익을 죽이고 찬탈했다고도 한다.

태강(太康) 계의 아들. 사냥을 좋아하고 유궁씨(有窮氏)의 수령 후예(后羿)에게 쫓겨났다.

상(相) 상의 재위 때 후예가 정권을 장악하고 사냥에 탐닉하며 국사를 돌보지 않다가 가신 한착(寒浞)에게 피살당했다. 한착이 또 상을 시해하자 상의 비 민(緡)이 친정집으로 도망가 소강(少康)을 낳았다.

소강(少康) 한착을 주살하고 하나라의 중흥기를 열었다. 소강은 양주(釀酒)를 발명하고, 두강(杜康)이 술을 빚었다고 하는데, 두강이 바로 소강이다.

여(予) 동이(東夷)를 정벌하고 동해까지 이르렀다.

괴(槐) 여의 아들 괴는 즉위 후 구이(九夷)가 조회를 왔다. 환토(圜土 : 감옥)를 세웠다고 전해진다.

공갑(孔甲) 귀신을 좋아했으며, 황당하고 음란하여 사방의 제후들이 하나라에 반기를 들었다.

발(發)	태산에 지진이 일어났는데, 지금까지 기록된 최초의 지진이었다.
걸(桀)	하나라의 마지막 제왕. 상나라의 탕에게 멸망당한 후 유랑자로 떠돌다가 죽었다.

상나라

탕(湯)	성탕(成湯), 천을탕(天乙湯), 대을탕(大乙湯)이라고도 한다. 탕은 이윤(伊尹)에게 정치를 맡기고 연이어 갈(葛), 위(韋) 등을 멸망시켰으며, 훗날 하나라를 기원전 1600년에 멸망시키고 박(亳 : 지금의 하남성 복양현濮陽縣)에 도읍을 정했다.
태갑(太甲)	태정(太丁)의 아들로 탕의 손자. 태갑은 무도하여 이윤에게 쫓겨났다. 3년 후 태갑이 후회하며 반성하자 이윤이 다시 그를 제왕으로 맞이했다. 일설에 따르면 이윤이 태갑을 내쫓고 찬탈하여 스스로 제위에 올랐지만, 7년 후 태갑이 이윤을 죽이고 다시 제위를 되찾았다고 한다.
옹기(雍己)	재위 시에 제후들이 조회에 오지 않으므로, 상나라는 이미 쇠락의 길로 접어들었다.
태무(太戊)	이윤의 아들인 재상 이척과 무함(巫咸 : 점을 치는 방법의 창시자)이 국정을 다스리자 상나라 왕조가 다시 흥했다.
중정(中丁)	상나라의 수도를 박에서 오(隞 : 囂로도 쓰는데, 지금의 하남성 형양현榮陽縣 북쪽, 오산隞山 남쪽. 일설에는 정주시鄭州市 상성商城 유적지)로 옮겼다.
하단갑(河亶甲)	도성을 효에서 상(相 : 지금의 하남성 내황內黃 동남쪽)으로 옮겼다. 여러 차례 출정해 상나라의 국력을 약화시켰다.
조을(祖乙)	도성을 상에서 형(邢 : 하남성 남온현南溫縣 동쪽)으로 천도하여 상나라의 3차 부흥기를 이끌었다. 복사로 일이(日珥 : 태양의 가에 일어나는 붉은 구름 기운)를 기재하였다. 이는 일이에 관한 인류의 첫 기록이다.
남경(南庚)	도성을 엄(奄 : 지금의 산동성 곡부)으로 옮겼다.
반경(盤庚)	기원전 1300년경에 도성을 엄에서 은(殷 : 하남성 안양현安陽縣 소둔촌小屯村)으로 옮기고, 이후 천도를 하지 않음으로써 부흥기를 맞았다.

기원전 1250년 ~ 기원전 1192년 : 무정(武丁)이 즉위하여 부열(傅說)을 재상으로 삼자 상나라의 국력이 강성해졌다.

기원전 1147년 ~ 기원전 1113년 : 무을(武乙)이 즉위하여 황하와 위수 사이로 사냥을 나갔다가 천둥소리에 놀라 죽자 주나라가 흥하기 시작했다.

기원전 1075년 ~ 기원전 1046년 : 주왕(紂王)이 즉위한 후 정벌에 나서 많은 수의 포로를 얻었으나 상나라의 국력은 약화되었다. 주왕이 신하들의 간언을 받아들이지 않고, 기자를 가두고 비간을 잔인하게 죽였다. 기원전 1046년에 상나라는 주나라에게 멸망당했다.

서주(西周)

기원전 1046년 ~ 기원전 1043년 : 무왕 희발(姬發)이 재위에 오른 후 기원전 1046년에 군대를 이끌고 주(紂)왕을 공격했다. 목야에서 상나라 군대를 대파함으로써 상나라를 멸망시켰다. 무왕이 호(鎬 : 섬서성 서안 서쪽)에 도읍하여 상나라 유민을 받아들인 후 제후들에게 분봉했다.

기원전 1042년 ~ 기원전 1021년 : 성왕(成王) 송(誦)이 즉위하였으나 아직 어려 그의 숙부인 주공 단이 섭정하자 관숙(管叔)과 채숙(蔡叔)이 반란을 일으켰다. 주공 단이 동정(東征)을 나가 무경(武庚), 관숙을 죽이고 채숙을 내쫓아 반란을 평정하였다. 성왕이 여러 제후들에게 분봉했는데, 당시의 주요 제후국은 노나라, 제나라, 위(衛)나라, 송나라, 초나라 등이었다. 나중에 주공 단이 무고를 당해 초나라로 갔다. 얼마 지나지 않아 주공 단의 무고함을 안 성왕이 사신을 보내 주공 단을 다시 불러들였다. 주공 단은 주나라 시대의 예악제도를 창시했다.

기원전 976년 ~ 기원전 922년 : 목왕(穆王) 만(滿)이 즉위했다. 목왕은 견융을 공략하여 다섯 왕을 포로로 잡고 융을 태원(太原 : 감숙성 동부와 가까운 섬서성 지대)으로 옮겨 가 살게 했다. 목왕은 두 차례 서쪽을 정벌하여 청해성과 신강성 곤륜 일대에 이르렀다. 당시 부락의 수령인 서왕모(西王母)와 만났다.

기원전 877년 ~ 기원전 841년 : 여왕(厲王) 호(胡)가 즉위했다. 여왕은 괵중(虢仲)에게 회이(淮夷)를 토벌하게 했으나 아무런 공도 세우지 못하고 돌아왔다. 나중에 여왕이 친히 회이를 정벌했다. 여왕은 영이공(榮夷公)을 경사(卿士)로 삼아 이익을 독점하게 하니, 백성들이 여왕을 비난했다. 여왕은 또 위나라 무당에게 백성들을 감시하게 하고, 간언하는 자는 용서하지 않고 모두 죽였다.

기원전 841년 : 백성들이 난을 일으켜 궁궐을 공격했다. 여왕은 체(彘 : 지금의 산서성 곽현霍縣)로 달아나고, 공화(共和) 통치가 시작되었다. 공화 통치는 두 가지 설이 있다. 하나는 소공(召公)과 주공 단이 공동으로 통치하는 것이었고, 또 다른 하나는 공국(共國)의 군주인 공백화(共伯和)가 제후들의 추대를 받아 왕을 대신해 통치하는 것이었다.

기원전 828년 : 여왕이 체에서 죽고 태자 정(靜)이 즉위하니 그가 바로 주나라 선왕(宣王)이다. 선왕의 즉위로써 공화 통치도 끝났다. 기원전 779년에 포사(褒姒)가 입궐하여 유왕(幽王)의 총애를 받았다. 포사를 웃게 하기 위해 유왕이 거짓 봉화로 제후들을 농락했다. 봉화를 보고 제후들이 수도 호(鎬)로 달려오면 적은 없고 평안하자 제후들은 그냥 돌아갔다. 그러자 포사가 웃었다.

기원전 776년 : 9월 6일에 일식이 일어나 『시경』에 이를 기록하니 이것은 일식에 관한 세계 최초의 기록이었다.

기원전 774년 : 유왕이 신후(申后)와 태자 의구(宜臼)를 폐하고 포사를 황후로, 그녀의 아들 백복(伯服)을 태자로 삼았다. 태자 의구가 신국(申國)으로 도망갔다.

기원전 771년 : 신후(申侯 : 태자 의구의 외조부)가 견융과 연합하여 수도 호를 공격했다. 유왕이 봉화를 올렸으나 제후들은 구원하러 오지 않았다. 견융이 호를 함락함으로써 서주가 망했다. 제후들이 태자 의구를 옹립하니 그가 바로 평왕이다.

춘추전국(春秋戰國)

기원전 770년　진나라 양공(襄公)이 군대를 보내 평왕이 낙읍(洛邑)으로 동천하는 것을 호위하자 평왕은 양공을 제후로 봉했다.

기원전 707년　주나라 환왕(桓王)이 진(陳)나라, 채(蔡)나라, 위(衛)나라의 군대를 이끌고 갈(葛)에서 정(鄭)나라를 공격했으나 패하고 말았다.

기원전 685년　제나라 공자 소백(小白)이 제나라로 돌아가 환공(桓公)에 오른 후 관중(管仲)을 재상으로 삼았다.

기원전 679년　제나라, 송나라, 진(陳)나라, 위(衛)나라, 정(鄭)나라가 견(鄄)에서 회맹함으로써 제나라의 천하쟁패가 시작되었다.

기원전 651년　제나라가 제후들을 계구(葵丘)로 소집했다.

기원전 636년　진(秦)나라 목공(穆公)이 진(晉)나라 공자 중이(重耳)에게 군사를 주었고, 중이는 진나라로 돌아가 문공(文公)에 올랐다.

기원전 632년　진(晉)나라와 초나라가 성복전투를 벌여 초나라가 대패했다. 진나라 문공의 천하쟁패가 시작되었다.

기원전 624년　진나라 목공이 융족을 토벌하여 천리의 땅을 넓혔고, 서융을 호령했다.

기원전 606년　초나라 장왕이 주나라에서 사열을 받고 구정의 무게를 물었다.

기원전 594년　노나라가 '초세무(初稅畝)'를 시행했다.

기원전 506년　오나라가 백거전투에서 초나라 군을 대파하고 수도 영(郢)을 함락했다.

기원전 496년　오나라가 월나라를 공격했으나 참패하고, 오나라 왕 합려는 중상을 입고 죽었다.

기원전 494년　오나라 왕 부차(夫差)가 월나라를 공격해 부초(夫椒)에서 대승을 거두었다.

기원전 482년　황지(黃池)에서 회맹하여 오나라와 진(晋)나라가 자웅을 겨룬 끝에 오나라가 맹주가 되었다.

기원전 481년　제나라 대부 전상(田常)이 제나라 간공(簡公)을 시해하니 이로부터 전씨가 제나라의 정치를 전횡했다.

기원전 479년　공자가 서거하다.

기원전 473년　월나라가 오나라를 멸하자 오나라 왕 부차는 자살했다.

기원전 453년　한(韓)씨, 조(趙)씨, 위(魏)씨의 삼가(三家)가 연합하여 지백(智伯)을 멸하고 진(晋)나라를 분할해 가졌다.

기원전 412년　위나라 문후가 이회(李悝)를 재상으로 임명하고 변법을 시행해 강대국이 되었다.

기원전 403년　주나라 황제가 한(韓)씨, 조(趙)씨, 위(魏)씨를 제후로 봉했다.

기원전 389년　오기(吳起)가 초나라의 영윤(令尹)으로 임명되어 변법을 시행했다.

기원전 356년　진나라는 상앙을 좌서장(左庶長)으로 임명하여 변법을 실시하도록 했다.

기원전 353년　제나라가 계릉에서 위(魏)나라 군대를 대파하고 조나라를 구원했다.
기원전 350년　진나라 상앙이 2차 변법을 실시했다.
기원전 341년　제나라 전기(田忌), 손빈(孫臏)이 마릉전투에서 위나라 군을 크게 격파하자 위나라 대장군 방연(龐涓)이 자살했다.
기원전 307년　조나라 무령왕(武靈王)이 호복기사(胡服騎射)를 실시했다.
기원전 298년　제나라, 한나라, 위나라가 연합하여 함곡관에서 진(秦)나라 군을 대파했다.
기원전 293년　진나라 장수 백기(白起)가 한나라와 위나라 연합군을 이궐(伊闕)에서 대파하고 24만여 명을 참수했다.
기원전 287년　소진이 조나라, 제나라, 초나라, 한나라, 위나라를 합종책으로 연합하여 진나라를 공격했다.
기원전 284년　연나라 장수 악의(樂毅)가 5국 연합군을 이끌고 제나라를 공격해 수도 임치를 점령했다.
기원전 260년　진나라 장수 백기가 장평전투에서 조나라를 대파하고 항복한 군사 40여만 명을 생매장했다.
기원전 257년　위(魏)나라 신릉군(信陵君) 무기(無忌)가 초나라 춘신군(春申君) 황헐(黃歇)과 더불어 조나라를 구원해 한단의 포위망을 풀게 했다.
기원전 249년　진나라 장양왕(莊襄王)이 여불위(呂不韋)를 상국으로 임명하고 동주를 멸망시켰다.
기원전 240년　여불위가 빈객들을 모아 『여씨춘추』를 편찬하도록 했다.
기원전 230년　진나라가 내사등(內史騰)을 보내 한나라를 멸하고, 한나라 왕 안(安)을 포로로 잡아 영천군(潁川郡)을 설치했다.
기원전 228년　진나라 장수 왕전(王翦)이 조나라 수도 한단을 함락시키고 조나라 왕 천(遷)을 포로로 잡았다.
기원전 225년　진나라 장수 왕분(王賁)이 위나라를 공격하자 위나라 왕 가(假)가 항복함으로써 위나라는 멸망했다.
기원전 223년　진나라 군이 초나라 수도 수춘(壽春)을 공격해 점령함으로써 초나라가 멸망했다.
기원전 222년　진나라 장수 왕분이 요동을 공략해 연나라 왕 희(喜)를 생포함으로써 연나라가 멸망했다.
기원전 221년　진나라 장수 왕분이 제나라 수도 임치를 함락시킴으로써 제나라가 멸망했다.

진(秦)나라
기원전 221년　진나라 왕 영정이 6국을 통일한 후 '시황제'라 칭했으며, 분봉제를 폐지하고 군현제를 실시했다. 수레가 다니는 궤도, 문자, 도량형, 화폐를 통일했다.
기원전 215년　진시황이 몽염 장군을 보내 북방의 흉노를 정벌했다.
기원전 214년　진나라가 남월을 평정한 후 계림(桂林), 남해(南海), 상(象)을 군(郡)으로 삼고, 북쪽 변방에 만리장성을 쌓았다.

기원전 213년   진시황이 분서갱유를 실시했다.
기원전 210년   진시황이 사구(沙丘)에서 병사하자 환관 조고(趙高)와 승상 이사(李斯)가 유서를 조작해 호해를 이세황제로 앉히고, 부소와 몽염을 죽게 했다.
기원전 209년   진승과 오광이 9백 명의 죄수들을 군사로 삼아 대택향에서 반란을 일으켰다.
기원전 207년   항우가 거록(鉅鹿)에서 진나라 군을 대파했다.
기원전 206년   유방이 파상(灞上)에 이르러 자영(子嬰)이 항복함으로써 진나라가 멸망했다.

서한(西漢)
기원전 202년   유방이 해하(垓下)에서 항우를 사면초가에 빠뜨리자 항우는 오강에서 자결하고, 유방이 한나라를 건국했다.
기원전 195년   유방이 죽고 나서 나이어린 혜제 유영(劉盈)이 즉위하자 여태후가 섭정을 시작했다.
기원전 180년   여태후가 죽고 나서 진평과 주발이 연합하여 여씨 일족을 제거하고, 대왕(代王) 유항(劉恒)을 황제로 앉히니 그가 바로 한나라 문제이다.
기원전 157년   문제 유항이 죽고 나서 태자 유계(劉啟)가 즉위하니, 그가 바로 한나라 경제이다.
기원전 154년   조조(晁錯)가 삭번책을 도모하자 오초칠국의 난이 일어났다.
기원전 141년   한나라 경제 유계가 죽고 나서 태자 유철(劉徹)이 즉위하니, 그가 바로 한나라 무제이다.
기원전 138년   장건(張騫)이 사신으로 대월지(大月氏)에 갔다.
기원전 134년   동중서가 천인삼책(天人三策)을 올리자 한나라 무제가 백가를 배척하고 오로지 유학만을 숭상했다.
기원전 127년   한나라 무제가 위청으로 하여금 흉노를 정벌하게 하여 하남전투에서 큰 승리를 거두었다.
기원전 121년   곽거병이 흉노를 공격해 하서전투에서 큰 승리를 거두었다.
기원전 119년   위청과 곽거병이 막북에서 흉노군을 대파함으로써 흉노의 위협을 제거했다.
기원전 104년   사마천이 『사기』 저술을 시작했다.
기원전 91년   무고(巫蠱)의 화로 태자 유거가 자살했다.
기원전 87년   무제가 죽고 나서 태자 유불릉(劉弗陵)이 즉위하니 그가 바로 한나라 소제(昭帝)이다. 곽광(霍光), 상홍양(桑弘羊), 김일제(金日磾), 상관걸(上官桀) 등이 소제를 도와 정치를 펼쳤다.

옮긴이의 글

입체화한 동양의 절대 사서史書

　중국의 정사는 25사(史)이고, 그 첫 번째 사서가 바로 『사기』다. 『사기』는 지금으로부터 2100년 전쯤에 세상에 나온 후 동양 학술계의 '절대 사서'가 되었다. 『사기』 이후의 사서는 『사기』의 체제에서 벗어나지 않았다. 중국의 사상가이자 문학가였던 노신(魯迅)은 『사기』를 일컬어 '사가의 절창, 가락이 없는 이소'라고 극찬했다. 또한 근대 중국의 계몽 사상가이자 문학가였던 양계초(梁啓超)는 '사마천은 역사학의 태조이자 조물주'라고 극찬했다. 일본의 역사 소설가인 후쿠다 사다이치(福田定一)는 사마천을 너무 존경한 나머지 자신의 이름을 '사마천에 미치려고 하지만 아직도 멀다'라는 뜻의 '시바 료타로(司馬遼太郎)'라고 개명하기도 했다. 미국 프린스턴대학의 니콜라 디코스모 교수는 자신의 저서 『오랑캐의 탄생』에서 중국을 낳은 사람은 진시황제가 아니라 사마천이라고까지 주장했다. 서양 사학의 아버지 헤로도토스(Herodotos)가 『역사』라는 저서로 야만인들과 구분되는 그리스인의 문화적 정체성을 확립했다면, 사마천은 『사기』라는 저서로 '중심(中心)'과 '주변(오랑캐)'을 규정하는 화이사관(華夷史觀)을 내놓았기 때문이다.

　『사기』는 우선 양부터가 대단히 방대하다. 전체 권수는 130권에 이르고, 글자 수는 52만 6천 5백 자에 달한다. 요즘처럼 컴퓨터 자판으로 치는 게 아니라, 죽간과 목간에 글자를 칼로 새기고 옻으로 칠한 후 둘둘 말아 한 권의 책(冊)으로 만들었다. 남자로서 대단히 수치스러운 궁형을 받고도 좌절하지 않고 정신력을 발휘하여 『사기』를 저술한 사마천의 강한 의지를 어림짐작할 수 있다.

형식적인 측면도 획기적이었다. 『춘추』의 예처럼 '『사기』 전(前)'의 역사서는 단대사였다. 반면에 『사기』는 상고 시대의 황제(黃帝)에서부터 한나라 무제까지 3천 년의 역사를 저술한 최초의 통사다. 그리고 '『사기』 전'의 역사서는 정치사·제왕·사건 중심의 연대기를 서술한 편년체였다. 혹은 『전국책(戰國策)』처럼 책사들에 대한 인물 열전이었다. 하지만 사마천은 이전에는 그 누구도 시도하지 않은 「본기(本紀, 12권)」·「표(表, 10권)」·「서(書, 8권)」·「세가(世家, 30권)」·「열전(列傳, 70권)」 등 다섯 가지 체제로 기전체(紀傳體) 역사서의 서막을 열었다. 기전체는 「본기(本紀)」의 기(紀)와 「열전(列傳)」의 전(傳)을 합한 용어다. 『고려사(高麗史)』와 『삼국사기(三國史記)』도 기전체다.

「본기」는 황제들에 관한 기록이다. 그러나 한때나마 중원의 패주였던 서초패왕 항우를 한나라 고조 유방보다 먼저 배치한 점, 그리고 한나라 혜제 때 실권을 쥔 섭정태후 여치를 「본기」의 주인공으로 삼은 게 흥미롭다. 「표」는 연표다. 몇 년도에 어떤 중요한 사건들이 일어났는가를 엑셀 프로그램처럼 세로는 연대, 가로는 인명·관직 임명·파면·좌천 등을 기록했다. 이는 사마천의 천재성이 가장 돋보이는 체제다. 「서」는 국가 시스템과 문물을 기록한 제도사·문화사 논문이라고 할 수 있다. 「세가」는 황제를 보필했던 인물들, 즉 제후와 개국공신들에 관한 기록이다. 하지만 제후가 아닌 공자와 진섭을 「세가」의 주인공으로 올려 놓은 것은 그들이 역사에 이바지한 공적이 남달랐기 때문이다. 또한 황실의 외척을 「세가」에 집어넣은 것도 그녀들의 실체적인 권력을 무시하지 않은 사마천의 리얼리티다. 한나라의 개국공신들인 한신·경포·팽월·노관 등은 반란을 일으켰기 때문에 「세가」가 아닌 「열전」에 편입시켰다.

『사기』의 백미인 「열전」은 '위로부터의 역사(본기)'뿐만 아니라 '아래부터의 역사(열전)'까지 아우른 점에서 파천황(破天荒)이었다. 정치와 왕 중심으로만 서술한 편년체의 편벽함을 넘어 코미디언·조폭·광대·점쟁이·유생·장사꾼·오랑캐 등 역사의 화폭에 한 점의 먹물이라도 찍은 이들을 인물 군상의 병풍처럼 펼쳐보였다. 개인과 민중을 역사의 주체로 내세운 폭넓은 시야이자 획기적인 발상의 전환이었다. 당시의 중국 영토 태반을 직접 답사하고 기록한 사마천이 사관의 기록이나 왕실의 문헌, 제가백가의 경서에만 의존하던 기존의 역사 서술 풍토의 틀을 깬 노력의 결과였다.

각 권의 말미에서 「태사공왈(太史公曰)」이라는 독특한 논찬으로 '자신의 관점과 평가'를 내비친 점도 특징이다. 물론 이러한 형식으로 인해 사마천은 서양의 역사학자들로부터 주관적인 감정을 실어 『사기』를 저술했다는 비판을 받기도 했다. 하지만 에드워드 카(Edward Hallett Carr)를 비롯한 역사학자들이 역사 해석의 문제를 본격적으로 논의하면서 『사기』에 대한 재평가가 이루어졌다. 사실 역사란 후대의 역사가들에 의해 저술되기 때문에 역사가의 견해나 입장이 반영되기 마련이다. 고로 '모든 역사는 현재사(크로체)'이고, 『사기』는 이러한 명제에 충실한 역사서였다. 그렇다고 『사기』가 객관적 사실을 등한시했던 것도 아니다. 사마천은 황실 보관 문서의 고증, 답사 여행 등을 통해 사실에 대한 완벽한 기록에 만전을 기했다. 그런 연후에 「태사공 왈」로써 역사에 대한 시시비비를 논했다.

사마천의 『사기』는 역사학에만 머무는 게 아니라 통합 학문을 추구했다는 점에서 선구적이었다. 사마천은 40대 초반에 태초력을 완성한 후 본격적으로 『사기』 저술에 들어갔다. 기원전 90년, 56세의 나이로 죽을 때까지 약 14년 동안 『사기』를 완성했다. 그런데 그가 49세에 궁형을 받은 것을 계기로 『사기』의 세계관이 상전벽해를 한다. 궁형 후의 『사기』는 한나라와 무제를 비판하는 시각이 곧았다. 특히 곪아터진 사회와 기득권층의 문제점들을 까발리며 세태를 비판했다. 허무맹랑하게 신선 찾기에 열중하는 무제나 아무런 능력이나 공적도 없이 온 집안이 만석군의 벼슬아치에 오른 석분을 풍자한 예로 알 수 있듯, 철저하게 현실 비판적이었다. 그래서 『사기』는 객관적 사실에 대한 무미건조한 기록이 아니라 인간의 삶을 성찰하게 하는, 즉 비판의식이 녹아있는 역사 철학서였던 것이다.

후대 역사책에 '지(志)'라는 명칭으로 계승된 체제인 「서」는 20세기 서구 역사학의 아날학파처럼 역사를 문화사와 문물사로 확대했다. 「예서」는 유가적 예법 통치이론을 정리한 정치 사상서, 「악서」는 동양 최초의 음악 이론서, 「율서」는 병서, 「하거서」는 수리사업 이론서, 「평준서」는 경제이론 전문서다. 아울러 「화식열전」은 재산을 사회에 환원한 범려나 철광 투기가 아니라 철광산업 단지로 고용을 창출하며 백성들에게 생활 인프라를 제공한 사천성의 철광왕 탁씨, 이중곡가제를 주장한 계연 등을 통해 아담 스미스가 『도덕감정론(道德感情論)』에서 말한 '윤리 없는 경제는 악'이라는 주장을 역설하는 경제 사상서다.

『사기』가 남긴 업적도 많다. 우선 진시황의 분서갱유로 인해 유실되었던 고대사를 복원시켜 준다. 가령 주나라 무왕이 은나라 주왕을 토벌한 시간에 관한 문제를 보자. 1976년 섬서성 임동현에서 출토된 이궤(利簋 : 제사 때 서직黍稷을 담던 귀 달린 나무그릇)의 명문은 『사기』의 기재가 정확하다는 것을 증명했다. 진시황릉에 대한 기록은 아직 진시황릉을 발굴하지 않았지만, 그 무덤이 존재한다는 알리바이를 제공해 준다. 「흉노열전」, 「조선열전」 등은 소수민족사를 연구하는 중요한 문화인류학적 사료이고, 「대원열전」은 실크로드를 연구하는 데 없어서는 안 될 자료다.

문학 장르에도 큰 영향을 미쳤다. 한유·소동파 등 당송팔대가의 고문운동은 사마천을 기치로 삼았다. 한유는 『사기』의 웅건함을, 유종원은 『사기』의 준결함을 본받자고 했다. 조선의 다산 정약용과 연암 박지원 등도 『사기』를 고문운동의 준거로 삼았다.

『사기』의 고사는 인물 성격이 선명하고 모순 충돌이 첨예하기 때문에 희극이나 영화의 소재가 될 수 있는 보고다. 원나라 때의 잡극 「조씨고아」는 1755년에 볼테르가 파리에서 상연하여 공전의 히트를 기록했다. 영화 「패왕별희」로 세계적인 감독의 반열에 오른 장예모는 「항우본기」에서 소재를 얻었다. 역시 장예모 감독의 작품 「영웅(英雄)」은 「자객열전」에 나오는 형가에서, 몽염 장군(성룡 분)과 고조선 공주(김희선 분)의 러브스토리를 그린 「신화(神話)」는 「진시황 본기」와 「몽염열전」에서 소재를 빌려왔다. 이처럼 『사기』는 역사학, 문학, 고고학, 천문학, 경제사학, 정치학, 예학, 수리학, 지리학 등을 고루 갖춘 '지(知)의 통합서'이기에 그 생명력은 후세에까지 영원할 것이다.

애초에 『사기』는 읽기 어려운 '난독서(難讀書)'라는 비판을 받았다. 너무나 많은 인물들이 중구난방으로 여기저기 흩어진 탓이었다. 그런데 전문가들의 연구 결과 사마천의 의도적인 배치란 게 밝혀졌다. 이를 '호견법(互見法)'이라고 한다. 역사서에 사료를 재배치하여 인물의 성격을 표현하는 서술법이다. 사마천은 인물 형상의 풍부성·복잡성·다면성을 파악하고, 인물 전기를 쓸 때 한 인물에 대한 사실뿐만 아니라, 그 사람의 주요한 경력과 성격을 표현하고자 했다. 그래서 한 권 이상의 전기에 한 인물을 나누어 배치하는 이른바 호견법으로 인물의 다각적인 면모를 오묘하게 표현했다.

가령 오자서에 관한 이야기가 「오자서 열전」에만 나오는 것이 아니고, 「초세가」에도 나오고 기타 여기저기서 나온다. 자객 전제는 「오자서 열전」에도 나오고 「자객열전」에도 나온다. 오자서와 전제의 특징과 성격을 여기저기서 나눠 서술해 대차대조한 것이다.

한나라 고조 유방은 황제이기에 「고조 본기」에 배치하는 게 당연하다. 정식 황가의 기록이기 때문에 사마천도 자기 검열의 압박에 시달렸을 것이다. 그래서 사마천이 유방의 단점, 그리고 유방에 대한 사마천 그 자신의 관점을 빼버리면 단지 그는 '관방의 어용사관'에 머무르고 『사기』는 천추의 절창을 터트리지 못했을 것이다. 사마천을 어용에서 직필로 이끈 게 바로 호견법이었다. 사마천은 「고조본기」에는 공식적으로 무미건조한 사건들과 세인들이 다 알고 있는 이야기들을 배치해 놓고, 유방의 단점과 그 자신의 관점은 다른 곳에 집어넣었다. 즉 「항우 본기」에 말이다.

가령 항우에게 쫓기던 유방이 아들 효혜와 딸 노원공주와 더불어 부리나케 도망치다가 자신의 목숨을 부지하기 위해 자식들을 수레 아래로 밀쳐 떨어뜨리는 장면이 나온다. 등공(滕公)이 매번 내려가서 수레에 다시 태웠다. 무려 세 차례였다. 그 정도로 유방은 매정한 아비였다. 유방의 아버지 태공이 포로로 잡혔을 때 항우는 유방에게 항복하지 않으면 태공을 팽형에 처하겠다고 협박했다. 그런데도 유방은 오히려 '삶은 국물 한 그릇을 나에게도 주소'라고 응수했다. 천륜이 없는 자식이었다.

사마천은 이런 유방의 면모를 「고조 본기」에 쓸 수가 없었다. 그렇다고 빼버리면 『사기』는 직필서가 아니다. 때문에 「항우 본기」에다 슬쩍 갖다 끼워 넣었다. 호견법의 절묘함이다. 독자들은 「고조 본기」와 「항우 본기」를 상호 비교해 읽음으로써 황제였지만 매정한 아비이자 불효자였던 유방의 진면목을 알 수 있다. 또한 「고조 본기」와 「봉선서」를 서로 비교해 읽으면 한나라 무제의 치적과 함께 황당무계한 신선사상에 깊이 빠진 그의 얼토당토하지 않은 모습을 다각적으로 엿볼 수 있다.

물론 인물 배치가 복잡한 호견법으로 인해 『사기』는 '난서(難書)'라는 핀잔을 듣고, 더더구나 한국어로 번역하면 분량이 크게 늘어나 몇 권의 책으로 늘어난다. 따라서 일반 독자들이 『사기』 전체를 감상하기에는 어려움이 크다는 것을 부인할 수 없다. 그렇다고 '한권으로 읽는~' 류의 『사기』 관련 책을 읽고 『사기』를 읽었다고 대놓고 자랑하기에도 왠지 쑥스러울 것이다. 그런 점에서 이 책 『사마천 사기』는 그러한 문제를 어느 정도 해소시켜 줄 수 있는 '백과사전식 『사기』의 결정판'이다. 『사기』의 모든 내용이 압축되어 있고, 호견법의 절묘한 미궁을 쫓아다니며 읽는 수고로움도 덜 수 있을 만큼 체계적으로 잘 정리되어 있다. 아무래도 이 책의 가장 큰 미덕은 생동적이고 입체적인 그림, 표, 지도 등을 활용해서 『사기』를 시각화하여 보여준다는 점이다. 게다가 글자 수는 52만 6천 5백 자인 130권의 『사기』를 '단 한 권'의 책으로 정리했으니 가히 획기적인 책이라 하지 않을 수 없다. 오늘날의 독자들이 쉽게 읽을 수 있도록 눈높이를 배려하면서 흥미롭고 정확하고 편안하게 읽도록 해 준 기획 의도가 단연 돋보인다.

사마천에 대한 인물 탐구, 『사기』의 체제적인 특성, 사마천의 역사서 저술의 사상, 후세에 미칠 영향, 명구 등을 작은 단원으로 다시 나누어 정리한 '1장 사마천의 『사기』: 사가의 절창'은 『사기』에 대한 정보를 개론적인 수준에서나마 일목요연하게 보여주고 있어 『사기』의 입문서로 손색이 없다. 읽기 어려운 원전의 「표(表)」를 다시 정리하여 오늘날의 역사서처럼 '부록'으로 정리한 점도 이 책만의 특징이자 독자들을 위한 세심한 배려이다. 여하튼 이 책은 『사기』의 정수만을 간추렸다는 점에서 '다이제스트판 『사기』'인 셈이고, 『사기』의 모든 내용을 총체적으로 다루었다는 점에는 '백과사전판 『사기』'라고 부를 만하다. 이는 오늘날의 독자들이 『사기』를 체계적으로 이해하는 데 큰 도움을 줄 뿐만 아니라 시각적이고 입체적인 도표는 독자들이 『사기』의 맛을 '눈'으로 맛볼 수 있도록 해 줄 것이다. 하지만 단 한 권의 책에 『사기』의 핵심만을 골라 농축하다 보니 내용이 생략된 부분도 있고, 스토리 전개가 다소 비약적인 면도 없지 않아 있다. 특히 양이 가장 많은 「열전」에서 다루지 못한 부분이 있다는 점에 유념해야 한다. 이 책에는 「저리자·감무열전(樗里子·甘茂列傳)」, 「양후열전(穰侯列傳)」, 「전단열전(田單列傳)」, 「위표팽월열전(魏豹彭越列傳)」, 「경포열전(黥布列傳)」, 「한신노관열전(韓信盧綰列傳)」, 「전담열전(田儋列傳)」, 「번역등관열전(樊酈滕灌列傳)」, 「장승상열전(張丞相列傳)」, 「부근괴성열전(傅靳蒯成列傳)」, 「유경숙손통열전(劉敬叔孫通列傳)」, 「계포난포열전(季布欒布列傳)」, 「장석지풍당열전(張釋之馮唐列傳)」, 「전숙열전(田叔列傳)」, 「오왕비열전(吳王濞列傳)」, 「한장유열전(韓長孺列傳)」, 「골계열전(滑稽列傳)」, 「일자열전(日者列傳)」, 「귀책열전(龜策列傳)」이 생략되어 있다.

『사기』는 『플루타르크 영웅전』처럼 인물에 대한 이야기다. 8권의 「서」, 10권의 「표」를 합한 18권을 제외한 112권은 전부 사람에 관한 기록이다. 87%가 사람에 관한 기록이자 평가다. 그 속에는 오욕과 발분, 미와 추, 선과 악, 사실과 진실, 정의와 불의, 용기와 비겁함, 거만함과 겸손함, 권력욕과 인덕 등 인간이 가지고 있는 모든 욕망과 가치가 녹아 있다. 이렇게 인간의 본성과 본질의 성(城)으로 들어가는 동양의 첫 번째 관문인 『사기』를 입체적인 한 권의 책으로 다시 엮은 이 책 『사마천 사기』도 오늘날의 인간을 다면적으로 이해할 수 있는 좋은 지침서 역할을 해주기를 기대한다.

옮긴이 노만수

찾아보기

| ㄱ |

가의(賈誼) 136, 329, 330, 353, 385
간공(簡公) 162, 198
간축객령(諫逐客令) 341
감당(甘棠) 167
강숙(康叔) 172
강왕(康王) 99, 188
강자아(姜子牙) 97
강태공 여상(呂尙) 157
거록대첩 121, 122
걸왕(桀王) 87, 88, 89, 90, 91
경공(頃公) 200
경보(慶父) 164
경제(景帝) 136, 138, 232
경포(黥布) 38, 54
계릉전투 207
계명구도(鷄鳴狗盜) 311
고문운동(古文運動) 60
고민령(告緡令) 468
고열왕(考烈王) 164
고조선 392
공갑제(孔甲帝) 89
공문십철(孔門十哲) 225
공손무지(公孫無知) 158
공손오(公孫敖) 24
공숙단(共叔段) 196
공씨(孔氏) 430
공안국(孔安國) 22
공유(公劉) 96

공의휴(公儀休) 404
공자(孔子) 218, 219, 220
과하지욕(胯下之辱) 46, 351
곽개(郭開) 205
곽거병(霍去病) 370, 381
곽해(郭解) 422
관숙(管叔) 99
관중(管仲) 158, 159, 270, 277
관채(管蔡) 172
구익부인 233
구정(九鼎) 186
구천(勾踐) 58, 154, 190, 192
국사무쌍(國士無雙) 24
굴원(屈原) 49, 54, 55, 56, 58, 67, 328, 329
귀곡자(鬼谷子) 283
규(糾) 158
균수법(均輸法) 468
극맹(劇孟) 421
금옥장교(金屋藏嬌) 143
급암(汲黯) 49, 406
기질(棄疾) 170

| ㄴ |

난왕(赧王) 102
난포(欒布) 138
남우충수(濫竽充數) 217
남월(南越) 388
노애(嫪毒) 110, 332
노자(老子) 273

노중련(魯仲連) 325, 327

| ㄷ |

다다익선(多多益善) 351
달기 95
당숙우(唐叔虞) 178
대우(大禹) 84, 85
대풍가(大風歌) 129
도강언(都江堰) 463
도사대전(道謝大戰) 105
도양왕(悼襄王) 204
도왕(棹王) 288
도주공(陶朱公) 193
독죄법(黷罪法) 140
동중서(董仲舒) 22, 32, 141, 411
동호직필(董狐直筆) 53
두만 선우 374
두영(竇嬰) 66, 138, 365, 367
두희(竇姬) 232
등통(鄧通) 424

| ㅁ |

마릉전투 207, 208, 283
막북전투 381
만석군(萬石君) 360
말희(末喜) 87
매작령(賣爵令) 140
맹상군(孟嘗君) 309, 311
맹자(孟子) 58, 306, 307
맹진(孟津)의 서약 98
모수자천(毛遂自薦) 311
목공(穆公) 105, 106, 180
목야전투 101
몽무(蒙武) 189
몽염(蒙恬) 343
무강(無彊) 193, 194
무경(武庚) 99, 172
무공(武公) 196

무령왕(武靈王) 58, 200, 202
무왕(武王) 58, 68, 94, 99, 102, 166, 178, 184
무정제(武丁帝) 92, 93
무제(武帝) 43, 54, 140, 141, 378
묵돌 선우 376
문경지교(刎頸之交) 347
문경지치(文景之治) 31, 80, 134
문공(文公) 164, 174, 179, 180, 182, 184
문왕(文王) 95, 97, 98
문정중원(問鼎中原) 185, 186
문제(文帝) 134, 135, 230
문종(文種) 64, 154, 190, 192, 193, 195
문직사핵(文直事核) 51
문후(文侯) 206, 207
미자계(微子啓) 175, 177
민공(湣公) 170
민왕(愍王) 168
민월왕(閩越王) 390
민자건(閔子騫) 173

| ㅂ |

박희(薄姬) 230, 231
반경제(盤庚帝) 92
반고(班固) 39, 51, 53
백가쟁명(百家爭鳴) 32
백거전투 153
백규(白圭) 430
백기(白起) 204, 299
백리해(百里奚) 105, 106
백비(伯嚭) 152, 190
백이(伯夷) 267
번쾌(樊噲) 123, 128
범려(范蠡) 64, 190, 192, 193, 195, 430
범저(范雎) 315
범증(范增) 120
봉선(封禪) 460
봉선서(封禪書) 49
봉선제(封禪祭) 145

부차(夫差) 152, 154, 156, 190, 192
부추(負芻) 187, 189
부호(婦好) 95
분봉제 103
분서갱유(焚書坑儒) 32, 113

| ㅅ |

사공자 313
사구(沙丘)의 난 319
사마담(司馬談) 20
사마상여(司馬相如) 395
사마정(司馬貞) 38, 71
사마조(司馬錯) 20
사마천(司馬遷) 20, 21, 22, 23, 24, 25, 26, 28, 29, 44, 48, 50, 52
사면초가(四面楚歌) 351
사이(四夷) 388
삭번책(削藩策) 138
삼가주(三家注) 70, 71, 72
삼례(三禮) 441
삼원(三垣) 459
삼통순환론(三統循環論) 28
상앙(商鞅) 54, 58, 173, 108, 277, 292
서남이(西南夷) 392, 393
서문표(西門豹) 207
서백창(西伯昌) 94, 267
서초패왕(西楚霸王) 56, 123
석분(石奮) 359, 361
석사(石奢) 404
선공(宣公) 157, 172, 174
선왕(宣王) 214
선우(單于) 374
선제(宣帝) 144
섭정(聶政) 338
성고전투 127
성공(成公) 170
성왕(成王) 99, 166, 172, 176, 184
소강중흥(少康中興) 87

소공(召公) 166
소백(小白) 158
소양왕(昭襄王) 107
소왕(昭王) 168, 187, 188, 189, 222
소전(小篆) 341
소제(昭帝) 144, 235
소진(蘇秦) 53, 296
소평(邵平) 240
소하(蕭何) 128, 129, 239
소후(昭侯) 209
손무(孫武) 152, 279
손빈(孫臏) 208, 282
손숙오(孫叔敖) 402
손오(孫吳) 287
손자(孫子) 280
수갈전투 197
숙량흘(叔梁紇) 218, 219
숙제(叔齊) 267
순임금 82, 83, 84, 86, 96, 104, 169
순자(荀子) 307, 308
신도(愼到) 277
신릉군(信陵君) 54, 311, 312
신불해(申不害) 209, 210, 277
신후(申侯) 100, 102
실크로드 142, 419
십이율(十二律) 453

| ㅇ |

악서(樂書) 68
악승(樂乘) 204
악양(樂羊) 207, 208
악의(樂毅) 168, 319, 321
안영(晏嬰) 272
애공(哀公) 170, 198, 222
약법삼장(約法三章) 130
양공(襄公) 157, 158, 175, 176, 177
양운(楊惲) 70, 71
양점론(兩點論) 51

여공(厲公) 198
여망(呂望 : 강자아姜子牙, 여상呂尙, 강태공姜太公
　이라고도 함) 98
여불위(呂不韋) 110, 331, 333
여수(女脩) 104
여왕(厲王) 100, 399
여태후(呂太后) 31, 51, 54, 126, 131, 132, 133, 231
역기(酈寄) 138
연횡책 297
염파(廉頗) 202, 322, 323
영공(靈公) 169
영왕(靈王) 188
예서(禮書) 68
예양(豫讓) 64, 336
오거(伍擧) 184
오광(吳廣) 117, 227, 229
오기(吳起) 54, 173, 207, 277, 286
오자서(伍子胥) 54, 58, 151, 152, 188, 289
오제(五帝) 20, 112
오초칠국의 난 138, 139
와신상담(臥薪嘗膽) 191
왕계(王稽) 316
왕분(王賁) 208, 305
왕전(王翦) 168, 189, 303, 305
요임금 82, 83, 84, 96, 169
우희(虞姬) 124
원앙(袁盎) 49, 355
월관지화(越官之禍) 211
위만(衛滿) 391
위무후(魏武侯) 183
위문후(魏文侯) 200
위왕(威王) 187, 194, 214, 274
위자부(衛子夫) 233, 234
위청(衛靑) 370, 380, 381
위환자(魏桓子) 200
유건(劉建) 237
유계(劉啓) 136, 138, 232
유공(幽公) 183

유목왕(幽繆王) 204
유방(劉邦) 31, 46, 63, 117, 124, 126, 131
유벽광(劉辟光) 238
유비(劉肥) 236, 237
유앙(劉昂) 238
유여의(劉如意) 237
유영(劉盈) 237
유왕(幽王) 100, 102
유우(劉友) 237
유웅거(劉雄渠) 238
유장(劉長) 237, 238, 399
유지(劉志) 238
유철(劉徹) 31, 140
유하혜(柳下惠) 173
유항(劉恒) 134, 135, 237
유현(劉賢) 238
유협(遊俠) 421
유회(劉恢) 237
유흥거(劉興居) 238
육경(六卿) 200
육고(陸賈) 66, 352, 353
육예(六藝) 225
윤대죄기소(輪臺罪己詔) 144
율서(律書) 68
응후(應侯 : 범저范雎) 300
의공(懿公) 174
이광(李廣) 24, 49, 369
이광리(李廣利) 24
이릉의 화 33
이리(李離) 404
이목(李牧) 204, 323
이사(李斯) 53, 54, 112, 114, 341
이세황제(二世皇帝) 115, 117, 174
이회(李悝) 207, 277
일가지언(一家之言) 27
일명경인(一鳴驚人) 217
임안(任安) 25

| ㅈ |

자계(柘稽) 192
자공(子貢) 430
자산(子産) 198, 277, 403
자영(子嬰) 117
자초(子楚) 331
자희태후(慈禧太后) 133
장건(張騫) 417
장공(莊公) 160, 163, 196
장량(張良) 123, 124, 129, 247, 249
장문부(長門賦) 233
장상화(將相和) 323
장석지(張釋之) 136
장양왕(莊襄王) 110, 331
장왕(莊王) 4, 184, 185, 186, 187
장의(張儀) 189, 298
장이(張耳) 346
장자(莊子) 274
장작전투 165
장탕(張湯) 54, 414
장평전투 109, 203, 300, 301
장한(章邯) 122, 228
전기(田忌) 282
전단(田單) 320
전분(田蚡) 365, 367
전상(田常) 213
전욱(顓頊) 20, 82, 184
전제(專諸) 152, 334
전중(田仲) 421
전화(田和) 162, 213
전후칠자(前後七子) 62
정공(定公) 154
정국거(鄭國渠) 463, 465
제곡(帝嚳) 82
조경후(趙敬侯) 183
조고(趙高) 116, 117
조괄(趙括) 204
조말(曹沫) 334

조사(趙奢) 323
조씨고아(趙氏孤兒) 61, 62
조앙(趙鞅) 154
조양자(趙襄子) 200
조열후(趙烈侯) 200
조조(晁鏪) 357
조조(晁錯) 49, 136, 138, 385
조참(曹參) 128, 131, 243, 245
조타(趙佗) 389
조희(趙姬) 110
종법제 103
종횡가(縱橫家) 297
주공 단(周公 旦) 98, 99, 101, 163
주발(周勃) 131, 135, 255, 257
주보언(主父偃) 141, 384, 385
주아부(周亞夫) 136, 138, 257
주왕(紂王) 58, 93, 68, 94, 95
중원축록(中原逐鹿) 54
지록위마(指鹿爲馬) 117
진섭(陳涉) 38, 54
진승(陳勝) 49, 117, 227, 229
진시황(秦始皇) 54, 107, 109, 110, 112, 114, 116
진여(陳餘) 346
진완(陳完) 212
진평(陳平) 124, 131, 135, 251, 253
질도(郅都) 413

| ㅊ |

채숙(蔡叔) 99
척부인 231
천관서(天官書) 40, 68
천인감응(天人感應) 27
천토의 맹약 182
최서(崔杼) 160
추연(鄒衍) 28
추은령(推恩令) 31, 141, 385
축객령(逐客令) 112
춘신군(春申君) 311, 312

출공(出公) 200

| ㅌ |

탁씨(卓氏) 430
탕왕(湯王) 58, 88, 89, 91
태사공왈(太史公日) 40, 41, 47
태왕(太王) 151
태행산(太行山) 427
토사구팽(兎死狗烹) 350
퇴피삼사(退避三舍) 181

| ㅍ |

팔서(八書) 436
패왕별희(霸王別姬) 62, 61
팽아대전 105
팽월(彭越) 38, 54, 124
편작(扁鵲) 362
평왕(平王) 102, 170, 187, 188, 196
평원군(平原君) 310, 311
평준법(平准法) 469
평준서(平準書) 40, 49, 52, 53, 68
포락지형 93
포사(褒姒) 100
포숙아(鮑叔牙) 158

| ㅎ |

하징서(夏徵舒) 170
하희(夏姬) 169, 171
한강자(韓康子) 200
한경후(韓景侯) 200
한부(漢賦) 397
한비(韓非) 54, 210, 211, 276
한선자(韓宣子) 209
한신(韓信) 38, 46, 54, 124, 129, 349
한애후(韓哀侯) 183
한언(韓嫣) 426

한초삼걸(漢初三傑) 247
합려(闔閭) 152, 188, 190
합종책 297
항량(項梁) 120
항백(項伯) 123
항우(項羽) 31, 38, 51, 54, 55, 56, 63, 117, 120, 124
항장(項莊) 123
해하전투 127
헌공(獻公) 180, 208
헌원(軒轅) 81
현량자고(懸梁刺股) 297
형가(荊軻) 55, 56, 66, 338
혜공(惠公) 170, 180
혜문왕(惠文王) 107, 108, 202, 204
혜왕(惠王) 208
혜제(惠帝) 38, 236
호견법(互見法) 45, 47
호공(胡公) 169
호복기사(胡服騎射) 58, 201
호접몽(胡蝶夢) 275
호해(胡亥) 116, 344
홍문의 연(鴻門之宴) 63, 125
홍수전투 177
화씨벽 323
화우진(火牛陳) 321
환공(桓公) 157, 158, 159, 160, 180, 196
환왕(桓王) 198
황로학(黃老學) 32
회왕(懷王) 120, 128, 187, 189
효공(孝公) 107, 108, 208
효산대전 105
효성왕(孝成王) 204
효왕(孝王) 104
후직(后稷) 96
흉노 373